宁夏统计年鉴 2010

NINGXIA STATISTICAL YEARBOOK

宁夏回族自治区统计局
国家统计局宁夏调查总队 编
Compiled by Ningxia Provinsial Bureau of Statistics
NBS Survey Office in Ningxia

中国统计出版社
China Statistics Press

（京）新登字 041 号

图书在版编目（CIP）编据

宁夏统计年鉴. 2010 : 汉英对照 / 宁夏回族自治区统计局编 ; 国家统计局宁夏调查总队编. — 北京 : 中国统计出版社, 2010.9
ISBN 978-7-5037-6066-2

Ⅰ. ①宁… Ⅱ. ①宁… ②国… Ⅲ. ①统计资料—宁夏—2010—年鉴—汉、英 Ⅳ. ①C832.43-54

中国版本图书馆 CIP 数据核字(2010)第 176733 号

宁夏统计年鉴—2010

作　　者/ 宁夏回族自治区统计局　国家统计局宁夏调查总队　编
责任编辑/ 尹伊
出版发行/ 中国统计出版社
通信地址/ 北京市丰台区西三环南路甲 6 号　中国统计出版社
邮　　编/ 100073
电　　话/ (010)63376907
E-mail / yearbook@gj.stats.cn
印　　刷/ 银川市昊博彩色印刷有限公司
经　　销/ 新华书店
开　　本/ 880×1230 毫米　1/16
字　　数/ 1228 千字
印　　张/ 39.25　彩插 / 0.75
印　　数/ 1-1000 册
版　　别/ 2010 年 9 月第 1 版
版　　次/ 2010 年 9 月第 1 次印刷
书　　号/ ISBN 978-7-5037-6066-2/C.2423
定　　价/ 320 元

地区生产总值(亿元)

GDP of Ningxia (100 million yuan)

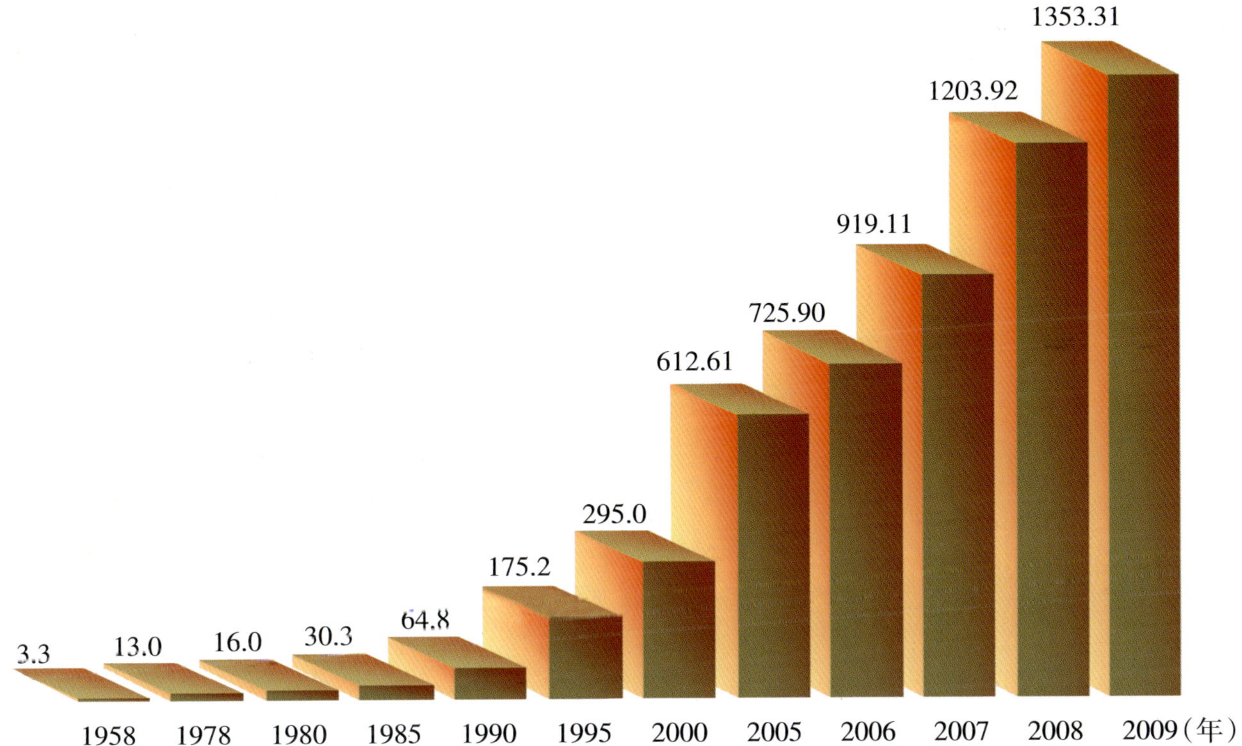

地区生产总值增速(%)

GDP Growth Rate (%)

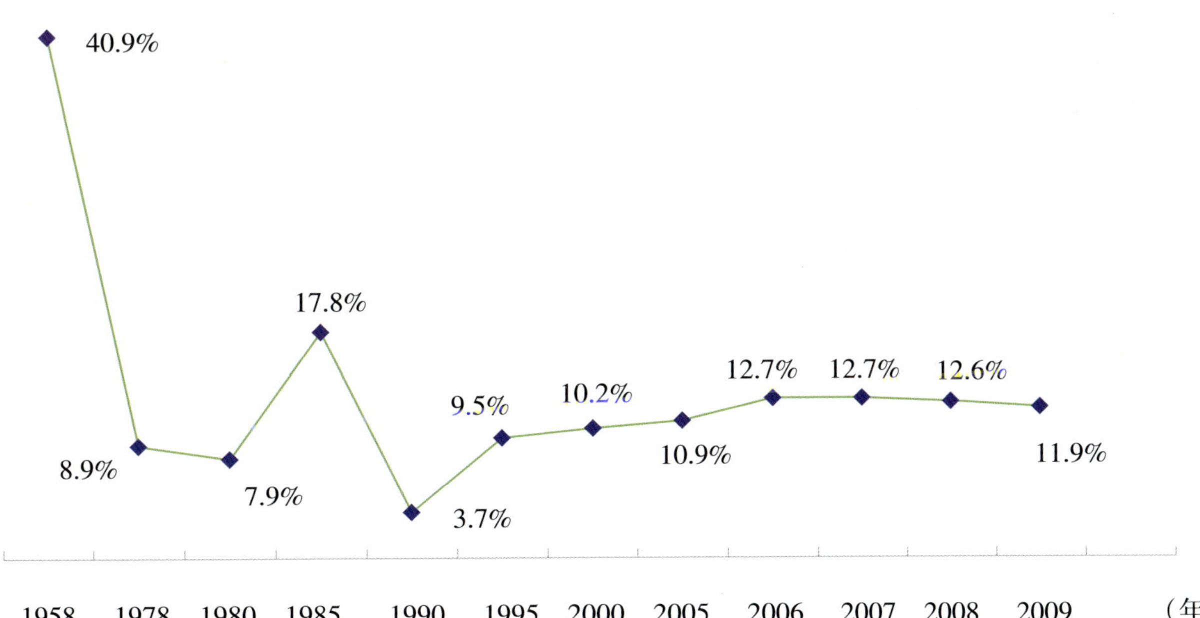

人均地区生产总值(元/人)

Per Capita Gross Domestic Product (yuan/person)

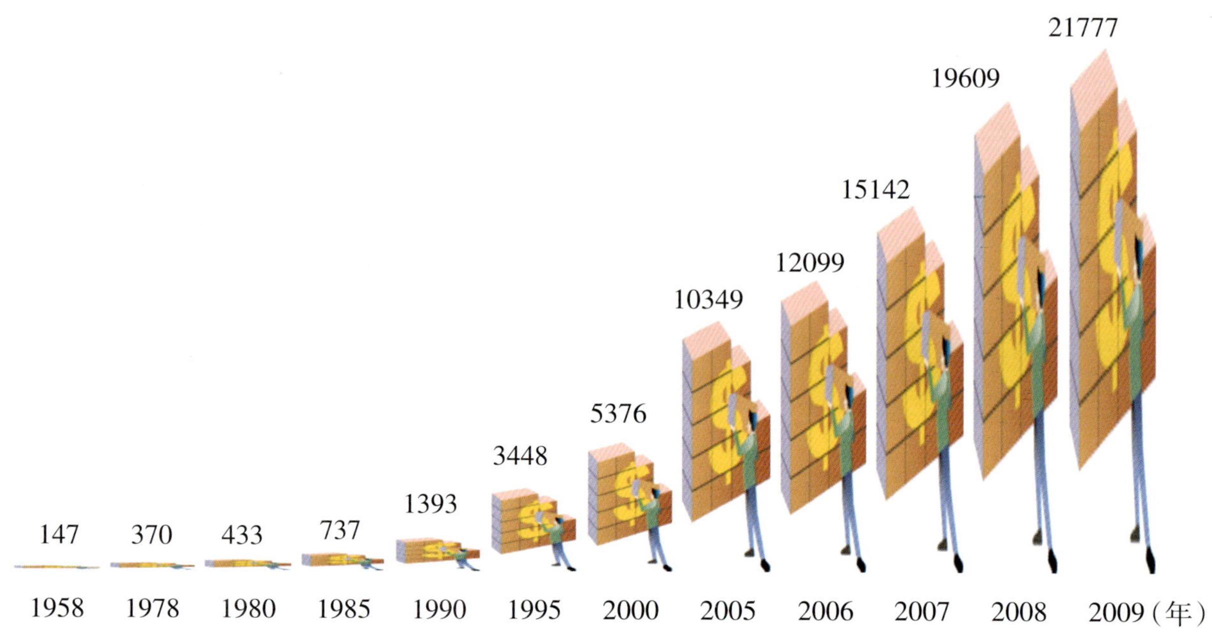

地区生产总值构成(%)

Industry Structure (%)

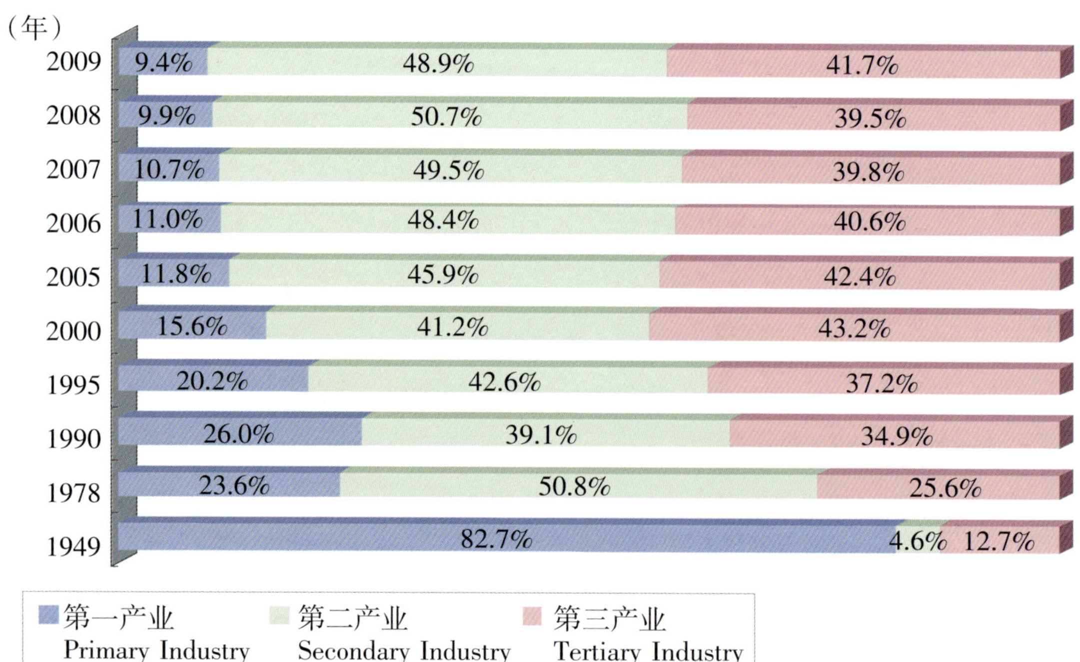

就业人员结构(%)
Composition of Employment (%)

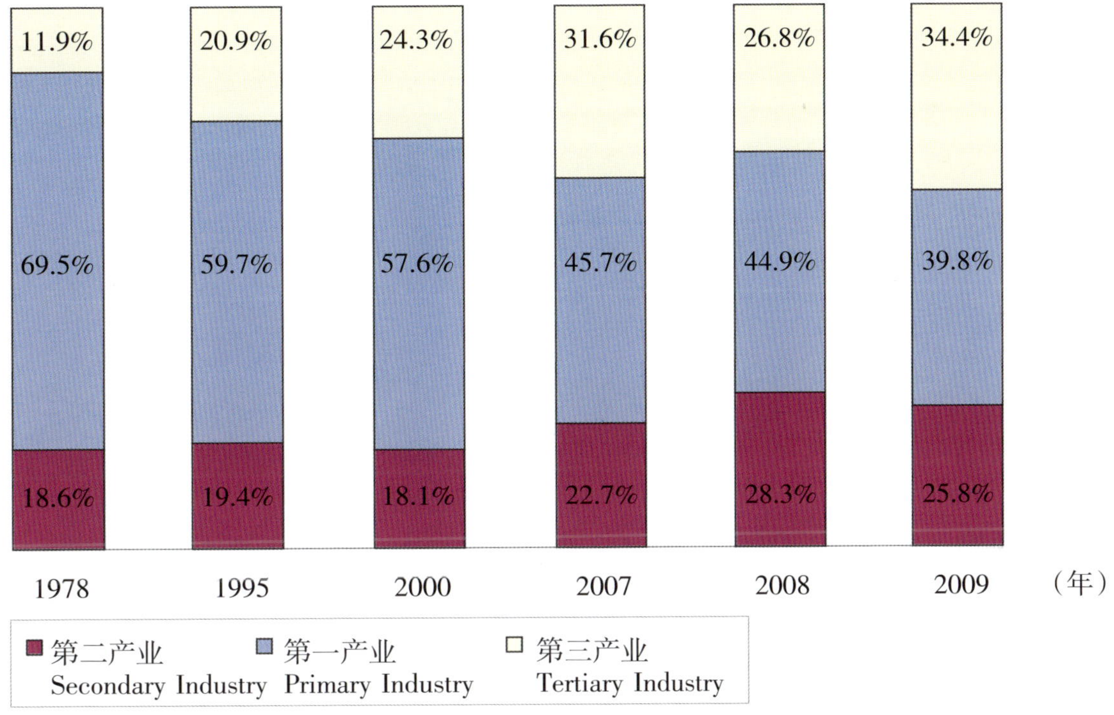

全社会固定资产投资额(亿元)
Total Investment In Fixed Assets (100 million yuan)

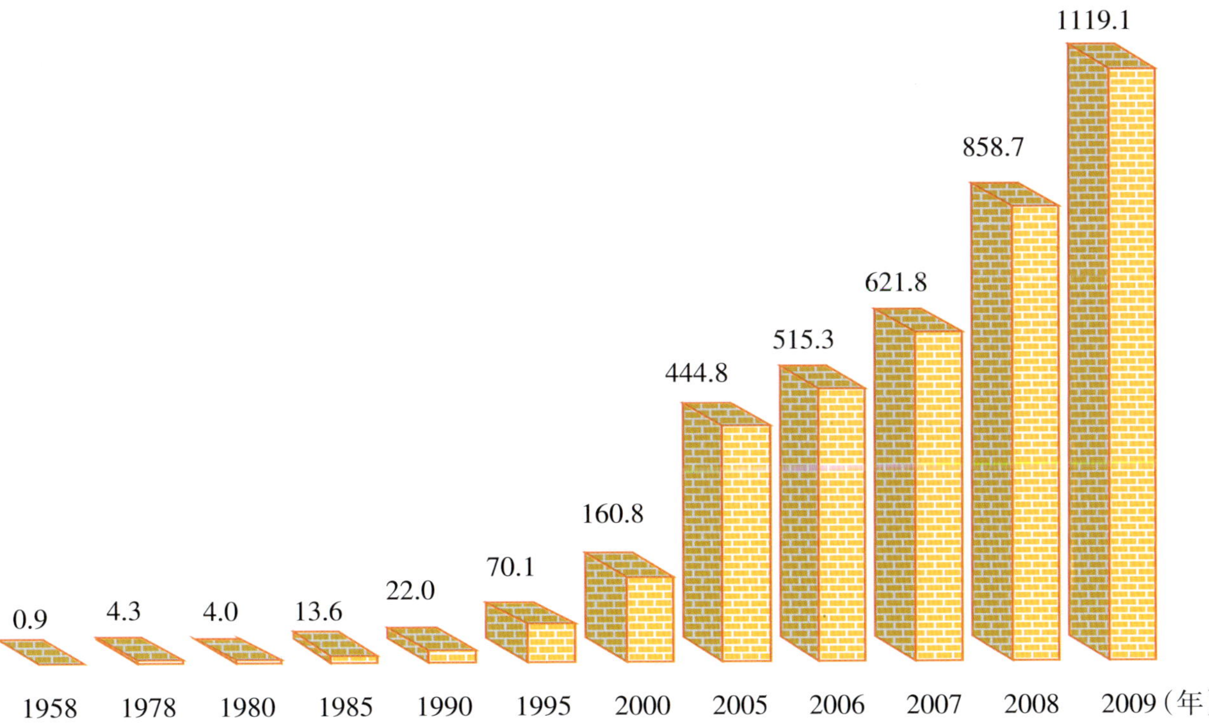

全社会固定资产投资占 GDP 比重(%)

Total Investment In Fixed Assets to GDP (%)

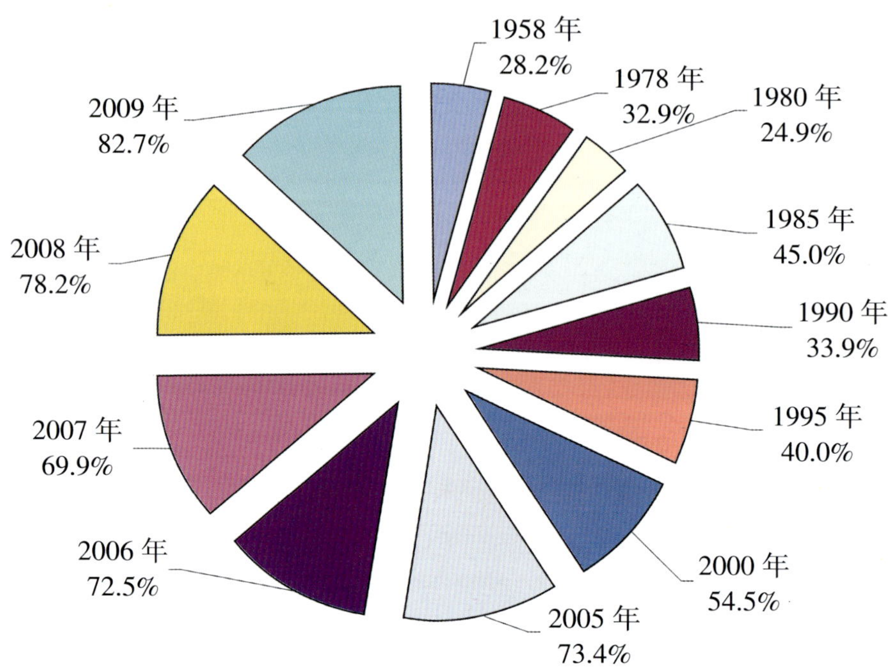

能源生产及消费(万吨标准煤)

Total Production and Consumption of Energy (10 000 tons of SCE)

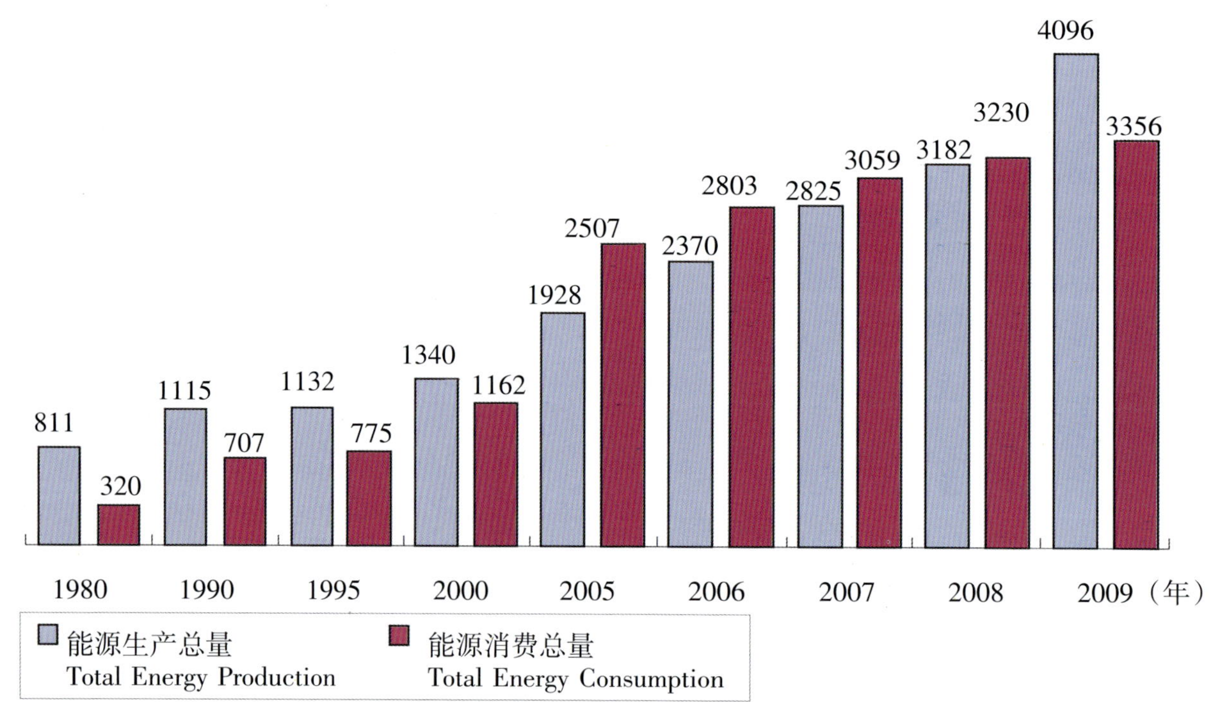

财政收入与支出(亿元)

Local Financial Revenue and Expenditure (100 million yuan)

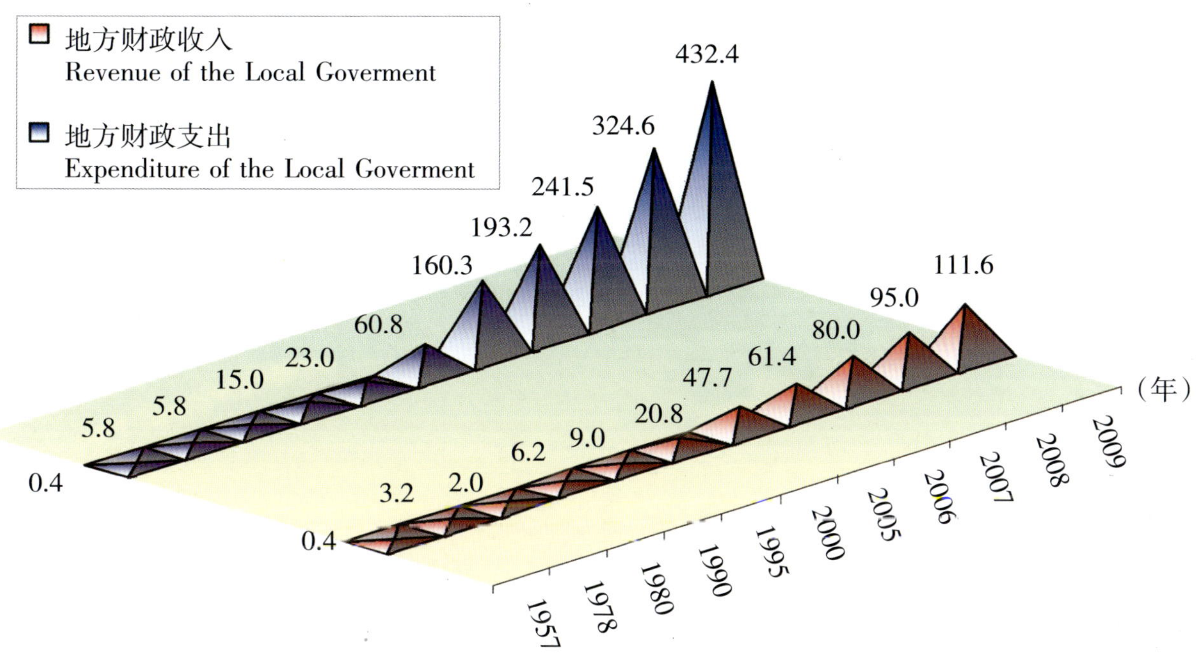

人民生活(元)

People's Livelihood (yuan)

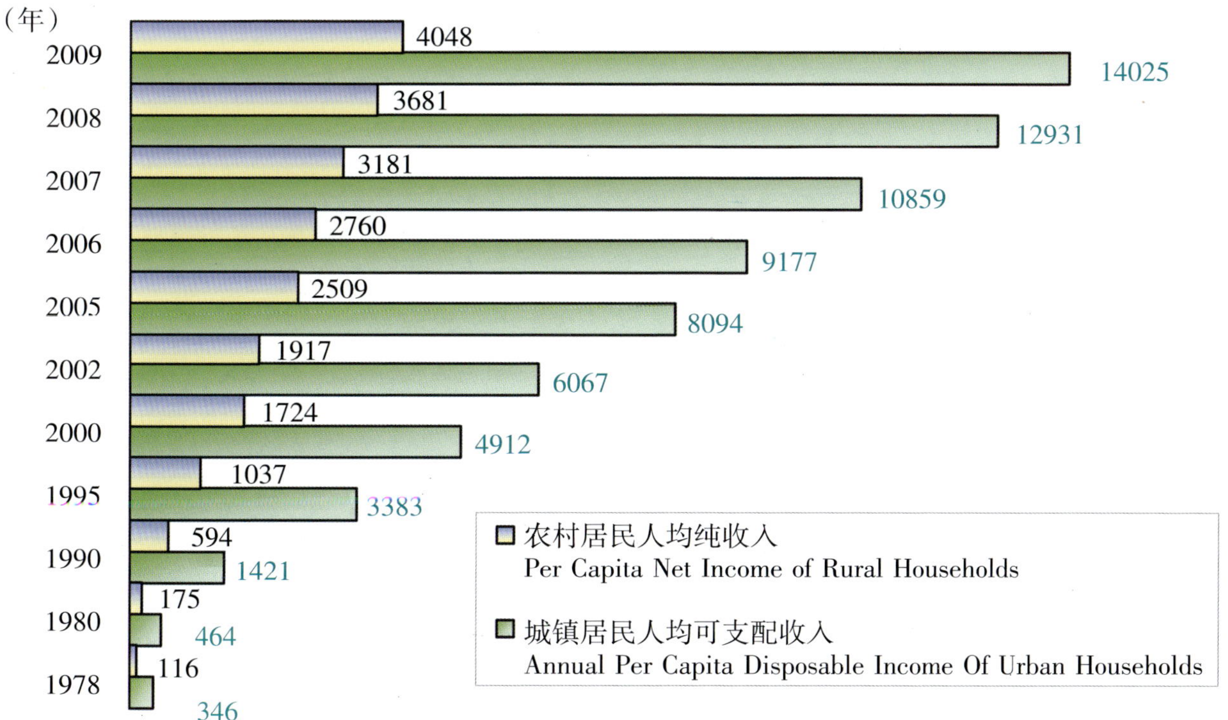

城乡居民储蓄存款余额(亿元)

Balance of Saving Deposit (100 million yuan)

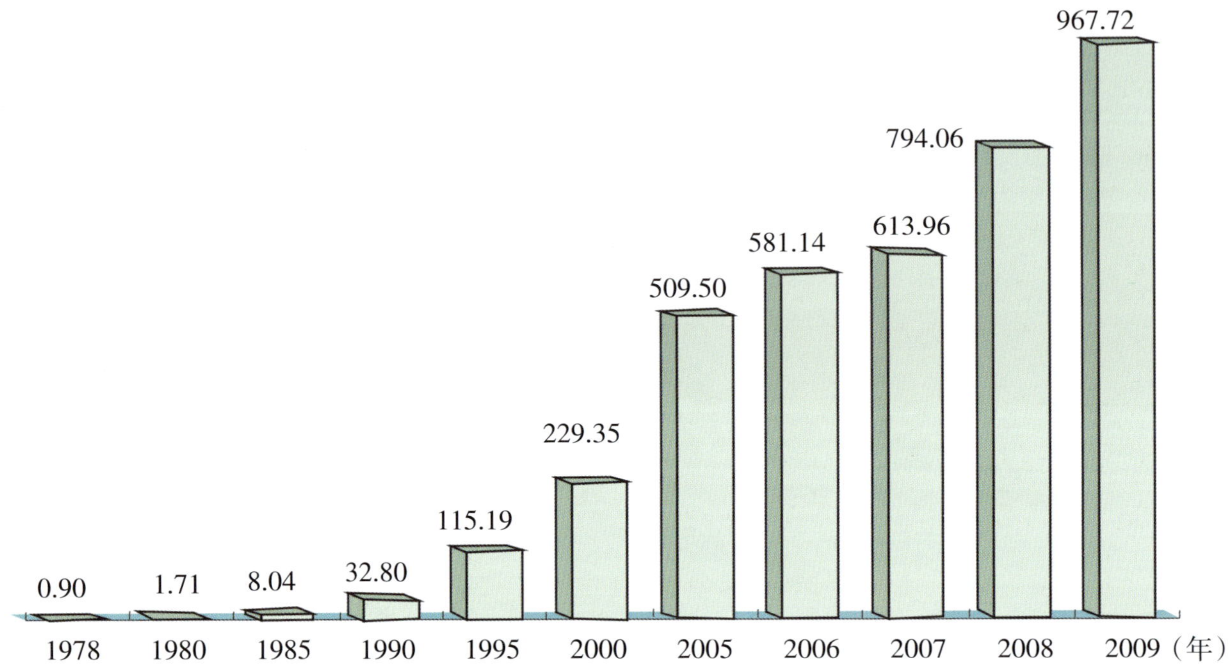

城市化率(%)

Urbanication (%)

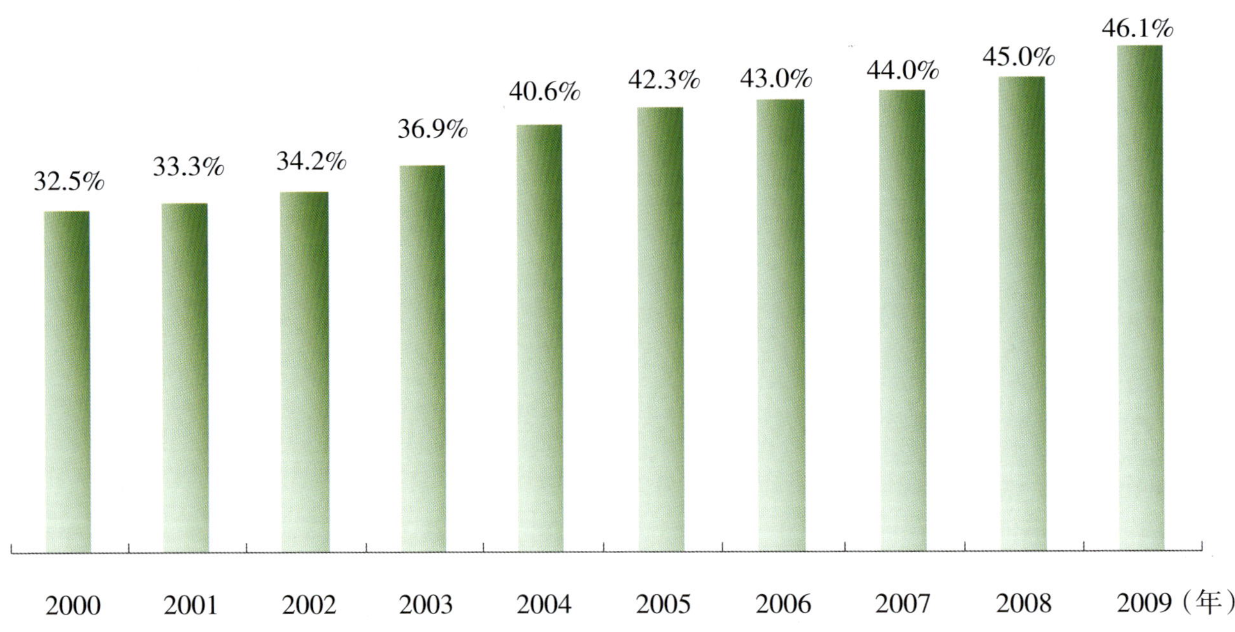

粮食产量（万吨）
Total Yield of Grain (10000 tons)

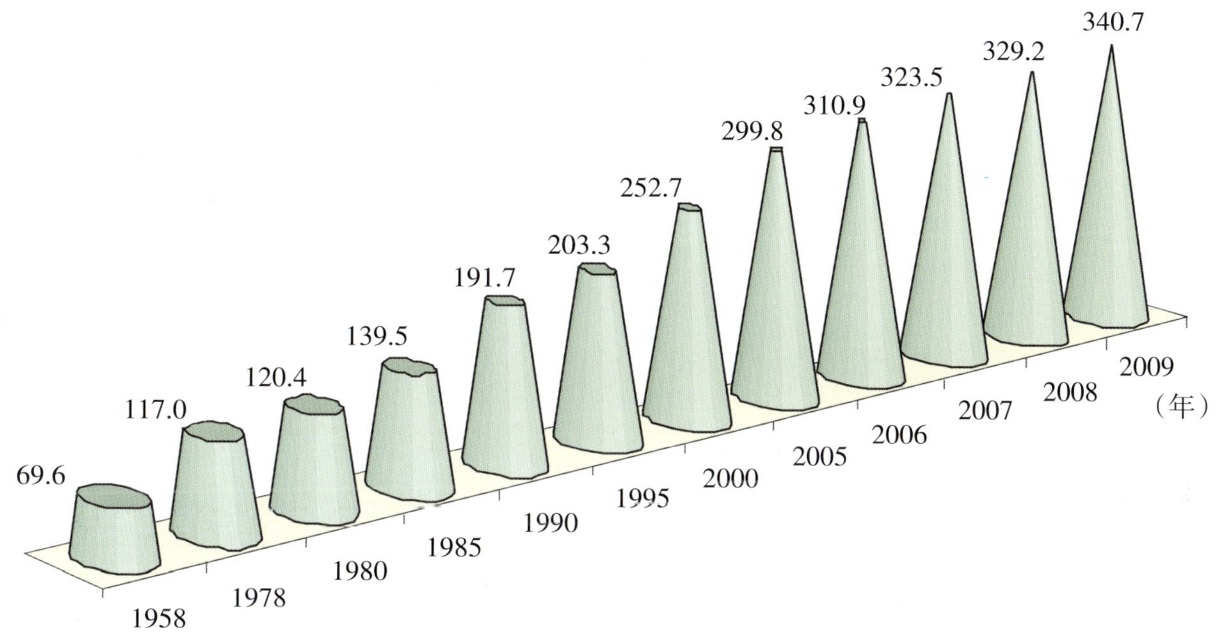

工业增加值（亿元）
Value-added of Industry (100 million yuan)

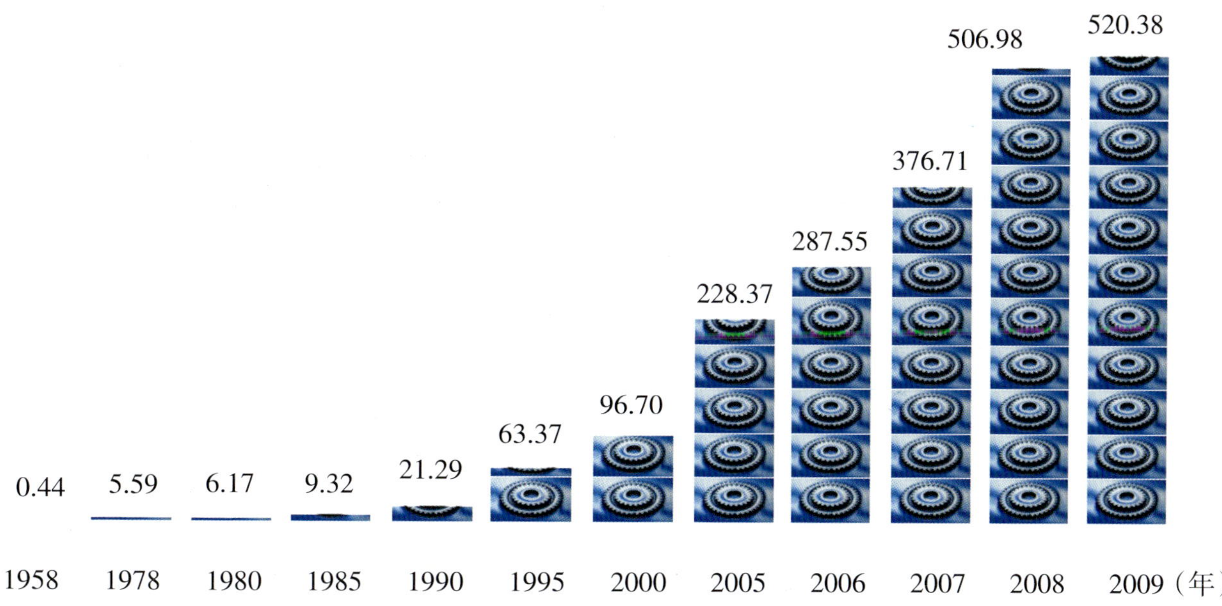

公路通车里程（公里）
Highway Operating Length (km)

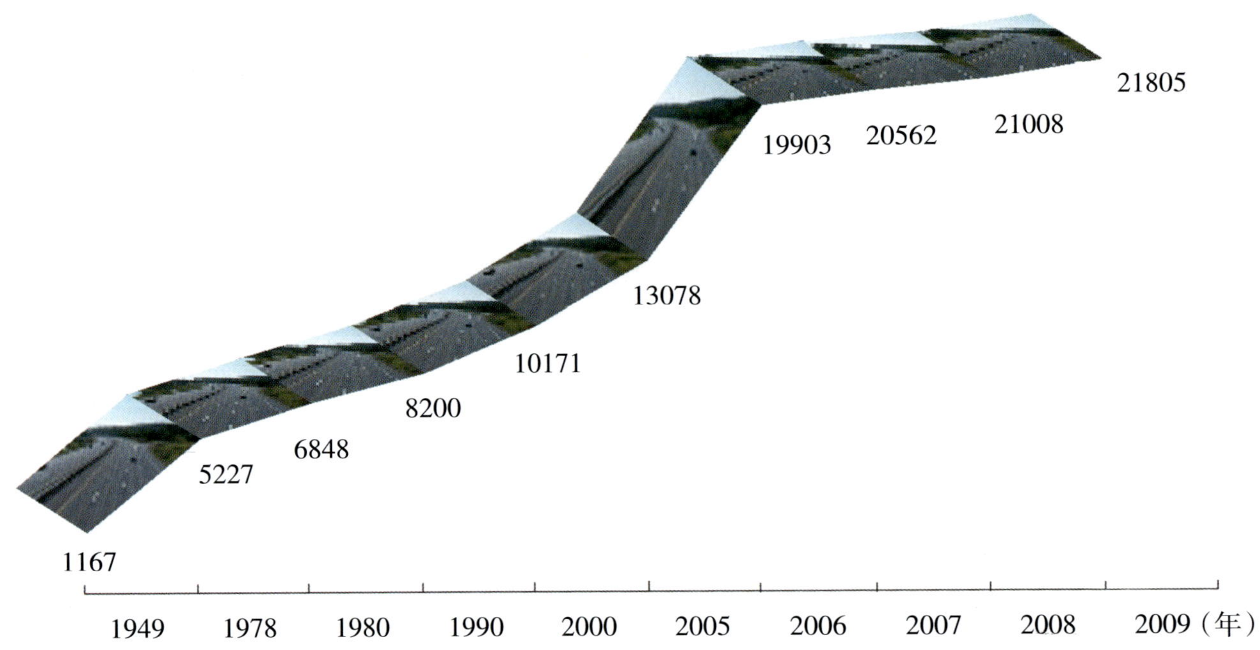

社会消费品零售总额（亿元）
Retail Sales of Consumer Goods (100 million yuan)

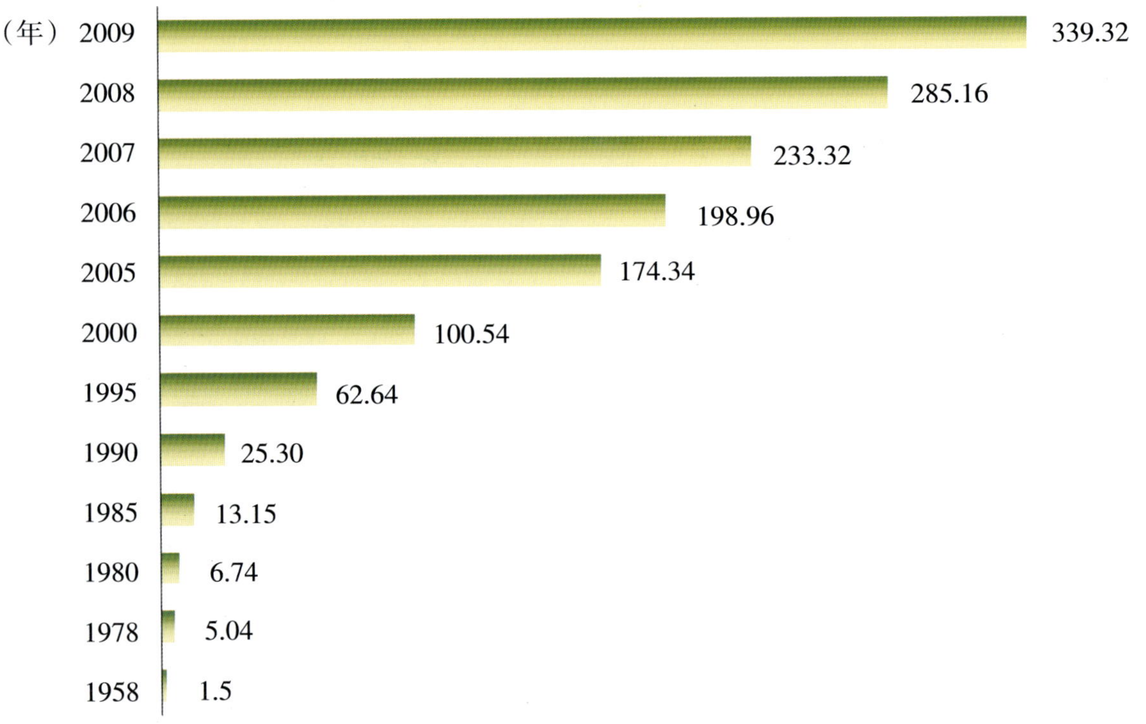

进出口总额(亿美元)

Total Value of Imports and Exports (USD 100 million)

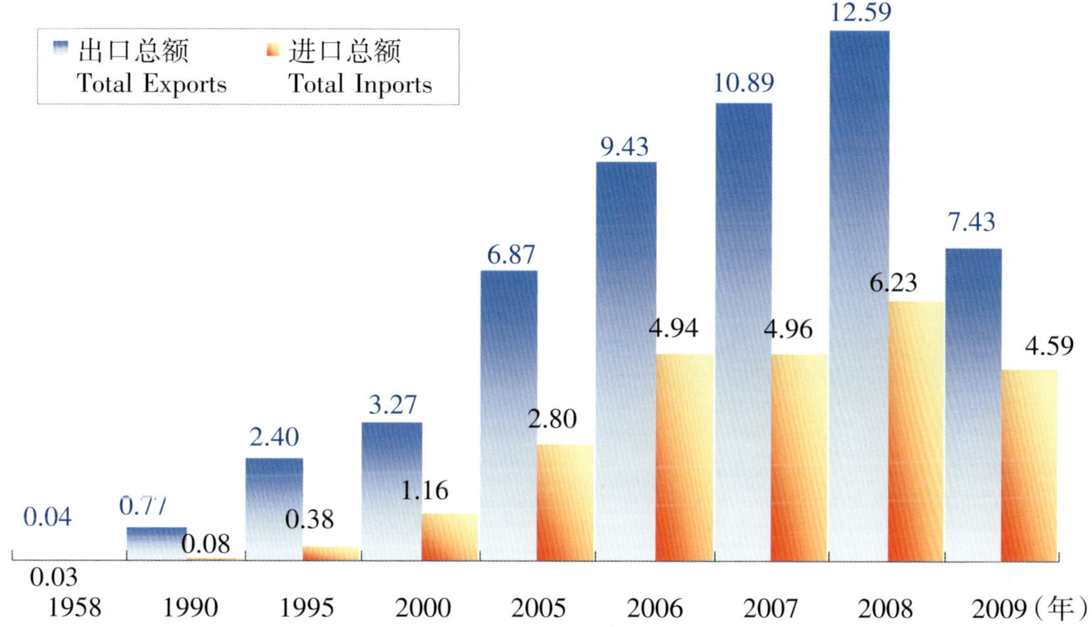

各类学校在校学生数(万人)

Enrolled Students in Various Schools (10000 preson)

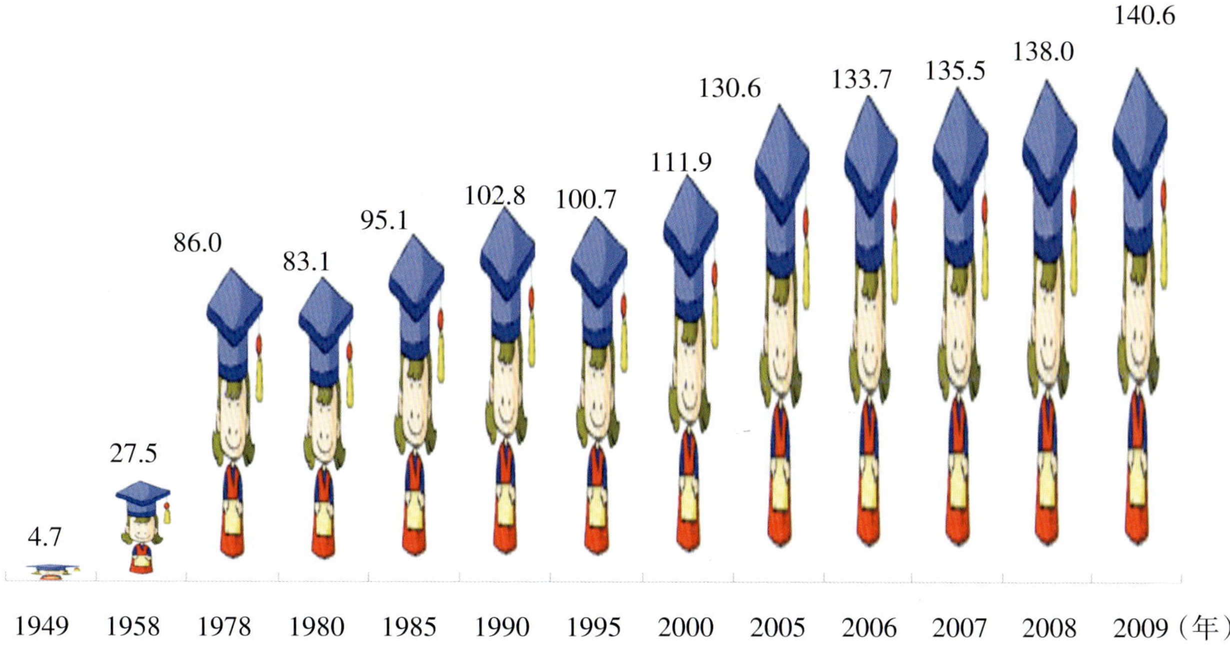

R&D 经费支出占 GDP 比重(%)

Expenditures on Research and Development to GDP (%)

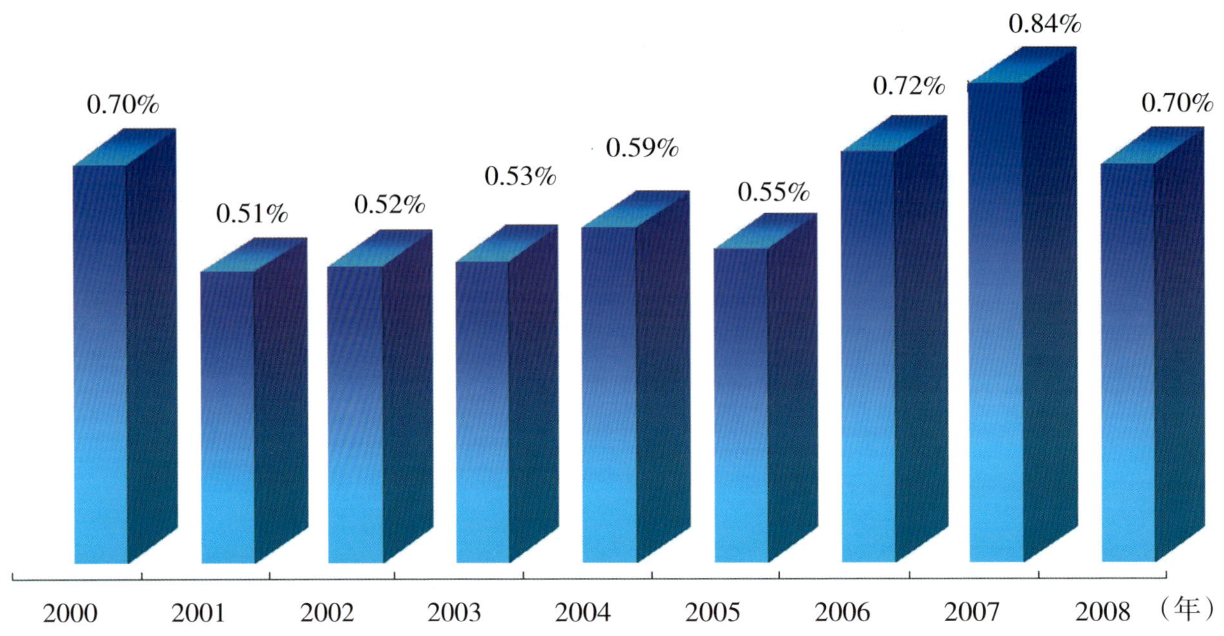

卫生机构数(个)

Health Care Institutions (unit)

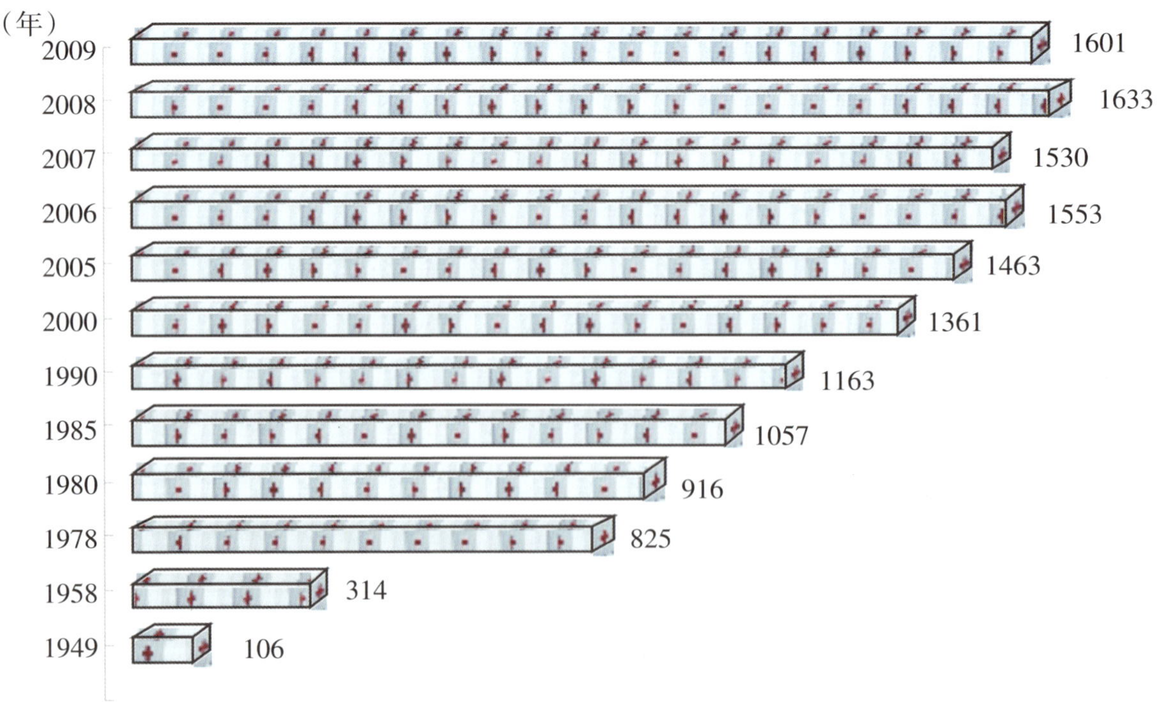

《宁夏统计年鉴 — 2010》

编辑委员会、编辑部

NINGXIA STATISTICAL YEARBOOK-2010
EDITORIAL BOARD AND EDITORIAL STAFF

Editorial Board

Editorial Staff

编辑说明

一、《宁夏统计年鉴-2010》是由宁夏回族自治区统计局、国家统计局宁夏调查总队联合编制，中国统计出版社公开出版发行的一部全面、系统、客观反映宁夏经济和社会发展的资料性年刊，是研究宁夏区情、交流社会信息、制定政策、指导工作不可缺少的重要工具，也是国内外各界认识宁夏的主要窗口。本《年鉴》收录了宁夏历史重要年份和2009年经济和社会各方面的统计数据，各市、县(区)主要统计数据，以及全国和各省(市、自治区)主要统计数据。

二、本书内容分特载和统计资料两大部分。特载包括政府工作报告和统计公报两部分。统计资料共分为二十二部分：1.行政区划与自然资源；2.综合；3.国民经济核算；4.人口；5.劳动力资源与工资；6.固定资产投资；7.能源；8.财政金融保险；9.物价指数；10.居民生活；11.农业；12.工业；13.建筑业；14.运输邮电；15.批发零售贸易和住宿餐饮业；16.对外经济贸易和旅游业；17.教育科技文化；18.体育卫生民政司法；19.环境保护；20.企业调查基本情况；21.宁夏农垦经济社会发展主要指标；22.各省市区主要经济指标。为便于读者使用，第三部分至第二十部分都附有主要统计指标解释。

三、本年鉴统计资料大部分来源于统计年报，部分来源于抽样调查，全国各省市区主要经济指标资料来源于中国统计出版社当年编印的《中国统计摘要》。

四、本年鉴对过去的统计年鉴资料重新进行了核实，对有的统计数据按新的口径作了调整，凡与本年鉴有出入的，均以本年鉴为准。

五、本年鉴出版发行工作，得到各级领导、有关部门和社会各界的大力支持，谨致谢意。由于我们编辑水平有限，不足之处在所难免，诚恳期望各界读者提出宝贵意见，以便进一步改进和提高我们的工作水平。

目　录
Contents

特　载
Special Issue

统计资料
Statistics

第三篇 国民经济核算

National Economic Accounting

第四篇 人口

Population

第五篇 劳动力资源与工资

Labor Force and Wages

第六篇 固定资产投资
Investment in Fixed Assets

第七篇　能源
Energy

第八篇　财政金融保险
Government Finance, Financial Intermediation and Insurance

第十篇 居民生活

People's Living Conditions

第十一篇　农业
Agriculture

第十二篇 工业
Industry

第十三篇建筑业
Construction

第十四篇 运输邮电
Transport, Postal and Telecommunication Services

第十五篇　批发零售贸易和住宿餐饮业

Wholesale, Retail, Housing and Catering

第十六篇　对外经济贸易和旅游业

Foreign Trade and Economic Cooperation and Tourism

第十八篇 体育卫生民政司法

Sports, Public Health, Civil Administration and Judicature

第十九篇　环境保护
Environment Protection

第二十二篇　各省市区主要经济指标

Main Economic Indicators by Region

特　载

Special Issue

政 府 工 作 报 告

—— 在宁夏回族自治区第十届人民代表大会第三次会议上

自治区政府主席　王正伟

（2010 年 2 月 2 日）

各位代表：

现在，我代表自治区人民政府，向大会作政府工作报告，请予审议，并请自治区政协委员和其他列席人员提出意见。

一、2009 年工作回顾

刚刚过去的一年，是我们经受重大考验、成功应对国际金融危机冲击的一年，也是我们坚定信心、稳步推进跨越式发展的一年。一年来，在党中央、国务院和自治区党委的坚强领导下，全区上下深入贯彻科学发展观，坚决落实中央宏观调控部署，抢抓机遇，迎难而上，全面完成了各项任务，进一步拓展了经济增长、社会稳定、民族团结、人民安居乐业的大好局面。

——保增长赢得重大胜利。全区实现生产总值 1334.6 亿元，增长 11.6%。财政总收入突破 200 亿元，达 213.6 亿元，增长 19.6%；地方一般预算收入超百亿元，达 111.5 亿元，增长 17.4%。税收增幅居全国第六。粮食总产实现"六连增"。

——扩内需取得重大成效。全社会固定资产投资突破千亿元大关，达 1119.1 亿元，增长 30.3%。特色旅游持续升温，会展经济异军突起，汽车销售实现翻番，家电下乡兑付率增幅全国第一，农村市场消费增速超过城市，全社会消费品零售总额 339.3 亿元，增长 19%。

——调结构实现重大突破。黄河金岸谋篇开局，内陆开放破题启动。特色优势农业全面提升，"五优一新"产业不断壮大，现代服务业提速升级。全民创业引领非公经济蓬勃发展。10 件环保实事全部落实。化学需氧量和二氧化硫排放量降幅位居全国前列。

——惠民生迈出重大步伐。民生计划在全国率先提交人代会审议实施。30 件为民实事超额完成。城镇居民人均可支配收入 14025 元，可比增长 10%；农民人均纯收入突破 4000 元，达 4048 元，增长 10%。

一年来，我们主要做了以下工作：

（一）在实体经济受危机严重冲击的情况下，积极有效调控应对，打赢了工业保增长的攻坚战。针对年初企业大面积停产、用电负荷大幅下降等严峻形势，果断出台扶持工业发展 10 条措施，力促用电负荷、铁路运量双恢复，企业开工率、产品销售率双提升，累计让利和减免税费近 60 亿元，规模以上工业增加值 523.2 亿元，增长 14.3%；利润 78.6 亿元，增长 125.6%。及时制定"五优一新"产业调整振兴规划，着力发展新兴产业。光伏电站在建规模 17 万千瓦，并网发电 5 万千瓦，风电装机总量 60 万千瓦，新能源发电装机比重上升到 6.8%，位于全国前列。实施宁东基地总体规划和循环经济方案，完成投资 346 亿元，新增煤炭产能 1290 万吨，煤化工产能 110 万吨。实施重点技术改造和技术创新项目 175 个，取得了一批突破性成果。中色东方刃料级研磨材料生产线全球最大，华源冶金短流程镁合金整体技术国际领先，共享铸钢大型水电机组叶片、东方运输智能化风动系统国内首创，日晶电子单晶硅生长炉技术国内一流，大河机床数控技术列入国家重大科技专项。严格执行节能减排"十条铁律"，出台 30 条意见，约束和激励手段并用，关闭小造纸 60 家、小淀粉 1700 家，淘汰小火电 30 万千瓦、小水泥 60 万吨、金属锰 1.4 万吨，年产 10 万吨以下小煤矿全部关停，规模以上发电企业全部安装脱硫设施，制浆造纸企业全部安装碱回收装置。预计单位 GDP 综合能耗下降 5.2%，化学需氧量和二氧化硫排放量分别削减 5.03%和 9.8%。

（二）在农民工返乡增收难度加大的情况下，大力发展现代农业，"三农"工作再创佳绩。政策助农力度加大，财政支农资金 68.1 亿元，增长 52.9%。发放粮食、良种、农机、农资综合、退耕还林等补贴 16 亿元。粮食生产实现山川同丰、夏秋同增，总产达 340.7 万吨。提速发展设施特色农业，各类温棚达 84.5 万亩，覆膜保墒旱作农业 106 万亩，扬黄高效节水补灌农业 50 万亩，13 个特色产业规模、效益均实现两位数增长。及时出台扶持奶业发展 12 条措施，奶牛饲养量稳步回升。成功引进中粮、中储粮等一批知名龙头企业，新增规模以上农产品加工企业 57 家，5 个园区进入国家“农产品加工创业基地”，建成全国一流的园艺产业园。启动实施中北部土地开发整理项目，开工建设盐环定扬黄续建等一批重点水利工程，大规模开展农田水利建设，新增灌溉面积7.6万亩，改造中低产田64万亩，治理水土流失1020平方公里，耕地连续22年保持净增长。农机化综合水平提高到50%。“六个百万亩”生态林业建设步伐加快，新增造林170万亩。

（三）在外贸急剧下滑需求萎缩的情况下，强化投资消费拉动，发展后劲和内生动力持续增强。一是抢抓国家实行“一揽子”计划的机遇，争取中央各类补助资金319亿元，发行地方政府债券30亿元，组织实施宁东、固原和沿黄城市带建设“三大会战”，启动银川火车站改扩建、灵武至甜水堡高速、宁东至山东输电、神华宁煤煤制烯烃、大型扬黄泵站更新改造等87个关系长远的重点项目，为全区发展提供了重要支撑。二是制定刺激消费22条措施，扩大家电、农机、汽车等下乡品种范围，提高补贴标准，深入推进“双百”、“三新”、“万村千乡”等市场工程，新建改造标准化农家店1500个、配送中心40个、便民网点500个，城乡消费市场购销两旺。三是着重扶持特色旅游，编制六盘山、须弥山和青铜峡黄河大峡谷等景区建设规划，整合资源，深度开发，促进旅游、文化融合发展，全年接待国内外游客910万人（次），实现旅游总收入53.4亿元，增长32.5%。四是促进金融与房地产业快速发展，人民币存贷款余额分别达2058亿元和1917亿元，增长29.4%和36.7%；制定促进房地产业发展20条，完成开发投资162.7亿元，增长38.4%，商品房销售775.3万平方米，增长50.6%。

（四）在周边省（区）板块经济竞争日趋激烈的情况下，突出黄河金岸主轴带动，城乡统筹发展迈出坚实步伐。组织编制沿黄城市带总体规划和10个专项规划，开工建设青铜古镇、世界穆斯林城、银川黄河古镇等一批地标性建筑，提前贯通402公里沿黄大堤，两岸新增建设用地4.7万亩、水面5万多亩、林地20余万亩，金岸骨架初步拉开。全面启动沿黄市、县（区）城乡统筹试点，银川“两宜”城市创建取得重大进展，石嘴山资源枯竭城市稳步转型，吴忠、青铜峡一体化速度加快，中卫枢纽地位日益提升，固原作为宁南中心城市的作用开始凸显，预计全区城市化率46%。规模开发中南部矿产资源，富宁万吨淀粉、庆华百万吨煤焦化联产甲醇等建成投产，草畜、马铃薯、苗木等特色产业发展加快；萧关遗址文化园、六盘山国家森林公园、火石寨国家地质公园等设施进一步完善。稳步实施生态、劳务、教育“三大移民”工程，整村推进298个重点贫困村扶贫开发，开工建设生态移民项目区12个，安置移民5.7万人，解决农村安全饮水38.8万人，转移就业76.1万人（次），实现劳务收入41.2亿元。

（五）在发展瓶颈亟需突破的情况下，加大改革开放力度，发展活力和空间不断增大。深化管理体制改革。完成新一轮区、市、县三级政府机构改革任务，实施吴忠市扩权强县改革试点；加快农垦改革，规范农村土地流转；启动文化经营体制改革，区直5家经营性文化事业单位改制转企。推进国企和金融改革。实施21个国有企业关闭破产项目，完成区直机关所办企业脱钩任务；宁夏银行西安分行、石嘴山银行挂牌运营，伊斯兰金融试点启动，发展村镇银行3家、小额贷款公司49家，村级互助扶贫资金覆盖全区三分之一的贫困村，农村金融创新成果得到中央肯定。创新人才工作机制。新建10个院士工作站和12个专家服务基地，首次柔性引进32名“两院”院士和一批高层次人才。谋求合作发展。中电投与青铝、国电与英力特、中国出版与黄河出版传媒等成功重组，引进世界500强企业3家、国内500强9家；高水平举办了“园博会”“文博会”“房车节”“服装节”等六大节会，“宁洽会”晋升为国家级展会，“香港周”刷新宁夏在港招商记录。组团参加各类招商活动，全年招商引资到位资金646亿元，增长48%。拓展发展空间。开辟新航线，增加新航班，加强与周边地区及穆斯林国家的高层交往，与120多个国家和地区开展经贸往来与友好交流。在泰国、马来西亚设立了清真食品穆斯林用品销售中心。

（六）在财政收支矛盾突出的情况下，坚持不懈惠民生，和谐宁夏建设稳步推进。全年民生和社会事业投入280亿元，增长26.4%。率先在全国以地方立法强力推进全民创业，设立创业资金，新开发创业项目3900个，培育小企业3200个、小老板和创业者6100个，创造新岗位近4万个；出台9条政策措施，2.2万名高校毕业生实现就业，新增城镇就业6.6万人，城镇登记失业率控制在4.4%。全面为城乡低保和社保“五险”扩面提标，贺兰等3县进入全国首批新农保试点，在全国率先发放城乡高龄老人生活津贴，率先实现城乡基本医疗保险全覆盖。大力推进安居工程，新建廉租房2.4万套、经济适用房139万平方米，改造棚户区住房100万平方米、农村危窑危房5.8万户，建设新型抗震示范农宅600套，9.7万户城乡低收入家庭喜迁新居。化解义务教育债务，建设安全校舍42万平方米，新建、改扩建示范高中21所，高中阶段教育毛入学率达82.4%。自治区职教实验实训基地、5所市级职教中心建设进展顺利，高等教育健康稳步发展。启动新一轮医药卫生体制改革，实施人人享有基本医疗服务保障试点，推进优质卫生资源向基层延伸，免费提供9类33项基本公共卫生服务。新建、改扩建县级中医院11所、乡镇卫生院74所。加快医学优势特色专科建设。甲流防控积极有效。坚持控制人口数量与提高人口质量并重，全区人口自然增长率控制在9.68‰以内。加快文体事业发展，《月上贺兰》等多个剧目获国家大奖，宁夏“花儿”入选世界非物质文化遗产，中华回乡文化园成为国家级文化产业示范基地。宁夏大剧院、贺兰山体育场等重点工程加紧建设，建成乡镇综合文化站39所、全民健身路径100条，在第十一届全运会上实现奖牌和总分双突破。深入开展矛盾纠纷大排查、大调处、大接访，加强信访工作，有效疏通人民群众利益诉求渠道。清理兑付历年征地欠款36.9亿元，彻底解决了补偿遗留问题。加强食品药品安全监管，整顿规范市场秩序。扎实推进社会治安综合治理，严厉打击各类违法犯罪活动。进一步加强应急预警和防灾减灾。认真贯彻党的民族宗教政策,民族团结进步,社会安定和谐。国防动员、民兵预备役、"双拥"、对台、侨联等工作不断加强,工会、妇女、儿童、老龄、残疾人等事业迅速发展。

(七)在压力与挑战前所未有的情况下,着力提升行政效能,政府自身建设进一步加强。把提高各级政府的执行力,作为应对危机的基本功来抓。坚持依法行政。自觉接受人大及其常委会的依法监督和人民政协的民主监督,主动听取各民主党派、工商联、无党派人士和文史馆员、政府参事的意见建议,重视发挥新闻舆论和社会公众的监督作用。办理人大代表建议213件、政协委员提案501件,提请人大审议地方性法规草案11件,制定政府规章10件,办理行政复议案件529件。突出高效便民。开展政务服务网上审批试点,建立行政审批和电子监察新模式,取消一批行政审批和收费项目,健全政务公开等制度,80%以上的乡镇设立了民生服务站。完善效能目标责任考核办法,政风行风社会满意度不断提高。落实廉政责任。加大审计、监察力度,用制度管权、管事、管人,规范政府采购,治理商业贿赂,清理取消"小金库",公用经费、公务购车、公务接待、出国出境、会议经费支出明显下降。

各位代表,过去的一年,面对百年不遇的国际金融危机,我们沉着应对,共克时艰,战胜了新世纪以来最严重的困难,夺取了保增长、保民生、保稳定的重大胜利,成绩难能可贵,胜利来之不易!这是党中央、国务院和自治区党委坚强领导的结果,是全区各族人民、社会各界众志成城、拼搏实干的结果。在此,我代表自治区人民政府,向辛勤耕耘在各条战线的广大干部群众,向给予政府工作大力支持的人大代表、政协委员、各民主党派、工商联和各界人士,向中央驻宁单位、驻宁部队、武警官兵、政法干警,表示崇高的敬意!向所有关心支持宁夏发展的港澳同胞、台湾同胞、海外侨胞,表示衷心的感谢!

在肯定成绩的同时,我们还要清醒地看到,我区发展仍面临许多困难和问题。主要是:制约发展的结构性矛盾依然突出,发展方式较为粗放,自主创新能力弱,资源环境代价大;部分企业生产经营仍然困难,特别是外贸下滑局面尚未扭转,财政收支压力较大;区域发展不平衡,扶贫攻坚任务艰巨,农民持续增收难度加大;政府自身建设尚需进一步加强,机关作风和行政效能与人民群众的要求还存在差距。对这些问题,我们将在今后的工作中,切实加以解决。

各位代表,回顾一年的工作,我们深刻认识到,宁夏作为西部内陆省份,作为爬坡追赶的欠发达地区,只有坚决贯彻落实科学发展观,才能激发又好又快发展的强大动力。科学发展观是一切工作的行动指南。我们正是把科学发展观转化为具体的实践,灵活运用政府和市场"两只手",非常之时采取非常之策,牢牢把握住了工作的主动权,实现并巩固了全区经济的企稳回升。只有把跨越式发展作为全区上下的共同行动,才能凝聚又好又快发展的巨大合力。没有共同的目标,就没有共同的行动。我们正是把与全国同步实现全面小康作为全区人民的共同追求,用跨越式发展统一思想、统一行动,才使我们始终做到目标同向、上下同心、工作同力,战胜了一个又一个困难,夺取了一个又一个胜利。只有善于发掘后发优势,才能增强又好又快发展的竞争实力。后发优势转化为竞争优势,必须用辩证思维重新审视区情。我们打破传统认识,立足农业、能源、旅游三大优势,高起点规划黄河金岸,高层次谋划内陆开放,高标准建设宁东基地,高效率推进重点项目,高水平举办"六大节会",开创了跨越式发展的崭新局面。只有牢固树立小省区也能办大事的志向,才能频添又好又快发展的创造活力。解放思想天地宽。我们始终把解放思想作为一切工作的"总阀门",以"宁夏虽小不自小、小省区也能办大事"的雄心壮志,敢与高的比,敢与快的赛,敢与强的争,创造了许多西部乃至全国的"单项冠军"。只有把效能建设作为一项永不竣工的民心工程,才能产生又好又快发展的强劲推力。效能建设关系决策落实,关系政府形象。我们坚持把效能目标管理考核作为有效手段,工作项目化,项目责任化,责任数量化,形成了年初建账、年中查账、年底向全区人民报账的新机制,形成了各地各部门你追我赶、争先创优的新局面,提升了政府的公信力,推动了各项事业的大发展。

二、当前形势和2010年奋斗目标

今年是巩固扩大应对国际金融危机成果、继续保持经济持续较快发展的关键之年,也是实施西部大开发战略第二个10年的开局之年。做好今年的工作,对于加快推进跨越式发展,全面完成"十一五"规划,为"十二五"发展奠定坚实基础,具有极为重要的意义。

今年的发展环境虽然有可能好于去年,但面临的形势更为复杂。世界经济受政策调整、通胀预期、物价上涨、贸易保护、失业上升、美元贬值等影响,将呈现缓慢曲折复苏的过程,外需不振可能在较长时期存在。国内经济受内在动力、结构矛盾、农业基础、就业形势和财政金融风险等因素的综合作用,发展中的"两难"问题增多,保持经济社会平稳较快发展的难度增大。我区经济受外部市场挤压和自身转型的双重考验,资源环境约束加剧,产业结构矛盾凸显,加快发展面临的不稳定、不确定因素依然很多。我们既要充分估计面临的复杂局面和严峻挑战,更要敏锐地把握有利条件和宝贵机遇。一要把握后金融危机时期的国际机遇。世界性金融危机,对落后生产力是"危",对先进生产力是"机";对传统发展模式是"危",对科学发展模式是"机"。只要我们用好用活危机形成的倒逼机制,加快推进新产品的研发、新产业的培育和发展方式的转变,就能抢占先机,后来居上。二要把握西部大开发第二个10年的历史机遇。国家今年将出台西部大开发的新规划,我们要认真吃透新一轮大开发的政策要义和项目布局,争取更多的大项目、好项目在我区布点建设。三要把握中央宏观经济调控保持连续性、稳定性的政策机遇。国家将继续实施积极的财政政策和适度宽松的货币政策,同时国办又专门下发了落实国务院29号文件的分工方案,这一整套政策体系，为我们保持经济持续较快健康发展，提供了强力支撑。四要把握工业化、城镇化双加速的发展机遇。我区正处在重化工业迅速崛起、城镇建设全面提速的黄金发展期，基础设施、产业升级、社会建设等方面的投资需求巨大，全社会的消费需求旺盛，发展开放型经济的需求迫切，为我们加快优势资源转化、发挥后发优势，提供了广阔的空间。

今年是一个具有划时代意义的年份。经过新中国60年和改革开放30年的团结奋斗，经过西部大开发以来的建设积累，我区已经具备了实现跨越式发展的雄厚基础和巨大能量。展望未来，将是一个更加大有作为的10年，伟大祖国将圆满完成第二步走战略目标，我们宁夏也将与全国同步跨入全面小康，实现经济社会的腾飞跨越。站在这样一个气势恢宏的历史新起点，面对这样一个继往开来的发展新时代，我们一定要抢占先机，乘势而上，不断把我区跨越式发展的宏伟大业推向前进！

今年工作的总体要求是：认真贯彻落实党的十七大和十七届三中、四中全会精神，以邓小平理论和“三个代表”重要思想为指导，深入贯彻落实科学发展观，继续把确保经济平稳较快发展作为首要任务，把推动经济发展方式转变和经济结构调整作为主攻方向，把重点项目建设作为主要抓手，更加注重产业优化升级，更加注重农业提质增效，更加注重改革开放和科技创新，更加注重保障和改善民生，更加注重促进社会和谐稳定，扎实推进经济建设、政治建设、文化建设、社会建设和生态文明建设，进一步解放思想，坚定信心，抢抓机遇，真抓实干，奋力开创全区经济社会发展的新局面。

主要预期目标和约束性指标是：全区生产总值增长10%；全社会固定资产投资增长25%；地方一般预算收入增长11%；全社会消费品零售总额增长15%；进出口贸易总额增长12%；居民消费价格总水平涨幅控制在3%左右；城镇居民人均可支配收入增长8%，农民人均纯收入增长7%；城镇登记失业率控制在4.6%以内；人口自然增长率控制在9.6‰以内；单位GDP综合能耗降低5.2%，化学需氧量减少3.6%，二氧化硫排放量减少4.5%。

全面实现今年的奋斗目标，我们必须坚持跨越式发展不动摇。跨越式发展是我区追赶发达地区的一个大战略，必须长期坚持。全区上下要以科学发展观指导实践，用跨越式发展的标准衡量工作，不断缩小与东部地区的差距。必须坚持调整结构和转变方式不动摇。这次金融危机使我区以“三高一资”为主要特征的经济结构矛盾凸显，转变发展方式刻不容缓。我们必须大力调整结构，在发展现代农业、新型工业和现代服务业上狠下功夫，促进三次产业优化升级，实现经济社会可持续发展。必须坚持扩大内需不动摇。内需不足、外需下滑是制约经济发展的两块短板。在国际需求短期内不能回暖的形势下，我们必须把扩大内需作为一项长期坚持的政策，全力以赴扩投资，千方百计促消费，不断增强发展的内在动力。必须坚持统筹协调不动摇。南北差距大、城乡不协调，严重制约着我区经济社会的跨越式发展，必须坚持以川济山、以城带乡、以工哺农的方针，狠抓黄河金岸建设，带动南、中、北三区良性互动、共同发展。必须坚持内陆开放不动摇。不沿边、不靠海的区位劣势，迫使我们必须敞开胸怀、放开眼界，大踏步地走出去，坚定不移地发展内陆开放型经济，把我区打造成面向全国、面向世界，特别是面向穆斯林国家开放合作的大平台。必须坚持改善民生不动摇。民生问题无小事，一枝一叶总关情。要把民生计划作为第一品牌打造，作为第一任务完成，真心实意办实事，尽心竭力解难题，让人民群众共享改革发展的成果！

三、突出重大项目拉动，确保经济持续快速发展好势头

大项目带动大投资，大投资推进大发展。要最大限度发挥投资在保增长、调结构、转方式中的引领作用。

高效率推进重大项目。全年完成重点项目50个、重点预备开工项目40个、重点前期项目30个，确保全社会固定资产投资突破1400亿元。工业项目完成投资750亿元。建成投运25万千瓦风电、15万千瓦光伏发电和灵武电厂100万千瓦火电、大武口电厂热电联产等一批项目；加快推进麦垛山等8大煤矿、国电英力特煤基多联产、宁东至山东输电等项目建设进度；力争开工建设宁夏至浙江输电、煤炭间接液化、60万吨甲醇制烯烃等项目。交通城建项目完成投资400亿元。争取银川河东机场三期开工建设，太中银铁路、固原六盘山机场建成投运；加快孟营、石银、同沿高速和吴忠黄河大桥等建设；开工建设包兰铁路复线银川至中卫段、王洼至原州区铁路、银巴高速、农村公路以及石嘴山和兵沟黄河大桥等项目；做好银川至环县铁路、宝中铁路复线、银川至宁东轻轨、盐池至西吉和银川西线南段高速等项目前期工作；重点支持一批城镇道路、供排水、集中供热、污水和垃圾处理等项目。农林水利项目完成投资80亿元。推进全国节水型社会示范区、防沙治沙综合示范区建设，重点实施引黄灌区续建配套与节水改造、中北部土地开发整理、中部县内生态移民、高效节水补灌及“六个百万亩”生态林业建设等项目。社会事业项目完成投资45亿元。迁建宁夏财经学院、艺术学校、固原一中，建成自治区职教实验实训基地二期、吴忠回中和青铜峡一中等教育工程，加快建设宁夏大剧院、贺兰山体育场、万达文化广场等重点文体设施，开工建设自治区儿童医院等医疗卫生项目，完成宁夏老年福利服务中心一期工程。

高起点谋划重大项目。突出重点，着眼长远，全面加强项目库建设。站在产业发展高端，重点围绕宁东国家重点开发区、农业“三大示范区”和西部旅游目的地等建设，谋划推动一批循环、低碳、绿色产业项目。站在西部开发潮头，重点围绕沿黄城市带、中南部统筹发展等，谋划推动煤制气、大柳树水利枢纽、城际轻轨交通等一批基础项目。站在内陆开放前沿，重点围绕内陆开放经济区、新欧亚大陆桥交通运输、立体化物流体系建设等，谋划好铁路、公路大动脉及西部支线枢纽机场等一批关键项目。尽快形成层次高、质量好、数量多的梯次项目格局，确保持续投资有抓手、长远发展有后劲。

高标准服务重大项目。进一步放宽社会投资准入条件,强化政策服务,优化投资环境,实现投资多元化。加强银政、银企对接,加大信贷投资力度,力争新增贷款超过上年。完善政府信用平台,扩大开发性金融合作规模,适当发行城投债,鼓励企业上市融资、发行债券,有效拓宽融资渠道。严格执行产业政策,综合运用供地、环评、备案等手段,引导投资流向关键领域、薄弱环节,坚决防止低水平重复建设。继续实施项目集中审批和目标考核,形成上下贯通、横向联动、相互协作的工作机制,做到责任到人、跟踪推进、一抓到底,确保快上项目、多上项目、上好项目,把每个项目都建成经得起历史和人民检验的精品工程。

四、突出工业园区支撑,迈出经济结构调整新步伐

把宁东基地等工业园区建设作为跨越式发展的重中之重,建设大基地,培育大企业,发展新产业,促进新转变,力争全年规模以上工业增加值增长13%以上。

以园区建设吸纳产业聚集。针对工业园区经济规模小、产业集中度低的现状,坚持一手"抓大"、一手"促特"。始终把宁东国家重点开发区作为自治区"一号工程",集中会战,重点建设,确保新建续建重点项目21个、建成投产22个,完成投资超过400亿元;大力建设银川经济技术开发区和石嘴山、太阳山、中卫工业园区,进一步做大规模、做强产业,实现产值650亿元,增长20%以上。做优做特县(市、区)工业园区,选准产业定位,注重政策引导,推进灵武羊绒制品、永宁生物制药、平罗循环经济、贺兰清真食品、吴忠穆斯林用品、青铜峡新材料、中宁新材料、石嘴山机械装备、固原特色农产品加工和盐化工等十个特色园区差异化发展,产值增长15%以上。建立园区考核评价体系,安排专项资金6000万元,采取以奖代补等方式,重点扶持投资强度大、建设速度快、投入产出高、节能减排好的工业园区做大做强。

以创新改造力促产业升级。认真执行"五优一新"产业调整振兴规划,瞄准煤炭、电力、化工等行业的高端,做大做强战略主导产业,择优发展新能源、新材料、新医药等新兴产业,改造提升冶金、建材、轻纺等传统产业,加快提升羊绒精纺、葡萄酿酒、枸杞加工等特色产业。把技术改造和技术创新作为产业优化升级的重要抓手,完成技改投资155亿元,增长20%以上。务必抓好宁夏石化500万吨炼油、西部聚氯乙烯4万吨糊状树脂、锦宁铝镁75万吨铝镁合金等50个重点技改项目。引导创新要素向企业聚集,组织实施100个重点技术创新和新产品试产项目,新建3个国家和自治区级企业技术中心。深入实施品牌战略,推动工业化和信息化融合,促进工业走上创新驱动的发展轨道。

以龙头企业带动产业转型。实施大企业带动战略,加快培育一批具有自主知识产权、主业突出、竞争力强的大企业集团。重新确定自治区重点工业企业并实行动态管理,鼓励有实力的企业通过上大项目、兼并重组、产业整合等实现超常规发展。支持神华宁煤、宁夏电力、宁夏石化、中电投能源铝业、国电英力特等企业快速壮大,推进宁夏发电、中色东方、天地奔牛等企业乘势扩张。在现有政策的基础上,尽快出台保持工业持续快速发展的新措施。对销售收入和利税达到一定标准的企业,自治区将重点扶持,在申请技改、项目扩建等方面,享受自治区有关部门单列的待遇。积极扶持"专、精、特、新"中小企业加快成长,形成大中小配套、多极化支撑的工业发展新格局。

以节能减排促进清洁生产。牢固树立"宁可牺牲GDP也要保护好环境"的意识,严格执行"十条铁律"和30条意见。加强固定资产投资项目用能评估,严格重点用能企业的监督考核。继续在铁合金、电石、碳化硅等高耗能行业,实施差别电价和能耗限额管理,奖励节能减排先进企业。完善落后产能退出机制,坚决杜绝限制性高耗能、高排放项目上马。扩大循环经济试点,培育清洁能源等永续产业,提高排放达标率和"三废"利用率。组织实施好10件环保实事。积极应对气候变化,加大植树造林规模,有效增加森林碳汇。

五、突出"三大示范区"引领,推进农业农村发展新跨越

建设"三大示范区",是破解"三农"难题的关键举措,是农业农村跨越发展的总抓手。必须以示范区建设引领现代农业,促进农民持续增收、农村和谐兴旺。

立足西北、放眼全国,抓好示范点建设。按照高标准规划、高水平建设、高科技支撑、高效益经营的要求,全力打造在全国有影响力的"三大示范区"。集中力量先抓好100个现代农业标准化示范点,建档案、作比较、看效益,重点扶持,逐步升级。加强示范点与区内外科研机构的有效对接,实行首席专家和技术团队负责制,做到每个特色产业、每个农业类型都有示范点,力争经过两年多的努力,新技术、新品种到位率达到90%,农机化综合水平70%,科技贡献率70%,带动全区农业结构调整、农业科技含量和农产品品质三上台阶。

挖掘优势、提质增效,加快特色农业发展。实施百亿斤粮食综合生产能力建设规划,深化耕作制度改革,推动冬麦北移,确保粮食总产稳定在330万吨以上,确保主要农产品有效供给。大力发展现代设施农业和特色优势产业,力争枸杞、红枣、苹果、温棚蔬菜、优质水稻、淡水养殖等规模均达到100万亩。加快马铃薯良繁体系建设,提高马铃薯品质和效益。提速发展设施养殖,做大做精清真牛羊肉和奶产业,促使农业优势更优、特色更特、效益更好。

精深加工、转化增值,推进产业化经营。积极引进支持各类农产品加工龙头企业重组扩张,形成产业链接紧密、技术装备先进、专业分工合理的农产品加工业集群,力争销售收入超10亿元的龙头企业达到5家、超5亿元的10家、超亿元的50家。继续推进农产品市场建设,完善冷链保鲜、质量检测、物流配送、电子交易等体系,健全营销网络,提高农产品流通现代化水平。积极开展农产品地理标志登记、认证认定和商标注册,着力培育一批宁夏著名、国内驰名、国际知名品牌,使更多绿色、有机农产品和清真食品打入国内外高端市场。

多轮驱动、多措并举，拓宽农民增收致富渠道。全年计划投入“三农”资金26.9亿元，增长39.6%。加强农田水利建设，改造中低产田40万亩，新增灌溉面积10万亩、基本农田30万亩。加大政策惠农力度，提高粮食最低收购价格，扩大补贴范围，提高补贴标准。高度重视农民工工作，开展就业技能培训和山川、区域劳务合作，区内重点项目优先使用本地农民工，千方百计拓展就业增收渠道，确保劳务输出规模不减少、收入有提高。鼓励支持农民发展二三产业，帮助农民实现多元增收。

六、加快建设“三大口岸”，带动现代服务业快发展

进一步扩充“三大口岸”功能，培育做强“六大物流中心”，畅通车流、物流、资金流和信息流，促使服务业提速升级。

加快完善现代物流体系。依托“三大口岸”，挖掘地缘空域优势，构建陆海空相互配套、紧密衔接的现代化运输大格局。高标准建设宁夏国际空港，引进国内外大型空运集团，在增加国内航线的同时，争取开辟银川至迪拜等国际航线，开通银川至韩国、日本、马来西亚等国旅游包机，打通联接世界的“空中走廊”。延伸银川、惠农陆港口岸功能，密切与天津、青岛、连云港等港口的合作，力促“公铁联运”“铁海联运”“空地联运”，开辟便捷畅通的“出海通道”。谋划争取过境动车组直达我区，早日实现3小时通西安、兰州等周边城市，8小时达北京、郑州、武汉等中心城市，构建稳定迅速的“快铁通道”。建设完善“六大物流中心”和“十大专业市场”，形成覆盖全区、辐射周边、通江达海、联接国际的现代化物流体系。

精心打造特色旅游目的地。依托特色旅游资源，科学规划景区景点，深度开发塞上江南新天府、贺兰山历史文化、六盘山红色生态“三大板块”。建设阳光沙疗福地、塞上避暑宝地、黄河金岸胜景、民族风情家园等新型景点，力争黄河大峡谷、须弥山石窟、水洞沟遗址进入国家风景名胜区，建立横跨东西、纵贯南北的特色旅游经济圈，打造西部独具魅力的旅游胜地。

提速发展金融等新兴服务业。支持国有商业银行、政策性银行和地方金融机构发展。加快金融开放步伐，力促招商银行银川分行早日挂牌运营，积极引进民生银行、中信银行、进出口银行等金融机构。鼓励创办金融消费公司和地方保险机构。稳步发展村镇银行和小额信贷组织，扩大村级扶贫互助资金覆盖面。完善社会信用体系，强化金融监管，防范金融风险。积极发展会计审计、法律公证、评估代理等中介服务。整合各类信息资源，促进“三网”融合和网络升级换代，建设“数字宁夏”。

进一步繁荣活跃城乡市场。认真落实国家刺激消费的各项政策，深入推进“双百”“三新”“万村千乡”和“农超对接”等商贸流通工程，继续做好家电、汽车、摩托车等下乡工作，增加品种类别，扩大补贴范围，拉动农村消费。发展壮大一批辐射面广、带动力强的专业批发市场，精心打造一批特色商业街区，引进培育一批大型商贸流通企业和连锁集团。重点培育文化娱乐、研发设计、体育健身、教育培训、家政服务等消费热点，促进农村与城市消费、传统与现代消费协调发展。

七、加快打造黄河金岸，开创统筹城乡建设新局面

抓住国家加快城镇发展的契机，大力推进沿黄城市带建设，带动产业聚集、人口集中、城乡统筹、山川协调。

全方位开发沿黄资源。全面建成黄河大道及连接线，增强金岸主轴功能。加快建设沿河绿色景观长廊，深度开发中卫滨河、青铜峡鸟岛、银川水系、石嘴山星海湖等湿地，展现“塞上江南”秀美画卷。启动黄河楼、黄河圣坛、黄河书院、黄河古渡坊等标志性文化设施，彰显黄河金岸的灵气神韵。规划建设园艺产业园、文化旅游园、科技创业园等特色园区，做美做特永宁至贺兰沿河景观带、吴忠一河两岸标志性建筑及景观带，策划举办国内外重大赛事活动，让母亲河焕发新的生机活力。

大力度推进城镇建设。抓好沿黄市政设施建设和公共服务，开展城际公交、医保“一卡通”等试点，打造以银川为中心的“1小时经济圈”和4个地级市为次中心的“半小时通勤圈”。支持银川市争创全国文明城市和联合国宜居城市，高水平规划开发环阅海区域，培育商务核心区、金融聚集区和总部经济区。支持石嘴山、吴忠、中卫立足山、河、湖、沙等自然优势，改善人居环境，提升承载能力，尽快建成一批体育馆、博物馆、科技馆、文艺会展中心等公益设施，努力建设人民满意的宜居城市、生态城市、文明城市。大力推进沿黄县城和“10个特色示范镇”建设，促进小城镇建设上水平。改革户籍管理制度，引导农民向城镇有序转移，力争全区城市化率达到47.5%。

多举措统筹山川发展。加强对县域经济的指导，进一步完善激励机制，支持灵武、青铜峡、平罗在西部百强行列争先进位，永宁、贺兰、中宁力争跨入百强，形成各具特色、充满活力的县域发展模式。更加重视中南部发展，大力支持固原市及各县城和海原新区建设，切实增强固原市的辐射带动能力。加大矿产资源勘查力度，开工建设固原盐化工循环经济扶贫示范区，推进太阳山工业园区发展，壮大中南部经济实力。实施中南部城乡人饮水源等重点工程，进一步夯实发展基础。制定新一轮扶贫开发10年规划，全面完成第三批整村推进任务，做大草畜、苗木、马铃薯、中药材、小杂粮、特色旅游等产业，提升发展能力。加快生态、教育、劳务移民步伐，新建30万平方米移民住房，搬迁定居4万人，确保搬得出、稳得住、能致富。

八、加快构筑内陆开放区，推动深化改革扩大开放新突破

以世界眼光和战略思维，谋划内陆开放，深化重点领域和关键环节改革，开辟新的发展空间，创造新的竞争优势。

积极建设内陆开放经济区。在巩固与欧、美、日、韩等国家和地区经贸合作的同时，进一步扩大面向穆斯林国家和地区的开放，建立内外联动、互利共赢、安全高效的内陆开放经济体系。重点抓好“九件大事”：创办中阿经贸论坛，开工建设永久会址；支持宁夏大学与迪拜大学合建孔子学院，促进中阿文化交流；申报设立“清真食品穆斯林用品综合保税区”；加快建设银川清真食品和吴忠穆斯林用品“两大工业园”；稳步推进伊斯兰金融业务试点；建成银川清真食品穆斯林用品小商品中心；积极争取穆斯林国家在银川设立领事馆；发挥清真食品认证中心作用，抓好品牌推广、清真认证和国际互认等工作；建成6家海外销售中心，在国际清真食品穆斯林用品市场打响宁夏品牌。

全面扩大经贸交流合作。立足招大商、引好资，在工业、能源、基础设施、现代服务业等领域，引进一批国内外大型企业集团，力争全年招商到位资金超过700亿元。主动承接离岸服务外包业务，积极拓展境外市场，努力扩大出口规模，确保传统市场不下降、新兴市场有增长。支持企业在研发、生产、销售等方面开展国际化经营，培育一批有一定竞争力的跨国公司。办好宁洽会、园博会、房车节、服装节、世界防沙治沙大会等重点节会，精心组织参加上海世博会，全面推介和展示宁夏。积极开展与陕、甘、蒙等周边省区的横向经济合作，更好地参与区域经济大循环。

全力推进重点领域改革。巩固政府机构改革成果，抓好自治区直管县改革试点。深化投融资体制改革，完善规范招投标和非经营性政府投资项目代建制管理。大力支持非公经济加快发展，放宽市场准入，提供公平待遇，鼓励引导民间资本进入基础设施、公用事业、社会事业和现代服务业等领域。深化国有企业改革，支持企业引进战略投资者，实施跨行业、跨区域兼并重组，不断完善公司法人治理结构，落实国有资产投资决策、风险控制、责任追究等制度，确保国有资产保值增值。加快农村综合改革，稳定完善农村基本经营制度，深化农垦改革，抓好集体林权改革试点，启动新一轮粮食流通体制改革，加快供销合作社改革与发展。抓好要素价格改革，实行矿产资源有偿使用，完善水资源费、污水垃圾处理费征收制度，建立科学的资源性产品价格形成机制。

九、全面推进公共服务均等化，实现社会各项事业大发展

立足公益，注重均衡，全年区本级财政安排社会事业支出增长30%，以大投入推动社会事业快发展。

大力推进教育均衡发展。今年计划安排教育投入21.3亿元，增长18.2%。抓好教育强县和义务教育均衡发展示范县创建，贺兰等8县(市、区)普及高中阶段教育。继续推进中小学校舍安全工程，新建、维修校舍100万平方米，新增教学班300个、学生宿舍2万平方米，有效缓解大班额、大通铺问题。加强职业教育基础能力建设，配套完善自治区职教基地，建设防沙治沙学院，提升职业教育水平。积极推进宁夏大学“211工程”、宁夏医科大学申博，加强高校、科研院所特色优势学科和重点实验室建设，提升高等教育综合实力。继续实施“百标工程”，推进民族教育发展。稳步发展学前教育、特殊教育和继续教育，支持发展民办教育。逐步免除中职院校农村家庭困难学生和涉农专业学生学费，扩大生源地助学贷款覆盖面，确保每个学生都能上得起学。

着力提升科技创新能力。加强与兄弟省区、国家部委、国际科研教学机构的合作与交流，构建科技创新平台，促进科技成果转化。落实科技创新扶持政策，鼓励引导企业增加研发投入，建设国家与地方联合工程实验室和技术中心，推进重大装备及关键部件研发，在制约产业升级关键共性技术上实现新突破。深入实施科技特派员创业行动和“5183”工程，提升特色农业科技含量。加强科普工作，办好各类科技成果、科技发明展会。加强人才工作，千方百计培养、用好区内人才，大力引进高科技人才和紧缺人才，选拔培养中青年学术技术带头人和创新团队，为经济社会发展提供有力的科技支撑。努力提高医疗和计生服务水平。全面实施医药卫生体制改革，积极稳妥推进公立医院改革，抓好药招“三统一”与国家基本药物制度的衔接，建立覆盖全区的药品供应保障体系。建设医院优势特色专科，推进城乡卫生服务机构标准化。扶持发展中医药、回医药事业。实施妇幼卫生“四免一救助”政策。完善公共卫生应急服务体系，有效防控甲流等重大疫病。抓好医疗保险提标扩面，在校大学生全部纳入城镇居民医保，符合条件的关闭破产国企退休人员纳入城镇职工医保，新农合人均筹资水平提高到150元。坚持计划生育国策，建设人口宏观管理信息系统，完善基层计生服务体系，加强流动人口计生的管理与服务，启动“优生促进工程”，稳定低生育水平，提高人口质量。

加快发展文化体育事业。充分挖掘、整合区域文化资源，繁荣发展哲学社会科学和文学艺术。建设文化基础设施，深入实施广播电视村村通、文化信息资源共享和农民文化家园等惠民工程。逐层开展文艺调演和体育专项赛事，丰富城乡群众文化体育生活。抓好丝绸之路联合申遗和西夏陵等文化遗址保护。深化文化体制改革，组建宁夏演艺集团，做大做强文化投融资公司、5大传媒集团等骨干企业。大力发展广播影视、音像出版、报业期刊、动漫演艺等产业。举办第二届宁夏文化艺术节，办好第十三届全区体育运动会，积极申办全国城市运动会，广泛开展全民健身活动。

十、全面实施民生计划，保障人民生活水平新提高

时刻把群众的安危冷暖装在心里，继续实施10项民生计划，办好30件为民实事，努力解决好广大群众最急切、最关心、最实际的问题和困难。

深入开展全民创业。创业是就业之源，就业是收入之源。今年计划安排创业就业资金2.6亿元。注重典型引路，培养更多小老板，孵化更多小企业，创造更多新岗位，再掀全民创业新高潮。健全完善就业服务体系，积极开展技能培训、就业指导和创业辅导，切实提高劳动者的创业能力和职业转换能力，稳定输出劳务75万人(次)以上，新增城镇就业6.6万人。实施高校毕业生就业促进计划，扎实做好城镇困难群体的就业，保持“零就业”家庭动态清零。加强劳动执法监察，切实维护劳动者合法权益。

不断完善社会保障体系。今年计划投入社会保障资金15.8亿元，进一步扩面提标，完善城乡居民的基本养老保险等制度。一是抓好非公有制单位从业人员、灵活就业人员、城镇困难群体和农民工参保工作。二是计划用两年时间解决20万人的社会养老保险遗留问题。三是实施社会保障“一卡通”,新农保试点覆盖60%以上的县(市、区)。四是继续完善城乡低保机制,健全大病救助和临时救助制度。同时还要全面落实优抚安置政策,积极发展老龄、残疾人以及红十字会、社会慈善等事业,让困难弱势群体得到更多的关爱和帮助。

有效改善城乡人居条件。重点解决中低收入人群的住房困难,加快中小户型普通商品房、限价商品房、公共租赁房建设。今年新建经济适用房100万平方米、棚户区居民住房100万平方米、廉租房1万套,为4万户城市低收入家庭提供住房保障。加强房地产市场调控,依法查处圈地不建、捂盘惜售、哄抬房价等违规行为,抑制房价过快上涨,促进房地产业健康发展。深入推进塞上农民新居、山区危窑危房改造和农垦安居工程,新建、整治村庄220个,改造危窑危房3万户。新建农村公路2000公里,实现96%的行政村通客车。加强城乡环境综合整治,创建一批环保模范城市、生态建设示范县、环境优美乡镇、文明生态村组,使更多的城乡居民住上抗震房、走上平坦路、喝上清洁水。

十一、全面加强社会管理,力促政府效能建设再上新台阶

经济体制转轨、社会结构转型、发展方式转变,迫切需要我们创新社会管理,提供高效服务,主动适应新情况、回应新期盼、解决新问题。

扎实推进社会管理创新。加强城中村、城乡接合部等重点区域综合整治,建设进城务工人员周转房和农民工公寓,对流动人口进行属地化管理和社会化服务。注重互联网、手机等新兴媒体监管,积极回应和引导网络民意。健全日常监管机制,引导新社会组织健康发展。做好信访、人民调解工作,认真解决征地拆迁、企业改制、司法诉讼等关系群众利益的突出问题,有效预防和妥善处置群体性事件。健全社会治安防控体系,实行社区警务站制度,形成人防、物防、技防相结合的全天候、全覆盖防控网络。加强刑释解教人员帮教管理工作,依法严厉打击黑恶势力、严重暴力、多发性侵财等犯罪活动。强化煤炭、化工、建筑以及特种设备、食品药品等重点行业的安全监管,严格安全生产责任制,坚决遏制重特大事故发生。健全自然灾害、突发公共安全事件的应急处理机制,提高公共安全保障能力。

创建民族团结进步模范自治区。牢牢把握“共同团结奋斗、共同繁荣发展”主题,大力创建民族团结进步模范村镇、社区、学校和企业,认真组织“民族团结进步月”活动,精心举办第七届全区少数民族传统体育运动会。依法管理宗教事务,积极引导宗教与社会主义社会相适应,坚决抵御境内外敌对势力的渗透破坏活动。广泛开展文明城市、文明村镇、文明行业、和谐社区等群众性精神文明创建活动。支持工会、共青团、妇联等人民团体参与社会管理。加强国防动员,推进双拥共建,巩固发展军政军民团结。

切实加强民主法制和廉政建设。自觉接受人大依法监督和政协民主监督,认真办理人大代表建议、政协委员提案和群众来信来访。规范行政执法行为,严格执法责任,规范自由裁量权。加强社区、农村基层自治组织建设,深化村务、厂务、校务公开,形成群众自治自律与政府管理的良性互动。全面落实廉政建设责任制,加快惩治和预防腐败体系建设,加强对关键人员、关键岗位和关键环节的监督制约,加强对规划审批、工程招投标、土地征用等领域的专项治理,严格控制公务经费开支,严格控制各类检查、庆典活动。加大各类违法违纪案件查处力度,切实纠正损害群众利益的不正之风,节俭办事情,廉洁干事业,勤政为人民。继续深化政府效能建设。推进网上审批和电子政务对接,健全区、市、县、乡(镇)四级政务服务体系和绿色审批通道。建立完善新闻发言人、重大决策听证和社会稳定风险评估等制度。设立市、县(区)偿债基金,建设诚信政府、责任政府。完善效能目标考核,建立领导干部下访、暗访制度,加大对行政不作为、乱作为的督查和问责。制定行政能力提升、绩效管理、成本控制、行为监督等制度,促使每一项行政权力都能依法行使、公平公正,促使每一位公职人员都能为群众提供热情、优质、高效服务。

各位代表,今年还有一项重要任务,就是科学编制好“十二五”规划。这是事关我区跨越式发展、事关全面建设小康社会的大事。必须充分发扬民主,凝聚各方共识,集中全区智慧,认真总结“十一五”规划的执行情况和发展经验,深入研究论证“十二五”的重大战略、重大政策、重大举措、重大项目,切实提高规划的针对性、前瞻性、指导性和可操作性,努力在新的起点上推进科学发展、跨越发展、和谐发展。

各位代表,形势越是复杂,越要有迎难而上的勇气;任务越是艰巨,越要有攻坚必胜的决心!让我们紧密团结在以胡锦涛同志为总书记的党中央周围,高举中国特色社会主义伟大旗帜,深入贯彻落实科学发展观,在自治区党委的领导下,万众一心,负重拼搏,为夺取跨越式发展的新胜利而努力奋斗!

宁夏回族自治区 2009 年
国民经济和社会发展统计公报

宁夏回族自治区统计局　国家统计局宁夏调查总队

2009 年,是进入新世纪以来经济社会发展最为困难的一年,也是砥砺奋进、经受严峻考验的一年。面对历史罕见的金融危机和严峻复杂的经济形势,在党中央、国务院的坚强领导下,自治区党委政府坚持以科学发展观统领经济社会发展全局,立足民族地区经济社会发展实际,深入落实中央关于保增长、扩内需、调结构、惠民生的一系列重大决策部署,坚定信心、沉着应对、攻坚克难,变压力为动力,化挑战为机遇,全力做好"保增长、保民生、保稳定"的各项工作,国民经济稳步回升向好,圆满完成了全年确定的各项目标任务,全区经济社会在科学发展、跨越式发展、全面建设小康社会的征程上迈出了更加坚实有力的步伐。

一、综合

初步核算,全年实现地区生产总值 1334.56 亿元,按可比价格计算,比上年增长 11.6%,增速比全国平均水平高 2.9 个百分点。其中,第一产业完成增加值 127.13 亿元,增长 7.2%;第二产业完成增加值 680.20 亿元,增长 14.4%,第三产业完成增加值 527.23 亿元,增长 9.4%。按年平均人口计算,人均地区生产总值达到 21475 元,按可比价格计算,增长 10.3%。

三次产业增加值构成由 2008 年的 9.9:50.7:39.4 调整为 2009 年的 9.5:51.0:39.5。2009 年,第一产业对经济增长的贡献率为 5.6%;第二产业贡献率为 60.0%;第三产业贡献率为 34.4%。

图 1　2003-2009 年地区生产总值及增长速度

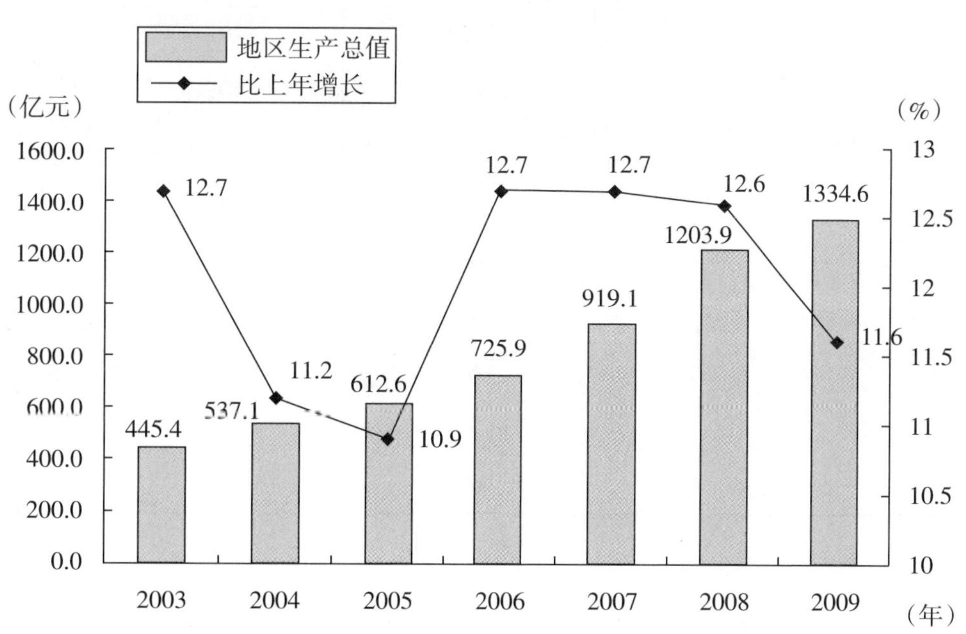

注:2005-2008 年地区生产总值(GDP)是依据第二次全国经济普查结果进行修订后的数据

表 1　2009 年地区生产总值及增长速度　　单位:亿元

指　　标	2009 年	比上年增长(%)
地区生产总值	1334.56	11.6
第一产业	127.13	7.2
第二产业	680.20	14.4
工业	538.27	13.1
建筑业	141.93	20.2
第三产业	527.23	9.4
交通运输、仓储及邮政业	98.05	3.3
批发和零售业	79.53	13.6
住宿和餐饮业	26.10	12.4
金融保险业	79.81	22.6
房地产业	46.10	16.1
其他服务业	197.64	5.3

全年居民消费价格总水平比上年上涨 0.7%,其中,城市、农村分别上涨 0.3%和 1.5 %。食品类价格上涨 1.6%;工业品出厂价格下降 6.1%,原材料、燃料、动力购进价格下降 5.3%,农产品生产价格下降 0.6%;农业生产资料价格下降 3.7%。固定资产投资价格上涨 0.2%。

表 2　2009 年全区居民生活消费价格指数(上年=100)

指 标	全 区	城 市	农 村
居民生活消费价格总指数	100.7	100.3	101.5
食 品	101.6	101.6	101.3
其中:粮食	107.1	107.3	106.9
烟酒及用品	102.1	101.4	103.3
衣着	99.2	98.1	101.5
家庭设备用品及服务	100.9	100.7	101.3
医疗保健及个人用品	101.7	101.7	101.7
交通和通信	98.4	99.4	96.6
娱乐教育文化用品及服务	100.0	98.9	102.5
居住	101.7	99.7	105.3

全年完成一般预算总收入 213.65 亿元，比上年增长 19.6%,完成地方一般预算收入 111.54 亿元,增长 17.4%。其中:实现增值税 16.81 亿元,下降 8.5%,实现营业税、企业所得税和个人所得税分别是 38.99 亿元、9.27 亿元和 4.50 亿元,分别增长 29.6%、48.7%和 11.9%。

图 2　2003–2009 年地方一般预算收入及增长速度

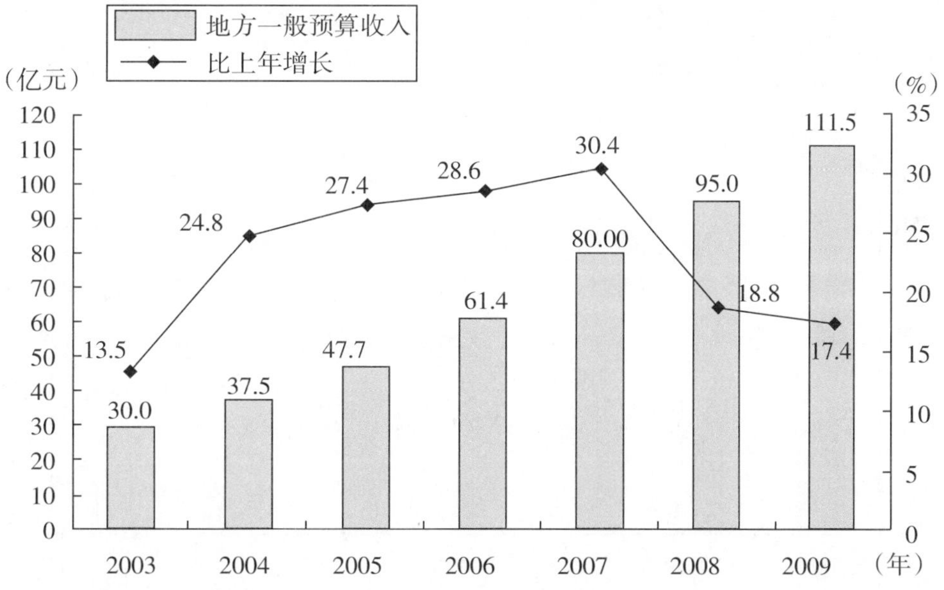

全年一般预算支出 427.80 亿元，比上年增长 32.4%；基金支出 82.16 亿元，增长 36.6%。其中，一般公共服务支出 46.49 亿元，增长 13.2%；公共安全支出 23.73 亿元，增长 24.7%；农林水事务支出 68.11 亿元，增长 52.9%；社会保障和就业支出 47.91 亿元，增长 22.4%；医疗卫生支出 21.90 亿元，增长 24.8%；环境保护支出 22.39 亿元，增长 31.4%；城乡社区事务支出 41.87 亿元，增长 34.4%。

二、农业

全年实现农林牧渔业总产值 243.5 亿元，比上年增长 8.2%；全年粮食总产量 340.7 万吨，增长 3.5%，实现连续六年增产，再创历史新高。

图 3　2003–2009 年粮食总产量

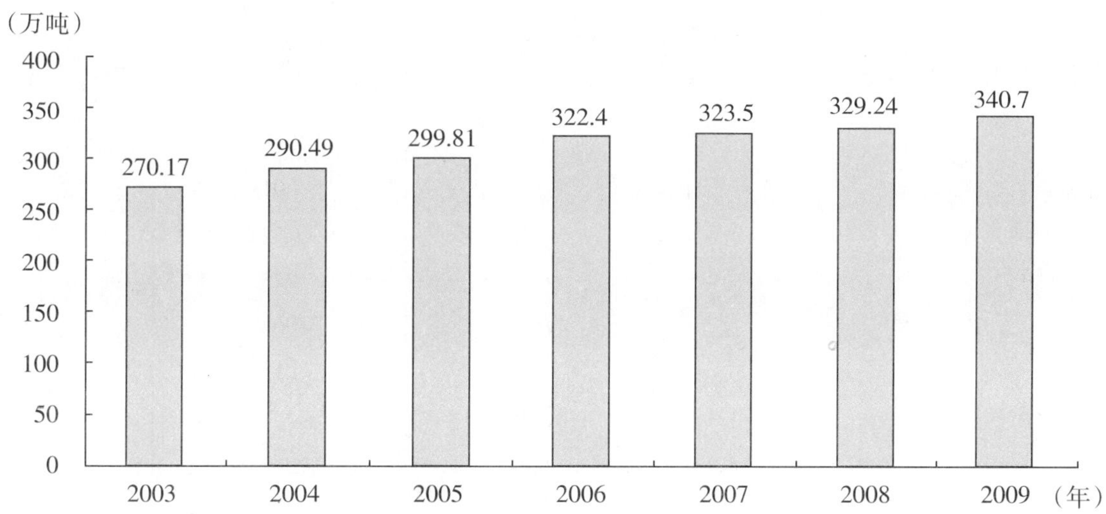

全年枸杞面积增长 11.3%，西甜瓜面积增长 3.4%，红枣面积增长 41.9%，葡萄面积增长 44.0%，蔬菜面积增长 16.1%。清真肉牛饲养量增长 5.0%，清真肉羊饲量增长 7.7%，水产养殖面积增长 18.4%；小麦、水稻、玉米等优质粮食面积增长 3.8%；肉类总产量 25.5 万吨，增长 8.1%，禽蛋产量 7.5 万吨，增长 13.2%，牛奶产量 81.1 万吨，下降 9.3%。

全年共完成荒山荒（沙）地造林面积 89.5 千公顷，其中，经济林面积 25.5 千公顷。2009 年末实有封山（沙）育林面积 227.1 千公顷。

三、工业和建筑业

全年完成规模以上工业增加值 523.15 亿元，比上年增长 14.3%。按经济类型分，国有及国有控股企业增加值 275.97 亿元，增长 8.0%；股份制企业增加值 430.09 亿元，增长 16.1%；外商及港澳台商投资企业增加值 24.55 亿元，下降 6.0%。按轻重工业分，轻工业增加值 85.69 亿元，增长 22.7%；重工业增加值 437.46 亿元，增长 12.8%。全区大中型企业完成工业增加值 367.04 亿元，增长 9.1%。

图 4　2003-2009 年全区规模以上工业增加值及增长速度

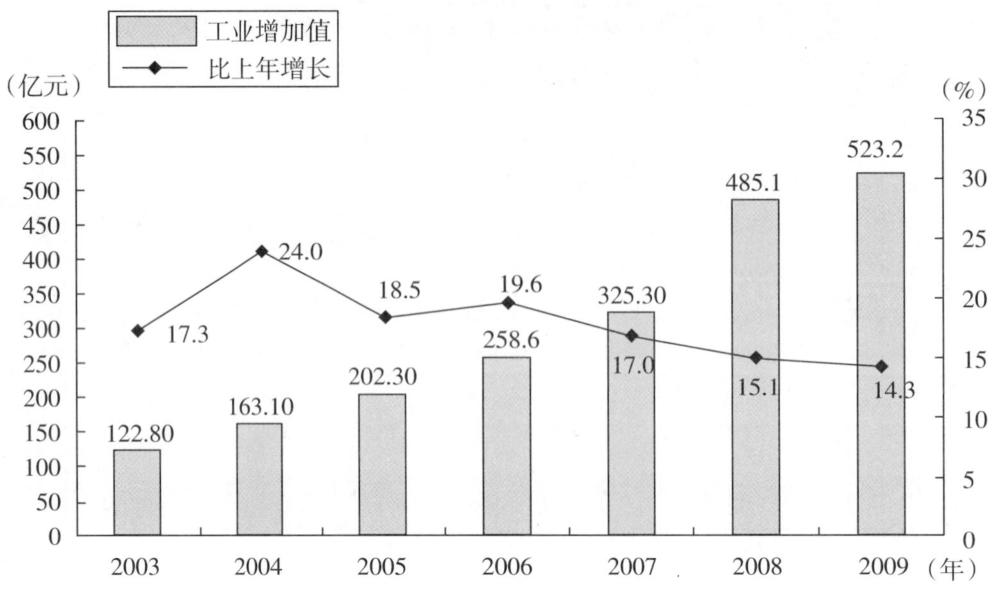

全年规模以上工业企业实现销售产值 1364.36 亿元，比上年增长 7.2%，工业产品销售率为 93.8%；工业品出口交货值 37.64 亿元，下降 27.4%。在全区重点监测考核的 48 种工业产品中，有 35 种产品产量增长，增长面达 72.9%。

表 3　2009 年全区主要工业产品产量及增长速度

指　标	单 位	产品产量	比上年增长(%)
原煤	万吨	5509.53	30.2
发电量	亿千瓦小时	478.96	3.5
焦碳	万吨	273.87	136.2
原铝	万吨	65.55	8.6
轮胎外胎	万条	225.62	8.0
化肥(折纯)	万吨	91.77	-1.8
烧碱(氢氧化纳)	万吨	52.07	8.4
电石(碳化钙)	万吨	243.34	23.5
水泥	万吨	1064.50	19.8
乳制品	万吨	13.57	2.3
液体乳	万吨	9.50	2.1
饮料酒	万升	15921.52	21.9
# 白酒	万升	2291.36	239.5
啤酒	万升	11997.68	8.7
葡萄酒	万升	998.87	58.8
羊绒	吨	9468.7	34.3
钼	公斤	296649	-22.0
铌	公斤	95870	71.7
自动化仪器仪表	台(套)	39029	12.6
金属切削机床	台	2949	-24.4
数控机床	台	1790	-32.7

全年规模以上工业企业盈亏相抵后实现利润 78.6 亿元,比上年增长 125.6%;工业经济效益综合指数 210.46,提高 27.85 点;工业企业资产贡献率 8.15%,资本保值增值率 124.84%,资产负债率 66.87%,流动资产周转次数 1.67 次, 成本费用利润率 6.03%, 全员劳动生产率 19.3 万元/人,产品销售率 93.77%。

全年完成建筑业总产值 259.21 亿元, 比上年增长 35.3%;建筑业企业房屋建筑施工面积 2113.44 万平方米,增长 26.0%; 房屋建筑竣工面积 923.25 万平方米, 增长 24.6%;按建筑业总产值计算的劳动生产率 126497 元/人,增长 11.8%。

四、固定资产投资

全年全社会完成固定资产投资 1119.14 亿元,比上年增长 30.3%。其中, 基本建设投资 694.55 亿元, 增长 34.1%;更新改造投资 131.81 亿元,增长 17.8%;房地产开发投资 162.74 亿元, 增长 38.4%。分城乡看, 城镇投资 1007.39 亿元, 增长 31.6%, 农村投资 111.75 亿元, 增长 20%。分投资主体看, 国有经济投资 713.53 亿元, 增长 30.8%;非国有经济投资 405.61 亿元,增长 29.4%。

图 5　2003–2009 年全社会固定资产投资总额及增长速度

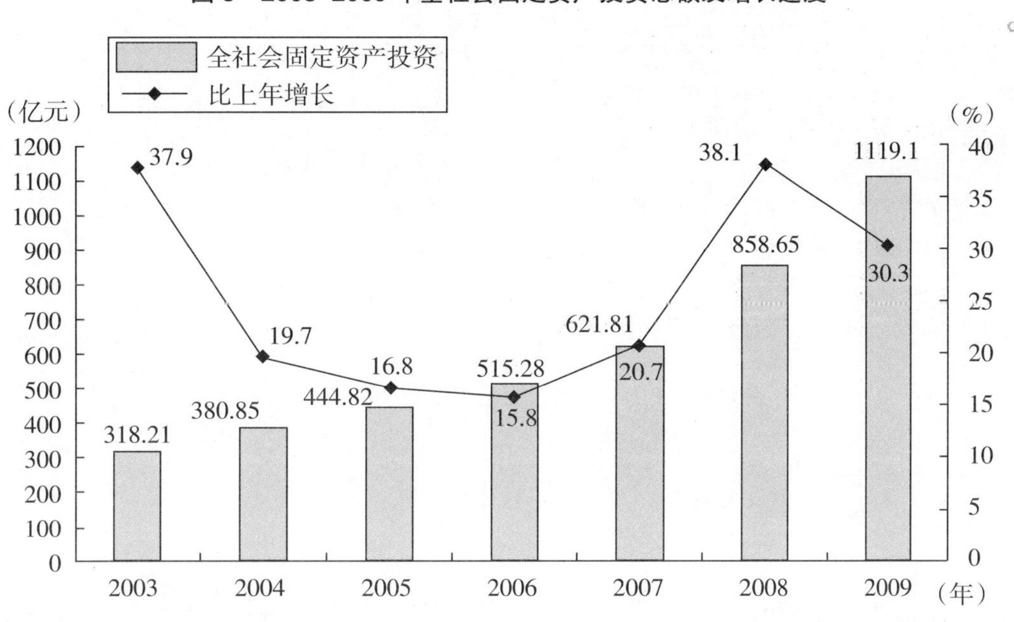

在城镇投资中, 第一产业投资 26.29 亿元, 增长 33.4%。第二产业投资 578.43 亿元,增长 34.6%,其中工业投资574.59 亿元,增长 34.2%。从工业内部看,采矿业投资 122.30 亿元, 增长 39.5%; 制造业投资 270 亿元, 增长 6.9%;电力燃气及水的生产和供应业投资 182.29 亿元,增长 1.1 倍; 工业投资在城镇投资中所占比重由上年的 55.9%上升为 57.0%, 对全区城镇投资增长的贡献达 60.5%。第三产业投资 402.67 亿元,增长 27.3%。

全年房地产开发投资 162.74 亿元, 比上年增长 38.4%。其中,住宅投资 126.08 亿元,增长 43.5%;商业营业用房投资 22.72 亿元, 增长 14.6%。商品房施工面积 1952.02 万平方米, 增长 23.5%, 竣工面积 741.23 万平方米,增长 16.9%。

全年商品房销售面积 775.29 万平方米, 比上年增长 50.6%。其中, 住宅销售面积 677.98 万平方米, 增长 49.6%;商品房销售额 239.53 亿元,增长 91.0%。其中,住宅销售额 191.47 亿元,增长 90.7%;经济适用住房投资 9.88 亿元,增长 40.4%;经济适用住房施工面积 143.27 万平方米,增长21.1%。

五、交通运输业

年末铁路通车里程 783 公里,公路通车里程 21805 公里, 增长 3.8%。高速公路里程 1022 公里, 比上年增长 2.1%。全年各种运输方式完成货物周转量 749.38 亿吨公里, 增长 4.4%; 完成旅客周转量 104.85 亿人公里, 增长 9.3%。机场旅客吞吐量 230.6 万人,增长 40.4%。

表 4　2009 年全区各种运输方式完成运输量及增长速度

运输方式	货物周转量		货运量		旅客周转量		客运量	
	绝对数（亿吨公里）	比上年增长（%）	绝对数（亿吨公里）	比上年增长（%）	绝对数（亿吨公里）	比上年增长（%）	绝对数（亿吨公里）	比上年增长（%）
总 计	749.38	4.4	28419.5	4.4	104.85	9.3	12658	6.4
铁 路	234.64	5.3	4075	–7.4	30.4	5.8	513	12.3
公 路	496.97	4.0	23263	6.9	61.02	6.1	12034	5.9
航 空	0.08	24.7	0.5	22.7	13.43	39.3	111	41.3
管 道	17.69	3.3	1081	2.4	–	–	–	–

注:2009 年对公路运输量调查口径进行调整,增长速度按可比口径计算。

全年完成邮政业务总量 3.03 亿元,比上年下降 6.5%;全年订销报刊累计数 6382.7 万份,增长 5.6%;函件 2398 万件,下降 22.4%;特快专递 113 万件,增长 25.7%。

年末全区固定电话用户达 114.5 万户，比上年下降 5.8%;本地局用交换机容量 126.8 万门,下降 0.07%。每百人拥有电话 18.53 部 ,净减 1.6 部。

年末全区移动电话用户达到 390.4 万户,增长 20.8%。互联网用户数 41.82 万户。每百人拥有移动电话 63.2 部,净增9.65 部。

六、国内贸易业和旅游业

全年实现社会消费品零售总额 339.32 亿元,比上年增长 19%,扣除价格因素实际增长 19.6%。分地域看,城市消费品零售额 241.73 亿元,增长 14.4%;县及县以下消费品零售额 97.59 亿元,增长 32.2%,增幅提高 5.6 个百分点。

图 6　2003–2009 年全区社会消费品零售总额及增长速度

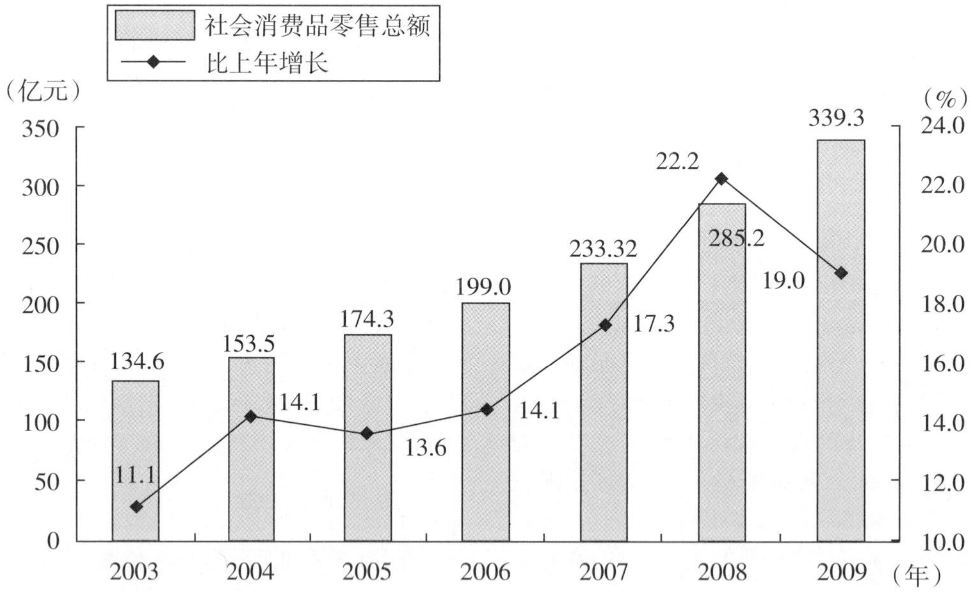

全年批发和零售业实现消费品零售额 278.63 亿元,比上年增长 18.4%；住宿和餐饮业实现消费品零售额 57.89 亿元,增长 22.2%。2009 年,私营经济实现消费品零售额 94.85 亿元,增长 21.3%;个体经济实现零售额 134.28 亿元,增长 18.5%;股份制经济实现零售额 79.93 亿元,增长 20.5%;国有经济实现零售额 23.75 亿元,增长 7.5%;集体经济实现零售额 5.02 亿元,增长 22.2%。全年限额以上批发和零售贸易企业实现零售额 141.31 亿元，增长 19.7%。

全年共接待国内外游客达到 910.3 万人次,实现旅游总收入 53.41 亿元,分别比上年增长 17.1%和 31.8%。

七、对外经济

据海关统计，全年实现进出口总额 12.02 亿美元,比上年下降 36.2%。其中，出口总额 7.43 亿美元，下降 41.0%;进口总额 4.59 亿美元,下降 26.4%。

全年高新技术产品出口 2.9 亿美元，比上年下降 33.7%,占全区出口总额的 39.0%,比上年提高了 6.9 个百分点;机电产品出口 0.87 亿美元,下降 41.7%;羊绒纱线出口增长36.4%;生物医药类出口增长 5.2%,其中,红霉素和泰勒菌素出口额分别增长 14.6%和 14.9% 。

全年实际利用外资1.42亿美元，比上年增长17.7%，其中实际利用外商直接投资0.7亿美元，比上年增长12.0%。2009年全区新批准外商直接投资项目14个，合同外资金额1.05亿美元。截止2009年底，全区注册登记外商投资企业累计达到304家。其中，中外合资企业占70%；外商独资企业占30%。制造业签订利用外商直接投资项目8个，合同额0.41亿美元。

八、金融、保险和证券业

截止2009年末，全区金融机构本外币各项存款余额2068.42亿元，比年初增加471.06亿元，同比多增161.13亿元。金融机构人民币各项存款余额2058.49亿元，增长29.4%，比年初增加468.73亿元，多增156.67亿元，其中，企业存款余额591.59亿元，比年初增加158.63亿元；居民储蓄存款余额967.72亿元，比年初增加173.23亿元。全区金融机构本外币各项贷款余额1928.71亿元，比年初增加515.27亿元，同比多增252.46亿元。全区金融机构人民币各项贷款余额1917.4亿元，增长36.7%，比年初增加515.65亿元，同比多增252.69亿元。

年末上市公司11家，总股本27.59亿股，总市值395.17亿元，比上年增长148.5%。其中，流通市值354.87亿元，增长212.4%。全区有16家证券营业部。全年证券交易额1636.69亿元，增长101.5%。

全年实现保费收入39.28亿元，比上年增长23.6%。其中，财产险11.84亿元，增长25.0%；人寿险22.45亿元，增长24.0%；健康险3.88亿元，增长15.4%；意外伤害险1.11亿元，增长31.2%。全年支付各项赔款和给付9.65亿元，增长13.2%。其中，财产险5.83亿元，增长20.9%；人寿险2.44亿元，下降5.9%；健康险1.1亿元，增长21.6%；意外伤害险0.28亿元，增长37.1%。

九、教育与科技

年末全区各级各类学校2881所，教职工82348人。其中，各类普通高校15所，招生数23816人，在校生78400人，毕业生17075人。其中，研究生招生1083人，在校研究生2836人，毕业研究生684人。中等职业教育学校39所，招生45839人，在校生96448人，毕业生20547人。普通中学355所，全区普通高中招生48084人，在校生140653人，毕业生44190人。全区普通初中招生108435人，初中阶段毛入学率103.5%，在校生298922人，毕业生93231人。小学2131所，普通小学招生104390人，小学学龄儿童入学率99.7%，在校生670621人，毕业生111121人。特殊学校6所，特殊教育招生187人，在校生1476人。幼儿园334所，幼儿园在园幼儿124903人。

全年登记区级科技成果206项，比上年增长15.7%。其中，基础理论成果44项，应用技术成果144项，软科学成果18项。全年申请专利量1277件，增长17.5%。其中，发明专利182件，增长13.8%。专利授权量910件，增长50.2%。其中，发明专利授权量52件，增长8.3%。

年末全区拥有国家级工程研究中心2个，自治区级工程研究中心19个，国家部委工程研究中心1个；国家重点实验室1个，省部共建重点实验室6个，自治区级重点实验室7个，国家部委重点实验室1个；国家级企业（集团）技术中心8个，自治区级企业（集团）技术中心37个。

十、文化、卫生和体育

年末全区共有各类艺术表演团体44个，公共图书馆21个，文化馆25个，博物馆5个。广播综合人口覆盖率92.9%；电视综合人口覆盖率97.3%；有线广播电视用户655142户。全年地方出版报纸20种，出版量10203万份；出版杂志36种，出版量719.5万册；出版图书940种，出版量181万册。

年末全区共有卫生机构1602个，床位22142张；卫生技术人员28311人。其中，执业医师、执业助理医师11981人，注册护士9846人。疾病预防控制中心25个，卫生工作人员1129人；妇幼保健机构22个，卫生工作人员1496人；卫生院236个，卫生工作人员3330人。全区有22个县（市）开展新型农村合作医疗工作，参加农民人数364.58万人，参合率94.5%，比上年提高2.5个百分点。

全年举办青少年单项比赛12次，举办全民健身活动118次，参加活动的人数总计达到200多万人。全区运动员在世界比赛中取得武术项目金牌1枚，在亚洲比赛中取得射击项目金牌2枚；在全国比赛中获金牌8枚、银牌8枚、铜牌9枚；全年有11人达国家一级运动员等级标准，139人达国家二级运动员等级标准，64人获得国家一级裁判员等级称号。

十一、人口、人民生活和社会保障

全年全区出生人口8.94万人，人口出生率为14.38‰；死亡人口2.92万人，人口死亡率为4.70‰；自然增加人口6.02万人，人口自然增长率9.68‰，比上年下降0.01个千分点。全年净增人口7.51万人，年末常住人口625.2万人。城镇人口占46.1%，乡村人口占53.9%。2009年末，城镇实有登记失业人数4.79万人，登记失业率4.4%。

全年城镇单位在岗职工工资总额189.12亿元，增长9.8%；城镇单位在岗职工平均工资34082元，增长10.9%。城镇居民人均可支配收入14025元，比上年增加1093元，增长8.5%，其中人均工资性收入9597元，增长9.1%；人均经营净收入2036元，增长9.7%；人均财产性收入281元，增长53.9%；人均转移性收入3636元，增长10.7%。人均消费性支出10280元，增长7.6%。其中，支出增幅较大的是：交通通讯和医疗保健，分别增长24.4%和12.9%。城镇居民家庭恩格尔系数（食品消费支出占消费性支出的比重）为33.4%，比上年下降1.7百分点。城镇10%最高收入户人均可支配收入35398元，城镇10%最低收入户人均可支配收入3857元。城镇居民人均住房建筑面积28.66平方米，比上年增加0.78平方米。

图7　2003–2009 年全区城镇居民人均可支配收入

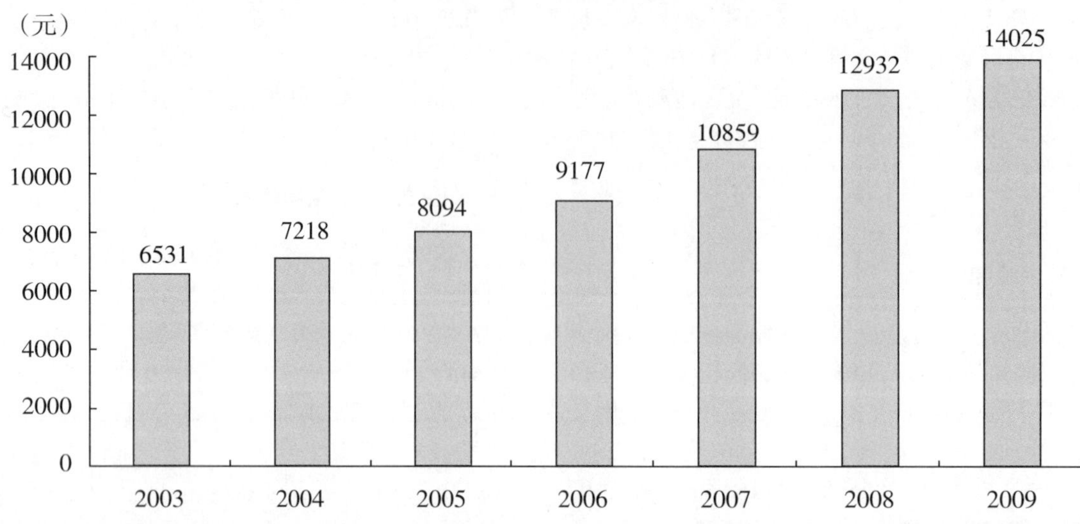

全年农民人均纯收入 4048 元，比上年增加 367 元，增长10%。农民人均生活消费支出 3348 元，增长 8.2%。农村居民家庭恩格尔系数为 41.7%，比上年上升 0.1 个百分点。农村 20%最高收入户人均纯收入 9168 元，农村 20%最低收入户人均纯收入 955 元。农村居民人均住房面积 24.5 平方米，比上年增加 1.4 平方米。

年末全区参加基本养老保险人数为 92.8 万人，比上年增长 12.4%，其中参保职工 69.4 万人，参保离退休人员 19.9 万人。离退休人员养老金社会化发放率继续保持在100%。参加失业保险的人数 47.96 万人，增长 7.4%。参加基本医疗保险人数 87 万人，增长 4.5%。其中，参保职工63.2 万人，参保退休人员 23.8 万人。截止 2009 年末，全区养老保险、失业保险、医疗保险、工伤保险和生育保险五项保险基金收入 59.73 亿元，较上年末增加 7.21 亿元，增长13.7%。年末五项社保基金累计结余 98.71 亿元，较上年末增加 17.32 亿元，增长 21.3%。到 2009 年底，全区享受低保救济的困难群众达 51.46 万人。其中，城镇 20.95 万人，农村 30.51 万人。全区共发行销售福利彩票 4.42 亿元，筹集公益资金 1.46 亿元。

图8　2003–2009 年全区农民人均纯收入

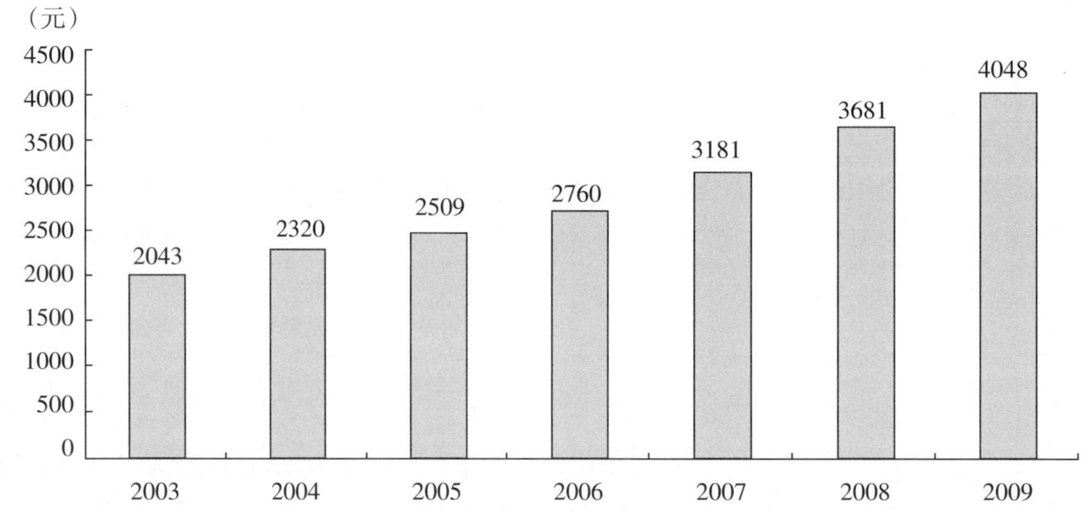

（元）

年份	2003	2004	2005	2006	2007	2008	2009
农民人均纯收入	2043	2320	2509	2760	3181	3681	4048

年末全区共有各类收养性社会福利单位数 95 个，床位数6567 张，收养各类人员 5856 人。

十二、能源、环境保护与安全生产

全区一次能源生产量比上年增长 29.7%，能源消费量比上年增长 4.9%。其中，第一产业能源消费量下降 1.4%；第二产业能源消费量增长 4.8%；第三产业能源消费量增长 3.2%；居民生活能源消费量增长 10.9%。初步核算，单位 GDP 综合能耗比上年下降 6.04%。单位 GDP 电耗下降5.7%。单位工业增加值能耗下降 8.7%。

年末全区环境保护系统人员 851 人，各级环境监测站 13 个，环境监测人员 274 人。全区自然保护区 13 个，面积 54.75 万公顷；国家级自然保护区 6 个。

全年各类事故死亡人数 591 人，比上年下降 10.4%。亿元GDP 死亡率 0.44 人，下降 26.7%；煤矿百万吨死亡率为 0.42 人；道路交通万车死亡率为 4.15 人，下降 34.1%。

注：1. 本公报中统计数据为初步统计数，正式数据以《宁夏统计年鉴–2010》为准。

2. 地区生产总值及各产业增加值和行业增加值指标绝对数按现价计算，增长速度按可比价格计算。

第一篇 Chapter 1

行政区划与自然资源
Administrative Division and Natural Resources

责任编辑:马中勇
资料整理:马中勇　杨如文　马　潇　陈　婷
Coordinator: Ma Zhongyong
Data Compilation: Ma Zhongyong Yang Ruwen Ma Xiao Chen Ting

1-1 全区行政区划、土地面积
Administrative Divisions and Land Area

（2009）

地 区	Region	乡 数（个） Townships (unit)	镇 数（个） Town (unit)	街道办事处（个） Urban Subdistrict Office (unit)	居委会（个） Neighbourhood Committees (unit)	村委会（个） Village Committees (unit)	土地面积（平方千米） Land Area (sq.km)
总 计	**Total**	**93**	**99**	**42**	**431**	**2317**	**66400.1**
银 川 市	**Yinchuan**	**6**	**21**	**23**	**211**	**271**	**9560.2**
兴 庆 区	Xingqing	2	2	11	95	32	827.5
西 夏 区	Xixia	0	2	6	48	16	1129.7
金 凤 区	Jinfeng	0	2	5	38	19	347.2
永 宁 县	Yongning	1	5	0	8	69	1190.8
贺 兰 县	Helan	1	4	0	7	59	1531.6
灵 武 市	Lingwu	2	6	1	15	76	4533.4
石嘴山市	**Shizuishan**	**9**	**11**	**16**	**107**	**191**	**5208.7**
大武口区	Dawukou	0	1	10	47	12	1214.3
惠 农 区	Huinong	3	3	6	39	38	1361.7
平 罗 县	Pingluo	6	7	0	21	141	2632.6
吴 忠 市	**Wuzhong**	**14**	**29**	**1**	**55**	**519**	**20732.4**
利 通 区	Litong	4	8	0	17	100	1313.8
红寺堡开发区	Hongsipu	2	2	0	2	47	2553.2
青铜峡市	Qingtongxia	0	8	1	19	82	2441.0
盐 池 县	Yanchi	4	4	0	11	96	8551.6
同 心 县	Tongxin	4	7	0	6	194	5872.8
固 原 市	**Guyuan**	**44**	**18**	**2**	**30**	**892**	**13457.2**
原 州 区	Yuanzhou	5	6	1	17	193	3520.0
西 吉 县	Xiji	16	3	0	4	306	3985.5
隆 德 县	Longde	10	3	1	3	127	1269.7
泾 源 县	Jingyuan	4	3	0	2	110	1442.6
彭 阳 县	Pengyang	9	3	0	4	156	3239.4
中 卫 市	**Zhongwei**	**20**	**20**	**0**	**28**	**444**	**17441.6**
中卫城区	District	2	10	0	17	160	6876.1
中 宁 县	Zhongning	6	5	0	7	118	4191.6
海 原 县	Haiyuan	12	5	0	4	166	6373.9

1-2 自然资源状况

Natural Resources

指　标	Item	单　位	Unit	2008
自然资源	**Natural Resources**			
耕 地	**Cultivated Area**	**万亩**	**10 000 mu**	**1660.59**
灌溉水田	Paddy Fields	万亩	10 000 mu	67.29
水浇地	Irrigable land	万亩	10 000 mu	534.52
旱地	Dry Fields	万亩	10 000 mu	1053.62
菜地	Vegetable Fields	万亩	10 000 mu	5.16
园 地	**Area of Garden Plot**	**万亩**	**10 000 mu**	**51.43**
果园	Orchards	万亩	10 000 mu	44.40
桑园	Mulberry Plantations	万亩	10 000 mu	2.04
其它园地	Others	万亩	10 000 mu	4.99
林　地	**Woodland Area**	**万亩**	**10 000 mu**	**909.28**
有林地	Woodland Area	万亩	10 000 mu	182.35
灌木林	Bushes	万亩	10 000 mu	156.69
疏林地	Sparse Forest	万亩	10 000 mu	17.12
未造成林林地	Woodland Unestablished	万亩	10 000 mu	547.30
迹地	Slash	万亩	10 000 mu	1.63
苗圃	Nursery	万亩	10 000 mu	4.18
牧草地	**Area of Grassland**	**万亩**	**10 000 mu**	**3396.34**
天然草地	Native Grassland	万亩	10 000 mu	3283.48
改良草地	Improved Grassland	万亩	10 000 mu	2.89
人工草地	Artificial Grassland	万亩	10 000 mu	109.96
其他农用地	**Area of Other land for Agriculture Use**	**万亩**	**10 000 mu**	**243.49**
畜禽饲养地	Animal Breeding Ground	万亩	10 000 mu	3.07
设施农业用地	Facility Agriculture	万亩	10 000 mu	0.15
农村道路	Rural Road	万亩	10 000 mu	34.47
坑塘水面	Swag Surface	万亩	10 000 mu	9.32
养殖水面	Breeding Aquatics	万亩	10 000 mu	9.40
农田水利用地	Irrigation and Water Conservancy Land	万亩	10 000 mu	76.17

1-2 续表 continued

指 标	Item	单 位	Unit	2008
田坎	Raised Path Through Fields	万亩	10 000 mu	104.19
晒谷场等用地	Grain-Sunning Ground	万亩	10 000 mu	6.72
居民及工矿用地	**Residential Settlements and Industry and Mining**	**万亩**	**10 000 mu**	**279.60**
城市	Cities	万亩	10 000 mu	25.70
建制镇	Organic Towns	万亩	10 000 mu	13.62
农村居民点	Country Residential Areas	万亩	10 000 mu	166.55
独立工矿	Independent Industrial and Mining Areas	万亩	10 000 mu	44.48
盐田	Salt Pan	万亩	10 000 mu	1.37
特殊用地	Special Use Areas	万亩	10 000 mu	27.87
交通用地	**Traffic Land**	**万亩**	**10 000 mu**	**27.89**
铁路	Railway	万亩	10 000 mu	4.88
公路	Highway	万亩	10 000 mu	22.22
民用机场	Civil Airport	万亩	10 000 mu	0.78
其他交通用地	Others	万亩	10 000 mu	0.01
水利设施用地	**Water Conservancy Facilities Land**	**万亩**	**10 000 mu**	**11.12**
水库水面	Reservoir	万亩	10 000 mu	8.44
水工建筑物	Hydraulic Structure	万亩	10 000 mu	2.69
未利用土地	**Unused Land**	**万亩**	**10 000 mu**	**1091.69**
荒草地	Wild Grass Ground	万亩	10 000 mu	128.59
盐碱地	Saline-alkali Soil	万亩	10 000 mu	93.39
沼泽地	Swampland	万亩	10 000 mu	5.57
沙地	Sand	万亩	10 000 mu	224.50
裸土地	Bare Earth	万亩	10 000 mu	1.50
裸岩石砾地	Uncovered Rock and Gravel	万亩	10 000 mu	154.39
其他	Others	万亩	10 000 mu	483.76
其他土地	**Other Land**	**万亩**	**10 000 mu**	**121.72**
河流水面	River	万亩	10 000 mu	59.37
湖泊水面	Lake	万亩	10 000 mu	13.55
苇地	Reed bed	万亩	10 000 mu	8.78
滩涂	Mudflat	万亩	10 000 mu	40.02

1-3 主要矿产资源储量

Reserves of Major Minerals

（2009）

矿产名称	Item	单位	Unit	查明资源储量 Resources Explored	资源保有量 Resources Inventory
能源矿产	**Reserves of Energy**				
煤炭	Coal	亿吨	100 million tons	334.32	325.42
金属矿产	**Reserves of Metals**				
铁矿(矿石)	Iron(Ore)	万吨	10 000 tons	340.60	249.08
铜矿(铜)	Copper(Metal)	万吨	10 000 tons	2.32	2.32
镁矿(矿石)	Magnesium(Ore)	万吨	10 000 tons	6557.28	6489.98
金矿(金)	Gold(Metal)	吨	ton	1.26	0.97
银矿(银)	Silver(Metal)	吨	ton	20.70	20.70
冶金辅助原料非金属矿产	**Reserves of Non-metallic (Metallurgical Ancillary Materials)**				
熔剂用灰岩(矿石)	Solvent Limestone(Ore)	万吨	10 000 tons	2484.10	2430.40
冶金用白云岩(矿石)	Metallurgical Dolostone(Ore)	万吨	10 000 tons	13576.40	13576.40
冶金用石英岩(矿石)	Metallurgical Quartzite(Ore)	万吨	10 000 tons	6090.74	5935.39
冶金用砂岩(矿石)	Metallurgical Sandstone(Ore)	万吨	10 000 tons	324.13	245.29
铸型用砂(矿石)	Casting Sand(Ore)	万吨	10 000 tons	107.80	78.60
耐火粘土(矿石)	Chamotte(Ore)	万吨	10 000 tons	505.70	461.30
化工原料非金属矿	**Reserves of Non-metallic (Chemical Materials)**				
硫铁矿(矿石)	Sulfurous Iron Ore	万吨	10 000 tons	5.90	5.80
电石用灰岩(矿石)	Calcium Carbide Limestone(Ore)	万吨	10 000 tons	3415.30	3272.32
制碱用灰岩(矿石)	Limestone for Alkali Making(Ore)	万吨	10 000 tons	1919.99	1919.99
磷矿(矿石)	Phosphorite(Ore)	万吨	10 000 tons	1377.10	1273.60
建材和其它非金属矿产	**Building Materials and Other Non-metallic Minerals**				
石膏(矿石)	Plaster(Ore)	万吨	10 000 tons	278199.76	276910.30
水泥用灰岩(矿石)	Cement Limestone(Ore)	万吨	10 000 tons	97801.81	90657.55
玻璃用白云岩(矿石)	Glass Dolostone(Ore)	万吨	10 000 tons	143.00	116.00
玻璃用砂岩(矿石)	Glass Sandstone(Ore)	万吨	10 000 tons	1925.84	1682.08
水泥配料用砂岩(矿石)	Cement Batching Sandstone(Ore)	万吨	10 000 tons	755.00	674.80
玻璃用砂(矿石)	Glass Sand(Ore)	万吨	10 000 tons	117.00	80.70
陶瓷土(矿石)	Ceramic Clay(Ore)	万吨	10 000 tons	137.50	128.40
砖瓦用粘土	Tile Clay(Ore)	万立方米	10 000 cu.m	993.10	776.16
水泥配料用粘土(矿石)	Cement Batching Clay(Ore)	万吨	10 000 tons	3613.00	3305.07
建筑用辉绿岩	Diabase for Building	万立方米	10 000 cu.m	253.00	253.00
饰面用大理岩	Griotte for Veneer	万立方米	10 000 cu.m	208.00	208.00
水泥配料用板岩(矿石)	Cement Batching Slate(Ore)	万吨	10 000 tons	1314.00	1292.00

1-4 主要年份气象资料

Meteorology in Main Year

年 份 Year	降水量(毫米) Precipitation(mm)		无霜期(天) Frost Free Period(day)		初霜日(日/月) Primary Frost Day(day/month)	
	引黄灌区 Yellow River Irrigation Areas	干旱山区 Arid Mountain Areas	引黄灌区 Yellow River Irrigation Areas	干旱山区 Arid Mountain Areas	引黄灌区 Yellow River Irrigation Areas	干旱山区 Arid Mountain Areas
1952	214.4		164		26/9	
1957	122.3	160.3	166	152	25/9	25/9
1965	115.9	178.7	123	189	6/9	14/10
1970	208.0	260.0	158	199	29/9	29/9
1975	172.4	188.6	166	177	4/10	29/10
1978	283.6	384.6	164	188	18/9	27/10
1985	252.5	477.8	180	208	1/10	20/10
1986	156.8	224.1	199	208	20/9	29/10
1987	172.8	160.7	179	169	19/10	19/10
1988	162.4	315.0	165	191	5/10	5/10
1989	224.8	257.3	149	187	11/10	19/10
1990	252.8	386.7	161	173	13/10	24/10
1991	165.2	296.0	154	184	4/10	20/10
1992	295.4	241.6	179	179	6/10	6/10
1993	152.4	252.1	148	192	28/9	15/10
1994	122.4	241.4	130	168	28/9	15/10
1995	203.7	317.8	142	212	24/9	25/9
1996	211.0	357.2	148	170	7/10	7/10
1997	110.0	209.7	148	173	20/9	25/9
1998	195.1	356.0	173	187	15/10	20/9
1999	143.3	231.4	241	225	15/10	20/9
2000	110.0	214.0	181	181	15/10	1/11
2001	202.1	298.0	165	180	4/10	9/10
2002	259.3	280.0	169	223	5/10	23/10
2003	203.0	281.7	197	185	14/10	5/10
2004	122.3	194.5	150	169	1/10	21/10
2005	83.4	119.4	207	226	8/10	14/10
2006	168.4	224.3	192	191	8/10	14/10
2007	207.9	307.2	193	207	14/10	19/10
2008	189.1	191.7	168	181	10/10	23/10
2009	181.5	176.9	196	216	17/10	17/10

注:引黄灌区以永宁县为代表,干旱山区以同心县为代表

a)Data of Yellow River Irrigation Areas refers to County Yongning,while Arid Mountain Areas refers to County Tongxin.

1-5 各市县主要气象资料

Meteorology by City and Country

（2009）

地 区	Region	气温(℃) Temperature (℃)			降水量（毫米） Precipitation	日照时数（小时） Hours of Sunshine	风速(0.1 米/秒) Wind Speed (0.1m/second)	
		平均 Average	最高 Highest	最低 Lowest	(mm)	(hours)	平均 Average	最大 Maximum
银川市	Yinchuan	10.5	17.0	4.9	180.0	2830.6	23	106
永宁县	Yongning	11.4	18.3	5.9	181.5	2670.2	18	143
贺兰县	Helan	9.5	17.1	3.4	185.5	2886.1	14	123
灵武市	Lingwu	9.8	17.5	3.2	185.7	2818.4	24	146
石嘴山市	Shizuishan	9.7	17.1	2.9	185.3	2777.4	16	169
惠农区	Huinong	10.1	17.0	4.0	186.8	3151.7	21	185
平罗县	Pingluo	10.4	17.2	4.7	147.9	2709.1	18	138
吴忠市	Wuzhong	11.1	17.9	5.7	190.8	2843.7	19	146
青铜峡市	Qingtongxia	10.3	17.3	4.4	170.5	3006.9	21	115
盐池县	Yanchi	8.6	16.1	1.9	280.7	2835.4	21	137
同心县	Tongxin	10.1	17.3	4.2	176.9	2960.4	30	165
固原市	Guyuan	8.0	14.1	3.0	357.1	2562.7	24	117
西吉县	Xiji	6.6	13.8	1.0	255.4	2379.6	16	103
隆德县	Longde	6.2	12.4	0.8	403.3	2343.5	17	98
泾源县	Jingyuan	7.2	13.0	2.8	549.7	2153.3	22	99
彭阳县	Pengyang	8.5	16.0	2.4	353.5	2342.1	16	135
中卫市	Zhongwei	10.2	17.5	4.1	148.6	3014.1	22	144
中宁县	Zhongning	10.8	17.9	5.1	148.1	2875.8	21	109
海原县	Haiyuan	8.4	14.5	3.6	277.7	2572.7	21	150

1-6 各市县分月度平均气温

Monthly Average Temperature by City and Country

单位:摄氏度　　　　　　(2009)　　　　　　(℃)

地　区	Region	1月 Jan.	2月 Feb.	3月 Mar.	4月 Apr.	5月 May	6月 June	7月 July	8月 Aug.	9月 Sept.	10月 Oct.	11月 Nov.	12月 Dec.	年平均 Annual Average
银川市	Yinchuan	-6.1	1.1	5.9	14.5	18.5	23.9	24.8	21.3	17.4	11.8	-1.4	-5.6	10.5
永宁县	Yongning	-5.0	1.9	6.8	15.7	19.8	25.2	26.2	22.6	18.5	11.9	-1.4	-5.3	11.4
贺兰县	Helan	-7.3	-0.1	5.2	13.8	17.9	22.7	24.1	20.5	16.2	10.7	-2.5	-6.7	9.5
灵武市	Lingwu	-6.4	0.2	5.3	14.2	17.6	22.3	24.0	20.6	16.6	10.2	-1.2	-5.6	9.8
石嘴山市	Shizuishan	-7.6	-0.2	4.9	13.7	18.6	24.2	24.9	20.9	16.5	10.5	-2.7	-7.4	9.7
惠农区	Huinong	-6.8	-0.1	5.0	14.0	18.5	24.0	25.1	21.5	17.4	11.5	-2.3	-6.3	10.1
平罗县	Pingluo	-6.3	0.4	5.4	14.2	18.8	24.3	25.2	21.6	17.6	11.6	-1.9	-5.9	10.4
吴忠市	Wuzhong	-5.0	1.6	6.4	15.1	18.8	24.2	25.1	21.6	17.8	12.0	0.0	-4.7	11.1
青铜峡市	Qingtongxia	-5.3	0.9	5.7	14.0	17.6	22.8	24.0	20.7	16.9	11.2	-0.3	-5.0	10.3
盐池县	Yanchi	-7.9	-0.6	3.7	12.0	16.4	22.3	22.7	19.0	15.3	9.8	-2.4	-7.0	8.6
同心县	Tongxin	-6.2	1.0	5.3	13.7	17.4	23.1	23.5	20.2	16.8	11.6	-0.8	-4.5	10.1
固原市	Guyuan	-6.1	-0.4	3.4	10.7	13.7	20.6	20.6	17.1	13.7	9.4	-1.5	-5.2	8.0
西吉县	Xiji	-8.2	-1.2	2.4	9.3	12.6	18.7	19.0	16.4	13.0	7.6	-3.4	-7.2	6.6
隆德县	Longde	-7.7	-1.4	1.8	8.6	11.1	17.4	18.0	15.5	12.4	7.1	-2.3	-6.3	6.2
泾源县	Jingyuan	-5.2	-0.1	2.7	9.3	11.6	18.5	18.6	15.4	12.2	8.5	-0.7	-4.7	7.2
彭阳县	Pengyang	5.9	0.1	4.1	11.4	14.5	20.8	21.4	18.0	14.4	9.4	-1.1	-5.2	8.5
中卫市	Zhongwei	-6.4	0.7	5.6	14.5	17.8	22.6	23.8	20.5	16.9	11.2	-0.7	-4.7	10.2
中宁县	Zhongning	-5.5	1.3	6.1	14.9	18.5	23.4	24.3	21.2	17.8	11.5	0.0	-3.9	10.8
海原县	Haiyuan	-5.3	0.1	3.9	11.5	14.5	20.6	20.7	17.4	14.1	9.5	-1.1	-4.9	8.4

1-7 各市县分月度降水量

Monthly Precipitation by City and Country

单位:毫米 （2009） (mm)

地 区	Region	1月 Jan.	2月 Feb.	3月 Mar.	4月 Apr.	5月 May	6月 June	7月 July	8月 Aug.	9月 Sept.	10月 Oct.	11月 Nov.	12月 Dec.	全年 Annual Total
银川市	Yinchuan	0.4	0.0	6.6	3.2	27.2	0.0	13.9	77.1	18.3	15.1	17.6	0.6	180.0
永宁县	Yongning	0.1	0.0	4.2	1.2	24.0	1.6	29.9	45.9	22.1	16.2	36.1	0.2	181.5
贺兰县	Helan	0.3	0.0	7.8	2.2	20.8	1.4	26.0	67.0	22.9	16.3	20.5	0.3	185.5
灵武市	Lingwu	0.0	0.2	2.0	2.5	24.4	4.0	16.1	80.3	22.9	17.1	15.7	0.5	185.7
石嘴山市	Shizuishan	0.2	0.0	3.8	0.7	14.9	0.5	63.3	40.4	35.7	8.0	13.2	4.6	185.3
惠农区	Huinong	0.5	0.0	2.7	0.5	21.2	0.4	57.5	38.0	43.5	7.5	15.0	0.0	186.8
平罗县	Pingluo	0.2	0.0	1.8	0.1	11.9	0.8	19.4	35.4	5.6	8.2	4.1	0.0	147.9
吴忠市	Wuzhong	0.1	1.2	0.6	0.6	25.3	6.9	14.4	84.2	26.0	17.8	12.8	0.9	190.8
青铜峡市	Qingtongxia	0.0	0.7	1.6	0.8	32.5	3.4	11.4	62.3	23.6	18.7	14.5	1.0	170.5
盐池县	Yanchi	0.2	2.8	7.6	4.0	22.7	3.3	64.0	131.4	20.0	9.3	14.1	1.3	280.7
同心县	Tongxin	0.2	6.4	2.5	0.6	9.6	11.1	42.9	76.1	8.7	17.9	6.2	0.7	176.9
固原市	Guyuan	1.2	14.4	8.0	12.0	23.3	23.3	68.7	141.7	23.5	18.6	19.7	3.7	357.1
西吉县	Xiji	2.0	6.6	10.8	15.9	16.5	4.8	64.9	81.0	15.1	26.4	10.3	1.1	255.4
隆德县	Longde	4.5	7.3	23.5	17.8	38.1	25.7	82.4	109.1	39.4	39.6	13.3	2.6	403.3
泾源县	Jingyuan	4.2	18.2	33.2	24.1	52.0	15.9	80.1	188.2	69.9	37.5	24.1	2.3	549.7
彭阳县	Pengyang	1.4	14.8	12.1	10.7	33.8	33.1	51.6	123.4	23.2	22.4	24.7	2.3	353.5
中卫市	Zhongwei	0.2	0.9	0.0	0.5	16.4	10.0	11.9	63.2	16.8	17.5	10.6	0.6	148.6
中宁县	Zhongning	0.0	1.1	0.0	0.1	18.4	11.0	12.5	55.8	21.3	15.7	11.8	0.4	148.1
海原县	Haiyuan	0.4	4.8	3.4	2.3	12.7	10.2	71.6	105.3	39.3	16.0	8.9	2.8	277.7

1-8　各市县分月度日照时数

Monthly Sunshine Hours by City and Country

单位:小时　　　　(2009)　　　　(hour)

地　区	Region	1月 Jan.	2月 Feb.	3月 Mar.	4月 Apr.	5月 May	6月 June	7月 July	8月 Aug.	9月 Sept.	10月 Oct.	11月 Nov.	12月 Dec.	全年 Annual Total
银川市	Yinchuan	195.6	181.1	239.7	265.8	292.9	322.3	283.1	239.8	201.5	266.4	176.1	166.3	2830.6
永宁县	Yongning	202.5	187.8	240.3	256.9	276.5	305.7	239.8	217.9	182.2	252.7	156.8	151.1	2670.2
贺兰县	Helan	184.8	170.9	237.3	281.7	308.4	327.2	291.0	254.8	211.6	271.4	185.1	161.9	2886.1
灵武市	Lingwu	202.3	152.5	216.9	248.3	274.6	339.8	300.7	234.3	205.2	258.6	191.3	193.9	2818.4
石嘴山市	Shizuishan	197.5	187.5	247.6	261.4	299.7	317.0	260.7	236.1	199.1	258.7	167.4	144.7	2777.4
惠农区	Huinong	234.7	211.5	259.4	289.4	325.1	347.1	313.9	273.1	223.9	269.3	202.9	201.4	3151.7
平罗县	Pingluo	212.8	195.2	240.4	248.5	280.7	302.1	229.6	201.8	181.3	255.6	184.8	176.3	2709.1
吴忠市	Wuzhong	203.5	174.3	226.6	261.0	287.7	326.5	283.0	242.7	195.1	259.3	196.6	187.4	2843.7
青铜峡市	Qingtongxia	227.9	175.4	239.6	272.3	286.9	324.8	265.5	267.8	225.0	280.7	216.5	224.5	3006.9
盐池县	Yanchi	226.6	192.2	238.3	258.7	280.7	316.5	246.1	212.9	191.1	259.3	210.6	202.4	2835.4
同心县	Tongxin	243.6	184.5	248.1	263.4	301.9	335.0	268.4	221.4	186.5	255.9	224.1	233.9	2960.4
固原市	Guyuan	211.0	158.7	216.5	253.4	232.7	283.1	208.7	212.2	156.7	211.3	201.8	216.6	2562.7
西吉县	Xiji	202.1	155.0	217.4	219.3	229.7	277.3	202.0	196.3	125.0	212.4	143.4	199.7	2379.6
隆德县	Longde	205.4	141.1	215.2	214.3	217.1	264.4	188.2	186.4	138.3	204.0	174.9	194.2	2343.5
泾源县	Jingyuan	196.1	139.9	190.3	197.4	190.1	244.1	169.3	137.4	125.3	176.3	173.4	213.7	2153.3
彭阳县	Pengyang	220.5	130.4	208.3	225.5	207.4	274.9	205.2	150.7	131.5	196.7	186.5	204.5	2342.1
中卫市	Zhongwei	218.8	183.5	242.5	284.2	310.2	340.2	293.4	257.6	205.5	257.3	215.8	205.1	3014.1
中宁县	Zhongning	216.4	190.2	237.1	267.6	289.9	322.9	280.2	249.1	191.4	238.5	194.2	198.2	2875.7
海原县	Haiyuan	214.3	174.2	240.9	247.7	226.2	275.6	192.8	165.1	170.2	228.9	213.3	223.5	2572.7

第二篇 Chapter 2

综 合
General Survey

责任编辑：马中勇
资料整理：马中勇　杨如文　马　潇　陈　婷
Coordinator: Ma Zhongyong
Data Compilation: Ma Zhongyong Yang Ruwen Ma Xiao Chen Ting

2-1 各部门机构单位数

Grass-roots Units in Various Sectors

单位:个 （2009） （unit）

项 目	Item	法人单位 Judicial Entities	企业法人 Enterprises	事业法人 Institutions
合 计	**Total**	**33418**	**19061**	**2836**
按登记注册类型分组	**Grouped by Registration Status**	**33418**	**19061**	**2836**
内资企业	**Domestic Funded Enterprises**	**33290**	**18936**	**2836**
国有	State-owned	5334	684	2762
集体	Collective-owned	607	374	31
股份合作	Cooperative	107	100	0
联营企业	Joint Ownership	53	35	5
国有联营	State Joint Ownership	14	9	3
集体联营	Collective Joint Ownership	12	9	1
国有与集体联营	Joint State-Collective Ownership	9	3	0
其他联营	Other Joint Ownership	18	14	1
有限责任公司	Limited Liability Corporations	2165	2142	0
国有独资公司	State Sole Funded Corporations	93	93	0
其他有限责任公司	Other Limited Liability Corporations	2072	2049	0
股份有限公司	Share-holding Corporations Ltd	308	305	0
私营企业	Private Enterprises	14944	14648	0
私营独资	Private-funded Enterprises	3932	3756	0
私营合伙	Private Partnership Enterprises	580	532	0
私营有限责任公司	Private Limited Liability Corporations	9918	9858	0
私营股份有限公司	Private Share-holding Corporations Ltd.	514	502	0
其他内资	Other Domestic Funded	9772	648	38
港、澳、台商投资企业	**Enterprises with Funds from Hong Kong, Macao and Taiwan**	**35**	**34**	**0**
与港澳台商合资经营	Joint-ventures	14	14	0
与港澳台商合作经营	Cooperative	2	2	0
港澳台商独资	Enterprises with Sole Investment	7	6	0
港澳台商投资股份有限公司	Share-holding Corporations Ltd	12	12	0
外商投资企业	**Foreign Funded Enterprises**	**93**	**91**	**0**
中外合资经营	Joint-ventures	51	51	0
中外合作经营	Cooperation	7	6	0

2-1 续表 1 continued

单位:个 (2009) (unit)

项目	Item	机关法人 Government Agencies and Organizations	社团法人 Mass Organizations	其他法人 Others	产业活动单位 establ-ishments
合计	**Total**	**1487**	**2258**	**7776**	**41533**
按登记注册类型分组	**Grouped by Registration Status**	**1487**	**2258**	**7776**	**41533**
内资企业	**Domestic Funded Enterprises**	**1487**	**2258**	**7773**	**41265**
国有	State-owned	1487	330	71	11000
集体	Collective-owned	0	32	170	799
股份合作	Cooperative	0	3	4	352
联营企业	Joint Ownership	0	6	7	105
国有联营	State Joint Ownership	0	0	2	14
集体联营	Collective Joint Ownership	0	2	0	13
国有与集体联营	Joint State-Collective Ownership	0	4	2	13
其他联营	Other Joint Ownership	0	0	3	65
有限责任公司	Limited Liability Corporations	0	1	22	2619
国有独资公司	State Sole Funded Corporations	0	0	0	143
其他有限责任公司	Other Limited Liability Corporations	0	1	22	2476
股份有限公司	Share-holding Corporations Ltd	0	0	3	888
私营企业	Private Enterprises	0	24	272	15551
私营独资	Private-funded Enterprises	0	10	166	4032
私营合伙	Private Partnership Enterprises	0	12	36	605
私营有限责任公司	Private Limited Liability Corporations	0	0	60	10362
私营股份有限公司	Private Share-holding Corporations Ltd.	0	2	10	552
其他内资	Other Domestic Funded	0	1862	7224	9951
港、澳、台商投资企业	**Enterprises with Funds from Hong Kong, Macao and Taiwan**	**0**	**0**	**1**	**69**
与港澳台商合资经营	Joint-ventures	0	0	0	15
与港澳台商合作经营	Cooperative	0	0	0	2
港澳台商独资	Enterprises with Sole Investment	0	0	1	9
港澳台商投资股份有限公司	Share-holding Corporations Ltd	0	0	0	43
外商投资企业	**Foreign Funded Enterprises**	**0**	**0**	**2**	**173**
中外合资经营	Joint-ventures	0	0	0	63
中外合作经营	Cooperation	0	0	1	12

2-1 续表 2 continued

单位:个 （2009） （unit）

项 目	Item	法人单位 Judicial Entities	企业法人 Enterprises	事业法人 Institutions
外资企业	Enterprises with Sole Funds	31	30	0
外商投资股份有限公司	Share-holding Corporations Ltd.	4	4	0
按国民经济行业分组	**Grouped by Sector**	**33418**	**19061**	**2836**
农、林、牧、渔业	**Agriculture, Forestry, Animal Husbandry and Fishery**	**1054**	**772**	**58**
农 业	Agriculture	339	257	8
林 业	Forestry	109	73	25
畜牧业	Animal Husbandry	419	322	3
渔 业	Fishery	42	37	1
农、林、牧、渔服务业	Services in Support of Agriculture	145	83	21
采掘业	**Mining and Quarrying**	**596**	**595**	**0**
煤炭开采和洗选业	Mining and Washing of Coal	285	285	0
石油和天然气开采业	Extraction of Petroleum and Natural Gas	48	48	0
黑色金属矿采选业	Mining and Processing of Ferrous Metal Ores	15	15	0
有色金属矿采选业	Mining and Processing of Non-ferrous Metal Ores	5	5	0
非金属矿采选业	Mining and Processing of Nonmetal Ores	242	241	0
其他采矿业	Mining of Other Ores	1	1	0
制造业	**Manufacturing**	**4197**	**4196**	**0**
农副食品加工业	Processing of Food from Agricultural Products	608	608	0
食品制造业	Manufacture of Foods	199	199	0
饮料制造业	Manufacture of Beverages	112	112	0
烟草制品业	Manufacture of Tobacco	1	1	0
纺织业	Manufacture of Textile	126	126	0
纺织服装、鞋、帽制造业	Manufacture of Textile Wearing Apparel, Footware and Caps	28	28	0
皮革、毛皮、羽毛(绒)及其制品业	Manufacture of Leather,Fur,Feather and Related Products	40	40	0
木材加工及木、竹、藤、棕、草制品业	Processing of Timber,Manufacture of Wood, Bamboo,Rattan,Palm and Straw Products	39	39	0
家具制造业	Manufacture of Furniture	51	51	0
造纸及纸制品业	Manufacture of Paper and Paper Products	89	88	0
印刷业和记录媒介的复制业	Printing,Reproduction of Recording Media	175	175	0
文教体育用品制造业	Manufacture of Articles for Culture,Education and Sport Activities	5	5	0

2-1 续表 3 continued

单位:个 (2009) (unit)

项　　目	Item	机关法人 Government Agencies and Organizations	社团法人 Mass Organi-zations	其他法人 Others	产业活动单位 establ-ishments
外资企业	Enterprises with Sole Funds	0	0	1	88
外商投资股份有限公司	Share-holding Corporations Ltd.	0	0	0	10
按国民经济行业分组	**Grouped by Sector**	**1487**	**2258**	**7776**	**41533**
农、林、牧、渔业	**Agriculture, Forestry, Animal Husbandry and Fishery**	**0**	**0**	**224**	**1250**
农　业	Agriculture	0	0	74	370
林　业	Forestry	0	0	11	134
畜牧业	Animal Husbandry	0	0	94	431
渔　业	Fishery	0	0	4	45
农、林、牧、渔服务业	Services in Support of Agriculture	0	0	41	270
采掘业	**Mining and Quarrying**	**0**	**0**	**1**	**622**
煤炭开采和洗选业	Mining and Washing of Coal	0	0	0	306
石油和天然气开采业	Extraction of Petroleum and Natural Gas	0	0	0	48
黑色金属矿采选业	Mining and Processing of Ferrous Metal Ores	0	0	0	16
有色金属矿采选业	Mining and Processing of Non-ferrous Metal Ores	0	0	0	5
非金属矿采选业	Mining and Processing of Nonmetal Ores	0	0	1	246
其他采矿业	Mining of Other Ores	0	0	0	1
制造业	**Manufacturing**	**0**	**0**	**1**	**4305**
农副食品加工业	Processing of Food from Agricultural Products	0	0	0	634
食品制造业	Manufacture of Foods	0	0	0	213
饮料制造业	Manufacture of Beverages	0	0	0	114
烟草制品业	Manufacture of Tobacco	0	0	0	1
纺织业	Manufacture of Textile	0	0	0	132
纺织服装、鞋、帽制造业	Manufacture of Textile Wearing Apparel, Footware and Caps	0	0	0	29
皮革、毛皮、羽毛(绒)及其制品业	Manufacture of Leather,Fur,Feather and Related Products	0	0	0	40
木材加工及木、竹、藤、棕、草制品业	Processing of Timber,Manufacture of Wood, Bamboo,Rattan,Palm and Straw Products	0	0	0	39
家具制造业	Manufacture of Furniture	0	0	0	51
造纸及纸制品业	Manufacture of Paper and Paper Products	0	0	1	90
印刷业和记录媒介的复制业	Printing,Reproduction of Recording Media	0	0	0	180
文教体育用品制造业	Manufacture of Articles for Culture,Education and Sport Activities	0	0	0	5

2-1 续表 4 continued

单位:个　　　　（2009）　　　　（unit）

项　目	Item	法人单位 Judicial Entities	企业法人 Enterprises	事业法人 Institutions
石油加工、炼焦及核燃料加工业	Processing of Petroleum,Coking,Processing of Nuclear Fuel	60	60	0
化学原料及化学制品制造业	Manufacture of Raw Chemical Materials and Chemical Products	364	364	0
医药制造业	Manufacture of Medicines	37	37	0
化学纤维制造业	Manufacture of Chemical Fibers	2	2	0
橡胶制品业	Manufacture of Rubber	23	23	0
塑料制品业	Manufacture of Plastics	157	157	0
非金属矿物制品业	Manufacture of Non-metallic Mineral Products	1033	1033	0
黑色金属冶炼及压延加工业	Smelting and Pressing of Ferrous Metals	137	137	0
有色金属冶炼及压延加工业	Smelting and Pressing of Non-ferrous Metals	65	65	0
金属制品业	Manufacture of Metal Products	228	228	0
通用设备制造业	Manufacture of General Purpose Machinery	237	237	0
专用设备制造业	Manufacture of Special Purpose Machinery	105	105	0
交通运输设备制造业	Manufacture of Transport Equipment	88	88	0
电气机械及器材制造业	Manufacture of Electrical Machinery and Equipment	92	92	0
通信设备、计算机及其他电子设备制造业	Manufacture of Communication Equipment, Computers and Other Electronic Equipment	6	6	0
仪器仪表及文化、办公用机械制造业	Manufacture of Measuring Instruments and Machinery for Cultural Activity and Office Work	28	28	0
工艺品及其他制造业	Manufacture of Artwork and Other Manufacturing	53	53	0
废弃资源和废旧材料回收加工业	Recycling and Disposal of Waste	9	9	0
电力、煤气及水的生产和供应业	**Production and Supply of Electricity, Gas and Water**	**173**	**170**	**2**
电力、热力的生产和供应业	Production and Supply of Electric Power and Heat Power	98	98	0
燃气生产和供应业	Production and Supply of Gas	28	28	0
水的生产和供应业	Production and Supply of Water	47	44	2
建筑业	**Construction**	**1047**	**1047**	**0**
房屋和土木工程建筑业	Construction of Buildings and Civil Engineering	521	521	0
建筑安装业	Building Installation	164	164	0
建筑装饰业	Building Decoration	295	295	0
其他建筑业	Other Construction	67	67	0
交通运输、仓储和邮政业	**Transport,Storage and Post**	**527**	**483**	**34**
铁路运输业	Railway Transport	3	3	0

2-1 续表 5 continued

单位:个 (2009) (unit)

项目	Item	机关法人 Government Agencies and Organizations	社团法人 Mass Organi-zations	其他法人 Others	产业活动单位 establ-ishments
石油加工、炼焦及核燃料加工业	Processing of Petroleum,Coking,Processing of Nuclear Fuel	0	0	0	60
化学原料及化学制品制造业	Manufacture of Raw Chemical Materials and Chemical Products	0	0	0	373
医药制造业	Manufacture of Medicines	0	0	0	38
化学纤维制造业	Manufacture of Chemical Fibers	0	0	0	2
橡胶制品业	Manufacture of Rubber	0	0	0	23
塑料制品业	Manufacture of Plastics	0	0	0	158
非金属矿物制品业	Manufacture of Non-metallic Mineral Products	0	0	0	1057
黑色金属冶炼及压延加工业	Smelting and Pressing of Ferrous Metals	0	0	0	138
有色金属冶炼及压延加工业	Smelting and Pressing of Non-ferrous Metals	0	0	0	68
金属制品业	Manufacture of Metal Products	0	0	0	230
通用设备制造业	Manufacture of General Purpose Machinery	0	0	0	240
专用设备制造业	Manufacture of Special Purpose Machinery	0	0	0	107
交通运输设备制造业	Manufacture of Transport Equipment	0	0	0	90
电气机械及器材制造业	ManufactureofElectricalMachineryandEquipment	0	0	0	92
通信设备、计算机及其他电子设备制造业	Manufacture of Communication Equipment, Computers and Other Electronic Equipment	0	0	0	7
仪器仪表及文化、办公用机械制造业	Manufacture of Measuring Instruments and Machinery for Cultural Activity and Office Work	0	0	0	28
工艺品及其他制造业	ManufactureofArtworkandOtherManufacturing	0	0	0	57
废弃资源和废旧材料回收加工业	Recycling and Disposal of Waste	0	0	0	9
电力、煤气及水的生产和供应业	**Production and Supply of Electricity, Gas and Water**	**0**	**0**	**1**	**243**
电力、热力的生产和供应业	Production and Supply of Electric Power and Heat Power	0	0	0	157
燃气生产和供应业	Production and Supply of Gas	0	0	0	30
水的生产和供应业	Production and Supply of Water	0	0	1	56
建筑业	**Construction**	**0**	**0**	**0**	**1345**
房屋和土木工程建筑业	Construction of Buildings and Civil Engineering	0	0	0	793
建筑安装业	Building Installation	0	0	0	177
建筑装饰业	Building Decoration	0	0	0	301
其他建筑业	Other Construction	0	0	0	74
交通运输、仓储和邮政业	**Transport,Storage and Post**	**0**	**0**	**10**	**763**
铁路运输业	Railway Transport	0	0	0	3

2-1 续表 6 continued

单位:个 （2009） （unit）

项目	Item	法人单位 Judicial Entities	企业法人 Enterprises	事业法人 Institutions
道路运输业	Road Transport	317	284	29
城市公共交通业	Urban Public Transport	56	55	0
水上运输业	Water Transport	3	3	0
航空运输业	Air Transport	9	8	1
管道运输业	Transport Via Pipelines	2	2	0
装卸搬运和其他运输服务业	Loading,Unloading and Other Transport Services	65	64	0
仓储业	Storage	51	46	4
邮政业	Post	21	18	0
信息传输、计算机服务和软件业	**Information Transmission,Computer Services and Software**	**677**	**644**	**15**
电信和其他信息传输服务业	Telecommunications and Other Information Transmission Services	89	76	11
计算机服务业	Computer Services	529	509	4
软件业	Software	59	59	0
批发和零售业	**Wholesale and Retail Trades**	**7000**	**6997**	**1**
批发业	Wholesale Trade	3870	3869	1
零售业	Retail Trade	3130	3128	0
住宿和餐饮业	**Hotels and Catering Services**	**561**	**544**	**4**
住宿业	Hotels	298	287	2
餐饮业	Catering Services	263	257	2
金融业	**Financial Intermediation**	**241**	**224**	**8**
银行业	Bank	52	44	3
证券业	Security Activities	6	6	0
保险业	Insurance	48	46	1
其　他	Other Financial Activities	135	128	4
房地产业	**Real Estate**	**887**	**873**	**3**
房地产业	Real Estate	887	873	3
租赁和商务服务业	**Leasing and Business Serveces**	**1550**	**1356**	**98**
租赁业	Leasing	242	237	0
商务服务业	Business Services	1308	1119	98
科学研究、技术服务和地质勘查业	**Scientific Research,Technical Service and Geologic Prospecting**	**684**	**398**	**264**
研究与试验发展	Research and Experimental Development	47	23	21
专业技术服务业	Professional Technical Services	413	289	117
科技交流和推广服务业	Services of Science and Technology Exchanges and Promotion	199	70	117
地质勘查业	Geologic Prospecting	25	16	9

2-1 续表 7 continued

单位:个 （2009） （unit）

项目	Item	机关法人 Government Agencies and Organizations	社团法人 Mass Organi-zations	其他法人 Others	产业活动单位 establ-ishments
道路运输业	Road Transport	0	0	4	436
城市公共交通业	Urban Public Transport	0	0	1	64
水上运输业	Water Transport	0	0	0	4
航空运输业	Air Transport	0	0	0	10
管道运输业	Transport Via Pipelines	0	0	0	2
装卸搬运和其他运输服务业	Loading,Unloading and Other Transport Services	0	0	1	66
仓储业	Storage	0	0	1	72
邮政业	Post	0	0	3	106
信息传输、计算机服务和软件业	**Information Transmission,Computer Services and Software**	**0**	**0**	**18**	**828**
电信和其他信息传输服务业	Telecommunications and Other Information Transmission Services	0	0	2	233
计算机服务业	Computer Services	0	0	16	536
软件业	Software	0	0	0	59
批发和零售业	**Wholesale and Retail Trades**	**0**	**0**	**2**	**7944**
批发业	Wholesale Trade	0	0	0	4202
零售业	Retail Trade	0	0	2	3742
住宿和餐饮业	**Hotels and Catering Services**	**0**	**0**	**13**	**614**
住宿业	Hotels	0	0	9	324
餐饮业	Catering Services	0	0	4	290
金融业	**Financial Intermediation**	**4**	**0**	**5**	**1339**
银行业	Bank	4	0	1	926
证券业	Security Activities	0	0	0	6
保险业	Insurance	0	0	1	200
其 他	Other Financial Activities	0	0	3	207
房地产业	**Real Estate**	**0**	**0**	**11**	**904**
房地产业	Real Estate	0	0	11	904
租赁和商务服务业	**Leasing and Business Serveces**	**0**	**0**	**96**	**1667**
租赁业	Leasing	0	0	5	257
商务服务业	Business Services	0	0	91	1410
科学研究、技术服务和地质勘查业	**Scientific Research,Technical Service and Geologic Prospecting**	**0**	**0**	**22**	**998**
研究与试验发展	Research and Experimental Development	0	0	3	47
专业技术服务业	Professional Technical Services	0	0	7	479
科技交流和推广服务业	Services of Science and Technology Exchanges and Promotion	0	0	12	446
地质勘查业	Geologic Prospecting	0	0	0	26

2-1 续表 8 continued

单位：个 （2009） （unit）

项目	Item	法人单位 Judicial Entities	企业法人 Enterprises	事业法人 Institutions
水利、环境和公共设施管理业	**Management of Water Conservancy, Environment and Public Facilities**	**257**	**101**	**147**
水利管理业	Management of Water Conservancy	87	8	76
环境管理业	Environmental Management	55	15	37
公共设施管理业	Management of Public Facilities	115	78	34
居民服务和其他服务业	**Services to Households and Other Services**	**451**	**412**	**7**
居民服务业	Services to Households	157	129	6
其他服务业	Other Services	294	283	1
教 育	**Education**	1379	59	991
教育	Education	1379	59	991
卫生、社会保障和社会福利业	**Health,Social Security and Social Welfare**	**801**	**68**	**426**
卫生	Health	710	68	356
社会保障业	Social Security	47	0	46
社会福利业	Social Welfare	44	0	24
文化、体育和娱乐业	**Culture,Sports and Entertainment**	**324**	**122**	**158**
新闻出版业	Journalism and Publishing Activities	28	5	20
广播、电视、电影和音像业	Broadcasting,Movies,Television and Audiovisual Activities	49	28	21
文化艺术业	Cultural and Art Activities	112	7	94
体育	Sports Activities	43	2	19
娱乐业	Entertainment	92	80	4
公共管理和社会组织	**Public Management and Social Organization**	**11012**	**0**	**620**
中国共产党机关	Organs of Communist Party of China	188	0	4
国家机构	Government Agencies	1848	0	615
人民政协和民主党派	People´s Political Consultative Conference and Democratic Parties	67	0	1
群众团体、社会团体和宗教组织	Non-governmental Organizations,Social Organizations and Religion Organizations	6174	0	0
基层群众自治组织	Grass Roots Self-governing Organizations	2735	0	0

2-1 续表 9 continued

单位:个 （2009） （unit）

项　目	Item	机关法人 Government Agencies and Organizations	社团法人 Mass Organi-zations	其他法人 Others	产业活动单位 establ-ishments
水利、环境和公共设施管理业	**Management of Water Conservancy, Environment and Public Facilities**	**0**	**1**	**8**	**470**
水利管理业	Management of Water Conservancy	0	0	3	268
环境管理业	Environmental Management	0	1	2	72
公共设施管理业	Management of Public Facilities	0	0	3	130
居民服务和其他服务业	**Services to Households and Other Services**	**0**	**0**	**32**	**480**
居民服务业	Services to Households	0	0	22	178
其他服务业	Other Services	0	0	10	302
教 育	**Education**	**0**	**0**	**329**	**3048**
教育	Education	0	0	329	3048
卫生、社会保障和社会福利业	**Health,Social Security and Social Welfare**	**0**	**4**	**303**	**1164**
卫生	Health	0	0	286	1011
社会保障业	Social Security	0	0	1	85
社会福利业	Social Welfare	0	4	16	68
文化、体育和娱乐业	**Culture,Sports and Entertainment**	**0**	**17**	**27**	**513**
新闻出版业	Journalism and Publishing Activities	0	0	3	31
广播、电视、电影和音像业	Broadcasting,Movies,Television and Audiovisual Activities	0	0	0	67
文化艺术业	Cultural and Art Activities	0	0	11	267
体育	Sports Activities	0	17	5	48
娱乐业	Entertainment	0	0	8	100
公共管理和社会组织	**Public Management and Social Organization**	**1483**	**2236**	**6673**	**13036**
中国共产党机关	Organs of Communist Party of China	184	0	0	219
国家机构	Government Agencies	1233	0	0	3705
人民政协和民主党派	People′s Political Consultative Conference and Democratic Parties	66	0	0	82
群众团体、社会团体和宗教组织	Non-governmental Organizations,Social Organizations and Religion Organizations	0	2236	3938	6294
基层群众自治组织	Grass Roots Self-governing Organizations	0	0	2735	2736

2-1 续表 10 continued

单位:个 (2009) (unit)

项目	Item	法人单位 Judicial Entities	企业法人 Enterprises	事业法人 Institutions
按地区分组	**Grouped by Region**	**33418**	**19061**	**2836**
银川市	**Yinchuan**	**13431**	**9890**	**911**
兴庆区	Xingqing	6443	5341	395
西夏区	Xiaxia	1284	898	112
金凤区	Jinfeng	2178	1651	155
永宁县	Yongning	923	441	78
贺兰县	Helan	1376	876	83
灵武市	Lingwu	1227	683	88
石嘴山市	**Shizuishan**	**4321**	**2795**	**374**
大武口区	Dawukou	1895	1339	161
惠农区	Huinong	943	597	94
平罗县	Pingluo	1483	859	119
吴忠市	**Wuzhong**	**5873**	**2883**	**529**
利通区	Litong	2115	1195	124
红寺堡	Hongsipu	244	123	24
盐池县	Yanchi	848	529	112
同心县	Tongxin	1472	361	173
青铜峡市	Qingtongxia	1194	675	96
固原市	**Guyuan**	**4796**	**1409**	**549**
原州区	Yuanzhou	1525	576	182
西吉县	Xiji	1347	331	118
隆德县	Longde	499	154	87
泾源县	Jingyuan	579	128	74
彭阳县	Pengyang	846	220	88
中卫市	**Zhongwei**	**4997**	**2084**	**473**
沙坡头区	Shapotou	2182	1211	209
中宁县	Zhongning	1362	592	164
海原县	Haiyuan	1453	281	100

2-1 续表 11 continued

单位:个 （2009） (unit)

项 目 Item	机关法人 Government Agencies and Organizations	社团法人 Mass Organi-zations	其他法人 Others	产业活动单位 establ-ishments
按地区分组 Grouped by Region	**1487**	**2258**	**7776**	**41533**
银川市 Yinchuan	**450**	**919**	**1261**	**15639**
兴庆区 Xingqing	138	261	308	7252
西夏区 Xiaxia	36	94	144	1508
金凤区 Jinfeng	129	46	197	2407
永宁县 Yongning	53	204	147	1268
贺兰县 Helan	48	166	203	1645
灵武市 Lingwu	46	148	262	1559
石嘴山市 Shizuishan	**226**	**243**	**683**	**5153**
大武口区 Dawukou	124	136	135	2098
惠农区 Huinong	44	49	159	1254
平罗县 Pingluo	58	58	389	1801
吴忠市 Wuzhong	**297**	**411**	**1753**	**7638**
利通区 Litong	103	190	503	2715
红寺堡 Hongsipu	36	5	56	378
盐池县 Yanchi	48	33	126	1076
同心县 Tongxin	54	16	868	1825
青铜峡市 Qingtongxia	56	167	200	1644
固原市 Guyuan	**326**	**274**	**2238**	**6843**
原州区 Yuanzhou	111	42	614	1969
西吉县 Xiji	60	21	817	1919
隆德县 Longde	50	74	134	881
泾源县 Jingyuan	47	23	307	804
彭阳县 Pengyang	58	114	366	1270
中卫市 Zhongwei	**188**	**411**	**1841**	**6260**
沙坡头区 Shapotou	75	172	515	2512
中宁县 Zhongning	62	108	436	1658
海原县 Haiyuan	51	131	890	2090

注：本表资料根据基本单位名录库 2009 年年报结果加工整理。
a)Data in this table have been arranged according to the basic units directory 2009.

2-2 平均每天主要社会经济活动

Selected Indicators on Average Daily Social and Economic Activities

指　　标	Item	1952	1978
每天创造的财富	**Daily Production**		
地区生产总值(万元)	Gross Domestic Product	47.27	356.06
第一产业	Primary Industry	39.07	83.91
第二产业	Secondary Industry	2.19	180.93
工业	Industry	1.91	153.11
建筑业	Construction	0.27	27.82
第三产业	Tertiary Industry	6.01	91.21
交通运输仓储和邮电通信业	Transport,Storage and Post	1.09	18.19
批发、零售贸易和餐饮业	Wholesale and Retail Trades and Carering Services	1.91	26.31
地方财政收入(万元)	Local Government Revenue	7.57	86.58
粮食(吨)	Grain	1296.04	3204.96
油料(吨)	Oil-bearing Crops	71.19	70.35
肉类(吨)	Meat		33.57
水产品(吨)	Aquatic Products		0.55
原煤(吨)	Coal	196.72	27369.86
发电量(万千瓦小时)	Electricity	0.19	452.33
钢材(吨)	Rolled Steel		76.16
铝(吨)	Aluminum		50.14
水泥(吨)	Cement		757.81
每天消费量	**Daily Consumption**		
最终消费(万元)	Final Consumption Expenditure	37.70	270.41
居民消费	Household Consumption Expenditure	35.79	208.49
农村居民	Rural Household	28.69	133.15
城镇居民	Urban Household	7.10	75.34
政府消费	Government Consumption Expenditure	1.91	61.92
能源消耗量(万吨标准煤)	Energy Consumption		
社会消费品零售总额(万元)	Total Retail Sales of Consumer Goods		138.14
每天其他经济活动	**Other Daily Economic Activities**		
资本形成总额(万元)	Gross Capital Formation		247.67
固定资产形成	Gross Fixed Capital Formation		217.81
存货增加	Changes in Inventories		29.86
客运周转量(万人公里)	Passenger-Kilometers(10 000 passenger-km)	4.05	121.16
货运周转量(万吨公里)	Freight Ton-kilometers(10 000 ton-km)	10.40	1540.33
邮电业务总量(万元)	Business Volume of Postal and Telecommunication Services (10 000 yuan)	0.21	3.19
进出口总额(万美元)	Total Value of Imports and Exports (USD 10 000)		8.12
出口总额	Total Export		6.22
进口总额	Total Import		1.89
实际利用外资(万美元)	Foreign Capital Actually Utilized (USD 10 000)		
接待海外旅游人数(人)	Number of Overseas Visitor Arrivals		
居民新增储蓄额(万元)	Newly Increased Saving Deposits (10 000 yuan)		3.60
每天人口变动和婚姻	**Daily Population Changes and Marriages**		
出生(人)	Births(person)	187.88	273.95
死亡(人)	Deaths(person)	84.49	52.52
结婚(对)	Marriages(couples)		
离婚(对)	Divorces(couples)		

2-2 续表 1 continued

指　　标	Item	1990	2000
每天创造的财富	**Daily Production**		
地区生产总值(万元)	Gross Domestic Product	1776.44	8060.63
第一产业	Primary Industry	461.43	1257.65
第二产业	Secondary Industry	694.31	3317.82
工业	Industry	583.32	2642.19
建筑业	Construction	110.99	675.63
第三产业	Tertiary Industry	620.69	3485.16
交通运输仓储和邮电通信业	Transport,Storage and Post	95.61	807.36
批发、零售贸易和餐饮业	Wholesale and Retail Trades and Catering Services	145.75	716.81
地方财政收入(万元)	Local Government Revenue	170.70	570.53
粮食(吨)	Grain	5252.14	6905.52
油料(吨)	Oil-bearing Crops	171.05	190.98
肉类(吨)	Meat	185.18	519.17
水产品(吨)	Aquatic Products	27.99	101.32
原煤(吨)	Coal	39536.99	43315.07
发电量(万千瓦小时)	Electricity	1533.15	3742.74
钢材(吨)	Rolled Steel	130.14	153.15
铝(吨)	Aluminum	164.66	320.27
水泥(吨)	Cement	2623.01	7678.08
每天消费量	**Daily Consumption**		
最终消费(万元)	Final Consumption Expenditure	1311.51	5297.54
居民消费	Household Consumption Expenditure	928.22	3701.91
农村居民	Rural Household	490.68	1440.98
城镇居民	Urban Household	437.53	2260.93
政府消费	Government Consumption Expenditure	383.29	1595.63
能源消耗量(万吨标准煤)	Energy Consumption	1.94	3.17
社会消费品零售总额(万元)	Total Retail Sales of Consumer Goods	693.26	2747.04
每天其他经济活动	**Other Daily Economic Activities**		
资本形成总额(万元)	Gross Capital Formation	1019.73	4766.94
固定资产形成	Gross Fixed Capital Formation	697.81	4393.99
存货增加	Changes in Inventories	321.92	372.95
客运周转量(万人公里)	Passenger-kilometers(10 000 passenger-km)	526.12	1572.67
货运周转量(万吨公里)	Freight Ton-kilometers(10 000 ton-km)	2049.02	6061.82
邮电业务总量(万元)	Business Volume of Postal and Telecommunication Services (10 000 yuan)	11.94	392.88
进出口总额(万美元)	Total Value of Imports and Exports (USD 10 000)	23.26	121.35
出口总额	Total Export	21.04	89.69
进口总额	Total Import	2.22	31.66
实际利用外资(万美元)	Foreign Capital Actually Utilized (USD 10 000)	2.95	24.91
接待海外旅游人数(人)	Number of Overseas Visitor Arrivals	5.34	21.39
居民新增储蓄额(万元)	Newly Increased Saving Deposits (10 000 yuan)	244.78	484.92
每天人口变动和婚姻	**Daily Population Changes and Marriages**		
出生(人)	Births(person)	310.88	247.95
死亡(人)	Deaths(person)	70.57	68.74
结婚(对)	Marriages(couples)	100.39	97.57
离婚(对)	Divorces(couples)	9.68	16.88

2-2 续表 2 continued

指 标	Item	2005	2008	2009
每天创造的财富	**Daily Production**			
地区生产总值(万元)	Gross Domestic Product	16783.84	32893.99	37076.99
第一产业	Primary Industry	1974.52	3249.73	3486.30
第二产业	Secondary Industry	7700.00	16666.12	18145.75
工业	Industry	6256.71	13851.91	14256.99
建筑业	Construction	1443.29	2814.21	3888.77
第三产业	Tertiary Industry	7109.32	12978.14	15444.93
交通运输仓储和邮电通信业	Transport,Storage and Post	1828.49	3414.75	4412.05
批发、零售贸易和餐饮业	Wholesale and Retail Trades and Carering Services	1429.86	2537.98	2742.74
地方财政收入(万元)	Local Government Revenue	1307.44	2595.87	3056.86
粮食(吨)	Grain	8213.95	8995.63	9334.32
油料(吨)	Oil-bearing Crops	334.48	370.41	373.90
肉类(吨)	Meat	708.21	644.27	699.72
水产品(吨)	Aquatic Products	159.78	205.29	224.23
原煤(吨)	Coal	70952.66	115702.46	150946.03
发电量(万千瓦小时)	Electricity	8571.78	12638.25	13122.19
钢材(吨)	Rolled Steel	252.28	906.56	1041.37
铝(吨)	Aluminum	981.45	1648.91	1795.89
水泥(吨)	Cement	15550.07	24173.77	29164.38
每天消费量	**Daily Consumption**			
最终消费(万元)	Final Consumption Expenditure	10989.32	17763.93	17872.05
居民消费	Household Consumption Expenditure	7248.49	11848.09	13378.90
农村居民	Rural Household	2205.48	3000.27	3181.64
城镇居民	Urban Household	5043.01	8847.81	10197.26
政府消费	Government Consumption Expenditure	3740.82	5915.85	4493.15
能源消耗量(万吨标准煤)	Energy Consumption	6.87	8.82	9.19
社会消费品零售总额(万元)	Total Retail Sales of Consumer Goods	4776.42	7791.03	9296.44
每天其他经济活动	**Other Daily Economic Activities**			
资本形成总额(万元)	Gross Capital Formation	13855.62	26460.38	35858.36
固定资产形成	Gross Fixed Capital Formation	12866.30	24542.35	32475.34
存货增加	Changes in Inventories	989.32	1918.03	3383.01
客运周转量(万人公里)	Passenger-Kilometers(10 000 passenger-km)	1834.38	2620.42	2872.62
货运周转量(万吨公里)	Freight Ton-kilometers(10 000 ton-km)	7342.28	19149.53	20944.59
邮电业务总量(万元)	Business Volume of Postal and Telecommunication Services (10 000 yuan)	1331.46	2627.49	3258.52
进出口总额(万美元)	Total Value of Imports and Exports (USD 10 000)	264.85	514.19	329.19
出口总额	Total Export	188.25	343.90	203.55
进口总额	Total Import	76.61	170.29	125.65
实际利用外资(万美元)	Foreign Capital Actually Utilized (USD 10 000)	38.65	32.99	38.93
接待海外旅游人数(人)	Number of Overseas Visitor Arrivals	22.36	31.66	39.79
居民新增储蓄额(万元)	Newly Increased Saving Deposits (10 000 yuan)	2300.76	4920.90	4757.72
每天人口变动和婚姻	**Daily Population Changes and Marriages**			
出生(人)	Births(person)	258.35	240.05	244.83
死亡(人)	Deaths(person)	80.27	77.50	80.02
结婚(对)	Marriages(couples)	111.29	126.10	154.98
离婚(对)	Divorces(couples)	23.28	20.77	25.52

注:本表价值指标除邮电业务总量按不变价格计算外,其余均按当年价格计算。

a)Figures in value terms in this table are calculated at current prices,except that on the business transaction of postal and telecommunication services.

2-3 国民经济与社会发展总量指标

指　标	Item	单位	Unit
人口与就业	**Population and Employment**		
人口	**Population**		
年末总人口	Population at Year-end	万人	10 000 persons
回族人口	Hui Ethnic	万人	10 000 persons
城镇人口	Urban	万人	10 000 persons
乡村人口	Rural	万人	10 000 persons
男性人口	Male	万人	10 000 persons
女性人口	Female	万人	10 000 persons
出生率	Birth Rate	‰	‰
死亡率	Death Rate	‰	‰
自然增长率	Natural Growth Rate	‰	‰
就业	**Employment**		
年末就业人员数	Employment at Year-end	万人	10 000 persons
职工人数	Staff and Workers	万人	10 000 persons
城镇登记失业率	Registered Unemployment Rate in Urban Areas	%	%
宏观经济	**Macro Economy**		
国民经济核算	**National Accounting**		
地区生产总值	Gross Domestic Product	亿元	100 million yuan
第一产业	Primary Industry	亿元	100 million yuan
第二产业	Secondary Industry	亿元	100 million yuan
第三产业	Tertiary Industry	亿元	100 million yuan
人均生产总值	Per Capita GDP	元/人	yuan/person
固定资产投资	**Investment in Fixed Assets**		
全社会固定资产投资总额	Total Investment in Fixed Assets	亿元	100 million yuan
国有经济	State-owned Economy	亿元	100 million yuan
集体经济	Collective-owned Economy	亿元	100 million yuan
私营个体经济	Private Economy	亿元	100 million yuan
全社会施工房屋面积	Floor Space of Buildings under Construction	万平方米	10 000 sq.m
全社会竣工房屋建筑面积	Floor Space of Buildings Completed	万平方米	10 000 sq.m
财政、金融	**Government Finance and Financial Intermediation**		
地方财政收入	Local Financial Revenue	亿元	100 million yuan
地方财政支出	Local Financial Expenditure	亿元	100 million yuan

Principal Aggregate Indicators on National Economic and Social Development

1978	1985	1990	1995	2000	2008	2009
355.58	414.62	465.68	512.38	554.32	617.69	625.20
109.47	133.76	153.89	172.41	191.01	222.04	225.15
73.03	146.45	192.40	251.60	180.39	277.82	288.21
282.55	268.17	273.28	260.78	373.94	339.87	336.99
184.17	213.73	239.69	263.26	283.96	315.37	318.60
171.41	200.89	225.99	249.12	270.36	302.33	306.60
28.48	17.18	24.34	19.28	16.49	14.31	14.38
5.46	3.88	5.52	5.49	4.57	4.62	4.70
23.02	13.30	18.82	13.79	11.92	9.69	9.68
135.6	177.4	211.1	240.6	275.5	303.9	328.5
43.3	55.8	67.4	73.4	63.8	54.7	54.6
4.94	3.10	5.44	5.47	4.60	4.40	4.40
13.00	30.27	64.84	175.19	295.02	1203.92	1353.31
3.06	8.90	16.84	35.41	46.03	118.94	127.25
6.60	12.12	25.34	74.67	121.43	609.98	662.32
3.34	9.25	22.66	65.10	127.56	475.00	563.74
370	737	1393	3448	5376	19609	21777
4.27	13.63	21.96	70.12	160.82	858.84	1119.14
4.22	11.29	17.51	51.40	101.17	521.01	609.26
0.05	1.00	1.26	4.17	5.70	5.15	4.46
	1.34	3.19	10.69	22.63	199.51	251.45
116	764	539	768	1019	2728	3546
67	577	459	599	1069	1239	1351
3.16	2.91	6.23	8.98	20.82	95.01	111.58
5.78	9.85	14.96	23.00	60.84	324.61	432.36

2-3 续表 1

指　　标	Item	单位	Unit
全区金融机构存款余额	Deposits of Financial Institutions	亿元	100 million yuan
全区金融机构贷款余额	Loans of Financial Institutions	亿元	100 million yuan
保险公司保费	Insurance Premium of Insurance Companies	亿元	100 million yuan
保险公司赔款及给付	Indemnity Expenditure and Payment of Insurance Companies	亿元	100 million yuan
物价总指数(以上年为 100)	**Price Indices(preceding year=100)**		
居民消费价格指数	Consumer Price Index	%	%
商品零售价格指数	Retail Price Index	%	%
农业生产资料价格指数	Agricultural Production Index	%	%
工业品出厂价格指数	Producer Price Index for Manufactured Goods	%	%
原材料、燃料、动力购进价格指数	Purchasing Price Index for Raw Material, Fuel and Power	%	%
固定资产投资价格指数	Price Index for Investment in Fixed Assets	%	%
能源生产与消耗	**Production and Consumption of Energy**		
能源生产总量	Total Energy Production	万吨标准煤	10 000 tons of SCE
能源消耗总量	Total Energy Consumption	万吨标准煤	10 000 tons of SCE
产　　业	**Industry**		
农 业	**Agriculture**		
耕地面积	Area of Cultivated Land	万公顷	10 000 hectares
乡村从业人员	Rural Employed Persons	万人	10 000 persons
农林牧渔业总产值	Gross Output Value of Agriculture,Forestry,Animal Husbandry and Fishery	亿元	100 million yuan
主要农产品产量	Output of Major Farm Products		
粮 食	Grain	万吨	10 000 tons
油 料	Oil-bearing Crops	万吨	10 000 tons
肉类总产量	Meat	万吨	10 000 tons
猪牛羊肉	Pork,Beef and Mutton	万吨	10 000 tons
羊 毛	Wool	吨	ton
羊 绒	Cashmere	吨	ton
水产品产量	Aquatic Products	万吨	10 000 tons
水 果	Fruits	万吨	10 000 tons
工 业	**Industry**		
工业总产值	Gross Output Value of Industry	亿元	100 million yuan
轻工业	Light Industry	亿元	100 million yuan
重工业	Heavy Industry	亿元	100 million yuan

注:2005 年起工业数据为规模以上工业口径。

continued

1978	1985	1990	1995	2000	2005	2006	2007	2008	2009
5.49	19.12	55.78	180.19	396.49	985.34	1131.22	1278.52	1590.58	2058.49
7.18	22.59	76.66	199.01	383.23	833.88	983.37	1184.57	1402.56	1917.40
	0.08	0.41	1.59	5.05	15.74	19.24	23.98	31.79	39.28
	0.02	0.13	0.58	1.02	3.87	4.53	6.90	8.52	9.65
100.6	108.6	107.1	117.1	99.6	101.5	101.9	105.4	108.5	100.7
100.0	107.8	104.2	115.3	97.6	100.4	101.3	104.1	108.5	99.5
	103.8	105.6	130.4	96.0	109.3	100.8	112.2	126.2	96.3
				103.6	106.2	106.2	103.7	112.9	93.9
				105.8	109.7	108.5	107.1	121.8	94.7
			109.3	104.5	102.1	101.3	103.2	109.0	100.2
806.40	973.10	1115.20	1132.10	1362.70	1927.84	2370.20	2824.90	3181.72	4095.7
	420.40	707.30	775.20	1162	2506.9	2803.4	3058.9	3229.7	3355.9
89.1	79.5	79.6	80.7	129.3	111.4	111.6	110.7	112.8	113.6
92.36	120.48	140.93	162.53	197.91	211.98	211.99	214.58	218.73	218.42
4.81	12.02	24.69	56.55	77.75	138.00	152.18	182.95	227.20	243.50
116.98	139.53	191.70	203.25	252.74	299.81	322.41	323.50	329.24	340.70
2.57	5.34	6.24	5.59	6.99	12.21	8.43	7.75	13.56	13.65
1.23	3.49	6.76	12.06	19.00	25.85	21.60	22.81	23.58	25.54
1.23	3.36	6.28	10.28	15.94	22.28	19.10	20.57	21.16	23.23
2106	3443	4070	3917	5418	9455	7692	5818	6289	6372
129	88	158	165	364	253	229	243	254	317
0.02	0.21	1.02	1.87	3.70	5.83	6.16	7.04	7.51	8.18
1.83	3.54	5.52	11.64	19.32	31.48	30.41	42.40	49.58	56.75
13.85	24.30	64.74	173.49	293.94	671.55	859.70	1070.71	1369.04	1464.49
3.45	7.27	17.96	36.14	68.37	123.86	146.61	175.12	216.57	269.24
10.40	17.03	46.79	137.34	225.57	547.69	713.09	895.59	1152.47	1195.25

a)From 2005,data of industry refers to enterprises above designated size.

2-3 续表 2

指　　标	Item	单位	Unit
工业增加值	Gross Industrial Value-added	亿元	100 million yuan
主要工业产品产量	Output of Major Industrial Products		
原　煤	Coal	万吨	10 000 tons
发电量	Electricity	亿千瓦小时	10 000 million kwh
原　油	Crude Oil	万吨	10 000 tons
钢　材	Rolled Steel	万吨	10 000 tons
铝	Aluminum	万吨	10 000 tons
轮胎外胎	Tires	万条	10 000 tires
农用化肥(折纯)	Chemical Fertilizers	万吨	10 000 tons
水　泥	Cement	万吨	10 000 tons
建筑业	**Construction**		
建筑业企业从业人员	Number of Employed Persons	人	person
建筑业总产值	Gross Output Value	亿元	100 million yuan
交通运输业	**Transportation**		
货运周转量	Freight Ton-kilometers	百万吨公里	million ton-km
铁　路	Railways	百万吨公里	million ton-km
公　路	Highways	百万吨公里	million ton-km
旅客周转量	Passenger-kilometers	万人公里	10 000 passenger-km
铁　路	Railways	万人公里	10 000 passenger-km
公　路	Highways	万人公里	10 000 passenger-km
邮电通讯业	**Postal and Telecommunication Services**		
邮电业务总量	Business Volume of Postal and Telecommunication Services	万元	10 000 yuan
函件	Number of Letters Delivered	万件	10 000 pcs
报刊期发数	Number of Newspapers and Magazines Distributed	万件	10 000 pcs
本地电话年末用户	Number of Telephone Subscribers at Year-end	万户	10 000 subscribers
移动电话用户	Mobile Telephone	万户	10 000 subscribers
国际互联网络用户	Number of Internet Subscribers	万户	10 000 subscribers

continued

1978	1985	1990	1995	2000	2005	2006	2007	2008	2009
5.59	9.32	21.29	63.37	96.70	228.37	287.55	376.71	506.98	520.38
999.00	1213.69	1443.10	1480.30	1581.00	2589.77	3153.68	3729.90	4234.71	5509.53
16.51	24.14	55.96	107.77	136.61	312.87	388.42	451.16	462.56	478.96
39.54	39.80	25.77	39.04	139.01					
2.78	3.88	4.75	7.58	5.59	9.21	21.80	41.46	33.18	38.01
1.83	2.92	6.01	10.13	11.69	35.82	55.82	60.00	60.35	65.55
30.09	34.34	63.50	164.67	193.32	304.56	389.59	395.54	337.16	225.62
5.30	6.71	27.74	41.49	59.52	83.94	77.94	86.35	109.16	91.77
27.66	61.62	95.74	140.11	280.25	567.58	699.08	808.40	884.76	1064.50
	53422	54367	58863	83980	76049	76731	68119	66784	70127
1.32	3.94	7.16	21.15	56.24	113.17	131.01	155.18	191.90	259.71
5622	6197	7479	11500	22186	26799	29315	30261	70087	76448
5349	5192	5980	9383	15945	18443	20313	21067	22294	24973
273	796	1259	2015	5686	6777	7214	7818	47787	49697
44223	121000	192033	279190	575597	669549	730946	804629	959073	1048505
23208	45392	46810	55559	244662	219490	240847	259878	287354	303971
21015	75608	145223	215721	313768	402650	431600	465000	575282	610222
1165	1908	4358	22860	143401	485984	615246	800382	961661	1189360
1169	1792	2054	2271	2021	3018	3305	2050	3092	2395
45.00	125.10	85.40	70.30	61.70	61.40	41.80	44.10	48.20	50.90
0.68	2.73	5.11	22.33	90.45	319.97	362.42	408.31	444.81	504.90
			0.69	20.44	181.08	218.56	268.13	323.30	390.40
				3.44	59.10	29.12	32.39	36.98	41.82

2-3 续表 3

指　标	Item	单位	Unit
批发零售贸易餐饮业	**Wholesale and Retail Trade and Catering Services**		
社会消费品零售总额	Total Retail Sales of Consumer Goods	亿元	100 million yuan
对外贸易	**Foreign Trade**		
进出口总额	Total Value of Imports and Exports	万美元	USD 10 000
出口额	Exports	万美元	USD 10 000
进口额	Imports	万美元	USD 10 000
旅游业	**Tourism**		
接待海外旅游人数	Number of Oversea Visitors	人	person
旅游外汇总收入	Foreign Exchange Earnings from International Tourism	万元	10 000 yuan
利用外资	**Utilization of Foreign Capital**		
签订利用外资协议额	Total amount of Agreements and Contracts	万美元	USD 10 000
实际利用外资额	Foreign Investment Actually Utilized	万美元	USD 10 000
教育、科技、文化、卫生	**Education,Science and Technology,Culture and Health Care**		
教 育	**Education**		
高等学校在校学生数	Students Enrollment of Higher Education	人	person
中等职业教育在校学生数	Students Enrollment of Specialized Secondary Schools	人	person
普通中学在校学生数	Students Enrollment of Regular Junior Secondary Schools	万人	10 000 persons
小学在校学生数	Students Enrollment of Primary Schools	万人	10 000 persons
科 技	**Science and Teconology**		
科学家、工程师数	Number of Scientists and Engineers	万人	10 000 persons
研究与试验发展经费支出	Expenditures on Research and Development	万元	10 000 yuan
文 化	**Culture**		
图书出版数量	Number of Books Published	万册	10 000 copies
报纸出版数	Number of Newspaper Published	万份	10 000 copies
卫 生	**Health Care**		
医疗卫生机构数	Number of Health Care Institutions	个	unit
医院病床数	Beds in Health Care Institutions	张	bed
卫生技术人员	Medical Technical Personnel	人	person
家庭、生活、环境	**Family,People´s Living Conditions and Environment**		
家 庭	**Family**		
家庭总户数	Number of Family Household	万户	household
平均每户家庭人口	Average Family Size	人	person

注：医疗卫生机构数2000数据不包括诊所、医务室、社区服务站。

continued

1978	1985	1990	1995	2000	2005	2006	2007	2008	2009
5.04	13.15	25.30	62.64	100.54	174.34	198.96	233.32	285.15	339.32
2962	5426	8491	27810	44292	96672	143746	158430	188195	120156
2271	3416	7679	24012	32736	68711	94300	108850	125868	74294
691	2010	812	3798	11556	27961	49446	49580	62327	45862
		1950	3655	7807	8162	8665	9373	11586	14523
		175	938	2252	1890	1947	1997	2106	3023
	344	268	5202	11067	20182	6484	31120	14132	22952
	99	1077	6715	9091	14107	13794	16968	12073	14208
2890	6425	7992	10686	17163	48650	55931	62411	70454	78400
5198	19845	23257	22051	32862	54626	58358	65405	77102	97476
23.29	23.79	28.44	27.23	31.83	40.64	42.18	41.91	42.92	43.96
61.30	65.42	66.73	61.75	65.74	69.32	69.68	70.07	68.87	67.06
	0.09	0.19	0.19	0.77	0.69	0.92	1.01	1.09	
				17335	32836	50903	74906	76859	
1136	2206	1890	2310	1649	1520	1448	1558	1466	1815
	3855	4561	4699	6136	9782	9837	9806	10389	10203
825	1057	1163	1026	1361	1463	1553	1530	1633	1601
6962	8640	10045	12144	13229	14780	15729	16488	17721	22142
10913	15528	19175	21223	19171	22817	23591	25521	26627	28284
66.80	80.83	100.91	119.51	140.60	167.23	166.12	178.41	182.83	188.14
5.52	5.13	4.61	4.29	3.94	3.57	3.63	3.42	3.38	3.32

a)Data of health care institutions in 2000,do not include clinics,health centers and community health service centers.

2-3 续表 4

指　　标	Item	单位	Unit
婚 姻	**Marriages and Divorces**		
结婚登记总数	Registered Number of Marriages	对	couple
离婚总数	Number of Divorces	对	couple
生 活	**People´s Living Conditions**		
城镇职工工资总额	Total Wages Bill of Staff and Workers in Urban Area	亿元	100 million yuan
城镇职工年平均工资	Annual Average Wage of Staff and Workers in Urban Area	元	yuan
城镇居民人均可支配收入	Annual Per Capita Disposable Income of Urban Households	元	yuan
城镇居民人均消费支出	Annual Per Capital Consumption Expenditure of Urban Households	元	yuan
农民人均纯收入	Annual Per Capital Net Income of Rural Households	元	yuan
农民人均生活消费支出	Annual Per Capita Living Expenditure of Rural Households	元	yuan
城乡居民储蓄存款余额	Per Capita Balance of Saving Deposit	亿元	100 million yuan
居 住	**Housing**		
城镇人均建筑面积	Per Capita Gross Living Space in Urban Areas	平方米	sq.m
农村人均居住面积	Per Capita Net Income of Rural Residents	平方米	sq.m
市政建设	**Municipal Works**		
自来水供应量	Annual Supply of Tap Water	万吨	10 000 tons
下水道长度	Length of Sewer Pipelines	公里	km
城市液化气供应量	Volume of Liquefied Gas Supply in Cities	万吨	10 000 tons
城市天然气供应量	Volume of Natural Gas Supply in Cities	万立方米	10 000 cu.m
公交车运营车数	Operating Public Vehicles	辆	Unit
铺装道路面积	Areas of Paved Roads	万平方米	10 000 sq.m
绿地面积	Areas of Green Land	公顷	hectare
环境、灾害	**Environment and Disaster**		
当年施工污染治理项目数	Number of Projects for Pollution Treatment	个	unit
治污项目本年完成投资额	Total Investment in the Treatment of Environmental Pollution	万元	10 000 yuan
火灾发生数	Number of Fire Disasters	起	unit
火灾损失	Fire Loss	万元	10 000 yuan
交通事故发生数	Number of Traffic Accidents	起	unit
交通事故损失	Loss of Traffic Accidents	万元	10 000 yuan

注：市政建设部分统计数据来源于宁夏回族自治区建设厅。

continued

1978	1985	1990	1995	2000	2005	2006	2007	2008	2009
	34476	36644	36327	35711	40622	51440	49239	46151	56567
	2166	3533	5159	6161	8499	7880	12260	7601	9316
3.08	6.56	14.66	37.18	56.33	101.55	121.61	150.02	172.21	189.12
726	1206	2202	5079	8681	17211	21239	26210	30719	34082
346	735	1421	3383	4912	8094	9177	10859	12932	14025
300	645	1212	2866	4201	6404	7206	7817	9558	10280
116	326	594	1037	1724	2509	2760	3181	3681	4048
91	265	486	1058	1417	2095	2247	2529	3095	3348
0.90	8.04	32.80	115.19	229.35	509.50	581.14	613.96	794.06	967.72
		18.40		24.80	26.29	26.97	27.11	27.80	28.66
7.80	11.80	13.60	19.80	18.00	21.03	21.64	23.04	23.06	24.46
			26644	25471	26659	29914	27990	29221	31307
			315	480	1223	1376	1475	1572	2446
			1.26	1.82	2.77	2.73	2.39	2.32	2.28
				56	68896	78853	92092	101213	72612
			531	719	1600	1859	1856	2148	2629
			688	911	3139	3769	4233	4257	4820
			3370	3316	8511	9343	13488	16870	19680
			178	112	76	108	147	111	93
		1774	3178	18541	17710	39886	46272	90631	43472
		276	399	2893	4221	4196	4010	2172	3963
		180	582	688	651	550	487	818	327
		2072	1835	11200	3803	2978	2570	3595	1856
		331.70	705.00	2083.30	1055.78	746	769	537	534

a)The data of "Municipal Works" come from Department of Construction of Ningxia Hui Autonomous Region.

2-4 国民经济与社会发展总量速度指标

指　　标	Item	1978
人　口	**Population**	
年末总人口	Population at Year-end	175.8
回族人口	Hui Ethnic	205.7
从业人数	**Employment**	
年末从业人数	Employment at Year-end	242.3
职工人数	Staff and Workers	126.1
地区生产总值	**Gross Domestic Product**	
第一产业	Primary Industry	
第二产业	Secondary Industry	
第三产业	Tertiary Industry	
固定资产投资	**Investment in Fixed Assets**	
全社会固定资产投资总额	Total Investment in Fixed Assets	26197.7
国有单位	State-owned Unit	14421.8
财　政	**Government Finance**	
地方财政收入	Local Government Revenue	3530.5
地方财政支出	Local Government Expenditure	7486.1
农　业	**Agriculture**	
年末耕地面积	Area of Cultivated Land	
主要农产品产量	Output of Major Farm Products	
粮　食	Grain	291.2
油　料	Oil-bearing Crops	531.5
猪牛羊肉	Pork,Beaf and Mutton	1888.6
水产品	Aquatic Products	40900.0
工　业	**Industry**	
全部工业增加值	Gross Industrial Value-added	
主要工业产品产量	Output of Major Industrial Products	
原　煤	Coal	551.5
发电量	Electricity	2901.0

Growth Rate of Principal Aggregate Indicators on National Economic and Social Development

2009年为以下各年% (2008 as Percentage of the Following Years)			平均每年增长% Average Annual Growth Rate	
1990	2000	2008	1979–2009	2001–2009
134.3	112.8	101.2	1.8	1.3
146.3	117.9	101.4	2.4	1.8
155.6	119.2	108.1	2.9	2.0
81.0	85.6	99.8	0.8	-1.7
624.6	**269.9**	**111.9**		**11.7**
238.5	160.9	107.3		5.4
920.2	351.9	114.4		15.0
650.6	234.1	110.0		9.9
5096.2	695.9	130.3	19.7	24.1
3479.0	602.2	116.9	17.4	22.1
1790.7	535.8	117.4	12.2	20.5
2889.8	710.7	133.2	14.9	24.3
177.7	134.8	103.5	3.6	3.4
218.6	195.2	100.7	5.7	7.7
369.9	145.7	109.8	9.9	4.3
802.0	221.1	108.9	21.4	9.2
928.9	363.9	113.1		15.4
381.8	348.5	130.1	5.7	14.9
855.9	350.6	103.5	11.5	15.0

2-4 续表

指　　标	Item	1978
钢 材	Rolled Steel	1367.3
铝	Aluminum	3582.0
水 泥	Cement	3848.5
运输、邮电	**Transport and Postal**	
货物周转量	Freight Ton-kilometers	1359.7
旅客周转量	Passenger-kilometers	2370.9
批发零售贸易餐饮业	**Wholesale and Retail Trade and Catering Services**	
社会消费品零售总额	Retail Sales of Consumer Goods	6729.7
对外贸易	**Foreign Trade**	
进出口总额	Total Value of Imports and Exports	4056.6
出口额	Exports	3271.4
进口额	Imports	6637.0
文化、教育、卫生	**Culture,Education and Health Care**	
高等院校在校学生数	Students Enrollment of Higher Education	2712.8
中等职业教育在校学生数	Students Enrollment of Secondary Vocational Schools	1875.3
普通中学在校学生数	Students Enrollment of Regular Junior Secondary Schools	188.7
小学在校学生数	Students Enrollment of Primary Schools	109.4
报纸出版数	Number of Newspaper Published	
医疗卫生机构数	Number of Health Care Institutions	194.1
医院病床数	Beds in Health Care Institutions	269.9
卫生技术人员	Medical Technical Personnel	259.2
人民生活	**People´s Living Conditions**	
农民人均纯收入	Annual Per Capita Net Income of Rural Households	3493.0
农民家庭人均生活消费支出	Annual Per Capita Living Expenditure of Rural Households	3691.2
城镇居民人均可支配收入	Annual Per Capita Disposable Income of Urban Households	4052.4
城镇居民人均消费支出	Annual Per Capita Consumption Expenditure of Urban Households	3426.7
职工年工资总额	Total Wages Bill of Staff and Workers	6135.2
职工年平均工资	Annual Average Wages of Staff and Workers	
居民储蓄存款余额	Balance of Saving Deposit	107655.9

continued

2009年为以下各年% (2008 as Percentage of the Following Years)			平均每年增长% Average Annual Growth Rate	
1990	2000	2008	1979–2009	2001–2009
800.2	680.0	114.6	8.8	23.7
1090.7	560.7	108.6	12.2	21.1
1111.9	379.8	120.3	12.5	16.0
1022.2	344.6	109.1	8.8	14.7
546.0	182.2	109.3	10.8	6.9
1341.0	337.5	119.0	14.5	14.5
1415.1	271.3	63.8	12.7	11.7
967.5	226.9	59.0	11.9	9.5
5648.0	396.9	73.6	14.5	16.6
981.0	456.8	111.3	11.2	18.4
419.1	296.6	126.4	9.9	12.8
154.5	138.1	102.4	2.1	3.7
100.5	102.0	97.4	0.3	0.2
223.7	166.3	98.2		5.8
137.7	117.6	98.0	2.2	1.8
187.1	142.0	106.0	3.3	4.0
147.5	147.5	106.2	3.1	4.4
681.2	234.8	110.0	12.1	9.9
688.4	236.2	108.2	12.3	10.0
987.0	285.5	108.5	12.7	12.4
848.2	244.7	107.6	12.1	10.5
1289.6	335.7	109.8	14.2	14.4
2950.4	421.9	121.9	25.3	17.3

2-5 国民经济主要比例关系

指　　标	Item	1978
地区生产总值中三次产业比例	**Proportion of Three Industry on GDP**	**100.0**
第一产业	Primary Industry	23.6
第二产业	Secondary Industry	50.8
第三产业	Tertiary Industry	25.6
从业人员中三次产业比例	**Proportion of Three Industry on Employment**	**100.0**
第一产业	Primary Industry	69.5
第二产业	Secondary Industry	18.6
第三产业	Tertiary Industry	11.9
农业总产值中农、林、牧、渔业比例	**Proportion of Gross Output Value of Agriculture**	**100.0**
农　业	Farming	78.7
林　业	Forestry	3.1
牧　业	Animal Husbandary	18.1
渔　业	Fishery	0.1
农林牧渔服务业	Services for Agriculture	
工业总产值中轻、重工业比例	**Proportion of Gross Output Value of Industry**	**100.0**
轻工业	Light Industry	24.9
重工业	Heavy Industry	75.1
工业总产值中大中小型企业比例	**Proportion of Gross Output Value of Industry**	**100.0**
大型企业	Large Enterprises	21.9
中型企业	Medium-sized Enterprises	27.6
小型企业	Small Enterprises	50.5
财政收入占地区生产总值的比例	**Proportion of Government Revenue to GDP**	**24.3**
基建拨款支出占财政支出的比例	**Proportion of Capital Construction Appropriation to Government Expenditure**	**38.1**
科教文卫支出占财政支出的比例	**Proportion of Science,Education,Culture and Health Care to Government Expenditure**	**13.5**

注:按全国核算制度规定,2005 年起,农林牧渔服务业包括在第一产业中,2004 年及之前包括在第三产业中。

Major Indicators on Proportions in National Economic

1980	1990	2000	2005	2006	2007	2008	2009
100.0	**100.0**	**100.0**	**100.0**	**100.0**	**100.0**	**100.0**	**100.0**
26.7	26.0	15.6	11.9	11.2	11.0	10.9	9.4
45.6	39.1	41.2	46.4	49.2	50.8	52.9	48.9
27.7	34.9	43.2	41.7	39.6	38.2	36.2	41.7
100.0	**100.0**	**100.0**	**100.0**	**100.0**	**100.0**	**100.0**	**100.0**
70.0	62.2	57.6	48.4	45.5	45.7	44.9	39.8
17.7	18.2	18.1	22.3	23.4	22.7	28.3	25.8
12.3	19.6	24.3	29.3	31.1	31.6	26.8	34.4
100.0	**100.0**	**100.0**	**100.0**	**100.0**	**100.0**	**100.0**	**100.0**
82.5	70.9	60.5	57.2	58.6	60.8	57.7	60.3
3.8	5.3	4.0	4.0	3.3	3.1	3.3	3.4
13.6	21.9	33.1	33.3	32.5	29.1	32.2	29.0
0.1	1.9	2.4	2.9	2.9	2.8	2.7	2.9
			2.5	2.7	4.2	4.2	4.4
100.0	**100.0**	**100.0**	**100.0**	**100.0**	**100.0**	**100.0**	**100.0**
27.0	27.7	23.3	18.4	17.1	16.4	15.8	18.4
73.0	72.3	76.7	81.6	82.9	83.6	84.2	81.6
100.0	**100.0**	**100.0**	**100.0**	**100.0**	**100.0**	**100.0**	**100.0**
23.2	31.6	43.4	38.3	42.1	39.4	39.5	38.0
29.6	19.6	16.5	36.1	31.6	35.6	32.8	36.1
47.2	48.8	40.2	25.6	26.3	25.0	27.7	25.9
12.8	**9.6**	**7.8**	**7.9**	**8.6**	**9.0**	**8.6**	**8.2**
29.0	**10.1**	**15.4**	**24.0**	**20.2**			
13.1	**22.5**	**20.9**	**18.3**	**19.1**	**29.2**	**25.4**	**23.1**

a) According to the national accounting system, from 2005, the output value of services of farming, forestry, animal husbandry and fishery were included in the first industry, whice included in the tertiery industry before 2004.

2-6 按人口平均的主要经济指标

指 标	Item	单位	Unit
地区生产总值	**Gross Domestic Product**	**元**	**yuan**
农 业	**Agriculture**		
农林牧渔业总产值	Gross Output Value of Agriculture,Forestry,Animal Husbandary and Fishery	元	yuan
耕地面积	Area of Cultivated Land	亩	mu
粮食产量	Output of Grain	千克	kg
油料产量	Output of Oil-bearing Crops	千克	kg
猪牛羊肉产量	Output of Pork,Beaf and Mutton	千克	kg
水产品产量	Output of Aquatic Products	千克	kg
工 业	**Industry**		
工业总产值	Gross Output Value of Industry	元	yuan
原 煤	Coal	千克	kg
发电量	Electricity	千瓦时	kwh
原 油	Crude Oil	千克	kg
钢 材	Rolled Steel	千克	kg
铝	Aluminum	千克	kg
农用化肥	Chemical Fertilizer	千克	kg
水 泥	Cement	千克	kg
财 政	**Government Finance**		
地方财政收入	Local Financial Revenue	元	yuan
地方财政支出	Local Financial Expenditure	元	yuan
全社会固定资产投资	**Total Investment in Fixed Assets**	**元**	**yuan**
社会消费品零售额	**Total Retail Sales of Consumer Goods**	**元**	**yuan**
人民生活	**People´s Living Conditions**	**元**	**yuan**
职工平均工资	Annual Average Wages of Staff and Workers	元	yuan
农民人均纯收入	Annual Per Capita Net Income of Rural Residents	元	yuan
农民人均生活消费支出	Annual Per Capita Living Expenditure of Rural Households	元	yuan
城镇居民人均可支配收入	Annual Per Capita Disposable Income of Urban Households	元	yuan
城镇居民人均消费支出	Annual Per Capita Consumption Expenditure of Urban Households	元	yuan

注:本表价值指标均按当年价格计算。

Per capita Main Indicators on Economy

1978	1980	1990	2000	2005	2006	2007	2008	2009
370	**433**	**1393**	**5376**	**10349**	**12099**	**15142**	**19609**	**21777**
137.1	173.9	530.3	1416.8	2331.2	2469.7	3014.0	3700.5	3918.3
3.8	3.6	2.6	3.5	2.8	2.8	2.7	2.8	2.7
333.2	326.3	411.8	460.5	506.5	537.4	533.0	536.2	548.2
7.3	9.8	13.4	12.7	20.6	14.1	12.8	22.1	22.0
3.5	5.2	13.5	29.0	37.6	31.8	33.9	34.5	37.4
0.1	0.1	2.2	6.7	9.9	10.3	11.6	12.2	13.2
394.4	377.3	1390.6	5356.0	11344.5	14329.1	17639.7	22298.1	23565.8
2845.0	2632.0	3099.8	2880.8	4374.9	3589.7	6144.9	6897.2	8865.6
470.2	526.7	1202.0	2489.2	5285.3	6474.0	7432.7	7533.9	7707.2
112.6	153.0	55.4	253.3					
7.9	11.2	10.2	10.2	15.6	36.3	68.3	54.0	61.2
5.2	6.1	12.9	21.3	60.5	93.0	98.8	98.3	105.5
15.1	15.1	59.6	108.5	141.8	129.9	142.3	177.8	147.7
78.8	79.3	205.7	510.7	958.8	1165.2	1331.8	1441.0	1712.9
90.0	55.2	133.8	379.4	806.1	1022.7	1318.0	1547.4	1795.4
164.5	155.9	321.4	1108.6	2707.1	3220.3	3978.5	5287.0	6957.3
121.7	**107.8**	**471.7**	**2930.3**	**7514.4**	**8588.5**	**10244.1**	**13988.2**	**18008.6**
143.6	**182.8**	**543.5**	**1832.0**	**2945.1**	**3316.4**	**3843.9**	**4644.4**	**5460.2**
726	863	2202	8681	17211	21239	26210	30719	34082
115.9	175.1	594.3	1724.3	2508.9	2760.1	3180.8	3681.4	4048.3
90.7	135.5	486.3	1417.1	2094.5	2247.0	2528.8	3094.9	3347.9
346.1	464.2	1421.2	4912.5	8093.6	9177.3	10859.3	12931.5	14024.7
300.0	403.3	1211.8	4200.5	6404.3	7205.6	7817.3	9558.3	10280.0

a) Figures in value terms in this table are calculated at current prices.

2-7 各市县国民经济主要指标及位次

Major Indicators on National Economic and Ranking by City and Country

(2009)

地 区	Region	年平均人口（人）Average Population (person)	人口出生率(‰) Birth Rate(‰)		人口自然增长率(‰) Natural Growth Rate(‰)	
			绝对值 Rate	位次 Rank	绝对值 Rate	位次 Rank
全区总计	**Total**	**6214481**	**14.38**		**9.68**	
银川市	Yinchuan	1041563	9.10	1	5.62	2
永宁县	Yongning	206804	10.12	3	6.51	5
贺兰县	Helan	195438	12.27	5	6.02	4
灵武市	Lingwu	234256	13.98	9	9.66	12
石嘴山市	Shizuishan	455178	9.52	2	4.10	1
平罗县	Pingluo	275663	11.35	4	5.86	3
利通区	Litong	377597	14.86	11	8.97	9
红寺堡	Hongsipu	149504	16.73	15	14.41	19
青铜峡市	Qingtongxia	276381	12.55	6	7.87	7
盐池县	Yanchi	157156	14.27	10	9.29	10
同心县	Tongxin	363858	18.80	18	13.95	18
原州区	Yuanzhou	399251	16.45	14	11.54	15
西吉县	Xiji	420172	18.70	17	13.23	16
隆德县	Longde	171394	15.09	12	9.36	11
泾源县	Jingyuan	112289	18.03	16	11.04	14
彭阳县	Pengyang	244704	15.51	13	10.27	13
沙坡头区	Shapotou	403664	13.20	7	8.96	8
中宁县	Zhongning	322054	13.27	8	7.32	6
海原县	Haiyuan	407555	18.92	19	13.91	17

2-7 续表 1 continued

(2009)

地 区	Region	地区生产总值比上年增长(%) Growth Rate of GDP(%)		人均地区生产总值比上年增长(%) Growth Rate of Per Capita GDP(%)		人均农林牧渔业总产值(元) Per Capita of Gross Output Value of Agriculture, Forestry, Animal Husbandryand Fishery(yuan)	
		绝对值 Rate	位次 Rank	绝对值 Rate	位次 Rank	绝对值 Level	位次 Rank
全区总计	**Total**	**11.9**		**10.6**		**3918.32**	
银川市	Yinchuan	8.5	19	6.3	18	1875.04	18
永宁县	Yongning	17.3	4	16.0	4	6837.49	3
贺兰县	Helan	23.8	2	15.8	5	8242.70	1
灵武市	Lingwu	29.3	1	25.5	2	4512.14	10
石嘴山市	Shizuishan	13.2	13	14.2	8	1689.60	19
平罗县	Pingluo	13.0	14	12.0	12	6989.34	2
利通区	Litong	17.0	6	14.5	7	4594.24	8
红寺堡	Hongsipu	15.4	7	11.8	13	2906.29	16
青铜峡市	Qingtongxia	9.7	18	8.6	17	6216.02	4
盐池县	Yanchi	12.7	15	13.6	10	4549.50	9
同心县	Tongxin	14.8	8	11.6	14	3268.73	13
原州区	Yuanzhou	14.7	9	27.2	1	3443.47	11
西吉县	Xiji	13.7	12	11.4	15	3215.99	14
隆德县	Longde	14.5	11	12.1	11	3154.04	15
泾源县	Jingyuan	11.6	16	15.3	6	3319.28	12
彭阳县	Pengyang	17.2	5	18.1	3	5270.90	6
沙坡头区	Shapotou	10.9	17	6.3	18	5262.70	7
中宁县	Zhongning	17.6	3	14.1	9	5391.20	5
海原县	Haiyuan	14.6	10	9.1	16	2547.45	17

2-7 续表 2 continued

（2009）

地 区	Region	人均耕地面积(亩) Per Capita Cultivated Area(mu)		人均粮食产量(千克) Per Capita Output of Grain(kg)		人均油料产量(千克) Per Capita Oil-bearing Crops(kg)	
		绝对值 Level	位次 Rank	绝对值 Level	位次 Rank	绝对值 Level	位次 Rank
全区总计	**Total**	**2.67**		**548.24**		**21.96**	
银川市	Yinchuan	0.50	18	208.39	18	1.02	19
永宁县	Yongning	2.36	10	1206.34	3	3.41	18
贺兰县	Helan	2.92	8	1286.79	2	5.62	16
灵武市	Lingwu	1.54	15	834.16	5	12.82	12
石嘴山市	Shizuishan	0.77	17	197.36	19	20.05	8
平罗县	Pingluo	2.98	7	1289.89	1	52.13	3
利通区	Litong	1.16	16	485.26	13	14.19	10
红寺堡	Hongsipu			680.18	7	47.89	4
青铜峡市	Qingtongxia	1.78	13	995.31	4	3.53	17
盐池县	Yanchi	8.48	1	553.07	10	39.17	6
同心县	Tongxin	6.67	2	594.01	9	18.63	9
原州区	Yuanzhou	4.67	4	367.63	15	70.85	1
西吉县	Xiji	4.15	5	501.67	12	27.32	7
隆德县	Longde	2.72	9	518.32	11	44.24	5
泾源县	Jingyuan	2.31	11	353.44	16	10.22	14
彭阳县	Pengyang	4.10	6	653.55	8	14.00	11
沙坡头区	Shapotou	1.57	14	345.05	17	6.28	15
中宁县	Zhongning	1.85	12	767.25	6	12.42	13
海原县	Haiyuan	5.50	3	374.80	14	54.53	2

2-7 续表 3 continued

(2009)

地区 Region	人均猪牛羊肉产量(千克) Per Capita Output of Pork, Beaf and Mutton(kg)		人均水产品产量(千克) Per Capita Output of Aquatic Products(kg)		人均地方财政收入(元) Per Capita Local Financial Revenue(yuan)	
	绝对值 Level	位次 Rank	绝对值 Level	位次 Rank	绝对值 Level	位次 Rank
全区总计 Total	**37.38**		**13.17**		**1795.41**	
银川市 Yinchuan	9.06	19	12.96	6	3047.67	1
永宁县 Yongning	53.89	7	38.68	3	1162.89	8
贺兰县 Helan	36.34	11	116.85	1	1846.88	4
灵武市 Lingwu	55.99	6	6.79	9	2689.49	3
石嘴山市 Shizuishan	10.60	18	8.67	7	2838.01	2
平罗县 Pingluo	43.50	8	62.21	2	1527.66	6
利通区 Litong	34.27	14	2.45	10	1427.95	7
红寺堡 Hongsipu	27.90	16			272.57	12
青铜峡市 Qingtongxia	85.84	1	21.15	4	1583.32	5
盐池县 Yanchi	78.47	2	0.17	12	973.62	9
同心县 Tongxin	34.74	13			171.36	15
原州区 Yuanzhou	34.77	12			165.51	16
西吉县 Xiji	36.42	10	0.29	11	78.61	19
隆德县 Longde	42.77	9			137.87	17
泾源县 Jingyuan	59.81	5			197.97	14
彭阳县 Pengyang	70.49	4			246.01	13
沙坡头区 Shapotou	30.32	15	13.31	5	887.37	10
中宁县 Zhongning	77.88	3	7.82	8	782.45	11
海原县 Haiyuan	27.17	17	0.03	13	127.12	18

2-7 续表 4 continued

(2009)

地区	Region	人均财政支出(元) Per Capita Local Financial Expenditure(yuan)		人均城镇固定资产投资(元) Per Capita Investment in Fixed Assets of Urban Area(yuan)		人均社会消费品零售额(元) Per Capita Retail Sales of Consumer Goods(yuan)	
		绝对值 Level	位次 Rank	绝对值 Level	位次 Rank	绝对值 Level	位次 Rank
全区总计	**Total**	**6957.34**		**16210.43**		**5460.15**	
银川市	Yinchuan	5601.46	4	16399.62	6	14149.91	1
永宁县	Yongning	3980.00	13	16507.66	5	2892.69	10
贺兰县	Helan	4441.46	9	11414.82	8	12879.23	2
灵武市	Lingwu	6229.85	2	114220.00	1	2963.55	9
石嘴山市	Shizuishan	6509.67	1	26735.74	2	8757.61	3
平罗县	Pingluo	4555.71	8	13431.87	7	4502.56	5
利通区	Litong	4992.60	5	16564.14	4	6159.13	4
红寺堡	Hongsipu	3196.10	18	4873.45	13	1266.12	18
青铜峡市	Qingtongxia	4682.49	7	11175.80	9	1875.74	14
盐池县	Yanchi	6020.58	3	16618.20	3	3239.27	8
同心县	Tongxin	3593.41	16	2192.78	16	2457.17	12
原州区	Yuanzhou	3147.27	19	6801.71	12	3476.46	7
西吉县	Xiji	3374.28	17	1978.45	18	1705.94	15
隆德县	Longde	4406.34	10	1656.42	19	1598.54	16
泾源县	Jingyuan	4866.28	6	2084.71	17	2289.81	13
彭阳县	Pengyang	3991.43	12	3500.72	14	1361.56	17
沙坡头区	Shapotou	4244.30	11	9218.01	10	3945.98	6
中宁县	Zhongning	3847.77	14	7597.73	11	2624.34	11
海原县	Haiyuan	3626.11	15	3222.49	15	768.98	19

2-7 续表 5 continued

（2009）

地 区	Region	职工平均工资(元) Average Wage of Staff and Workers(yuan)		农民人均纯收入(元) Per Capita Net Income of Rural Residents(yuan)		农民人均生活消费支出(元) Annual Per Capita Living Expenditure of Rural Households(yuan)	
		绝对值 Level	位次 Rank	绝对值 Level	位次 Rank	绝对值 Level	位次 Rank
全区总计	**Total**	**34082**		**4048.33**		**3347.94**	
银 川 市	Yinchuan	39322	1				
永 宁 县	Yongning	24718	18	5127.21	6	4195.58	5
贺 兰 县	Helan	22947	19	5480.13	4	5104.93	1
灵 武 市	Lingwu	27272	14	5732.91	3	5063.00	2
石嘴山市	Shizuishan	31379	6				
平 罗 县	Pingluo	26018	17	5430.94	5	4462.32	4
利 通 区	Litong	29110	10	5826.94	2	3763.60	8
红 寺 堡	Hongsipu	26847	16				
青铜峡市	Qingtongxia	35746	2	5831.09	1	4185.25	6
盐 池 县	Yanchi	31044	7	3288.03	9	3322.13	9
同 心 县	Tongxin	28156	13	2914.36	14	2723.47	11
原 州 区	Yuanzhou	31538	5	3004.67	11	2518.91	14
西 吉 县	Xiji	32551	4	2943.70	13	2478.82	15
隆 德 县	Longde	29057	11	2958.73	12	2793.11	10
泾 源 县	Jingyuan	30825	8	2725.71	15	2722.54	12
彭 阳 县	Pengyang	32740	3	3045.65	10	2560.22	13
沙坡头区	Shapotou	27089	15	4699.97	7	4161.39	7
中 宁 县	Zhongning	28193	12	4618.63	8	4814.79	3
海 原 县	Haiyuan	30448	9	2640.00	16	2283.51	16

第三篇 Chapter 3

国民经济核算
National Economic Accounting

责任编辑：张学武
资料整理：张学武　张雪艳　圣希明　万自梅　杨　柳　耿国蓉
Coordinator：Zhang Xuewu
Data Compilation：Zhang Xuewu　Zhang Xueyan　Sheng Ximing
Wan Zimei　Yang Liu　Geng Guorong

3-1 地区生产总值

Gross Domestic Product

单位:亿元　　（按当年价格计算 Caculated at constant prices）　　（100 million yuan）

年 份 Year	地区生产总值 Gross Domestic Product	第一产业 Primary Industry	第二产业 Secondary Industry			第三产业 Tertiary Industry
				工业 Industry	建筑业 Construction	
1978	13.00	3.06	6.60	5.59	1.02	3.33
1979	14.36	3.41	7.36	6.37	0.99	3.58
1980	15.96	4.26	7.27	6.17	1.10	4.43
1985	30.27	8.90	12.12	9.32	2.80	9.25
1986	34.54	10.36	12.97	9.99	2.99	11.20
1987	39.63	10.44	15.77	12.44	3.32	13.42
1988	50.29	13.39	19.74	16.14	3.60	17.16
1989	59.21	14.80	24.39	20.91	3.47	20.02
1990	64.84	16.84	25.34	21.29	4.05	22.66
1991	71.78	17.90	27.77	23.12	4.65	26.10
1992	83.14	18.31	34.05	27.74	6.31	30.78
1993	104.49	20.84	45.61	37.33	8.27	38.04
1994	136.26	29.94	56.01	46.34	9.67	50.31
1995	175.19	35.41	74.67	63.37	11.30	65.10
1996	202.90	43.28	80.54	68.97	11.57	79.09
1997	224.59	44.87	88.67	74.99	13.68	91.05
1998	245.44	48.75	95.11	78.33	16.78	101.58
1999	264.58	48.08	103.82	83.51	20.32	112.67
2000	295.02	46.03	121.43	96.70	24.73	127.56
2001	337.44	49.67	135.89	106.82	29.06	151.89
2002	377.16	52.95	153.06	120.54	32.52	171.14
2003	445.36	55.63	194.27	151.22	43.05	195.46
2004	537.11	65.33	244.05	197.54	46.50	227.73
2005	612.61	72.07	281.05	228.37	52.68	259.49
2006	725.90	79.54	351.58	287.55	64.03	294.78
2007	919.11	97.89	455.04	376.71	78.33	366.18
2008	1203.92	118.94	609.98	506.98	103.00	475.00
2009	1353.31	127.25	662.32	520.38	141.94	563.74

注:按全国核算制度规定,2005 年起,农林牧渔服务业包括在第一产业中,2004 年及之前包括在第三产业中.

a)According to the national accounting system,from 2005,the output value of services of farming,forestry,animal husbandry and fishery were included in the first industry,which included in the tertiery industry before 2004.

3-1 续表 continued

单位:亿元 (100 million yuan)

年 份 Year	第三产业 Tertiary Industry					人均地区生产总值（元/人）Per Capita Gross Domestic Product (yuan/person)
	交通运输仓储和邮电业 Transport, Storage and Post Service	批发和零售业、住宿和餐饮业 Wholesale,Retail Trade, Hoteling and Catering Services	金融业 Finance	房地产业 Real Estate	其他服务业 Other Services	
1978	0.66	0.96	0.43	0.08	1.20	370
1979	0.65	0.97	0.53	0.09	1.35	399
1980	0.82	1.12	0.73	0.10	1.65	433
1985	1.75	1.87	1.98	0.22	3.43	737
1986	1.96	2.22	2.55	0.27	4.20	823
1987	2.46	2.83	3.14	0.30	4.69	922
1988	2.65	4.41	4.02	0.36	5.72	1143
1989	3.33	4.90	4.80	0.43	6.56	1317
1990	3.49	5.32	5.57	0.50	7.78	1393
1991	4.20	6.45	6.04	0.54	8.88	1511
1992	4.76	7.60	7.08	0.79	10.55	1718
1993	5.47	9.68	10.59	1.01	11.29	2148
1994	6.83	12.30	14.54	1.39	15.25	2740
1995	9.84	15.36	19.32	2.15	18.44	3448
1996	14.46	18.77	20.76	2.82	22.28	3926
1997	18.69	20.87	21.96	3.94	25.59	4277
1998	22.17	22.72	21.18	5.15	30.37	4607
1999	26.16	24.33	20.47	7.01	34.70	4900
2000	29.55	26.24	21.57	8.86	41.34	5376
2001	37.04	29.18	21.37	13.19	51.11	6039
2002	43.54	32.25	21.45	13.46	60.44	6647
2003	49.97	36.53	24.80	16.85	67.30	7734
2004	56.83	44.53	27.94	20.78	77.65	9199
2005	66.29	52.19	32.25	22.97	85.79	10349
2006	77.33	57.21	36.99	25.53	97.72	12099
2007	94.00	71.76	51.05	29.49	119.88	15142
2008	123.76	92.89	64.80	38.85	154.70	19609
2009	159.62	100.11	75.54	47.56	180.91	21777

3-2 地区生产总值构成

Composition of Gross Domestic Product

单位:% （按当年价格计算 Caculated at constant prices） (%)

年份 Year	地区生产总值 Gross Domestic Product	第一产业 Primary Industry	第二产业 Secondary Industry	工业 Industry	建筑业 Constru-ction	第三产业 Tertiary Industry	交通运输仓储和邮电业 Transport, Storage and Post Service	批发和零售业、住宿和餐饮业 Wholesale,Retail Trade, Hoteling and Catering Services
1978	100	23.6	50.8	43.0	7.8	25.6	5.1	7.4
1979	100	23.8	51.3	44.4	7.0	25.0	4.5	6.7
1980	100	26.7	45.6	38.7	6.9	27.8	5.1	7.0
1985	100	29.4	40.1	30.8	9.3	30.5	5.8	6.2
1986	100	30.0	37.6	28.9	8.7	32.4	5.7	6.4
1987	100	26.4	39.8	31.4	8.4	33.9	6.2	7.2
1988	100	26.6	39.3	32.1	7.2	34.1	5.3	8.8
1989	100	25.0	41.2	35.3	5.8	33.8	5.6	8.3
1990	100	26.0	39.1	32.8	6.3	35.0	5.4	8.2
1991	100	24.9	38.7	32.2	6.5	36.4	5.9	9.0
1992	100	22.0	41.0	33.4	7.6	37.0	5.7	9.2
1993	100	20.0	43.7	35.7	8.0	36.4	5.2	9.3
1994	100	22.0	41.1	34.0	7.1	36.9	5.0	9.0
1995	100	20.2	42.6	36.2	6.5	37.2	5.6	8.8
1996	100	21.3	39.7	34.0	5.7	39.0	7.1	9.3
1997	100	20.0	39.5	33.4	6.1	40.5	8.3	9.3
1998	100	19.9	38.8	31.9	6.8	41.4	9.0	9.3
1999	100	18.2	39.2	31.6	7.7	42.6	9.9	9.2
2000	100	15.6	41.2	32.8	8.4	43.2	10.0	8.9
2001	100	14.7	40.3	31.7	8.6	45.0	11.0	8.7
2002	100	14.0	40.6	32.0	8.6	45.4	11.5	8.6
2003	100	12.5	43.6	34.0	9.7	43.9	11.2	8.2
2004	100	12.2	45.4	36.8	8.7	42.4	10.6	8.3
2005	100	11.8	45.9	37.3	8.6	42.4	10.8	8.5
2006	100	11.0	48.4	39.6	8.8	40.6	10.7	7.9
2007	100	10.7	49.5	41.0	8.5	39.8	10.2	7.8
2008	100	9.9	50.7	42.1	8.6	39.5	10.3	7.7
2009	100	9.4	48.9	38.5	10.5	41.7	11.8	7.4

3-3 地区生产总值指数

Indices of Gross Domestic Product

单位:% （1978 年=100 Year of 1978=100） (%)

年份 Year	地区生产总值 Gross Domestic Product	第一产业 Primary Industry	第二产业 Secondary Industry	工业 Industry	建筑业 Construction	第三产业 Tertiary Industry	交通运输仓储和邮电业 Transport, Storage and Post Service	批发和零售业、住宿和餐饮业 Wholesale,Retail Trade, Hoteling and Catering Services
1979	106.4	91.3	112.8	115.3	99.9	107.0	104.5	102.2
1980	114.8	107.5	115.5	115.9	114.5	120.5	122.4	108.1
1981	117.1	132.0	102.7	98.3	128.3	128.1	126.5	110.1
1982	127.5	132.6	110.4	105.7	137.2	154.3	158.9	113.6
1983	147.2	158.9	123.0	117.3	156.0	180.6	181.0	124.6
1984	167.2	183.0	139.4	129.9	193.7	203.1	207.6	142.7
1985	196.9	197.7	171.0	155.4	259.2	245.4	263.3	159.0
1986	213.3	209.9	181.9	165.5	274.5	276.3	295.6	181.5
1987	230.1	194.0	198.1	184.7	274.6	329.9	370.1	220.7
1988	258.0	211.6	224.2	216.6	268.8	372.1	399.0	294.0
1989	277.8	224.5	250.5	253.9	234.7	387.8	394.2	326.6
1990	288.1	232.2	256.7	254.9	269.9	408.3	384.8	354.7
1991	301.9	238.4	265.0	260.8	291.5	442.6	435.6	430.3
1992	327.9	228.2	298.1	287.1	363.2	503.7	476.9	507.3
1993	361.6	243.1	338.1	326.9	402.9	549.7	532.7	571.2
1994	389.3	248.2	367.9	359.7	408.8	603.0	582.8	595.2
1995	426.3	251.0	416.9	411.3	436.1	669.4	673.1	629.7
1996	472.6	296.5	455.6	457.1	420.9	722.0	825.2	704.0
1997	510.1	306.4	493.8	492.9	474.9	810.2	977.1	755.4
1998	554.9	336.5	532.8	525.1	561.9	895.9	1127.5	823.4
1999	605.1	351.0	585.0	568.8	673.1	1017.0	1338.4	881.9
2000	666.8	344.2	671.3	650.6	787.6	1134.7	1540.5	953.3
2001	734.2	366.1	746.9	717.3	907.5	1251.9	1713.0	1035.3
2002	809.4	388.4	841.8	814.5	994.4	1369.1	1939.1	1132.6
2003	911.8	397.7	998.7	951.5	1249.6	1511.1	2131.1	1257.2
2004	1014.0	412.9	1146.6	1129.2	1260.5	1658.6	2280.3	1389.2
2005	1124.5	425.7	1322.0	1323.5	1355.0	1806.2	2480.9	1549.0
2006	1267.3	452.1	1556.0	1573.6	1523.0	1970.6	2676.9	1615.6
2007	1428.3	481.5	1806.5	1834.8	1736.2	2175.5	2952.7	1719.8
2008	1608.2	516.2	2064.9	2093.6	1996.7	2414.8	3259.7	1846.2
2009	1799.6	553.8	2362.2	2367.8	2400.0	2656.3	3540.1	2010.5

3-3 续表 continued

单位:% （上年=100 Preceding year=100） (%)

年 份 Year	地区生产总值 Gross Domestic Product	第一产业 Primary Industry	第二产业 Secondary Industry			第三产业 Tertiary Industry		
				工业 Industry	建筑业 Construction		交通运输仓储和邮电业 Transport, Storage and Post Service	批发和零售业、住宿和餐饮业 Wholesale,Retail Trade, Hoteling and Catering Services
1978	108.9	106.0	110.1	108.8	118.2	109.0	109.3	103.1
1980	107.9	117.7	102.4	100.5	114.6	112.6	117.1	105.8
1985	117.8	108.0	122.6	119.6	133.8	120.8	126.8	111.4
1986	108.3	106.2	106.4	106.5	105.9	112.6	112.3	114.2
1987	107.9	92.4	108.9	111.6	99.7	119.4	125.2	121.6
1988	112.1	109.1	113.2	117.3	97.9	112.8	107.8	133.2
1989	107.7	106.1	111.7	117.2	87.3	104.2	98.8	111.1
1990	103.7	103.4	102.5	100.4	115.0	105.3	97.6	108.6
1991	104.8	102.7	103.2	102.3	108.0	108.4	113.2	121.3
1992	108.6	95.7	112.5	110.1	124.6	113.8	109.5	117.9
1993	110.3	106.5	113.4	113.9	110.9	109.1	111.7	112.6
1994	107.7	102.1	108.8	110.0	101.5	109.7	109.4	104.2
1995	109.5	101.1	113.3	114.4	106.7	111.0	115.5	105.8
1996	110.9	118.1	109.3	111.1	96.5	107.9	122.6	111.8
1997	107.9	103.3	108.4	107.8	112.8	112.2	118.4	107.3
1998	108.8	109.8	107.9	106.5	118.3	110.6	115.4	109.0
1999	109.1	104.3	109.8	108.3	119.8	113.5	118.7	107.1
2000	110.2	98.1	114.8	114.4	117.0	111.6	115.1	108.1
2001	110.1	106.4	111.3	110.2	115.2	110.3	111.2	108.6
2002	110.2	106.1	112.7	113.5	109.6	109.4	113.2	109.4
2003	112.7	102.4	118.6	116.8	125.7	110.4	109.9	111.0
2004	111.2	103.8	114.8	118.7	100.9	109.8	107.0	110.5
2005	110.9	103.1	115.3	117.2	107.5	108.9	108.8	111.5
2006	112.7	106.2	117.7	118.9	112.4	109.1	107.9	104.3
2007	112.7	106.5	116.1	116.6	114.0	110.4	110.3	106.4
2008	112.6	107.4	114.6	114.1	116.8	111.5	112.9	108.0
2009	111.9	107.3	114.4	113.1	120.2	110.0	108.6	108.9

3-4 分行业增加值及构成

Value-added by Sector and Composition

行　业	Sector	增加值(亿元) Added Valve (100 million yuan)			增加值构成(%) Composition (%)		
		2007	2008	2009	2007	2008	2009
总　计	**Total**	**919.11**	**1203.92**	**1353.31**	**100.0**	**100.0**	**100.0**
第一产业	**Primary Industry**	**97.89**	**118.94**	**127.25**	**10.7**	**9.9**	**9.4**
农林牧渔业	Agriculture,Forestry,Animal Husbandry and Fishery	97.89	118.94	127.25	10.7	9.9	9.4
第二产业	**Secondary Industry**	**455.04**	**609.98**	**662.32**	**49.5**	**50.7**	**48.9**
工业	Industry	376.71	506.98	520.38	41.0	42.1	38.5
采矿业	Mining	71.10	118.21	120.54	7.7	9.8	8.9
制造业	Manufacturing	224.43	294.34	299.67	24.4	24.4	22.1
电力、燃气及水的生产和供应业	Production and Supply of Electricity, Gas and Water	81.18	94.43	100.17	8.9	7.9	7.5
建筑业	Construction	78.33	103.00	141.94	8.5	8.6	10.4
第三产业	**Tertiary Industry**	**366.18**	**475.00**	**563.74**	**39.8**	**39.5**	**41.7**
交通运输、仓储和邮政业	Transport,Storage and Post	67.53	93.29	114.77	7.3	7.7	8.5
信息传输、计算机服务和软件业	Information Transmission, Computer Services and Software	27.69	31.69	46.27	3.0	2.6	3.4
批发和零售业	Wholesale and Retail Trades	54.64	70.34	74.52	5.9	5.8	5.5
住宿和餐饮业	Hotels and Catering Services	17.12	22.55	25.59	1.9	1.9	1.9
金融业	Financial Intermediation	51.05	64.80	75.54	5.6	5.4	5.6
房地产业	Real Estate	29.49	38.85	47.56	3.2	3.2	3.5
租赁和商务服务业	Leasing and Business Services	7.00	9.90	11.81	0.8	0.8	0.9
科学研究、技术服务和地质勘查业	Scientific Research,Technical Services and Geologic Prospecting	8.29	9.37	11.14	0.9	0.8	0.8
水利、环境和公共设施管理业	Management of Water Conservancy, Environment and Public Facilities	2.99	4.84	7.16	0.3	0.4	0.5
居民服务和其他服务业	Services to Households and Other Services	11.41	15.86	20.15	1.2	1.3	1.5
教育	Education	26.62	37.31	41.46	2.9	3.1	3.1
卫生、社会保障和社会福利业	Health,Social Security and Social Welfare	13.42	17.59	19.42	1.5	1.5	1.4
文化、体育和娱乐业	Culture,Sports and Entertainment	3.88	4.21	6.40	0.4	0.3	0.5
公共管理和社会组织	Public Management and Social Organizations	45.05	54.40	61.95	4.9	4.5	4.6

注：本表按当年价格计算。
a)Data in this table are calculated at current prices.

3-5 主要年份支出法地区生产总值

Gross Domestic Product by Expenditure Approach in Main Year

年　份 Year	地区生产总值（亿元） Gross Demestic Product(100 million yuan)	最终消费 Final Consumption	资本形成总额 Gross Capital Formation	货物和服务净出口 Net Exports of Goods and Services	最终消费率（消费率）(%) Final Consumption Rate(%)	资本形成率（投资率）(%) Capital Formation Rate(%)
1978	13.00	9.87	9.04	-5.91	75.9	69.5
1979	14.36	10.90	9.37	-5.91	75.9	65.3
1980	15.96	12.81	8.07	-4.92	80.3	50.6
1985	30.27	25.72	19.12	-14.57	85.0	63.2
1986	34.54	29.85	22.34	-17.65	86.4	64.7
1987	39.63	33.34	25.27	-18.98	84.1	63.8
1988	50.29	38.83	31.20	-19.74	77.2	62.0
1989	59.21	44.44	33.59	-18.82	75.1	56.7
1990	64.84	47.87	37.22	-20.25	73.8	57.4
1991	71.78	53.84	40.55	-22.61	75.0	56.5
1992	83.14	59.54	46.70	-23.10	71.6	56.2
1993	104.49	72.44	62.46	-30.41	69.3	59.8
1994	136.26	95.89	70.49	-30.12	70.4	51.7
1995	175.19	114.82	86.16	-25.79	65.5	49.2
1996	202.90	126.78	105.07	-28.95	62.5	51.8
1997	224.59	133.78	112.61	-21.80	59.6	50.1
1998	245.44	145.54	140.56	-40.66	59.3	57.3
1999	264.58	159.16	152.37	-46.95	60.2	57.6
2000	295.02	193.89	174.47	-73.34	65.7	59.1
2001	337.44	231.99	221.96	-116.51	68.8	65.8
2002	377.16	260.38	265.40	-148.62	69.0	70.4
2003	445.36	291.69	324.03	-170.36	65.5	72.8
2004	537.11	338.66	412.13	-213.68	63.1	76.7
2005	612.61	401.11	505.73	-294.23	65.5	82.6
2006	725.90	460.41	588.83	-323.34	63.4	81.1
2007	919.11	538.50	688.58	-307.97	58.6	74.9
2008	1203.92	650.16	968.45	-414.69	54.0	80.4
2009	1353.31	652.33	1308.83	-607.85	48.2	96.7

注：本表按当年价格计算

a)Data in this table are calculated at current prices.

3-6 主要年份最终消费及构成

Final Consumption Expenditure and Its Composition in Main Year

年 份 Year	绝对数(亿元) Level(100 million yuan)					构成(%) Composition(%)			
						最终消费=100 Final Consumption=100		居民消费=100 Household Consumption=100	
	最终消费 Final Consumption	居民消费 Household Consump-tion	农村居民 Rural Household	城镇居民 Urban Household	政府消费 Government Consumption	居民消费 Household Consumption	政府消费 Government Consumption	农村居民 Rural Household	城镇居民 Urban Household
1978	9.87	7.61	4.86	2.75	2.26	77.1	22.9	63.9	36.1
1979	10.90	8.11	4.63	3.48	2.79	74.4	25.6	57.1	42.9
1980	12.81	9.78	5.44	4.34	3.03	76.4	23.7	55.6	44.4
1985	25.72	17.67	10.60	7.07	8.05	68.7	31.3	60.0	40.0
1986	29.85	20.42	12.25	8.17	9.43	68.4	31.6	60.0	40.0
1987	33.34	23.74	13.46	10.28	9.60	71.2	28.8	56.7	43.3
1988	38.83	27.79	15.77	12.02	11.04	71.6	28.4	56.8	43.3
1989	44.44	31.73	17.38	14.35	12.71	71.4	28.6	54.8	45.2
1990	47.87	33.88	17.91	15.97	13.99	70.8	29.2	52.9	47.1
1991	53.84	38.07	19.72	18.35	15.77	70.7	29.3	51.8	48.2
1992	59.54	42.45	21.54	20.91	17.09	71.3	28.7	50.7	49.3
1993	72.44	50.91	24.32	26.59	21.53	70.3	29.7	47.8	52.2
1994	95.89	68.73	31.75	36.98	27.16	71.7	28.3	46.2	53.8
1995	114.82	85.79	40.50	45.29	29.03	74.7	25.3	47.2	52.8
1996	126.78	95.51	45.64	49.87	31.27	75.3	24.7	47.8	52.2
1997	133.78	100.97	46.29	54.68	32.81	75.5	24.5	45.9	54.2
1998	145.54	109.00	48.20	60.80	36.54	74.9	25.1	44.2	55.8
1999	159.16	115.57	48.63	66.94	43.59	72.6	27.4	42.1	57.9
2000	193.89	135.49	52.74	82.75	58.40	69.9	30.1	39.0	61.1
2001	231.99	145.90	51.89	94.01	86.09	62.9	37.1	35.6	64.4
2002	260.38	163.02	53.99	109.03	97.36	62.6	37.4	33.1	66.9
2003	291.69	189.37	63.49	125.88	102.32	64.9	35.1	33.5	66.5
2004	338.66	226.17	72.84	153.33	112.49	66.8	33.2	32.2	67.8
2005	401.11	264.57	80.50	184.07	136.54	66.0	34.0	30.4	69.6
2006	460.41	304.18	84.94	219.24	156.23	66.0	34.0	27.9	72.1
2007	538.50	348.58	96.31	252.27	189.92	64.7	35.3	27.6	72.4
2008	650.16	433.64	109.81	323.83	216.52	66.7	33.3	25.3	285.6
2009	652.33	488.33	116.13	372.20	164.00	74.9	25.1	23.8	308.9

3-7 主要年份资本形成总额及构成

Gross Capital Formation and Its Composition in Main Year

年份 Year	资本形成总额 Gross Capital Formation				
	绝对数(亿元) Level (100 million yuan)			构成(%) Composition(%)	
		固定资本形成总额 Gross Fixed Capital Formation	存货增加 Change in Inventories	固定资本形成总额 Gross Fixed Capital Formation	存货增加 Change in Inventories
1978	9.04	7.95	1.09	87.9	12.1
1979	9.37	8.78	0.59	93.7	6.3
1980	8.07	7.48	0.59	92.7	7.3
1985	19.12	17.05	2.07	89.2	10.8
1986	22.34	19.35	2.99	86.6	13.4
1987	25.27	21.98	3.29	87.0	13.0
1988	31.20	22.88	8.32	73.3	26.7
1989	33.59	22.96	10.63	68.4	31.7
1990	37.22	25.47	11.75	68.4	31.6
1991	40.55	31.74	8.81	78.3	21.7
1992	46.70	38.38	8.32	82.2	17.8
1993	62.46	52.67	9.79	84.3	15.7
1994	70.49	61.98	8.51	87.9	12.1
1995	86.16	70.12	16.04	81.4	18.6
1996	105.07	77.32	27.75	73.6	26.4
1997	112.61	88.10	24.51	78.2	21.8
1998	140.56	108.65	31.91	77.3	22.7
1999	152.37	130.61	21.76	85.7	14.3
2000	174.47	160.82	13.65	92.2	7.8
2001	221.96	195.81	26.15	88.2	11.8
2002	265.40	230.83	34.57	87.0	13.0
2003	324.03	318.21	5.82	98.2	1.8
2004	412.13	379.72	32.41	92.1	7.9
2005	505.73	469.62	36.11	92.9	7.1
2006	588.83	574.59	14.24	97.6	2.4
2007	688.58	652.20	36.38	94.7	5.3
2008	968.45	898.25	70.20	92.8	7.3
2009	1308.83	1185.35	123.48	90.6	9.4

3-8 按支出法计算的地区生产总值

Gross Domestic Product by Expenditure Approach

指标	Item	按当年价格计算(亿元) At Current Prices (100 million yuan)		构成(%) Composition(%)	
		2008	2009	2008	2009
地区生产总值	**Gross Demestic Product**	**1203.92**	**1353.31**	**100.0**	**100.0**
最终消费	**Final Consumption**	**650.16**	**652.33**	**54.0**	**48.2**
居民消费	Household Consumption	433.64	488.33	36.0	36.1
农村居民	Rural Household	109.81	116.13	9.1	8.6
城镇居民	Urban Household	323.83	372.20	26.9	27.5
政府消费	Government Consumption	216.52	164.00	18.0	12.1
资本形成总额	**Gross Capital Formation**	**968.45**	**1308.83**	**80.4**	**96.7**
固定资本形成总额	Gross Fixed Capital	898.25	1185.35	74.6	87.6
存货增加	Change in Inventories	70.20	123.48	5.8	9.1
货物和服务净出口	**Net Exports of Goods and Services**	**-414.69**	**-607.85**	**-34.4**	**-44.9**

3-9 按消费类型分最终消费

Final Consumption Expenditure by Patterns

单位:亿元　　　　(2009)　　　　(100million yuan)

指　标	Item	绝对额 Level	构成(%) Composition (%)
最终消费支出	**Final Consumption Expenditures**	**652.33**	**100.0**
居民消费支出	**Household Consumption**	**488.33**	**74.9**
农村居民	**Rural Household**	**116.13**	**17.8**
食品类支出	Food	47.22	7.2
衣着类支出	Clothing	8.67	1.3
居住类支出	Residence	5.88	0.9
家庭设备、用品及服务类支出	Household Facilities,Articles and Services	5.72	0.9
医疗保健类支出	Health Care and Personal Articles	12.06	1.8
公共医疗消费支出	Public Health	0.00	0.0
交通和通信类支出	Transportation and Communications	12.37	1.9
文教娱乐用品及服务类支出	Recreation,Education and Culture Articles	7.35	1.1
金融中介服务虚拟支出	Imaginary Expenditure of Middle Finance Services	6.05	0.9
金融机构实际服务消费支出	Financial Service	0.62	0.1
保险服务消费支出	Insurance Service	0.83	0.1
自有住房服务虚拟支出	Imaginary Expenditure of Freeform Resident Services	6.44	1.0
其他商品和服务类支出	Other Goods and Services	2.92	0.4
城镇居民	**Urban Household**	**372.20**	**57.1**
食品类支出	Food	97.14	14.9
衣着类支出	Clothing	35.68	5.5
居住类支出	Residence	31.93	4.9
家庭设备、用品及服务类支出	Household Facilities,Articles and Services	18.03	2.8
医疗保健类支出	Health Care and Personal Articles	39.39	6.0
公共医疗消费支出	Public Health	0.00	0.0
交通和通信类支出	Transportation and Communications	38.59	5.9
文教娱乐用品及服务类支出	Recreation,Education and Culture Articles	30.45	4.7
金融中介服务虚拟支出	Imaginary Expenditure of Middle Finance Services	19.04	2.9
金融机构实际服务消费支出	Financial Service	1.45	0.2
保险服务消费支出	Insurance Service	7.41	1.1
自有住房服务虚拟支出	Imaginary Expenditure of Freeform Resident Services	22.56	3.5
实物消费支出	Reality Consumption	17.49	2.7
其他商品和服务类支出	Other Goods and Services	13.04	2.0
政府消费支出	**Government Consumption**	**164.00**	**25.1**

注:本表按当年价格计算。

a)Data in this table are calculated at current prices.

3-10 按行业划分的资本形成总额

Gross Capital Formation by Sector

（2009）

单位：亿元

指　标	Item	按当年价格计算 At Current Prices	构成(%) Composition(%)
固定资本形成总额	**Gross Fixed Capital Formation**	**1185.35**	**100.0**
住宅	Residence	267.47	22.6
非住宅建筑物	Non-residential Buildings	636.67	53.7
机器和设备	Machinery and Equipment	274.48	23.2
土地改良支出	Land Improvement Expenditure	0.75	0.1
矿藏勘探费	Mineral Exploration Costs	5.20	0.4
计算机软件	Computer Software	0.78	0.1
存货增加	**Change in Inventories**	**123.48**	**100.0**
第一产业	**Primary Industry**	**-3.46**	**-2.8**
农林牧渔业	Agriculture,Forestry,Animal Husbandary and Fishery	-3.46	-2.8
第二产业	**Secondary Industry**	**57.24**	**46.3**
工业	Industry	49.54	40.1
建筑业	Construction	7.70	6.2
第三产业	**Tertiary Industry**	**69.70**	**56.5**
交通运输、仓储和邮政业	Transport,Storage and Post	0.11	0.1
批发和零售业	Wholesales and Retail Trades	-0.29	-0.2
住宿和餐饮业	Hotels and Catering Services	0.51	0.4
房地产业	Real Estate	67.80	54.9
其他行业	Others	1.57	1.3

注：本表按当年价格计算。

a)Data in this table are calculated at current prices.

3-11 各市县地区生产总值

Gross Domestic Product by City and Country

单位:万元　　　　　　　　　　（2009）　　　　　　　　　　（10000yuan）

地　区	Region	地区生产总值 Gross Domestic Product	第一产业 Primary Industry	第二产业 Secondary Industry			第三产业 Tertiary Industry
					工业 Industry	建筑业 Construction	
全区总计	**Total**	**13533100**	**1272500**	**6623200**	**5203800**	**1419400**	**5637400**
银川市	Yinchuan	4398196	110027	1732249	1160921	571328	2555920
永宁县	Yongning	485919	77220	293832	224943	68889	114867
贺兰县	Helan	442815	85430	233900	181834	52066	123485
灵武市	Lingwu	1115492	55794	882282	798729	83553	177415
石嘴山市	Shizuishan	2028609	40523	1388477	1239251	149226	599609
平罗县	Pingluo	679192	105480	387781	354529	33252	185931
利通区	Litong	632869	91683	314209	223952	90257	226977
红寺堡区	Hongsipu	55332	23019	13145	5700	7445	19168
盐池县	Yanchi	220383	34153	94992	58307	36685	91238
同心县	Tongxin	203440	57111	61485	44638	16847	84844
青铜峡市	Qingtongxia	790304	94825	510962	466912	44050	184517
原州区	Yuanzhou	376787	66654	72264	32211	40053	237869
西吉县	Xiji	211960	66511	46214	23147	23067	99235
隆德县	Longde	87662	24688	17055	7916	9139	45919
泾源县	Jingyuan	60493	16175	15722	8709	7013	28596
彭阳县	Pengyang	160822	63982	44637	34419	10218	52203
沙坡头区	Shapotou	702728	114389	270580	219677	50903	317759
中宁县	Zhongning	546134	90926	283602	211580	72022	171606
海原县	Haiyuan	180962	54011	27178	9884	17294	99773

注：本表绝对数按当年价格计算，指数按可比价格计算。
a)Level data in this table are calculated at current prices, while indices at constant prices.

3-11 续表 continued

地 区 Region	构成(%) Conposition(%)			指数(上年=100) Indices(preceding year=100)				人均地区生产总值(元/人) Per Capita GDP (yuan/person)
	第一产业 Primary Industry	第二产业 Secondary Industry	第三产业 Tertiary Industry	地区生产总值 Gross Demestic Product	第一产业 Primary Industry	第二产业 Secondary Industry	第三产业 Tertiary Industry	
全区总计 Total	**9.4**	**48.9**	**41.7**	**111.9**	**107.3**	**114.4**	**110.0**	**21777**
银 川 市 Yinchuan	2.5	39.4	58.1	108.5	106.2	104.5	111.5	42227
永 宁 县 Yongning	15.9	60.5	23.6	117.3	106.8	122.4	110.8	23497
贺 兰 县 Helan	19.3	52.8	27.9	123.8	107.9	132.2	121.0	22658
灵 武 市 Lingwu	5.0	79.1	15.9	129.3	107.0	135.5	109.3	47619
石嘴山市 Shizuishan	2.0	68.4	29.6	113.2	104.1	113.8	112.5	44567
平 罗 县 Pingluo	15.5	57.1	27.4	113.0	108.7	115.4	111.1	24638
利 通 区 Litong	14.5	49.6	35.9	117.0	104.2	125.9	111.2	16760
红寺堡区 Hongsipu	41.6	23.8	34.6	115.4	106.3	149.0	111.0	3701
盐 池 县 Yanchi	15.5	43.1	41.4	112.7	107.4	116.2	111.3	14023
同 心 县 Tongxin	28.1	30.2	41.7	114.8	106.9	125.9	110.4	5591
青铜峡市 Qingtongxia	12.0	64.7	23.3	109.7	106.1	109.7	111.0	28595
原 州 区 Yuanzhou	17.7	19.2	63.1	114.7	108.2	139.1	110.9	9437
西 吉 县 Xiji	31.4	21.8	46.8	113.7	107.1	137.9	110.1	5037
隆 德 县 Longde	28.2	19.5	52.4	114.5	108.3	135.1	111.3	5105
泾 源 县 Jingyuan	26.7	26.0	47.3	111.6	106.2	113.9	113.2	5387
彭 阳 县 Pengyang	39.8	27.8	32.5	117.2	107.2	145.2	111.8	6572
沙坡头区 Shapotou	16.3	38.5	45.2	110.9	109.6	111.0	111.3	17409
中 宁 县 Zhongning	16.6	51.9	31.5	117.6	106.9	126.2	112.2	16958
海 原 县 Haiyuan	29.8	15.0	55.2	114.6	106.6	149.1	112.3	4440

注:本表绝对数按当年价格计算,指数按可比价格计算。
a)Level data in this table are calculated at current prices, while indices at constant prices.

主要统计指标解释

［国内生产总值］ 国内生产总值代表一国或一个地区所有常住单位和个人在一定时期内全部生产活动(包括产品和劳务)的最终成果,是社会总产品价值扣除了中间投入价值后的余额，也就是当期新创造财富的价值总量。GDP 是国内生产总值英文 Gross Domestic Products 的缩写,中文译名对国家来说叫做国内生产总值，对地区的中文名称用行政区的名字作定语,如“宁夏生产总值”,简称为“宁夏GDP”,依此类推“银川市生产总值”,简称为“银川市GDP”等等。

国内生产总值核算有三种方法:

一是生产法，是从生产的角度衡量经济单位和个人在核算时期内新创造的价值。按三次产业划分，第一、二、三产业增加值的总和代表国内生产总值，各产业增加值的计算方法是各产业总产值减去中间消耗。计算公式为:增加值=总产出-中间消耗 。

二是收入法,是根据生产要素(资本、劳动力)在生产过程中应得的收入份额来反映最终成果的一种计算方法。从劳动者报酬、国家税收(含规费)、企业利润和固定资产折旧四者的总和进行核算。计算公式为:增加值=劳动者报酬+生产税净额+固定资产折旧+营业盈余。

三是支出法，是从使用的角度衡量核算期内生产的所有货物和服务的最终去向。由居民消费、政府消费、固定资本形成总额、存货增加、货物和服务的净出口(出口-进口)五项组成。计算公式为:国内生产总值=居民消费+政府消费+固定资本形成总额+存货增加+货物和服务的净出口。

从理论上讲，上述三种方法计算得到的国内生产总值应该是一致的,但在实际操作中,因为资料来源的不同以及基础数据质量上的差异，三种方法计算的国内生产总值之间存在着一定的计算误差。我国目前对外公布的国内生产总值是以生产法为准。

［当年价格］ 指报告期的实际价格,如工厂的出厂价格,农产品的收购价格,商业的零售价格等。使用当年价格计算的数字，是为了使国民经济各项指标互相衔接,便于考察当年社会经济效益,便于对生产和流通、生产和分配、生产和消费进行经济核算和综合平衡。

按当年价格计算的价值指标，在不同年份之间进行对比时,因为包含有各年间价格变动的因素,不能确切地反映实物且的增减变动。必须消除价格变动因素后,才能真实反映经济发展动态。因此,在计算增长速度时都使用按可比价格计算。

［可比价格］ 指在不同时期的价值指标对比时，扣除了价格变动的因素，以确切反映物量的变化。按可比价格计算有两种方法: 一种是直接用产品产量乘某一年的不变价格计算; 另一种是用价格指数换算。

［三次产业］ 根据社会生产活动历史发展的顺序对产业结构的划分，产品直接取自自然界的部门称为第一产业，对初级产品进行再加工的都门称为第二产业，为生产和消费提供各种服务的部门称为第三产业。它是世界上通用的产业结构分类,但各国的划分不尽一致。我国的三次产业划分是:

第一产业:农业(包括种植业、林业、牧业和渔业)。

第二产业:工业(包括采掘工业、制造业、自来水、电力、燃气、热水、煤气)和建筑业。

第三产业:除第一、第二产业以外的其他各业。

［劳动者报酬］ 指劳动者因从事生产活动所获得的全部报酬。包括劳动者获得的各种形式的工资、奖金和津贴，既包括货币形式的，也包括实物形式的,还包括劳动者所享受的公费医疗和医药卫生费、上下班交通补贴、单位支付的社会保险费、住房公积金等。对于个体经济来说,其所有者获得的劳动报酬和经营利润不易区分，这两部分统一作为劳动报酬处理。

［生产税净额］ 指生产税减生产补贴后的余额。生产税指政府对生产单位从事生产、销售和经营活动以及因从事生产活动使用某些生产要素 (如固定资产、土地、劳动力)所征收的各种税、附加费和规费。生产补贴与生产税相反,指政府对生产单位的单方面转移支出,因此视为负生产税,包括政策亏损补

贴、价格补贴等。

[固定资产折旧] 指一定时期内为弥补固定资产损耗按定的固定资产折旧率提取的固定资产折旧，或按国民经济核算统一规定的折旧率虚拟计算的固定资产折旧。它反映了固定资产在当期生产中的转移价值。各类企业和企业化管理的事业单位的固定资产折旧是指实际计提的折旧费；不计提折旧的政府机关、非企业化管理的事业单位和居民住房的固定资产折旧是按照统一规定的折旧率和固定资产原值计算的虚拟折旧。原则上，固定资产折旧应按固定资产的重置价值计算，但是目前我国尚不具备对全社会固定资产进行重估价的基础，所以暂时只能采用上述办法。

[营业盈余] 指常住单位创造的增加值扣除劳动者报酬、生产税净额和固定资产折旧后的余额。它相当于企业的营业利润加上生产补贴，但要扣除从利润中开支的工资和福利等。

[最终消费] 指常住单位为满足物质、文化和精神生活的需要，从本国经济领土和国外购买的货物和服务的支出。它不包括非常住单位在本国经济领土内的消费支出。最终消费分为居民消费和政府消费。

[居民消费] 指常住住户在一定时期内对于货物和服务的全部最终消费支出。居民消费除了直接以货币形式购买的货物和服务的消费支出外，还包括以其他方式获得的货物和服务的消费支出，即所谓的虚拟消费支出。居民虚拟消费支出包括如下几种类型：单位以实物报酬及实物转移的形式提供给劳动者的货物和服务；住户生产并由本住户消费了的货物和服务，其中的服务仅指住户的自有住房服务和付酬的家庭雇员提供的家庭和个人服务；金融机构提供的金融媒介服务；保险公司提供的保险服务。

[政府消费] 指政府部门为全社会提供的公共服务的消费支出和免费或以较低的价格向居民住户提供的货物和服务的净支出，前者等于政府服务的产出价值减去政府单位所获得的经营收人的价值，后者等于政府部门免费或以较低价格向居民住户提供的货物和服务的市场价值减去向住户收取的价值。

[资本形成总额] 指常住单位在一定时期内获得减去处置的固定资产和存货的净额，包括固定资本形成总额和存货增加两部分。

[固定资本形成总额] 指生产者在一定时期内获得的固定资产减处置的固定资产的价值总额。固定资产是通过生产活动生产出来的，且其使用年限在一年以上、单位价值在规定标准以上的资产，不包括自然资产。可分为有形固定资本形成总额和无形固定资本形成总额。有形固定资本形成总额包括一定时期内完成的建筑工捏、安装工程和设备工器具购置(减处置)价值，以及土地改良、新增役、种、奶、毛、娱乐用牲畜和新增经济林木价值。无形固定资本形成总额包括矿藏的勘探、计算机软件等获得减处置。

[存货增加] 指常住单位在一定时期内存货实物量变动的市场价值，即期末价值减期初价值的差额，再扣除当期由于价格变动而产生的持有收益。存货增加可以是正值，也可以是负值，正值表示存货上升，负值表示存货下降。存货包括生产单位购进的原材料·燃料和储备物资等存货，以及生产单位生产的产成品、在制品和半成品等存货。

[货物和服务净出口] 指货物和服务出口减货物和服务进口的差额。出口包括常住单位向非常住单位出售或无偿转让的各种货物和服务的价值;进口包括常住单位从非常住单位购买或无偿得到的各种货物和服务的价值。由于服务活动的提供与使用同时发生，一般把常住单位从非常住单位得到的服务作为进口，非常住单位从常住单位得到的服务作为出口。货物的出口和进口都按离岸价格计算。

第四篇 Chapter 4

人口 Population

责任编辑：李文海
资料整理：李文海　门建军　管利民　贺惠英　冯海江
Coordinator：Li Wenhai
Data Compilation：Li Wenhai　Men Jianjun　Guan Limin
He Huiying　Feng Haijiang

4-1 户数、人口数与性别比

Household, Population and Sex Ratio

年份 Year	总户数（户）Number of Households (household)	总人口数（人）Population (person)					平均每户人数（人/户）Average Family Size (person/household)	性别比（女=100）Sex Ratio (Female=100)
		合计 Total	男 Male		女 Female			
			人数 Population	比重（%）Percentage（%）	人数 Population	比重（%）Percentage（%）		
1950	224904	1259619	663298	52.66	596321	47.34	5.60	111.23
1953	279719	1510483	802139	53.10	708344	46.90	5.40	113.24
1958	334349	1935163	1034493	53.46	900670	46.54	5.90	114.86
1960	399445	2130316	1153050	54.13	977266	45.87	5.33	117.99
1964	429194	2148981	1129112	52.54	1019869	47.46	5.01	110.71
1965	441086	2267851	1191628	52.54	1076223	47.46	5.14	110.72
1970	519067	2773480	1442033	51.99	1331447	48.01	5.34	108.31
1975	613969	3279228	1703021	51.93	1576207	48.07	5.34	108.05
1978	667996	3555828	1841668	51.79	1714160	48.21	5.32	107.44
1980	699614	3737169	1930280	51.65	1806889	48.35	5.33	106.83
1985	808315	4146215	2137278	51.55	2008937	48.45	5.13	106.39
1990	1009078	4656774	2396934	51.47	2259840	48.53	4.61	106.07
1991	1034681	4738791	2439762	51.48	2299029	48.52	4.58	106.12
1992	1071292	4822697	2483462	51.50	2339235	48.50	4.50	106.17
1993	1099661	4908582	2525650	51.45	2382932	48.55	4.46	105.99
1994	1169474	5038682	2591720	51.44	2446962	48.56	4.31	105.92
1995	1195094	5123845	2632599	51.38	2491246	48.62	4.29	105.67
1996	1235188	5212099	2679993	51.42	2532106	48.58	4.22	105.84
1997	1271075	5289401	2717756	51.38	2571645	48.62	4.16	105.68
1998	1320085	5365666	2754769	51.34	2610897	48.66	4.06	105.51
1999	1354786	5432891	2784706	51.26	2648185	48.74	4.01	105.16
2000	1406024	5543214	2839607	51.23	2703607	48.77	3.94	105.10
2001	1442585	5632211	2889481	51.30	2742730	48.70	3.90	105.35
2002	1474654	5715376	2928132	51.23	2787244	48.77	3.88	105.05
2003	1521845	5801912	2976411	51.30	2825501	48.70	3.81	105.34
2004	1571951	5877142	3018099	51.35	2859043	48.65	3.74	105.56
2005	1672299	5962029	3056766	51.27	2905263	48.73	3.57	105.21
2006	1661191	6037305	3090722	51.19	2946583	48.81	3.63	104.89
2007	1784141	6102518	3117717	51.09	2984801	48.91	3.42	104.45
2008	1828332	6176939	3153651	51.06	3023288	48.94	3.38	104.31
2009	1881371	6252023	3186039	50.96	3065984	49.04	3.32	103.92

注：2001 年及以后数据为常住人口，按年度人口变动情况抽样调查数据推算。

a)From 2001,data in this table refers to resident population,which is estimated on the base of annual national sample survey on population changes.

4-2 农业、非农业与市镇、乡村人口

Population of Agriculture and Non-Agriculture, Urban and Rural

单位：人 (person)

年 份 Year	农业人口 Agriculture Population	非农业人口 Non-Agriculture Population	市、镇人口 Urban Population	乡村人口 Rural Population
1950	1165106	94513		
1953	1375430	135053	120385	1390098
1955	1515637	135481		
1958	1698952	236211		
1960	1721839	408477		
1964	1829191	319790	251001	1897980
1965	1921985	345866		
1970	2323964	449516		
1975	2729220	550008		
1978	2945095	610733		
1980	3059028	678141		
1985	3313764	832451		
1990	3542939	1113835	1196791	3459983
1991	3599853	1138938		
1992	3656949	1165748		
1993	3713037	1195545		
1994	3695492	1343190		
1995	3744295	1379550		
1996	3804257	1407842		
1997	3822377	1467024		
1998	3843507	1522159		
1999	3878930	1553961		
2000	3950946	1592268	1803855	3739359
2001	3992902	1639309	1876653	3755558
2002	4027547	1687829	1954659	3760717
2003	3817164	1984748	2142337	3659575
2004	3799685	2077457	2386120	3491022
2005	3819228	2142801	2520746	3441283
2006	3839178	2198127	2593626	3443679
2007	3864589	2237929	2686553	3415965
2008	3887666	2289273	2778230	3398709
2009	3924177	2327846	2882093	3369930

注:2000 年起城乡人口按人口变动抽样调查数据推算。

a)The urban and rural population are calculated on the data of surveyed population variation from 2000.

4-3 民族人口和构成

Population by Nationality and Its Composition

年 份 Year	汉族 Han		回族 Hui		其他少数民族 Others	
	人口数（人）Population (person)	比重(%) Percentage (%)	人口数（人）Population (person)	比重(%) Percentage (%)	人口数（人）Population (person)	比重(%) Percentage (%)
1950	876725	69.60	381806	30.31	1088	0.09
1953	1009963	66.86	498783	33.02	1737	0.12
1955	1106765	67.03	542598	32.86	1755	0.11
1958	1303335	67.35	629797	32.54	2031	0.11
1960	1515958	71.16	612379	28.75	1979	0.09
1964	1486939	69.19	658629	30.65	3413	0.16
1965	1569719	69.22	695061	30.65	3071	0.13
1970	1931177	69.63	839353	30.26	2950	0.11
1975	2280396	69.54	995202	30.35	3630	0.11
1978	2457551	69.11	1094660	30.78	3617	0.11
1980	2565593	68.65	1167257	31.23	4319	0.12
1985	2797427	67.47	1337561	32.26	11227	0.27
1990	3098093	66.53	1538925	33.05	19756	0.42
1991	3145793	66.38	1572370	33.18	20628	0.44
1992	3194363	66.24	1606934	33.32	21400	0.44
1993	3247349	66.16	1639100	33.39	22133	0.45
1994	3323330	65.96	1691572	33.57	23780	0.47
1995	3374813	65.86	1724148	33.65	24884	0.49
1996	3424762	65.71	1761876	33.80	25461	0.49
1997	3465287	65.51	1797247	33.98	26867	0.51
1998	3507446	65.37	1829700	34.10	28520	0.53
1999	3537134	65.11	1865903	34.34	29854	0.55
2000	3602104	64.98	1910101	34.46	31009	0.56
2001	3649994	64.81	1950424	34.63	31793	0.56
2002	3694928	64.65	1987129	34.77	33319	0.58
2003	3741161	64.48	2024723	34.90	36028	0.62
2004	3774150	64.22	2064854	35.13	38138	0.65
2005	3816891	64.02	2105192	35.31	39946	0.67
2006	3856020	63.87	2140903	35.46	40382	0.67
2007	3874218	63.49	2182260	35.76	46040	0.75
2008	3909502	63.29	2220417	35.95	47020	0.76
2009	3952260	63.22	2251503	36.01	48260	0.77

4-4 人口自然变动情况

Natural Change of Population

年 份 Year	年平均人口（人） Annual average population (person)	出生 Birth		死亡 Death		自然增长 Natural Growth	
		人数(人) Population (person)	出生率(‰) Birth Rate (%)	人数(人) Population (person)	死亡率(‰) Death Rate (%)	人数(人) Population (person)	自然增长率(‰) Natural Growth Rate(‰)
1950	1228560	49536	40.32	25284	20.58	24252	19.74
1953	1467318	58707	40.01	28437	19.38	30270	20.63
1955	1617587	56450	34.90	16565	10.24	39885	24.66
1958	1864485	73316	39.32	27936	14.98	45380	24.34
1960	2109436	34970	16.58	29331	13.90	5639	2.68
1964	2108025	104065	49.37	28326	13.44	75739	35.93
1965	2208416	106191	48.08	20509	9.29	85682	38.79
1970	2711573	109191	40.27	17168	6.33	92023	33.94
1975	3225840	117747	36.50	25073	7.77	92674	28.73
1978	3511449	99991	28.48	19169	5.46	80822	23.02
1980	3689265	92069	24.96	17430	4.72	74639	20.24
1985	4107443	70552	17.18	15934	3.88	54618	13.30
1990	4655451	113470	24.34	25759	5.52	87711	18.82
1991	4749749	104328	21.96	24366	5.13	79962	16.83
1992	4839980	97332	20.11	25942	5.36	71390	14.75
1993	4912506	95450	19.43	26331	5.36	69119	14.07
1994	4995500	98261	19.67	30073	6.02	68188	13.65
1995	5081264	97967	19.28	27896	5.49	70071	13.79
1996	5167972	98347	19.03	27132	5.25	71215	13.78
1997	5250750	99239	18.90	28511	5.43	70728	13.47
1998	5327534	96908	18.19	27224	5.11	69684	13.08
1999	5399279	97025	17.97	30506	5.65	66519	12.32
2000	5488053	90501	16.49	25090	4.57	65411	11.92
2001	5587713	92476	16.55	27044	4.84	65432	11.71
2002	5673794	93164	16.42	27575	4.86	65589	11.56
2003	5758644	90296	15.68	27238	4.73	63057	10.95
2004	5839527	93257	15.97	27971	4.79	65286	11.18
2005	5919586	94299	15.93	29302	4.95	64997	10.98
2006	5999667	93175	15.53	29038	4.84	64137	10.69
2007	6069912	89835	14.80	30592	5.04	59243	9.76
2008	6139729	87860	14.31	28366	4.62	59494	9.69
2009	6214481	89364	14.38	29208	4.70	60156	9.68

4-5 五次人口普查人口基本情况

Basic Statistics on Population Census in 1953,1964,1982,1990 and 2000

指　标	Item	1953.7.1	1964.7.1	1982.7.1	1990.7.1	2000.11.1
总人口(万人)	**Total Population (10000 persons)**	**150.62**	**210.75**	**389.56**	**465.54**	**548.64**
男	Male	80.74	110.84	200.68	238.95	281.35
女	Female	69.88	99.91	188.87	226.60	267.29
性别比（以女性为 100）	Sex Ratio(female=100)	115.55	110.95	106.25	105.45	105.26
家庭户规模(人/户)	**Average Family Household Size (person/household)**	**5.10**	**4.98**	**5.09**	**4.57**	**3.82**
各年龄组人口(万人)	**Population by Age Group (10000 persons)**					
0-14 岁	0-14	61.27	91.39	160.71	157.07	155.67
15-64 岁	15-64	84.84	114.56	216.39	292.13	368.42
65 岁及以上	65 and Over	4.51	4.80	12.45	16.34	24.55
民族人口	**Population by Ethnicity**					
汉族(万人)	Han (10000 persons)	100.07	145.71	265.13	310.74	359.06
占总人口比重（%）	Percentage to Total Population (%)	66.43	69.14	68.06	66.75	65.45
回族(万人)	Hui (10000 persons)	50.37	64.70	123.52	152.44	186.24
占总人口比重（%）	Percentage to Total Population (%)	33.44	30.70	31.71	32.75	33.95
其他少数民族（万人）	Other Ethnic Minorities (10000 persons)	0.17	0.34	0.91	2.36	3.34
占总人口比重(%)	Percentage to Total Population (%)	0.13	0.16	0.23	0.50	0.60
每十万人拥有的各种受教育程度人口(人)	**Population with Various Education Attainments Per 100 000 Persons (Person)**					
大专及以上	Junior College and Above		380	659	1610	3690
高中和中专	Senior Secondary School and Technical Secondary School		1250	5294	8010	10934
初中	Junior Secondary School		4080	15542	20272	27859
小学	Primary School		18730	25686	29424	31845
文盲人口及文盲率	**Illiterate Population and Illiterate Rate**					
文盲人口(万人)	Illiterate Population (10000 persons)			105.01	103.27	61.77
文盲率　（%）	Illiterate Rate (%)			45.89	33.48	15.72
城乡人口(万人)	**Population by Residence (10000 Persons)**					
城镇人口	Urban Population		24.94	75.58	119.75	180.39
乡村人口	Rural Population		185.81	313.98	345.79	368.25

4-6 人口计划生育状况

Family Planning

单位:人、% (person,%)

年份 Year	已婚育龄妇女人数 Number of Married Women of Child-Bearing Age		采取各种节育措施人数 Number of Women Taking Various Birth Control Measures		节育率 Birth Control Rate		领取独生子女证人数 Number of Married Couples with One-child Certificate	
	合计 Total	少数民族 Ethnic Minorities	合计 Total	少数民族 Ethnic Minorities	合计 Total	少数民族 Ethnic Minorities	合计 Total	少数民族 Ethnic Minorities
1979	508985		235560		46.28			
1980	522377		274823		52.61		3249	
1985	642996	202714	502048	134011	78.08	66.11	34961	6204
1990	854353	273182	695877	200383	81.45	73.35	79400	6995
1991	883417	290211	742963	216052	84.10	74.45	89369	8531
1992	901002	299179	767046	235212	85.13	78.62	98439	9651
1993	927515	307513	814040	248875	87.77	80.93	107344	12163
1994	951613	315043	843318	263897	88.62	83.77	115513	10154
1995	986322	324715	890234	284327	90.26	89.56	124105	11128
1996	1019995	338682	933088	303927	91.48	89.74	129738	11294
1997	1045379	351026	952531	313232	91.12	89.23	130714	11732
1998	1070721	363660	968450	317290	90.45	87.25	135032	12218
1999	1090681	371306	979795	323070	89.83	87.01	135864	11514
2000	1101214	369538	993341	327596	90.20	88.65	135866	11867
2001	1119278	363471	1011630	334608	90.38	92.06	138694	10990
2002	1137026	344071	1022832	330093	89.96	95.94	141848	11814
2003	1151773	396789	1039803	349116	90.28	87.99	139662	12563
2004	1161088	404450	1053142	357673	90.70	88.43	126280	11456
2005	1173526	415211	1066291	368432	90.86	88.73	127570	11983
2006	1155239		1045821		90.53		114095	
2007	1192461		1082676		90.79		121201	
2008	1219697		1103869		90.50		118034	
2009	1249649		1132844		90.65		121836	

注:本资料根据计划生育部门统计数据整理。

a)Data in this table are compiled on statistic of Family Planning Department.

4-7 主要年份各市县人口总数

Population by City and Country in Main Year

单位:人 (person)

地 区 Region	1958	1978	1980	1990	2000	2005	2006	2007	2008	2009
全区总计 Total	**1935163**	**3555828**	**3737169**	**4656774**	**5543214**	**5962029**	**6037306**	**6102518**	**6176939**	**6252023**
银 川 市 Yinchuan	**401035**	**786743**	**822542**	**1034520**	**1264588**	**1424300**	**1449661**	**1616594**	**1654282**	**1701839**
银 川 市 District	148237	325177	344540	480184	641723	800641	828362	1016373	1024922	1058205
永 宁 县 Yongning	81971	146243	149157	168325	185213	207069	209080	203217	206053	207554
贺 兰 县 Helan	96125	152140	154492	166423	182500	181822	183498	175345	190339	200537
灵 武 市 Lingwu	74702	163183	174353	219588	255152	234768	228721	221659	232968	235543
石嘴山市 Shizuishan	**220670**	**506569**	**529873**	**613753**	**691677**	**732266**	**738578**	**730423**	**734448**	**727234**
石嘴山市 District	67618	269636	286591	346755	399687	446517	451246	457761	460694	449662
平 罗 县 Pingluo	135562	219145	224699	245070	261481	285749	287332	272662	273754	277572
陶 乐 县 Taole	17490	17788	18583	21928	30509					
吴 忠 市 Wuzhong	**370840**	**660327**	**696769**	**892347**	**1067147**	**1257435**	**1272907**	**1283853**	**1315574**	**1333418**
利 通 区 Litong	115189	196266	205838	257959	306379	356447	361248	364803	373887	381309
红寺堡区 Hongsipu						143881	146198	143653	146033	152974
青铜峡市 Qingtongxia	114878	172748	178773	215247	245021	260664	263699	271212	276143	276619
盐 池 县 Yanchi	52637	108157	114378	140038	152117	165112	165387	156970	159653	154658
同 心 县 Tongxin	88136	183156	197780	279103	363630	331331	336375	347215	359858	367858
固 原 市 Guyuan	**588899**	**991027**	**1047927**	**1316834**	**1504288**	**1506207**	**1522439**	**1425793**	**1344227**	**1351395**
原 州 区 Yuanzhou	187682	328542	350155	442190	507874	484620	491958	486716	398626	399877
西 吉 县 Xiji	157564	274186	291842	377333	452477	462937	471165	408924	414971	425375
隆 德 县 Longde	104585	151025	155523	185327	216954	183034	182034	163770	171956	170832
泾 源 县 Jingyuan	46564	73414	77114	93538	81888	122325	122695	117792	114161	110416
彭 阳 县 Pengyang	92504	163860	173293	218446	245095	253291	254587	248591	244513	244895
中 卫 市 Zhongwei	**353719**	**611162**	**640058**	**799320**	**1015514**	**1041821**	**1053720**	**1045855**	**1128408**	**1138137**
沙坡头区 Shapotou	132403	234374	239966	289527	335374	352817	353874	369107	404069	403258
中 宁 县 Zhongning	111175	164986	172219	205960	315900	297186	300733	304709	320291	323817
海 原 县 Haiyuan	110141	211802	227873	303833	364240	391818	399113	372039	404048	411062

4-8 各市县户数、人口数

Household and Population by City and Country

单位:人 （2009） （person）

地 区	Region	总户数(户) Number of Households (household)	总人口 Population(person) 合 计 Total	男 性 Male	女 性 Female	平均家庭人口数(人/户) Average Family Size (person/household)
全区总计	**Total**	**1881371**	**6252023**	**3186039**	**3065984**	**3.32**
银 川 市	**Yinchuan**	**558103**	**1701839**	**854612**	**847227**	**3.05**
银 川 市	District	360370	1058205	526297	531908	2.94
永 宁 县	Yongning	62467	207554	105950	101604	3.32
贺 兰 县	Helan	61827	200537	101293	99244	3.24
灵 武 市	Lingwu	73439	235543	121072	114471	3.21
石嘴山市	**Shizuishan**	**244402**	**727234**	**372282**	**354952**	**2.98**
石嘴山市	District	150286	449662	231034	218628	2.99
平 罗 县	Pingluo	94116	277572	141248	136324	2.95
吴 忠 市	**Wuzhong**	**386355**	**1333418**	**678833**	**654585**	**3.45**
利 通 区	Litong	117439	381309	191667	189642	3.25
红 寺 堡	Hongsipu	36142	152974	78542	74432	4.23
青铜峡市	Qingtongxia	85920	276619	142263	134356	3.22
盐 池 县	Yanchi	47751	154658	79308	75350	3.24
同 心 县	Tongxin	99103	367858	187053	180805	3.71
固 原 市	**Guyuan**	**364395**	**1351395**	**698447**	**652948**	**3.71**
原 州 区	Yuanzhou	113137	399877	205022	194855	3.53
西 吉 县	Xiji	106804	425375	219270	206105	3.98
隆 德 县	Longde	47599	170832	88623	82209	3.59
泾 源 县	Jingyuan	32288	110416	57875	52541	3.42
彭 阳 县	Pengyang	64567	244895	127657	117238	3.79
中 卫 市	**Zhongwei**	**328116**	**1138137**	**581865**	**556272**	**3.47**
沙坡头区	Shapotou	127247	403258	205578	197680	3.17
中 宁 县	Zhongning	97054	323817	165415	158402	3.34
海 原 县	Haiyuan	103815	411062	210872	200190	3.96

注:表中数据根据2008年人口抽样调查结果推算。
a)Data in this table are estimated on the Population Sample Survey in 2008.

4-9 各市县民族人口和构成

Population by Nationality in Cities and Countries

(2009)

地 区	Region	汉族 Han 人口数(人) Population (person)	汉族 Han 比重(%) Percentage (%)	回族 Hui 人口数(人) Population (person)	回族 Hui 比重(%) Percentage (%)	其他少数民族 Others 人口数(人) Population (person)	其他少数民族 Others 比重(%) Percentage (%)
全区总计	**Total**	**3952260**	**63.22**	**2251503**	**36.01**	**48260**	**0.77**
银 川 市	**Yinchuan**	**1222040**	**71.81**	**448080**	**26.33**	**31719**	**1.86**
银 川 市	District	795360	75.16	234344	22.15	28501	2.69
永 宁 县	Yongning	166251	80.10	39933	19.24	1370	0.66
贺 兰 县	Helan	148217	73.91	51438	25.65	882	0.44
灵 武 市	Lingwu	112212	47.64	122365	51.95	966	0.41
石嘴山市	**Shizuishan**	**570332**	**78.42**	**148686**	**20.45**	**8216**	**1.13**
石嘴山市	District	384665	85.55	57559	12.80	7438	1.65
平 罗 县	Pingluo	185667	66.89	91127	32.83	778	0.28
吴 忠 市	**Wuzhong**	**645204**	**48.39**	**683628**	**51.27**	**4586**	**0.34**
利 通 区	Litong	157900	41.41	221388	58.06	2021	0.53
红 寺 堡	Hongsipu	60088	39.28	92702	60.60	184	0.12
青铜峡市	Qingtongxia	225555	81.54	49211	17.79	1853	0.67
盐 池 县	Yanchi	150234	97.14	4006	2.59	418	0.27
同 心 县	Tongxin	51427	13.98	316321	85.99	110	0.03
固 原 市	**Guyuan**	**757101**	**56.02**	**593418**	**43.91**	**876**	**0.07**
原 州 区	Yuanzhou	214254	53.58	184943	46.25	680	0.17
西 吉 县	Xiji	188186	44.24	237104	55.74	85	0.02
隆 德 县	Longde	153664	89.95	17117	10.02	51	0.03
泾 源 县	Jingyuan	26632	24.12	83773	75.87	11	0.01
彭 阳 县	Pengyang	174365	71.20	70481	28.78	49	0.02
中 卫 市	**Zhongwei**	**757583**	**66.56**	**377691**	**33.19**	**2863**	**0.25**
沙坡头区	Shapotou	381603	94.63	20526	5.09	1129	0.28
中 宁 县	Zhongning	254552	78.61	68682	21.21	583	0.18
海 原 县	Haiyuan	121428	29.54	288483	70.18	1151	0.28

4-10 主要年份各市县回族人口数

Population by the Hui Nationality by City and Country in Main Year

单位:人 (person)

地 区 Region	1958	1978	1980	1990	2000	2005	2006	2007	2008	2009
全区总计 Total	**629797**	**1094660**	**1214922**	**1538925**	**1910101**	**2105192**	**2140903**	**2182260**	**2220417**	**2251503**
银川市 Yinchuan	**116123**	**191204**	**200710**	**253987**	**331708**	**369477**	**372910**	**417175**	**433347**	**448080**
银川市 District	32040	60144	63495	85885	137059	174679	176072	219764	224825	234344
永宁县 Yongning	16694	18484	18788	22343	24970	37822	37151	38719	39356	39933
贺兰县 Helan	22473	35614	36419	38351	45229	43705	45649	44353	48327	51438
灵武市 Lingwu	44916	76962	82008	107408	124450	113271	114038	114339	120839	122365
石嘴山市 Shizuishan	**46253**	**94450**	**99837**	**118499**	**139678**	**146498**	**147311**	**147479**	**149316**	**148686**
石嘴山市 District	23899	28423	30705	37767	47121	53794	55183	58402	59525	57559
平罗县 Pingluo	21362	64193	67293	78645	84633	92704	92128	89077	89791	91127
陶乐县 Taole	992	1834	1839	2087	7924					
吴忠市 Wuzhong	**149851**	**274030**	**293313**	**401384**	**501731**	**610347**	**617029**	**651021**	**670849**	**683628**
利通区 Litong	68593	106376	112225	141700	165635	199338	205649	211763	217426	221388
红寺堡 Hongsipu						85045	80017	89612	91142	92702
青铜峡市 Qingtongxia	10946	22564	23755	30464	34831	43933	44272	47332	48761	49211
盐池县 Yanchi	1348	2971	3170	3743	3825	4076	4049	3896	3997	4006
同心县 Tongxin	68964	142119	154163	225477	297440	277955	283042	298418	309523	316321
固原市 Guyuan	**240744**	**388568**	**461671**	**547024**	**625774**	**645893**	**661482**	**634887**	**592532**	**593418**
原州区 Yuanzhou	76490	128357	185670	184838	215932	218721	221976	226575	183571	184943
西吉县 Xiji	84055	132627	141828	192304	239145	245730	255412	227759	231246	237104
隆德县 Longde	8314	11525	12057	15741	20015	16759	17298	16262	17235	17117
泾源县 Jingyuan	45243	70745	74451	90719	79461	91321	92180	90337	87606	83773
彭阳县 Pengyang	26642	45314	47665	63422	71221	73362	74616	73954	72874	70481
中卫市 Zhongwei	**76826**	**146408**	**159391**	**218031**	**311210**	**332977**	**342171**	**331698**	**374373**	**377691**
沙坡头区 Shapotou	1022	1681	1695	3492	4640	6401	6454	6876	20567	20526
中宁县 Zhongning	2635	4022	4281	4946	51588	50606	53061	53589	67902	68682
海原县 Haiyuan	73169	140705	153415	209593	254982	275970	282656	271233	285904	288483

4-11 各市县人口自然变动情况

Natural Changes on Population by City and Country

(2009)

地 区 Region	年平均人口(人) Annual Average Population (person)	自然变动人数(人) Population of Natural Changes (person)			自然变动率(‰) Natural Rates of Change(‰)		
		出生人数 Birth	死亡人数 Death	自然增长人数 Natural Growth	出生率 Birth	死亡率 Death	自然增长率 Natural Growth
全区总计 Total	**6214481**	**89364**	**60156**	**29208**	**14.38**	**4.70**	**9.68**
银川市 Yinchuan	**1678061**	**17485**	**10890**	**6595**	**10.42**	**3.93**	**6.49**
银川市 District	1041563	9478	5853	3625	9.10	3.48	5.62
永宁县 Yongning	206804	2093	1346	747	10.12	3.61	6.51
贺兰县 Helan	195438	2398	1177	1221	12.27	6.25	6.02
灵武市 Lingwu	234256	3275	2263	1012	13.98	4.32	9.66
石嘴山市 Shizuishan	**730841**	**7447**	**3471**	**3976**	**10.19**	**5.44**	**4.75**
石嘴山市 District	455178	4333	1865	2468	9.52	5.42	4.10
平罗县 Pingluo	275663	3129	1616	1513	11.35	5.49	5.86
吴忠市 Wuzhong	**1324496**	**20675**	**14357**	**6318**	**15.61**	**4.77**	**10.84**
利通区 Litong	377597	5611	3387	2224	14.86	5.89	8.97
红寺堡 Hongsipu	149504	2501	2154	347	16.73	2.32	14.41
青铜峡市 Qingtongxia	276381	3469	2176	1293	12.55	4.68	7.87
盐池县 Yanchi	157156	2243	1460	783	14.27	4.98	9.29
同心县 Tongxin	363858	6841	5076	1765	18.80	4.85	13.95
固原市 Guyuan	**1347810**	**22926**	**15607**	**7319**	**17.01**	**5.43**	**11.58**
原州区 Yuanzhou	399251	6568	4608	1960	16.45	4.91	11.54
西吉县 Xiji	420172	7857	5559	2298	18.70	5.47	13.23
隆德县 Longde	171394	2586	1604	982	15.09	5.73	9.36
泾源县 Jingyuan	112289	2025	1240	785	18.03	6.99	11.04
彭阳县 Pengyang	244704	3795	2513	1282	15.51	5.24	10.27
中卫市 Zhongwei	**1133273**	**17396**	**11730**	**5666**	**15.35**	**5.00**	**10.35**
沙坡头区 Shapotou	403664	5328	3616	1712	13.20	4.24	8.96
中宁县 Zhongning	322054	4274	2358	1916	13.27	5.95	7.32
海原县 Haiyuan	407555	7711	5669	2042	18.92	5.01	13.91

注:根据2008年人口变动情况抽样调查资料整理.因受样本构成影响,各市县数据加总后不等于总计数。

a)Data in this table are compiled on the base of national sample survey on population changes in 2008.Therefore,affected by the structure of sample ,the total data is not equal to the sum of each region.

主要统计指标解释

［总人口］ 指在一定时点，一定地区范围内有生命的个人总和，包括有常住户口和未落常住户口的人，以及被注销户口的在押犯、劳改、劳教人员，但不包括军人及人民武装警察。

［总户数］ 包括家庭户和集体户。

［市镇人口数］ 指居住在市(包括县级市)、镇辖区内的全部人口。

［乡村人口数］ 指县辖乡(不含县辖镇)的全部人口。

［性别比］ 男性人数与女性人数之比(女=100)

$$性别比 = \frac{男性人数}{女性人数} \times 100\%$$

［年平均人口数］ 指一年之中各个时点的平均生存人数。

$$年平均人口数 = \frac{年初人口数+年末人口数}{2}$$

［出生人数］ 指在一定时期内(通常为一年内)出生有生命现象（即有心跳和呼吸)婴儿数的总和。

［出生率］ 指某个地区一定时期内的出生人数与同期平均人数之比。

$$出生率 = \frac{年出生人数}{年平均人数} \times 1000‰$$

［死亡率］ 指某个地区一定时期内的死亡人数与同期平均人数之比。

$$死亡率 = \frac{年死亡人数}{年平均人数} \times 1000‰$$

第五篇 Chapter 5

劳动力资源与工资

Labor Force and Wages

责任编辑：李文海
资料整理：李文海　门建军　管利民　贺惠英　冯海江
Coordinator：Li Wenhai
Data Compilation：Li Wenhai　Men Jianjun　Guan Limin
He Huiying　Feng Haijiang

5-1 就业基本情况

Employment

指　标	Item	1995	2000	2004	2005	2006	2007	2008	2009
就业人员合计　（万人）	**Total Number of Employed persons(10000 persons)**	**240.6**	**275.5**	**298.1**	**299.6**	**308.1**	**309.5**	**303.9**	**328.5**
第一产业	Primary Industry	143.5	158.6	148.7	145.1	140.1	141.5	136.4	130.8
第二产业	Secondary Industry	46.7	50.0	63.5	66.7	72.1	70.1	76.2	84.7
第三产业	Tertiary Industry	50.4	66.9	85.9	87.8	95.9	97.8	91.4	113.0
就业人员构成（合计=100）	**Composition of Employed Persons(total=100)**	**100.0**	**100.0**	**100.0**	**100.0**	**100.0**	**100.0**	**100.0**	**100.0**
第一产业	Primary Industry	59.7	57.6	49.8	48.4	45.5	45.7	44.9	39.8
第二产业	Secondary Industry	19.4	18.1	21.5	22.3	23.4	22.7	28.3	25.8
第三产业	Tertiary Industry	20.9	24.3	28.7	29.3	31.1	31.6	26.8	34.4
城镇从业人员　（万人）	**Urban Employed Persons(10000 persons)**	**81.1**	**77.6**	**88.2**	**87.6**	**96.1**	**94.5**	**85.2**	**110.1**
国有单位	State-owned Units	62.9	52.0	38.4	38.5	36.6	36.3	36.0	36.0
城镇集体单位	Urban Collective-owned Units	9.9	5.0	1.9	1.4	1.2	1.1	0.9	0.8
股份合作单位	Cooperative Units		1.1	1.0	1.0	0.9	0.8	0.6	0.5
联营单位	Joint Ownership Units	0.2	0.1	0.1	0.1	0.1	0.1	0.1	0.1
有限责任公司	Limited Liability Corporations		4.0	13.5	13.0	14.5	14.5	14.1	15.6
股份有限公司	Share-holding Corporations Ltd.	0.5	1.7	3.6	4.0	3.9	3.8	3.8	3.6
私营企业	Private Enterprises	1.9	4.8	15.8	14.0	19.8	16.5	7.5	26.3
港澳台商投资单位	Units of Funds from Hong Kong,Macao & Taiwan	0.5	0.3	–				0.1	0.1
外商投资单位	Foreign Funded Units	0.9	1.0	1.0	1.0	1.0	1.1	1.1	1.0
个　体	Self-employed Individuals	4.3	7.7	11.9	14.0	17.6	20.2	20.6	25.7
在岗职工人数　（万人）	**Number of Staff and Workers (10000 persons)**	**73.4**	**63.8**	**58.5**	**57.4**	**56.7**	**56.3**	**54.7**	**54.6**
国有单位	State-owned Units	61.5	51.0	37.2	37.4	35.5	35.3	34.3	33.8
城镇集体单位	Urban Collective-owned Units	9.9	4.8	1.8	1.3	1.1	1.0	0.8	0.7
其他单位	Units of Other Types of Ownership	2.0	8.0	19.5	18.8	20.1	20.0	19.6	20.1
女性从业人员数　（万人）	**Number of Female Employment (10000 persons)**	**26.4**	**23.9**	**21.5**	**21.1**	**21.0**	**21.0**	**21.1**	**21.0**
城镇登记失业人数（万人）	**Number of Registered Umemployed Persons in Urban Areas (10000 persons)**	**4.4**	**3.8**	**4.1**	**4.4**	**4.2**	**4.4**	**4.8**	**4.8**
城镇登记失业率　（%）	**Registered Unemployment Rate in Urban Areas(%)**	**5.5**	**4.6**	**4.5**	**4.5**	**4.3**	**4.3**	**4.4**	**4.4**

5-2 劳动力资源和从业人员数

Labor Force and Number of Employed Persons

单位:万人、% （10000 persons,%）

年 份 Year	劳动力资源 Labor Force		从业人员 Employees		
	人 数 Population	占总人口比重 As Percentage of Total Population	人 数 Population	占总人口比重 As Percentage of Total Population	占劳动力资源比重 As Percentage of Labor Force
1950	57.6	45.71	47.2	37.50	82.07
1955	77.6	46.97	67.7	41.00	87.30
1960	99.5	46.77	96.6	45.32	94.17
1965	107.1	47.20	98.6	43.52	92.18
1970	130.2	46.94	112.5	40.56	86.43
1975	158.1	48.20	125.6	38.30	79.49
1980	194.3	51.20	146.5	39.20	75.40
1985	221.8	53.49	177.4	42.79	82.01
1990	259.6	55.73	211.1	45.35	81.36
1991	268.6	56.70	219.2	46.25	81.60
1992	277.1	57.45	225.9	46.84	81.52
1993	314.0	63.96	229.4	46.73	73.06
1994	318.2	63.15	232.7	46.18	73.13
1995	324.8	63.39	240.6	46.96	74.08
1996	337.4	64.74	245.4	47.08	72.73
1997	346.3	65.48	256.8	48.55	74.16
1998	355.5	66.25	254.8	49.49	71.69
1999	363.3	66.87	272.3	50.13	74.95
2000	380.9	68.71	275.5	49.70	72.13
2001	393.4	69.90	279.0	49.54	70.92
2002	399.9	70.00	282.4	49.40	70.62
2003	406.0	70.00	291.4	50.22	71.77
2004	411.7	70.10	298.8	50.84	72.58
2005	416.1	69.79	299.6	50.25	72.00
2006	422.6	70.00	308.1	51.00	72.90
2007	427.6	70.10	309.5	50.70	72.40
2008	432.3	69.99	303.9	49.20	70.30
2009	437.9	70.04	328.5	52.54	75.02

5-3 全社会就业人员数

Total Number of Employed Persons in the Whole Country

单位:万人 (10 000 persons)

年 份 Year	就业人员合计 Total Employed Persons	职工 Staff and Workers	国有单位 State- owned Units	集体单位 Collective-owned Units	其他单位 Units of Other Types of Ownership	城镇私营企业及个体劳动者 Urban Private and Individuals	乡村劳动者 Rural Employed Persons	其他 Other Employed Persons
1950	47.2	0.8	0.8			3.7	42.7	
1955	67.7	7.5	3.5	4.0		1.7	58.5	
1960	96.5	28.0	25.7	2.3			68.5	
1965	98.6	18.8	17.1	1.7			79.8	
1970	112.5	26.6	24.5	2.1			85.9	
1975	125.6	33.7	30.8	2.9			91.9	
1980	146.5	47.6	41.3	6.3		0.1	98.8	
1985	177.4	55.8	46.8	9.0		1.1	120.5	
1990	211.1	67.4	56.4	10.9	0.1	2.8	140.9	
1991	219.2	70.1	58.6	11.3	0.2	3.1	145.5	0.5
1992	225.9	71.9	60.1	11.3	0.5	3.3	147.2	3.5
1993	229.4	71.9	60.7	10.6	0.6	4.0	153.5	
1994	232.7	72.3	60.4	10.3	1.6	4.7	154.2	1.5
1995	240.6	73.4	61.5	9.9	2.0	6.2	159.5	1.5
1996	245.4	72.7	61.6	8.7	2.4	7.2	163.9	1.6
1997	256.8	73.9	61.7	8.6	3.6	8.6	172.9	1.4
1998	254.8	67.4	53.7	6.0	7.7	9.9	176.6	0.9
1999	272.3	65.6	52.6	5.3	7.7	13.3	192.0	1.4
2000	275.5	63.8	51.0	4.8	8.0	12.5	197.9	1.4
2001	279.0	61.3	48.9	3.9	8.5	16.1	200.4	1.1
2002	282.4	60.6	44.1	3.3	13.2	17.4	203.2	1.2
2003	291.4	60.2	39.5	2.2	18.5	20.6	208.5	2.2
2004	298.1	58.5	37.2	1.8	19.5	27.7	209.9	1.9
2005	299.6	57.4	37.4	1.3	18.8	28.0	212.0	2.2
2006	308.1	56.7	35.5	1.1	20.1	37.4	212.0	1.9
2007	309.5	56.3	35.3	1.0	20.0	36.7	214.6	1.9
2008	303.9	54.7	34.3	0.8	19.6	28.1	218.7	2.4
2009	328.5	54.6	33.8	0.7	20.1	52.0	218.4	3.5

注:1. 1998-2009 年劳动统计口径调整,职工不再包括"离开本单位仍保留劳动关系"的职工。

2. 2004 年以后数据不含长庆油田宁夏部分。

a) From 1998 to 2009,statistical criteria of employment has been adjusted,that data of "Staff and Workers Leaving Their Working Units While Keeping Their Labour Contract" is not included in "staff and workers".

b) From 2004,data in this table excluding Changqing oil field in Ningxia.

5-4 按经济类型划分的各行业从业人员数

单位：人 （2009）

指　标	Item	合　计 Total
全区总计	**Total**	**3285011**
按国民经济行业分组	**Grouped by Sector**	
农、林、牧、渔业	Agriculture,Forestry,Animal Husbandry and Fishery	1308432
采矿业	Mining	225518
制造业	Manufacturing	162350
电力、燃气及水的生产和供应业	Production and Distribution of Electricity,Gas and Water	42715
建筑业	Construction	416268
交通运输、仓储和邮政业	Transport,Storage and Post	140694
信息传输、计算机服务和软件业	Information Transmission,Computer Services and Software	25617
批发和零售业	Wholesale and Retail Trades	368721
住宿和餐饮业	Hotels and Catering Services	114666
金融业	Financial Intermediation	28638
房地产业	Real Estate	17544
租赁和商务服务业	Leasing and Business Services	34118
科学研究、技术服务和地质勘查业	Scientific Research,Technical Service and Geologic Prospecting	17347
水利、环境和公共设施管理业	Management of Water Conservancy,Environment and Public Facilities	19226
居民服务和其他服务业	Services to Households and Other Services	52172
教育	Education	78966
卫生、社会保障和社会福利业	Health,Social Security and Social Welfare	31367
文化、体育和娱乐业	Culture,Sports and Entertainment	13548
公共管理与社会组织	Public Management and Social Organization	78169
其他行业	Others	108935
按三次产业分组	**Grouped by Three Strate of Industry**	
第一产业	Primary Industry	1308432
第二产业	Secondary Industry	846851
第三产业	Tertiary Industry	1129728

Number of Employed Persons by Sector

(person)

国有经济单位从业人员 State-owned Units	城镇集体单位从业人员 Urban Collective-owned	其他经济单位从业人员 Units of Other Types of Ownership	城镇个体经济从业人员 Urban Self-employed Individuals	城镇私营经济从业人员 Urban Private Enterprises	乡村从业人员 Rural Employed Persons
360344	**7785**	**212910**	**257039**	**262778**	**2184155**
24336	95	469	1263	6369	1275900
4458		51060	351	2029	167620
13977	1036	90227	14923	42187	
26071		15545	14	1085	
7723	1740	14827	220	23950	367808
27757	19	2590	2256	8906	99166
4686		1994	728	8393	9692
8016	863	7598	142109	113254	96881
1311	74	3509	39999	7073	62700
12871	3135	10523	5	2104	
3100	10	4993	376	9065	
3630	496	6714	2269	21009	
10810		1621	47	4869	
17532	155	317	14	1208	
276		175	44294	7427	
77778		657	265	266	
28947	162	26	1107	1125	
8772		65	2962	1749	
78169					
			3837	710	104388
24336	95	469	1263	6369	1275900
52229	2776	171659	15508	69251	535428
283779	4914	40782	240268	187158	372827

5-5 国有单位从业人员数

单位：人 （2009）

指　标	Item	单位数（个）Unit（unit）
全区总计	**Total**	**6630**
按隶属关系分组	**Grouped by Jurisdiction of Management**	
中央	Central Authorities	326
省、自治区、直辖市	Provinces,Autonomous Regions and Municipalities	702
地区	Region	1196
县及县以下	Country and Under Country Level	4404
其它	Others	2
按企、事业、机关分组	**Grouped by Enterprises,Institutions and Agencies**	
企业	Enterprises	741
地方	Local	495
事业	Institutions	3893
地方	Local	3863
机关	Agencies & Organizations	1996
地方	Local	1946
按国民经济行业分组	**Grouped by Sector**	
农、林、牧、渔业	Agriculture,Forestry,Animal Husbandry and Fishery	346
采矿业	Mining and Quarrying	4
制造业	Manufacturing	30
电力、燃气及水的生产和供应业	Production and Distribution of Electricity,Gas and Water	64
建筑业	Construction	47
交通运输、仓储和邮政业	Transport,Storage and Post	112
信息传输、计算机服务和软件业	Information Transmission,Computer Services and Software	28
批发和零售业	Wholesale and Retail Trades	191
住宿和餐饮业	Hotels and Catering Services	14
金融业	Financial Intermediation	203
房地产业	Real Estate	28
租赁和商务服务业	Leasing and Business Services	98
科学研究、技术服务和地质勘查业	Scientific Research,Technical Service and Geologic Prospecting	232
水利、环境和公共设施管理业	Management of Water Conservancy,Environment and Public Facilities	204
居民服务和其他服务业	Services to Households and Other Services	12
教育	Education	2170
卫生、社会保障和社会福利业	Health,Social Security and Social Welfare	442
文化、体育和娱乐业	Culture,Sports and Entertainment	207
公共管理与社会组织	Public Management and Social Organization	2197
国际组织	International Organizations	

Employed Persons in State-owned Units

(person)

单位从业人员 Number of Engaged Persons	在岗职工 Staff and Workers	其他从业人员 Other Engaged Persons	离开本单位仍保留劳动关系的职工 Staff and Workers Leaving Their Working Units While Keeping Their Labour Contract
360344	**338214**	**22130**	**7324**
63014	59968	3046	3794
91010	87339	3671	1955
71606	67559	4047	551
134501	123135	11366	1024
213	213		
120021	114257	5764	5867
64511	61491	3020	2403
172511	160904	11607	1145
168929	157544	11385	815
67812	63053	4759	312
63890	59211	4679	312
24336	24006	330	620
4458	3948	510	106
13977	13946	31	754
26071	25497	574	187
7723	7528	195	395
27757	26609	1148	2244
4686	4574	112	48
8016	7267	749	720
1311	1264	47	38
12871	11113	1758	660
3100	2482	618	42
3630	3502	128	98
10810	10417	393	530
17532	14352	3180	109
276	245	31	
77778	74671	3107	83
28947	25396	3551	121
8772	8478	294	102
78169	72795	5374	466

5-6 城镇集体单位从业人员数

单位:人 (2009)

指 标	Item	单位数（个）Unit (unit)
全 区 总 计	**Total**	**196**
按企业、事业、机关分组	**Grouped by Enterprises,Institutions and Agencies**	
企 业	Enterprises	182
事 业	Institutions	14
机 关	Agencies & Organizations	
按国民经济行业分组	**Grouped by Sector**	
农、林、牧、渔业	Agriculture,Forestry,Animal Husbandry and Fishery	2
采矿业	Mining	
制造业	Manufacturing	25
电力、燃气及水的生产和供应业	Production and Distribution of Electricity,Gas and Water	
建筑业	Construction	16
交通运输、仓储和邮政业	Transport,Storage and Post	1
信息传输、计算机服务和软件业	Information Transmission,Computer Services and Software	
批发和零售业	Wholesale and Retail Trades	73
住宿和餐饮业	Hotels and Catering Services	3
金融业	Financial Intermediation	54
房地产业	Real Estate	1
租赁和商务服务业	Leasing and Business Services	14
科学研究、技术服务和地质勘查业	Scientific Research,Technical Service and Geologic Prospecting	
水利、环境和公共设施管理业	Management of Water Conservancy,Environment and Public Facilities	1
居民服务和其他服务业	Services to Households and Other Services	
教育	Education	
卫生、社会保障和社会福利业	Health,Social Security and Social Welfare	6
文化、体育和娱乐业	Culture,Sports and Entertainment	
公共管理与社会组织	Public Management and Social Organization	
国际组织	International Organization	

Employed Persons in Urban Collective-owned Units

(person)

单位从业人员 Number of Engaged Persons	在岗职工 Staff and Workers	其他从业人员 Other Engaged Persons	离开本单位仍保留劳动关系的职工 Staff and Workers Leaving Their Working Units While Keeping Their Labour Contract
7785	**6773**	**1012**	**1055**
7397	6466	931	1052
388	307	81	3
95	95		
1036	998	38	345
1740	1242	498	21
19	19		
863	599	264	654
74	73	1	
3135	3006	129	31
10	10		
496	494	2	4
155	75	80	
162	162		

5-7 城镇单位女性从业人员数

单位:人　　　　　　　　　　　　　　　　　　　　　　　　　　　　　　　　　　　　（2009）

指　　标	Item	城镇单位女性从业人员 Number of Female Employed Persons in Urban Units
全区总计	**Total**	**209616**
按企业、事业、机关分组	**Grouped by Enterprises,Institutions and Agencies**	
企　业	Enterprises	109153
事　业	Institutions	80158
机　关	Agencies & Organizations	20303
按国民经济行业分组	**Grouped by Sector**	
农、林、牧、渔业	Agriculture,Forestry,Animal Husbandry and Fishery	9407
采矿业	Mining	9681
制造业	Manufacturing	33289
电力、燃气及水的生产和供应业	Production and Distribution of Electricity,Gas and Water	12399
建筑业	Construction	4882
交通运输、仓储和邮政业	Transport,Storage and Post	9951
信息传输、计算机服务和软件业	Information Transmission,Computer Services and Software	3480
批发和零售业	Wholesale and Retail Trades	8753
住宿和餐饮业	Hotels and Catering Services	3054
金融业	Financial Intermediation	14183
房地产业	Real Estate	2782
租赁和商务服务业	Leasing and Business Services	2966
科学研究、技术服务和地质勘查业	Scientific Research,Technical Service and Geologic Prospecting	3813
水利、环境和公共设施管理业	Management of Water Conservancy,Environment and Public Facilities	8308
居民服务和其他服务业	Services to Households and Other Services	151
教育	Education	37161
卫生、社会保障和社会福利业	Health,Social Security and Social Welfare	16913
文化、体育和娱乐业	Culture,Sports and Entertainment	3948
公共管理与社会组织	Public Management and Social Organization	24495
国际组织	International Organization	

Number of Female Employed Persons in Urban Units

(person)

国有单位 State-owned Units	城镇集体单位 Collective-owned Units in Urban Area	其他单位 Other Units
142553	**2970**	**64093**
42598	2751	63804
79652	219	287
20303		
9250	17	140
254		9427
4867	616	27806
8340		4059
1567	244	3071
8988	6	957
2439		1041
3666	365	4722
771	41	2242
6592	1373	6218
945	2	1835
1463	103	1400
3266		547
8094	98	116
90		61
36747		414
16808	105	
3911		37
24495		

5-8 全区个体劳动者人数

单位:人 （2009）

指　标	Item	合计 Total 户数 Number of Households
全区合计	**Total**	**183323**
农、林、牧、渔业	Agriculture,Forestry,Animal Husbandry and Fishery	1733
采矿业	Mining	274
制造业	Manufacturing	12156
电力燃气及水的生产和供应业	Production and Distribution of Electricity,Gas and Water	11
建筑业	Construction	115
交通运输、仓储和邮政业	Transport,Storage and Post	2360
信息传输、计算机服务和软件业	Information Transmission,Computer Services and Software	550
批发和零售业	Wholesale and Retail Trades	105663
住宿和餐饮业	Hotels and Catering Services	20611
金融业	Finance	3
房地产业	Real Estate	206
租赁和商务服务业	Leasing and Business Services	2398
科学研究、技术服务和地质勘查业	Scientific Research,Technical Services and Geological Prospecting	65
水利、环境和公共设施管理业	Management of Water Conservancy,Environment and Public Facilities	6
居民服务和其他服务业	Services to Households and Other Services	29715
教育	Education	183
卫生、社会保障和社会福利业	Health,Social Security and Social Welfare	597
文化、体育和娱乐业	Culture,Sports and Entertainment	1658
其他行业	Others	5019

Number of Self-employed Individuals

(person)

合 计 Total	城 镇 Urban		乡 村 Rural	
从业人员 Number of Engaged Persons	户数 Number of Households	从业人员 Number of Engaged Persons	户数 Number of Households	从业人员 Number of Engaged Persons
362000	**129065**	**257039**	**54258**	**104961**
3826	532	1263	1201	2563
1469	86	351	188	1118
25869	7200	14923	4956	10946
39	5	14	6	25
330	81	220	34	110
2759	2008	2256	352	503
1054	391	728	159	326
191635	76691	142109	28972	49526
51356	15799	39999	4812	11357
5	3	5	0	
398	194	376	12	22
3799	1348	2269	1050	1530
146	23	47	42	99
17	4	14	2	3
65849	20795	44294	8920	21555
326	161	265	22	61
1340	495	1107	102	233
3604	1303	2962	355	642
8179	1946	3837	3073	4342

5-9 全区私营企业从业人员

单位：人 （2009）

指　　标	Item	合 计 Total 户数 Number of Households
全 区 合 计	**Total**	**34423**
农、林、牧、渔业	Agriculture,Forestry,Animal Husbandry and Fishery	1241
采矿业	Mining	431
制造业	Manufacturing	5065
电力燃气及水的生产和供应业	Production and Distribution of Electricity,Gas and Water	199
建筑业	Construction	1902
交通运输、仓储和邮政业	Transport,Storage and Post	955
信息传输、计算机服务和软件业	Information Transmission,Computer Services and Software	1340
批发和零售业	Wholesale and Retail Trades	16097
住宿和餐饮业	Hotels and Catering Services	697
金融业	Finance	295
房地产业	Real Estate	998
租赁和商务服务业	Leasing and Business Services	2942
科学研究、技术服务和地质勘查业	Scientific Research,Technical Services and Geological Prospecting	576
水利、环境和公共设施管理业	Management of Water Conservancy,Environment and Public Facilities	132
居民服务和其他服务业	Services to Households and Other Services	1071
教育	Education	48
卫生、社会保障和社会福利业	Health,Social Security and Social Welfare	73
文化、体育和娱乐业	Culture,Sports and Entertainment	248
其他行业	Others	113

Number of Engaged Persons in Private Enterprises

(person)

合 计 Total	城 镇 Urban		乡 村 Rural	
从业人员 Number of Engaged Persons	户数 Number of Households	从业人员 Number of Engaged Persons	户数 Number of Households	从业人员 Number of Engaged Persons
330322	**29175**	**262778**	**5248**	**67544**
12035	714	6369	527	5666
7505	248	2029	183	5476
69061	3624	42187	1441	26874
1388	150	1085	49	303
27623	1702	23950	200	3673
10539	792	8906	163	1633
8836	1249	8393	91	443
129103	14096	113254	2001	15849
8065	649	7073	48	992
2227	280	2104	15	123
10078	933	9065	65	1013
23930	2720	21009	222	2921
5338	519	4869	57	469
1422	115	1208	17	214
8682	959	7427	112	1255
391	32	266	16	125
1315	63	1125	10	190
1959	235	1749	13	210
825	95	710	18	115

5-10 城镇登记失业人数及失业率

Registered Unemployed Persons and Unemployment Rate in Urban Area

单位:万人 (10 000 persons)

年 份 Year	本年登记失业人员总数 Number of Registered Unemployed Persons This Year	本年登记失业人员就业人数 Employment among Registered Unemployed Persons This Year	年末尚有失业人员数 Unemployed Persons among Registered at Year End	登记失业率(%) Registered Unemployment Rate (%)
1979	5.93	3.56	2.38	4.94
1980	4.83	3.02	1.80	3.64
1985	4.89	2.86	1.82	3.10
1986	4.67	2.37	2.18	3.53
1987	5.17	2.40	2.78	4.30
1988	6.25	2.71	3.39	4.98
1989	6.25	2.41	3.83	5.35
1990	7.29	2.96	4.04	5.44
1991	7.08	2.98	3.75	4.87
1992	6.70	3.27	3.26	4.10
1993	6.02	2.66	2.98	4.00
1994	6.74	2.37	4.23	5.17
1995	6.28	2.07	4.48	5.47
1996	6.12	1.99	3.42	4.35
1997	7.10	2.74	3.95	4.79
1998	7.60	3.65	3.91	4.71
1999	7.75	4.00	3.70	4.50
2000	7.37	3.64	3.80	4.60
2001	7.78	3.19	3.66	4.40
2002	7.19	3.65	3.54	4.40
2003	8.26	4.50	3.75	4.40
2004	8.92	4.85	4.07	4.51
2005	9.82	5.46	4.36	4.52
2006	10.50	6.28	4.22	4.31
2007	10.87	6.45	4.42	4.28
2008	11.36	6.59	4.77	4.35
2009	11.45	6.65	4.80	4.40

注:本数据由自治区劳动就业局提供。

a)Data in this tabale are provided by Bureau of Labor and Employment.

5-11 在岗职工工资总额及指数

Total Wages Bill of Staff and Workers and Related Indices

年份 Year	绝对数(万元) Level(10 000 yuan)				指数(以上年为100) Indices(preceding year=100)			
	全部工资总额 Total Wages	国有单位 State-owned Units	城镇集体单位 Urban Collective-owned Units	其他单位 Other Units	全部工资总额 Total Wages	国有单位 State-owned Units	城镇集体单位 Urban Collective-owned Units	其他单位 Other Units
1950		236.8				549.4		
1955		1997.7				128.2		
1960		13031.0				137.8		
1965		10832.0				110.4		
1970		16283.5				109.0		
1975	23117.1	21650.5	1406.6			104.4		
1980	40350.0	36258.1	4091.9		117.0	114.8	140.0	
1985	65560.0	57209.9	8290.4	59.7	117.2	116.7	120.4	175.1
1990	146646.4	128897.9	17545.7	202.8	116.8	117.1	114.1	216.2
1991	162592.6	142701.1	19530.5	361.0	110.9	110.7	111.3	178.0
1992	190450.4	166670.4	22990.8	789.2	117.1	116.8	117.7	218.6
1993	224690.1	195728.8	27266.9	1694.4	118.0	117.4	118.6	214.7
1994	306731.6	267637.0	32029.5	7065.1	136.5	136.7	117.5	417.0
1995	371794.7	321097.4	38910.5	11786.8	121.2	119.9	121.5	166.8
1996	410323.2	357400.2	39093.0	13830.0	110.4	111.3	100.5	117.3
1997	449072.4	379507.9	44221.1	25343.4	109.4	106.2	113.1	183.2
1998	467398.5	378709.2	34207.3	54482.0	104.1	99.8	77.4	215.0
1999	502394.1	413666.4	31812.0	56915.7	107.5	109.2	92.9	104.5
2000	563326.8	463588.1	34906.7	64832.0	112.1	112.1	109.7	113.9
2001	657761.1	550966.8	32744.2	74050.1	116.8	118.8	93.8	114.2
2002	723503.4	555429.6	27774.4	140299.4	110.0	100.8	84.8	189.5
2003	808405.5	548730.2	20937.2	238738.4	111.7	98.8	75.4	170.2
2004	871455.4	566834.3	20918.3	283702.8	109.7	106.0	99.9	118.8
2005	1015504.5	668324.6	20337.0	326842.9	116.5	117.9	97.2	115.2
2006	1216118.5	749666.3	23001.1	443451.1	119.8	112.2	113.1	135.7
2007	1500242.9	931098.3	25973.2	543171.4	123.4	124.2	112.9	122.5
2008	1722131.3	1066225.5	28883.6	627022.2	114.8	114.5	111.2	115.4
2009	1891213.9	1149131.5	29296.2	712786.2	109.8	107.8	101.4	113.7

注:1998年以后为在岗职工工资总额,2004年以后数据不含长庆油田宁夏部分。

a)From 1998,data in this table refers to total wages bill of staff and workers,besides,from 2004,data of Changqing oil field in Ningxia is not included.

5-12 在岗职工平均工资及指数

Average Wage of Staff and Workers and Related Indices

年份 Year	平均工资(元) Average Wages(yuan)				指数(以上年为100) Indices(preceding year=100)			
	全部职工 Total Employees	国有单位职工 State-owned Units	城镇集体单位职工 Urban Collective-owned Units	其他单位职工 Other Units	全部职工 Total Employees	国有单位职工 State-owned Units	城镇集体单位职工 Urban Collective-owned Units	其他单位职工 Other Units
1950		343				100.9		
1955		586				103.5		
1960		552				96.2		
1965		696				99.0		
1970		684				101.9		
1975	708	725	532			99.7		
1980	863	892	666		111.1	109.4	128.8	
1985	1206	1252	963	1152	112.5	112.7	112.6	120.0
1990	2202	2313	1631	1814	113.3	113.5	111.9	104.4
1991	2366	2478	1785	1892	107.4	107.1	109.4	104.3
1992	2674	2808	2006	1958	113.0	113.3	112.4	103.5
1993	3128	3264	2425	2728	117.0	116.2	120.9	139.3
1994	4270	4476	3062	4464	136.5	137.1	126.3	163.6
1995	5079	5273	3782	5832	118.9	117.8	123.5	130.6
1996	5635	5819	4320	5888	101.0	101.0	114.2	101.0
1997	6073	6206	4831	6962	118.2	106.7	111.8	118.2
1998	6822	7020	5373	6643	112.3	113.1	111.2	95.4
1999	7550	7847	5568	7018	110.7	111.8	103.6	105.6
2000	8681	9022	6538	7943	115.0	115.0	117.4	113.2
2001	10521	11198	7166	8464	121.2	124.1	109.6	106.6
2002	11723	12465	7572	10400	111.4	111.3	105.7	122.9
2003	13056	13825	8924	12009	111.4	110.9	117.9	115.5
2004	14620	15212	10613	13926	112.7	111.0	119.0	116.0
2005	17211	17634	13630	16668	117.7	115.9	128.4	119.7
2006	21239	21370	19427	21123	123.4	121.2	142.5	126.7
2007	26210	26687	25362	25470	123.4	124.9	130.6	120.6
2008	30719	31111	31155	30054	117.2	116.6	122.8	118.0
2009	34082	33841	35182	34432	110.9	108.8	112.9	114.6

注：1998-2009年职工平均工资为在岗职工平均工资，2004年以后数据不含长庆油田宁夏部分。

a)From 1998,data in this table refers to average wages of staff and workers,besides,from 2004,data of Changqing oil field in Ningxia is not included.

5-13 国有单位从业人员劳动报酬

Earning of Employed Persons in State-owned Units

单位:万元、元 (2009) (10 000 yuan,yuan)

指　　标	Item	从业人员 Employees	
		劳动报酬 Earning	平均劳动报酬 Average Earning
全区总计	**Total**	**1174852.1**	**32543**
按隶属关系分组	**Grouped by Jurisdiction of Management**		
中央	Central Authorities	293401.9	45753
省、自治区、直辖市	Provinces,Autonomous Regions and Municipalities	280951.6	30238
地区	Region	213397.3	30278
县及县以下	Country and Under Country Level	386490.0	28995
其它	Others	611.3	30874
按企业、事业、机关分组	**Grouped by Enterprises,Institutions and Agencies**		
企业	Enterprises	436813.8	35331
地方	Local	171200.3	25563
事业	Institutions	513176.9	30284
地方	Local	500991.3	30198
机关	Agencies & Organizations	224861.4	33102
地方	Local	209258.6	32691
按国民经济行业分组	**Grouped by Sector**		
农、林、牧、渔业	Agriculture,Forestry,Animal Husbandry and Fishery	48697.9	19333
采矿业	Mining	9629.7	22306
制造业	Manufacturing	47605.7	34764
电力、燃气及水的生产和供应业	Production and Distribution of Electricity,Gas and Water	132277.7	49108
建筑业	Construction	27589.2	28820
交通运输、仓储和邮政业	Transport,Storage and Post	88339.2	32579
信息传输、计算机服务和软件业	Information Transmission,Computer Services and Software	18278.9	39133
批发和零售业	Wholesale and Retail Trades	23989.6	29890
住宿和餐饮业	Hotels and Catering Services	2145.5	16328
金融业	Financial Intermediation	64444.9	50082
房地产业	Real Estate	9063.5	31221
租赁和商务服务业	Leasing and Business Services	7427.5	20643
科学研究、技术服务和地质勘查业	Scientific Research,Technical Service and Geologic Prospecting	32483.9	30384
水利、环境和公共设施管理业	Management of Water Conservancy,Environment and Public Facilities	39765.6	22217
居民服务和其他服务业	Services to Households and Other Services	844.9	30502
教育	Education	262146.0	34216
卫生、社会保障和社会福利业	Health,Social Security and Social Welfare	81523.1	28579
文化、体育和娱乐业	Culture,Sports and Entertainment	28425.3	32479
公共管理与社会组织	Public Management and Social Organization	249494.3	32017
国际组织	International Organizations		

5-13 续表 1 continued

单位:万元、元 （2009） （10 000 yuan,yuan）

指 标	Item	在岗职工 Staff and Workers	
		工资总额 Total Wages	平均工资 Average Wages
全 区 总 计	**Total**	**1149131.5**	**33841**
按隶属关系分组	**Grouped by Jurisdiction of Management**		
中央	Central Authorities	287227.0	46959
省、自治区、直辖市	Provinces,Autonomous Regions and Municipalities	275470.2	30935
地区	Region	208828.0	31269
县及县以下	Country and Under Country Level	376995.0	30807
其它	Others	611.3	30874
按企业、事业、机关分组	**Grouped by Enterprises,Institutions and Agencies**		
企业	Enterprises	426850.9	36243
地 方	Local	166840.9	26148
事业	Institutions	502360.2	31685
地 方	Local	490618.4	31614
机关	Agencies & Organizations	219920.4	34774
地 方	Local	204445.2	34415
按国民经济行业分组	**Grouped by Sector**		
农、林、牧、渔业	Agriculture,Forestry,Animal Husbandry and Fishery	48263.4	19376
采矿业	Mining	9170.7	24089
制造业	Manufacturing	47539.7	34807
电力、燃气及水的生产和供应业	Production and Distribution of Electricity,Gas and Water	131767.4	49712
建筑业	Construction	27051.7	29107
交通运输、仓储和邮政业	Transport,Storage and Post	86606.7	33360
信息传输、计算机服务和软件业	Information Transmission,Computer Services and Software	18111.4	39727
批发和零售业	Wholesale and Retail Trades	23175.6	31791
住宿和餐饮业	Hotels and Catering Services	2101.7	16588
金融业	Financial Intermediation	59680.5	55188
房地产业	Real Estate	8402.9	34130
租赁和商务服务业	Leasing and Business Services	7203.6	20754
科学研究、技术服务和地质勘查业	Scientific Research,Technical Service and Geologic Prospecting	31786.4	30732
水利、环境和公共设施管理业	Management of Water Conservancy,Environment and Public Facilities	37429.7	25548
居民服务和其他服务业	Services to Households and Other Services	804.8	32715
教育	Education	259428.4	35149
卫生、社会保障和社会福利业	Health,Social Security and Social Welfare	77801.4	30762
文化、体育和娱乐业	Culture,Sports and Entertainment	28041.5	33099
公共管理与社会组织	Public Management and Social Organization	244084.3	33605
国际组织	International Organizations		

5-13 续表 2 continued

单位:万元、元 （2009） （10 000 yuan,yuan）

指 标	Item	其他从业人员 Other Employees	
		劳动报酬 Earning	平均劳动报酬 Average Earning
全 区 总 计	**Total**	**25720.6**	**11993**
按隶属关系分组	**Grouped by Jurisdiction of Management**		
中央	Central Authorities	6174.9	20847
省、自治区、直辖市	Provinces,Autonomous Regions and Municipalities	5481.4	14175
地区	Region	4569.3	12366
县及县以下	Country and Under Country Level	9495.0	8693
其它	Others		
按企业、事业、机关分组	**Grouped by Enterprises,Institutions and Agencies**		
企业	Enterprises	9962.9	17007
地方	Local	4359.4	13769
事业	Institutions	10816.7	9922
地方	Local	10372.9	9683
机关	Agencies & Organizations	4941.0	10542
地方	Local	4813.4	10448
按国民经济行业分组	**Grouped by Sector**		
农、林、牧、渔业	Agriculture,Forestry,Animal Husbandry and Fishery	434.5	15518
采矿业	Mining	459.0	9000
制造业	Manufacturing	66.0	18333
电力、燃气及水的生产和供应业	Production and Distribution of Electricity,Gas and Water	510.3	11867
建筑业	Construction	537.5	19265
交通运输、仓储和邮政业	Transport,Storage and Post	1732.5	15013
信息传输、计算机服务和软件业	Information Transmission,Computer Services and Software	167.5	14955
批发和零售业	Wholesale and Retail Trades	814.0	11060
住宿和餐饮业	Hotels and Catering Services	43.8	9319
金融业	Financial Intermediation	4764.4	23196
房地产业	Real Estate	660.6	14980
租赁和商务服务业	Leasing and Business Services	223.9	17630
科学研究、技术服务和地质勘查业	Scientific Research,Technical Service and Geologic Prospecting	697.5	20043
水利、环境和公共设施管理业	Management of Water Conservancy,Environment and Public Facilities	2335.9	7192
居民服务和其他服务业	Services to Households and Other Services	40.1	12935
教育	Education	2717.6	9682
卫生、社会保障和社会福利业	Health,Social Security and Social Welfare	3721.7	11504
文化、体育和娱乐业	Culture,Sports and Entertainment	383.8	13707
公共管理与社会组织	Public Management and Social Organization	5410.0	10223
国际组织	International Organizations		

5-14 城镇集体单位从业人员劳动报酬

Earning of Employed Persons in Urban Collective-owned Units

单位:万元、元 （2009） （10 000 yuan,yuan）

指　　标	Item	从业人员 Employees	
		劳动报酬 Earning	平均劳动报酬 Average Earning
全 区 总 计	**Total**	**31130.0**	**33600**
按企业、事业、机关分组	**Grouped by Enterprises, Institutions and Agencies**		
企 业	Enterprises	30377.7	34225
事 业	Institutions	752.3	19339
机 关	Agencies & Organizations		
按国民经济行业分组	**Grouped by Sector**		
农、林、牧、渔业	Agriculture,Forestry,Animal Husbandry and Fishery	346.7	36883
采矿业	Mining		
制造业	Manufacturing	2018.2	19748
电力、燃气及水的生产和供应业	Production and Distribution of Electricity,Gas and Water		
建筑业	Construction	8116.5	24028
交通运输、仓储和邮政业	Transport,Storage and Post	44.2	23263
信息传输、计算机服务和软件业	Information Transmission,Computer Services and Software		
批发和零售业	Wholesale and Retail Trades	1167.0	13601
住宿和餐饮业	Hotels and Catering Services	113.7	14766
金融业	Financial Intermediation	17980.9	59976
房地产业	Real Estate	14.7	16333
租赁和商务服务业	Leasing and Business Services	774.7	15682
科学研究、技术服务和地质勘查业	Scientific Research,Technical Service and Geologic Prospecting		
水利、环境和公共设施管理业	Management of Water Conservancy,Environment and Public Facilities	255.2	16359
居民服务和其他服务业	Services to Households and Other Services		
教育	Education		
卫生、社会保障和社会福利业	Health,Social Security and Social Welfare	298.2	18638
文化、体育和娱乐业	Culture,Sports and Entertainment		
公共管理与社会组织	Public Management and Social Organization		
国际组织	International Organizations		

5-14 续表 1 continued

单位:万元、元 （2009） （10 000 yuan,yuan）

指　　标	Item	在岗职工 Staff and Workers	
		工资总额 Total Wages	平均工资 Average Wages
全 区 总 计	**Total**	**29296.2**	**35182**
按企业、事业、机关分组	**Grouped by Enterprises, Institutions and Agencies**		
企　业	Enterprises	28607.1	35674
事　业	Institutions	689.1	22373
机　关	Agencies & Organizations		
按国民经济行业分组	**Grouped by Sector**		
农、林、牧、渔业	Agriculture,Forestry,Animal Husbandry and Fishery	346.7	36883
采矿业	Mining		
制造业	Manufacturing	1980.9	20152
电力、燃气及水的生产和供应业	Production and Distribution of Electricity,Gas and Water		
建筑业	Construction	6877.1	23384
交通运输、仓储和邮政业	Transport,Storage and Post	44.2	23263
信息传输、计算机服务和软件业	Information Transmission,Computer Services and Software		
批发和零售业	Wholesale and Retail Trades	942.8	15609
住宿和餐饮业	Hotels and Catering Services	112.8	14842
金融业	Financial Intermediation	17712.8	61610
房地产业	Real Estate	14.7	16333
租赁和商务服务业	Leasing and Business Services	773.8	15792
科学研究、技术服务和地质勘查业	Scientific Research,Technical Service and Geologic Prospecting		
水利、环境和公共设施管理业	Management of Water Conservancy,Environment and Public Facilities	192.2	25289
居民服务和其他服务业	Services to Households and Other Services		
教育	Education		
卫生、社会保障和社会福利业	Health,Social Security and Social Welfare	298.2	18638
文化、体育和娱乐业	Culture,Sports and Entertainment		
公共管理与社会组织	Public Management and Social Organization		
国际组织	International Organizations		

5-14 续表 2 continued

单位:万元、元 （2009） （10 000 yuan,yuan）

指　标	Item	其他从业人员 Other Employees	
		劳动报酬 Earning	平均劳动报酬 Average Earning
全 区 总 计	**Total**	**1833.8**	**19550**
按企业、事业、机关分组	**Grouped by Enterprises, Institutions and Agencies**		
企 业	Enterprises	1770.6	20660
事 业	Institutions	63.2	7802
机 关	Agencies & Organizations		
按国民经济行业分组	**Grouped by Sector**		
农、林、牧、渔业	Agriculture,Forestry,Animal Husbandry and Fishery		
采矿业	Mining		
制造业	Manufacturing	37.3	9564
电力、燃气及水的生产和供应业	Production and Distribution of Electricity,Gas and Water		
建筑业	Construction	1239.4	28362
交通运输、仓储和邮政业	Transport,Storage and Post		
信息传输、计算机服务和软件业	Information Transmission,Computer Services and Software		
批发和零售业	Wholesale and Retail Trades	224.2	8827
住宿和餐饮业	Hotels and Catering Services	0.9	9000
金融业	Financial Intermediation	268.1	21797
房地产业	Real Estate		
租赁和商务服务业	Leasing and Business Services	0.9	2250
科学研究、技术服务和地质勘查业	Scientific Research,Technical Service and Geologic Prospecting		
水利、环境和公共设施管理业	Management of Water Conservancy,Environment and Public Facilities	63.0	7875
居民服务和其他服务业	Services to Households and Other Services		
教育	Education		
卫生、社会保障和社会福利业	Health,Social Security and Social Welfare		
文化、体育和娱乐业	Culture,Sports and Entertainment		
公共管理与社会组织	Public Management and Social Organization		
国际组织	International Organizations		

5-15 其他经济单位从业人员劳动报酬

Earning of Employed Persons in Units of Other Types of Ownership

单位:万元、元 （2009） （10 000 yuan,yuan）

指　标	Item	从业人员 Employees	
		劳动报酬 Earning	平均劳动报酬 Average Earning
全区总计	**Total**	**747704.9**	**33492**
农、林、牧、渔业	Agriculture,Forestry,Animal Husbandry and Fishery	815.8	18541
采矿业	Mining	305352.1	60061
制造业	Manufacturing	208874.4	22931
电力、燃气及水的生产和供应业	Production and Distribution of Electricity,Gas and Water	61087.3	41457
建筑业	Construction	56081.4	21299
交通运输、仓储和邮政业	Transport,Storage and Post	7678.5	28705
信息传输、计算机服务和软件业	Information Transmission,Computer Services and Software	7110.6	35359
批发和零售业	Wholesale and Retail Trades	16586.7	22258
住宿和餐饮业	Hotels and Catering Services	5288.1	15244
金融业	Financial Intermediation	42140.5	41217
房地产业	Real Estate	11291.2	22982
租赁和商务服务业	Leasing and Business Services	13011.3	20659
科学研究、技术服务和地质勘查业	Scientific Research,Technical Service and Geologic Prospecting	9439.4	62306
水利、环境和公共设施管理业	Management of Water Conservancy,Environment and Public Facilities	1027.8	34146
居民服务和其他服务业	Services to Households and Other Services	285.4	16216
教育	Education	1392.7	21693
卫生、社会保障和社会福利业	Health,Social Security and Social Welfare	51.9	19222
文化、体育和娱乐业	Culture,Sports and Entertainment	189.8	16796
公共管理与社会组织	Public Management and Social Organization		
国际组织	International Organizations		

5-15 续表 1 continued

单位:万元、元 （2009） （10 000 yuan,yuan）

指　　标	Item	在岗职工 Staff and Workers	
		工资总额 Total Wages	平均工资 Average Wages
全 区 总 计	**Total**	**712786.2**	**34432**
农、林、牧、渔业	Agriculture,Forestry,Animal Husbandry and Fishery	791.5	18624
采矿业	Mining	296103.3	62293
制造业	Manufacturing	206057.3	23064
电力、燃气及水的生产和供应业	Production and Distribution of Electricity,Gas and Water	61026.2	41662
建筑业	Construction	49427.9	23181
交通运输、仓储和邮政业	Transport,Storage and Post	7678.5	28705
信息传输、计算机服务和软件业	Information Transmission,Computer Services and Software	6521.7	36992
批发和零售业	Wholesale and Retail Trades	16553.5	22297
住宿和餐饮业	Hotels and Catering Services	5001.4	15403
金融业	Financial Intermediation	28500.5	53866
房地产业	Real Estate	10994.6	23428
租赁和商务服务业	Leasing and Business Services	12148.2	20183
科学研究、技术服务和地质勘查业	Scientific Research,Technical Service and Geologic Prospecting	9192.5	64193
水利、环境和公共设施管理业	Management of Water Conservancy,Environment and Public Facilities	1027.8	34146
居民服务和其他服务业	Services to Households and Other Services	284.2	16333
教育	Education	1252.0	21149
卫生、社会保障和社会福利业	Health,Social Security and Social Welfare	35.3	19611
文化、体育和娱乐业	Culture,Sports and Entertainment	189.8	16796
公共管理与社会组织	Public Management and Social Organization		
国际组织	International Organizations		

5-15 续表 2 continued

单位:万元、元 （2009） （10 000 yuan,yuan）

指 标	Item	其他从业人员 Other Employees	
		劳动报酬 Earning	平均劳动报酬 Average Earning
全 区 总 计	**Total**	**34918.7**	**21504**
农、林、牧、渔业	Agriculture,Forestry,Animal Husbandry and Fishery	24.3	16200
采矿业	Mining	9248.8	27976
制造业	Manufacturing	2817.1	16107
电力、燃气及水的生产和供应业	Production and Distribution of Electricity,Gas and Water	61.1	7023
建筑业	Construction	6653.5	13288
交通运输、仓储和邮政业	Transport,Storage and Post		
信息传输、计算机服务和软件业	Information Transmission,Computer Services and Software	588.9	23746
批发和零售业	Wholesale and Retail Trades	33.2	11857
住宿和餐饮业	Hotels and Catering Services	286.7	12914
金融业	Financial Intermediation	13640.0	27651
房地产业	Real Estate	296.6	13482
租赁和商务服务业	Leasing and Business Services	863.1	30935
科学研究、技术服务和地质勘查业	Scientific Research,Technical Service and Geologic Prospecting	246.9	29747
水利、环境和公共设施管理业	Management of Water Conservancy,Environment and Public Facilities		
居民服务和其他服务业	Services to Households and Other Services	1.2	6000
教育	Education	140.7	28140
卫生、社会保障和社会福利业	Health,Social Security and Social Welfare	16.6	18444
文化、体育和娱乐业	Culture,Sports and Entertainment		
公共管理与社会组织	Public Management and Social Organization		
国际组织	International Organizations		

5-16 各市县从业人员数

Number of Employed Persons by City and Country

单位:人 (2009) (person)

地　区 Region	从业人员合计 Total Employment	城镇从业人员 Number of Employed Persons in Urban Units	国有单位 State-owned Units	集体单位 Collective-owned Units	其他单位 Units of Other Type of Ownership	私营和个体 Private and Individuals	乡村劳动力 Rural Labor Force
全区总计 Total	**3285011**	**1100856**	**360344**	**7785**	**212910**	**519817**	**2184155**
银川市 Yinchuan	**931680**	**587174**	**148135**	**2673**	**145814**	**290552**	**344506**
银川市 District	580559	494004	119456	1073	125354	248121	86555
永宁县 Yongning	122240	28013	7492	558	11658	8305	94227
贺兰县 Helan	117329	36233	7924	490	6311	21508	81096
灵武市 Lingwu	111552	28924	13263	552	2491	12618	82628
石嘴山市 Shizuishan	**316261**	**148090**	**47963**	**1182**	**33080**	**65865**	**168171**
石嘴山市 District	167945	114784	36296	672	29582	48234	53161
平罗县 Pingluo	148316	33306	11667	510	3498	17631	115010
吴忠市 Wuzhong	**699570**	**160618**	**56851**	**1681**	**19664**	**82422**	**538952**
利通区 Litong	193056	65206	21131	365	8993	34717	127850
红寺堡 Hongsipu	86773	8364	2779		77	5508	78409
青铜峡市 Qingtongxia	155209	52411	17032	331	9719	25329	102798
盐池县 Yanchi	83096	17623	6867	186	213	10357	65473
同心县 Tongxin	181436	17014	9042	799	662	6511	164422
固原市 Guyuan	**742046**	**111213**	**54098**	**1338**	**3012**	**52765**	**630833**
原州区 Yuanzhou	204415	49173	21787	425	714	26247	155242
西吉县 Xiji	229077	18998	11742	203	1035	6018	210079
隆德县 Longde	90569	14535	6567	293	632	7043	76034
泾源县 Jingyuan	73248	15292	5158	169	631	9334	57956
彭阳县 Pengyang	144737	13215	8844	248		4123	131522
中卫市 Zhongwei	**578822**	**77129**	**36665**	**911**	**11340**	**28213**	**501693**
沙坡头区 Shapotou	197219	34783	12910	547	10219	11107	162436
中宁县 Zhongning	165360	25424	14630	202	1121	9471	139936
海原县 Haiyuan	216243	16922	9125	162		7635	199321

5-17 各市县三次产业从业人员与构成

Persons Employed in Three Industries and Composition by City and Country

(2009)

地 区	Region	从业人员合计 Total Employed Persons	从业人员(人) Employed Persons(person)			构成(%) Composition(%)		
			第一产业 Primary Industry	第二产业 Secondary Industry	第三产业 Tertiary Industry	第一产业 Primary Industry	第二产业 Secondary Industry	第三产业 Tertiary Industry
全区总计	**Total**	**3285011**	**1308432**	**846851**	**1129728**	**39.83**	**25.78**	**34.39**
银 川 市	**Yinchuan**	**931680**	**231720**	**250543**	**449417**	**24.87**	**26.89**	**48.24**
银 川 市	District	580559	65465	166132	348962	11.28	28.62	60.11
永 宁 县	Yongning	122240	62206	32500	27534	50.89	26.59	22.52
贺 兰 县	Helan	117329	57495	23113	36721	49.00	19.70	31.30
灵 武 市	Lingwu	111552	46554	28798	36200	41.73	25.82	32.45
石嘴山市	**Shizuishan**	**316261**	**92804**	**99515**	**123942**	**29.34**	**31.47**	**39.19**
石嘴山市	District	167945	22704	67007	78234	13.52	39.90	46.58
平 罗 县	Pingluo	148316	70100	32508	45708	47.26	21.92	30.82
吴 忠 市	**Wuzhong**	**699570**	**328197**	**144827**	**226546**	**46.91**	**20.70**	**32.38**
利 通 区	Litong	193056	63754	46921	82381	33.02	24.30	42.67
红 寺 堡	Hongsipu	86773	63715	10489	12569	73.43	12.09	14.48
青铜峡市	Qingtongxia	155209	67692	35648	51869	43.61	22.97	33.42
盐 池 县	Yanchi	83096	37201	15350	30545	44.77	18.47	36.76
同 心 县	Tongxin	181436	95835	36419	49182	52.82	20.07	27.11
固 原 市	**Guyuan**	**742046**	**385412**	**171859**	**184775**	**51.94**	**23.16**	**24.90**
原 州 区	Yuanzhou	204415	99683	36712	68020	48.77	17.96	33.28
西 吉 县	Xiji	229077	131310	58824	38943	57.32	25.68	17.00
隆 德 县	Longde	90569	45560	26533	18476	50.30	29.30	20.40
泾 源 县	Jingyuan	73248	25467	19591	28190	34.77	26.75	38.49
彭 阳 县	Pengyang	144737	83392	30199	31146	57.62	20.86	21.52
中 卫 市	**Zhongwei**	**578822**	**270299**	**179575**	**128948**	**46.70**	**31.02**	**22.28**
沙坡头区	Shapotou	197219	90177	56838	50204	45.72	28.82	25.46
中 宁 县	Zhongning	165360	94810	28294	42256	57.34	17.11	25.55
海 原 县	Haiyuan	216243	85312	94443	36488	39.45	43.67	16.87

5-18 各市县城镇单位在岗职工人数

Number of Fully Employed Staff and Workers in Urban Entities by City and Country

单位：人　　　　　　　　　　　　（2009）　　　　　　　　　　　　（person）

地　区　Region	合　计 Total	按经济类型分 Grouped by Economic Type			按三次产业分 Grouped Industry		
		国有经济单位 State-owned Units	城镇集体经济单位 Urban Collective-owned Units	其他经济单位 Other Economic Type Units	第一产业 Primary Industry	第二产业 Secondary Industry	第三产业 Tertiary Industry
全区总计 Total	**545569**	**338214**	**6773**	**200582**	**24553**	**218689**	**302327**
银 川 市 Yinchuan	**278313**	**140898**	**2123**	**135292**	**12534**	**135594**	**130185**
银 川 市 District	231346	115139	728	115479	4948	117109	109289
永 宁 县 Yongning	18326	6551	372	11403	1467	10938	5921
贺 兰 县 Helan	12974	6387	486	6101	1774	5808	5392
灵 武 市 Lingwu	15667	12821	537	2309	4345	1739	9583
石嘴山市 Shizuishan	**78140**	**44209**	**1127**	**32804**	**1832**	**43651**	**32657**
石嘴山市 District	63297	33355	632	29310	1525	39940	21832
平 罗 县 Pingluo	14843	10854	495	3494	307	3711	10825
吴 忠 市 Wuzhong	**74550**	**53997**	**1467**	**19086**	**6159**	**21945**	**46446**
利 通 区 Litong	28363	19542	364	8457	2824	6638	18901
红 寺 堡 Hongsipu	2856	2779		77		89	2767
青铜峡市 Qingtongxia	26024	16010	313	9701	2476	13224	10324
盐 池 县 Yanchi	7246	6867	166	213	600	568	6078
同 心 县 Tongxin	10061	8799	624	638	259	1426	8376
固 原 市 Guyuan	**53459**	**49789**	**1158**	**2512**	**2693**	**5303**	**45463**
原 州 区 Yuanzhou	20734	19616	414	704	1202	1471	18061
西 吉 县 Xiji	11774	10546	194	1034	778	915	10081
隆 德 县 Longde	6639	6356	133	150	251	341	6047
泾 源 县 Jingyuan	5653	4860	169	624	103	462	5088
彭 阳 县 Pengyang	8659	8411	248		359	2114	6186
中 卫 市 Zhongwei	**45071**	**33285**	**898**	**10888**	**1335**	**11664**	**32072**
沙坡头区 Shapotou	22203	11883	534	9786	926	8242	13035
中 宁 县 Zhongning	14386	13082	202	1102		3359	11027
海 原 县 Haiyuan	8482	8320	162		409	63	8010

5-19 主要年份各市县在岗职工人数

Number of Fully Employed Staff and Workers by City and Country in Main Years

单位:人 (person)

地 区 Region	1978	1980	1990	2000	2005	2006	2007	2008	2009
全区总计 Total	**432755**	**475706**	**674115**	**637611**	**574361**	**567419**	**563313**	**546961**	**545569**
银川市 Yinchuan	**135594**	**179562**	**273270**	**254215**	**280507**	**286672**	**285192**	**278067**	**278313**
银川市 District	109514	139033	214303	194850	232333	238847	236054	230354	231346
永宁县 Yongning	6814	11984	15203	15886	18872	18732	20946	19331	18326
贺兰县 Helan	9564	12736	16037	14758	12259	12369	12107	12837	12974
灵武市 Lingwu	9702	15809	27727	28721	17043	16724	16085	15545	15667
石嘴山市 Shizuishan	**123313**	**139606**	**171790**	**136141**	**84475**	**79066**	**78672**	**75187**	**78140**
石嘴山市 District	103971	114699	143735	110175	65179	59567	59075	60155	63297
平罗县 Pingluo	17540	22844	25147	22960	19296	19499	19597	15032	14843
陶乐县 Taole	1802	2063	2908	3006					
吴忠市 Wuzhong	**47013**	**59427**	**92679**	**100702**	**83290**	**79315**	**78585**	**76973**	**74550**
利通区 Litong	21187	27885	39167	41976	31889	29124	28757	27796	28363
红寺堡 Hongsipu				374	1862	2265	2519	2631	2856
青铜峡市 Qingtongxia	16748	20068	33922	37033	32198	30873	30201	28975	26024
盐池县 Yanchi	5081	6384	9544	9360	7037	6452	6740	7148	7246
同心县 Tongxin	3997	5090	10046	12333	10304	10601	10368	10423	10061
固原市 Guyuan	**27674**	**33453**	**51812**	**61937**	**57929**	**58020**	**56453**	**54270**	**53459**
原州区 Yuanzhou	15006	18326	22712	24472	21554	24089	23751	22565	20734
西吉县 Xiji	4995	5808	10091	15894	14089	13374	12646	11627	11774
隆德县 Longde	3664	4330	7916	9519	9432	7362	6843	6638	6639
泾源县 Jingyuan	2587	2977	4105	4032	4904	4591	5028	5144	5653
彭阳县 Pengyang	1422	2012	6988	8020	7950	8604	8185	8296	8659
中卫市 Zhongwei	**26971**	**36432**	**55432**	**54834**	**50963**	**47505**	**47993**	**46286**	**45071**
沙坡头区 Shapotou	9873	17073	24485	22408	24585	25235	24411	22847	22203
中宁县 Zhongning	12784	13526	21551	20986	17221	13544	15051	14810	14386
海原县 Haiyuan	4314	5833	9396	11440	9157	8726	8531	8629	8482

注:1. 1998-2009 年为在岗职工人数(不包括"离开本单位仍保留劳动关系的职工")。
2. 全区总计中包括银川铁路分局、长庆油田宁夏部分和总后宁夏分部。
3. 2004 年以后数据不含长庆油田宁夏部分。

a)From 1998 to 2009,data in this table refers to number of fully employed staff and workers.Number of "Staff and workers leaving their working units while keeping their labour contract" is not included.

b)Sum of Yinchuan Railway Bureau and Changqing oil field in Ningxia is included in total.

c)From 2004,data in this table excluding Changqing oil field in Ningxia.

5-20 各市县城镇单位分行业在岗职工人数

Number of Urban Entities Fully Employed Staff and Workers in Sector by City and Country

单位:人　　　　(2009)　　　　(person)

地　　区	Region	合计 Total	农、林、牧、渔业 Agriculture, Forestry, Animal Husbandry and Fishery	采矿业 Mining	制造业 Manufac-turing	电力、燃气及水的生产和供应业 Production and Distribution of Electricity, Gas and Water	建筑业 Constru-ction	交通运输、仓储和邮政业 Transport, Storage and Post
全区总计	**Total**	**545569**	**24553**	**51164**	**104013**	**40960**	**22552**	**29218**
银川市	**Yinchuan**	**278313**	**12534**	**46821**	**45619**	**27584**	**15570**	**8323**
银川市	District	231346	4948	46568	30568	26962	13011	6287
永宁县	Yongning	18326	1467		9851	79	1008	90
贺兰县	Helan	12974	1774		4809	385	614	150
灵武市	Lingwu	15667	4345	253	391	158	937	1796
石嘴山市	**Shizuishan**	**78140**	**1832**	**314**	**32198**	**8244**	**2895**	**1590**
石嘴山市	District	63297	1525	314	29115	7886	2625	1482
平罗县	Pingluo	14843	307		3083	358	270	108
吴忠市	**Wuzhong**	**74550**	**6159**	**81**	**15660**	**4161**	**2043**	**1650**
利通区	Litong	28363	2824		4635	810	1193	1076
红寺堡	Hongsipu	2856				89		28
青铜峡市	**Qingtongxia**	**26024**	**2476**		**10361**	**2703**	**160**	**119**
盐池县	Yanchi	7246	600	81	84	333	70	174
同心县	Tongxin	10061	259		580	226	620	253
固原市	Guyuan	53459	2693	2176	1758	442	927	2749
原州区	Yuanzhou	20734	1202	173	542	180	576	1844
西吉县	Xiji	11774	778		757	55	103	314
隆德县	Longde	6639	251			98	243	273
泾源县	Jingyuan	5653	103		421	36	5	119
彭阳县	Pengyang	8659	359	2003	38	73		199
中卫市	Zhongwei	45071	1335	1772	8773	529	590	2145
沙坡头区	**Shapotou**	**22203**	**926**		**7636**	**329**	**277**	**369**
中宁县	Zhongning	14386		1772	1137	137	313	1510
海原县	Haiyuan	8482	409			63		266

5-20 续表 1 continued

单位:人 (2009) (person)

地 区 Region	信息传输、计算机服务和软件业 Information Transmission, Computer Services and Software	批发和零售业 Wholesale and Retail Trades	住宿和餐饮业 Hotels and Catering Services	金融业 Financial Intermed-iation	房地产业 Real Estate	租赁和商务服务业 Leasing and Business Services	科学研究、技术服务和地质勘查业 Scientific Research, Technical Service and Geologic Prospecting
全区总计 Total	**6444**	**15436**	**4624**	**19598**	**7254**	**10439**	**11955**
银川市 Yinchuan	**4169**	**8790**	**2602**	**11038**	**4232**	**6638**	**9195**
银川市 District	4104	7926	2569	9401	4120	6537	8671
永宁县 Yongning	5	180		408	64	35	123
贺兰县 Helan		263	33	575	48	33	191
灵武市 Lingwu	60	421		654		33	210
石嘴山市 Shizuishan	**860**	**1090**	**263**	**2129**	**478**	**2131**	**589**
石嘴山市 District	860	565	233	1558	478	645	384
平罗县 Pingluo		525	30	571		1486	205
吴忠市 Wuzhong	**530**	**1768**	**739**	**2937**	**792**	**872**	**1141**
利通区 Litong	420	970	544	1522	584	410	370
红寺堡 Hongsipu		15		77			
青铜峡市 Qingtongxia	34	558		760	179	159	306
盐池县 Yanchi		95	156	279		46	147
同心县 Tongxin	76	130	39	299	29	257	318
固原市 Guyuan	**572**	**1971**	**403**	**1933**	**82**	**228**	**760**
原州区 Yuanzhou	451	1021	297	938	62	73	334
西吉县 Xiji	67	230	76	372	20	56	161
隆德县 Longde	54	195	26	267		24	183
泾源县 Jingyuan		239		172		28	73
彭阳县 Pengyang		286	4	184		47	9
中卫市 Zhongwei	**313**	**1586**	**476**	**1561**	**344**	**570**	**134**
沙坡头区 Shapotou	267	936	476	800	312	545	91
中宁县 Zhongning		464		538	32	4	21
海原县 Haiyuan	46	186		223		21	22

5-20 续表 2 continued

单位:人 (2009) (person)

地 区 Region	水利、环境和公共设施管理业 Management of Water Conservancy, Environment and Public Facilities	居民服务和其他服务业 Services to Households and Other Services	教 育 Education	卫生、社会保障和社会福利业 Health, Social Security and Social Welfare	文化、体育和娱乐业 Culture, Sports and Enterta-inment	公共管理与社会组织 Public Management and Social Organization
全区总计 Total	**14744**	**418**	**75283**	**25576**	**8543**	**72795**
银 川 市 Yinchuan	**5407**	**232**	**24843**	**11198**	**4909**	**28609**
银 川 市 District	5100	232	17913	9193	4666	22570
永 宁 县 Yongning	98		2651	613	84	1570
贺 兰 县 Helan	73		1869	446	70	1641
灵 武 市 Lingwu	136		2410	946	89	2828
石嘴山市 Shizuishan	**1798**	**149**	**7489**	**3184**	**1376**	**9531**
石嘴山市 District	1129	149	4684	2253	1313	6099
平 罗 县 Pingluo	669		2805	931	63	3432
吴 忠 市 Wuzhong	**3742**	**17**	**13790**	**3995**	**1057**	**13416**
利 通 区 Litong	1220		4119	1305	422	5939
红 寺 堡 Hongsipu	167		1422	166	29	863
青铜峡市 Qingtongxia	1515		2185	1329	315	2865
盐 池 县 Yanchi	419		2225	641	90	1806
同 心 县 Tongxin	421	17	3839	554	201	1943
固 原 市 Guyuan	**1357**	**14**	**18108**	**3568**	**802**	**12916**
原 州 区 Yuanzhou	466	8	5771	1547	483	4766
西 吉 县 Xiji	437	6	5216	886	123	2117
隆 德 县 Longde	178		2663	476	99	1609
泾 源 县 Jingyuan	75		1361	215	27	2779
彭 阳 县 Pengyang	201		3097	444	70	1645
中 卫 市 Zhongwei	**2440**	**6**	**10968**	**3631**	**371**	**7527**
沙坡头区 Shapotou	494	6	3734	2075	156	2774
中 宁 县 Zhongning	1705		3430	986	159	2178
海 原 县 Haiyuan	241		3804	570	56	2575

5-21 各市县在岗职工工资总额和指数

Total Wages of Fully Employed Staff and Workers by City and Country and Related Indices

（2009）

地区	Region	工资总额(万元) Total Wages(10 000 yuan)				指数(以上年为100) Indices(preceding year=100)			
		合计 Total Wages	国有单位 State-owned Units	城镇集体单位 Urban Collective-owned Units	其他单位 Other Units	合计 Total Wages	国有单位 State-owned Units	城镇集体单位 Urban Collective-owned Units	其他单位 Other Units
全区总计	Total	1891213.9	1149131.5	29296.2	712786.2	109.8	107.8	101.4	113.7
银川市	**Yinchuan**	**1057126.7**	**507071.2**	**9739.1**	**540316.4**	**110.2**	**107.2**	**99.3**	**113.4**
银川市	District	928496.7	435991.7	2201.0	490304.0	109.6	107.5	68.2	111.9
永宁县	Yongning	46828.3	18797.8	1618.6	26411.9	111.7	107.2	96.2	116.4
贺兰县	Helan	31891.9	17767.7	1434.0	12690.2	113.3	104.7	94.9	131.4
灵武市	Lingwu	49909.8	34514.0	4485.5	10910.3	117.8	104.2	132.5	185.7
石嘴山市	**Shizuishan**	**239531.4**	**141319.1**	**5161.4**	**93050.9**	**112.1**	**103.9**	**127.9**	**126.5**
石嘴山市	District	197905.4	111411.6	1664.9	84828.9	113.3	102.3	120.4	131.7
平罗县	Pingluo	41626.0	29907.5	3496.5	8222.0	106.8	110.1	131.8	89.7
吴忠市	**Wuzhong**	**232241.7**	**172431.8**	**5572.6**	**54237.3**	**105.6**	**105.7**	**113.2**	**104.5**
利通区	Litong	79623.3	57590.9	465.4	21567.0	106.2	97.1	85.4	142.5
红寺堡	Hongsipu	7452.6	7203.8		248.8	120.2	118.7		195.3
青铜峡市	Qingtongxia	93289.2	60282.9	1740.3	31266.0	101.8	110.8	100.4	88.0
盐池县	Yanchi	22087.7	21005.6	719.1	363.0	106.2	107.4	77.9	114.5
同心县	Tongxin	29788.9	26348.6	2647.8	792.5	113.5	111.0	153.7	99.6
固原市	**Guyuan**	**171151.9**	**163342.5**	**4585.4**	**3224.0**	**116.0**	**116.1**	**100.4**	**139.3**
原州区	Yuanzhou	67013.0	64201.1	2049.6	762.3	106.9	107.3	105.8	82.5
西吉县	Xiji	39634.5	37276.7	1125.7	1232.1	116.5	114.9	89.2	364.6
隆德县	Longde	19308.2	18821.8	377.1	109.3	116.8	118.4	71.8	111.4
泾源县	Jingyuan	17412.9	15822.4	470.2	1120.3	165.8	173.3	111.9	117.5
彭阳县	Pengyang	27783.3	27220.5	562.8		116.8	116.5	132.5	
中卫市	**Zhongwei**	**124565.9**	**98370.6**	**4237.7**	**21957.6**	**102.7**	**105.6**	**76.4**	**97.0**
沙坡头区	Shapotou	59261.9	38201.6	3080.1	17980.2	101.5	109.5	90.7	89.6
中宁县	Zhongning	39435.8	34963.8	494.6	3977.4	105.4	105.3	29.9	155.0
海原县	Haiyuan	25868.2	25205.2	663.0		101.2	100.6	133.2	

5-22 主要年份各市县在岗职工工资总额

Total Wages of Fully Employed Staff and Workers by City and Country in Main Years

单位:万元 (10 000 yuan)

地 区	Region	1978	1980	1990	2000	2005	2008	2009
全区总计	**Total**	**30825.8**	**40350.0**	**146646.4**	**563326.8**	**1015504.5**	**1722131.3**	**1891213.9**
银川市	**Yinchuan**	**9714.4**	**14818.9**	**54492.9**	**227581.4**	**538329.1**	**959592.0**	**1057126.7**
银川市	District	8054.5	11902.2	43866.7	186211.9	473551.1	847166.4	928496.7
永宁县	Yongning	405.1	818.8	2513.5	11781.6	23196.0	41912.0	46828.3
贺兰县	Helan	634.8	909.9	2908.6	10338.5	16828.9	28136.1	31891.9
灵武市	Lingwu	620.0	1188.0	5204.1	19249.4	24753.1	42377.5	49909.8
石嘴山市	**Shizuishan**	**9804.1**	**12836.2**	**43282.5**	**124404.0**	**137649.0**	**213656.0**	**239531.4**
石嘴山市	District	8457.0	10963.8	37584.8	104721.9	113195.4	174664.1	197905.4
平罗县	Pingluo	1249.1	1741.7	5195.9	17594.5	24453.6	38991.9	41626
陶乐县	Taole	98.0	130.7	501.8	2087.6			
吴忠市	**Wuzhong**	**2981.5**	**4425.9**	**18518.3**	**83102.7**	**137015.1**	**219906.3**	**232241.7**
利通区	Litong	1364.6	2061.7	7573.5	30476.1	48072.4	74984.3	79623.3
红寺堡	Hongsipu				344.6	2418.4	6198.5	7452.6
青铜峡市	Qingtongxia	1051.4	1547.5	7237.4	36605.7	60062.9	91668.3	93289.2
盐池县	Yanchi	309.0	451.9	1836.9	7211.7	11570.0	20804.8	22087.7
同心县	Tongxin	256.5	364.8	1870.5	8464.6	14891.4	26250.4	29788.9
固原市	**Guyuan**	**1796.5**	**2577.1**	**10268.3**	**48461.5**	**91260.9**	**147548.2**	**171151.9**
原州区	Yuanzhou	992.1	1426.2	4587.2	20018.5	35855.3	62701.7	67013
西吉县	Xiji	313.9	444.8	2039.4	11751.1	22122.4	34032.9	39634.5
隆德县	Longde	223.3	321.1	1483.3	7279.8	13896.7	16526.0	19308.2
泾源县	Jingyuan	157.4	222.6	834.2	3063.2	6607.9	10502.4	17412.9
彭阳县	Pengyang	109.8	162.4	1324.2	6348.9	12778.6	23785.2	27783.3
中卫市	**Zhongwei**	**1667.0**	**2596.2**	**10343.0**	**37742.1**	**72626.4**	**121344.9**	**124565.9**
沙坡头区	Shapotou	885.8	1145.1	4652.7	15076.1	35724.1	58372.1	59261.9
中宁县	Zhongning	512.6	1021.5	3992.9	13760.5	21794.7	37412.7	39435.8
海原县	Haiyuan	268.6	429.6	1697.4	8905.5	15107.6	25560.1	25868.2

注:1. 1998 年以后为在岗职工工资总额。
2. 全区总计中包括银川铁路分局、长庆油田宁夏部分和总后宁夏分部。
3. 2004 年以后数据不含长庆油田宁夏部分。

a)From 1998,data in this table refers to total wages of fully employed staff and workers.
b)Sum of Yinchuan Railway Bureau and Changqing oil field in Ningxia is included in total.
c)From 2004,data in this table excluding Changqing oil field in Ningxia.

5-23 各市县在岗职工平均工资和指数

Average Wages of Fully Employed Staff and Workers by City and Country and Related Indices

(2009)

地区	Region	平均工资(元) Average Wages(yuan)				指数(以上年为100) Indices(preceding year = 100)			
		合计 Total Wages	国有单位 State-owned Units	城镇集体单位 Urban Collective-owned Units	其他单位 Other Units	合计 Total Wages	国有单位 State-owned Units	城镇集体单位 Urban Collective-owned Units	其他单位 Other Units
全区总计	**Total**	**34082**	**33841**	**35182**	**34432**	**110.95**	**108.77**	**112.93**	**114.57**
银川市	**Yinchuan**	**36799**	**35205**	**37675**	**38415**	**110.68**	**106.26**	**116.60**	**115.08**
银川市	District	39322	36866	29946	41861	110.83	105.18	113.09	116.34
永宁县	Yongning	24718	28447	43628	22072	113.59	114.46	103.23	114.83
贺兰县	Helan	22947	27684	30511	18103	106.95	109.50	93.70	111.31
灵武市	Lingwu	27272	27085	44455	23984	112.55	109.16	125.26	130.16
石嘴山市	**Shizuishan**	**30294**	**32045**	**33845**	**27823**	**110.22**	**105.28**	**118.65**	**119.59**
石嘴山市	District	31379	33498	27249	29051	108.22	102.50	108.74	118.96
平罗县	Pingluo	26018	27587	38255	19373	116.72	115.54	124.44	110.93
吴忠市	**Wuzhong**	**31417**	**32757**	**26766**	**28249**	**110.42**	**110.60**	**106.65**	**110.30**
利通区	Litong	29110	31322	12716	25078	110.88	113.25	88.88	111.65
红寺堡	Hongsipu	26847	26572		38277	111.53	110.30		165.25
青铜峡市	Qingtongxia	35746	37258	62601	32434	112.87	109.26	172.35	114.23
盐池县	Yanchi	31044	31217	43319	16500	101.76	101.91	97.12	117.60
同心县	Tongxin	28156	30521	20816	11741	111.43	112.61	108.38	108.61
固原市	**Guyuan**	**31576**	**32584**	**40543**	**10955**	**114.01**	**115.28**	**115.98**	**104.07**
原州区	Yuanzhou	31538	31938	52020	10137	114.08	113.39	116.02	109.87
西吉县	Xiji	32551	35283	58026	8695	111.33	120.51	78.20	100.87
隆德县	Longde	29057	29580	28568	7287	116.54	115.05	159.32	111.42
泾源县	Jingyuan	30825	32583	27822	17954	123.09	120.03	117.17	123.18
彭阳县	Pengyang	32740	33019	23256		111.94	111.62	128.65	
中卫市	**Zhongwei**	**28080**	**30190**	**42208**	**20382**	**109.80**	**110.59**	**118.07**	**105.97**
沙坡头区	Shapotou	27089	32710	54037	18675	109.04	114.93	121.12	97.41
中宁县	Zhongning	28193	27835	17539	34737	113.69	110.91	59.55	175.98
海原县	Haiyuan	30448	30208	43618		105.61	104.10	200.74	

5-24 各市县分行业在岗职工工资总额

Total Wages of Fully Employed Staff and Workers in Sector by City and Country

单位：千元 (2009) (1000 yuan)

地 区 Region	合 计 Total	农、林、牧、渔业 Agriculture, Forestry, Animal Husbandry and Fishery	采矿业 Mining	制造业 Manufacturing	电力、燃气及水的生产和供应业 Production and Supply of Electricity, Gas and Water	建筑业 Construction	交通运输、仓储和邮政业 Transport, Storage and Post
全区总计 Total	**18912139**	**494016**	**3052740**	**2555779**	**1927936**	**833567**	**943294**
银川市 Yinchuan	**10571267**	**223841**	**2949037**	**1074812**	**1351849**	**558730**	**213517**
银川市 District	9284967	94027	2939673	775840	1341859	426221	130031
永宁县 Yongning	468283	22610		212533	1629	39727	2737
贺兰县 Helan	318919	33524		82085	6434	29927	2915
灵武市 Lingwu	499098	73680	9364	4354	1927	62855	77834
石嘴山市 Shizuishan	**2395314**	**29047**	**9824**	**821928**	**351501**	**151664**	**41163**
石嘴山市 District	1979054	21135	9824	767562	347034	115522	39503
平罗县 Pingluo	416260	7912		54366	4467	36142	1660
吴忠市 Wuzhong	**2322417**	**129191**	**2172**	**469521**	**208686**	**63475**	**35870**
利通区 Litong	796233	53232		114699	17293	32097	21488
红寺堡 Hongsipu	74526				1078		538
青铜峡市 Qingtongxia	932892	51077		348273	181389	7049	3041
盐池县 Yanchi	220877	17412	2172	899	5541	1704	4335
同心县 Tongxin	297889	7470		5650	3385	22625	6468
固原市 Guyuan	**1711519**	**78140**	**69790**	**20710**	**7138**	**28087**	**65125**
原州区 Yuanzhou	670130	30537	3938	4245	3549	20499	44906
西吉县 Xiji	396345	24436		6168	960	3989	6711
隆德县 Longde	193082	7825			910	3501	6646
泾源县 Jingyuan	174129	2980		9191	233	98	2450
彭阳县 Pengyang	277833	12362	65852	1106	1486		4412
中卫市 Zhongwei	**1245659**	**33797**	**21917**	**168395**	**8762**	**16800**	**48381**
沙坡头区 Shapotou	592619	21247		134599	6012	10362	9359
中宁县 Zhongning	394358		21917	33796	2382	6438	31896
海原县 Haiyuan	258682	12550			368		7126

5-24 续表 1 continued

单位:千元 （2009） （1000 yuan）

地 区 Region	信息传输、计算机服务和软件业 Information Transmission, Computer Services and Software	批发和零售业 Wholesale and Retail Trades	住宿和餐饮业 Hotels and Catering Services	金融业 Financial Intermediation	房地产业 Real Estate	租赁和商务服务业 Leasing and Business Services	科学研究、技术服务和地质勘查业 Scientific Research, Technical Service and Geologic Prospecting
全区总计 Total	**253128**	**406719**	**72159**	**1058938**	**194122**	**201256**	**409789**
银 川 市 Yinchuan	**178808**	**246003**	**45085**	**652035**	**91952**	**130382**	**331477**
银 川 市 District	177323	232738	44719	564175	88790	127668	317871
永 宁 县 Yongning	118	2970		19659	1893	886	2727
贺 兰 县 Helan		5239	366	21648	1269	980	6222
灵 武 市 Lingwu	1367	5056		46553		848	4657
石嘴山市 Shizuishan	**24288**	**28800**	**2648**	**104100**	**13265**	**35515**	**18906**
石嘴山市 District	24288	17633	2129	76007	13265	12867	12596
平 罗 县 Pingluo		11167	519	28093		22648	6310
吴 忠 市 Wuzhong	**19784**	**45191**	**10292**	**133878**	**28866**	**15289**	**30376**
利 通 区 Litong	15982	28059	8060	67367	14540	5767	10207
红 寺 堡 Hongsipu		204		2488			
青铜峡市 Qingtongxia	1636	12940		39144	13817	3830	6808
盐 池 县 Yanchi		989	1951	12247		685	4003
同 心 县 Tongxin	2166	2999	281	12632	509	5007	9358
固 原 市 Guyuan	**20796**	**44254**	**4917**	**83519**	**2312**	**7155**	**21577**
原 州 区 Yuanzhou	17138	30742	3708	48381	1704	2562	9990
西 吉 县 Xiji	2146	2228	960	16147	608	1605	5395
隆 德 县 Longde	1512	3764	234	7928		706	3507
泾 源 县 Jingyuan		2563		5443		851	2326
彭 阳 县 Pengyang		4957	15	5620		1431	359
中 卫 市 Zhongwei	**9452**	**31866**	**5814**	**85406**	**8047**	**12915**	**2770**
沙坡头区 Shapotou	8012	19858	5814	52906	7226	12105	1603
中 宁 县 Zhongning		10849		23397	821	127	519
海 原 县 Haiyuan	1440	1159		9103		683	648

5-24 续表 2 continued

单位:千元　　(2009)　　(1000 yuan)

地 区 Region	水利、环境和公共设施管理业 Management of Water Conservancy, Environment and Public Facilities	居民服务和其他服务业 Services to Households and Other Services	教育 Education	卫生、社会保障和社会福利业 Health, Social Security and Social Welfare	文化、体育和娱乐业 Culture, Sports and Enterta-inment	公共管理与社会组织 Public Management and Social Organization
全区总计 Total	**386497**	**10890**	**2606804**	**781349**	**282313**	**2440843**
银川市 Yinchuan	**118344**	**4945**	**856011**	**348380**	**170870**	**1025189**
银川市 District	110137	4945	621351	293185	164170	830244
永宁县 Yongning	2360		85865	18025	2339	52205
贺兰县 Helan	1959		62598	10664	2181	50908
灵武市 Lingwu	3888		86197	26506	2180	91832
石嘴山市 Shizuishan	**45548**	**4878**	**271337**	**96719**	**44692**	**299491**
石嘴山市 District	30380	4878	170210	66991	43568	203662
平罗县 Pingluo	15168		101127	29728	1124	95829
吴忠市 Wuzhong	**106737**	**430**	**461085**	**119763**	**29090**	**412721**
利通区 Litong	35215		136700	42698	11115	181714
红寺堡 Hongsipu	1655		40598	3361	687	23917
青铜峡市 Qingtongxia	49506		79781	41299	9216	84086
盐池县 Yanchi	8395		84059	15542	2356	58587
同心县 Tongxin	11966	430	119947	16863	5716	64417
固原市 Guyuan	**40662**	**448**	**649716**	**123032**	**26044**	**418097**
原州区 Yuanzhou	14101	265	211422	57325	16277	148841
西吉县 Xiji	12807	183	203535	28944	4215	75308
隆德县 Longde	4676		87346	15644	2641	46242
泾源县 Jingyuan	2312		47730	5790	695	91467
彭阳县 Pengyang	6766		99683	15329	2216	56239
中卫市 Zhongwei	**75206**	**189**	**365956**	**93455**	**10567**	**245964**
沙坡头区 Shapotou	14627	189	140462	51234	5004	92000
中宁县 Zhongning	53581		112010	25108	3681	67836
海原县 Haiyuan	6998		113484	17113	1882	86128

5-25 各市县分行业在岗职工平均工资

Average Wages of Fully Employed Staff and Workers in Sector by City and Country

单位:元　　　　　　（2009）　　　　　　（yuan）

地区 Region	合计 Total	农、林、牧、渔业 Agriculture, Forestry, Animal Husbandry and Fishery	采矿业 Mining	制造业 Manufacturing	电力、燃气及水的生产和供应业 Production and Supply of Electricity, Gas and Water	建筑业 Construction	交通运输、仓储和邮政业 Transport, Storage and Post
全区总计 Total	**34082**	**19428**	**59460**	**24579**	**46847**	**24840**	**32919**
银川市 Yinchuan	**36799**	**15801**	**62745**	**23189**	**47833**	**24285**	**26484**
银川市 District	39322	14689	63139	25352	48427	25031	20986
永宁县 Yongning	24718	14964		20399	20620	38421	30411
贺兰县 Helan	22947	18552		16553	20361	20884	19178
灵武市 Lingwu	27272	16568	21234	11768	12196	17897	47927
石嘴山市 Shizuishan	**30294**	**16495**	**22176**	**25868**	**44348**	**34833**	**25872**
石嘴山市 District	31379	14616	22176	26651	45447	41421	26637
平罗县 Pingluo	26018	25117		18287	15403	23094	15370
吴忠市 Wuzhong	**31417**	**23614**	**23868**	**29849**	**52289**	**22210**	**23818**
利通区 Litong	29110	25679		24870	22965	23601	23081
红寺堡 Hongsipu	26847				12535		19214
青铜峡市 Qingtongxia	35746	20173		33411	66565	44056	25555
盐池县 Yanchi	31044	28780	23868	11380	24518	24000	24631
同心县 Tongxin	28156	28621		9187	16841	17857	25667
固原市 Guyuan	**31576**	**28984**	**34110**	**14312**	**16149**	**12937**	**23855**
原州区 Yuanzhou	31538	25384	27732	7994	19717	17934	24379
西吉县 Xiji	32551	31530		13556	17455	5114	21237
隆德县 Longde	29057	31175			9286	14407	24344
泾源县 Jingyuan	30825	28932		21831	6472	19600	20588
彭阳县 Pengyang	32740	33962	34586	27650	20356		24511
中卫市 Zhongwei	**28080**	**25335**	**12446**	**19425**	**16439**	**23431**	**25858**
沙坡头区 Shapotou	27089	23323		17995	19519	32280	21816
中宁县 Zhongning	28193		12446	28424	17387	16258	27215
海原县 Haiyuan	30448	29669			4182		26393

5-25 续表 1 continued

单位:元 (2009) (yuan)

地 区 Region	信息传输、计算机服务和软件业 Information Transmission, Computer Services and Software	批发和零售业 Wholesale and Retail Trades	住宿和餐饮业 Hotels and Catering Services	金融业 Financial Intermediation	房地产业 Real Estate	租赁和商务服务业 Leasing and Business Services	科学研究、技术服务和地质勘查业 Scientific Research, Technical Service and Geologic Prospecting
全区总计 Total	**39263**	**26552**	**15721**	**55792**	**27097**	**20166**	**34802**
银川市 Yinchuan	**43263**	**28063**	**17646**	**60626**	**22615**	**20989**	**36599**
银川市 District	43590	29547	17732	61780	22399	20888	37169
永宁县 Yongning	23600	16500		48421	35056	25314	22352
贺兰县 Helan		18845	11091	39005	26438	30625	32747
灵武市 Lingwu	22783	11731		70322		25697	24130
石嘴山市 Shizuishan	**27663**	**27093**	**10030**	**49571**	**24474**	**16721**	**33052**
石嘴山市 District	27663	32533	9098	49100	24474	20327	33589
平罗县 Pingluo		21434	17300	50893		15190	32030
吴忠市 Wuzhong	**36036**	**26536**	**14255**	**49383**	**36447**	**18093**	**26787**
利通区 Litong	36572	29289	15208	50958	24897	14100	28118
红寺堡 Hongsipu		13600		38277			
青铜峡市 Qingtongxia	48118	25984		53113	77190	24088	22176
盐池县 Yanchi		9990	12752	43584		14891	27993
同心县 Tongxin	27769	22549	7205	41281	17552	21675	29153
固原市 Guyuan	**36357**	**22328**	**10395**	**44143**	**28195**	**30841**	**28316**
原州区 Yuanzhou	38000	29789	10387	53108	27484	35096	29910
西吉县 Xiji	32030	9687	11163	43878	30400	28661	33509
隆德县 Longde	28000	19204	9000	29693		29417	18957
泾源县 Jingyuan		10724		31645		30393	31863
彭阳县 Pengyang		17393	3750	32299		28059	39889
中卫市 Zhongwei	**30006**	**20092**	**13214**	**56114**	**23878**	**22778**	**20672**
沙坡头区 Shapotou	29784	21148	13214	67741	23692	22334	17615
中宁县 Zhongning		23534		44313	25656	31750	24714
海原县 Haiyuan	31304	6231		42737		32524	29455

5-25 续表 2 continued

单位:元 (2009) (yuan)

地 区 Region	水利、环境和公共设施管理业 Management of Water Conservancy, Environment and Public Facilities	居民服务和其他服务业 Services to Households and Other Services	教育 Education	卫生、社会保障和社会福利业 Health, Social Security and Social Welfare	文化、体育和娱乐业 Culture, Sports and Enterta-inment	公共管理与社会组织 Public Management and Social Organization
全区总计 Total	**25718**	**25929**	**35038**	**30678**	**32884**	**33605**
银 川 市 Yinchuan	**21106**	**21223**	**34850**	**31211**	**34864**	**36083**
银 川 市 District	20784	21223	35146	31906	35252	37154
永 宁 县 Yongning	23838		32220	29309	27845	33746
贺 兰 县 Helan	26836		33475	24347	31157	30966
灵 武 市 Lingwu	28588		36695	28811	24222	31942
石嘴山市 Shizuishan	**24112**	**32520**	**35815**	**30540**	**31540**	**31599**
石嘴山市 District	24739	32520	36261	29920	32177	33635
平 罗 县 Pingluo	22947		35089	32034	17841	27996
吴 忠 市 Wuzhong	**28739**	**25294**	**33981**	**29918**	**27238**	**30690**
利 通 区 Litong	28794		33390	32007	26030	30576
红 寺 堡 Hongsipu	10609		29376	21684	23690	27810
青铜峡市 Qingtongxia	32677		36513	31099	29257	29186
盐 池 县 Yanchi	21307		37459	24788	25609	32767
同 心 县 Tongxin	28089	25294	32737	30166	27883	32600
固 原 市 Guyuan	**29877**	**32000**	**36137**	**34395**	**32514**	**32298**
原 州 区 Yuanzhou	30325	33125	37007	37032	33700	31204
西 吉 县 Xiji	28975	30500	39021	32304	34268	35456
隆 德 县 Longde	26270		32788	32660	26677	28757
泾 源 县 Jingyuan	30827		35044	26930	25741	32973
彭 阳 县 Pengyang	33662		32964	34918	32116	33696
中 卫 市 Zhongwei	**30609**	**31500**	**34433**	**26251**	**28482**	**32565**
沙坡头区 Shapotou	29490	31500	38802	25579	31671	33117
中 宁 县 Zhongning	31481		34465	25362	23446	31004
海 原 县 Haiyuan	27019		30198	30182	33607	33293

主要统计指标解释

［**从业人员**］ 指从事一定社会劳动并取得劳动报酬或经营收人的全部劳动力，包括：全部职工、城镇私营企业从业人员、城镇个体劳动者、农村社会劳动者、其它社会劳动者。

这一指标取带了现行制度中的社会劳动者，它反映了一定时期内的全部劳动力资源的实际利用情况，是研究我国基本国情国力的重要指标。

各单位的从业人员是指在各级国家机关、政党机关、社会团体及企业、事业单位中工作，并取得劳动报酬的全部人员。包括职工、再就业的离退休人员、民办教师以及在各单位中工作的外方人员和港、澳、台方人员。

各单位的从业人员反映了各单位实际参加生产或工作的全部劳动力。

［**在岗职工**］ 指在国有经济、城镇集体经济、联营经济、股份制经济、外商和港、澳、台投资经济、其它经济单位及其附属机构工作，并由其支付工资的各类在岗人员。不包括城镇私营企业、个体工商户和乡镇企业从业人员。

［**长期职工**］ 指用工期限在一年以上（含一年）的职工：包括原固定职工、合同制职工、长期临时工以及国有单位使用的城镇集体单位的人员和其它使用期限在一年以上的原计划外用工。

［**其它从业人员**］ 指劳动统计制度规定不做职工统计，但实际参加社会劳动并取得劳动报酬的人员。

各单位的其它从业人员是指职工以外的全部参加本单位生产或工作并取得劳动报酬的人员。包括再就业离退休人员、民办教师以及在各单位中工作的外方人员和港、澳、台方人员及兼职人员（不包括在单位中工作并领取劳动报酬在校学生）。

［**在岗职工工资总额**］ 指各单位在一定时期内直接支付给本单位全部在岗职工的劳动报酬总计。包括：计时工资、计件工资、奖金、津贴和补贴、加班加点工资和其他工资。

职工工资总额是计算国内生产总值的基础指标，也是研究分配政策，居民购买力的主要依据。

‖第六篇‖ Chapter 6

固定资产投资
Investment in Fixed Assets

责任编辑:崔　琳
资料整理:崔　琳　蔡川生　方建晓　黄　剑　刘晓龙
Coordinator:Cui Lin
Data Compilation:Cui Lin　Cai Chuansheng　Fang Jianxiao
Huang Jian　Liu Xiaolong

6-1 全社会固定资产投资基本情况

Total Investment in Fixed Assets in the Whole Country

指　标	Item	1978	1980	1990	2000
投资总额(万元)	**Total Investment （10 000 yuan）**	**42719**	**39758**	**219603**	**1608204**
按隶属关系分	**Grouped by Jurisdiction of Management**				
中　央	Central Investment	26243	9104	78568	281567
地　方	Local Investment	16476	30654	141035	1326637
按经济类型分	**Grouped by Economic Types**				
国有经济	State-owned	42246	39312	175126	1011732
房地产	Real Estate			2834	47471
集体经济	Collective-owned	473	446	12614	57002
房地产	Real Estate				17348
私营个体经济	Private			31863	226346
其他经济	Others				279970
本年资金来源小计	**Subtotal of Fund Sources This Year**	**42719**	**39758**	**219603**	**1608204**
国家预算内资金	State Budget	37977	24497	40934	185722
国内贷款	Demestic Loans	168	2080	52510	490678
利用外资	Foreign Investment			4697	22497
自筹资金	Self-raising Funds				492953
其他资金	Others	4574	13181	121422	416354
按构成分	**Grouped by Structure**				
建筑工程	Construction	24971	24591	118868	952440
安装工程	Installation	6336	5897	18513	159861
设备、工器具购置	Purchase of Equipment and Instruments	9865	7289	63526	309988
其他费用	Others	1547	1981	18696	185915
新增固定资产(万元)	**Newly Increased Fixed Assets(10 000 yuan)**	**31196**	**26258**	**193282**	**1357643**
交付使用率(%)	**Rate of Projects of Fixed Assets Completed and Put into Use(%)**	**73.8**	**86.4**	**91.2**	**84.4**
本年施工房屋面积(万平方米)	**Floor Space under Construction This Year(10 000 sq.m)**	**116**	**212**	**539**	**1019**
住　宅	Residential Buildings	38	49	381	689
本年竣工房屋面积(万平方米)	**Floor Space Completed This Year （10 000 sq.m）**	**67**	**132**	**459**	**1069**
施工项目(个)	**Number of Project under Construction （unit）**	**804**	**609**	**934**	**1069**
新开工	Number of Project Started	502	263	499	774
投　产	Number of Project Put into Use	423	301	576	688

6-1 续表 continued

指　标	Item	2005	2006	2007	2008	2009
投资总额(万元)	**Total Investment (10 000 yuan)**	**4448174**	**5152753**	**6218092**	**8588368**	**11191392**
按隶属关系分	**Grouped by Jurisdiction of Management**					
中　央	Central Investment	616065	1144901	1710950	2427603	3442418
地　方	Local Investment	3832109	4007852	4507142	6160765	7748974
按经济类型分	**Grouped by Economic Types**					
国有经济	State-owned	2024100	2657927	3316282	5210136	6092634
房地产	Real Estate	31527	31098	85080	142216	173754
集体经济	Collective-owned	21975	25782	37493	51513	44581
房地产	Real Estate	4125	1700	2584	21690	2633
私营个体经济	Private	1009613	1176485	1646227	1995066	2514542
其他经济	Others	1392486	1292559	1218090	1331653	2539635
本年资金来源小计	**Subtotal of Sources of Funds This Year**	**4172439**	**4679656**	**5752815**	**8223009**	**10646169**
国家预算内资金	State Budget	450508	506308	507764	602794	832213
国内贷款	Demestic Loans	820059	960473	1609700	2361398	3073211
利用外资	Foreign Investment	69122	89378	102281	29892	41303
自筹资金	Self-raising Funds	2166639	2416562	2930568	4254074	5023711
其他资金	Others	666111	706935	602502	974851	1675731
按构成分	**Grouped by Structure**					
建筑工程	Construction	2388134	2846974	3461615	4613434	6256880
安装工程	Installation	372329	377988	368633	590023	908533
设备、工器具购置	Purchase of Equipment and Instruments	1166879	1232628	1647503	2505567	2729191
其他费用	Others	520832	695163	740341	879344	1296788
新增固定资产(万元)	**Newly Increased Fixed Assets(10 000 yuan)**	**2840752**	**3246327**	**3096277**	**4853710**	**6459739**
交付使用率(%)	**Rate of Projects of Fixed Assets Completed and Put into Use(%)**	**63.9**	**63.0**	**49.8**	**56.5**	**57.7**
本年施工房屋面积(万平方米)	**Floor Space under Construction This Year (10000sqm)**	**1938**	**2156**	**2074**	**2728**	**3546**
住　宅	Residential Buildings	1106	1268	1120	1800	2112
本年竣工房屋面积(万平方米)	**Floor Space Completed This Year (10 000 sq.m)**	**1151**	**1142**	**860**	**1239**	**1351**
施工项目(个)	**Number of Project under Construction (unit)**	**2783**	**3072**	**2105**	**2180**	**2799**
新开工	Number of Project Started	2289	2584	1673	1730	2329
投　产	Number of Project Put into Use	1962	2335	1112	1366	1846

6-2 主要年份全社会固定资产投资
Total Investment in Fixed Assets in the Whole Country in Main Years

年份 Year	全社会固定资产投资额 Total Investment in Fixed Assets	基本建设 Infrastructure	更新改造 Renovation and Reformation Investment	国有经济固定资产投资额 Investment in Fixed Assets of State-owned Economy	基本建设 Infrastructure	更新改造 Renovation and Reformation Investment
1952	502	502		502	502	
1955	1314	1314		1314	1314	
1957	1536	1536		1536	1536	
1958	9287	9287		9287	9287	
1960	24446	24446		24446	24446	
1965	14002	14002		14002	14002	
1970	24659	24659		24659	24659	
1975	24957	24957		24957	24957	
1978	42719	42246		42246	42246	
1980	39758	30409	8903	39312	30409	8903
1985	136346	79413	26493	112944	79413	26493
1986	173469	93164	39982	143003	93164	39982
1987	193748	108563	39422	155511	108563	39422
1988	187891	87760	44476	139535	87760	44476
1989	175757	80681	46943	133687	80681	46943
1990	219603	113336	52045	175126	113336	52045
1991	288134	158334	54523	237723	158334	54523
1992	380942	196743	79569	306485	196743	79569
1993	526673	253662	113741	413669	253662	113741
1994	609780	328750	144188	488725	317832	133907
1995	701237	336000	158960	514041	331107	149584
1996	773191	418094	177760	603634	409016	154881
1997	881027	480045	181646	683450	469280	164396
1998	1086536	595030	185925	778335	548276	168155
1999	1306062	702842	192453	810959	614776	141248
2000	1608204	888744	233621	1011732	805530	155822
2001	1958118	1053095	260815	1241374	1014378	167519
2002	2308269	1243615	263571	1335911	1160543	141495
2003	3182100	1646006	410646	1545791	1372117	141791
2004	3808465	1909048	531662	1513064	1168051	215759
2005	4448174	2355165	607118	2024100	1620235	349338
2006	5152753	2865707	768071	2657927	2069116	363814
2007	6218092	3459859	923769	3316282	2604356	300682
2008	8588368	5179075	1119381	5210136	4143600	397954
2009	11191392	6945483	1318126	6092634	4870545	466031

6-3 城镇固定资产投资额

单位:万元 （2009）

指 标	Item	投资额 Investment
总计	**Total**	**10073940**
按经济类型分:	**Grouped by Economic Types**	**3512706**
国有企业	State-owned Enterprises	11853
集体企业	Collective-owned Enterprises	15795
股份合作企业	Share-holding Cooperative	
国有联营企业	State Joint Ownership	
集体联营企业	Collective Joint Ownership	
国有与集体联营企业	Joint State-collective Enterprises	
其他联营企业	Other Joint Ownership Enterprises	1363
国有独资公司	State Sole Funded Corporations	2043174
其他有限责任公司	Other Limited Liability Corporations	1836140
股份有限公司	Share-holding Corporations Ltd	370832
私营企业	Private Enterprises	206488
其他企业	Other Enterprises	58225
合资经营企业(港或澳、台资)	Joint-ventures Enterprises（Hongkong,Macao or Taiwan）	
合作经营企业(港或澳、台资)	Cooperative Enterprises（Hongkong,Macao or Taiwan）	2313
港、澳、台商投资股份有限公司	Enterprises with Sole Investment from Hongkong,Macao and Taiwan	
中外合资经营企业	Joint-venture Enterprises	33046
中外合作经营企业	Cooperation Enterprises	1970
外资企业	Foreign Sole Funded Enterprises	113485
外商投资股份有限公司	Foreign Share-holding Corporations Ltd.	2520
个体户	Self-employment	4030
个人合伙	Individual Parternership	
按国民经济行业分:	**Grouped by Sector**	
农、林、牧、渔业	Agriculture,Forestry,Animal Husbandry and Fishery	262951
采矿业	Mining	1222975
制造业	Manufacturing	2700046
电力、燃气及水的生产和供应业	Production and Distribution of Electricity,Gas and Water	1822862
建筑业	Construction	38410
交通运输、仓储和邮政业	Transport,Storage and Post	798208
信息传输、计算机服务和软件业	Information Transmission,Computer Services and Software	130948
批发和零售业	Wholesale and Retail Trades	52270
住宿和餐饮业	Hotels and Catering Services	33460
金融业	Financial Intermediation	9582
房地产业	Real Estate	1759484
租赁和商务服务业	Leasing and Business Services	9958
科学研究、技术服务和地质勘查业	Scientific Research,Technical Service and Geologic Prospecting	4438
水利、环境和公共设施管理业	Management of Water Conservancy,Environment and Public Facilities	572114
居民服务和其他服务业	Services to Households and Other Services	11760
教 育	Education	292421
卫生、社会保障和社会福利业	Health,Social Security and Social Welfare	79398
文化、体育和娱乐业	Culture,Sports and Entertainment	106487
公共管理和社会组织	Public Management and Social Organizations	166168

Investment in Fixed Assets in Urban Area

(10 000 yuan)

	按建设性质分 Grouped by Type of Construction		
地 方 Local	新 建 New Construction	扩 建 Expansion	改 建 Reconstruction
6637283	**6653387**	**775178**	**828943**
2536046	**2681277**	**470179**	**282130**
11853	4890	3430	900
15795	6430	9365	
1363	1363		
397270	1516699	40079	215294
1247629	1260329	172857	84178
201250	209542	36481	115671
2066488	814208	35712	127301
58225	57825	400	
2313	2313		
33046	16078	2400	2312
1970	1970		
57485	75303	3085	957
2520	2520		
4030	2640	1190	200
172204	222679	34997	4845
304596	865768	8260	221528
1675436	2168857	218484	304638
945243	1484559	139678	198625
38410	35730	500	980
482594	715862	55159	18871
6919	101094		29354
52270	44117	8153	
33460	26923	5677	860
8481	8448	1000	134
1694924	115166	1210	2472
9958	7709	1300	949
4438	4438		
554114	371681	164278	35688
11760	10610	1150	
292421	230469	33085	5690
79398	27277	44258	2309
106487	87840	17991	490
164170	124160	39998	1510

6-3 续表 1

单位:万元 （2009）

指 标	Item	建筑工程 Construction
总计	**Total**	**5428938**
按经济类型分:	**Grouped by Economic Types**	
国有企业	State-owned Enterprises	2250319
集体企业	Collective-owned Enterprises	9910
股份合作企业	Share-holding Cooperative	6465
国有联营企业	State Joint Ownership	
集体联营企业	Collective Joint Ownership	
国有与集体联营企业	Joint State-collective Enterprises	
其他联营企业	Other Joint Ownership Enterprises	940
国有独资公司	State Sole Funded Corporations	599855
其他有限责任公司	Other Limited Liability Corporations	848428
股份有限公司	Share-holding Corporations Ltd	193900
私营企业	Private Enterprises	1398468
其他企业	Other Enterprises	54316
合资经营企业(港或澳、台资)	Joint-ventures Enterprises(Hongkong,Macao or Taiwan)	
合作经营企业(港或澳、台资)	Cooperative Enterprises(Hongkong,Macao or Taiwan)	
港、澳、台商投资股份有限公司	Enterprises with Sole Investment from Hongkong,Macao and Taiwan	
中外合资经营企业	Joint-venture Enterprises	17196
中外合作经营企业	Cooperation Enterprises	1970
外资企业	Foreign Sole Funded Enterprises	42701
外商投资股份有限公司	Foreign Share-holding Corporations Ltd.	1320
个体户	Self-employment	3150
个人合伙	Individual Parternership	
按国民经济行业分:	**Grouped by Sector**	
农、林、牧、渔业	Agriculture,Forestry,Animal Husbandry and Fishery	147972
采矿业	Mining	526598
制造业	Manufacturing	888961
电力、燃气及水的生产和供应业	Production and Distribution of Electricity,Gas and Water	486561
建筑业	Construction	36327
交通运输、仓储和邮政业	Transport,Storage and Post	647867
信息传输、计算机服务和软件业	Information Transmission,Computer Services and Software	27942
批发和零售业	Wholesale and Retail Trades	42943
住宿和餐饮业	Hotels and Catering Services	31088
金融业	Financial Intermediation	9582
房地产业	Real Estate	1489304
租赁和商务服务业	Leasing and Business Services	8952
科学研究、技术服务和地质勘查业	Scientific Research,Technical Service and Geologic Prospecting	4116
水利、环境和公共设施管理业	Management of Water Conservancy,Environment and Public Facilities	499129
居民服务和其他服务业	Services to Households and Other Services	11617
教 育	Education	255617
卫生、社会保障和社会福利业	Health,Social Security and Social Welfare	72498
文化、体育和娱乐业	Culture,Sports and Entertainment	90560
公共管理和社会组织	Public Management and Social Organizations	151304

continued

(10 000 yuan)

按构成分: Grouped by Use of Funds		
安装工程 Installation	设备工器具购置 Purchase of Equipment and Instruments	其他费用 Others
895574	**2503340**	**1246088**
134360	677150	450877
330	1470	143
3880	4921	529
	423	
437457	708170	297692
138518	695417	153777
28082	108786	40064
92092	282319	293609
135	1432	2342
	2313	
4402	9344	2104
56100	9883	4801
218	982	
	730	150
4520	17270	93189
64579	439797	192001
501466	1018378	291241
195438	930770	210093
100	401	1582
10569	47039	92733
72815	25785	4406
120	354	8853
1200		1172
25660	5735	238785
110	785	111
	301	21
4143	3761	65081
83	20	40
772	4085	31947
1957	4462	481
5132	4080	6715
6910	317	7637

6-3 续表 2

单位:万元 (2009)

指 标	Item	国家预算内资金 State Budgetary Funds
总计	**Total**	**655285**
按经济类型分:	**Grouped by Economic Types**	
国有企业	State-owned Enterprises	636803
集体企业	Collective-owned Enterprises	90
股份合作企业	Share-holding Cooperative	
国有联营企业	State Joint Ownership	
集体联营企业	Collective Joint Ownership	
国有与集体联营企业	Joint State-collective Enterprises	
其他联营企业	Other Joint Ownership Enterprises	517
国有独资公司	State Sole Funded Corporations	7574
其他有限责任公司	Other Limited Liability Corporations	5651
股份有限公司	Share-holding Corporations Ltd.	4650
私营企业	Private Enterprises	
其他企业	Other Enterprises	
合资经营企业(港或澳、台资)	Joint-ventures Enterprises(Hongkong,Macao or Taiwan)	
合作经营企业(港或澳、台资)	Cooperative Enterprises(Hongkong,Macao or Taiwan)	
港、澳、台商投资股份有限公司	Enterprises with Sole Investment from Hongkong,Macao and Taiwan	
中外合资经营企业	Joint-venture Enterprises	
中外合作经营企业	Cooperation Enterprises	
外资企业	Foreign Sole Funded Enterprises	
外商投资股份有限公司	Foreign Share-holding Corporations Ltd.	
个体户	Self-employment	
个人合伙	Individual Parternership	
按国民经济行业分:	**Grouped by Sector**	
农、林、牧、渔业	Agriculture,Forestry,Animal Husbandry and Fishery	110921
采矿业	Mining	
制造业	Manufacturing	14600
电力、燃气及水的生产和供应业	Production and Distribution of Electricity,Gas and Water	40733
建筑业	Construction	9194
交通运输、仓储和邮政业	Transport,Storage and Post	71917
信息传输、计算机服务和软件业	Information Transmission,Computer Services and Software	3080
批发和零售业	Wholesale and Retail Trades	
住宿和餐饮业	Hotels and Catering Services	
金融业	Financial Intermediation	
房地产业	Real Estate	41913
租赁和商务服务业	Leasing and Business Services	235
科学研究、技术服务和地质勘查业	Scientific Research,Technical Service and Geologic Prospecting	328
水利、环境和公共设施管理业	Management of Water Conservancy,Environment and Public Facilities	128310
居民服务和其他服务业	Services to Households and Other Services	777
教 育	Education	132456
卫生、社会保障和社会福利业	Health,Social Security and Social Welfare	23607
文化、体育和娱乐业	Culture,Sports and Entertainment	28649
公共管理和社会组织	Public Management and Social Organizations	48565

continued

(10 000 yuan)

按资金来源分 Grouped by Capital Sources			
国内贷款 Domestic Loans	利用外资 Foreign Investment	自筹资金 Self-financed Capital	其他资金 Other Capital
3010622	**39355**	**4298062**	**1595289**
923915	29514	1070564	355938
1500		8613	2790
		12059	
		500	2500
		920	
1034219		826502	109257
604245	600	855029	234537
372485		1088763	802610
57505		293879	15350
5313		37877	8670
		2313	
11400	6156	12130	15664
		1970	
40	3085	80853	47973
		2520	
		3570	
9120		50916	15640
370161	6156	776370	37400
1013576	3685	1472453	66548
820726		591716	172845
5971	143	19177	1508
297024		203034	58336
		89626	29451
1700		49804	642
200		32923	460
		4835	
296628		586561	1169109
2000		7623	
2000		2010	200
57966	15875	208437	30273
100		6094	1000
96439		43121	2130
14280	13496	24564	3512
8631		34565	85
14100		94233	6150

6-4 农村固定资产投资额

Investment in Fixed Assets of Rural Households in Rural Areas

单位:万元、平方米、个 （2009） （10 000 yuan, sq.m,unit）

指 标	Item	合计 Total
本年固定资产投资完成额	**Investment in Fixed Assets this Year**	**1117452**
按投资构成分	**Grouped by Structure**	
建筑工程	Construction	827942
安装工程	Installation	12959
设备、工器具购置	Purchase of Equipment and Instruments	225851
其它费用	Others	50700
按国民经济行业分	**Grouped by Sector**	
农林牧渔业	Agriculture,Forestry,Animal Husbandry and Fishery	269436
采矿业	Mining	34051
制造业	Manufacturing	92175
电力、燃气及水的生产和供应业	Production and Distribution of Electricity,Gas and Water	18591
建筑业	Construction	17440
交通运输、仓储和邮政业	Transport,Storage and Post	302303
信息传输、计算机服务和软件业	Information Transmission,Computer Services and Software	
批发和零售业	Wholesale and Retail Trades	4194
住宿和餐饮业	Hotels and Catering Services	2300
金融业	Financial Intermediation	90
房地产业	Real Estate	194596
租赁和商务服务业	Leasing and Business Services	1809
科学研究、技术服务和地质勘查业	Scientific Research,Technical Service and Geologic Prospecting	5325
水利、环境和公共设施管理业	Management of Water Conservancy,Environment and Public Facilities	95824
居民服务和其他服务业	Services to Households and Other Services	5234
教育	Education	10134
卫生、社会保障和社会福利业	Health,Social Security and Social Welfare	24310
文化、体育和娱乐业	Culture,Sports and Entertainment	3528
公共管理和社会组织	Public Management and Social Organizations	36112
国际组织	International Organizations	
本年新增固定资产	**Newly Increased Fixed Assets this Year**	**908977**
本年施工房屋面积	**Floor Space under Construction This Year**	**4374346**
住宅	Residential Buildings	3155932
本年竣工房屋面积	**Floor Space Completed This Year**	**3369977**
住宅	Residential Buildings	2912980
本年资金来源	**Capital Sources this Year**	**1047556**
国家预算内资金	State Budgetary Funds	176928
国内贷款	Domestic Loans	62589
债券	Bonds	1380
利用外资	Foreign Investment	1948
自筹资金	Self-financed Capital	725649
其他资金	Other Capital	79062

6-4 续表 continued

单位:万元、平方米、个　　（2009）　　（10 000 yuan, sq.m,unit）

指　标	Item	非农户 Non-farm Households	农户 Farm Households
本年固定资产投资完成额	**Investment in Fixed Assets this Year**	**745778**	**371674**
按投资构成分	**Grouped by Structure**		
建筑工程	Construction	653307	174635
安装工程	Installation	12959	
设备、工器具购置	Purchase of Equipment and Instruments	53739	172112
其它费用	Others	25773	24927
按国民经济行业分	**Grouped by Sector**		
农林牧渔业	Agriculture,Forestry,Animal Husbandry and Fishery	111221	158215
采矿业	Mining	34051	
制造业	Manufacturing	88267	3908
电力、燃气及水的生产和供应业	Production and Distribution of Electricity,Gas and Water	18591	
建筑业	Construction	17440	
交通运输、仓储和邮政业	Transport,Storage and Post	247316	54987
信息传输、计算机服务和软件业	Information Transmission,Computer Services and Software		
批发和零售业	Wholesale and Retail Trades	4194	
住宿和餐饮业	Hotels and Catering Services	2300	
金融业	Financial Intermediation	90	
房地产业	Real Estate	40032	154564
租赁和商务服务业	Leasing and Business Services	1809	
科学研究、技术服务和地质勘查业	Scientific Research,Technical Service and Geologic Prospecting	5325	
水利、环境和公共设施管理业	Management of Water Conservancy,Environment and Public Facilities	95824	
居民服务和其他服务业	Services to Households and Other Services	5234	
教育	Education	10134	
卫生、社会保障和社会福利业	Health,Social Security and Social Welfare	24310	
文化、体育和娱乐业	Culture,Sports and Entertainment	3528	
公共管理和社会组织	Public Management and Social Organizations	36112	
国际组织	International Organizations		
本年新增固定资产	**Newly Increased Fixed Assets this Year**	**543067**	**365910**
本年施工房屋面积	**Floor Space under Construction This Year**	**1954346**	**2420000**
住宅	Residential Buildings	945932	2210000
本年竣工房屋面积	**Floor Space Completed This Year**	**949977**	**2420000**
住宅	Residential Buildings	702980	2210000
本年资金来源	**Capital Sources this Year**	**675882**	**371674**
国家预算内资金	State Budgetary Funds	176928	
国内贷款	Domestic Loans	46454	16135
债券	Bonds	1380	
利用外资	Foreign Investment	1948	
自筹资金	Self-financed Capital	376150	349499
其他资金	Other Capital	73022	6040

6-5 固定资产投资主要生产能力

(2009)

名 称		Item		建设规模 Total Construction Size
原煤开采	(万吨/年)	Coal Mining	(10 000 tons/year)	425
洗煤	(万吨/年)	Washer Coal	(10 000 tons/year)	1704
焦炭	(万吨/年)	Coke	(10 000 tons/year)	687
天然原油开采	(万吨/年)	Petroleum Extraction	(10 000 tons/year)	
石油加工:	(处理万吨/年)	Oil Processing	(10 000 tons/year)	
蒸馏设备能力		Distillation Equipment Dressing		
裂化设备能力		Coking Equipment Capacity		
加氢精制设备能力	(处理万吨/年)	Hydrofining Equipment Capacity	(10 000 tons/year)	
催化重整设备能力	(万吨/年)	Contact Reforming Equipment Capacity	(10 000 tons/year)	
铁矿石成品矿	(万吨/年)	Final Goods of Iron Ore	(10 000 tons/year)	
生铁	(万吨/年)	Pig Iron	(10 000 tons/year)	
铁合金	(折标吨/年)	Iron Alloy	(standard ton/year)	175960
电解铝	(吨/年)	Electrolytic Aluminum	(ton/year)	10000
铝加工	(吨/年)	Aluminium Processing	(ton/year)	150000
火力发电	(万千瓦)	Fire Power	(10 000 kw)	798
其他发电	(万千瓦)	Other Power	(10 000 kw)	11.90
输电线路长度(11 万伏及以上)	(公里)	Transmission Line	(110 000V)(km)	
水泥	(万吨/年)	Cement	(10 000 tons/year)	433
石墨及炭素制品	(吨/年)	Graphite and Carbon Products	(ton/year)	179500
烧碱	(吨/年)	Caustic Soda	(ton/year)	
电石	(吨/年)	Calcium Carbide	(ton/year)	460000
合成氨	(吨/年)	Synthetic Ammonia	(ton/year)	
氮肥	(吨/年)	Nitrogen Fertilizers	(ton/year)	536000
磷肥	(吨/年)	Phosphatic fertilizer	(ton/year)	90000
钾肥	(吨/年)	Potash Fertilizer	(ton/year)	
化学农药原药	(吨/年)	Chemical Pesticides	(ton/year)	11000
精甲醇	(吨/年)	Methanol	(ton/year)	350000

Major Incremental Production Capacity

本年施工规模 Under Construction This Year	本年新开工能力 Capacity of Started This Year	累计新增生产能力 Accumulated Newly Increased Capacity	本年新增生产能力 Newly Increased Capacity This Year
425	425	15	15
1704	1704	1174	1174
657	307	367	147
174490	74490	125470	24000
10000	10000		
150000			
793	604	186	186
11.90	6.95	6.45	6.45
366	266	133	133
169500	159500	119500	119500
460000	460000	208000	208000
501000	201000	360000	60000
90000	30000	90000	90000
11000	11000	11000	11000
170000	150000	350000	150000

6-5 续表

(2009)

名 称		Item		建设规模 Total Construction Size
塑料树脂及共聚物	(吨/年)	Plastic Colophony and Polymer	(ton/year)	40000
轮胎内胎	(万条/年)	Inner Tube	(10 000 units/year)	
化学原料药	(吨/年)	Chemical Medicine	(ton/year)	
毛纺锭	(锭)	Wool Spindles	(unit)	
酒	(万吨/年)	Liquors	(10 000 tons/year)	
啤 酒		Beer		
其他酒		Others		
机制纸浆	(万吨/年)	Machine-made Paper Pulp	(10 000 tons/year)	
新建公路	(公里)	Length of New Highways	(km)	849
高速公路		Expressway		359.5
一级公路		First Class Highway		11
二级公路		Second Class Highway		86.2
改建公路	(公里)	Length of Reconstructed Highways	(km)	1180.9
一级公路		First Class Highway		
二级公路		Second Class Highway		59
新建独立公路桥梁	(延长米)	New-built Separate Highway and Bridge	(Extended Length)	506
新建独立公路桥梁	(座)	New-built Separate Highway and Bridge	(unit)	9
新(扩)建客、货运站	(个)	Number of Newly-built or Expanded Passenger and Freight Stations	(unit)	2
新(扩)建客、货运站	(平方米)	Number of Newly-built or Expanded Passenger and Freight Stations	(sq.m)	5264
民航机场跑道	(条)	Length of Runway	(unit)	
民航机场跑道	(米)	Length of Runway	(m)	
候机楼	(座)	Terminal Building	(unit)	
候机楼	(平方米)	Terminal Building	(sq.m)	
城市自来水供水能力	(万吨/日)	Capacity of City Tap Water Supply	(10 000 tons/day)	1.40
城市公共交通车辆购置	(辆)	Purchase of City Communiting Vehicles	(unit)	
城市污水处理能力	(万吨/日)	Disposal Capacity of Sewer	(10 000 tons/day)	2.2

continued

本年施工规模 Under Construction This Year	本年新开工能力 Capacity of Started This Year	累计新增生产能力 Accumulated Newly Increased Capacity	本年新增生产能力 Newly Increased Capacity This Year
40000	40000		
501	465	584	331
107.0	83.0	271.6	19.1
11	11		
75.2	75.2	55.9	55.9
1115.9	1115.9	1103.1	1103.1
59	59	57	57
506	506	161	161
9	9	6	6
2	2	2	2
5264	5264	5264	5264
1.32	1.32	1.32	1.32
2.2	2.2	1.2	

6-6 房地产开发投资及财务主要指标

指　　标	Item	2000
企业个数(个)	**Number of Enterprises (unit)**	**139**
内　资	Domestic Funded	132
国 有	State-owned	33
集 体	Collective-owned	17
私营个体	Private and Self-employed Individual Units	17
联营	Joint	1
股份制经济	Share Holding	64
港澳台投资	Hong Kong,Macao and Taiwan Funded	4
外商投资	Foreign Funded	3
年末从业人数(人)	**Number of Employed Persons at the Year End (person)**	**5190**
内　资	Domestic Funded	4915
国 有	State-owned	1714
集 体	Collective-owned	610
私营个体	Private and Self-employed Individual Units	484
联营	Joint	21
股份制经济	Share Holding	2086
港澳台投资	Hong Kong,Macao and Taiwan Funded	100
外商投资	Foreign Funded	175
土地开发及购置(万平方米)	**Land Development and Purchase (10 000 sq.m)**	
本年土地开发面积	Land Space Developed This Year	8
本年土地购置面积	Land Space Purchased This Year	72
本年完成投资额(万元)	**Investment Completed This Year (10 000 yuan)**	**155691**
住 宅	Residential Buildings	91735
经济适用房屋	Economically Affordable Housing	22987
资金来源小计(万元)	**Sources of Funds (10 000 yuan)**	**158495**
国内贷款	Domestic Loans	36332
利用外资	Foreign Investment	
自筹资金	Self-raising Fund	42419
定金和预收款	Advanced Deposit	51761
房屋建筑面积(万平方米)	**Floor Space of Buildings (10 000 sq.m)**	
施工面积	Floor Space under Construction	259
竣工面积	Floor Space Completed	155
本年新开工面积	Floor Space Started This Year	172

Investment in Real Estate Development and Its Main Financial Indicators

2002	2004	2005	2006	2007	2008	2009
176	**318**	**304**	**311**	**327**	**341**	**321**
172	315	301	307	323	337	318
21	23	17	19	20	16	15
11	3	3	3	2	4	3
40	176	167	196	223	244	219
				1		
100	113	114	89	78	73	81
2	1					
2	2	3	4	4	4	3
6829	**9028**	**8263**	**8729**	**8678**	**8932**	**8989**
6689	8765	7991	8565	8577	8567	8890
733	691	437	515	617	570	701
486	28	37	39	22	48	38
1402	4836	4327	5282	5564	6188	6144
				15		
4068	3210	3190	2729	2374	1761	2007
107	18					
33	245	272	164	101	365	99
27	52	35	62	169	172	180
147	461	246	219	342	159	374
308634	**683156**	**747766**	**769437**	**931129**	**1175853**	**1627417**
207236	416787	475437	557840	673283	878549	1260821
27014	46523	18150	28182	32633	70359	98751
325060	**695910**	**730428**	**741053**	**896550**	**1245870**	**1979352**
95248	117530	104707	148803	125214	169049	288147
	2100		1343	5910		
72228	224205	245388	217401	302746	413443	545291
118079	308800	326490	309728	340414	483890	757134
451	941	1049	1141	1231	1581	1952
220	458	568	525	501	634	1160
307	587	581	543	719	867	741

6-6 续表

指　　标		Item		2000
竣工房屋价值	（万元）	Value of Buildings Completed	（10 000 yuan）	107651
竣工房屋造价	（元/平方米）	Cost of Buildings Completed	（yuan/sq.m）	692
商品房屋销售面积	**（万平方米）**	**Floor Space of Commercialized Buildings Sold**	**（10 000 sq.m）**	**104**
住　宅		Residential Buildings		91
经济适用房屋		Economically Affordable Housing		21
商品房屋销售价格	**（元/平方米）**	**Selling Price of Commercialized Buildings**	**（yuan/sq.m）**	**1352**
住　宅		Residential Buildings		1145
经济适用房屋		Economically Affordable Housing		925
实收资本合计	**（万元）**	**Total Capital Held**	**（10 000 yuan）**	**89467**
年末资产负债情况	**（万元）**	**Situation of Year-end Liabilities**	**（10 000 yuan）**	
资产总计		Total Assets		448079
固定资产累计折旧		Accumulated Depreciation of Fixed Assets		7881
本年折旧		Depreciation of the Current Year		2057
负债总计		Total Liabilities		344569
所有者权益合计		Total Equity		103510
损益情况	**（万元）**	**Situation of Profit and Loss**	**（10 000 yuan）**	
经营总收入		Total Revenue		143568
土地转让收入		Land Transferred		250
商品房屋销售收入		Sales Income of Commercial Flat		138608
房屋出租收入		Income of Renting House		747
其他收入		Other Income		3981
经营成本		Cost of Business		114263
销售费用		Expenses of Sales		1141
经营税金及附加		Tax and Extra Charges on Business		7268
其他业务利润		Other Business Profits		2112
管理费用及财务费用		Expenses of both Management and Finance		14627
投资收益及营业外收入		Income of Investment Earnings and Extra-business		-298
营业外支出		Expenditure of Extra-business		1392
利润总额		Total Profits		6709

continued

2002	2004	2005	2006	2007	2008	2009
196170	421410	590867	535630	568119	806249	1032092
893	920	1040	1021	1134	1271	1392
118	**319**	**378**	**380**	**508**	**515**	**775**
98	280	319	337	448	453	678
15	37	38	17	28	21	18
1865	**1869**	**2235**	**2063**	**2136**	**2435**	**3090**
1594	1636	1765	1869	1958	2215	2824
1050	1346	1057	1289	1273	1447	1924
155792	**373446**	**424629**	**446444**	**498069**	**722072**	**857437**
853025	1740110	2091222	2447674	3155324	4022778	5875983
11493	18357	27246	34525	36731	44102	47175
2890	5063	6271	9035	9523	10156	10800
671710	1307701	1603373	1944517	2622828	3223567	4656307
181315	432409	487849	503157	532496	799211	1219676
206837	563198	598769	680006	861927	1170449	1469818
3171	28	2360	850	3552	631	34074
195522	552754	592315	670190	838979	1150469	1410975
807	2926	3018	7906	15698	9076	9536
7337	7490	1076	1060	3698	10274	15234
166489	472833	503687	566907	728323	960396	1181178
3344	6366	8860	11244	13085	17680	28534
11114	30654	31532	39504	52174	69464	87244
938	2107	2241	3688	3943	5317	6447
20444	43924	48510	63373	75808	87208	97307
1832	2169	5211	1111	4874	2342	7308
4429	1989	2647	4803	4625	7650	7589
3787	13061	10985	−1026	−3271	35710	80412

6-7 商品房屋竣工面积、价值及平均造价

指　标	Item	2000
房屋竣工面积　（万平方米）	**Floor Space Completed　(10 000 sq.m)**	**155.46**
住宅	Residential Buildings	122.71
经济适用房	Economically Affordable Housing	43.78
办公楼	Office Buildings	8.29
商业营业用房	Houses for Business Use	21.52
其他	Others	2.94
房屋竣工价值　（万元）	**Value of Buildings Completed　(10 000 yuan)**	**107651**
住宅	Residential Buildings	80314
经济适用房	Economically Affordable Housing	26381
办公楼	Office Buildings	7122
商业营业用房	Houses for Business Use	17362
其他	Others	2853
房屋竣工平均造价（元/平方米）	**Average Cost of Buildings Completed　(yuan/sq.m)**	**692**
住宅	Residential Buildings	655
经济适用房	Economically Affordable Housing	603
办公楼	Office Buildings	860
商业营业用房	Houses for Business Use	807
其他	Others	696

6-8 商品房屋销售面积、销售额及平均销售价格

指　标	Item	2000
商品房销售面积　（万平方米）	**Floor Space of Commercialized Buildings Sold　(10 000 sq.m)**	**104.50**
住宅	Residential Buildings	90.61
经济适用房	Economically Affordable Housing	20.72
办公楼	Office Buildings	2.23
商业营业用房	Houses for Business Use	11.12
其他	Others	0.54
商品房销售额　（万元）	**Total Sale of Commercialized Buildings　(10 000 yuan)**	**141306**
住宅	Residential Buildings	103746
经济适用房	Economically Affordable Housing	19159
办公楼	Office Buildings	4357
商业营业用房	Houses for Business Use	32626
其他	Others	577
商品房平均销售价格　（元/平方米）	**Average Selling Price of Commercialized Buildings(yuan/sq.m)**	**1352**
住宅	Residential Buildings	1145
经济适用房	Economically Affordable Housing	925
办公楼	Office Buildings	1958
商业营业用房	Houses for Business Use	2934
其他	Others	1074

Floor Space, Value and Average Cost of Commodity Buildings Completed

2002	2004	2005	2006	2007	2008	2009
219.65	**458.30**	**568.12**	**524.53**	**501.20**	**634.23**	**741.23**
161.26	344.92	420.75	418.39	407.41	496.41	603.10
25.19	52.70	44.45	16.25	29.27	14.30	59.17
14.91	9.95	18.88	14.68	8.48	17.87	12.95
35.91	77.34	110.43	77.93	72.36	100.12	102.68
7.56	26.09	18.06	13.53	12.95	19.84	22.50
196170	**421410**	**590867**	**535630**	**568119**	**806249**	**1032092**
132761	302007	391988	394794	452636	602522	811205
17550	41584	38940	12537	28688	16240	63205
15281	10322	29455	18262	13351	29092	26109
36753	84990	147731	107817	88511	147419	161579
11375	24091	21693	14757	13621	27216	33199
893	**920**	**1040**	**1021**	**1134**	**1271**	**1392**
823	876	932	944	1111	1214	1345
697	789	876	772	980	1135	1068
1025	1037	1560	1244	1574	1628	2016
1023	1099	1338	1383	1223	1472	1574
1504	923	1201	1091	1052	1372	1476

Floor Space Sold, Total Sales and Average Selling Price of Commercial Houses

2002	2004	2005	2006	2007	2008	2009
118.36	**319.39**	**377.89**	**379.99**	**507.76**	**514.81**	**775.29**
98.49	279.60	319.16	337.02	448.23	453.26	677.98
15.33	37.43	38.28	16.82	28.03	20.85	18.11
3.88	3.60	8.65	1.98	9.77	6.62	11.80
15.45	33.93	48.09	38.24	46.17	51.87	78.73
0.55	2.26	1.99	2.75	3.60	3.05	6.77
220736	**597088**	**844726**	**783940**	**1084672**	**1253781**	**2395310**
157019	457397	563186	629982	877496	1004196	1914733
16097	50367	40449	21684	35667	30166	34835
11463	12536	29660	5426	31168	24672	60275
50687	124182	247703	143958	171943	220119	405062
1567	2973	4177	4574	4065	4794	15240
1865	**1869**	**2235**	**2063**	**2136**	**2435**	**3090**
1594	1636	1765	1869	1958	2215	2824
1050	1346	1057	1289	1272	1447	1924
2953	3482	3429	2739	3190	3726	5110
3282	3660	5151	3764	3724	4243	5145
2867	1315	2102	1666	1129	1570	2250

6-9 商品房空置、出租面积

单位:平方米

指标	Item	2000
商品房空置面积	**Floor Space of Untapped Marketable Buildings**	**620209**
住宅	Residential Buildings	430438
别墅、高档公寓	Villas, High-grade Apartments	2537
经济适用房	Economically Affordable Housing	41616
办公楼	Office Buildings	34636
商业营业用房	Houses for Business Use	130838
其他	Others	24297
商品房空置一年至三年面积	**Floor Space Untapped for One to Three Years of Commercialized Buildings**	**620209**
住宅	Residential Buildings	430438
别墅、高档公寓	Villas, High-grade Apartments	2537
经济适用房	Economically Affordable Housing	41616
办公楼	Office Buildings	34636
商业营业用房	Houses for Business Use	130838
其他	Others	24297
商品房空置三年以上面积	**Floor Space Untapped above Three Years of Commercialized Buildings**	
住宅	Residential Buildings	
别墅、高档公寓	Villas, High-grade Apartments	
经济适用房	Economically Affordable Housing	
办公楼	Office Buildings	
商业营业用房	Houses for Business Use	
其他	Others	
商品房出租面积	**Floor Space of Leased Marketable Buildings**	**58330**
住宅	Residential Buildings	12659
办公楼	Office Buildings	5347
商业营业用房	Houses for Business Use	39708
其他	Others	616

Floor Space of Untapped and Rented Marketable Buildings

(sq.m)

2002	2004	2005	2006	2007	2008	2009
1177326	**2536767**	**3424795**	**3777710**	**3681592**	**4230340**	**3632090**
786042	1652505	2116731	2499154	2150979	2381369	2000703
33959	64403	119223	145643	166953	75345	33778
51351	158282	73921	112048	71632	35055	163191
94398	114811	113743	163589	137366	132670	101668
261702	663990	1082818	1037758	1297728	1585773	1399222
35184	105461	111503	77209	95519	130528	130497
186982	**512373**	**1003079**	**1184991**	**1244580**	**1385946**	**1164907**
94217	332945	524501	723512	670132	581366	440580
463	3200	62553	34036	62562	16472	22255
10048	11709	16449	52743	21631	2475	257
12119	43220	37544	38219	36681	41231	45422
65945	118407	418633	404695	509453	713094	646149
14701	17801	22401	18565	28314	50255	32756
	30144	**57829**	**93537**	**179867**	**176913**	**151133**
	3871	4617	21113	61206	36789	17281
	1386		1301	1169	18117	1094
				561	3880	
	4912	13477	15644	19814	14036	18631
	10507	29283	46591	88582	117073	114100
	10854	10452	10189	10265	9015	1121
99644	**93702**	**217197**	**458755**	**289663**	**417490**	**295143**
25370	6164	25467	16292	15441	14909	14909
8616	4012	10564	16260	27517	33963	36004
63159	81689	180391	396400	243398	360555	233795
2499	1837	775	29803	3307	8063	10435

6-10 各市县城镇固定资产投资

Investment in Fixed Assets in Urban Area by City and Country

单位:万元、平方米、个　　(2009)　　(10 000 yuan,sq.m,unit)

地区	Region	计划总投资 Total Planned Investment	本年新开工项目计划投资 Planned Investment of New Projects This Year	本年完成投资 Investment Completed This Year	住宅 Residential Buildings	本年新增固定资产 Newly Increased Fixed Assets This Year
全区总计	**Total**	**31971134**	**15778997**	**10073940**	**1415844**	**5550762**
银川市	**Yinchuan**	**18615638**	**6711144**	**4948270**	**801256**	**2917939**
银川市	District	4079751	1713943	1708124	658091	1116341
永宁县	Yongning	588503	552413	341385	34023	231901
贺兰县	Helan	627051	250071	223089	63976	153414
灵武市	Lingwu	13320333	4194717	2675672	45166	1416283
石嘴山市	**Shizuishan**	**4369347**	**3404124**	**1587219**	**164695**	**475542**
石嘴山市	District	3569417	2762641	1216952	129538	280403
平罗县	Pingluo	799930	641483	370267	35157	195139
吴忠市	**Wuzhong**	2881052	2511416	1348146	212535	1277144
利通区	Litong	1083582	810923	625457	136402	554498
红寺堡	Hongsipu	143904	143574	72860	4416	84871
青铜峡市	Qingtongxia	1178230	1130359	308878	20241	501418
盐池县	Yanchi	324400	305580	261165	24386	73145
同心县	Tongxin	150936	120980	79786	27090	63212
固原市	**Guyuan**	**1094465**	**941347**	**492151**	**87755**	**179692**
原州区	Yuanzhou	546996	424998	271559	47796	59328
西吉县	Xiji	120272	105002	83129	19977	46507
隆德县	Longde	82033	70033	28390	7769	13487
泾源县	Jingyuan	40318	40318	23409	6393	22110
彭阳县	Pengyang	304846	300996	85664	5820	38260
中卫市	**Zhongwei**	**1597546**	**1245840**	**748120**	**146369**	**448852**
沙坡头区	Shapotou	1036163	728395	372098	122196	255093
中宁县	Zhongning	363460	320172	244688	20989	100229
海原县	Haiyuan	197923	197273	131334	3184	93530
不分地区	**Not Classified by Region**	**3413086**	**965126**	**950034**	**3234**	**251593**

6-10 续表 continued

单位:万元、平方米、个 (2009) (10 000 yuan,sq.m,unit)

地区 Region		本年施工房屋面积 Floor Space of Buildings Under Construction This Year	本年竣工房屋面积 Floor Space of Buildings Completed This Year	本年竣工房屋价值 Value of Buildings Completed This Year	施工项目个数 Number of Projects Under Construction	本年新开工 Started This Year	本年投产项目个数 Number of Project Put into Use This Year
全区总计	**Total**	**31082905**	**10142541**	**1412947**	**1881**	**1485**	**1103**
银川市	**Yinchuan**	**17057759**	**6291144**	**925763**	**552**	**440**	**324**
银川市	District	13297001	4777044	734870	283	216	137
永宁县	Yongning	1118375	274780	45682	63	60	51
贺兰县	Helan	1340911	592220	63118	70	60	60
灵武市	Lingwu	1301472	647100	82093	136	104	76
石嘴山市	**Shizuishan**	**4132455**	**985065**	**121882**	**394**	**294**	**171**
石嘴山市	District	3206257	809746	102169	259	176	95
平罗县	Pingluo	926198	175319	19713	135	118	76
吴忠市	**Wuzhong**	**3328511**	**1523156**	**178010**	**296**	**233**	**206**
利通区	Litong	1508299	624967	89131	61	39	48
红寺堡	Hongsipu	274456	140304	18374	53	47	38
青铜峡市	Qingtongxia	384753	128918	18606	38	33	25
盐池县	Yanchi	378834	151617	17523	54	39	37
同心县	Tongxin	782169	477350	34376	90	75	58
固原市	**Guyuan**	**1594779**	**608587**	**72303**	**221**	**179**	**145**
原州区	Yuanzhou	588619	285260	37157	43	32	24
西吉县	Xiji	363845	85143	12346	73	58	38
隆德县	Longde	368125	43140	6695	38	32	23
泾源县	Jingyuan	166813	130292	8122	35	31	31
彭阳县	Pengyang	107377	64752	7983	32	26	29
中卫市	**Zhongwei**	**3657628**	**734589**	**114989**	**289**	**234**	**187**
沙坡头区	Shapotou	2991993	672394	106047	154	129	101
中宁县	Zhongning	395831	59795	8602	40	36	31
海原县	Haiyuan	269804	2400	340	95	69	55
不分地区	**Not Classified by Region**	**1311773**			**129**	**105**	**70**

6-11 各市县按登记注册类型划分的城镇固定资产投资

Investment in Fixed Assets in Urban Area by Registration Status by City and Country

单位:万元　　　　（2009）　　　　（10 000 yuan）

地区	Region	投资总计 Total Investment	按登记注册类型划分 Grouped by Registration Status					
			内资合计 Total Domestic Investment	国有 State-owned	集体 Collective-owned	股份合作 Share Holding	集体联营 Collective Joint Venture	其他联营 Other Joint Venture
全区总计	**Total**	**10073940**	**9916576**	**3512706**	**11853**	**15795**		**1363**
银川市	**Yinchuan**	**4948270**	**4879797**	**1145421**	**440**	**7768**		
银川市	District	1708124	1641621	519922	440	7768		
永宁县	Yongning	341385	339415	146316				
贺兰县	Helan	223089	223089	28951				
灵武市	Lingwu	2675672	2675672	450232				
石嘴山市	**Shizuishan**	**1587219**	**1554528**	**514630**	**3000**	**1597**		
石嘴山市	District	1216952	1204241	438106				
平罗县	Pingluo	370267	350287	76524	3000			
吴忠市	**Wuzhong**	**1348146**	**1348146**	**480419**	**953**			**1363**
利通区	Litong	625457	625457	151220	200			
红寺堡	Hongsipu	72860	72860	21468				
青铜峡市	Qingtongxia	308878	308878	134746				
盐池县	Yanchi	261165	261165	102794				
同心县	Tongxin	79786	79786	70191	753			1363
固原市	**Guyuan**	**492151**	**491951**	**375567**	**140**	**6430**		
原州区	Yuanzhou	271559	271559	207821		6260		
西吉县	Xiji	83129	83129	72109				
隆德县	Longde	28390	28190	15694	140			
泾源县	Jingyuan	23409	23409	18299				
彭阳县	Pengyang	85664	85664	61644		170		
中卫市	**Zhongwei**	**748120**	**748120**	**336676**	**7320**			
沙坡头区	Shapotou	372098	372098	125951	7320			
中宁县	Zhongning	244688	244688	79391				
海原县	Haiyuan	131334	131334	131334				
不分地区	**Not Classified by Region**	**950034**	**894034**	**659993**				

6-11 续表 continued

单位:万元 （2009） （10 000 yuan）

地 区 Region	按登记注册类型划分 Grouped by Registration Status							
	国有独资公司 Wholy State-owned	其他有限责任公司 Other Limited Liability Corporations	股份有限公司 Share Holding Corporations Ltd.	私营 Private	其他内资 Others	港澳台投资 Hongkong, Macao and Taiwan Investment	外商投资 Foreign Investment	个体经营 Self-employed
全区总计 Total	**2043174**	**1836140**	**370832**	**2066488**	**58225**	**2313**	**151021**	**4030**
银川市 Yinchuan	**1613216**	**920338**	**84569**	**1091033**	**17012**		**68173**	**300**
银川市 District	167161	171075	45375	726138	3742		66203	300
永宁县 Yongning	2849	77979	31570	80701			1970	
贺兰县 Helan		89421		104717				
灵武市 Lingwu	1443206	581863	7624	179477	13270			
石嘴山市 Shizuishan	**192368**	**651787**	**98044**	**76889**	**16213**	**2313**	**26848**	**3530**
石嘴山市 District	192368	448786	72844	47157	3383	2313	10398	
平罗县 Pingluo		203001	25200	29732	12830		16450	3530
吴忠市 Wuzhong	**106612**	**111897**	**43228**	**598674**	**5000**			
利通区 Litong		40100	1680	432257				
红寺堡 Hongsipu		34606	2550	9236	5000			
青铜峡市 Qingtongxia	106612	22191	19498	25831				
盐池县 Yanchi		15000	19500	123871				
同心县 Tongxin				7479				
固原市 Guyuan		**23052**		**66762**	**20000**			**200**
原州区 Yuanzhou		2000		55478				
西吉县 Xiji		5996		5024				
隆德县 Longde		12356						200
泾源县 Jingyuan		2700		2410				
彭阳县 Pengyang				3850	20000			
中卫市 Zhongwei		**127266**	**43728**	**233130**				
沙坡头区 Shapotou		127266	43728	67833				
中宁县 Zhongning				165297				
海原县 Haiyuan								
不分地区 Not Classified by Region	**130978**	**1800**	**101263**				**56000**	

6-12 各市县按资金来源划分的城镇固定资产投资

Investment in Fixed Assets in Urban Area by Sources of Funds by City and Country

单位:万元　　　　（2009）　　　　（10 000 yuan）

地 区	Region	本年资金来源小计 Total Funds This Year	国家预算内资金 State Budget	国内贷款 Domestic Loans	利用外资 Foreign Investment	自筹资金 Self-raising Funds	其他资金来源 Others
全区总计	**Total**	**9598613**	**655285**	**3010622**	**39355**	**4298062**	**1595289**
银川市	**Yinchuan**	**4866550**	**142800**	**1990656**	**16724**	**1806069**	**910301**
银川市	District	1870505	108413	398331	16724	561521	785516
永宁县	Yongning	334202	4636	47757		274885	6924
贺兰县	Helan	200071	1680	13437		160348	24606
灵武市	Lingwu	2461772	28071	1531131		809315	93255
石嘴山市	**Shizuishan**	**1468786**	**79774**	**367049**	**9156**	**819039**	**193768**
石嘴山市	District	1156067	71418	314107		591212	179330
平罗县	Pingluo	312719	8356	52942	9156	227827	14438
吴忠市	**Wuzhong**	**1274902**	**100021**	**150745**		**895653**	**128483**
利通区	Litong	605873	34190	54961		450090	66632
红寺堡	Hongsipu	68434	11180	2250		49859	5145
青铜峡市	Qingtongxia	304481	3130	45542		230013	25796
盐池县	Yanchi	230821	13847	47300		160177	9497
同心县	Tongxin	65293	37674	692		5514	21413
固原市	**Guyuan**	**442729**	**91789**	**124191**		**147216**	**79533**
原州区	Yuanzhou	239247	21006	101461		58683	58097
西吉县	Xiji	68646	35160	30		19681	13775
隆德县	Longde	28390	10458	319		15176	2437
泾源县	Jingyuan	23516	6455	1080		11350	4631
彭阳县	Pengyang	82930	18710	21301		42326	593
中卫市	**Zhongwei**	**683469**	**99251**	**99809**	**8000**	**316729**	**159680**
沙坡头区	Shapotou	344863	37701	45709		165038	96415
中宁县	Zhongning	241932	15457	40500	8000	128211	49764
海原县	Haiyuan	96674	46093	13600		23480	13501
不分地区	**Not Classified by Region**	862177	141650	278172	5475	313356	123524

6-13 各市县按构成划分的城镇固定资产投资

Investment in Fixed Assets in Urban Area by Composition of Fund by City and Country

单位:万元　　（2009）　　（10 000 yuan）

地 区	Region	投资总计 Total Investment	按构成划分 By Composition of Funds			
			建筑工程 Construction	安装工程 Installation	设备工器具购置 Purchase of Equipment and Instruments	其他费用 Others
全区总计	**Total**	**10073940**	**5428938**	**895574**	**2503340**	**1246088**
银 川 市	**Yinchuan**	**4948270**	**2393649**	**615388**	**1306060**	**633173**
银 川 市	District	1708124	1224355	78435	170253	235081
永 宁 县	Yongning	341385	265163	11666	39939	24617
贺 兰 县	Helan	223089	171409	409	43532	7739
灵 武 市	Lingwu	2675672	732722	524878	1052336	365736
石嘴山市	**Shizuishan**	**1587219**	**853363**	**77053**	**516707**	**140096**
石嘴山市	District	1216952	636859	63007	401505	115581
平 罗 县	Pingluo	370267	216504	14046	115202	24515
吴 忠 市	**Wuzhong**	**1348146**	**772836**	**67546**	**297140**	**210624**
利 通 区	Litong	625457	424456	9281	87745	103975
红 寺 堡	Hongsipu	72860	52512	7512	9957	2879
青铜峡市	Qingtongxia	308878	99232	26245	134174	49227
盐 池 县	Yanchi	261165	124755	24508	64728	47174
同 心 县	Tongxin	79786	71881		536	7369
固 原 市	**Guyuan**	**492151**	**344908**	**19544**	**101421**	**26278**
原 州 区	Yuanzhou	271559	142759	8476	100179	20145
西 吉 县	Xiji	83129	77242	380	140	5367
隆 德 县	Longde	28390	25175	2622		593
泾 源 县	Jingyuan	23409	21094	1575	702	38
彭 阳 县	Pengyang	85664	78638	6491	400	135
中 卫 市	**Zhongwei**	**748120**	**543359**	**32232**	**106479**	**66050**
沙坡头区	Shapotou	372098	254170	19781	59018	39129
中 宁 县	Zhongning	244688	160472	11001	46614	26601
海 原 县	Haiyuan	131334	128717	1450	847	320
不分地区	**Not Classified by Region**	950034	520823	83811	175533	169867

6-14 各市县分行业城镇固定资产投资

Investment in Fixed Assets in Urban Area by Sector by City and Country

单位:万元 （2009） （10 000 yuan）

地　区	Region	投资总计 Total Investment	按国民经济行业分 By Sector 农林牧渔业 Agriculture, Forestry, Animal Husbandry and Fishery	采矿业 Mining	制造业 Manufa-cturing	电力、燃气及水的生产和供应业 Production and Supply of Electricity, Gas and Water	建筑业 Construction	交通运输、仓储和邮政业 Transport, Storage and Post
全区总计	**Total**	**10073940**	**262951**	**1222975**	**2700046**	**1822862**	**38410**	**798208**
银川市	**Yinchuan**	**4948270**	**66019**	**476457**	**1482618**	**1098297**	**1053**	**159474**
银川市	District	1708124	150		286568	63183	753	106723
永宁县	Yongning	341385	22713		138788	1320		1150
贺兰县	Helan	223089			110717	3068	300	1350
灵武市	Lingwu	2675672	43156	476457	946545	1030726		50251
石嘴山市	**Shizuishan**	**1587219**	**45629**	**195132**	**642033**	**221054**	**13153**	**46653**
石嘴山市	District	1216952	30822	155564	479856	176673	13153	31970
平罗县	Pingluo	370267	14807	39568	162177	44381		14683
吴忠市	**Wuzhong**	**1348146**	**13985**	**274546**	**327145**	**247199**	**20594**	**30477**
利通区	Litong	625457		98356	211853	23170		20200
红寺堡	Hongsipu	72860		15601	6500	16561	10932	10
青铜峡市	Qingtongxia	308878	300		73829	196431		
盐池县	Yanchi	261165	6887	160589	33600	2647	9662	
同心县	Tongxin	79786	6798		1363	8390		10267
固原市	**Guyuan**	**492151**	**13829**	**54195**	**12214**	**169052**	**1200**	**51314**
原州区	Yuanzhou	271559			6654	158147		22020
西吉县	Xiji	83129	4741		120	2915		22992
隆德县	Longde	28390	1736		5440	604		
泾源县	Jingyuan	23409	1352			5876	1200	2074
彭阳县	Pengyang	85664	6000	54195		1510		4228
中卫市	**Zhongwei**	**748120**	**36257**	**900**	**236036**	**45685**	**2410**	**68494**
沙坡头区	Shapotou	372098	7244	900	93549	36114	1210	21449
中宁县	Zhongning	244688	4190		142297	2401	980	27680
海原县	Haiyuan	131334	24823		190	7170	220	19365
不分地区	**Not Classified by Region**	950034	87232	221745		41575		441796

6-14 续表 1 continued

单位:万元 (2009) (10 000 yuan)

地 区 Region	信息传输、计算机服务和软件业 Information Transmission, Computer Services and Software	批发和零售业 Wholesale and Retail Trades	住宿和餐饮业 Hotels and Catering Services	金融业 Financial Interme-diation	房地产业 Real Estate	租赁和商务服务业 Leasing and Business Services	科学研究、技术服务和地质勘查业 Scientific Research, Technical Services, and Geological Prospecting
全区总计 Total	**130948**	**52270**	**33460**	**9582**	**1759484**	**9958**	**4438**
银川市 Yinchuan	**27083**	**32203**	**19253**	**8101**	**1054072**	**5799**	**1900**
银川市 District	27083	10973	15513	8101	878872	1500	1900
永宁县 Yongning		14600	3540		36322	2849	
贺兰县 Helan		3400	200		73821	1450	
灵武市 Lingwu		3230			65057		
石嘴山市 Shizuishan	**313**	**17240**	**6567**		**214164**	**400**	
石嘴山市 District	270	12340			181678		
平罗县 Pingluo	43	4900	6567		32486	400	
吴忠市 Wuzhong		**1480**	**200**		**243538**	**935**	**2238**
利通区 Litong		380	200		163229	700	1860
红寺堡 Hongsipu		1100			1250		
青铜峡市 Qingtongxia					22956		
盐池县 Yanchi					25902	235	250
同心县 Tongxin					30201		128
固原市 Guyuan		**1347**	**2210**	**1134**	**81361**	**220**	**300**
原州区 Yuanzhou				1000	49304	220	
西吉县 Xiji					17120		
隆德县 Longde		140	550	134	7887		
泾源县 Jingyuan		1207	1660		3200		
彭阳县 Pengyang					3850		300
中卫市 Zhongwei	**7135**		**5230**	**347**	**166349**	**2604**	
沙坡头区 Shapotou	4055		930		143349		
中宁县 Zhongning					23000	2604	
海原县 Haiyuan	3080		4300	347			
不分地区 Not Classified by Region	**96417**						

单位:万元 （2009） （10 000 yuan）

地区 Region		水利、环境和公共设施管理业 Management of Water Conservancy, Environment and Public Facilities	居民服务和其他服务业 Services to Households and Other Services	教育 Education	卫生、社会保障和社会福利业 Health, Social Securities and Social Welfare	文化、体育和娱乐业 Culture, Sports and Entertainment	公共管理和社会组织 Public Management and Social Organizations
全区总计	**Total**	**572114**	**11760**	**292421**	**79398**	**106487**	**166168**
银川市	**Yinchuan**	**198899**	**220**	**133619**	**38394**	**41284**	**103525**
银川市	District	65330	220	124778	36456	41284	38737
永宁县	Yongning	53756		4359			61988
贺兰县	Helan	24303		1680			2800
灵武市	Lingwu	55510		2802	1938		
石嘴山市	**Shizuishan**	**79971**	**10290**	**42192**	**3473**	**23778**	**25177**
石嘴山市	District	57002	480	33978	3473	17468	22225
平罗县	Pingluo	22969	9810	8214		6310	2952
吴忠市	**Wuzhong**	**86252**	**847**	**61717**	**288**	**22998**	**13707**
利通区	Litong	40489		40404		22648	1968
红寺堡	Hongsipu	3302		7500			10104
青铜峡市	Qingtongxia	15362					
盐池县	Yanchi	15547	818	4736	45	100	147
同心县	Tongxin	11552	29	9077	243	250	1488
固原市	**Guyuan**	**44656**		**26462**	**23153**	**5844**	**3660**
原州区	Yuanzhou	12252		11100	8314	2548	
西吉县	Xiji	18231		7159	8635	600	616
隆德县	Longde	5770		2527	2228	60	1314
泾源县	Jingyuan	4476		1070	640		654
彭阳县	Pengyang	3927		4606	3336	2636	1076
中卫市	**Zhongwei**	**101067**	**403**	**28431**	**14090**	**12583**	**20099**
沙坡头区	Shapotou	36887		7805	7010	10431	1165
中宁县	Zhongning	24642		12808	1000	1986	1100
海原县	Haiyuan	39538	403	7818	6080	166	17834
不分地区	**Not Classified by Region**	**61269**					

6-15 各市县房地产开发企业（单位）土地开发及购置

Land Development and Purchase of Enterprises for Real Estate Development by City and Country

（2009）

地 区	Region	本年完成土地开发面积(万平方米) Land Space Developed This Year (10 000 sq.m)	土地购置费用(万元) Total Value of Land Purchased (10 000 yuan)	本年土地购置面积(万平方米) Land Space Purchased This Year (10 000 sq.m)	本年土地成交价款(万元) Land Transaction Price This Year (10 000 yuan)
全区总计	**Total**	**1801426**	**170665**	**3742947**	**213438**
银 川 市	**Yinchuan**	**614210**	**89186**	**1751168**	**126734**
银 川 市	District	388728	80911	1095401	108914
永 宁 县	Yongning	3333	1141	76481	1466
贺 兰 县	Helan	222149	4517	386676	7187
灵 武 市	Lingwu		2617	192610	9167
石嘴山市	**Shizuishan**	**166649**	**11603**	**229815**	**7662**
石嘴山市	District		5727	51779	2250
平 罗 县	Pingluo	166649	5876	178036	5412
吴 忠 市	**Wuzhong**	**383197**	**33940**	**941027**	**43641**
利 通 区	Litong	362317	30689	727563	38546
红 寺 堡	Hongsipu				
青铜峡市	Qingtongxia		2220	70469	2120
盐 池 县	Yanchi	9680	478	131795	2525
同 心 县	Tongxin	11200	553	11200	450
固 原 市	**Guyuan**	**174744**	**6054**	**180877**	**6939**
原 州 区	Yuanzhou	65580	4157	90997	4157
西 吉 县	Xiji	35749	1497	42272	1497
隆 德 县	Longde	34523	400	47608	1285
泾 源 县	Jingyuan				
彭 阳 县	Pengyang	38892			
中 卫 市	**Zhongwei**	**462626**	**29882**	**640060**	**28462**
沙坡头区	Shapotou	374893	22962	506327	22962
中 宁 县	Zhongning	87733	6920	133733	5500
海 原 县	Haiyuan				
不分地区	**Not Classified by Region**				

6-16 各市县房地产开发企业（单位）投资完成情况

Investment Actually Completed by Enterprises for Real Estate Development by City and country

单位:万元　　　　　　（2009）　　　　　　（10 000 yuan）

地区	Region	本年完成投资额 Investment Completed This Year	住宅 Residential Buildings	经济适用房 Economically Affordable Housing	办公楼 Office Buildings	商业营业用房 Houses for Business Use	其他 Others
全区总计	**Total**	**1627417**	**1260821**	**98751**	**44795**	**227233**	**94568**
银川市	**Yinchuan**	**999584**	**745877**	**31370**	**37819**	**138642**	**77246**
银川市	District	850954	639799	28030	36138	100719	74298
永宁县	Yongning	28822	15806		539	11312	1165
贺兰县	Helan	73821	63976		128	9058	659
灵武市	Lingwu	45987	26296	3340	1014	17553	1124
石嘴山市	**Shizuishan**	**193859**	**145527**	**36658**	**2751**	**39614**	**5967**
石嘴山市	District	161373	120900	31314	2376	32303	5794
平罗县	Pingluo	32486	24627	5344	375	7311	173
吴忠市	**Wuzhong**	**208682**	**174242**	**1275**	**3216**	**23451**	**7773**
利通区	Litong	163192	136402		2606	17687	6497
红寺堡	Hongsipu						
青铜峡市	Qingtongxia	22956	20241	1275	310	2230	175
盐池县	Yanchi	14702	11058		300	2796	548
同心县	Tongxin	7832	6541			738	553
固原市	**Guyuan**	**69803**	**64354**	**3631**	**220**	**4474**	**755**
原州区	Yuanzhou	49304	47796		220	941	347
西吉县	Xiji	11020	9077			1943	
隆德县	Longde	5629	3631	3631		1590	408
泾源县	Jingyuan						
彭阳县	Pengyang	3850	3850				
中卫市	**Zhongwei**	**155489**	**130821**	**25817**	**789**	**21052**	**2827**
沙坡头区	Shapotou	132489	109832	25817	752	19148	2757
中宁县	Zhongning	23000	20989		37	1904	70
海原县	Haiyuan						
不分地区	**Not Classified by Region**						

6-17 各市县房地产开发经营情况

Operating Statistics for Real Estate Development by City and Country

单位:万元 （2009） （10 000 yuan）

地 区 Region	经营总收入 Total Revenue	土地转让收入 Land Transferred	商品房屋销售收入 Commercialized Buildings Sold	商品房出租收入 Commercialized Buildings Leased	其他收入 Others	经营税金及附加 Operating Tax and Extra Charges	利润总额 Total Profit
全区总计 Total	**1469818**	**34074**	**1410975**	**9536**	**15234**	**87244**	**80412**
银 川 市 Yinchuan	**961179**	**18223**	**933169**	**9312**	**476**	**57729**	**65936**
银 川 市 District	857471	18223	829638	9182	428	51573	62996
永 宁 县 Yongning	21873		21836		37	1361	962
贺 兰 县 Helan	52346		52205	130	11	3104	-146
灵 武 市 Lingwu	29490		29490			1692	2124
石嘴山市 Shizuishan	**228399**	**15791**	**206855**		**5754**	**13440**	**1819**
石嘴山市 District	201987	15791	180442		5754	11832	1593
平 罗 县 Pingluo	26412		26412			1608	227
吴 忠 市 Wuzhong	**157466**		**156846**	**224**	**396**	**9013**	**9280**
利 通 区 Litong	113146		112922	224		6021	7233
红 寺 堡 Hongsipu							
青铜峡市 Qingtongxia	33644		33644			2118	1816
盐 池 县 Yanchi	7094		7094			674	153
同 心 县 Tongxin	3582		3185		396	200	79
固 原 市 Guyuan	**49768**		**44139**		**5629**	**2801**	**1772**
原 州 区 Yuanzhou	31739		31739			1864	1706
西 吉 县 Xiji	5581		5581			223	-136
隆 德 县 Longde	9027		3398		5629	523	88
泾 源 县 Jingyuan							
彭 阳 县 Pengyang	3421		3421			191	114
中 卫 市 Zhongwei	**73006**	**60**	**69967**		**2979**	**4262**	**1604**
沙坡头区 Shapotou	44737	60	44610		68	2849	1381
中 宁 县 Zhongning	28269		25357		2912	1413	223
海 原 县 Haiyuan							

6-18 各市县商品房屋销售情况

Sale of Commercialized Buildings by City and Country

(2009)

地　区	Region	商品房屋销售面积（平方米）Floor Space of Commercialized Buildings Sold (sq.m)	住宅 Residential Buildings	经济适用房 Economically Affordable Buildings	商品房屋销售额（万元）Total Sale of Commercialized Buildings (10 000 yuan)	住宅 Residential Buildings	经济适用房 Economically Affordable Buildings
全区总计	**Total**	**7752888**	**6779837**	**181077**	**2395310**	**1914733**	**34835**
银川市	**Yinchuan**	**5114308**	**4429737**	**142058**	**1801537**	**1426133**	**28776**
银川市	District	4377106	3827502	128056	1625954	1296266	27017
永宁县	Yongning	89208	72391		19003	14099	
贺兰县	Helan	409868	363187		97995	82545	
灵武市	Lingwu	238126	166657	14002	58585	33223	1759
石嘴山市	**Shizuishan**	**839330**	**690954**	**22553**	**189567**	**131350**	**3672**
石嘴山市	District	652943	523789	22553	156927	105207	3672
平罗县	Pingluo	186387	167165		32640	26143	
吴忠市	**Wuzhong**	**1047923**	**966514**		**245942**	**221574**	
利通区	Litong	699918	639576		177645	159333	
红寺堡	Hongsipu						
青铜峡市	Qingtongxia	183975	176797		37643	35593	
盐池县	Yanchi	119144	113585		23072	21653	
同心县	Tongxin	44886	36556		7582	4995	
固原市	**Guyuan**	**353219**	**329531**	**12043**	**69521**	**58968**	**1900**
原州区	Yuanzhou	257848	240510		49697	42804	
西吉县	Xiji	59122	52772		13600	9940	
隆德县	Longde	15500	15500	12043	2374	2374	1900
泾源县	Jingyuan						
彭阳县	Pengyang	20749	20749		3850	3850	
中卫市	**Zhongwei**	**398108**	**363101**	**4423**	**88743**	**76708**	**487**
沙坡头区	Shapotou	284790	254481	4423	67681	57052	487
中宁县	Zhongning	113318	108620		21062	19656	
海原县	Haiyuan						

主要统计指标解释

［全社会固定资产投资］ 固定资产投资额是以货币表现的在一定时期内建造和购置固定资产的工作量以及与此有关的费用的总称，它是反映固定资产投资规模、结构和发展速度的综合性指标。

现行国家统计制度规定，全社会固定资产投资统计包括:基本建设投资、更新改造投资、其他固定资产投资、城镇私人建房投资以及各种经济类型的房地产开发投资和农村投资。

［施工项目］ 是指报告期内进行过建筑或安装施工活动的项目。凡是报告期内施过工的建设项目，不论施工时间长短,均作为施工项目统计。施工项目个数可以反映一定时期固定资产投资实际规模,与同期建成投产的建设项目个数相比，可以从建设速度的角度反映固定资产投资的效果。施工项目按建设阶段分为:本年正式施工项目、本年收尾项目和以前年度全部停缓建项目。

［建成投产项目］ 是指报告期内按设计文件规定建成主体工程和相应配套的辅助设施，形成生产能力或工程效益,经过验收合格,并且已正式投入生产或交付使用的建设项目。建成投产项目个数是反映报告期建设成果和考核投资效果的重要依据。建成投产项目分为全部建成投入生产项目和部分建成投入生产项目。

［房屋施工面积］ 是指报告期内施工的全部房屋建筑面积。包括本期新开工的面积和上期开工跨入本期继续施工的房屋面积，以及上期已停建在本期恢复施工的房屋面积。本期竣工和本期施工后又停续建的房屋，其建筑面积仍计入本期房屋施工面积中。

［房屋竣工面积］ 是指在报告期内房屋建筑按照设计要求已全部完工。达到住人和使用条件,经验收鉴定合格 (或达到竣工验收标准),正式移交给使用单位的各栋房屋建筑面积的总和。

［新增固定资产］ 新增固定资产(又称交付使用的固定资产)，是指已经完成建造和购置过程,并已交付生产或使用单位的固定资产价值。新增固定资产是反映固定资产投资活动成果的价值量指标，只有已经完成建造和购置过程,并正式移交生产、使用单位的固定资产才能计算新增固定资产。没有安装的需要安装的设备、正在施工的建设工程等都不能计算新增固定资产。

［房地产开发投资］ 指各种登记注册类型的房地产开发公司在一定时期内用于房屋建造、土地开发以及配套服务设施的投资，是全社会固定资产投资的重要组成部分。

［本年资金来源］ 指固定资产投资单位在报告期内收到的,用于固定资产投资的各种货币资金。包括国家预算内资金、国内贷款、债券、利用外资、自筹资金和其他资金。

第七篇 Chapter 7

能源
Energy

责任编辑:何胜兰
资料整理:何胜兰　薛　玮　朱庆武　王　伟
Coordinator:He Shenglan
Data Compilation:He Shenglan　Xue Wei　Zhu Qingwu　Wang Wei

7-1 主要年份能源生产总量和构成

Total Production of Energy and Its Composition in Main Years

年 份 Year	能源生产总量 (万吨标准煤) Total Energy Production (10 000 tons of SCE)		占能源生产总量(%) As percentage of Total Energy Production 煤炭 Coal		原油 Crude Oil		天然气 Nature Gas		水电、风电 Hydro-power and Wind Power	
1958	86.4		100.0		0.0		0.0		0.0	
1965	219.9		100.0		0.0		0.0		0.0	
1970	348.3		97.0		0.0		0.0		3.0	
1975	580.4		92.1		1.3		0.0		6.6	
1978	806.4		88.5		7.0		0.0		4.5	
1979	864.6		86.0		9.4		0.0		4.6	
1980	810.8		85.5		10.0		0.0		4.5	
1985	973.1		89.6		5.9		0.0		4.5	
1990	1115.2		92.4		3.3		0.1		4.2	
1991	1070.6		93.6		3.1		0.1		3.2	
1992	1049.8		93.8		2.8		0.1		3.2	
1993	1024.5		95.6		2.9		0.2		1.3	
1994	1052.6		94.2		4.1		0.5		1.2	
1995	1132.1		93.4		4.9		0.7		1.0	
1996	1251.6		92.2		6.4		0.6		0.8	
1997	1319.0		90.4		8.7		0.2		0.7	
1998	1300.5		86.9		12.2		0.1		0.8	
1999	1290.5		84.7		14.2		0.1		0.9	
2000	1339.7	(1362.7)	84.3	(89.2)	14.8	(14.6)	0.1	(0.1)	0.8	(2.4)
2001	1409.0	(1438.4)	82.4	(81.2)	16.8	(16.6)	0.1	(0.1)	0.7	(2.1)
2002	1594.9	(1616.7)	81.4	(80.3)	17.7	(17.5)	0.3	(0.3)	0.6	(1.9)
2003	1903.9	(1924.1)	82.3	(81.5)	16.6	(16.4)	0.6	(0.6)	0.5	(1.5)
2004	1759.8	(1777.4)	99.0	(97.8)	0.3	(0.3)	0.0	0.0	0.7	(1.9)
2005	1927.8	(1971.5)	98.6	(96.4)	0.3	(0.3)	0.0	0.0	1.1	(3.3)
2006	2370.2	(2415.9)	98.7	(96.8)	0.3	(0.3)	0.0	0.0	1.0	(2.9)
2007	2824.9	(2867.6)	98.8	(97.3)	0.4	(0.4)	0.0	0.0	0.8	(2.3)
2008	3181.7	(3229.6)	98.7	(97.2)	0.4	(0.4)	0.0	0.0	0.9	(2.4)
2009	4095.7	(4146.5)	98.9	(97.7)	0.4	(0.4)	0.0	0.0	0.7	(1.9)

注:1993—2009年电力折标系数采用当量热值折算,括号内为按照等价值折算。2004年及以后不包括长庆油田宁夏分部数据。

a)From 1993 to 2009,the coefficient for conversion of electric power into SCE is calculated on the basis of the data on average coal consumption in generating electric power in the same year.Data in brackets were converted on the basis of equal caloric value.From 2004,data in this table excluding Changqing oil field in Ningxia.

7-2 主要年份能源消费总量和构成

Total Consumption of Energy and Its Composition in Main Years

年 份 Year	能源消费总量 （万吨标准煤） Total Energy Consumption （10 000 tons of SCE）	占能源消费总量(%) As Percentage of Total Energy Consumption			
		煤炭 Coal	原油 Crude Oil	天然气 Nature Gas	水电、风电 Hydro-power and Wind Power
1958					
1970					
1975					
1978					
1979					
1980	320.0	73.4	3.8	0.0	22.8
1985	420.4	65.6	7.6	0.3	26.4
1990	707.3	57.6	9.2	0.1	33.1
1991	694.4	54.1	9.8	0.1	36.0
1992	705.0	50.8	11.0	0.2	38.0
1993	715.8	47.7	11.8	0.2	40.3
1994	740.8	75.0	10.5	0.7	13.8
1995	775.2	75.0	10.2	0.2	14.6
1996	808.8	74.8	9.7	0.2	15.3
1997	814.0	73.9	10.5	0.1	15.5
1998	816.9	70.9	12.8	0.2	16.1
1999	823.1	69.6	13.0	0.2	17.2
2000	1162（1179.4）	89.0（87.3）	9.9（9.8）	0.2（0.1）	0.9（2.8）
2001	1208.1（1228.4）	89.1（87.6）	9.9（9.8）	0.2（0.1）	0.8（2.5）
2002	1355.3（1378.5）	89.2（87.8）	9.9（9.7）	0.2（0.2）	0.7（2.3）
2003	1980.9（2014.8）	87.8（86.9）	6.6（6.6）	5.1（5.1）	0.5（1.4）
2004	2283.1（2322.2）	85.9（84.8）	10.0（9.8）	3.6（3.9）	0.5（1.5）
2005	2506.9（2536.1）	87.2（85.6）	8.4（8.3）	3.5（3.5）	0.9（2.6）
2006	2803.4（2829.8）	87.5（86.1）	7.9（7.8）	3.8（3.7）	0.8（2.4）
2007	3058.9（3077.3）	87.4（86.0）	7.9（7.9）	3.9（3.9）	0.8（2.2）
2008	3229.7（3229.3）	86.7（85.2）	7.9（7.9）	4.5（4.5）	0.9（2.4）
2009	3355.9（3387.7）	86.4（85.0）	8.0（7.9）	4.7（4.7）	0.9（2.4）

注:1980-1999 为工业能源消费量,2000 年及以后能源消费量为全社会能源消费量(当量值),括号内为按等价值折算。

a)From 1980 to 1999,data in this table refers to industrial energy consumption.Since 2000, energy consumption refers to total energy consumption in the whole region.It was calculated on the basis of the data on average coal consumption in generating electric power in the same year.

7-3 主要年份每亿元工业总产值能源、电力消费量

Energy and Electricity Consumption 100 Million Yuan of Gross Industrial Output Value in Main Years

年份 Year	能源消费量(万吨标准煤) Energy Consumption(10 000 tons of SEC)			电力消费量(万千瓦小时) Electricity Consumption(10 000 kwh)		
	工业 Industry	重工业 Heavy Industry	轻工业 Light Industry	工业 Industry	重工业 Heavy Industry	轻工业 Light Industry
1985	11.99	15.25	4.14	8935.00	11751.00	2154.00
1990	12.17	15.63	4.28	10858.00	14765.00	1945.00
1995	5.20	6.04	1.83	5992.00	7097.00	1541.00
1996	5.14	6.02	1.40	6403.00	7525.00	1639.00
1997	4.95	5.76	1.57	6249.00	7385.00	1517.00
1998	4.86	5.67	1.46	6413.00	7559.00	1582.00
1999	4.78	5.55	1.64	6776.00	7958.00	1924.00
2000	4.21	4.91	1.35	6201.00	7310.00	1598.00
2001	3.99	4.86	1.53	5786.00	7181.00	1992.00
2002	3.87	4.71	1.48	6835.00	8482.00	2359.00
2003	3.88			4567.00		
2004	3.28	3.79	0.92	4107.00	4616.00	915.00
2005	2.87	3.49	0.75	3294.43	4213.00	903.00
2006	2.52	2.91	0.68	3568.28	4130.00	844.00
2007	2.28	2.57	0.78	3391.89	3905.04	767.53
2008	1.81	2.02	0.67	2762.40	3128.36	791.49
2009	1.75	2.00	0.60	2776.10	3210.51	779.94

注:1991—2003 年工业总产值按 1990 年不变价计算。2004 年及以后工业总产值按当年价格计算。

a)From 1991 to 2003, industrial output value was calculated at 1990 constant prices,and from 2004 at current prices.

7-4 主要年份单位能源、电力消费实现的工业总产值

Gross Industrial Output Value per Unit of Energy and Electricity Consumption in Main Years

单位:元 (yuan)

年份 Year	每吨能源消费实现的工业总产值 Gross Industrial Output Value of Energy Consumption Per Tons			每千瓦小时电力消费实现的工业总产值 Gross Industrial Output Value of Electricity Consumption Per kwh		
	工业 Industry	重工业 Heavy Industry	轻工业 Light Industry	工业 Industry	重工业 Heavy Industry	轻工业 Light Industry
1985	834.00	656.00	2415.00	1.12	0.85	4.64
1990	821.67	639.77	2337.33	0.92	0.68	5.14
1995	1922.36	1655.68	5475.75	1.67	1.41	6.49
1996	1946.82	1662.42	7128.62	1.56	1.33	6.10
1997	2019.29	1735.07	6366.07	1.60	1.35	6.59
1998	2055.69	1763.30	6827.96	1.56	1.32	6.32
1999	2090.27	1800.47	6092.94	1.48	1.26	5.20
2000	2375.20	2035.24	7402.35	1.61	1.37	6.26
2001	2506.26	2057.61	6535.95	1.73	1.39	5.02
2002	2651.65	2179.97	6915.11	1.46	1.17	4.24
2003	2575.00			1.89		
2004	3046.39	2649.66	10819.57	2.43	2.17	10.93
2005	3480.83	2865.33	13333.33	3.08	2.37	11.08
2006	3973.79	3438.93	14721.26	2.80	2.42	11.85
2007	4394.33	3894.33	12797.94	2.95	2.56	13.03
2008	5528.46	4948.63	14982.95	3.62	3.20	12.63
2009	5716.50	4999.93	16742.34	3.60	3.11	12.82

注:1991—2003 年工业总产值按 1990 年不变价计算。2004 年及以后工业总产值按当年价格计算。

a)From 1991 to 2003, industrial output value was calculated at 1990 constant prices,and from 2004 at current prices.

7-5 规模以上工业企业能源购进、消费与库存情况

（2009）

能源名称	Energy	计量单位	Unit
原煤	Coal	吨	ton
洗精煤	Clean Coal	吨	ton
其他洗煤	Other Washing Coal	吨	ton
煤制品	Coal Products	吨	ton
型煤	Moulded coal	吨	ton
水煤浆	Coal Water Slurry	吨	ton
煤粉	Pulverized Coal	吨	ton
焦炭	Coke	吨	ton
其他焦化产品	Other Coking Products	吨	ton
焦炉煤气	Coking Gas	万立方米	10 000 cu.m
高炉煤气	Blast Furnace Gas	万立方米	10 000 cu.m
其他煤气	Other Gas	万立方米	10 000 cu.m
天然气	Natural Gas	万立方米	10 000 cu.m
液化天然气	Liquefied Natural Gas	吨	ton
原油	Crude Oil	吨	ton
汽油	Gasoline	吨	ton
煤油	Kerosene	吨	ton
柴油	Diesel Oil	吨	ton
燃料油	Fuel Oil	吨	ton
液化石油气	Liquefied Petroleum Gas	吨	ton
炼厂干气	Net Gas of Plant	吨	ton
其他石油制品	Other Petroleum Products	吨	ton
热力	Heat	百万千焦	million kilo-joule
电力	Electricity	万千瓦时	10 000 kwh
其他燃料	Other Feul	吨标准煤	tons of SCE
煤矸石	Gangue	吨	ton
能源合计	Total Energy	吨标准煤	tons of SCE

Energy Purchase, Consumption and Inventory of Industrial Enterprises above Designated Size

年初库存量 Inventory at the Beginning of the Year	购进实物量 Physical quantity purchased	消费量 Consumption		年末库存量 Inventory at the Year End
		合计 Total	工业生产消费 Industry	
4801539	54846694	59916180	59710988	5442163
236181	3406518	3833843	3821690	451761
81248	779395	1066643	1056899	168339
4500	67148	71154	70048	7701
	1511	1661	561	350
359	40665	41850	41844	5881
41256	342490	418572	418465	21145
8527	74952	77374	77374	6106
		38227	36792	
		19610	19610	
	5233	10827	10827	
	87561	86469	85032	
	14	14	14	
57517	1818925	1826507	1826507	34225
138	7493	7730	4317	126
4	298	292	281	9
6358	52023	51229	46433	4841
10167	75424	83116	83116	4306
1172	182036	179805	179805	6007
		47428	47428	
38945	617965	417032	410373	260134
	2039175	11163326	10751661	
	3286054	4018822	3978734	
138328	2170465	2088928	2055516	150345
	1221108	1110952	1110952	
		57609198	57304199	

7-5 续表

(2009)

能源名称	Energy	计量单位	Unit	加工转换投入合计 Input in Processing	火力发电 Thermal Power	供热 Heating
原煤	Coal	吨	ton	54946617	23501323	1852496
洗精煤	Clean Coal	吨	ton	2342575		9216
其他洗煤	Other Washing Coal	吨	ton	880548	560140	71626
煤制品	Coal Products	吨	ton			
型煤	Moulded coal	吨	ton			
水煤浆	Coal Water Slurry	吨	ton			
煤粉	Pulverized Coal	吨	ton			
焦炭	Coke	吨	ton			
其他焦化产品	Other Coking Products	吨	ton	10666		
焦炉煤气	Coking Gas	万立方米	10 000 cu.m			
高炉煤气	Blast Furnace Gas	万立方米	10 000 cu.m			
其他煤气	Other Gas	万立方米	10 000 cu.m			
天然气	Natural Gas	万立方米	10 000 cu.m	4449		4449
液化天然气	Liquefied Natural Gas	吨	ton			
原油	Crude Oil	吨	ton	1826507		
汽油	Gasoline	吨	ton			
煤油	Kerosene	吨	ton			
柴油	Diesel Oil	吨	ton	657	657	
燃料油	Fuel Oil	吨	ton	77947		
液化石油气	Liquefied Petroleum Gas	吨	ton			
炼厂干气	Net Gas of Plant	吨	ton			
其他石油制品	Other Petroleum Products	吨	ton	59069		
热力	Heat	百万千焦	million kilo-joule	338742	338742	
电力	Electricity	万千瓦时	10 000 kwh			
其他燃料	Other Feul	吨标准煤	tons of SCE	260519	180754	52236
煤矸石	Gangue	吨	ton	831071	685068	146003
能源合计	Total Energy	吨标准煤	tons of SCE	43135712	14927089	1340756

continued

原煤入洗 Washing-dressing Coal	炼焦 Coking	炼油 Petroleum Refining	加工煤制品 Coal Products Processing	能源加工转换产出 Output in Processing	回收利用 Recycling
25998192	3110292		484315		
	2333359			15862398	
	248782			5542330	
				3914511	
	10666			181473	
				46826	
					19610
				6409	33617
		1826507			
				693781	
				799404	
		77947		35581	
				192451	
				48711	
		59069		92136	
				32547439	1225704
				4549530	
		27529		154683	15514
					36246
19224935	4437663	2829295	375973	31837661	142521

7-6 主要能源按工业行业分组消费量

(2009)

指 标	Item	综合能源消费量（吨标准煤）Comprehensive Energy Consumption (tons of SCE)
总 计	**Total**	**25324018**
采矿业	**Mining**	**2291985**
煤炭开采和洗选业	Mining and Washing of Coal	2284664
石油和天然气开采业	Extraction of Petroleum and Natural Gas	1316
黑色金属矿采选业	Mining and Processing of Ferrous Metal Ores	
有色金属矿采选业	Mining and Processing of Non-ferrous Metal Ores	
非金属矿采选业	Mining and Processing of Non-Metal Ores	6006
其他采矿业	Mining of Other Ores	
制造业	**Manufacturing**	**14878477**
农副食品加工业	Processing of Food from Agricultural Products	94063
食品制造业	Manufacture of Foods	372777
饮料制造业	Manufacture of Beverages	38595
烟草制品业	Manufacture of Tobacco	1
纺织业	Manufacture of Textile	14952
纺织服装、鞋、帽制造业	Manufacture of Textile Wearing Apparel,Footware and Caps	658
皮革、毛皮、羽毛(绒)及其制品业	Manufacture of Leather,Fur,Feather and Related Products	2040
木材加工及木、竹、藤、棕、草制品业	Processing of Timber,Manufacture of Wood,Bamboo,Rattan,Palm,and Straw Products	2261
家具制造业	Manufacture of Furniture	924
造纸及纸制品业	Manufacture of Paper and Paper Products	656671
印刷业和记录媒介的复制	Printing,Reproduction of Recording Media	3114
文教体育用品制造业	Manufacture of Articles For Culture,Education and Sport Activities	
石油加工、炼焦及核燃料加工业	Processing of Petroleum,Coking,Processing of Nuclear Fuel	2349705
化学原料及化学制品制造业	Manufacture of Raw Chemical Materials and Chemical Products	4669997
医药制造业	Manufacture of Medicines	281293
化学纤维制造业	Manufacture of Chemical Fibres	
橡胶制品业	Manufacture of Rubber	66437
塑料制品业	Manufacture of Plastics	6758
非金属矿物制品业	Manufacture of Non-metallic Mineral Products	2076669
黑色金属冶炼及压延加工业	Smelting and Pressing of Ferrous Metals	2010416
有色金属冶炼及压延加工业	Smelting and Pressing of Non-ferrous Metals	2075407
金属制品业	Manufacture of Metal Products	42265
通用设备制造业	Manufacture of General Purpose Machinery	56505
专用设备制造业	Manufacture of Special purpose Machinery	30782
交通运输设备制造业	Manufacture of Transport Equipment	687
电气机械及器材制造业	Manufacture of Electrical Machinery and Equipment	13530
通信设备、计算机及其他电子设备制造业	Manufacture of Communication Equipment,Computers and Other Electronic Equipment	10094
仪器仪表及文化、办公用机械制造业	Manufacture of Measuring Instruments and Machinery for Cultural Activity and Office Work	1877
工艺品及其他制造业	Manufacture of Artwork and Other Manufacturing	
废弃资源和废旧材料回收加工业	Recycling and Disposal of Waste	
电力、燃气及水的生产和供应业	**Electric Power,Gas and Water Production and Supply**	**8153556**
电力、热力的生产和供应业	Production and Supply of Electric Power and Heat Power	8125658
燃气生产和供应业	Production and Supply of Gas	702
水的生产和供应业	Production and Supply of Water	27197

Major Consumption of Energy by Industries

原煤（吨）Raw Coal (ton)	洗精煤（吨）Clean Coal (ton)	其他洗煤（吨）Other Washing Coal (ton)	煤制品（吨）Coal Products (ton)	型煤（吨）Briquette (ton)	煤粉（吨）Pulverized Coal (ton)	焦炭（吨）Coke (ton)
59916180	**3833843**	**1066643**	**71154**	**1661**	**41850**	**418572**
23556115	**184027**	**45449**				
23549994	184027	45449				
1111						
5010						
15121248	**3640600**	**389428**	**70094**	**1661**	**41850**	**418572**
116916						
551061						
52795						
15594						
2750						
2955						
892		56				
1084903						
1121						
7355069	2061791	228662				11331
3128354	789756	41560	25669	521	25148	58536
462334						
11288		75355				
1459						
1655631	550555		28043		400	4488
97608	238498	8175	16302		16302	298854
485111						31983
6018		35620				40
27749			80	80		12941
38842						120
698						
14554						278
7549						
21238817	**9216**	**631766**	**1060**	**1060**		
21103642	9216	631766	1060	1060		
135176						

7-6 续表 1

(2009)

指 标	Item	其他焦化产品(吨) Other Coking Products (ton)
总 计	Total	**77374**
采矿业	**Mining**	**8026**
煤炭开采和洗选业	Mining and Washing of Coal	8026
石油和天然气开采业	Extraction of Petroleum and Natural Gas	
黑色金属矿采选业	Mining and Processing of Ferrous Metal Ores	
有色金属矿采选业	Mining and Processing of Non-ferrous Metal Ores	
非金属矿采选业	Mining and Processing of Non-Metal Ores	
其他采矿业	Mining of Other Ores	
制造业	**Manufacturing**	**69348**
农副食品加工业	Processing of Food from Agricultural Products	
食品制造业	Manufacture of Foods	
饮料制造业	Manufacture of Beverages	
烟草制品业	Manufacture of Tobacco	
纺织业	Manufacture of Textile	
纺织服装、鞋、帽制造业	Manufacture of Textile Wearing Apparel,Footware and Caps	
皮革、毛皮、羽毛(绒)及其制品业	Manufacture of Leather,Fur,Feather and Related Products	
木材加工及木、竹、藤、棕、草制品业	Processing of Timber,Manufacture of Wood,Bamboo,Rattan,Palm,and Straw Products	
家具制造业	Manufacture of Furniture	
造纸及纸制品业	Manufacture of Paper and Paper Products	
印刷业和记录媒介的复制	Printing,Reproduction of Recording Media	
文教体育用品制造业	Manufacture of Articles For Culture,Education and Sport Activities	
石油加工、炼焦及核燃料加工业	Processing of Petroleum,Coking,Processing of Nuclear Fuel	10666
化学原料及化学制品制造业	Manufacture of Raw Chemical Materials and Chemical Products	33866
医药制造业	Manufacture of Medicines	
化学纤维制造业	Manufacture of Chemical Fibres	
橡胶制品业	Manufacture of Rubber	
塑料制品业	Manufacture of Plastics	
非金属矿物制品业	Manufacture of Non-metallic Mineral Products	24816
黑色金属冶炼及压延加工业	Smelting and Pressing of Ferrous Metals	
有色金属冶炼及压延加工业	Smelting and Pressing of Non-ferrous Metals	
金属制品业	Manufacture of Metal Products	
通用设备制造业	Manufacture of General Purpose Machinery	
专用设备制造业	Manufacture of Special purpose Machinery	
交通运输设备制造业	Manufacture of Transport Equipment	
电气机械及器材制造业	Manufacture of Electrical Machinery and Equipment	
通信设备、计算机及其他电子设备制造业	Manufacture of Communication Equipment,Computers and Other Electronic Equipment	
仪器仪表及文化、办公用机械制造业	Manufacture of Measuring Instruments and Machinery for Cultural Activity and Office Work	
工艺品及其他制造业	Manufacture of Artwork and Other Manufacturing	
废弃资源和废旧材料回收加工业	Recycling and Disposal of Waste	
电力、燃气及水的生产和供应业	**Electric Power,Gas and Water Production and Supply**	
电力、热力的生产和供应业	Production and Supply of Electric Power and Heat Power	
燃气生产和供应业	Production and Supply of Gas	
水的生产和供应业	Production and Supply of Water	

continued

焦炉煤气(万立方米) Coking Gas (10 000 cu.m)	高炉煤气(万立方米) Blast Furnace Gas (10 000 cu.m)	其他煤气(万立方米) Other Gas (10 000 cu.m)	天然气(万立方米) Natural Gas (10 000 cu.m)	液化天然气(吨) Liquefied Natural Gas (ton)
38227	**19610**	**10827**	**86469**	**14**
			1360	
			1360	
38227	**19610**	**10827**	**80654**	**14**
			38	
			5	11
			9	
			41	
			1	
			122	
			7	
23304		719	68555	
1724		5594	226	
			13	
			781	
3514	19610	4514	139	
9685			9265	
			25	
			1160	2
			156	
			112	
			4455	
			4449	
			6	

7-6 续表 2

(2009)

指 标	Item	原油(吨) Crude Oil (ton)
总 计	Total	**1826507**
采矿业	**Mining**	
煤炭开采和洗选业	Mining and Washing of Coal	
石油和天然气开采业	Extraction of Petroleum and Natural Gas	
黑色金属矿采选业	Mining and Processing of Ferrous Metal Ores	
有色金属矿采选业	Mining and Processing of Non-ferrous Metal Ores	
非金属矿采选业	Mining and Processing of Non-Metal Ores	
其他采矿业	Mining of Other Ores	
制造业	**Manufacturing**	**1826507**
农副食品加工业	Processing of Food from Agricultural Products	
食品制造业	Manufacture of Foods	
饮料制造业	Manufacture of Beverages	
烟草制品业	Manufacture of Tobacco	
纺织业	Manufacture of Textile	
纺织服装、鞋、帽制造业	Manufacture of Textile Wearing Apparel,Footware and Caps	
皮革、毛皮、羽毛(绒)及其制品业	Manufacture of Leather,Fur,Feather and Related Products	
木材加工及木、竹、藤、棕、草制品业	Processing of Timber,Manufacture of Wood,Bamboo,Rattan,Palm,and Straw Products	
家具制造业	Manufacture of Furniture	
造纸及纸制品业	Manufacture of Paper and Paper Products	
印刷业和记录媒介的复制	Printing,Reproduction of Recording Media	
文教体育用品制造业	Manufacture of Articles For Culture,Education and Sport Activities	
石油加工、炼焦及核燃料加工业	Processing of Petroleum,Coking,Processing of Nuclear Fuel	1826507
化学原料及化学制品制造业	Manufacture of Raw Chemical Materials and Chemical Products	
医药制造业	Manufacture of Medicines	
化学纤维制造业	Manufacture of Chemical Fibres	
橡胶制品业	Manufacture of Rubber	
塑料制品业	Manufacture of Plastics	
非金属矿物制品业	Manufacture of Non-metallic Mineral Products	
黑色金属冶炼及压延加工业	Smelting and Pressing of Ferrous Metals	
有色金属冶炼及压延加工业	Smelting and Pressing of Non-ferrous Metals	
金属制品业	Manufacture of Metal Products	
通用设备制造业	Manufacture of General Purpose Machinery	
专用设备制造业	Manufacture of Special purpose Machinery	
交通运输设备制造业	Manufacture of Transport Equipment	
电气机械及器材制造业	Manufacture of Electrical Machinery and Equipment	
通信设备、计算机及其他电子设备制造业	Manufacture of Communication Equipment,Computers and Other Electronic Equipment	
仪器仪表及文化、办公用机械制造业	Manufacture of Measuring Instruments and Machinery for Cultural Activity and Office Work	
工艺品及其他制造业	Manufacture of Artwork and Other Manufacturing	
废弃资源和废旧材料回收加工业	Recycling and Disposal of Waste	
电力、燃气及水的生产和供应业	**Electric Power,Gas and Water Production and Supply**	
电力、热力的生产和供应业	Production and Supply of Electric Power and Heat Power	
燃气生产和供应业	Production and Supply of Gas	
水的生产和供应业	Production and Supply of Water	

continued

汽油(吨) Gasoline (ton)	煤油(吨) Kerosene (ton)	柴油(吨) Diesel Oil (ton)	燃料油(吨) Fuel Oil (ton)
7730	**292**	**51229**	**83116**
1625	**17**	**25166**	
1606	17	23662	
14		2	
5		1502	
5122	**274**	**22701**	**82072**
430		155	
387		420	
116		36	
3			
255		41	
51			
15			
28			
41		57	
141	6	520	371
105		67	
323		4062	81698
345	3	2507	
67		281	
110		240	
507	5	8931	
98	3	1179	
467	30	3405	
317	3	119	3
739	207	401	
88	8	137	
27		2	
292	6	137	
172	2	4	
983		**3361**	**1044**
669		3349	1044
98			
216		12	

7-6 续表 3

(2009)

指标	Item	液化石油气(吨) Liquefied-Petroleum Gas (ton)
总计	Total	**179805**
采矿业	**Mining**	
煤炭开采和洗选业	Mining and Washing of Coal	
石油和天然气开采业	Extraction of Petroleum and Natural Gas	
黑色金属矿采选业	Mining and Processing of Ferrous Metal Ores	
有色金属矿采选业	Mining and Processing of Non-ferrous Metal Ores	
非金属矿采选业	Mining and Processing of Non-Metal Ores	
其他采矿业	Mining of Other Ores	
制造业	**Manufacturing**	**179805**
农副食品加工业	Processing of Food from Agricultural Products	
食品制造业	Manufacture of Foods	
饮料制造业	Manufacture of Beverages	
烟草制品业	Manufacture of Tobacco	
纺织业	Manufacture of Textile	
纺织服装、鞋、帽制造业	Manufacture of Textile Wearing Apparel,Footware and Caps	
皮革、毛皮、羽毛(绒)及其制品业	Manufacture of Leather,Fur,Feather and Related Products	
木材加工及木、竹、藤、棕、草制品业	Processing of Timber,Manufacture of Wood,Bamboo,Rattan,Palm,and Straw Products	
家具制造业	Manufacture of Furniture	
造纸及纸制品业	Manufacture of Paper and Paper Products	
印刷业和记录媒介的复制	Printing,Reproduction of Recording Media	
文教体育用品制造业	Manufacture of Articles For Culture,Education and Sport Activities	
石油加工、炼焦及核燃料加工业	Processing of Petroleum,Coking,Processing of Nuclear Fuel	179805
化学原料及化学制品制造业	Manufacture of Raw Chemical Materials and Chemical Products	
医药制造业	Manufacture of Medicines	
化学纤维制造业	Manufacture of Chemical Fibres	
橡胶制品业	Manufacture of Rubber	
塑料制品业	Manufacture of Plastics	
非金属矿物制品业	Manufacture of Non-metallic Mineral Products	
黑色金属冶炼及压延加工业	Smelting and Pressing of Ferrous Metals	
有色金属冶炼及压延加工业	Smelting and Pressing of Non-ferrous Metals	
金属制品业	Manufacture of Metal Products	
通用设备制造业	Manufacture of General Purpose Machinery	
专用设备制造业	Manufacture of Special purpose Machinery	
交通运输设备制造业	Manufacture of Transport Equipment	
电气机械及器材制造业	Manufacture of Electrical Machinery and Equipment	
通信设备、计算机及其他电子设备制造业	Manufacture of Communication Equipment,Computers and Other Electronic Equipment	
仪器仪表及文化、办公用机械制造业	Manufacture of Measuring Instruments and Machinery for Cultural Activity and Office Work	
工艺品及其他制造业	Manufacture of Artwork and Other Manufacturing	
废弃资源和废旧材料回收加工业	Recycling and Disposal of Waste	
电力、燃气及水的生产和供应业	**Electric Power,Gas and Water Production and Supply**	
电力、热力的生产和供应业	Production and Supply of Electric Power and Heat Power	
燃气生产和供应业	Production and Supply of Gas	
水的生产和供应业	Production and Supply of Water	

continued

炼厂干气(吨) Net Gas of Plant (ton)	其他石油制品(吨) Other Petroleum Products (ton)	热　力(百万千焦) Heat (million kilo-joule)	电力(万千瓦时) Electricity (10 000 kwh)	其他燃料(吨标准煤) Other Feul (tons of SCE)	煤矸石(吨标准煤) Gangue (tons of SCE)
47428	**417032**	**11163326**	**4018822**	**2088928**	**1110952**
	1671	189032	119025	83468	190348
	1671	189032	118431	83468	190348
			406		
			189		
47428	**415360**	**10974294**	**3561000**	**1957833**	**783396**
		125982	14936		
		2347316	31610		
			3332		
			1		
	1		2980		
			75		
			94		
			159		
			124		
		1434892	87206	10002	56000
			1831		
47428	62919		84396	6802	
	32	3574974	1110208	1141883	324839
		2316144	45325		
			9300		
			4497		
	5443	338742	244990	90524	402557
	7617		737285	653760	
	339298	814445	1137046	54863	
			11188		
	50	21548	15324		
			6822		
			131		
		251	2948		
			8214		
			977		
			338797	**47627**	**137208**
			327288	47627	137208
			471		
			11037		

7-7 各市县规模以上工业能源消耗表

Consumption of Energy on Industry above Designated Size by City and Country

（2009）

指 标	Item	综合能源消费量（吨标准煤）Overall Energy Consumption（tons of SCE）	产值单耗（吨标准煤/万元）Energy Consumption per Unit of Gross Industrial Output Value（tons of SCE/10 000 yuan）
全区总计	**Total**	**25324018**	**1.75**
银 川 市	**Yinchuan**	**7609977**	**1.12**
银 川 市	District	3779017	1.05
永 宁 县	Yongning	732271	1.20
贺 兰 县	Helan	277905	0.54
灵 武 市	Lingwu	2820784	1.38
石嘴山市	**Shizuishan**	**9144240**	**2.34**
石嘴山市	District	7182387	2.38
平 罗 县	Pingluo	1961852	2.23
吴 忠 市	**Wuzhong**	**5579460**	**2.32**
红寺堡开发区	Hongsipu	268	0.04
利 通 区	Litong	712381	1.10
青铜峡市	Qingtongxia	4668537	3.16
盐 池 县	Yanchi	196367	1.52
同 心 县	Tongxin	1907	0.01
固 原 市	**Guyuan**	**77541**	**0.68**
原 州 区	Yuanzhou	2441	0.08
西 吉 县	Xiji	4038	0.23
隆 德 县	Longde	6170	1.71
泾 源 县	Jingyuan	63270	3.01
彭 阳 县	Pengyang	1621	0.04
中 卫 市	**Zhongwei**	**2912802**	**2.28**
沙坡头区	Shapotou	1416552	2.25
中 宁 县	Zhongning	1488662	2.33
海 原 县	Haiyuan	7589	1.30

注：综合能源消费量按当量值计算，石嘴山市和灵武市产值和综合能源消费量中包括神华宁煤集团有限公司的数据。

a)Data of overall energy consumption were calculated on the basis of the data on average coal consumption in generating electric power in the same year.Data of Shizuishan District and Lingwu included Shenhua NCPP limited liability corporations.

主要统计指标解释

[能源生产总量] 指一定时期内一次能源生产量的总和，是观察能源生产水平、规模、构成和发展速度的总量指标。一次能源生产量包括原煤、原油、天然气、水电及其他动力能（如风能、地热能等）发电量。不包括低热值燃料生产量、生物质能、太阳能等利用和由一次能源加工转换而成的二次能源产量。

[能源消费总量] 指一定时期内物质生产部门，非物质生产部门和生活消费的各种能源的总和，是观察能源消费水平、构成和增长速度的总量指标。能源消费总量包括原煤及其制品、天然气、电力。不包括低热值燃料、生物质能和太阳能等的利用。能源消费总量分为三部分。即终端能源消费量、能源加工转换损失量和能源运输和管理过程的损失量。

第八篇 Chapter 8

财政金融保险

Government Finance, Financial Intermediation and Insurance

责任编辑:张学武

资料整理:张学武　张雪艳　圣希明　万自梅　杨　柳　耿国蓉

Coordinator:Zhang Xuewu

Data Compilation:Zhang Xuewu　Zhang Xueyan　Sheng Ximing
Wan Zimei　Yang Liu　Geng Guorong

8-1 财政收支决算总表

Financial Revenue and Expenditure Balance Sheet

单位:万元 (10 000 yuan)

指 标	Item	2009
本年财政收入合计	**Total Government Revenue This Year**	**1115755**
税收收入	**Total Tax Revenue**	**907389**
1. 增值税	Value-added Tax	168098
2. 营业税	Business Tax	389831
3. 企业所得税	Corporate Income Tax	92946
4. 企业所得税退税	Corporate Income Tax Rebate	-213
5. 个人所得税	Individual Income Tax	45016
6. 资源税	Resource Tax	15078
7. 固定资产投资方向调节税	Regulatory Taxes on Investment in Fixed Assets	
8. 城市维护建设税	City Maintenance and Construction Tax	59204
9. 房产税	House Property Tax	18979
10. 印花税	Stamp Tax	16138
11. 城镇土地使用税	Urban Land Use Tax	35947
12. 土地增值税	Land Appreciation Tax	10000
13. 车船税	Tax on Vehicles and Boat Operation	7112
14. 耕地占用税	Farm Land Occupation Tax	1093
15. 契税	Deed Tax	47961
16. 烟叶税	Tobacco Leaf Tax	199
17. 其他税收收入	Other Tax Revenue	
非税收入	**Total Non-tax Revenue**	**208366**
18. 专项收入	Special Program Recipts	67036
19. 行政事业性收费收入	Charge of Administrative and Institutional Units	62035
20. 罚没收入	Penalty Receipts	34254
21. 国有资本经营收入	Operating Income of State-owned Capital	7526
22. 国有资源(资产)有偿使用收入	Income from National Resources Paid Using	25452
23. 其他收入	Other Income	12063

8-1 续表 continued

单位:万元 (10 000 yuan)

指 标	Item	2009
本年财政支出合计	**Total Government Expenditure This Year**	**4323624**
1. 一般公共服务	Expenditure for General Public Services	469657
2. 外交	Expenditure for Foreign Affairs	
3. 国防	Expenditure for National Defense	4886
4. 公共安全	Expenditure for Public Security	241673
5. 教育	Expenditure for Education	635025
6. 科学技术	Expenditure for Science and Technology	44017
7. 文化体育与传媒	Expenditure for Culture,Sports and Media	90306
8. 社会保障和就业	Expenditure for Social Safety Net and Employment Effort	476765
9. 医疗卫生	Expenditure for Medical and Health Care	229169
10. 环境保护	Expenditure for Environment Protection	225874
11. 城乡社区事务	Expenditure for Urban and Rural Community Affairs	425640
12. 农林水事务	Expenditure for Agriculture,Forestry and Water Conservancy	686819
13. 交通运输	Expenditure for Transportation	203850
14. 工业商业金融等事务	Expenditure for Industry,Commerce and Banking	422695
15. 其他支出	Other Expenditure	167248

8-2 地方财政收入

Local Financial Revenue in Main Years

单位:万元 (10 000 yuan)

年 份 Year	地方财政收入 Local Government Revenue	工商税收 Industrial and Commercial Tax	农牧业税 Agriculture and Animal Husbandry Tax	企业所得税 Corporate Income Tax	国有企业亏损补贴 Subsidies to Loss-making Enterprises	企业所得税退税 Corporate Income Tax Rebate
1955	2891	1028	1155			
1958	5774	1683	1680			
1960	10469	2763	887			
1970	9894	5006	1049			
1975	22324	10172	963			
1978	31603	13163	995			
1980	20353	13514	827			
1985	29075	25655	1092	8900	-9999	
1986	36613	29190	1114	8152	-6392	
1987	41135	34060	1257	8392	-7152	
1988	50863	41110	1553	10116	-10116	-1810
1989	63322	51246	2589	10249	-11196	-3034
1990	62307	56481	2649	8805	-12266	-1668
1991	68122	60549	2738	9935	-11548	-1541
1992	77265	64856	3452	9760	-9730	-1607
1993	108522	99071	3916	8962	-8945	-1509
1994	71728	57054	5123	6080	-6358	-678
1995	89792	67672	4901	7690	-1817	-532
1996	126807	84079	9948	11033	-1588	-465
1997	140738	97673	11832	15071	-1955	-2309
1998	177525	114752	13587	12845	-1888	-4673
1999	188393	126165	12796	18775	-2153	-5062
2000	208244	148958	9318	26147	-967	-2464
2001	275745	163307	10797	60084	-557	-852
2002	264714	192083	8757	18412	-241	
2003	300310	219847	7480	16846	-11	
2004	374677	276898	5440	21364		
2005	477216	341609	333	26077		
2006	613570	417266		32246		-229
2007	800312	541886		45767		-218
2008	950090	715248		62400		-216
2009	1115755	814656		92946		-213

8-3 地方财政支出

Local Financial Expenditure in Main Years

单位:万元 (10 000 yuan)

年 份 Year	地方财政支出 Local Government Expenditure	基本建设 Capital Construction	企业技术改造 Technological Upgrading of Enterprises	支援农业 Expenditure for Surporting Rural Production	工交商事业 Industry, Transportation and Commerce	科教文卫 Science, Education, Culture and Health Care	城市维护 City Maint-enance	社会抚恤救济 Social pension relief	行政管理 Administ-rative
1955	3802				2505	411		111	773
1958	12434	6254		621	2796	888	6	88	1012
1960	30270	17851		3709	1388	2060	17	427	1540
1965	11171	3708	78	1722	185	1988	286	284	1368
1970	16855	8226		1299	163	2500	365	240	1692
1975	37050	13840		5553	442	4990	543	579	2467
1978	57755	21982	2979	9574	653	7569	592	1082	2923
1980	57528	16719	3582	13489	800	10052	1230	1554	4770
1985	98526	22024	4067	15027	1987	22183	3375	1900	7118
1986	120214	23351	6294	16490	1916	25680	4998	1899	8293
1987	118441	20223	6729	15717	1496	27561	4150	1825	8234
1988	138154	17617	6411	17438	1895	31777	4516	2744	9697
1989	146622	14959	5601	18355	1861	32731	4353	1995	10992
1990	149616	14610	5322	20015	2177	36659	4714	2099	12660
1991	160496	15313	6969	21585	2026	38592	5020	2658	14102
1992	158636	14392	7740	22399	2446	43395	5497	2543	16777
1993	193959	14724	19627	25375	2690	48159	5648	2539	20566
1994	193754	11794	6850	29956	3422	60118	5474	3220	25049
1995	229963	15941	7021	28698	3390	65413	7408	3473	27619
1996	295196	26209	15355	35463	3955	73312	9499	4205	27890
1997	336300	27550	15508	39252	4043	78182	12658	5010	31519
1998	451239	61890	13575	45505	4313	97678	14217	7066	37233
1999	495346	60595	22373	45080	5202	109454	15859	7304	39588
2000	608380	93938	32790	48034	5708	127026	17710	8843	45521
2001	935787	379901	51947	69084	11489	188948	19515	20464	60843
2002	1145650	255018	32809	82093	11109	199973	24797	21318	69594
2003	1057793	203563	39719	86025	13276	220032	27957	26717	77326
2004	1230177	205213	32627	183572	16152	241744	43181	27844	87671
2005	1602509	384608	33440	175688	21129	293055	59852	35847	106901
2006	1932089	389413	40952	212857	29599	369315	81276	52366	129959
2007	2418545								
2008	3246064								
2009	4323624								

8-4 地方财政收支占地区生产总值比重

Proportion of Government Revenue and Expenditure to GDP

年份 Year	地方财政收入 （亿元） Local Government Revenue （100 million yuan）	地方财政支出 （亿元） Local Government Expenditure （100 million yuan）	地区生产总值 （亿元） Gross Demestic Products （100 million yuan）	地方财政收入占生产总值比重(%) Ratio of Local Government Revenue to GDP(%)	地方财政支出占生产总值比重(%) Retio of Local Government Expenditure to GDP(%)
1978	3.16	5.78	13.00	24.31	44.43
1979	3.05	6.30	14.36	21.24	43.85
1980	2.04	5.75	15.96	12.78	36.04
1985	2.91	9.85	30.27	9.61	32.55
1986	3.66	12.02	34.54	10.60	34.80
1987	4.11	11.84	39.63	10.37	29.89
1988	5.09	13.82	50.29	10.12	27.47
1989	6.33	14.66	59.21	10.69	24.76
1990	6.23	14.96	64.84	9.61	23.07
1991	6.81	16.05	71.78	9.49	22.36
1992	7.73	15.86	83.14	9.30	19.08
1993	10.85	19.40	104.49	10.38	18.56
1994	7.17	19.38	136.26	5.26	14.22
1995	8.98	23.00	175.19	5.13	13.13
1996	12.68	29.52	202.90	6.25	14.55
1997	14.07	33.63	224.59	6.26	14.97
1998	17.75	45.12	245.44	7.23	18.38
1999	18.84	49.53	264.58	7.12	18.72
2000	20.82	60.84	295.02	7.06	20.62
2001	27.57	93.58	337.44	8.17	27.73
2002	26.47	114.57	377.16	7.02	30.38
2003	30.03	105.78	445.36	6.74	23.75
2004	37.47	123.02	537.11	6.98	22.90
2005	47.72	160.25	612.61	7.79	26.16
2006	61.36	193.21	725.90	8.45	26.62
2007	80.03	241.85	919.11	8.71	26.31
2008	95.01	324.61	1203.92	7.89	26.96
2009	111.58	432.36	1353.31	8.24	31.95

8-5 金融机构信贷资金平衡表

单位:万元　　　　　　　　　　　　　　　　　　　　　　　　　　　(年末余额

指　标	Item	2001
资金来源合计	**Funds Sources**	**4792738**
各项存款	**Total Deposits**	**4688689**
企业存款	Deposits by Enterprises	1527334
财政存款	Fiscal Deposits	301744
机关团体存款	Deposits of Government Departments & Organizations	78543
农业存款	Agricultural Deposits	75961
信托类存款	Trust Deposits	1568
其他类存款	Other Deposits	88509
金融债券	**Financial Bond**	**2**
其　他	**Other Items**	**5341**
资金运用合计	**Funds Uses**	**4792738**
各项贷款	**Total Loans**	**4413945**
短期贷款	Short-term Loans	2021204
工业贷款	Loans to Industrial Sector	790297
商业贷款	Loans to Commercial Sector	541605
建筑业贷款	Loans to Construction Sector	58166
农业贷款	Loans to Agricultural Sector	203500
乡镇企业贷款	Loans to township Enterprises	91210
私营企业及个体贷款	Loans to Private Enterprises and Self-employed Individuals	40422
三资企业贷款	Loans to Enterprises with Foreign Funds	51776
其他短期贷款	Other Short-term Loans	244228
中长期贷款	Medium & Long-term Loans	1993743
信托类贷款	Trust Loans	17614
有价证券及投资	**Portfolio Investment**	**229496**
金银占款	**Position for Bullion & Silver Purchase**	**2219**
外汇占款	**Position for Foreign Exchanges Pruchase**	**558**
财政借款	**Advances to Treasury**	

注:金融机构包括人民银行、政策性银行、国有独资商业银行、邮政储蓄机构、其他商业银行、城市合作银行、农村信用社、城市信用社、信托投资公司、租赁公司、财务公司等。

Balance Sheet of Credit Funds of Financial Institutions

Year end)　　　　　　　　　　　　　　　　　　　　　　　　　　　　　　(10 000 yuan)

2002	2003	2004	2005	2006	2007	2008	2009
5825794	**7820521**	**8640318**	**10692955**	**12167957**	**13269130**	**15671177**	**20721784**
5781590	**7463529**	**8411603**	**9853407**	**11312215**	**12785248**	**15905772**	**20584908**
1932680	2476601	2603101	2922681	3434894	4103159	4332911	5915879
298092	246546	417516	471202	747345	1030406	1466089	1821471
102595	117834	150056	225746	263754	372360	731406	1120792
160043	249113	247989	277465	280768	328403	432853	536692
93488	189499	224859	167993	564	564	564	0
129946	401946	499107	667743	748967	786428	969811	1492057
2	**−139655**	**−42059**	**2**				
−137505	**72732**	**−164257**	**219889**	**12151**	**−1943005**	**−2179119**	**−3055945**
5825794	**7820521**	**8640318**	**10692955**	**12167957**	**13269130**	**15671177**	**20721784**
5245597	**6816068**	**7621421**	**8338821**	**9833688**	**11845717**	**14025595**	**19174049**
2306900	2880225	3083880	3443789	4102561	4728429	5341420	6834129
869514	992021	984147	906676	1054812	1438518	2063821	2051483
492943	489630	450852	495288	549152	595715	495535	537372
62948	76505	59643	58377	69242	67200	62566	97397
332156	520121	710951	997173	1186236	1349492	1351897	1719871
113115	120846	109560	48186	65			1220
67875	72964	121264	158451	244617	231228	274598	663402
30122	20379	17692	760	23820	18610	11250	3770
338227	587759	629771	778878	974617	1027666	1081753	1759614
2471104	3279607	3744829	4586352	5325218	6506508	7965334	11565405
16998	23848	22140	24323				
442705	**610702**	**617612**	**943013**	**812472**	**943474**	**1052360**	**931805**
63	**63**						
25	**5099**	**6860**	**7517**	**6624**	**−510**	**10081**	**4229**

a)Financial Institutions in the tabal include the People's Bank of China,policy banks,state sole funded commercial banks,postal savings institutions, other commericial banks,urban cooperative banks,rural credit cooperatives,urban credit cooperatives, financial trust and investment companies,financial leasing companies,finance companies.

8-6 主要年份金融机构现金收入

Cash Income of Financial Institutions in Main Years

年 份 Year	现金收入总额(万元) Total Cash Income (10 000 yuan)	商品销售收入 Income from Commodity Sales	服务事业收入 Income from Service Trade	储蓄存款收入 Income from Savings Deposits	比重(%) Ratio(%)		
					商品销售收入 Income from Commodity Sales	服务事业收入 Income from Service Trade	储蓄存款收入 Income from Savings Deposits
1978	51909	37077	4157	5681	71.4	8.0	10.9
1980	75468	50885	5241	13064	67.4	6.9	17.3
1985	214070	109685	11232	68325	51.2	5.2	31.9
1986	262639	129706	13238	89466	49.4	5.0	34.1
1987	330020	148561	16843	125325	45.0	5.1	38.0
1988	490747	212798	21997	125325	43.4	4.5	39.1
1989	598452	229838	29180	261827	38.4	4.9	43.8
1990	677405	237943	37546	309567	35.1	5.5	45.7
1991	771501	263825	44123	352926	34.2	5.7	45.7
1990	1081981	320078	55359	524961	29.6	5.1	48.5
1993	1581052	437980	76788	799118	27.7	4.9	50.5
1994	2169368	522775	105243	1197969	24.1	4.9	55.2
1995	3106449	18739	139305	1759135	22.6	4.5	56.6
1996	3816130	799025	196357	2150755	20.9	5.1	56.4
1997	6501593	887656	244548	3693995	13.7	3.8	56.8
1998	7428914	1004508	348327	4846276	13.5	4.7	65.2
1999	8526063	1083910	405615	5690403	12.7	4.8	66.7
2000	9997165	1285906	467225	6541629	12.9	4.7	65.4
2001	12092769	1432499	525889	8223374	11.9	4.3	68.0
2002	12985180	1753551	656907	8306827	13.5	5.1	64.0
2003	18710679	2625268	1003358	11981889	14.0	5.4	64.0
2004	23441049	3022826	1240417	15099144	14.0	5.4	64.0
2005	26410198	2795090	1005028	18307194	10.6	3.8	69.3
2006	30455016	2975304	1323864	22208254	9.8	4.3	72.9
2007	36523518	3275577	1435629	27357955	9.0	3.9	74.9
2008	35906553	3569572	1309135	26111254	9.9	3.6	72.7
2009	40800585	3870593	1310775	30491057	9.5	3.2	74.7

8-7 主要年份金融机构现金支出

Cash Expenditure of Financial Institutions in Main Years

年份 Year	现金支出总额（万元）Total Cash Expenditure (10 000 yuan)	工资性支出 Wages	农副产品采购支出 Purchases of Agricultural and Sideline Products	行政事业管理支出 Government Overhead	比重(%) Ratio(%) 工资性支出 Wages	农副产品采购支出 Purchases of Agricultural and Sideline Products	行政事业管理支出 Government Overhead
1978	56189	33329	2876	4282	59.3	5.1	7.6
1980	83747	45471	7310	6325	54.3	8.7	7.6
1985	236189	91453	29178	17443	38.7	12.4	7.4
1986	289315	115318	41266	19571	39.9	14.3	6.8
1987	353904	132064	43205	23271	37.3	12.2	6.6
1988	554589	158793	80624	35004	28.6	14.5	6.3
1989	635474	181658	76390	41635	28.6	12.0	6.6
1990	716803	219554	82964	50096	30.6	11.6	7.0
1991	826803	247701	81228	60154	30.0	9.8	7.3
1992	1195037	306568	91674	87672	25.7	7.7	7.3
1993	1693363	366798	81974	148349	21.7	4.8	8.8
1994	2334033	476415	113933	189117	20.4	4.9	8.1
1995	3252280	568121	137763	238908	17.5	4.2	7.3
1996	3978748	601380	126704	291481	15.1	3.2	7.3
1997	6661463	625038	165024	355779	9.4	2.5	5.3
1998	7590631	646501	128641	448209	8.5	1.7	5.9
1999	8699756	672029	170075	495303	7.7	2.0	5.7
2000	10197797	741467	199425	580874	7.3	2.0	5.7
2001	12231180	804173	169594	607242	6.6	1.4	5.0
2002	13167986	969852	195318	768906	7.4	1.5	5.8
2003	18932336	1307964	470479	1087429	6.9	2.5	5.7
2004	23683033	1606933	535205	1069291	6.8	2.3	4.5
2005	26657641	1597806	543944	961064	6.0	2.0	3.6
2006	30561105	1600992	544936	1005840	5.2	1.8	3.3
2007	36609157	1715148	562104	1097640	4.7	1.5	3.0
2008	36022416	1650226	425131	1013435	4.6	1.2	2.8
2009	40945188	1739107	414874	1097273	4.2	1.0	2.7

8-8 金融机构现金收支情况

Cash Income and Expenditures of Financial Institutions

单位:万元 (10 000 yuan)

指　标	Item	2009
收 入 合 计	**Total Income**	**40800585**
商品销售收入	Income from Commodity Sales	3870593
服务事业收入	Income from Service Trade	1310775
税款收入	Income from Taxes	241881
城乡个体经营收入	Income from Urban and Rural Individual Business	1094726
储蓄存款收入	Income from Savings Deposits	30491057
其他金融机构收入	Income from Other Financial Institutions	24781
居民归还贷款收入	Income from Repayment of Loans by Residents	1407652
汇兑收入	Income from Remittances	222310
其他收入	Other Income	2109663
有价证券收入	Income from Securities	27146
支 出 合 计	**Total Expenditure**	**40945188**
工资性支出	Wages	1739107
国家工资及奖金支出	State Salary and Premium	
国家对个人其他支出	Other Expenditure by State to Individual	
特种存款支出	Expenditure of Special Deposit	
其他单位工资性支出	Wages of Other Units	
农副产品采购支出	Purchases of Agricultural and Sideline Products	414874
工矿产品收购支出	Expenditure for Purchases of Industrial and Mineral Products	803057
行政企业管理费支出	Government and Enterprises Overhead	1097273
城乡个体经营支出	Expenditure for Individual Business	1221245
储蓄存款支出	Expenditure for Savings Deposits	34092844
汇兑支出	Expenditure for Remittances	35185
其他金融机构支出	Expenditure for Other Financial Institutions	23624
其他支出	Other Expenditure	1397817
有价证券支出	Expenditure for Securities	20167
居民提取贷款支出	Expenditure for Loans by Residents	99996
货币投放(+)或回笼(-)	Money supply (+) or return (-)	144603

8-9 按定期活期划分的居民储蓄存款余额

Urban and Rural Household Saving Deposits by Time

指　标	Item	1978	1980	1985	1990	1995	2000	2005	2008	2009
居民储蓄存款余额(万元)	Saving Deposits (10 000 yuan)	8989	17134	80353	327998	1151902	2293503	5094978	7940624	9677192
定期储蓄存款	Time Deposits	6227	13650	64283	273103	966998	1605935	3315979	4579566	1753247
活期储蓄存款	Demand Deposits	2762	3484	15530	54895	184904	687568	1778999	3361058	4162632
全区人均储蓄存款余额(元)	Savings Deposits Per Capita (yuan)	25.6	46.4	195.6	704.5	2267.0	4179.1	8607.0	12933.2	15572.0

8-10 金融机构现金投放回笼总额

Currency Issue and Cash Withdrawn of Financial Institutions

单位:万元　　(10 000 yuan)

年　份 Year	现金收入 Cash Income	现金支出 Cash Expenditure	投放 Currency Issue
1978	51909	56189	4280
1979	61847	67615	5768
1980	75468	83747	8279
1981	87409	92067	4658
1982	106945	111628	4683
1983	134586	140315	5729
1984	162631	180260	17629
1985	214070	236189	22119
1986	262639	289315	26676
1987	330020	353904	23884
1988	490747	554589	63842
1989	598452	635474	37022
1990	677405	716803	39398
1991	771501	826803	55302
1992	1081981	1195037	113056
1993	1581052	1693363	112311
1994	2169368	2334033	164665
1995	3106449	3252280	145831
1996	3816130	3978748	162618
1997	6501593	6661463	159870
1998	7428914	7590631	161717
1999	8526063	8699756	173693
2000	9997165	10197797	200632
2001	12092769	12231180	138411
2002	12985180	13167986	182806
2003	18710679	18932336	221657
2004	23441049	23683033	241984
2005	26410198	26657641	247444
2006	30455016	30561105	106089
2007	36523518	36609157	85639
2008	35906553	36022416	115863
2009	40800585	40945188	144603

8-11 保险公司主要业务指标

Major Statistics for Insurance Company

单位:万元 (10 000 yuan)

指 标	Item	2001	2003	2005	2007	2008	2009
保费收入	Premium	62361.98	107142.33	157391.52	239778.34	317905.64	392775.13
财产险	Property Insurance	19916.61	29429.11	45837.70	76289.82	94751.23	118414.47
机动车辆保险	Motor Vehicle Insurance	14536.92	22067.47	37579.58	64076.79	79963.87	100479.42
人身意外伤害险	Personal Accident Insurance	3342.92	5085.62	5688.05	8578.25	8461.35	11100.65
健康险	Health Insurance	1349.94	13608.53	22368.18	28610.45	33603.01	38777.54
寿险	Life Insurance	37752.51	59019.07	83497.60	126299.83	181090.06	224482.47
各项赔款和给付	Payment	16222.80	23914.55	38726.69	68995.36	85231.21	96500.54
财产险	Property Insurance	9198.88	13155.32	22375.09	36322.67	48208.49	58283.96
机动车辆保险	Motor Vehicle Insurance	6782.85	9543.95	18505.86	29557.79	42574.20	50439.17
人身意外伤害险	Personal Accident Insurance	1158.02	1726.28	1493.63	2243.75	2036.99	2792.77
健康险	Health Insurance	886.27	2324.34	5983.34	6706.50	9088.74	11054.49
寿险	Life Insurance	4979.63	6708.61	8874.63	23722.45	25896.99	24369.32
退保金	Insurance Withdrawn	1926.22	2705.81	8487.33	13189.94	12757.34	14167.55
手续费支出	Service Charges	1544.38	2857.26	4713.62		32138.84	42045.52
人身保险业务手续费支出	Personal Insurance	253.43	532.17	846.59			
佣金支出	Expenditure for Commission	5475.99	8580.62	11406.17			
营业费用	Operating Expenses	8284.21	10657.27	15634.24		36574.96	39944.35
人身保险业务营业费用	Personal Insurance	2698.19	5744.10	8072.92			
利润(税前)	Profits(before tax)	9340.83	6094.68	11189.61	-5400.54	-6074.24	-12654.76
银行存款	Bank Deposits	18049.73	16646.94	16776.44	15910.01	11152.09	7818.80
活期	Demand	7552.97	11642.26	11776.44	15910.01	11152.09	7818.80
定期	Time	10496.76	5004.68	5000.00	0.00	0.00	0.00
应收保费	Premiums receivable	109.08	937.68	5462.24	11766.93	12319.17	12303.45
人身保险业务应收保费	Personal Insurance		681.87	4617.15			
贷款	Loans	174.24	183.66	983.07			
投资	Investment	2310.32	187.00				
国债	Government and Public Bonds	2123.32					
三产投资	Tertiary Industry	187.00	187.00				
固定资产原值	Original Value of Fixed Assets	13651.16	18143.77	19422.36	18116.81	25950.71	
减:累计折旧	Less:Accumulated depreciation	4751.60	4029.50	5964.15	7345.90	8334.23	
固定资产净值	Net Value of Fixed Assets	8899.56	14114.27	13458.21	10770.91	17616.48	
在建工程	Construction in Progress	1270.00		1396.90	2582.77	5692.08	
资产总额	Total Assets	116768.00	209791.18	340057.62	513670.37	653083.78	816904.02
所有者权益	Owners'Equity	-3260.42	-4975.65	-10014.58	-42704.35	-56398.70	-81006.80

8-12 各地市县地方财政收入

Local Financial Revenue by Prefecture, City and Country

单位:万元 (10 000 yuan)

地区 Region	1978	1980	1985	1995	2000	2005	2008	2009
全区总计 Total	**31571**	**20306**	**29028**	**89705**	**207804**	**477216**	**950090**	**1115755**
区级 Autonomous Regional Level	**14502**	**10237**	**6228**	**37174**	**50592**	**130904**	**263919**	**279102**
地市县级 Prefecture Level	**17069**	**10069**	**22800**	**52531**	**157212**	**346312**	**686171**	**836653**
银川市 Yinchuan	**7267**	**3880**	**13172**	**26402**	**83064**	**181645**	**358110**	**440581**
银川市 District	5466	2396	10545	20868	68290	154739	270820	317434
永宁县 Yongning	401	410	604	1674	4299	8129	20080	24049
贺兰县 Helan	375	365	614	1673	4218	7325	23145	36095
灵武市 Lingwu	1025	709	1409	2187	6257	11452	44065	63003
石嘴山市 Shizuishan	**4141**	**2125**	**4957**	**9468**	**28752**	**72900**	**152999**	**171292**
石嘴山市 District	3141	1413	3651	7108	22558	51864	116333	129180
平罗县 Pingluo	1000	712	1306	2360	6194	21036	36666	42112
吴忠市 Wuzhong	**3398**	**2122**	**2897**	**8689**	**24610**	**50177**	**96809**	**123290**
利通区 Litong	1598	783	1504	3401	9444	20927	39041	53919
青铜峡市 Qingtongxia	1346	917	964	4052	11162	20856	38085	43760
盐池县 Yanchi	213	224	290	539	2549	4971	12409	15301
同心县 Tongxin	241	198	139	697	1455	3423	4944	6235
红寺堡 Hongsipu						1850	2330	4075
固原市 Guyuan	**1182**	**833**	**538**	**3208**	**7874**	**14024**	**26202**	**35290**
固原市 District	149	47	35	309	822	6398	10223	14773
原州区 Yuanzhou	602	479	308	1274	3017	2220	5594	6608
西吉县 Xiji	245	156	102	380	1058	1803	2790	3303
隆德县 Longde	123	106	6	603	1781	1204	1968	2363
泾源县 Jingyuan	63	45	22	206	545	1080	1961	2223
彭阳县 Pengyang			65	436	651	1319	3666	6020
中卫市 Zhongwei	**1081**	**1109**	**1236**	**4764**	**12912**	**27566**	**52051**	**66200**
沙坡头区 Shapotou	516	564	462	2892	7425	15572	30261	35820
中宁县 Zhongning	375	374	774	1670	4487	10395	19043	25199
海原县 Haiyuan	190	171		202	1000	1599	2747	5181

8-13 各地市县地方财政支出

Local Financial Expenditure by Prefecture, City and Country

单位:万元 (10 000 yuan)

地 区	Region	1978	1980	1985	1995	2000	2005	2008	2009
全区总计	**Total**	**57485**	**57163**	**97811**	**228744**	**603298**	**1602509**	**3246064**	**4323624**
区 级	**Autonomous Regional Level**	**30989**	**29029**	**48071**	**92232**	**266998**	**718290**	**1167992**	**1369137**
地市县级	**Prefecture Level**	**26496**	**28134**	**49740**	**136512**	**336300**	**884219**	**2078072**	**2954487**
银 川 市	**Yinchuan**	**6794**	**6669**	**12224**	**42953**	**110739**	**276850**	**630430**	**898476**
银 川 市	District	3915	3411	6974	28798	79513	199938	410204	583427
永 宁 县	Yongning	935	898	1454	4190	7910	21859	63239	82308
贺 兰 县	Helan	1073	1300	1587	4077	7818	21387	64768	86803
灵 武 市	Lingwu	871	1060	2209	5888	15498	33666	92219	145938
石嘴山市	**Shizuishan**	**3861**	**3561**	**6233**	**22145**	**46152**	**149331**	**317339**	**421890**
石嘴山市	District	2513	2212	4089	15163	34563	102377	212285	296306
平 罗 县	Pingluo	1348	1349	2144	6982	11589	46954	105054	125584
吴 忠 市	**Wuzhong**	**4964**	**5830**	**10138**	**27021**	**61721**	**161620**	**418114**	**591083**
利 通 区	Litong	1724	1652	3260	10224	18836	60644	147936	188519
青铜峡市	Qingtongxia	1098	1036	1911	7522	15805	40048	89883	129415
盐 池 县	Yanchi	1100	1467	2578	3922	12561	26806	65720	94617
同 心 县	Tongxin	1042	1675	2389	5353	14519	34122	85146	130749
红 寺 堡	Hongsipu						10906	29429	47783
固 原 市	**Guyuan**	**7032**	**7565**	**13578**	**26417**	**77143**	**185472**	**416507**	**600008**
固 原 市	District	1374	809	1548	3776	8384	36460	72768	104738
原 州 区	Yuanzhou	2747	3210	3927	6955	19851	43043	89667	125655
西 吉 县	Xiji	1471	1959	3191	6129	16873	38614	90612	141778
隆 德 县	Longde	972	1042	1659	4166	12249	24900	61257	75522
泾 源 县	Jingyuan	468	545	1228	1997	7181	16357	35432	54643
彭 阳 县	Pengyang			2025	3394	12605	26098	66771	97672
中 卫 市	**Zhongwei**	**3845**	**4509**	**7567**	**17976**	**40545**	**110946**	**295682**	**443030**
沙坡头区	Shapotou	1624	1742	2908	7878	15896	46362	117337	171327
中 宁 县	Zhongning	1074	1054	1736	5170	9608	30941	82022	123919
海 原 县	Haiyuan	1147	1713	2923	4928	15041	33643	96323	147784

主要统计指标解释

财政收入　指国家财政参与社会产品分配所取得的收入，是实现国家职能的财力保证。主要包括：

（1）各项税收：包括国内增值税、国内消费税、进口货物增值税和消费税、出口货物退增值税和消费税、营业税、企业所得税、个人所得税、资源税、城市维护建设税、房产税、印花税、城镇土地使用税、土地增值税、车船税、船舶吨税、车辆购置税、关税、耕地占用税、契税、烟叶税等。

（2）非税收入：包括专项收入、行政事业性收费、罚没收入和其他收入。

财政支出　指国家财政将筹集起来的资金进行分配使用，以满足经济建设和各项事业的需要。主要包括：

（1）一般公共服务：指政府提供基本公共管理与服务的支出，包括人大事务、政协事务、政府办公厅（室）及相关机构事务、发展与改革事务、统计信息事务、财政事务、税收事务、审计事务、海关事务、人力资源事务、纪检监察事务、人口与计划生育事务、商贸事务、知识产权事务、工商行政管理事务、国土资源事务、海洋管理事务、测绘事务、地震事务、气象事务、民族事务、宗教事务、港澳台侨事务、档案事务、共产党事务、民主党派事务及工商联事务、群众团体事务、彩票事务等。

（2）外交：指政府外交事务支出，包括外交行政管理、驻外机构、对外援助、国际组织、对外合作与交流、边界勘界联检等方面的支出。

（3）国防：指政府用于国防方面的支出，包括用于现役部队、预备役部队、民兵、国防科研事业、专项工程、国防动员等方面的支出。

（4）公共安全：指政府维护社会公共安全方面的支出，包括武装警察、公安、国家安全、检察、法院、司法行政、监狱、劳教、国家保密、缉私警察等。

（5）教育：指政府教育事务支出，包括教育行政管理、学前教育、小学教育、初中教育、普通高中教育、普通高等教育、初等职业教育、中专教育、技校教育、职业高中教育、高等职业教育、广播电视教育、留学生教育、特殊教育、干部继续教育、教育机关服务等。

（6）科学技术：指用于科学技术方面的支出，包括科学技术管理事务、基础研究、应用研究、技术研究与开发、科技条件与服务、社会科学、科学技术普及、科技交流与合作等。

（7）文化教育与传媒：指政府在文化、文物、体育、广播影视、新闻出版等方面的支出。

（8）社会保障和就业：指政府在社会保障与就业方面的支出，包括社会保障和就业管理事务、民政管理事务、财政对社会保险基金的补助、补充全国社会保障基金、行政事业单位离退休、企业改革补助、就业补助、抚恤、退役安置、社会福利、残疾人事业、城市居民最低生活保障、其他城镇社会救济、农村社会救济、自然灾害生活救助、红十字事务等。

（9）医疗卫生：指政府医疗卫生方面的支出，包括医疗卫生管理事务支出、医疗服务支出、医疗保障支出、疾病预防控制支出、卫生监督支出、妇幼保健支出、农村卫生支出等。

（10）环境保护：指政府环境保护支出，包括环境保护管理事务支出、环境监测与监察支出、污染治理支出、自然生态保护支出、天然林保护工程支出、退耕还林支出、风沙荒漠治理支出、退牧还草支出、已垦草原退耕还草、能源节约利用、污染减排、可再生能源和资源综合利用等支出。

（11）城乡社区事务：指政府城乡社区事务支出，包括城乡社区管理事务支出、城乡社区规划与管理支出、城乡社区公共设施支出、城乡社区住宅支出、城乡社区环境卫生支出、建设市场管理与监督支出等。

（12）农林水事务：指政府农林水事务支出，包括农业支出、林业支出、水利支出、扶贫支出、农业综合开发支出等。

（13）交通运输：指政府交通运输和邮政业方面的支出，包括公路运输支出、水路运输支出、铁路运输支出、民用航空运输支出、邮政业支出等。

（14）工业商业金融等事务：指政府对工业、商业及金融等方面的支出，包括采掘业支出、制造业支出、建筑业支出、工业和信息产业监管支出、国有资产监管支出、商业流通事务支出、金融业监管支出、旅游业管理与服务支出等。

中央财政收入和地方财政收入 指按现行分税制财政体制划分的中央本级收入和地方本级收入。属于中央财政的收入包括关税，进口货物增值税和消费税，出口货物退增值税和消费税，消费税，铁道部门、各银行总行、各保险公司总公司等集中交纳的营业税和城市维护建设税，增值税75%部分，纳入共享范围的企业所得税60%部分，未纳入共享范围的中央企业所得税、中央企业上交的利润，个人所得税60%部分，车辆购置税，船舶吨税，证券交易印花税97%部分，海洋石油资源税，中央非税收入等。属于地方财政的收入包括营业税(不含铁道部门、各银行总行、各保险公司总公司集中交纳的营业税)，地方企业上交利润，城市维护建设税(不含铁道部门、各银行总行、各保险公司总公司集中交纳的部分)，房产税，城镇土地使用税，土地增值税，车船税，耕地占用税，契税，烟叶税，印花税，增值税25%部分，纳入共享范围的企业所得税40%部分，个人所得税40%部分，证券交易印花税3%部分，海洋石油资源税以外的其他资源税，地方非税收入等。

中央财政支出和地方财政支出 指根据政府在经济和社会活动中的不同职责，划分中央和地方政府的责权，按照政府的责权划分确定的支出。中央财政支出包括一般公共服务，外交支出，国防支出，公共安全支出，以及中央政府调整国民经济结构、协调地区发展、实施宏观调控的支出等。地方财政支出包括一般公共服务，公共安全支出，地方统筹的各项社会事业支出等。

第九篇 Chapter 9

物价指数
Price Indices

责任编辑:王振权　哈金才
资料整理:王振权　哈金才　吴宗信　苏玉英　胡　明
　　　　　张晓刚　张　明　王明珠　孙惠玲

Coordinator:Wang Zhenquan　Ha Jincai
Data Compilation:Wang Zhenquan　Ha Jincai　Wu Zongxin
　Su Yuying　Hu Ming　Zhang Xiaogang
　Zhang Ming　Wang Mingzhu　Sun Huiling

9-1 各种物价总指数

Price Indices

（以上年价格为 100）（preceding year=100）

年份 Year	居民消费价格总指数 Consumer Price Index			商品零售价格总指数 Retail Price Index		
	全区 General	城市 Urban Household	农村 Rural Household	全区 General	城市 Urban Household	农村 Rural Household
1958	102.4	102.4		101.0	101.7	100.0
1960	104.3	104.3		103.0	104.4	101.0
1965	97.7	97.7		97.6	97.5	97.7
1970	100.8	100.8		100.5	100.8	100.0
1975	100.6	100.6		100.3	100.7	100.0
1978	100.6	100.6		100.0	100.7	99.7
1980	108.1	108.1		105.8	108.2	104.0
1985	108.6	108.6	108.3	107.8	108.5	106.8
1990	107.1	105.5	109.0	104.2	102.3	105.7
1991	106.3	106.9	105.3	105.9	106.6	104.9
1992	108.3	109.3	106.5	108.1	109.1	106.2
1993	114.3	115.2	113.8	112.1	112.4	111.9
1994	123.1	124.8	121.6	120.1	120.0	120.3
1995	117.1	117.3	116.4	115.3	114.7	115.9
1996	106.8	106.6	106.9	106.7	106.3	107.4
1997	103.8	103.9	103.5	102.2	102.2	102.1
1998	100.0	100.0	99.8	97.5	97.3	97.9
1999	98.7	99.1	98.1	97.9	98.4	97.0
2000	99.6	99.7	99.5	97.6	97.8	97.4
2001	101.6	101.3	102.2	100.0	100.3	99.6
2002	99.4	99.5	99.4	98.6	98.6	98.7
2003	101.7	101.5	102.0	99.5	99.2	100.1
2004	103.7	103.3	104.5	102.8	102.1	104.2
2005	101.5	101.6	101.2	100.4	100.5	100.1
2006	101.9	101.7	102.3	101.3	101.2	101.8
2007	105.4	105.1	105.9	104.1	103.7	105.4
2008	108.5	107.9	109.9	108.5	107.1	112.5
2009	100.7	100.3	101.5	99.5	99.4	100.0

9-1 续表 continued

年份	Year	居民消费价格总指数 Consumer Price Index			商品零售价格总指数 Retail Price Index			农业生产资料价格总指数 Agricultural Production Index
		全区 General	城市 Urban Household	农村 Rural Household	全区 General	城市 Urban Household	农村 Rural Household	
以1950年价格为100	Year of 1950=100	924.6			598.2			
以1952年价格为100	Year of 1952=100	814.7			527.9			
以1957年价格为100	Year of 1957=100	721.6			507.1			
以1965年价格为100	Year of 1965=100	696.9			477.0			
以1970年价格为100	Year of 1970=100	662.0			463.9			
以1978年价格为100	Year of 1978=100	593.3	590.7		430.9	449.1	425.0	
以1980年价格为100	Year of 1980=100	540.5	537.6		402.0	408.0	404.4	
以1985年价格为100	Year of 1985=100	451.3	449.0	420.3	341.7	341.7	351.8	559.6
以1990年价格为100	Year of 1990=100	270.6	267.0	254.2	209.2	207.0	218.4	348.7
以1992年价格为100	Year of 1992=100	226.4	228.6	226.6	182.6	178.1	196.0	320.6
以1994年价格为100	Year of 1994=100	160.8	159.0	163.9	135.7	132.0	145.7	223.6
以1995年价格为100	Year of 1995=100	137.3	135.6	140.8	117.7	115.0	125.7	171.3
以1996年价格为100	Year of 1996=100	128.6	127.2	131.5	110.3	108.1	117.0	157.4
以1997年价格为100	Year of 1997=100	123.9	122.4	127.1	108.0	105.9	114.5	160.1
以1998年价格为100	Year of 1998=100	123.9	122.4	127.3	110.7	108.8	117.0	166.6
以1999年价格为100	Year of 1999=100	125.6	123.6	130.0	113.0	110.6	120.7	178.3
以2000年价格为100	Year of 2000=100	126.0	123.9	130.6	115.9	113.1	123.8	185.8
以2001年价格为100	Year of 2001=100	124.0	122.3	127.8	115.9	112.8	124.3	182.2
以2002年价格为100	Year of 2002=100	124.8	122.9	128.5	117.5	114.4	126.0	176.0
以2003年价格为100	Year of 2003=100	122.7	121.1	126.0	118.1	115.3	125.9	177.1
以2004年价格为100	Year of 2004=100	118.3	117.2	120.6	114.9	112.9	120.8	156.0
以2005年价格为100	Year of 2005=100	116.6	115.4	119.1	114.4	112.3	120.7	142.7
以2006年价格为100	Year of 2006=100	114.4	113.5	116.4	112.9	111.0	118.6	141.6
以2007年价格为100	Year of 2007=100	108.5	107.9	109.9	108.5	107.1	112.5	126.2
以2008年价格为100	Year of 2008=100	100.7	100.3	101.5	99.5	99.4	100.0	96.3

9-2 居民消费价格总指数

Consumer Price Index

（以上年价格为 100） (preceding year=100)

指 标	Item	全 区 General	城 市 Urban Household	农 村 Rural Household
居民消费价格总指数	**Consumer Price Index**	**100.7**	**100.3**	**101.5**
食 品	Food	101.6	101.6	101.3
粮 食	Grain	107.1	107.3	106.9
淀粉及薯	Starches and Tubers	101.7	102.8	100.0
干豆类及豆制品	Beans and Bean Products	96.9	96.8	97.2
油 脂	Oil or Fat	78.0	79.4	76.0
肉禽及制品	Meal,Poultry and Processed Products	92.8	93.4	91.9
蛋	Eggs	103.7	102.8	105.2
水产品	Aquatic Products	99.5	100.2	96.3
菜	Vegetables	115.7	114.8	118.4
鲜 菜	Fresh Vegetables	117.8	117.2	119.7
调味品	Flavoring	103.9	103.4	104.7
糖	Carbohydrate	103.0	102.5	104.2
茶和饮料	Tea and Beverages	98.4	97.8	100.1
干鲜瓜果	Dried and Fresh Melons and Fruits	108.1	107.4	108.8
糕点饼干面包	Cake,Biscuit and Bread	100.0	99.6	101.8
奶及奶制品	Milk and Its Products	101.0	100.9	101.4
在外用膳食品	Dining Out	103.3	103.3	103.4
其他食品及食品加工	Other Foods and Manufacturing Services	105.2	105.4	105.2
烟酒及用品	Tobacco,Liquor and Articles	102.1	101.4	103.3
烟草	Tobacco	100.4	100.1	100.8
酒	Liquor	105.5	103.1	110.4
吸烟饮酒用品	Articles for Smoking and Drinking	103.3	103.6	100.5
衣 着	Clothing	99.2	98.1	101.5
服 装	Garments	99.6	98.6	101.8

9-2 续表 continued

指 标	Item	全 区 General	城 市 Urban Household	农 村 Rural Household
衣着材料	Clothing Material	103.4	105.3	100.7
鞋袜帽及其他衣着	Footgear,Hats and Other Clothing	98.0	96.5	100.8
衣着加工服务	Clothing Manufacturing Services	102.5	101.5	107.3
家庭设备及用品	Household Facilities and Articles	100.9	100.7	101.3
耐用消费品	Durable Consumer Goods	99.2	98.7	100.4
室内装饰品	Interior Decorations	100.6	99.8	102.0
床上用品	Bed Articles	98.2	96.0	101.7
家庭日用杂品	Daily Use Household Articles	103.9	104.9	102.5
家庭服务及加工维修服务	Household Services and Maintenance and Renovation	104.3	103.8	105.5
医疗保健	Health Care	101.7	101.7	101.7
医疗保健	Health Care	101.9	102.3	101.1
个人用品及服务	Personal Articles and Services	101.2	100.3	103.6
交通和通讯工具	Transportation and Communication	98.4	99.4	96.6
交通	Transportation	100.8	102.1	98.6
通讯	Communication	95.5	96.4	93.7
娱乐、教育、文化用品	Recreation,Education and Culture Articles	100.0	98.9	102.5
文娱用耐用消费品	Durable Consumer Goods for Cultural and Recreational Use	86.4	84.9	89.1
教育	Education	105.6	104.8	107.0
文化娱乐用品	Cultural and Recreational Articles	103.0	101.7	106.4
旅游及外出	Touring and Outing	99.0	98.5	101.6
居 住	Residence	101.7	99.7	105.3
建房及装修材料	Building and Building Decoration Materials	103.5	102.6	104.2
租 房	Renting	102.1	101.0	111.1
自有住房	Private Housing	96.3	94.4	102.3
水、电、燃料	Water,Electricity and Fuels	103.1	101.1	106.6

9-3 商品零售价格指数

Retail Price Index

（以上年价格为100）　　（preceding year=100）

指　标	Item	全　区 General	城　市 Urban Household	农　村 Rural Household
商品零售价格总指数	Retail Price Index	99.5	99.4	100.0
食品	Food	101.6	101.7	101.2
粮食	Grain	107.3	107.2	107.2
淀粉及薯	Starches and Tubers	102.0	102.9	100.0
干豆及豆制品	Beans and Bean Products	97.7	98.1	96.3
油脂	Oil or Fat	78.0	79.0	76.3
肉禽及其制品	Meal,Poultry and Processed Products	93.0	93.3	92.3
蛋	Eggs	101.9	100.3	105.0
水产品	Aquatic Products	99.0	99.2	97.0
菜	Vegetables	115.1	115.1	116.0
调味品	Flavoring	104.4	103.8	106.3
糖	Carbohydrate	102.8	102.6	104.6
干鲜瓜果	Dried and Fresh Melons and Fruits	108.6	107.8	109.8
糕点饼干面包	Cake,Biscuit and Bread	99.5	99.4	100.6
奶及奶制品	Milk and Its Products	101.7	101.8	101.2
在外用膳食品	Dining Out	103.2	103.4	102.7
其它食品	Other Foods and Manufacturing Services	104.3	103.3	105.5
饮料、烟酒	Beverages,Tobacco and Liquor	100.9	99.9	103.2
茶及饮料	Tea and Beverages	97.5	97.1	99.9
烟草	Tobacco	100.4	100.1	101.1
酒	Liquor	104.7	103.2	108.5
服装、鞋帽	Garments,Shoes and Hats	98.7	97.6	101.3
服装	Garments	99.4	98.4	101.9
鞋袜帽	Footgear and Hats	97.1	95.9	100.8
其它	Others	95.4	95.7	93.2
纺织品	Textiles	98.8	98.1	102.3
衣着材料	Cotton Cloth	107.1	108.7	101.8
床上用品	Blend Cloth	95.8	94.8	102.2
家用电器及音像器材	Household Appliances,Music and Video Equipment	93.2	93.0	94.1
家庭设备	Household Facilities	98.1	97.9	98.9
文娱用耐用消费品	Durable Consumer Goods for Cultural and Recreational Use	85.4	84.2	89.7

9-3 续表 continued

指 标	Item	全 区 General	城 市 Urban Household	农 村 Rural Household
音像器材	Video Equipment	98.0	98.6	91.7
文化办公用品	Cultural and Office Appliances	94.8	94.5	96.0
日用品	Articles for Daily Use	102.6	102.3	103.6
日用百货	General Merchandise for Daily Use	101.9	100.7	104.6
日用杂品	Miscellaneous for Daily Use	104.7	105.5	101.6
洗涤用品	Articles for Washing	103.5	103.7	103.2
其它日用品	Others	102.1	101.6	103.5
体育娱乐用品	Sports and Recreation Articles	96.0	96.1	96.3
体育用品	Sports Articles	100.7	100.9	100.3
娱乐用品	Recreation Articles	92.1	92.5	91.2
交通、通信用品	Transportation and Communication Appliances	95.2	95.7	93.0
交通运输机械	Transportation Machinery	100.7	101.0	99.8
通讯器材	Communication Appliances	86.1	86.3	85.1
家具	Furniture	98.2	97.3	101.4
化妆品	Cosmetics	101.7	101.4	103.1
金银珠宝	Gold,Silver and Jewelry	92.9	93.3	92.5
中西药品及医疗保健用品	Traditional Chinese and Western Medicines and Health Care Articles	100.9	101.0	100.6
医疗器具及用品	Medical Apparatus and Articles	105.1	105.7	105.2
中药材及中成药	Traditional Chinese Medicinal Materials and Medicines	101.4	101.2	102.4
西药	Western Medicines	99.8	100.0	99.5
保健器具及用品	Health Care Apparatus and Articles	101.5	102.8	97.9
书报杂志及电子出版物	Books,Newspapers,Magazines and Electronic Publications	106.5	107.3	104.6
教材及参考书	Teaching Materials and Reference Books	104.2	104.7	103.1
书报杂志	Books,Newspapers and Magazines	109.9	110.1	109.1
电子音像制品	Electromin Publications	99.6	100.0	98.6
燃 料	Feuls	99.3	101.1	95.9
煤炭及制品	Coal and Processed Products	103.6	113.4	98.8
石油及制品	Petroleum and Processed Products	96.9	98.5	90.0
建筑材料及五金电料	Building Materials and Hardware	99.7	100.2	98.7
建筑装璜材料	Building Decoration Materials	97.5	97.4	97.6
五金电料	Hardware	104.1	104.7	102.1

9-4 各月居民消费价格指数

Monthly Consumer Price Indices

(以上年价格为 100) (preceding year=100)

月份	Month	居民消费价格总指数 Consumer Price Indices	食品 Food	烟酒及用品 Tobacco, Liquor and Articles
一月	Jan.	101.7	102.3	103.4
二月	Feb.	98.3	97.3	103.1
三月	Mar.	100.5	100.7	103.1
四月	Apr.	100.2	99.9	102.9
五月	May	101.4	101.8	102.2
六月	June	101.2	101.9	101.9
七月	July	100.8	101.2	101.8
八月	Aug.	101.5	101.9	101.7
九月	Sept.	102.2	101.4	101.5
十月	Oct.	102.1	101.3	101.3
十一月	Nov.	103.1	103.6	101.3
十二月	Dec.	104.5	106.0	101.2

9-4 续表 1 continued

(以上年价格为 100) (preceding year=100)

月份	Month	衣着 Clothing	家庭设备用品及维修服务费 Household Facilities, Articles and Services	医疗保健和个人用品 Health Care and Personal Articles
一月	Jan.	102.8	104.0	102.3
二月	Feb.	101.5	103.6	101.9
三月	Mar.	101.6	102.9	101.5
四月	Apr.	99.8	102.0	102.1
五月	May	99.3	101.5	101.9
六月	June	98.9	101.3	101.7
七月	July	98.9	100.1	101.6
八月	Aug.	98.6	99.8	101.5
九月	Sept.	98.5	99.2	101.7
十月	Oct.	98.4	98.9	101.3
十一月	Nov.	96.4	99.1	101.4
十二月	Dec.	96.4	98.9	101.2

9-4 续表 2 continued

（以上年价格为 100） (preceding year=100)

月 份	Month	交通和通信 Transportation and Communication	娱乐教育文化用品及服务 Recreation, Education and Culture Articles	居住 Residence
一月	Jan.	99.1	98.0	106.9
二月	Feb.	98.5	97.9	105.8
三月	Mar.	99.2	98.0	104.9
四月	Apr.	99.2	98.2	103.4
五月	May	98.7	98.2	101.9
六月	June	99.1	98.1	99.8
七月	July	97.8	97.8	99.6
八月	Aug.	97.8	98.9	99.6
九月	Sept.	97.8	103.7	99.9
十月	Oct.	97.4	103.6	99.9
十一月	Nov.	98.0	103.7	99.0
十二月	Dec.	98.4	103.8	100.9

9-5 各月商品零售及农业生产资料价格指数

Monthly Indices for Retail Price and Agricultural Production Price

（以上年价格为 100） (preceding year=100)

月 份	Month	商品零售价格总指数 Retail Price Indices	食品 Food	饮料、烟酒 Beverages, Tobacco and Liquor	服装、鞋帽 Garments, Shoes and Hats	纺织品 Textiles	家用电器及音像器材 Household Appliances, Music and Video Equipment
一月	Jan.	102.2	102.9	103.0	102.1	98.6	93.8
二月	Feb.	100.1	98.2	101.9	100.7	98.4	94.7
三月	Mar.	100.6	101.2	101.6	100.8	99.3	93.4
四月	Apr.	99.6	100.2	101.7	99.2	98.4	93.0
五月	May	99.7	102.2	101.2	98.8	101.6	92.7
六月	June	99.2	102.1	100.9	98.6	100.8	91.9
七月	July	98.3	100.8	100.5	98.8	100.4	91.6
八月	Aug.	98.4	101.3	100.3	98.4	98.2	92.2
九月	Sept.	98.4	100.6	99.9	98.4	99.2	92.9
十月	Oct.	98.3	100.7	99.9	97.9	98.2	93.7
十一月	Nov.	99.2	103.4	100.5	95.3	95.6	94.1
十二月	Dec.	100.6	106.1	99.8	95.2	97.0	94.6

9-5 续表 1 continued

（以上年价格为 100） (preceding year=100)

月份	Month	文化办公用品 Cultural and Office Appliances	日用品 Articles for Daily Use	体育娱乐用品 Sports and Recreation Articles	交通、通信用品 Transportation and Communication Appliances	家具 Furniture	化妆品 Cosmetics	金银珠宝 Gold, Silver and Jewellry
一月	Jan.	93.7	107.9	97.8	96.4	101.5	101.8	94.6
二月	Feb.	94.2	107.1	97.7	96.4	101.0	101.7	93.7
三月	Mar.	94.5	106.4	98.2	95.9	101.5	101.8	89.0
四月	Apr.	94.3	105.1	96.9	96.6	100.1	103.0	86.5
五月	May	95.5	104.6	96.8	96.4	98.5	101.7	86.0
六月	June	95.9	102.7	96.9	96.7	98.7	101.3	87.7
七月	July	94.6	101.0	95.3	94.9	97.4	102.2	87.5
八月	Aug.	94.7	100.8	95.2	94.6	96.8	102.0	88.5
九月	Sept.	94.2	99.8	95.0	94.0	95.7	101.5	92.7
十月	Oct.	95.1	99.0	94.3	93.3	95.0	101.5	96.4
十一月	Nov.	95.0	98.9	94.0	93.4	96.0	101.3	106.0
十二月	Dec.	95.5	99.4	93.8	93.8	95.8	100.6	111.4

9-5 续表 2 continued

（以上年价格为 100） (preceding year=100)

月份	Month	中西药品及医疗保健用品 Traditional Chinese and Western Medicines and Health Care Articles	书报杂志及电子出版物 Books, Newspapers, Magazines and Electronic Publications	燃料 Fuels	建筑材料及五金电料 Building Materials and Hardware	农业生产资料价格总指数 Agricultural Production Indices
一月	Jan.	102.2	106.8	109.0	109.0	108.9
二月	Feb.	101.5	107.2	105.8	107.8	104.9
三月	Mar.	100.8	107.2	105.6	102.9	100.6
四月	Apr.	101.0	107.3	101.4	100.6	97.0
五月	May	100.5	107.2	99.3	96.6	94.4
六月	June	100.4	107.1	95.9	95.4	92.7
七月	July	100.1	107.1	94.6	95.5	92.0
八月	Aug.	100.0	107.0	93.1	97.2	91.6
九月	Sept.	101.3	105.7	95.6	96.7	91.2
十月	Oct.	100.8	105.7	94.7	98.0	92.9
十一月	Nov.	100.9	105.1	98.1	99.2	95.3
十二月	Dec.	101.1	105.0	102.7	100.0	97.3

9-6 工业品出厂价格分类指数

Producer Price Indices by Category

（以上年价格为 100） (preceding year=100)

指 标	Item	1999	2000	2001	2002	2003	2004	2005	2006	2007	2008	2009
全部工业品	**Total Industry Products**	**98.4**	**103.6**	**100.3**	**99.7**	**103.9**	**110.0**	**106.2**	**106.2**	**103.7**	**112.9**	**93.9**
生产资料	**Means of Production**	**98.5**	**103.8**	**100.3**	**99.8**	**104.3**	**110.6**	**106.5**	**106.6**	**103.6**	**113.4**	**93.5**
采掘工业	Mining & Quarrying Industry	100.3	100.1	100.9	108.4	101.6	133.6	128.6	111.3	107.0	136.3	93.9
原材料工业	Raw Materials Industry	99.3	109.5	100.4	97.6	105.9	109.1	106.2	108.8	103.1	106.9	93.4
加工工业	Processing Industry	97.1	97.3	100.0	99.7	102.9	107.4	100.6	102.3	103.3	115.3	93.6
生活资料	**Consumer Goods**	**97.8**	**101.8**	**100.1**	**98.8**	**100.4**	**103.2**	**103.4**	**101.8**	**104.5**	**107.7**	**98.5**
食品类	Food	100.1	99.2	99.6	98.7	99.7	104.6	104.9	103.6	106.2	108.3	99.3
衣着类	Clothing	96.4	98.2	103.6	100.4	103.1	101.0	98.8	96.2	100.8	98.0	96.3
一般日用品	Articles for Daily Use	96.9	103.9	101.7	97.7	97.2	100.4	102.7	101.2	102.9	113.1	97.9
耐用消费品	Durable Consumer Goods	96.4	106.8	100.7	92.5	97.2	97.5	99.6	99.2	99.8	105.8	100.3

9-7 分行业工业品出厂价格指数

Producer Price Indices by Sector

（以上年价格为 100） (preceding year=100)

年 份 Year	总指数 General Index	冶金工业 Metallurgical Industry	电力工业 Power Industry	煤炭工业 Coal Industry	石油工业 Petroleum Industry	化学工业 Chemical Industry	机械工业 Machine Manufacturing Industry	建筑材料工业 Building Materials Industry
2000	103.6	105.1	104.0	99.7	142.0	99.2	99.1	101.8
2001	100.3	96.1	106.1	102.0	99.4	99.4	100.8	99.8
2002	99.7	92.8	100.8	112.2	96.6	101.6	97.9	102.2
2003	103.9	103.3	103.3	103.0	116.5	104.5	99.1	100.9
2004	110.0	113.6	107.2	133.5	110.7	106.6	102.8	105.4
2005	106.2	96.9	104.3	127.7	118.9	104.7	106.0	99.3
2006	106.2	108.7	103.4	111.0	121.5	100.4	106.8	101.7
2007	103.7	103.8	102.9	107.1	103.5	103.4	102.0	102.5
2008	112.9	109.1	101.2	135.6	120.3	117.6	106.4	114.1
2009	93.9	82.9	101.48	93.6	97.4	90.7	97.2	114.9

注：2003 年不含石油。

a)Oil was not inculuded in 2003.

9-8 主要工业原材料购进价格指数

Major Industrial Raw Material Purchase Price Indices

（以上年价格为 100） (preceding year=100)

指 标	Item	1999	2000	2001	2002	2003	2004	2005	2006	2007	2008	2009
原材料、燃料、动力购进价格总指数	**Purchasing Price Indices for Raw Materials,Fuels and Power**	**97.0**	**105.8**	**102.5**	**97.8**	**106.8**	**117.3**	**109.7**	**108.5**	**107.1**	**121.8**	**94.7**
燃料、动力	Fuel and Power	97.0	103.1	103.5	103.7	108.0	116.5	113.6	107.9	107.5	126.8	103.5
黑色金属材料	Ferrous Metals	97.7	104.1	98.9	98.0	110.2	134.4	105.8	90.2	108.4	136.6	81.1
钢材	Rolled Steel	97.8	104.0	99.0	97.6	109.1	133.3	130.8	89.7	106.5	133.3	81.7
有色金属材料和电线	Nonferrous Metals and Electric Wire	97.6	123.6	84.9	70.0	108.4	114.8	101.9	129.6	108.4	105.1	81.2
化工原料	Raw Chemical Materials	94.4	107.5	98.5	98.6	103.1	114.5	110.5	99.2	104.3	116.7	93.3
木材及纸浆	Timber and Paper Pulp	102.2	75.0	103.1	100.5	100.6	108.5	117.2	101.2	103.0	113.0	93.5
建筑材料类及非金属矿	Building Materials	97.4	99.2	103.9	99.9	101.1	110.0	109.5	105.0	104.6	127.0	103.6
其它工业原材料类及半成品	Other Industry Raw Materials and Semi-finished Products	95.2	111.6	110.6	98.4	99.5	109.6	103.8	105.6	106.3	113.7	92.4
农副产品类	Agricultural Products	97.6	109.6	123.7	97.4	115.1	117.3	108.8	102.5	108.7	126.0	89.5
纺织原料类	Textile Materials	101.9	103.0	98.1	79.2	80.5	100.7	122.7	100.7	100.9	99.5	95.6

9-9 固定资产投资价格指数

Price Indices for Investment in Fixed Assets

（以上年价格为 100） (preceding year=100)

年 份 Year	固定资产投资 Investment in Fixed Assets	建筑安装、装饰工程 Construction and Installation	设备、工器具购置 Purchase of Equipment and Instruments	其他费用 Others
1991	110.4	110.3	107.2	118.2
1992	117.3	119.9	114.6	109.4
1993	123.0	128.5	115.1	113.4
1994	112.6	115.2	105.0	114.8
1995	109.3	109.7	105.9	114.3
1996	107.4	104.0	112.2	119.0
1997	102.2	104.5	97.5	100.0
1998	102.1	102.9	96.6	108.1
1999	99.7	101.0	97.0	98.4
2000	104.5	106.3	99.5	103.9
2001	101.5	102.0	100.7	100.7
2002	100.7	102.1	97.0	100.0
2003	102.3	103.7	96.9	103.2
2004	104.9	107.1	99.1	102.6
2005	102.1	102.2	101.3	101.8
2006	101.3	101.2	102.4	99.9
2007	103.2	104.1	100.4	101.0
2008	109.0	110.6	101.9	106.4
2009	100.2	100.7	97.4	101.1

9-10 分市县居民消费价格分类指数

（以上年价格为 100）　　　　　　　　　　　　　　　　　　　　　　　　　　　　　　　　　　　　　　（2009）

指标	Item	银川市 Yinchuan
居民消费价格总指数	**Consumer Price Index**	**99.7**
食 品	**Food**	**101.5**
粮 食	Grain	106.5
淀粉及薯	Starches and Tubers	101.7
干豆类及豆制品	Beans and Bean Products	96.5
油 脂	Oil or Fat	80.3
肉禽及其制品	Meal,Poultry and Processed Products	93.5
食用畜肉及副产品	Meat and Byproducts	91.5
禽	Poultry	95.8
肉禽加工制品	Processed Products of Meat and Poultry	101.9
蛋	Eggs	103.0
水产品	Aquatic Products	98.8
鱼	Fish	97.2
其它水产品	Others	101.5
菜	Vegetables	112.2
调味品	Flavoring	103.0
糖	Carbohydrate	101.9
茶及饮料	Tea and Beverages	97.3
茶叶	Tea	94.0
饮料	Beverages	99.0
干鲜瓜果	Dried and Fresh Melons and Fruits	108.7
糕点饼干面包	Cake,Biscuit and Bread	98.0
奶及奶制品	Milk and Processed Products	99.3
在外用膳食品	Dining Out	103.2
其他食品	Other Foods and Manufacturing Services	106.0
烟酒及用品	**Tobacco,Liquor and Articles**	**101.0**
烟草	Tobacco	100.2
酒	Liquor	102.4
吸烟饮酒用品	Articles for Smoking and Drinking	106.0
衣 着	**Clothing**	**97.2**
服装	Garments	98.9
男式服装	Men´s	96.2
女式服装	Women´s	101.0
儿童服装	Children´s	99.1
衣着材料	Clothing Materials	107.8
鞋袜帽	Footgear and Hats	92.4
鞋	Shoes	91.6
袜	Socks	100.3
帽	Hats	94.9
衣着加工服务	Clothing Manufacturing Services	100.8
家庭设备用品及维修服务	**Household Facilities,Articles and Services**	**100.7**
耐用消费品	Durable Consumer Goods	98.1

Consumer Price Indices by Category and Region

(preceding year=100)

石嘴山市 Shizuishan	平罗县 Pingluo	利通区 Litong	沙坡头区 Shapotou	原州区 Yuanzhou	海原县 Haiyuan
101.8	**101.8**	**100.7**	**100.2**	**102.5**	**102.3**
101.7	**101.2**	**104.5**	**98.4**	**103.5**	**101.3**
109.1	107.4	106.5	107.2	107.6	104.8
106.0	104.3	101.1	102.5	98.0	90.4
96.1	95.9	99.5	93.3	96.7	110.8
79.0	72.4	75.9	73.8	84.3	75.8
92.6	93.2	96.2	88.1	91.2	97.8
90.2	92.1	96.9	85.8	90.8	96.4
89.0	94.7	95.4	93.9	90.7	103.3
99.3	101.2	93.1	100.3	94.2	102.7
103.6	106.5	98.6	107.2	99.6	106.7
103.1	99.1	102.0	95.2	94.0	98.0
103.4	99.8	101.6	94.6	91.6	97.9
102.6	95.4	104.6	100.0	101.9	98.8
119.2	115.8	122.1	117.0	114.5	125.3
103.5	111.9	105.6	104.5	102.6	99.0
103.7	107.5	104.5	103.2	101.3	99.4
96.9	100.3	99.5	99.5	100.3	100.0
100.0	100.0	99.3	98.8	100.0	100.0
96.0	100.5	99.6	99.6	100.6	99.9
105.1	102.0	106.5	109.2	120.0	106.4
102.3	102.7	101.4	101.8	96.1	105.1
104.7	97.2	102.0	103.3	105.5	99.4
100.7	107.1	108.7	97.7	104.2	104.7
97.8	107.8	109.1	104.3	105.0	103.0
101.4	**102.9**	**101.7**	**106.5**	**101.0**	**100.7**
100.0	103.5	100.0	99.1	101.0	100.0
103.6	101.3	104.6	126.9	100.9	102.8
101.4	100.0	104.3	100.0	100.4	101.1
102.5	**104.7**	**94.1**	**98.8**	**101.6**	**101.9**
100.9	106.1	92.2	98.9	101.5	100.8
101.5	105.1	91.5	95.0	100.3	99.7
100.9	106.2	91.5	101.4	101.7	103.9
97.5	109.3	102.1	100.5	105.4	92.9
102.5	101.2	104.7	98.1	102.6	99.4
107.9	101.6	97.1	98.2	101.7	105.2
107.9	101.1	96.8	98.9	100.9	105.7
112.1	101.5	100.3	92.7	109.0	100.0
100.0	109.1	97.7	100.6	101.9	105.6
100.0	102.8	108.0	113.2	103.9	105.2
101.8	**102.1**	**99.6**	**100.9**	**102.2**	**100.3**
100.2	101.4	98.1	100.4	100.3	98.5

9-10 续表

指标	Item	银川市 Yinchuan
家 具	Furniture	96.6
家庭设备	Household Facilities	98.8
室内装饰品	Interior Decorations	99.2
床上用品	Bed Articles	94.1
家庭日用杂品	Daily Use Household Articles	105.2
家庭服务及加工维修服务	Household Services and Maintenance and Renovation	102.3
医疗保健及个人用品	**Health Care and Personal Articles**	**100.2**
医疗保健	Health Care	100.3
医疗器具及保健用品	Medical Instrument and Health Care Articles	105.5
中药材及中成药	Traditional Chinese Medicine	100.5
西药	Western Medicine	99.5
保健器具及用品	Health Care Appliances and Articles	102.0
医疗保健服务	Health Care Services	100.4
个人用品及服务	Personal Articles and Services	100.0
化妆美容用品	Cosmetics	99.8
卫生用品	Sanitation Articles	102.8
个人饰品	Personal Ornaments	94.7
个人服务	Personal Services	100.3
交通和通讯工具	**Transportation and Communication**	**99.0**
交 通	Transportation	101.7
交通工具	Transportation Facility	99.4
车用燃料及零配件	Fuels and Parts	98.0
车辆使用及维修	Fees for Vehicles Use and Maintenance	104.8
市区公共交通	Incity Traffic Fare	104.0
城市间交通	Intercity Traffic Fare	100.3
通 信	Communication	96.0
通信工具	Communication Facility	80.6
通信服务	Communication Service	99.9
娱乐教育文化用品	**Recreation,Education and Culture Articles**	**96.8**
文娱用耐用消费品及服务	Durable Consumer Goods for Cultural and Recreational Use and Services	81.3
教 育	Education	103.6
教材及参考书	Teaching Materials and Reference Books	106.5
学杂托幼费	Tuition and Child Care	103.2
文化娱乐用品	Cultural and Recreational Articles	101.5
文化娱乐	Cultural Articles	98.7
书报杂志	Newspapers and Magazines	110.9
文娱费	Expenditure on Culture and Recreation	100.7
旅游及外出	Touring and Outing	98.0
居 住	**Residence**	**99.6**
建房及装修材料	Building and Building Decoration Materials	101.9
租房	Renting	101.2
自有住房	Private Housing	90.9
水、电、燃料	Water,Electricity and Fuels	101.0

continued

石嘴山市 Shizuishan	平罗县 Pingluo	利通区 Litong	沙坡头区 Shapotou	原州区 Yuanzhou	海原县 Haiyuan
99.9	101.6	96.7	102.7	101.2	99.8
100.4	100.9	99.1	97.8	99.0	96.2
101.7	104.3	99.6	100.7	102.2	100.9
100.0	105.2	96.1	100.0	100.8	102.1
105.0	102.7	102.5	102.6	103.1	101.7
105.5	103.2	107.5	100.0	116.4	102.8
104.9	101.2	100.8	101.8	103.1	100.0
106.4	101.2	101.1	102.0	100.9	98.7
100.3	107.0	115.6	105.5	100.0	100.5
98.5	102.4	103.8	103.2	103.4	96.4
101.8	99.5	99.5	99.5	100.7	97.1
105.9	104.3	101.2	92.5	100.0	100.2
120.8	101.7	99.9	104.2	99.9	101.9
101.4	101.7	100.1	101.1	109.1	104.0
103.3	101.9	100.4	102.4	106.1	106.6
102.5	108.6	104.4	102.2	111.6	103.1
96.2	94.2	93.6	100.4	104.5	99.4
100.2	102.5	100.3	100.7	115.0	104.9
100.0	96.9	99.0	97.8	94.4	97.2
103.0	96.7	101.6	100.3	98.6	98.5
100.3	100.2	102.0	99.8	98.5	98.0
110.1	87.1	90.1	99.3	87.5	90.8
110.5	97.2	107.0	101.9	106.1	100.1
101.6	95.3	100.3	100.0	100.0	103.4
102.0	102.3	104.0	102.3	104.1	107.6
97.1	97.2	96.8	94.4	88.4	94.9
85.9	91.5	81.3	81.8	81.8	85.4
100.0	99.9	100.0	99.5	91.1	98.4
101.8	104.3	99.6	101.6	103.7	104.6
93.3	87.0	84.0	89.3	89.4	93.3
107.3	112.6	106.7	105.6	107.8	108.3
102.3	100.7	97.8	101.9	103.1	109.4
108.6	114.5	108.7	106.2	108.5	108.2
102.9	112.8	101.1	100.9	107.2	102.5
101.0	100.5	100.7	99.9	99.5	97.0
104.1	109.8	105.1	101.2	112.0	103.6
103.8	138.9	98.7	105.2	112.0	147.9
99.0	98.1	100.2	104.4	104.3	100.0
101.1	103.9	99.8	102.8	104.8	108.5
103.0	102.7	103.7	103.1	104.5	107.6
100.0	125.8	101.8	117.7	103.3	100.0
97.6	101.6	91.5	102.0	104.9	99.4
101.6	105.2	100.1	101.9	104.5	112.7

9-11 分市县商品零售价格分类指数

（以上年价格为 100） （2009）

指标	Item	银川市 Yinchuan
商品零售价格总指数	**Retail Price Index**	**98.5**
食 品	**Food**	**102.1**
粮 食	Grain	106.6
淀粉及薯	Starches and Tubers	101.7
干豆类及豆制品	Beans and Bean Products	96.5
油 脂	Oil or Fat	80.1
肉禽及其制品	Meal,Poultry and Processed Products	93.7
食用畜肉及副产品	Meat and Byproducts	90.0
禽	Poultry	95.7
肉禽加工制品	Processed Products of Meat and Poultry	101.9
蛋	Eggs	100.8
水产品	Aquatic Products	98.6
鱼	Fish	96.5
其它水产品	Other Aquatic Products	100.3
菜	Vegetables	110.9
调味品	Flavoring	103.8
糖	Carbohydrate	102.6
干鲜瓜果	Dried and Fresh Melons and Fruits	108.9
糕点饼干面包	Cake,Biscuit and Bread	99.3
奶及奶制品	Milk and Processed Product	101.8
在外用膳食品	Dining Out	103.2
其它食品	Other Foods and Manufacturing Services	106.0
饮料、烟酒	**Beverages,Tobacco and Liquor**	**99.5**
茶及饮料	Tea and Beverages	96.4
茶 叶	Tea	94.0
饮 料	Beverages	98.1
烟 草	Tobacco	100.1
酒	Liquor	103.0
服装、鞋帽类	**Garments,Shoes and Hats**	**96.7**
服装	Garments	98.9
男式服装	Men´s	96.2
女式服装	Women´s	100.4
儿童服装	Children´s	99.1
鞋袜帽	Footgear and Hats	92.4
鞋	Shoes	90.9
袜子	Socks	100.4
帽子	Hats	97.3
其它	Others	94.4

Retail Price Indices by Category and Region

(preceding year=100)

石嘴山市 Shizuishan	平罗县 Pingluo	利通区 Litong	沙坡头区 Shapotou	原州区 Yuanzhou	海原县 Haiyuan
101.8	**100.0**	**99.5**	**99.2**	**100.6**	**99.8**
101.9	**101.3**	**104.4**	**99.4**	**103.0**	**101.4**
109.1	107.4	106.6	107.8	107.6	104.7
106.0	104.3	101.1	102.5	98.0	90.4
96.1	95.8	99.7	93.0	96.7	111.3
79.0	72.6	76.6	73.8	83.1	74.2
92.5	95.3	96.1	89.1	91.2	98.0
90.2	94.3	96.5	87.2	90.8	96.7
89.0	95.3	95.5	93.6	90.7	102.0
99.3	101.2	92.8	100.3	94.2	102.7
103.6	106.6	99.1	106.6	99.6	106.8
103.1	98.5	101.9	96.9	94.0	99.7
103.4	99.7	101.7	96.4	91.6	99.8
102.6	92.7	103.2	100.0	101.9	98.8
119.2	114.2	121.9	117.8	114.5	123.7
103.5	112.7	104.8	106.7	102.6	99.2
103.7	107.6	104.4	102.7	101.3	99.4
105.1	100.8	106.5	109.0	120.0	106.7
102.3	102.4	101.6	101.8	96.1	105.4
104.7	97.3	102.7	102.6	104.9	97.7
100.7	106.8	108.7	97.7	104.2	104.7
97.8	107.8	109.1	104.3	105.0	103.0
100.7	**102.3**	**101.3**	**107.8**	**100.8**	**100.8**
97.3	100.3	99.5	99.5	99.9	100.0
100.0	100.0	99.3	98.8	100.0	100.0
96.0	100.5	99.7	100.0	99.8	99.9
100.0	103.5	100.0	99.0	101.0	100.0
103.9	101.5	104.7	127.2	100.9	103.7
103.2	**105.2**	**93.6**	**98.1**	**101.7**	**102.2**
101.0	106.7	92.0	98.2	101.7	101.2
102.3	105.1	90.6	96.4	100.3	101.3
100.9	107.8	91.0	99.9	101.7	103.4
97.1	107.9	101.9	97.7	107.2	93.0
108.3	101.6	97.5	98.7	101.7	105.4
108.1	101.3	97.3	99.5	100.9	105.9
112.1	101.7	100.3	94.9	109.0	100.0
100.0	109.1	95.8	99.1	101.9	105.5
100.0	97.3	100.0	86.3	96.8	97.6

9-11 续表

指标	Item	银川市 Yinchuan
纺织品	**Textiles**	**96.7**
衣着材料	Cotton Cloth	110.4
床上用品	Blend Cloth	94.3
家用电器及音像器材	**Household Appliances,Music and Video Equipment**	**91.5**
家庭设备	Household Facilities	97.3
文娱用耐用消费品	Durable Consumer Goods for Culture and Recreation	82.3
音像器材	Music and Video Equipment	100.0
文化办公用品	**Cultural and Office Appliances**	**93.5**
日用品	**Articles for Daily Use**	**103.5**
日用百货	General Merchandise for Daily Use	102.1
日用杂品	Miscellaneous for Daily Use	107.3
洗涤用品	Articles for Washing	103.6
其它日用品	Others	101.4
体育娱乐用品	**Sports and Recreation Articles**	**95.9**
体育用品	Sports Articles	100.9
娱乐用品	Recreation Articles	91.7
交通、通信用品	**Transportation and Communication Appliances**	**95.5**
交通运输机械	Transportation Machinery	100.9
通讯器材	Communication Appliances	86.3
家具	**Furniture**	**96.2**
化妆品	**Cosmetics**	**100.7**
金银珠宝	**Gold,Silver and Jewelry**	**91.4**
中西药品及医疗保健用品	**Traditional Chinese and Western Medicines and Health Care Articles**	**101.3**
医疗器具及用品	Medical Apparatus and Articles	105.5
中药材及中成药	Traditional Chinese Medicinal Materials and Medicines	102.0
西药	Western Medicines	99.5
保健器具及用品	Health Care Apparatus and Articles	101.5
书报杂志及电子出版物	**Books,Newspapers,Magazines and Electronic Publications**	**109.6**
教材及参考书	Teaching Materials and Reference Books	107.2
书报杂志	Newspapers and Magazines	111.1
电子音像制品	Electronic Publications	100.0
燃 料	**Fuels**	**97.8**
煤炭及制品	Coal and Processed Products	106.7
石油及制品	Petroleum and Processed Products	97.1
建筑材料及五金电料	**Building Materials and Hardware**	**98.1**
建筑装璜材料	Building Decoration Materials	98.3
五金电料	Hardware	98.0

continued

石嘴山市 Shizuishan	平罗县 Pingluo	利通区 Litong	沙坡头区 Shapotou	原州区 Yuanzhou	海原县 Haiyuan
100.6	**103.8**	**99.7**	**100.7**	**101.5**	**101.0**
102.3	101.4	105.5	102.1	102.6	99.5
100.0	105.0	95.7	100.0	101.2	102.3
97.5	**94.3**	**92.4**	**92.4**	**95.4**	**95.8**
100.2	100.4	99.0	97.2	99.0	96.7
93.2	86.0	85.5	90.3	91.2	94.7
100.0	100.0	81.5	89.4	91.4	100.0
99.3	**97.5**	**94.4**	**97.2**	**94.6**	**94.2**
101.5	**105.7**	**102.3**	**101.6**	**104.6**	**102.2**
99.3	105.4	99.8	100.4	107.2	102.2
102.3	104.4	100.5	100.3	100.9	101.1
103.7	107.1	107.5	100.7	103.5	104.7
101.9	105.0	101.5	104.1	101.4	99.8
99.3	**98.3**	**94.3**	**100.4**	**93.6**	**90.2**
100.4	101.2	100.9	100.6	99.9	97.0
98.3	92.9	88.0	100.0	84.1	74.8
97.8	**96.1**	**94.4**	**90.8**	**91.9**	**93.5**
102.3	101.9	99.7	98.9	98.9	98.6
87.7	91.5	85.1	83.7	78.8	84.7
99.9	**100.8**	**96.7**	**102.4**	**101.0**	**100.1**
103.4	**101.7**	**101.3**	**103.3**	**103.5**	**105.9**
92.0	**93.9**	**94.1**	**96.0**	**82.9**	**98.1**
100.5	**101.2**	**101.9**	**100.1**	**101.8**	**96.9**
100.3	107.0	115.6	105.5	100.0	100.5
97.4	103.7	104.2	102.1	103.4	96.4
101.3	99.1	99.3	99.4	100.8	97.0
105.9	104.7	102.2	91.4	99.9	100.2
102.2	**104.5**	**101.9**	**101.7**	**105.8**	**106.2**
102.3	102.5	98.7	102.5	102.6	109.1
103.2	111.4	106.8	101.0	113.2	104.4
100.0	94.1	100.0	100.1	98.2	102.8
114.7	**94.0**	**95.7**	**99.8**	**92.5**	**97.0**
121.7	100.5	103.9	101.4	94.4	104.4
108.9	87.0	91.5	94.7	86.5	87.3
103.0	**96.3**	**101.2**	**99.8**	**99.8**	**98.3**
97.3	95.0	100.9	99.1	97.0	98.5
115.5	99.1	102.1	101.2	108.1	97.7

主要统计指标解释

［**零售物价指数**］ 是反映工业、商业、餐饮业和其他零售企业向城乡居民、机关团体出售生活消费品和办公用品的价格变动趋势和变动程度的相对数。其目的在于掌握市场商品销售价格的变动状况，为国家制定经济政策提供依据。

［**居民消费价格指数**］ 是反映居民支付所购买生活消费品和获得服务项目的价格变动趋势和变动程度的相对数。其目的在于全面观察居民消费价格变动对居民生活的影响，为各级党政领导掌握居民消费价格状况，研究和制定居民消费价格政策、工资政策以及为新国民经济核算体系中消除价格变动因素的不变价格核算提供科学依据。还是反映通货膨胀的重要指标。

第十篇 Chapter 10

居民生活
People's Living Conditions

责任编辑:陈亚军　赵美兰
资料整理:陈亚军　赵美兰　朱幼平　王　娟
　　　　　黄亚萍　苏春燕　龚淑玲
Coordinator:Chen Yajun　Zhao Meilan
Data Compilation:Chen Yajun　Zhao Meilan　Zhu Youping
　Wang Juan　Huang Yaping　Su Chunyan
　Gong Shuling

10-1 居民物质文化生活

Material and Cultural Life of Urban & Rural Residents

指　　标	Item	单位	Unit	1978
就 业	**Employment**			
每一农村劳动力负担人数	Number of Dependents per Laborer of Rural Household	人	person	2.4
每一城镇就业者负担人数	Number of Dependents per Employee of Urban Household			2.5
城镇登记失业率	Registered Urban Unemployment Rate	人	person	
收 入	**Income**			
农民家庭人均纯收入	Annual Per Capita Net Income of Rural Households	%	%	115.9
农民家庭人均生活消费支出	Annual Per Capita Living Expenditure of Rural Households			90.7
城镇居民家庭人均可支配收入	Annual Per Capita Disposable Income of Urban House-holds	元	yuan	346.1
城镇居民家庭人均消费支出	Annual Per Capita Consumption Expenditure of Urban Households			300.0
职工年平均工资	Annual Average Wage of Workers	元	yuan	726
储 蓄	**Saving**			
居民年底储蓄存款余额	Balance of Saving Deposits at Year End	元	yuan	0.9
平均每人储蓄存款额	Per Capita Saving Deposits			26
住 房	**Housing**	元	yuan	
农村人均生活用住房面积	Per Capita Living Space in Rural Areas			7.8
城镇家庭住房人均建筑面积	Per Capita Building Space in Urban Areas	元	yuan	
交 通	**Traffic**			
农村每百户拥有自行车	Number of Bicycles Per 100 Rural Households	亿元	100 million yuan	
城镇每百户拥有自行车	Number of Bicycles Per 100 Urban Households	元	yuan	
文 化	**Culture**			
农村每百户拥有彩色电视机	Number of Color TV Per 100 Rural Households	平方米	sq.m	
城镇每百户拥有彩色电视机	Number of Color TV Per 100 Urban Households	平方米	sq.m	
每百人每天有报纸	Number of Newspapers Per 100 Persons Everyday			1.5
每人每年拥有图书杂志	Number of Books and Magazines Per Capita Per Year	辆	unit	
教 育	**Education**	辆	unit	
学龄儿童入学率	Enrollment Ratio of Primary School			91.2
每万人口有大学生	Number of University Students per 10 000 Population	台	unit	8.2
卫 生	**Health Care**	台	unit	
每万人拥有医院病床数	Number of Beds of Hospitals per 10 000 Population	份	unit	19.6
每万人拥有医生数	Number of Doctors per 10 000 Population			14.4

10-1 续表 1 continued

指　标	Item	单位	Unit	1980	1990
就 业	**Employment**				
每一农村劳动力负担人数	Number of Dependents per Laborer of Rural Household	人	person	2.6	2.0
每一城镇就业者负担人数	Number of Dependents per Employee of Urban Household	人	person	2.1	2.0
城镇登记失业率	Registered Urban Unemployment Rate	%	%	3.6	5.4
收 入	**Income**				
农民家庭人均纯收入	Annual Per Capita Net Income of Rural Households	元	yuan	175.1	594.3
农民家庭人均生活消费支出	Annual Per Capita Living Expenditure of Rural Households	元	yuan	135.5	486.3
城镇居民家庭人均可支配收入	Annual Per Capita Disposable Income of Urban Households	元	yuan	464.2	1421.2
城镇居民家庭人均消费支出	Annual Per Capita Consumption Expenditure of Urban Households	元	yuan	403.3	1211.8
职工年平均工资	Annual Average Wage of Workers	元	yuan	863	2202
储 蓄	**Saving**				
居民年底储蓄存款余额	Balance of Saving Deposits at Year End	亿元	100 million yuan	1.7	32.8
平均每人储蓄存款额	Per Capita Saving Deposits	元	yuan	46	704
住 房	**Housing**				
农村人均生活用住房面积	Per Capita Living Space in Rural Areas	平方米	sq.m	8.8	13.6
城镇家庭住房人均建筑面积	Per Capita Building Space in Urban Areas	平方米	sq.m		18.4
交 通	**Traffic**				
农村每百户拥有自行车	Number of Bicycles Per 100 Rural Households	辆	unit		170.2
城镇每百户拥有自行车	Number of Bicycles Per 100 Urban Households	辆	unit		236.0
文 化	**Culture**				
农村每百户拥有彩色电视机	Number of Color TV Per 100 Rural Households	台	unit		17.9
城镇每百户拥有彩色电视机	Number of Color TV Per 100 Urban Households	台	unit		79.0
每百人每天有报纸	Number of Newspapers Per 100 Persons Everyday	份	unit	1.7	2.7
每人每年拥有图书杂志	Number of Books and Magazines Per Capita Per Year	册	unit	3.8	4.2
教 育	**Education**				
学龄儿童入学率	Enrollment Ratio of Primary School	%	%	86.2	93.9
每万人口有大学生	Number of University Students per 10 000 Population	人	person	11.3	17.2
卫 生	**Health Care**				
每万人拥有医院病床数	Number of Beds of Hospitals per 10 000 Population	张	bed	19.2	21.6
每万人拥有医生数	Number of Doctors per 10 000 Population	人	person	15.2	20.2

10-1 续表 2 continued

指　标	Item	单位	Unit	2000	2003
就 业	**Employment**				
每一农村劳动力负担人数	Number of Dependents per Laborer of Rural Household	人	person	1.7	1.7
每一城镇就业者负担人数	Number of Dependents per Employee of Urban Household	人	person	2.1	2.2
城镇登记失业率	Registered Urban Unemployment Rate	%	%	4.6	4.4
收 入	**Income**				
农民家庭人均纯收入	Annual Per Capita Net Income of Rural Households	元	yuan	1724.3	2043.3
农民家庭人均生活消费支出	Annual Per Capita Living Expenditure of Rural Households	元	yuan	1417.1	1637.1
城镇居民家庭人均可支配收入	Annual Per Capita Disposable Income of Urban Households	元	yuan	4912.4	6530.5
城镇居民家庭人均消费支出	Annual Per Capita Consumption Expenditure of Urban Households	元	yuan	4200.5	5330.3
职工年平均工资	Annual Average Wage of Workers	元	yuan	8681	13056
储 蓄	**Saving**				
居民年底储蓄存款余额	Balance of Saving Deposits at Year End	亿元	100 million yuan	229.4	377.7
平均每人储蓄存款额	Per Capita Saving Deposits	元	yuan	4179	6559
住 房	**Housing**				
农村人均生活用住房面积	Per Capita Living Space in Rural Areas	平方米	sq.m	18.0	21.1
城镇家庭住房人均建筑面积	Per Capita Building Space in Urban Areas	平方米	sq.m	24.8	24.4
交 通	**Traffic**				
农村每百户拥有自行车	Number of Bicycles Per 100 Rural Households	辆	unit	162.8	164.7
城镇每百户拥有自行车	Number of Bicycles Per 100 Urban Households	辆	unit	181.3	176.6
文 化	**Culture**				
农村每百户拥有彩色电视机	Number of Color TV Per 100 Rural Households	台	unit	67.0	84.3
城镇每百户拥有彩色电视机	Number of Color TV Per 100 Urban Households	台	unit	109.3	113.8
每百人每天有报纸	Number of Newspapers Per 100 Persons Everyday	份	unit	3.0	3.6
每人每年拥有图书杂志	Number of Books and Magazines Per Capita Per Year	册	unit	3.3	2.8
教 育	**Education**				
学龄儿童入学率	Enrollment Ratio of Primary School	%	%	97.3	97.5
每万人口有大学生	Number of University Students per 10 000 Population	人	person	31.0	60.6
卫 生	**Health Care**				
每万人拥有医院病床数	Number of Beds of Hospitals per 10 000 Population	张	bed	23.5	22.7
每万人拥有医生数	Number of Doctors per 10 000 Population	人	person	18.0	15.7

10-1 续表 3 continued

指 标	Item	单位	Unit	2005	2006
就 业	**Employment**				
每一农村劳动力负担人数	Number of Dependents per Laborer of Rural Household	人	person	1.6	1.6
每一城镇就业者负担人数	Number of Dependents per Employee of Urban Household	人	person	2.2	2.2
城镇登记失业率	Registered Urban Unemployment Rate	%	%	4.5	4.3
收 入	**Income**				
农民家庭人均纯收入	Annual Per Capita Net Income of Rural Households	元	yuan	2508.9	2760.1
农民家庭人均生活消费支出	Annual Per Capita Living Expenditure of Rural Households	元	yuan	2094.5	2247.0
城镇居民家庭人均可支配收入	Annual Per Capita Disposable Income of Urban Households	元	yuan	8093.6	9177.3
城镇居民家庭人均消费支出	Annual Per Capita Consumption Expenditure of Urban Households	元	yuan	6404.3	7205.6
职工年平均工资	Annual Average Wage of Workers	元	yuan	17211	21239
储 蓄	**Saving**				
居民年底储蓄存款余额	Balance of Saving Deposits at Year End	亿元	100 million yuan	509.5	581.1
平均每人储蓄存款额	Per Capita Saving Deposits	元	yuan	8607	9686
住 房	**Housing**				
农村人均生活用住房面积	Per Capita Living Space in Rural Areas	平方米	sq.m	21.0	21.6
城镇家庭住房人均建筑面积	Per Capita Building Space in Urban Areas	平方米	sq.m	26.3	27.0
交 通	**Traffic**				
农村每百户拥有自行车	Number of Bicycles Per 100 Rural Households	辆	unit	120.3	121.7
城镇每百户拥有自行车	Number of Bicycles Per 100 Urban Households	辆	unit	130.3	131.9
文 化	**Culture**				
农村每百户拥有彩色电视机	Number of Color TV Per 100 Rural Households	台	unit	92.7	98.7
城镇每百户拥有彩色电视机	Number of Color TV Per 100 Urban Households	台	unit	108.6	109.8
每百人每天有报纸	Number of Newspapers Per 100 Persons Everyday	份	unit	4.5	4.5
每人每年拥有图书杂志	Number of Books and Magazines Per Capita Per Year	册	unit	3.1	3.0
教 育	**Education**				
学龄儿童入学率	Enrollment Ratio of Primary School	%	%	99.0	99.3
每万人口有大学生	Number of University Students per 10 000 Population	人	person	82.0	93.0
卫 生	**Health Care**				
每万人拥有医院病床数	Number of Beds of Hospitals per 10 000 Population	张	bed	24.8	26.1
每万人拥有医生数	Number of Doctors per 10 000 Population	人	person	15.4	16.2

10-1 续表 4 continued

指 标	Item	单位	Unit	2007	2008	2009
就 业	**Employment**					
每一农村劳动力负担人数	Number of Dependents per Laborer of Rural Household	人	person	1.6	1.6	
每一城镇就业者负担人数	Number of Dependents per Employee of Urban Household	人	person	2.1	2.2	2.2
城镇登记失业率	Registered Urban Unemployment Rate	%	%	4.3	4.4	4.4
收 入	**Income**					
农民家庭人均纯收入	Annual Per Capita Net Income of Rural Households	元	yuan	3180.8	3681.4	4048.3
农民家庭人均生活消费支出	Annual Per Capita Living Expenditure of Rural Households	元	yuan	2528.8	3094.9	3347.9
城镇居民家庭人均可支配收入	Annual Per Capita Disposable Income of Urban Households	元	yuan	10859.3	12931.5	14024.7
城镇居民家庭人均消费支出	Annual Per Capita Consumption Expenditure of Urban Households	元	yuan	7817.3	9558.3	10280.0
职工年平均工资	Annual Average Wage of Workers	元	yuan	26210	30719	
储 蓄	**Saving**					
居民年底储蓄存款余额	Balance of Saving Deposits at Year End	亿元	100 million yuan	614.0	794.1	967.7
平均每人储蓄存款额	Per Capita Saving Deposits	元	yuan	10061	12933	15572
住 房	**Housing**					
农村人均生活用住房面积	Per Capita Living Space in Rural Areas	平方米	sq.m	23.0	23.1	24.5
城镇家庭住房人均建筑面积	Per Capita Building Space in Urban Areas	平方米	sq.m	27.1	27.8	28.7
交 通	**Traffic**					
农村每百户拥有自行车	Number of Bicycles Per 100 Rural Households	辆	unit	118.8	123.7	118.7
城镇每百户拥有自行车	Number of Bicycles Per 100 Urban Households	辆	unit			
文 化	**Culture**					
农村每百户拥有彩色电视机	Number of Color TV Per 100 Rural Households	台	unit	107.8	115.2	120.3
城镇每百户拥有彩色电视机	Number of Color TV Per 100 Urban Households	台	unit	107.3	104.1	104.3
每百人每天有报纸	Number of Newspapers Per 100 Persons Everyday	份	unit	4.4	4.6	4.5
每人每年拥有图书杂志	Number of Books and Magazines Per Capita Per Year	册	unit	3.2	2.9	4.1
教 育	**Education**					
学龄儿童入学率	Enrollment Ratio of Primary School	%	%	99.6	99.7	
每万人口有大学生	Number of University Students per 10 000 Population	人	person	102.0	159.0	172.0
卫 生	**Health Care**					
每万人拥有医院病床数	Number of Beds of Hospitals per 10 000 Population	张	bed	27.0	33.9	
每万人拥有医生数	Number of Doctors per 10 000 Population	人	person	16.2	18.6	

10-2 城镇居民家庭生活调查主要指标

Main Indicators of Urban Households

单位:元　　　　(2009)　　　　(yuan)

指　标	Item	全区平均 Average	最低收入户 Lowest Income Households	最高收入户 Highest Income Households
人口与就业	**Population and Employment**			
户均家庭人口数	Average Household Size	2.90	3.43	2.08
就业人口数	Average Number of Employed Persons per Household	1.34	0.94	1.23
国有单位职工人数	State-owned Unit	0.62	0.16	0.86
城镇集体单位职工人数	Collective-owned Unit			
家庭总收入	**Total Income**	**15550.75**	**4720.63**	**38113.58**
可支配收入	Disposable Income	14024.70	3856.73	35398.03
工资性收入	Income from Wages and Salaries	9597.11	2257.28	20421.55
经营净收入	Business Income	2036.14	852.60	4559.75
财产性收入	Income from Properties	281.15	121.19	1746.78
转移性收入	Income from Transfers	3636.36	1489.56	11385.51
出售财物收入	**Proceeds from Sales of Belongings**	**563.06**	**0.91**	**482.22**
借贷收入	**Credit Income**	**12305.83**	**3604.66**	**33475.20**
家庭总支出	**Total Expenditure**	**16162.76**	**6323.00**	**36326.30**
消费性支出	Consumption Expenditure	10280.00	4697.54	20865.65
服务性消费支出	Consumption Expenditure on Service	2407.93	928.95	4737.50
食品	Food	3432.23	1770.30	5013.92
衣着	Clothing	1260.58	474.32	2708.54
家庭设备用品及服务	Household Facilities,Articles and Services	636.88	228.34	1533.34
医疗保健	Health Care and Medical Services	921.86	575.54	2106.25
交通和通讯	Transport and Communication	1363.63	352.24	4238.51
教育文化娱乐服务	Education,Cultural and Recreation Services	1075.88	445.61	1917.93
居住	Residence	1128.12	718.16	2391.27
其它商品和服务	Other Goods and Services	460.82	133.02	955.90
借贷支出	**Credit Expenditures**	**12235.12**	**1995.63**	**35706.85**
消费性支出	**Consumption Expenditure**	**10280.00**	**4697.54**	**20865.65**
食 品	**Food**	**3432.23**	**1770.30**	**5013.92**
粮食	Grain	305.51	235.47	374.99
油脂类	Oil and Fats	122.58	93.78	151.54
肉禽及其制品	Meat,Poultry and Processed Products	573.86	348.19	748.53

10-2 续表 continued

单位:元 （2009） （yuan）

指 标	Item	全区平均 Average	最低收入户 Lowest Income Households	最高收入户 Highest Income Households
蛋类	Eggs	53.02	36.33	62.69
水产品类	Aquatic Products	59.19	26.84	80.64
蔬菜类	Vegetables	332.98	209.75	441.37
烟草类	Tobacco	195.76	80.57	308.01
酒和饮料	Liquor and Beverages	141.35	67.64	221.80
干鲜瓜果类	Dried and Fresh Melons and Fruits	317.64	179.96	478.66
奶及奶制品	Milk and Processed Products	179.24	100.96	259.76
衣着	**Clothing**	**1260.58**	**474.32**	**2708.54**
服装	Garments	929.59	321.44	2097.59
衣着材料	Clothing Materials	11.96	11.01	16.43
家庭设备用品及服务	**Household Facilities,Articles and Services**	**636.88**	**228.34**	**1533.34**
耐用消费品	Durable Consumer Goods	328.62	79.09	875.80
医疗保健	**Health Care and Medical Services**	**921.86**	**575.54**	**2106.25**
交通和通讯	**Transport and Communications**	**1363.63**	**352.24**	**4238.51**
教育、文化、娱乐服务	**Education,Culture and Recreation Services**	**1075.88**	**445.61**	**1917.93**
文化娱乐用品	Recreation Articles	351.95	113.03	865.35
文化娱乐服务	Recreation Services	285.59	73.96	534.21
教 育	Education	438.34	258.62	518.37
居 住	**Residence**	**1128.12**	**718.16**	**2391.27**
住 房	Housing	369.03	151.52	1143.46
住房装潢支出	Decoration Expenses	267.49	81.62	1043.68
维修用建筑材料	Materials for Maintenance	43.53	38.24	58.94
水电燃料及其它	Water,Electricity,Fuels and Others	692.42	532.31	1108.93
水	Water	36.78	26.61	47.96
电	Electricity	164.88	112.52	250.93
燃料	Fuels	99.87	123.59	100.27
居住服务费	Living Service Fees	66.67	34.34	138.89
物业管理费	Property Management Fees	40.82	22.15	120.73
维修服务费	Maintenance Fees	16.11	7.86	6.34
其他商品和服务	**Other Merchandises and Services**	**460.82**	**133.02**	**955.90**

10-3 城镇居民家庭生活基本情况（2009年，按收入等级分组）

Basic Statistics of Urban Households

（2009）

指 标	Item	单位	unit	总平均 Average
平均每户家庭人口数	Average Household Size	人	person	2.90
平均每户就业人口数	Average Number of Employed Persons per Household	人	person	1.34
平均每户就业面	Percentage of Employment per Household	%	%	46.2
平均每一就业者负担人数	Number of Dependents per Employee	人	person	2.16
（包括就业者本人）	(including the employee himself or herself)			
平均每人年可支配收入	Per Capita Annual Disposable Income	元	yuan	14024.70
平均每人年消费性支出	Per Capita Annual Living Expenditure for Consumption	元	yuan	10280.00

10-3 续表 1 continued

(2009)

指 标	Item	单位	unit	最低收入户 Lowest Income Households	更低收入户 Lower Income Households
平均每户家庭人口数	Average Household Size	人	person	3.43	3.44
平均每户就业人口数	Average Number of Employed Persons per Household	人	person	0.94	0.89
平均每户就业面	Percentage of Employment per Household	%	%	27.4	25.9
平均每一就业者负担人数	Number of Dependents per Employee	人	person	3.65	3.87
（包括就业者本人）	(including the employee himself or herself)				
平均每年可支配收入	Per Capita Annual Disposable Income	元	yuan	3856.73	2814.50
平均每人年消费性支出	Per Capita Annual Living Expenditure for Consumption	元	yuan	4697.54	4263.08

10-3 续表 2 continued

(2009)

指 标	Item	单位	unit	低收入户 Low Income Households	中等偏下户 Lower Middle Income Households
平均每户家庭人口数	Average Household Size	人	person	3.38	3.18
平均每户就业人口数	Average Number of Employed Persons per Household	人	person	1.39	1.38
平均每户就业面	Percentage of Employment per Household	%	%	41.4	43.4
平均每一就业者负担人数	Number of Dependents per Employee	人	person	2.43	2.30
（包括就业者本人）	(including the employee himself or herself)				
平均每年可支配收入	Per Capita Annual Disposable Income	元	yuan	6629.10	9318.16
平均每人年消费性支出	Per Capita Annual Living Expenditure for Consumption	元	yuan	5687.45	8058.22

10-3 续表 3 continued

(2009)

指　标	Item	单位	unit	中等收入户 Middle Income Households	中等偏上户 Upper Middle Income Households
平均每户家庭人口数	Average Household Size	人	person	2.98	2.66
平均每户就业人口数	Average Number of Employed Persons per Household	人	person	1.42	1.44
平均每户就业面	Percentage of Employment per Household	%	%	47.6	54.1
平均每一就业者负担人数	Number of Dependents per Employee	人	person	2.10	1.85
（包括就业者本人）	(including the employee himself or herself)				
平均每年可支配收入	Per Capita Annual Disposable Income	元	yuan	13342.95	18248.62
平均每人年消费性支出	Per Capita Annual Living Expenditure for Consumption	元	yuan	9665.30	12845.27

10-3 续表 4 continued

(2009)

指　标	Item	单位	unit	高收入户 High Income Households	最高收入户 Highest Income Households
平均每户家庭人口数	Average Household Size	人	person	2.45	2.08
平均每户就业人口数	Average Number of Employed Persons per Household	人	person	1.36	1.23
平均每户就业面	Percentage of Employment per Household	%	%	55.6	59.1
平均每一就业者负担人数	Number of Dependents per Employee	人	person	1.80	1.69
（包括就业者本人）	(including the employee himself or herself)				
平均每年可支配收入	Per Capita Annual Disposable Income	元	yuan	23912.09	35398.03
平均每人年消费性支出	Per Capita Annual Living Expenditure for Consumption	元	yuan	16539.42	20865.65

10-4 主要年份城镇居民家庭生活基本情况
Basic Statistics of Urban Households in Main Years

年份 Year	每一城镇就业者负担人数（人） Number of Dependents per Employee (person)	城镇居民人均可支配收入（元） Annual Per Capita Disposable Income of Urban Households (yuan)	城镇居民人均消费支出（元） Annual Per Capita Consumption Expenditure of Urban Households (yuan)	食品 Food	人均建筑面积（平方米） Per Capita Gross Living Space (sq.m)
1978	2.48	346.08	300.00	172.08	
1980	2.09	464.16	403.32	220.80	
1985	1.92	734.88	645.12	303.50	
1990	1.96	1421.20	1211.79	639.48	18.40
1995	1.75	3382.81	2865.71	1331.12	
2000	2.05	4912.40	4200.50	1500.85	24.80
2001	2.08	5544.20	4595.40	1562.57	24.45
2002	2.16	6067.44	5104.90	1774.32	23.66
2003	2.15	6530.48	5330.34	1919.42	24.41
2004	2.16	7217.87	5821.38	2156.34	25.14
2005	2.17	8093.64	6404.31	2228.63	26.29
2006	2.16	9177.26	7205.57	2444.98	26.97
2007	2.10	10859.33	7817.28	2760.74	27.11
2008	2.15	12931.53	9558.29	3352.83	27.80
2009	2.16	14024.70	10280.00	3432.23	28.66

10-5 城镇居民家庭平均每人全年现金收支情况

单位:元 （2009）

指标	Item	全区平均 Average	最低收入户 Lowest Income Households	更低收入户 Lower Income Households
家庭总收入	**Total Income**	**15550.75**	**4720.63**	**4297.54**
可支配收入	Disposable Income	14024.70	3856.73	2814.50
工资性收入	Income from Wages and Salaries	9597.11	2257.28	2069.46
工资及补贴收入	Laborage and Allowance Income	9341.13	2030.56	1934.79
其他劳动收入	Other Income from Work	255.98	226.72	134.67
经营净收入	Business Income	2036.14	852.60	590.24
财产性收入	Income from Properties	281.15	121.19	119.06
出租房屋收入	Lease House Income	67.18	101.96	87.91
转移性收入	Income from Transfer	3636.36	1489.56	1518.78
养老金或离退休金	Annuities and Pension	3058.06	701.66	672.58
赡养收入	Maintenance Income	154.14	197.35	128.05
捐赠收入	Gift Income	151.46	79.74	89.02
提取住房公积金	Draw Money of Housing Accumulation Fund	29.84		
出售财物收入	**Proceeds from Sales of Belongings**	**563.06**	**0.91**	**0.26**
出售住房收入	Sale of Housing	533.40		
借贷收入	**Credit Income**	**12305.83**	**3604.66**	**3899.06**
提取储蓄存款	draw Saving Deposits	10384.55	3299.45	3442.49
借入款	Borrowed	779.90	268.95	454.81
收回借出款	Recover Loans	287.96	0.72	0.82
收回储蓄性保险本金	Recover of Principal Insurance Savings	5.79		
兑售有价证券	Income from Securities	9.1	2.34	0.40
收回投资本金	Recouping Investment Principal	116.26		
住房贷款	Repayment of House Loan	500.6		
汽车贷款	Repayment of Auto Loan	13.9		
教育贷款	Repayment of Education Loan	3.62	31.67	
其它贷款	Repayment of Other Loans	34.08		
其它借贷收入	Other Credit Income	170.07	1.53	0.54
家庭总支出	**Total Expenditure**	**16162.76**	**6323.00**	**6172.42**
消费性支出	Consumption Expenditure	10280.00	4697.54	4263.08
服务性消费支出	Service Consumption Expenditure	2407.93	928.95	772.13

Basic Statistics of Rural Households in Cash Income and Expenses

(yuan)

低收入户 Low Income Households	中等偏下户 Lower Middle Income Households	中等收入户 Middle Income Households	中等偏上户 Upper Middle Income Households	高收入户 High Income Households	最高收入户 Highest Income Households	更高收入户 Highest Income Households
7302.24	**10419.18**	**14702.11**	**20375.21**	**26669.10**	**38113.58**	**43584.13**
6629.10	9318.16	13342.95	18248.62	23912.09	35398.03	40344.84
4242.21	6473.20	8732.05	13944.23	18189.57	20421.55	22946.46
4117.06	6188.47	8471.01	13769.07	17920.68	19836.22	22005.04
125.15	284.72	261.04	175.16	268.89	585.33	941.42
1456.83	1724.24	2638.05	1995.82	1616.84	4559.75	4310.56
116.98	156.68	196.65	167.66	216.04	1746.78	2490.61
75.92	62.89	108.06	27.38	21.26	47.84	2.50
1486.22	2065.07	3135.36	4267.50	6646.65	11385.51	13836.50
921.40	1630.18	2725.93	3760.59	5766.56	10369.51	12546.31
181.31	182.46	108.45	129.41	90.20	224.21	309.33
112.67	63.67	125.25	200.60	340.90	321.97	568.74
		37.89	12.76	44.52	213.79	296.12
51.35	**426.92**	**869.24**	**852.76**	**1052.23**	**482.22**	**514.71**
7.92	425.72	868.86	849.89	771.69	481.04	512.42
5387.69	**8231.42**	**9079.97**	**16441.57**	**24589.40**	**33475.20**	**33757.14**
3611.47	6678.60	8188.71	14413.24	19412.04	28791.00	30951.35
267.55	579.10	719.45	900.74	2915.39	392.14	463.86
1286.78	319.31	42.38	28.28	390.45	329.73	602.08
	8.34	3.69		10.88	30.34	24.28
	18.91				62.62	121.14
40.13				162.41	1325.03	
99.66	495.65		380.84	1474.14	2504.64	1574.86
		66.32				
	48.38	21.81	102.27		1.24	2.39
82.10	83.13	37.62	616.20	224.09	38.49	17.19
8282.52	**12063.06**	**13794.52**	**20536.07**	**29582.30**	**36326.30**	**35634.12**
5687.45	8058.22	9665.30	12845.27	16539.42	20865.65	22968.94
1209.67	1786.77	2318.79	3139.63	4247.79	4737.50	5153.97

10-5 续表

单位:元 （2009）

指标	Item	全区平均 Average	最低收入户 Lowest Income Households	更低收入户 Lower Income Households
购房与建房支出	Expenditures of Purchasing and Building Houses	2564.83	288.02	
购房	Purchasing Houses	2561.46	288.02	
建房	Building Houses	3.37		
转移性支出	Transfer Expenditures	1800.20	531.05	486.68
个人所得税	Individual Income-tax	43.56	0.01	
捐赠支出	Gift Expenditures	899.68	371.87	336.03
购买彩票	Buy Lottery Expenditures	15.82	1.37	2.26
赡养支出	Support Expenditures	760.04	141.60	132.82
在外就学子女费用	Cost of Schooling Children away from Home	423.66	88.65	115.55
各种非储蓄性保险支出	Non-saving-deposits Insurance	41.83	7.88	9.70
其它转移性支出	Others	39.27	8.32	5.86
财产性支出	Property Insurance	109.43	1.68	0.54
社会保障支出	Social Security Insurance	1408.30	804.72	1422.12
个人交纳的养老基金	Annuities	564.87	709.44	1313.40
个人交纳的住房公积金	Housing Accumulation Fund	641.11	28.18	38.62
个人交纳的医疗基金	Iatrical Accumulation Fund	166.61	60.47	59.27
个人交纳的失业基金	Disemployed Accumulation Fund	34.74	6.64	10.83
其它社会保障支出	Others	0.97		
借贷支出	**Credit Expenditures**	**12235.12**	**1995.63**	**1978.83**
存入储蓄款	Saving Deposits	10971.90	1895.61	1900.69
借出款	Lending	53.68		
归还借款	Repayment of Loans	229.28	26.10	44.08
储蓄性保险支出	Saving-purpose Insurance Costs	218.21	62.35	33.07
购买有价证券	Purchase of Securities	8.10	0.40	0.80
其它投资支出	Other Investment Expenditure	1.80		
归还住房贷款	Repayment of House Loan	375.52	3.24	
归还汽车贷款	Repayment of Auto Loan	40.94		
归还教育贷款	Repayment of Education Loan	0.15		
归还其它贷款	Repayment of Other Loans	5.61		
其它借贷支出	Other Credit Expenditures	329.93	7.92	0.19

continued

（yuan）

低收入户 Low Income Households	中等偏下户 Lower Middle Income Households	中等收入户 Middle Income Households	中等偏上户 Upper Middle Income Households	高收入户 High Income Households	最高收入户 Highest Income Households	
						更高收入户 Highest Income Households
1199.57	1879.56	1413.83	3525.37	6638.21	6469.26	3080.93
1169.80	1879.56	1413.83	3525.27	6638.21	6469.26	3080.93
29.77						
739.01	1059.15	1351.49	2122.21	3669.99	5951.51	6262.95
0.20	9.36	8.51	93.57	102.25	188.67	294.28
587.22	550.24	715.76	1207.09	1466.20	2358.05	2430.17
1.47	10.29	46.94	11.78	10.35	4.68	4.7
118.92	423.54	523.53	718.45	1983.15	3083.23	3014.95
87.69	269.88	322.52	391.59	946.01	1686.27	2040.69
6.20	27.46	29.50	31.64	58.72	232.73	426.11
25.00	38.26	27.24	59.68	49.32	84.15	92.75
43.90	41.85	85.88	91.95	169.77	619.99	487.09
612.58	1024.27	1278.02	1951.27	2564.90	2419.88	2834.22
343.42	609.94	541.19	568.27	638.39	519.67	629.96
166.78	265.93	522.74	1110.13	1573.61	1553.54	1776.32
88.92	120.11	175.88	222.84	294.09	278.50	330.97
13.10	27.34	36.71	48.66	58.57	66.29	96.73
0.36	0.94	1.49	1.37	0.25	1.89	0.24
4451.07	**6974.44**	**10818.05**	**17149.95**	**22690.20**	**35706.85**	**42221.24**
3766.43	5983.32	9722.31	15755.60	21494.23	30717.64	34595.65
2.02	103.71	25.97	52.22	40.34	162.67	237.05
117.17	185.54	326.96	269.54	242.76	454.47	782.90
105.20	214.10	219.07	178.78	287.13	660.32	1090.14
			26.00		44.67	14.71
	5.75		1.03		4.56	8.83
436.06	202.61	313.46	300.63	596.34	1485.88	1474.81
	173.57	11.36				
	0.68					
	1.66	3.93	13.82		25.67	49.67
24.18	103.52	195.00	552.32	29.40	2150.97	3967.48

10-6 城镇居民家庭分类平均每人全年消费性支出

Per Capital Annual Living Expenditure of Urban Households

单位:元 (yuan)

指　标	Item	1996	1998	2000	2002	2004
消费性支出	**Consumption Expenditure**	**3038.95**	**3379.82**	**4200.50**	**5104.90**	**5821.38**
食 品	**Food**	**1384.19**	**1419.80**	**1509.31**	**1774.37**	**2156.34**
粮　食	Grain	246.89	226.10	186.86	183.67	245.43
油　脂	Oil and Fats	78.87	81.41	66.24	66.74	80.80
肉禽及制品	Meat,Poultry and Processed Products	281.02	278.07	282.42	307.90	358.73
蛋	Eggs	44.50	39.77	37.45	34.88	41.95
水产品	Aquatic Products	37.77	41.18	41.00	41.11	46.34
蔬　菜	Vegetables	164.42	162.59	158.59	190.75	220.91
烟　草	Tobacco	90.09	78.21	94.97	104.77	127.66
酒和饮料	Liquor and Beverages	55.48	60.58	69.13	75.29	81.38
奶及奶制品	Milk and Processed Products	26.43	35.70	58.53	86.23	116.89
衣 着	**Clothing**	**526.53**	**514.43**	**561.93**	**578.19**	**636.81**
服装	Garments	301.18	326.00	377.03	406.28	448.03
家庭设备用品及服务	**Household Facilities,Articles and Services**	**214.49**	**240.47**	**389.45**	**343.00**	**364.07**
耐用消费品	Durable Consumer Goods	108.07	120.22	228.34	192.13	196.32
室内装饰品	Articles for Interior Decoration	13.00	14.22	20.92	20.68	20.03
床上用品	Bed Articles	11.91	13.93	19.29	21.81	23.49
家庭日用杂品	Household Articles for Daily Use	57.35	56.15	74.21	89.78	104.89
医疗保健	**Health Care and Medical Services**	**171.77**	**245.14**	**327.05**	**452.99**	**440.77**
药品费	Drug Charges	133.57	197.61	258.79	315.91	311.09
交通和通信	**Transport and Communications**	**209.98**	**231.51**	**371.83**	**556.66**	**646.97**
交通	Transport	78.67	38.26	143.47	232.62	242.63
通信	Communications	131.31	138.47	228.36	324.04	404.33
教育、文化娱乐服务	**Education,Culture and Recreation Services**	**262.57**	**373.18**	**536.29**	**711.03**	**651.14**
文娱用品	Recreation Articles	53.54	132.72	168.17	205.63	214.76
教育	Education	136.91	151.00	255.99	385.53	314.88
居 住	**Residence**	**132.50**	**208.04**	**282.42**	**482.77**	**660.19**
住房	Housing	33.66	56.64	72.66	148.05	267.02
水电燃料及其它	Water,Electricity,Fuels and Others	98.84	151.40	209.76	307.32	357.98
其它商品和服务	**Other Goods and Services**	**143.87**	**155.46**	**230.67**	**205.88**	**265.08**

10-6 续表 continued

单位:元 (yuan)

指　标	Item	2005	2006	2007	2008	2009
消费性支出	**Consumption Expenditure**	**6404.31**	**7205.57**	**7817.28**	**9558.29**	**10280.00**
食 品	**Food**	**2228.63**	**2444.98**	**2760.74**	**3352.83**	**3432.23**
粮　食	Grain	237.05	243.36	269.48	306.16	305.51
油　脂	Oil and Fats	77.67	79.98	109.35	142.50	122.58
肉禽及制品	Meat,Poultry and Processed Products	361.94	370.83	454.31	590.53	573.86
蛋	Eggs	42.66	40.09	52.88	54.25	53.02
水产品	Aquatic Products	53.22	53.98	58.17	62.10	59.19
蔬　菜	Vegetables	198.03	230.35	257.64	294.19	332.98
烟　草	Tobacco	125.60	141.25	165.33	203.84	195.76
酒和饮料	Liquor and Beverages	98.46	111.44	125.18	139.37	141.35
奶及奶制品	Milk and Processed Products	124.17	135.05	154.82	199.40	179.24
衣 着	**Clothing**	**776.51**	**874.39**	**994.47**	**1178.88**	**1260.58**
服装	Garments	567.43	631.94	731.47	868.50	929.59
家庭设备用品及服务	**Household Facilities,Articles and Services**	**417.38**	**480.70**	**480.84**	**596.81**	**636.88**
耐用消费品	Durable Consumer Goods	225.77	260.87	229.25	303.80	328.62
室内装饰品	Articles for Interior Decoration	23.35	24.35	29.38	30.51	38.76
床上用品	Bed Articles	25.68	32.10	31.82	40.16	44.78
家庭日用杂品	Household Articles for Daily Use	120.97	141.77	160.11	189.64	193.73
医疗保健	**Health Care and Medical Services**	**535.92**	**578.75**	**645.98**	**816.87**	**921.86**
药品费	Drug Charges	364.90	381.35	427.80	531.90	605.50
交通和通讯	**Transport and Communications**	**705.69**	**774.57**	**859.04**	**1096.32**	**1363.63**
交　通	Transport	291.37	324.11	418.98	592.15	885.16
通　信	Communications	414.32	223.72	440.06	504.17	478.47
教育、文化娱乐服务	**Education,Culture and Recreation Services**	**769.97**	**846.72**	**863.36**	**1043.72**	**1075.88**
文娱用品	Recreation Articles	219.56	284.18	263.91	301.01	351.95
教　育	Education	388.30	326.47	375.92	465.08	438.34
居 住	**Residence**	**711.21**	**890.97**	**910.68**	**1069.15**	**1128.12**
住　房	Housing	190.66	309.59	288.13	363.22	369.03
水电燃料及其它	Water,Electricity,Fuels and Others	483.14	537.98	561.41	637.38	692.42
其它商品和服务	**Other Goods and Services**	**259.00**	**314.49**	**302.17**	**403.71**	**460.82**

10-7 城镇居民家庭平均每人全年消费性支出

单位:元 （2009）

指标	Item	全区平均 Average	最低收入户 Lowest Income Households	
				更低收入户 Lower Income Households
消费性支出	**Consumption Expenditure**	**10280.00**	**4697.54**	**4263.08**
食 品	**Food**	**3432.23**	**1770.30**	**1753.66**
粮 食	Grain	502.84	384.48	373.27
油 脂	Oil and Fats	122.58	93.78	83.99
肉禽及制品	Meat,Poultry and Processed Products	573.86	348.19	315.71
猪肉	Pork	140.58	70.20	72.39
蛋	Eggs	53.02	36.33	36.36
水产品	Aquatic Products	59.19	26.84	27.81
蔬菜	vegetables	332.98	209.75	217.44
烟草	Tobacco	195.76	80.57	84.71
酒和饮料	Liquor and Beverages	141.35	67.64	65.84
干鲜瓜果	Dried and Fresh Melons and Fruits	317.64	179.96	171.91
糕点	Cake	53.33	28.66	31.30
奶及奶制品	Milk and Processed Products	179.24	100.96	103.29
其它食品	Other Food	115.88	56.46	53.32
衣 着	**Clothing**	**1260.58**	**474.32**	**445.85**
服装	Garments	929.59	321.44	298.17
衣着材料	Clothing Materials	11.96	11.01	12.29
鞋类	Shoes and Other Clothing	276.27	118.24	113.05
家庭设备用品及服务	**Household Facilities,Articles and Services**	**636.88**	**228.34**	**136.90**
耐用消费品	Durable Consumer Goods	328.62	79.09	35.52
室内装饰品	Articles for Interior Decoration	38.76	9.92	0.93
床上用品	Bed Articles	44.78	14.85	10.97
家庭日用杂品	Household Articles for Daily Use	193.73	114.59	84.77
家具材料	Furniture Materials	1.61	0.65	
家庭服务	Household Services	29.39	9.25	4.70
医疗保健	**Health Care and Medical Services**	**921.86**	**575.54**	**513.99**
药品费	Drug Charges	605.50	432.68	429.48
滋补保健品	Health Products	51.63	8.41	12.88
医疗费	Medical Care Expenses	237.17	126.27	62.11
交通和通讯	**Transport and Communications**	**1363.63**	**352.24**	**284.58**
交 通	Transport	885.16	160.05	130.38
交通费	Transport Fares	321.24	122.35	99.98
通 信	Communications	478.47	192.19	154.20
教育文化娱乐服务	**Education,Culture and Recreation Services**	**1075.88**	**445.61**	**423.25**
文化娱乐用品	Recreation Articles	351.95	113.03	78.18
书报杂志	Books,Newspapers and Magazines	21.86	7.64	8.63
文化娱乐服务	Recreation Services	285.59	73.96	99.46
参观游览	Tour	54.14	8.44	9.12

Per Capital Annual Living Expenditure of Urban Households by Percentile

(yuan)

低收入户 Low Income Households	中等偏下户 Lower Middle Income Households	中等收入户 Middle Income Households	中等偏上户 Upper Middle Income Households	高收入户 High Income Households	最高收入户 Highest Income Households	更高收入户 Highest Income Households
5687.45	**8058.22**	**9665.30**	**12845.27**	**16539.42**	**20865.65**	**22968.94**
2305.53	**2844.12**	**3629.53**	**4351.92**	**4874.56**	**5013.92**	**5092.31**
411.71	448.30	533.34	565.91	613.66	620.34	611.38
103.67	112.08	132.69	130.60	146.73	151.54	140.00
448.10	489.01	626.27	684.02	749.74	748.53	718.38
99.39	125.91	149.67	163.96	205.41	198.87	196.05
48.65	47.27	53.64	60.37	70.71	62.69	66.87
40.88	51.43	65.80	74.40	79.80	80.64	83.37
233.83	284.98	358.54	409.77	434.42	441.37	447.20
133.72	164.52	200.99	256.27	274.76	308.01	301.32
92.65	119.67	150.22	173.10	202.16	221.80	207.09
222.64	269.46	326.71	395.81	425.44	478.66	465.97
36.28	45.67	54.25	65.88	77.11	79.83	78.63
127.19	156.49	183.71	219.89	245.22	259.76	242.75
72.72	99.57	119.64	153.56	160.35	168.22	154.50
645.60	**912.42**	**1237.08**	**1660.97**	**1988.68**	**2708.54**	**2868.49**
453.44	653.06	921.14	1224.40	1478.41	2097.59	2198.32
8.28	8.64	15.24	14.51	9.33	16.43	14.93
154.34	214.89	263.80	366.03	436.61	521.97	563.05
333.53	**489.70**	**500.72**	**916.49**	**931.44**	**1533.34**	**1508.56**
163.90	260.79	233.24	513.74	422.52	875.80	748.22
14.72	35.07	13.76	49.25	108.97	95.94	84.85
22.33	34.50	42.48	58.75	50.03	122.26	135.76
122.78	143.09	192.15	255.67	278.39	331.61	380.59
0.03	1.84	0.05	3.58	5.40	0.03	
9.77	14.42	19.05	35.50	66.13	107.71	159.14
514.96	**759.75**	**766.72**	**1246.15**	**1008.28**	**2106.25**	**1681.83**
358.88	518.12	524.59	772.68	610.71	1322.57	1031.75
16.29	36.49	58.61	49.32	71.70	180.87	169.56
129.94	187.23	161.49	382.32	295.82	511.55	**402.19**
504.33	**899.50**	**1089.38**	**1395.38**	**3198.51**	**4238.51**	6283.21
216.79	523.73	563.35	820.67	2505.56	3334.45	5331.55
156.60	195.72	305.88	414.02	638.76	709.40	799.32
287.54	375.77	526.03	574.71	692.96	904.06	951.66
550.59	**870.96**	**1046.80**	**1311.16**	**1997.72**	**1917.93**	**2607.49**
145.61	284.75	285.53	446.10	640.12	865.35	1300.09
9.67	20.10	21.40	28.18	32.83	41.01	59.15
92.96	200.52	272.01	357.83	713.66	534.21	750.61
12.88	26.61	60.79	78.50	127.61	107.78	148.15

10-7 续表

单位:元 （2009）

指标	Item	全区平均 Average	最低收入户 Lowest Income Households	更低收入户 Lower Income Households
健身活动	Fitness Activities	3.59	0.79	0.75
团体旅游	Group Activities	81.24	21.51	36.36
其它文娱活动	Other Culture and Recreation Activities	138.20	40.51	51.38
文娱用品修理服务费	Maintain Charge of Culture and Recreation Articles	8.41	2.72	1.84
教 育	Education	438.34	258.62	245.61
教 材	Teaching Material	93.63	75.34	95.00
教育费用	Education Expenses	344.71	183.28	150.62
非义务教育学杂费	Tuition for Non-compulsory Education	77.25	80.60	40.18
义务教育学杂费	Tuition for Compulsory Education	2.28	6.10	9.02
托幼费	Childcare Costs	23.23	27.05	27.12
成人教育费	Tuition of Adult Education	52.87	10.58	17.59
家教费	Family Education Expenses	10.12	2.83	1.94
培训班	Training Courses	99.61	31.35	25.41
学校住宿费	Expenses for Accommodation in School	9.50	7.22	1.40
其它	Others	69.85	17.54	27.96
居 住	**Residence**	**1128.12**	**718.16**	**575.18**
住 房	House	369.03	151.52	59.53
租赁房房租	Rent	53.93	31.24	26.45
住房装潢支出	Construction Materials	267.49	81.62	0.99
维修用建筑材料	Repairs	43.53	38.24	31.96
水电燃料及其它	Water,Electricity,Fuels and Others	692.42	532.31	489.70
水	Water	36.78	26.61	31.03
电	Electricity	164.88	112.52	98.94
燃料	Fuel	99.87	123.59	117.49
居住服务费	Habitation Service Charge	66.67	34.34	25.95
物业管理费	Property Management Fees	40.82	22.15	14.29
维修服务费	Maintenance Fees	16.11	7.86	8.26
其它商品和服务	**Other Goods and Services**	**460.82**	**133.02**	**129.67**
其它商品	Other Goods	341.94	98.05	94.43
金银珠宝饰品	Jewelry	41.75	11.72	11.78
手表	Wristwatch	2.11	0.43	0.56
理发美容用具	Barber and Beauty Appliances	7.24	1.66	2.89
化妆品	Cosmetics	177.65	49.54	41.37
服务	Services	118.88	34.98	35.24
旅馆住宿费	Accommodation	30.64	6.77	5.20
理发洗澡费	Barber and Bath Expenditure	39.06	16.23	19.08
美容费	Beauty Expenses	21.96	6.74	6.49
其它服务	Other Services	27.21	5.24	4.48

continued

(yuan)

低收入户 Low Income Households	中等偏下户 Lower Middle Income Households	中等收入户 Middle Income Households	中等偏上户 Upper Middle Income Households	高收入户 High Income Households	最高收入户 Highest Income Households	更高收入户 Highest Income Households
0.31	3.07	3.04	3.30	5.97	14.08	17.40
22.61	59.14	86.54	101.36	227.36	98.15	104.81
53.93	104.64	113.79	164.39	326.37	308.61	437.52
3.23	7.06	7.86	10.29	26.36	5.60	6.73
312.01	385.70	489.25	507.23	643.95	518.37	556.79
74.69	95.55	107.09	115.68	99.56	45.74	55.89
237.32	290.15	382.16	391.56	544.40	472.63	500.90
96.41	62.17	84.24	64.64	134.29	34.32	42.88
2.51	2.49	1.92	1.40	0.75	0.29	0.05
13.61	22.67	19.30	31.13	34.63	12.35	12.12
21.20	32.50	67.50	63.89	103.62	101.25	78.50
5.87	9.26	12.33	8.05	13.51	25.42	36.12
57.42	86.63	117.64	137.57	150.20	106.09	112.40
8.03	6.29	12.48	8.12	20.51	7.27	7.75
32.28	68.14	66.75	76.74	86.90	185.63	211.08
627.29	**1013.72**	**831.29**	**1404.57**	**1687.31**	**2391.27**	**2032.73**
134.71	358.57	191.10	490.37	505.55	1143.46	686.02
58.99	39.95	91.82	54.42	34.11	37.35	48.46
2.11	280.86	77.63	394.53	355.85	1043.68	556.97
70.73	34.05	21.51	37.74	92.91	58.94	79.23
455.61	614.15	586.69	815.66	1063.48	1108.93	1208.01
28.69	28.97	36.29	47.38	50.42	47.96	50.39
127.65	135.18	154.41	208.71	219.57	250.93	291.09
114.06	109.54	81.92	91.10	86.54	100.27	93.05
36.98	41.00	53.50	98.54	118.28	138.89	138.70
15.73	24.64	33.22	48.40	74.73	120.73	116.26
14.90	8.27	12.45	36.14	23.81	6.34	6.64
205.63	**268.05**	**563.77**	**558.63**	**852.90**	**955.90**	**894.32**
161.12	204.38	445.66	401.59	570.51	706.51	561.84
19.82	20.33	51.34	53.95	84.06	80.40	124.00
1.43	1.39	1.10	2.16	7.04	5.00	2.42
1.15	3.27	14.15	7.88	6.00	17.42	16.05
79.68	112.92	224.42	216.40	276.08	379.34	239.29
44.50	63.67	118.11	157.04	282.39	249.39	332.48
8.34	12.00	26.21	36.41	105.99	69.94	88.37
12.93	21.08	47.05	45.83	82.79	79.12	101.64
9.88	17.69	19.93	34.19	27.95	45.54	61.65
13.36	12.90	24.93	40.62	65.67	54.79	80.82

10-8 城镇居民家庭购买主要商品数量

Per Capital Annual Purchases of Commodities of Urban Households

品 种	Item	单位	Unit	1985	1990	2000	2002	2004
粮食	Grain	千克	kg	137.00	159.96	80.15	79.66	84.48
鲜菜	Fresh Vegetables	千克	kg	152.00	164.16	114.90	120.33	126.37
食用植物油	Edible Vegetable Oil	千克	kg	7.40	9.72	7.67	8.45	8.57
猪肉	Pork	千克	kg	9.00	10.56	8.26	8.06	7.65
牛羊肉	Beef and Mutton	千克	kg	7.10	10.44	10.22	11.25	12.53
家禽	Poultry	千克	kg	1.40	2.28	4.51	5.98	5.34
鲜蛋	fresh Eggs	千克	kg	4.50	3.48	8.30	7.44	7.58
鱼	Fish	千克	kg	2.90	4.92	3.51	4.33	3.70
食糖	Sugar	千克	kg	3.60	3.36	1.70		
卷烟	Cigarette	盒	pack	47.00	52.68	33.35		
酒类	Liquor	千克	kg	3.70	5.64	4.61	5.01	4.84
男式服装	Men′s Clothing	件	suit			2.28	2.38	2.96
女式服装	Women′s Clothing	件	suit			3.86	4.09	3.57
各式童装	Children′s Wear	件	suit			1.89	1.11	0.94
鞋类	Footwear	双	pair			3.02	2.81	2.95
水	Water	吨	ton			22.34	25.45	23.71
电	Electricity	度	kwh			205.85	246.61	264.18
煤炭	Coal	千克	kg	544.00	384.70	137.60	194.06	143.86
液化石油汽	Liquefied Petroleum Gas	千克	kg	0.70	5.27	13.22	14.62	14.30
管道煤气	Pipeline Gas	立方米	cm.q			2.32	3.53	7.33

注: 1. 2009 年粮食包括大米和面粉
2. 2009 年家禽包括鸡和鸭
3. 2009 年鲜蛋不包含蛋制品
4. 2009 年酒类不包含其它酒

10-8 续表 continued

品 种	Item	单位	Unit	2005	2006	2007	2008	2009
粮食	Grain	千克	kg	77.34	76.78	56.65	56.72	50.60
鲜菜	Fresh Vegetables	千克	kg	115.47	112.75	113.10	113.95	111.61
食用植物油	Edible Vegetable Oil	千克	kg	8.17	8.31	8.94	8.17	8.58
猪肉	Pork	千克	kg	6.88	7.97	6.86	6.51	7.06
牛羊肉	Beef and Mutton	千克	kg	12.44	12.79	9.12	8.93	9.15
家禽	Poultry	千克	kg	5.74	4.83	4.22	4.66	4.78
鲜蛋	fresh Eggs	千克	kg	7.23	7.62	4.22	7.25	6.88
鱼	Fish	千克	kg	4.23	4.26	4.27	3.82	3.34
食糖	Sugar	千克	kg	1.72				
卷烟	Cigarette	盒	pack	27.39				
酒类	Liquor	千克	kg	3.95	4.43	4.18	4.34	4.23
男式服装	Men´s Clothing	件	suit	3.02	3.23			
女式服装	Women´s Clothing	件	suit	3.93	4.03			
各式童装	Children´s Wear	件	suit	1.06	1.04			
鞋类	Footwear	双	pair	2.94	3.02	2.89	3.17	3.41
水	Water	吨	ton	21.63	23.10	19.80	18.89	20.21
电	Electricity	度	kwh	278.22	311.63	353.50	388.65	362.28
煤炭	Coal	千克	kg	110.88	107.80	125.64	70.24	48.03
罐装液化石油汽	Liquefied Petroleum Gas	千克	kg	12.23	10.64	10.05	7.90	6.70
管道煤气	Pipeline Gas	立方米	cm.q	8.14	12.09	16.07	4.17	3.74

a)Data in the table of Grain includes rice and flour in 2009.
b)Data in the table of Poultry includes chickens and ducks in 2009.
c)Data in the table of Fresh Eggs not includes egg products in 2009.
d)Data in the table of Liquor not includes other wine in 2009.

10-9 城镇居民家庭主要耐用消费品拥有量

（2009 平均每百户）

指标	Item	单位	Unit	全区平均 Average	最低收入户 Lowest Income Households	更低收入户 Lower Income Households
摩托车	Motorcycle	辆	unit	20.35	16.85	10.65
助力车	Powered Bicycle	辆	unit	19.99	7.73	9.24
家用汽车	Automobile	辆	unit	5.3	0.54	
洗衣机	Washing Machine	台	set	93.92	80.23	76.45
电冰箱	Refrigerator	台	set	86.22	57.53	51.86
彩色电视机	Color Television	台	set	104.27	100.32	98.63
家用电脑	Computer	台	set	48.47	11.37	9.41
组合音响	Hi-Fi Stereo Component System	台	set	19.56	9.53	1.08
摄象机	Video Camera	台	set	3.27	0.54	
照相机	Camera	架	set	19.39	5.23	4.32
钢琴	Piano	架	unit	1.36		
中高档乐器	Secondary and Top Grade Musical Instrument	件	set	5.18		
微波炉	Microwave Oven	台	unit	40.35	4.68	6.92
空调器	Air Conditioner	台	unit	10.47		
淋浴热水器	Water Heater for Shower	个	unit	71.47	38.69	45.87
消毒碗柜	Disinfection Cupboard	台	set	2.05		
洗碗机	Dishwasher	台	set	0.31		
健身器材	Body-building Apparatus	套	set	2.22		
固定电话	Telephone	部	unit	64.55	58.85	61.14
移动电话	Mobile Telephone	部	set	175.46	116.88	105.02

Ownership of Major Durable Consumer Goods

(per 100 household) (yuan)

低收入户 Low Income Households	中等偏下户 Lower Middle Income Households	中等收入户 Middle Income Households	中等偏上户 Upper Middle Income Households	高收入户 High Income Households	最高收入户 Highest Income Households	更高收入户 Highest Income Households
23.87	24.64	19.44	20.13	19.13	15.37	6.3
14.01	19.61	23.05	24.39	22.41	20.6	20.94
	3.62	4.43	4.26	11.83	15	22.27
95.08	93.22	95.34	95.17	99.78	95.66	96.45
81.35	85.40	88.53	92.48	95.77	92.19	93.01
107.64	102.17	104.33	104.32	104.38	108.42	106.99
25.64	36.60	50.34	61.61	76.32	69.80	67.37
12.68	19.30	19.82	21.01	25.37	26.45	21.97
3.26	0.89	1.93	3.80	7.57	7.68	8.16
5.11	11.04	17.21	28.40	35.63	32.46	42.16
	0.64	0.32	2.79	2.76	3.07	5.96
1.17	1.92	4.49	8.53	8.35	11.59	9.5
15.55	26.31	49.01	50.54	67.77	59.45	64.87
2.14	3.02	10.49	14.76	17.60	26.59	36.12
56.07	63.29	71.64	83.59	89.33	89.89	86.03
0.66	1.23	1.00	2.90	4.86	4.36	7.28
	0.92		0.61			
1.33	0.63	1.86	2.35	4.24	6.53	9.36
49.34	57.98	66.86	68.76	75.46	73.27	77.96
165.49	173.67	186.92	184.76	197.10	179.73	177.12

10-10 城镇居民家庭居住情况

指 标	Item	1985	1990
平均每户居住面积(平方米/户)	**Average Floor Space Per Household(sq.m/household)**		
建筑面积	Building Space	69.58	66.56
使用面积	Living Space	52.20	49.93
按房屋产权分的家庭比重(%)	**Percentage of Household by House Property Right(%)**	**100.00**	**100.00**
租赁公房	Public House Leasing		
租赁私房	Private House Leasing		
原有私房	Inhered Private House		
房改私房	Reformed Private House		
商品房	Commercial Residential Building		
其他	Others		
按用水情况分的家庭比重(%)	**Percentage of Household by Water Using(%)**	**100.00**	**100.00**
无自来水	No Tap Water	8.25	3.82
独用自来水	Private Tap Water	82.75	90.18
公用自来水	Public Tap Water	9.00	6.00
按卫生设备分的家庭比重(%)	**Percentage of Household by Sanitary Equipment(%)**	**100.00**	**100.00**
无卫生设备	No Sanitary Equipment	33.75	48.36
有浴室厕所	Having Bathroom	2.00	8.36
有厕所无浴室	Having Toilet but No Shower	26.50	37.64
公有卫生设备	Public Sanitary Equipment	37.75	5.64
按取暖设备分的家庭比重(%)	**Percentage of Household by Heating Installation(%)**		
有取暖设备户(暖气)	Having Heating Installation(heater)	17.75	37.82
按炊用燃料使用情况分的家庭比重(%)	**Percentage of Household by Fuel Using(%)**	**100.00**	**100.00**
管道煤气(天然气)	Piped Gas(Natural Gas)		
液化石油气	Liquefied Petroleum Gas	1.52	15.27
煤	Coal	98.48	83.82
其它	Others		0.91
家庭通讯设备使用情况	**Using of Home Communication Devices**		
每百户拥有固定电话(部/百户)	Number of Fixed Phone Per 100 Households(set/100 households)		
每百户拥有移动电话(部/百户)	Number of Mobile Phone Per 100 Households(set/100 households)		
每百户接入互联网的计算机(台/百户)	Number of Computers Accessed to Internet Per 100 Households (set/100 households)		

Housing Conditions of Urban Households

1995	2000	2004	2005	2006	2007	2008	2009
66.36	77.03	72.40	75.45	76.33	77.53	80.85	82.25
49.78	57.79	54.52	56.83	57.45			
100.00	**100.00**	**100.00**	**100.00**	**100.00**	**100.00**	**100.00**	**100.00**
		9.38	5.37	6.30	5.58	2.88	3.05
		1.79	3.67	2.44	2.83	8.72	7.56
		6.48	4.60	4.47	4.71	3.60	3.89
		60.57	53.26	51.83	45.98	35.32	33.70
		18.92	30.67	33.13	39.50	48.90	51.13
		2.85	2.42	1.83	1.41	0.58	0.66
100.00	**100.00**	**100.00**	**100.00**	**100.00**	**100.00**	**100.00**	**100.00**
1.64	1.80	1.15	0.69	0.60	1.15	1.21	1.01
94.91	97.20	98.31	99.03	99.04	98.68	98.67	98.94
3.65	1.00	0.54	0.29	0.36	0.17	0.12	0.05
100.00	**100.00**	**100.00**	**100.00**	**100.00**	**100.00**	**100.00**	**100.00**
18.91	15.30	12.05	9.46	8.67	9.29	7.34	6.00
20.36	21.20	53.14	61.73	64.06	63.01	67.21	71.47
52.36	60.40	32.67	27.29	25.77	25.86	24.92	22.19
8.37	3.10	2.14	1.52	1.50	1.83	0.53	0.34
62.18	76.70	81.29	88.57	88.66	84.06	88.02	87.62
100.00	**100.00**	**100.00**	**100.00**	**100.00**	**100.00**	**100.00**	**100.00**
3.28	5.78	7.19	11.78	13.28	15.66	28.87	36.50
56.73	73.48	76.30	75.63	74.11	69.43	56.31	48.30
37.09	16.21	14.39	10.17	9.81	11.89	5.94	4.26
2.90	4.53	2.12	2.42	2.80	3.01	8.87	10.94
38.91	85.42	91.29	85.10	84.08	78.28	64.01	64.55
	13.56	90.44	122.67	136.83	149.50	163.47	175.46
		0.25	14.49	18.14	21.00	27.32	36.66

10-11 分市县城镇居民家庭生活调查主要指标

（2009）

指 标	Item	单位	Unit	银川市区 Yinchuan
人口与就业	**Population and Employment**			
户均家庭人口数	Average Household Size	人	person	2.73
就业人口数	Average Number of Employed Persons per Household	人	person	1.21
国有经济单位职工人数	State-owned Unit	人	person	0.50
城镇集体经济单位职工人数	Collective-owned Unit	人	person	
家庭总收入	Total Income	元/人	yuan/person	17330.32
可支配收入	Disposable Income	元/人	yuan/person	15715.44
工资性收入	Income from Wages and Salaries	元/人	yuan/person	9757.52
经营净收入	Business Income	元/人	yuan/person	2372.59
财产性收入	Income from Properties	元/人	yuan/person	190.98
转移性收入	Income from Transfers	元/人	yuan/person	5009.24
出售财物收入	Proceeds from Sales of Belongings	元/人	yuan/person	646.22
借贷收入	Credit Income	元/人	yuan/person	14089.05
家庭总支出	Total Expenditure	元/人	yuan/person	17922.27
消费性支出	Consumption Expenditure	元/人	yuan/person	12271.76
食 品	Food	元/人	yuan/person	4026.70
粮 食	Grain	元/人	yuan/person	324.14
油 脂	Oil and Fats	元/人	yuan/person	131.39
肉禽及其制品	Meat,Poultry and Processed Products	元/人	yuan/person	592.61
蛋	Eggs	元/人	yuan/person	58.73
水产品	Aquatic Products	元/人	yuan/person	74.11
蔬 菜	Vegetables	元/人	yuan/person	391.62
烟 草	Tobacco	元/人	yuan/person	214.79
酒和饮料	Liquor and Beverages	元/人	yuan/person	174.97
干鲜瓜果	Dried and Fresh Melons and Fruits	元/人	yuan/person	354.77
奶及奶制品	Milk and Processed Products	元/人	yuan/person	216.99

Main Indicators of Urban Households by City and Country

石嘴山市区 Shizuishan	平罗县 Pingluo	利通区 Litong	原州区 Yuanzhou	沙坡头区 Zhongwei District	海原县 Haiyuan
2.81	3.05	2.92	3.25	2.94	3.71
1.34	1.59	1.41	1.32	1.48	1.39
0.75	0.59	0.62	0.81	0.72	0.87
	0.01		0.01		
16138.16	13512.03	14618.72	14153.99	15084.86	11221.00
14354.05	12195.57	13142.45	12899.56	13394.43	10335.12
10111.44	8819.28	9406.26	9305.95	10802.66	8233.86
1908.43	2472.85	1752.78	1593.73	1280.33	1019.60
517.59	334.05	327.98	157.38	180.06	160.83
3600.70	1885.86	3131.71	3096.93	2821.81	1806.71
74.56	1199.37	164.77	1342.39	451.12	0.08
11560.97	13453.78	9915.01	12435.55	10230.51	6909.13
15979.87	16997.62	14327.83	15213.37	14027.83	10194.03
10118.04	8927.98	9231.18	8633.83	8345.43	7245.23
3367.57	2880.66	3263.77	2893.10	3113.42	2457.28
332.12	226.24	314.93	292.52	267.79	342.74
125.48	95.53	131.03	130.04	100.61	129.02
605.64	463.66	659.35	534.86	452.71	663.16
70.18	36.96	47.09	48.74	38.16	36.47
88.96	29.00	38.78	33.74	45.56	25.18
337.83	297.90	291.81	246.79	311.13	217.31
174.28	196.20	201.32	200.11	215.22	107.62
139.40	102.05	112.51	116.69	158.79	87.15
294.82	312.64	321.63	288.70	281.24	231.63
129.34	182.82	184.98	130.85	174.46	128.75

10-11 续表

（2009）

指　标	Item	单位	Unit	银川市区 Yinchuan
衣着	Clothing	元	yuan	1406.13
服装	Garments	元	yuan	1039.96
衣着材料	Clothing Materials	元	yuan	11.01
家庭设备用品及服务	Household Facilities,Articles and Services	元	yuan	771.33
耐用消费品	Durable Consumer Goods	元	yuan	399.38
医疗保健	Health Care and Medical Services	元	yuan	1092.74
交通和通讯	Transport and Communications	元	yuan	1742.74
教育、文化、娱乐服务	Education,Culture and Recreation Services	元	yuan	1416.75
文化娱乐用品	Recreation Articles	元	yuan	481.06
文化娱乐服务	Recreation Services	元	yuan	408.57
教 育	Education	元	yuan	527.12
居 住	Residence	元	yuan	1267.44
住 房	Housing	元	yuan	462.08
住房装潢支出	Decoration Expenses	元	yuan	353.07
维修和建筑材料	Materials for Maintenance	元	yuan	36.42
水、电 燃料及其它	Water,Electricity,Fuels and Others	元	yuan	732.61
水	Water	元	yuan	41.13
电	Electricity	元	yuan	181.13
燃料	Fuels	元	yuan	72.63
居住服务费	Living Service Fees	元	yuan	72.75
物业管理费	Property Management Fees	元	yuan	57.56
维修服务费	Maintenance Fees	元	yuan	5.39
其它居住服务费		元	yuan	9.80
其它商品及服务	Other Goods and Services	元	yuan	547.94
借贷支出	Credit Expenditures	元	yuan	14126.19

continued

石嘴山市区 Shizuishan	平罗县 Pingluo	利通区 Litong	原州区 Yuanzhou	沙坡头区 Shapotou	海原县 Haiyuan
1244.50	1126.94	1361.98	988.86	1158.70	946.73
912.29	843.48	1010.26	741.30	835.46	666.00
13.02	9.19	18.38	15.01	4.70	16.07
624.85	564.06	535.38	530.56	475.73	469.50
335.68	287.39	269.73	302.15	222.67	212.76
889.51	1035.77	688.13	651.14	786.18	483.22
1431.98	990.23	1162.07	1151.04	741.65	961.31
1005.01	782.88	790.03	956.71	748.17	845.75
295.36	249.83	260.09	314.87	267.46	253.32
305.38	196.91	220.47	123.89	160.10	86.60
404.26	336.14	309.47	517.96	320.61	505.83
1196.72	1140.73	879.10	1110.95	863.05	758.26
450.08	484.78	51.00	262.65	145.36	145.04
289.42	425.35	17.42	169.59	79.12	5.35
68.34	27.01	7.23	58.24	26.41	117.02
654.13	621.52	759.73	780.00	672.18	562.93
40.31	22.58	40.08	31.33	46.35	23.30
147.53	155.03	150.87	152.38	170.66	168.38
88.96	163.78	67.47	137.59	67.52	196.50
92.51	34.44	68.38	68.30	45.52	50.29
43.74	17.31	31.94	42.09	32.97	8.63
39.81	4.34	21.68	21.60	2.85	40.43
8.96	12.79	14.76	4.61	9.69	1.23
357.90	406.71	550.71	351.46	458.53	323.19
11796.87	11127.05	10334.23	12701.44	11703.60	7892.40

10-12 农民家庭人口基本情况

指标	Item	单位	Unit
调查户数	Number of Households Surveyed	户	Unit
调查户常住人口	Number of Usual Residents in the Households Surveyed	人	person
平均每户整,半劳动力	Average Number of Full/Semi Labour Force Per Household	人	person
平均每户整,半劳动力负担人口	Average Number of Dependents Per Labour Force	人	person
平均每百个劳动力中:	Average Number of Person in Different Education Level Per 100 Laborforce:		
文盲、半文盲	Illiteracy and Semilliterate	人	person
小学程度	Primary Level	人	person
初中程度	Junior Secondary Level	人	person
高中程度	Senior Secondary Level	人	person
中专程度	Specialized Secondary Level	人	person
大专程度	Junior College	人	person
平均每人年末生活用房面积	Per Capita Floor Space of Residential Building at Year End	平方米/人	sq.m/person

Basic Statistics of Rural Households

1978	1980	1985	1990	1995	2000	2002	2005	2006	2008	2009
253	200	1090	990	1050	600	600	600	600	600	600
1582	1258	6588	5753	5517	2850	2813	2720	2703	2648	2587
2.59	2.46	3.02	2.96	3.06	2.80	2.82	2.79	2.80	2.78	2.75
2.41	2.56	2.00	1.96	1.72	1.69	1.66	1.63	1.61	1.58	
		43.36	37.29	26.58	19.50	16.89	21.13	20.24	18.69	17.98
		27.58	30.20	32.37	30.30	30.30	31.90	31.49	31.16	29.96
		23.75	27.06	33.05	39.10	41.94	40.03	40.95	40.36	42.13
		5.17	5.35	7.44	9.10	8.74	5.62	6.19	8.18	8.29
		0.15	0.10	0.47	1.50	1.66	0.72	0.59	0.78	0.67
				0.09	0.50	0.47	0.60	0.54	0.84	0.97
		11.83	13.62	19.67	18.00	19.23	21.03	21.64	23.10	24.46

10-13 主要年份农民家庭生活基本情况

Basic Statistics of Households in Main Year

年 份 Year	每一农村劳动力负担人数(人) Average Number of Dependents Per Rural Labour Force(person)	人均纯收入(元) Per Capita Net Income (yuan)	人均生活费支出(元) Per Capita Consumption Expenditure (yuan)		人均居住面积(平方米) Per Capita Net Floor Space of Rural Residents (sq.m.)
				食 品 Food	
1965	1.96	97.46	82.80	56.50	
1978	2.41	115.90	90.70	69.40	
1980	2.56	175.10	135.45	85.03	8.80
1985	2.00	325.88	264.46	154.55	11.83
1990	1.96	594.28	486.32	275.25	13.62
1995	1.72	1036.99	1057.78	608.60	19.67
1996	1.68	1415.78	1233.63	729.68	16.12
1997	1.67	1545.08	1282.46	688.18	16.76
1998	1.71	1756.14	1350.18	713.36	17.30
1999	1.70	1790.70	1330.18	675.86	18.18
2000	1.69	1724.30	1417.10	691.30	18.00
2001	1.68	1823.13	1380.75	643.76	18.84
2002	1.66	1917.36	1418.12	633.16	19.23
2003	1.65	2043.30	1637.13	680.15	20.12
2004	1.65	2320.05	1926.82	808.54	21.38
2005	1.62	2508.89	2094.48	922.54	21.03
2006	1.61	2760.14	2246.97	929.15	21.64
2007	1.58	3180.80	2528.80	1019.40	23.04
2008	1.58	3681.40	3094.86	1173.40	23.10
2009	1.57	4048.33	3347.94	1395.42	24.46

10-14 农村住户全年总收入、纯收入和总支出

Per Capita Annual Total Income and Net Income and Expenditure of Rural Households

单位:元 (yuan)

指 标	Unit	2007	2008	2009
全年总收入	**Total Income**	**5245.19**	**6173.85**	**6627.25**
工资性收入	**Income from Wages and Salaries**	**1021.37**	**1260.04**	**1518.94**
在非企业组织劳动得到的	Income from Non-Enterprise Organization	72.90	57.52	59.49
在本地企业劳动得到的	Income from Local Enterprises	241.66	318.33	405.96
常住人口外出从业得到的	Income from Usual Residents Working Outside	706.81	884.09	1053.49
其他工资性收入	Others			
家庭经营收入	**Income from Household Operations**	**3896.23**	**4503.28**	**4656.15**
农业收入	Farming	3344.32	2365.59	2428.55
林业收入	Forestry	8.47	7.08	9.17
牧业收入	Animal Husbandry	1171.14	1511.76	1489.85
渔业收入	Fishery	83.04	89.11	97.38
工业收入	Industry	125.48	110.75	123.54
建筑业收入	Construction	7.65		0.17
运输邮电业收入	Postal and Telecommunication Services	278.32	253.79	313.99
批、零贸易、餐饮业收入	Wholesale and Retail Trades and Catering Services	103.47	118.48	141.34
社会服务业收入	Social Services	30.09	44.21	46.72
其它家庭经营收入	Others	6.77	2.51	5.44
转移性收入	**Income from Transfers**	**269.50**	**310.69**	**354.71**
财产收入	**Income from Properties**	**58.09**	**40.79**	**63.08**

10-14 续表 continued

单位:元 (yuan)

指 标	Unit	2007	2008	2009
全年总支出	**Total Expenditure**	**5050.69**	**6095.02**	**6410.99**
家庭经营支出	**Expenditure of Household Operations**	**1769.91**	**2194.40**	**2214.17**
农业生产	Farming	754.87	935.83	887.12
林业支出	Forestry	4.09	1.67	2.82
牧业支出	Animal Husbandry	795.05	1069.04	1092.49
渔业支出	Fishery	64.47	68.71	66.95
工业支出	Industry	65.95	54.54	60.05
建筑业支出	Construction	0.45	0.37	0.06
运输邮电业支出	Postal and Telecommunication Services	71.47	50.15	80.47
批、零售贸易、餐饮业支出	Wholesale and Retail Trades and Catering Services	9.33	7.39	12.29
社会服务业支出	Social Services	2.62	6.52	11.30
其他经营支出	Others	1.60	0.17	0.20
购置生产性固定资产支出	**Purchase of Productive Fixed Assets**	**377.76**	**393.80**	**377.76**
缴纳税金	**Taxes**	**8.08**	**1.28**	**0.88**
生活消费支出	**Expenses on Household Consumption**	**2528.76**	**3094.86**	**3347.94**
转移及财产性支出	**Expenses on Transfers and Properties**	**366.19**	**404.56**	**464.30**

10-15 农民家庭平均每人生活消费支出

Per Capital Annual Income and Expenditures of Rural Households

单位:元 (yuan)

指 标 Unit	1985	1990	1995	1998	2000	2005	2006	2007	2008	2009
生活消费支出 Living Expenditure	**264.46**	**486.32**	**1057.78**	**1350.18**	**1417.10**	**2094.48**	**2246.97**	**2528.76**	**3094.86**	**3347.94**
按生活消费类别分 Grouped by Expenditure Type										
食 品 Food	154.55	275.25	608.60	713.36	691.31	922.54	929.15	1019.35	1288.47	1395.42
衣 着 Clothing	32.71	50.71	83.86	104.88	96.70	143.09	159.10	184.26	217.17	256.26
居 住 Housing	30.95	65.86	146.30	216.69	227.35	345.93	414.65	450.55	582.47	501.75
家庭设备用品及服务 Household Facilities, Articles and Services	20.53	28.95	59.26	69.17	62.10	77.16	104.32	109.27	123.91	169.01
医疗保健 Health Care and Medical Care	8.16	17.01	44.31	76.84	88.50	198.84	187.60	239.40	318.77	356.39
交通和通讯 Transportation and Communication	1.34	12.10	31.29	52.98	79.80	178.47	226.41	265.76	299.29	365.59
文、教娱乐用品及服务 Cultural,Educational and Recreational Articles and Services	**14.58**	**34.11**	**70.87**	**97.10**	**145.00**	**177.90**	**168.85**	**192.00**	**192.57**	**217.21**
其它商品和服务 Other Goods and Services	**2.51**	**2.33**	**13.29**	**19.17**	**26.40**	**50.55**	**56.89**	**68.17**	**72.20**	**86.32**

10-16 农民家庭平均每人主要消费品消费量

Per Capital Consumption of Major Consumer Goods in Rural Households

指 标	Item	单位	Unit	1985	1990	1995	1998	1999	2000	2005	2006	2007	2008	2009
粮食(原粮)	Grain(Unprocessed)	千克	kg	261.07	254.88	274.67	262.94	250.60	248.60	233.68	212.87	202.58	209.55	202.05
细 粮	Flour and Rice	千克	kg	229.45	217.79	234.68	236.33	223.88	223.40	220.95	199.75	192.80	195.36	190.03
蔬 菜	Vegetable	千克	kg	102.99	83.49	76.27	97.32	83.08	91.20	82.68	76.53	76.50	74.77	75.86
食 油	Edible Oil	千克	kg	4.66	5.53	7.16	7.66	8.02	6.60	7.89	6.45	6.28	7.95	9.58
肉 类	Meat	千克	kg	7.25	8.73	7.46	10.38	11.44	11.60	13.24	13.41	12.36	12.10	14.60
家 禽	Poultry	千克	kg	0.29	0.33	0.82	1.45	1.43	1.90	2.50	2.78	3.48	4.52	4.45
蛋 类	Eggs	千克	kg	1.12	1.26	1.07	1.79	1.65	2.40	2.17	3.02	2.31		2.54
鱼 虾	Fish and Shrimp	千克	kg	0.06	0.23	0.35	0.40	0.54	0.50	0.45	0.58	0.67	0.70	0.74
食 糖	Sugar	千克	kg	1.29	1.58	1.32	1.70	2.08	1.60	1.38	1.32	1.47	1.46	1.54
酒	Liquor	千克	kg	0.69	0.86	0.92	1.08	1.16	3.00	2.97	3.08	3.12	3.04	3.09

10-17 农民家庭平均每百户耐用消费品年末拥有量

Number of Durable Consumer Goods Owned Per 100 Rural Households

指 标	Item	单位	Unit	1985	1990	1995	1998	1999	2000	2005	2006	2007	2008	2009
自行车	Bicycle	辆	unit	125.23	170.20	176.57	174.76	174.48	162.83	120.33	121.67	118.83	123.67	118.67
电风扇	Electric Fans	台	set	0.28	5.35	11.62	14.57	14.86	21.33	25.50	27.67	不统计	不统计	不统计
洗衣机	Washing Machine	台	set	3.67	19.60	29.43	31.62	31.62	37.55	44.50	49.33	56.67	63.17	70.33
摩托车	Motorcycle	辆	unit	1.10	2.73	5.81	12.00	15.14	25.83	63.50	67.33	71.50	78.33	83.67
黑白电视机	Black and White TV Set	台	set	26.88	41.01	50.95	46.67	44.95	34.50	22.50	20.17	15.10	15.00	11.00
彩色电视机	Color TV Set	台	set	2.94	17.88	35.71	49.71	54.48	67.00	92.67	98.67	107.83	115.17	120.33
收录机	Radio-cassette Recorder	台	set	8.26	25.56	38.38	42.00	42.57	35.50	17.00	17.00	不统计	不统计	不统计
照相机	Camera	架	unit	0.28	0.51	0.95	1.52	1.33	3.33	3.17	2.33	2.83	2.67	2.67

10-18 农民家庭平均每人现金收入

指　　标	Item	1990	1995
期内现金收入合计	**Annual Total Income in Cash**	**566.84**	**1218.87**
工资性收入	**Income from Wages and Salaries**	**78.88**	**178.23**
家庭经营现金收入	**Cash Income from Household Operations**	**449.35**	**996.16**
出售产品的现金	Sale of Products	390.85	833.14
出售农产品	Sale of Farming Products	287.69	525.03
出售粮食	Sale of Grain	199.42	359.53
出售油料	Sale of Oil	9.88	16.83
出售糖料	Sale of Sugar	19.56	30.62
出售蔬菜	Sale of Vegetable	31.02	66.77
出售林业产品	Sale of Forestry Products	4.77	7.08
出售牧业产品	Sale of Animal Husbandry Products	86.20	279.61
出售渔业产品	Sale of Fishery Products	2.46	1.86
出售工业产品	Sale of Industrial Products	0.58	0.02
出售其他产品	Sale of Other Products	1.08	0.52
工业现金收入	Cash Income from Industrial	8.68	19.38
建筑业现金收入	Cash Income from Construction	3.78	7.45
运输业现金收入	Cash Income from Transport	29.22	71.23
批零贸易业、饮食业现金收入	Cash Income from Wholesale and Retail Trades and Catering Services	8.29	36.24
社会服务业现金收入	Cash Income from Services	3.52	6.73
其他家庭经营收入	Other Income	6.09	21.99
转移性收入	**Income from Transfers**	**53.23**	**77.80**
财产性收入	**Income from Properties**		**10.75**
非收入现金所得	**Non-income Gain**	**103.47**	**336.94**

Per Capital Consumption of Cash Income in Rural Households

1998	1999	2000	2005	2008	2009
1942.04	**2073.81**	**2169.24**	**3463.38**	**5004.06**	**5379.87**
367.66	**422.97**	**484.02**	**702.10**	**1259.94**	**1518.94**
1468.23	**1504.93**	**1535.14**	**2546.35**	**3392.64**	**3496.87**
1173.68	1189.74	1082.95	2012.73	2771.95	2762.36
704.37	682.89	543.50	1118.58	1328.66	1330.33
546.92	507.22	381.95	691.19	736.62	770.25
28.71	28.29	4.99	61.38	118.21	80.80
12.06	0.29	2.11	0.00		
75.67	81.93	164.20	148.29	198.20	1426.97
6.01	6.40	6.40	6.38	6.46	9.17
413.01	424.17	482.90	836.28	1346.97	1334.02
32.09	48.12	34.20	48.99	89.00	95.52
0.29	0.29	0.53	2.31		
0.17	0.27	4.95	0.19		
25.04	35.29	51.14	83.50	110.75	123.54
9.00	14.05	14.95	13.71		0.17
139.56	128.34	191.80	203.71	253.79	313.99
64.64	71.19	123.50	148.74	118.48	141.34
21.28	23.71	25.48	19.19	44.21	46.72
35.02	42.61	33.00	9.66	2.18	5.42
72.45	**120.41**	**77.10**	**186.80**	**310.69**	**322.65**
33.95	**25.51**	**73.00**	**28.13**	**40.79**	**41.40**
410.55	**477.56**	**564.89**	**1064.35**	**1153.70**	**1110.44**

10-19 各市县农民家庭平均每人纯收入

Per Capital Annual Income of Rural Households by City and Country

单位:元 （2009） （yuan）

地区	Region	纯收入 Net Income	按纯收入来源分 Grouped by Source					
			工资性收入 Wages Income	家庭经营收入 Income from Household Operations	一产业纯收入 Primary Industry	二三产业纯收入 Secondary and Tertiary Industry	转移性收入 Transfer Income	财产性收入 Property Income
全区总计	**Total**	**4048.33**	**1518.94**	**2111.60**	**1764.06**	**347.55**	**354.71**	**63.08**
川区	**Plain**	**5260.20**	**1610.85**	**3293.93**	**2543.08**	**750.85**	**263.69**	**91.74**
山区	**Mountain Area**	**2917.74**	**1223.27**	**1343.21**	**1159.04**	**184.17**	**332.74**	**18.52**
银川市	**Yinchuan**	**5388.92**	**1591.86**	**3362.55**	**2517.28**	**845.26**	**291.05**	**143.46**
永宁县	Yongning	5127.21	1588.11	3113.65	2631.68	481.97	344.92	80.52
贺兰县	Helan	5480.13	1084.70	4026.67	3436.92	589.76	298.74	70.01
灵武市	Lingwu	5732.91	2129.66	3291.65	1907.15	1384.50	260.26	51.34
石嘴山市	**Shizuishan**	**5315.33**	**1584.08**	**3298.25**	**2796.48**	**501.77**	**302.93**	**130.06**
惠农区	Huinong	5563.46	1842.89	3314.72	2661.40	653.32	308.08	97.77
平罗县	Pingluo	5430.94	1370.96	3619.39	3195.24	424.15	319.94	120.65
吴忠市	**Wuzhong**	**4390.71**	**1341.02**	**2677.48**	**2119.11**	**558.37**	**321.73**	**50.48**
利通区	Litong	5826.94	1740.97	3873.07	2690.22	1182.85	148.82	64.09
青铜峡市	Qingtongxia	3288.03	637.87	1982.66	1835.77	146.89	626.67	40.82
盐池县	Yanchi	2914.36	1100.79	1424.18	1236.60	187.58	367.90	21.48
同心县	Tongxin	5831.09	1732.90	3759.52	3083.52	676.00	249.60	89.07
固原市	**Guyuan**	**2961.55**	**1310.41**	**1298.04**	**1123.50**	**174.55**	**336.17**	**16.93**
原州区	Yuanzhou	3004.67	1409.51	1283.80	1054.49	229.31	301.50	9.86
西吉县	Xiji	2943.70	1301.97	1385.05	1245.79	139.26	246.02	10.66
隆德县	Longde	2958.73	1206.87	1208.60	1084.32	124.28	530.87	12.38
泾源县	Jingyuan	2725.71	1236.02	1106.12	964.47	141.65	368.23	15.34
彭阳县	Pengyang	3045.65	1278.14	1308.99	1102.49	206.50	414.67	43.85
中卫市	**Zhongwei**	**3852.92**	**1422.62**	**2173.08**	**1706.98**	**466.10**	**235.11**	**22.12**
沙坡头区	Shapotou	4699.97	1812.40	2558.33	2013.41	544.92	302.57	26.66
中宁县	Zhongning	4618.63	1243.21	3122.88	2403.12	719.77	223.61	28.93
海原县	Haiyuan	2640.00	1230.98	1206.80	979.30	227.51	188.47	13.75

10-20 主要年份各市县农民家庭平均每人纯收入

Per Capital Annual Income of Rural Households by City and Country in Main Years

单位:元 (yuan)

地 区	Region	1985	1990	1995	2000	2003	2005	2006	2007	2008	2009
全区总计	**Total**	**325.88**	**594.28**	**1036.99**	**1724.30**	**2043.30**	**2508.89**	**2760.14**	**3180.84**	**3681.42**	**4048.33**
银 川 市	**Yinchuan**	**466.29**	**978.89**	**1683.43**	**2712.36**	**3087.08**	**3492.71**	**3799.70**	**4302.46**	**4917.21**	**5388.92**
永 宁 县	Yongning	467.05	977.28	1647.95	2542.58	2975.49	3374.65	3678.37	4193.34	4747.21	5127.21
贺 兰 县	Helan	407.72	993.33	1628.98	2560.67	2938.76	3533.89	3880.21	4345.84	4910.94	5480.13
灵 武 市	Lingwu	433.55	768.75	1513.21	2704.95	3008.74	3597.41	3892.41	4425.67	5184.22	5732.91
石嘴山市	**Shizuishan**	**434.24**	**812.70**	**1533.82**	**2718.98**	**2994.13**	**3649.75**	**3856.94**	**4350.76**	**4882.77**	**5315.33**
惠 农 区	Huinong	404.76	780.67	1492.83	2760.40	3103.59	3686.53	3992.51	4523.51	5007.19	5563.46
平 罗 县	Pingluo	460.41	838.53	1483.86	2601.26	3002.63	3640.37	3957.08	4455.67	5005.00	5430.94
吴 忠 市	**Wuzhong**	**354.85**	**648.40**	**1212.79**	**2194.33**	**2506.59**	**2891.29**	**3135.16**	**3610.56**	**4079.02**	**4390.71**
利 通 区	Litong	353.87	726.04	1384.08	2853.46	3366.77	3974.44	4316.24	4985.26	5613.22	5826.94
青铜峡市	Qingtongxia	414.38	752.72	1528.51	2811.54	3260.40	4019.20	4401.03	4937.96	5444.58	3288.03
盐 池 县	Yanchi	365.01	534.07	821.19	1135.61	1567.30	2004.96	2238.27	2623.61	3002.29	2914.36
同 心 县	Tongxin	221.22	427.26	812.05	1139.73	1374.00	1709.67	1900.14	2213.66	2576.85	5831.09
固 原 市	**Guyuan**	**195.42**	**351.70**	**553.40**	**927.76**	**1262.01**	**1715.17**	**1925.40**	**2214.87**	**2613.94**	**2961.55**
原 州 区	Yuanzhou	247.87	394.79	628.06	933.11	1335.58	1727.33	1940.02	2241.10	2666.98	3004.67
西 吉 县	Xiji	166.19	338.42	447.46	901.61	1264.04	1740.21	1940.23	2215.43	2590.38	2943.70
隆 德 县	Longde	186.89	382.87	631.05	1081.73	1300.36	1696.40	1905.55	2175.00	2603.54	2958.73
泾 源 县	Jingyuan	215.37	246.44	457.12	971.09	1147.49	1507.89	1737.50	2064.09	2424.16	2725.71
彭 阳 县	Pengyang	156.25	368.98	656.60	895.98	1325.81	1764.14	1977.99	2266.42	2663.35	3045.65
中 卫 市	**Zhongwei**					**2146.10**	**2537.42**	**2762.11**	**3124.22**	**3571.32**	**3852.92**
沙坡头区	Shapotou	341.17	701.80	1380.82	2494.60	2940.34	3348.75	3633.39	3956.43	4556.14	4699.97
中 宁 县	Zhongning	370.02	632.31	1469.88	2648.29	2961.09	3306.86	3601.17	3997.30	4387.18	4618.63
海 原 县	Haiyuan	200.84	332.73	470.03	877.20	1153.60	1446.10	1584.23	1920.09	2290.68	2640.00

注: 1. 2003 年以前吴忠市农民人均纯收入包括中卫、中宁两县。
2. 2003 年以前惠农区农民人均纯收入为原惠农县数据。
a)Before 2003,data of city wuzhong included county zhongwei and zhongning.
b)Before 2003,data of huinong district refered to the former county huinong.

10-21 各市县农民家庭平均每人生活消费支出

Per Capital Consumption Expenditure of Rural Households by City and Country

单位:元　　　　(2009)　　　　(yuan)

地　区	Region	生活消费支出 Expenses on Household Consumption	食　品 Food	衣　着 Clothing	居　住 Residence
全区总计	**Total**	**3347.94**	**1395.42**	**256.26**	**501.75**
川　　区	**Plain**	**4473.60**	**1573.00**	**339.48**	**1000.31**
山　　区	**Mountain Area**	**2584.72**	**1252.92**	**175.14**	**367.29**
银 川 市	**Yinchuan**	**4817.00**	**1659.88**	**390.32**	**1110.71**
兴 庆 区	Xingqing	4695.57	1947.96	424.97	572.04
西 夏 区	Xixia	4385.26	1632.73	219.80	923.89
金 凤 区	Jinfeng	5799.93	1842.24	449.45	597.54
永 宁 县	Yongning	4195.58	1648.90	388.89	778.26
贺 兰 县	Helan	5104.93	1726.59	367.31	1266.21
灵 武 市	Lingwu	5063.00	1433.76	416.45	1779.23
石嘴山市	**Shizuishan**	**4542.46**	**1741.10**	**330.90**	**889.26**
惠 农 区	Huinong	4534.78	1742.54	378.71	761.59
平 罗 县	Pingluo	4462.32	1755.74	318.83	819.71
吴 忠 市	**Wuzhong**	**3410.49**	**1342.12**	**268.47**	**520.71**
利 通 区	Litong	3763.60	1450.47	357.91	574.22
青铜峡市	Qingtongxia	3322.13	1418.37	237.17	476.06
盐 池 县	Yanchi	2723.47	1084.38	172.45	426.32
同 心 县	Tongxin	4185.25	1586.20	338.60	643.79
固 原 市	**Guyuan**	**2563.34**	**1358.14**	**160.73**	**346.33**
原 州 区	Yuanzhou	2518.91	1371.58	148.03	324.73
西 吉 县	Xiji	2478.82	1368.36	169.25	361.59
隆 德 县	Longde	2793.11	1317.77	165.06	375.48
泾 源 县	Jingyuan	2722.54	1261.90	238.29	357.99
彭 阳 县	Pengyang	2560.22	1392.17	123.34	325.46
中 卫 市	**Zhongwei**	**3589.95**	**1250.87**	**251.11**	**884.25**
沙坡头区	Shapotou	4161.39	1428.88	276.56	973.06
中 宁 县	Zhongning	4814.79	1443.74	287.73	1552.50
海 原 县	Haiyuan	2283.51	973.94	205.29	351.84

10-21 续表 continued

单位:元 （2009） (yuan)

地 区	Region	家庭设备、用品及服务 Household Facilities, Articles and Services	医疗保健 Health Care and Medical Services	交通和通讯 Transport and Communications	文教娱乐用品及服务 Education, Cultural and Recreation and Services	其他商品和服务 Miscellaneous Goods and Services
全区总计	**Total**	**169.01**	**356.39**	**175.02**	**217.21**	**86.32**
川 区	**Plain**	**197.28**	**459.64**	**222.33**	**265.59**	**119.02**
山 区	**Mountain Area**	**124.51**	**235.00**	**129.96**	**145.08**	**46.40**
银川市	**Yinchuan**	**217.89**	**479.48**	**249.49**	**289.79**	**146.04**
兴庆区	Xingqing	214.29	510.42	296.91	377.34	155.63
西夏区	Xixia	123.20	220.10	264.61	426.80	104.09
金凤区	Jinfeng	226.47	1009.48	465.60	367.45	140.84
永宁县	Yongning	223.41	319.79	203.45	272.65	130.44
贺兰县	Helan	289.47	526.97	248.75	276.80	132.02
灵武市	Lingwu	165.59	480.93	205.76	227.35	183.27
石嘴山市	**Shizuishan**	**262.63**	**405.90**	**271.46**	**301.97**	**117.13**
惠农区	Huinong	418.29	278.59	278.97	298.98	127.92
平罗县	Pingluo	227.84	451.86	252.65	323.14	114.33
吴忠市	**Wuzhong**	**168.67**	**410.74**	**175.97**	**226.20**	**85.42**
利通区	Litong	212.41	420.20	193.48	211.39	103.91
青铜峡市	Qingtongxia	87.84	376.37	231.38	293.00	43.02
盐池县	Yanchi	176.24	321.38	117.76	212.36	77.64
同心县	Tongxin	156.83	574.69	212.99	221.36	104.92
固原市	**Guyuan**	**106.50**	**211.34**	**131.23**	**122.81**	**42.83**
原州区	Yuanzhou	117.75	224.57	129.31	85.88	31.49
西吉县	Xiji	87.39	153.56	125.04	97.89	49.00
隆德县	Longde	181.48	188.24	145.59	256.12	103.63
泾源县	Jingyuan	128.68	300.09	176.71	48.25	36.83
彭阳县	Pengyang	63.52	273.26	114.03	174.19	10.38
中卫市	**Zhongwei**	**150.32**	**345.46**	**149.12**	**199.79**	**74.61**
沙坡头区	Shapotou	147.66	494.87	175.29	289.45	56.44
中宁县	Zhongning	145.20	389.17	189.31	219.64	155.31
海原县	Haiyuan	155.99	194.49	100.24	113.58	33.68

10-22 主要年份各市县农民家庭平均每人生活消费支出

Per Capital Consumption Expenditure of Rural Households by City and Country in Main Years

单位:元 (yuan)

地 区	Region	1985	1990	1995	2000	2005	2008	2009
全区总计	**Total**	**264.46**	**486.32**	**1057.78**	**1417.13**	**2094.48**	**3094.86**	**3347.94**
银川市	**Yinchuan**	**382.80**	**810.18**	**1449.48**	**1885.76**	**2835.88**	**4118.83**	**4817.00**
永宁县	Yongning	384.29	887.01	1445.72	1665.78	2871.36	3973.02	4195.58
贺兰县	Helan	330.85	681.53	1619.93	2094.83	3164.38	4386.61	5104.93
灵武市	Lingwu	319.30	594.41	1373.54	1770.48	2757.27	3813.33	5063.00
石嘴山市	**Shizuishan**	**312.46**	**655.88**	**1438.23**	**2101.75**	**3186.86**	**4344.84**	**4542.46**
惠农区	Huinong	298.92	735.38	1360.72	2468.85	3424.75	4330.23	4534.78
平罗县	Pingluo	324.45	655.52	1391.37	2027.14	3126.16	4387.55	4462.32
吴忠市	**Wuzhong**	**274.79**	**530.70**	**1201.08**	**1640.80**	**2107.11**	**3190.71**	**3410.49**
利通区	Litong	286.11	694.05	1310.12	2345.33	2494.29	3510.61	3763.60
青铜峡市	Qingtongxia	294.45	622.35	1565.72	1849.44	2470.31	2978.88	3322.13
盐池县	Yanchi	317.42	468.66	1038.10	1230.59	2512.77	2620.86	2723.47
同心县	Tongxin	187.91	342.27	901.27	957.92	1384.22	3905.83	4185.25
固原市	**Guyuan**	**185.77**	**287.62**	**708.95**	**854.01**	**1680.03**	**2462.97**	**2563.34**
原州区	Yuanzhou	227.15	330.49	691.65	984.63	1716.39	2298.10	2518.91
西吉县	Xiji	181.13	270.31	622.14	965.29	1652.59	2370.13	2478.82
隆德县	Longde	185.47	324.47	856.55	1110.44	1679.86	2743.37	2793.11
泾源县	Jingyuan	163.88	220.52	540.03	804.12	1834.57	2940.11	2722.54
彭阳县	Pengyang	164.20	297.19	824.00	752.65	1591.56	2518.93	2560.22
中卫市	**Zhongwei**					**1985.92**	**3060.17**	**3589.95**
沙坡头区	Shapotou	255.93	495.30	1350.86	1600.15	2141.57	3781.05	4161.39
中宁县	Zhongning	281.77	471.72	1065.24	1982.43	2897.94	4099.90	4814.79
海原县	Haiyuan	176.06	253.86	683.38	677.65	1287.55	1828.93	2283.51

注: 1. 2003 年以前吴忠市农民人均生活消费支出包括中卫、中宁两县。
2. 2003 年以前惠农区农民人均生活消费支出为原惠农县数据。

a)Before 2003,data of city wuzhong included county zhongwei and zhongning.
b)Before 2003,data of huinong district refered to the former county huinong.

10-23 各市县农民家庭平均每百户耐用品消费品拥有量

Number of Durable Consumer Goods Owned Per 100 Rural Households by City and Country

(2009)

地 区	Region	自行车（辆）Bicycle (unit)	电话机（部）Telephone (set)	家用计算机（台）Computer (set)	洗衣机（台）Washing Machine (unit)	电冰箱（台）Refrigerator (unit)
全区总计	**Total**	**118.67**	**63.83**	**4.00**	**70.33**	**27.67**
川 区	**Plain**	**182.20**	**66.89**	**6.73**	**85.84**	**40.03**
山 区	**Mountain Area**	**63.96**	**58.74**	**1.28**	**55.81**	**14.71**
银川市	**Yinchuan**	**189.59**	**65.93**	**4.09**	**90.46**	**40.98**
永宁县	Yongning	197.50	51.67	2.50	84.17	20.83
贺兰县	Helan	205.00	69.17	3.33	95.00	40.83
灵武市	Lingwu	172.50	85.00	0.83	99.17	47.50
石嘴山市	**Shizuishan**	**187.12**	**69.58**	**4.01**	**75.93**	**34.64**
惠农区	Huinong	181.67	68.33	3.33	78.33	21.67
平罗县	Pingluo	184.00	71.00	4.00	73.00	38.00
吴忠市	**Wuzhong**	**122.48**	**55.30**	**9.69**	**85.93**	**44.37**
利通区	Litong	185.56	54.44	17.78	104.44	83.33
青铜峡市	Qingtongxia	13.75	41.25	1.25	76.25	26.25
盐池县	Yanchi	53.64	48.18	4.55	70.00	23.64
同心县	Tongxin	207.00	75.00	12.00	90.00	35.00
固原市	**Guyuan**	**73.13**	**64.06**	**0.94**	**51.18**	**9.55**
原州区	Yuanzhou	77.50	67.50	0.00	53.75	16.25
西吉县	Xiji	68.00	77.00	2.00	46.00	9.00
隆德县	Longde	103.75	60.00	2.50	57.50	6.25
泾源县	Jingyuan	66.67	31.67	0.00	60.00	6.67
彭阳县	Pengyang	56.00	56.00	0.00	47.00	4.00
中卫市	**Zhongwei**	**124.02**	**63.96**	**3.29**	**68.93**	**24.39**
沙坡头区	Shapotou	160.00	70.83	5.00	80.83	20.83
中宁县	Zhongning	162.73	66.36	5.45	74.55	32.73
海原县	Haiyuan	60.00	55.56	0.00	53.33	21.11

10-23 续表 continued

（2009）

地 区	Region	摩托车（辆）Motorcycle（unit）	影碟机（台）Video Disc Player(set)	黑白电视机（台）Black and White TV Set(unit)	彩色电视机（台）Color TV Set（unit）	移动电话（部）Mobile Telephone（set）	照相机（台）Camera（unit）
全区总计	**Total**	**83.67**	**48.33**	**11.00**	**120.33**	**151.83**	**2.67**
川 区	**Plain**	**86.48**	**55.29**	**2.04**	**121.72**	**173.79**	**3.42**
山 区	**Mountain Area**	**76.13**	**43.41**	**18.21**	**113.32**	**128.77**	**1.40**
银川市	**Yinchuan**	**74.22**	**42.68**	**0.17**	**113.35**	**167.46**	**5.35**
永宁县	Yongning	63.33	57.50	0.00	121.67	188.33	9.17
贺兰县	Helan	70.00	30.83	0.00	115.83	180.00	0.00
灵武市	Lingwu	99.17	35.00	0.00	100.00	144.17	1.67
石嘴山市	**Shizuishan**	**80.85**	**55.60**	**1.00**	**109.03**	**159.87**	**0.31**
惠农区	Huinong	85.00	36.67	1.67	103.33	133.33	1.67
平罗县	Pingluo	81.00	58.00	1.00	111.00	159.00	0.00
吴忠市	**Wuzhong**	**94.68**	**59.45**	**7.38**	**133.92**	**204.16**	**4.66**
利通区	Litong	101.11	76.67	2.22	136.67	212.22	5.56
青铜峡市	Qingtongxia	78.75	31.25	0.00	122.50	221.25	0.00
盐池县	Yanchi	99.09	54.55	20.00	124.55	183.64	3.64
同心县	Tongxin	91.00	63.00	2.00	150.00	209.00	8.00
固原市	**Guyuan**	**71.34**	**43.70**	**22.32**	**111.60**	**113.98**	**1.48**
原州区	Yuanzhou	76.25	43.75	8.75	118.75	122.50	2.50
西吉县	Xiji	84.00	39.00	39.00	105.00	88.00	0.00
隆德县	Longde	46.25	61.25	31.25	113.75	131.25	2.50
泾源县	Jingyuan	41.67	31.67	11.67	108.33	101.67	5.00
彭阳县	Pengyang	75.00	44.00	15.00	111.00	135.00	0.00
中卫市	**Zhongwei**	**88.49**	**51.09**	**6.69**	**118.12**	**140.88**	**0.53**
沙坡头区	Shapotou	88.33	55.83	4.17	116.67	153.33	0.00
中宁县	Zhongning	106.36	60.91	5.45	132.73	173.64	1.82
海原县	Haiyuan	74.44	38.89	10.00	107.78	103.33	0.00

主要统计指标解释

[常住人口] 主要用于计算农村住户平均每人收入、消费和积累水平及分析家庭人口状况的依据。常住人口是指经济生活和本户连成一体的人口。包括其主要收入带回家的在外劳动的合同工、临时工和其他副业工。也包括在家居住,生活和本户连成一体的国家职工、退 休人员也要计算在内。但不包括叁军、在外居住的职工。

[常住人口中整半劳动力] 劳动力是农村住户生产的基本要素之一，劳动力的多少和劳动力负担人口的多少，直接影响农村住户收人和生活消费水平的增长变化。整劳动力是指男子 18 周岁到 50 周岁，女子 18 周岁到 45 周岁；半劳动力是指男子 16 周岁到 17 周岁，51 周岁到 60 周岁；女子 16 周岁到 77 周岁，46 周岁到 55 周岁，同时具有劳动能力的人。虽然在劳动年龄之内,但已丧失劳动能力的人,不应算为劳动力;在劳动年龄以外,但能经常参加劳动,能顶上一个整劳动力或半劳动力的人,应计在劳动力数内。常住人口中的职工，若这些职工为劳动力,就包括在本户的整半劳动力中。

[全年总收入] 是指农村住户年内从各种来源得到的全部实际收入（包括现金收人和实物收入）。由工资性收入、家庭经营收入,转移性收人和财产性收人等三部分组成。

[家庭经营收入] 主要用来反映以家庭为生产单位的收入水平、生产规模和经济效益情况。它是农村住户既投人劳动又投人资金和财产从事各项生产的收入,包括农业收入、林业收入、牧业收入、渔业收入、工业收入、建筑业收入、运输业收入、商业收入、饮食业收入、服务业收人和其他家庭经营收入。

[纯收入] 是总收入扣除相应的各项费用性支出后,归农民所有的收入。它既可以用于生产、非生产投资,改善物质和文化生活,以及用于再分配的支出和结余的收入。这个指标用来观察农民实际收入水平,以及农民扩大再生产和改善生活的能力。

纯收入=总收入–家庭经营费用支出–生产用固定资产折旧–税费支出–调查补贴。

1. 家庭经营纯收入=家庭经营收入–家庭经营费用–税费支出–生产用固定资产折旧。

2. 家庭经营收入按三个产业划分：家庭经营的第一产业收入包括:农业收入、林业收入、牧业收入、渔业收入。第二产业包括:工业收入、建筑业收入。第三产业包括:运输业收入、批零、贸易、餐饮业收入、其他家庭经营收入。

[全年总支出] 是指农村住户全年用于生产、生活和再分配等方面的全部实际支出。包括家庭经营费用支出、购置生产用固定资产支出、税费支出、、生活消费支出和财产性支出、转移性支出。但借贷性支出不包括在内。

[生活消费支出] 是指农村住户年内用于物质生活和精神生活方面的实际支出，直接反映农民的生活水平、研究农民消费结构变化的基本指标。生活消费支出包括食品,衣着,居住,家庭设备,用品及服务,医疗保健,交通和通讯,文化教育娱乐用品及服务,其他商品和服务等消费支出。

[生活用房面积] 是指实际住人或可以用来住人的房屋面积。与住房连成一体的起居室或放置灶具的地方、专用厨房,均应包括在内。但不包括专用仓库等生产用房面积。

第十一篇 Chapter 11

农业
Agriculture

责任编辑:王金贵
资料整理:王金贵　马　宏　张蓓蓓
Coordinator:Wang Jingui
Data Compilation:Wang Jingui　Ma Hong　Zhang Beibei

11-1 农村基层基本情况

Basic Statistics on Rural Areas

指　标	Item	单位	unit	1978	1980	1990	2000
乡镇数	Number of Township and Town Governments	个	unit	246	251	288	309
乡 数	Villages	个	unit			248	245
镇 数	Towns	个	unit			40	64
村民委员会	Number of Villagers´Committees	个	unit	2 168	2 285	2 501	2 692
乡村从业人员	Number of Rural Labor Force	人	person	923 593	988 053	1 409 341	1 979 117
男	Male	人	person			733 813	1 030 471
女	Female	人	person			675 528	948 646
分行业乡村从业人员	Number of Rural Labor Force Grouped by Sector						
农林牧渔业	Agriculture,Forestry,Animal Husbandry & Fishery	人	person	866 250	947 634	1 244 241	1 531 310
工业	Industry	人	person		18 637	34 398	80 524
建筑业	Construction	人	person			27 516	120 545
交通运输仓储及邮政业	Transportation,Storage,Postal and Telecommunication Services	人	person			27 817	75 560
信息传输、计算机服务和软件业	Information Transmission,Computer Service and Software Sector	人	person				
批发与零售业	Wholesale and Retail Trades	人	person			15 785	73 184
住宿和餐饮业	Hotels and Catering Services	人	person				
其他行业	Others	人	person			59 584	97 994

注：本篇乡村人口是指户口在乡村的常住人口，具体范围按1964年建镇标准划分，包括后来的新建制镇人口，口径大于人口篇的乡村人口。
a)This refers to the rural population in rural resident population account, according to the scope of 1964, including standard building the new towns, caliber population than the population of rural population.

11-1 续表 continued

指 标	Item	单位 unit		2005	2006	2007	2008	2009
乡镇数	Number of Township and Town Governments	个	unit	191	187	191	191	191
乡 数	Villages	个	unit	97	93	93	93	93
镇 数	Towns	个	unit	94	94	98	98	98
村民委员会	Number of Villagers´Committees	个	unit	2 382	2 362	2 311	2 308	2 319
乡村从业人员	Number of Rural Labor Force	人	person	2 119 845	2 119 891	2 145 829	2 187 344	2 184 155
男	Male	人	person	1 105 616	2 119 891	1 127 558	1 150 221	1 152 847
女	Female	人	person	1 014 229	1 011 177	1 018 271	1 037 123	1 031 308
分行业乡村从业人员	Number of Rural Labor Force Grouped by Sector							
农林牧渔业	Agriculture,Forestry,Animal Husbandry & Fishery	人	person	1 406 424	1 365 360	1 377 190	1 330 237	1 275 900
工业	Industry	人	person	141 634	155 176	159 664	166 626	167 620
建筑业	Construction	人	person	231 656	250 959	257 989	337 813	367 808
交通运输仓储及邮政业	Transportation,Storage,Postal and Telecommunication Services	人	person	95 745	99 443	100 063	97 790	99 166
信息传输、计算机服务和软件业	Information Transmission,Computer Service and Software Sector	人	person	3 792	4 035	5 316	8 416	9 692
批发与零售业	Wholesale and Retail Trades	人	person	91 274	94 088	98 446	95 678	96 881
住宿和餐饮业	Hotels and Catering Services	人	person	47 099	48 739	55 218	55 558	62 700
其他行业	Others	人	person	102 221	102 091	91 943	95 226	104 388

11-2 农业机械拥有量

Major Agriculture Machinery

年 份 Year	农业机械总动力（万瓦特）Total Agricultural Machinery Power (10 000w)	大中型拖拉机（混合台）Number of Large and Medium-sized Agricultural Tractors(unit)	小型及手扶拖拉机（台）Small and Walking Tractors (unit)	大中型配套农具（部）Number of Large and Medium-sized Farm Machinery (unit)	农用排灌动力机械（混合台）Number of Diesel Engines (unit)	联合收割机（台）Combine Harvester (unit)
1978		4 655	12 088			147
1979		5 478	15 114			190
1980		5 811	16 442			252
1985		5 848	42 384	6 622	9 003	215
1990	191 105	5 966	83 934	6 084	10 611	169
1991	202 687	6 200	93 400	6 011	11 449	233
1992	212 126	5 481	100 245	6 030	10 653	245
1993	217 581	4 693	105 319	5 598		228
1994	228 601	4 433	110 137	5 236		294
1995	241 463	3 822	115 196	4 780		307
1996	255 986	3 667	119 880			
1997	288 432	3 588	129 023		12 951	473
1998	316 183	3 620	132 335			634
1999	377 934	3 897	149 470			1 346
2000	380 633	4 774	157 061			1 689
2001	407 623	4 887	163 059			1 856
2002	447 513	5 734	169 856	8 083		1 996
2003	486 339	7 534	167 005	9 516	20 857	1 994
2004	528 493	12 084	169 150	13 613	26 325	1 955
2005	555 144	13 245	168 563	14 127	25 173	2 191
2006	592 197	15 207	169 951	18 469	26 158	2 718
2007	629 779	15 414	170 327	29 006	27 357	3 095
2008	657 846	18 752	173 062	33 673	29 818	3 374
2009	702 548	22 121	178 935	43 656	27 565	4 983

11-3 农业施肥量及农村用电量

Consumption of Chemical Fertilizers and Electricity in Rural Areas

年份 Year	化肥施用量（万吨） Consumption of Chemical Fertilizers (10 000 tons)	氮肥 Nitrogenous Fertilizer	磷肥 Phosphate Fertilizer	钾肥 Potash Fertilizer	复合肥 Compound Fertilizer	农村用电量（万千瓦小时） Electricity Consumed in Rural Areas (10 000 kwh)
1978	22.8					10541.0
1979	20.1					12255.0
1980	17.7					15134.0
1985	23.2					19478.0
1990	46.1	32.1	9.2	0.1	4.7	38570.0
1991	48.8	33.4	9.9	0.2	5.3	45292.9
1992	51.9	35.4	10.0	0.3	6.2	48676.0
1993	50.8	33.8	10.3	0.3	6.4	47732.7
1994	55.2	35.8	12.4	0.3	6.7	53794.7
1995	61.7	39.6	14.4	0.3	7.4	55631.3
1996	67.8	43.7	15.8	0.2	8.1	65476.1
1997	69.2	43.9	16.1	0.2	9.0	72664.5
1998	74.5	46.2	18.1	0.4	9.8	73474.1
1999	75.5	46.5	17.8	0.5	10.7	77596.6
2000	76.9	46.9	18.3	0.6	11.1	79392.0
2001	78.4	48.2	17.8	0.8	11.6	78615.5
2002	79.5	48.8	17.9	0.8	11.8	82273.0
2003	80.1	46.9	15.6	1.1	12.5	85800.0
2004	84.2	47.9	19.5	1.6	15.2	89980.0
2005	86.9	46.0	20.2	1.8	18.9	92507.0
2006	90.6	48.2	21.4	2.2	18.8	101059.0
2007	95.5	50.1	22.0	2.4	21.1	106276.0
2008	95.9	50.2	22.8	2.9	20.1	109471.0
2009	96.7	50.2	22.0	3.4	21.1	101055.0

注:化肥施用量为实物量

a)Data on Consumption of Chemical Fertilizers refer to the Practical quantity.

11-4 农林牧渔业总产值、中间消耗及增加值

Gross Output, Intermediate Consumption and Added Value of Agriculture, Forestry, Animal Husbandry and Fishery

单位:万元 (10 000 yuan)

指 标	Item	1995	1998	2000	2003
农林牧渔业总产值	**Gross Output Value of Agriculture,Forestry, Animal Husbandry and Fishery**	**565 493**	**787 404**	**777 525**	**1 005 247**
农 业	Agriculture	381 301	539 850	469 905	541 303
林 业	Forestry	9 688	10 019	31 137	74 569
牧 业	Animal Husbandry	162 897	222 043	257 488	363 502
渔 业	Fishery	11 607	15 492	18 995	25 873
农林牧渔服务业	Output Value of Services for Agriculture,Forestry, Animal Husbandry and Fishery				
农林牧渔业中间消耗	**Intermediate consumption of Agriculture, Forestry,Animal Husbandry and Fishery**	**211 539**	**300 535**	**318 047**	**450 182**
农 业	Agriculture	128 952	168 915	162 335	187 522
林 业	Forestry	3 674	4 759	15 463	47 577
牧 业	Animal Husbandry	69 122	112 616	125 528	192 751
渔 业	Fishery	5 546	7 871	9 274	15 207
农林牧渔服务业	Output Value of Services for Agriculture,Forestry, Animal Husbandry and Fishery				
农林牧渔业增加值	**Value-added of Agriculture,Forestry,Animal Husbandry and Fishery**	**353 954**	**486 869**	**459 478**	**555 065**
农 业	Agriculture	248 581	365 367	303 291	348 739
林 业	Forestry	5 987	5 221	15 628	26 932
牧 业	Animal Husbandry	93 356	108 736	131 024	168 901
渔 业	Fishery	6 030	7 545	9 535	10 493
农林牧渔服务业	Output Value of Services for Agriculture,Forestry, Animal Husbandry and Fishery				

注:2006-2007 年数据与第二次全国农业普查进行了衔接。
a)From 2006 to 2007,agricultural products were adjusted according to the Second National Agricultural Censes.

11-4 续表 continued

单位:万元 (10 000 yuan)

指 标	Item	2005	2006	2007	2008	2009
农林牧渔业总产值	**Gross Output Value of Agriculture,Forestry, Animal Husbandry and Fishery**	**1 379 973**	**1 481 763**	**1 829 477**	**2 272 018**	**2 435 033**
农 业	Agriculture	789 410	905 542	1 111 213	1 311 389	1 467 825
林 业	Forestry	55 645	50 245	56 894	74 756	83 828
牧 业	Animal Husbandry	459 969	419 817	532 784	730 697	706 735
渔 业	Fishery	39 781	41 159	51 586	60 376	70 456
农林牧渔服务业	Output Value of Services for Agriculture,Forestry, Animal Husbandry and Fishery	35 168	65 000	77 000	94 800	106 189
农林牧渔业中间消耗	**Intermediate consumption of Agriculture, Forestry,Animal Husbandry and Fishery**	**657 556**	**684 844**	**850 600**	**1 082 531**	**1 162 435**
农 业	Agriculture	318 105	366 805	453 861	555 395	625 995
林 业	Forestry	34 658	30 912	35 722	47 428	53 613
牧 业	Animal Husbandry	258 738	228 086	290 313	409 656	401 865
渔 业	Fishery	22 879	23 857	30 511	36 312	42 840
农林牧渔服务业	Output Value of Services for Agriculture,Forestry, Animal Husbandry and Fishery	5 134	8 970	11 058	33 740	38 122
农林牧渔业增加值	**Value-added of Agriculture,Forestry,Animal Husbandry and Fishery**	**722 417**	**796 919**	**978 877**	**1 189 487**	**1 272 598**
农 业	Agriculture	463 478	528 746	647 170	755 994	841 830
林 业	Forestry	20 770	19 093	20 960	27 328	30 215
牧 业	Animal Husbandry	198 719	188 918	239 913	321 041	304 870
渔 业	Fishery	16 761	17 064	20 830	24 064	27 616
农林牧渔服务业	Output Value of Services for Agriculture,Forestry, Animal Husbandry and Fishery	22 689	43 098	50 004	61 060	68 067

11-5 主要年份农林牧渔业总产值

Gross Output Value of Agriculture, Forestry, Animal Husbandry and Fishery in Main Years

单位:万元 (10 000 yuan)

年 份 Year	农林牧渔业总产值 Gross Output of Agriculture, Forestry, Animal Husbandry and Fishery	农 业 Agriculture	林 业 Forestry	牧 业 Animal Husbandry	渔 业 Fishery	农林牧渔服务业 Output Value of Services for Agriculture, Forestry, Animal Husbandry and Fishery
1950	11444.9	8939.4	17.2	2488.3		
1955	20140.0	15936.8	86.5	4116.7		
1958	21626.5	18902.9	439.4	2257.1	26.1	
1960	17897.4	14673.8	406.8	2787.3	29.5	
1965	30488.6	25044.1	395.0	5012.8	36.7	
1970	27970.3	22708.1	474.2	4759.1	28.7	
1975	46002.3	36710.0	1088.8	8181.6	21.9	
1978	48132.9	37892.7	1504.8	8713.6	21.6	
1980	64139.1	52945.3	2440.5	8699.1	54.2	
1985	120164.0	88619.0	8035.0	22903.0	607.0	
1986	141648.0	105870.0	6524.0	28221.0	1096.0	
1987	147593.0	109068.0	4440.0	32228.0	1857.0	
1988	196617.0	136122.0	5712.0	51454.0	3329.0	
1989	214342.0	155107.0	6226.0	49072.0	3937.0	
1990	246887.0	175113.0	13186.0	53974.0	4614.0	
1991	269458.0	191221.0	12587.0	60429.0	5221.0	
1992	283711.0	200611.0	10186.0	66406.0	6508.0	
1993	318863.0	226870.0	9042.0	74997.0	7954.0	
1994	458022.0	315463.0	9853.0	122936.0	9770.0	
1995	565493.0	381301.0	9688.0	162897.0	11607.0	
1996	691690.0	486073.0	13844.0	179824.0	11949.0	
1997	728176.0	494774.0	13382.0	206623.0	13397.0	
1998	787404.0	539850.0	10019.0	222043.3	15492.0	
1999	779492.0	512953.0	25524.0	225662.0	15353.0	
2000	777525.0	469905.0	31137.0	257488.0	18995.0	
2001	852988.5	493901.1	34999.0	302895.7	21192.7	
2002	924917.3	528801.2	51391.1	320369.6	24355.4	
2003	1005247.0	541303.0	74569.0	363502.0	25873.0	
2004	1255201.7	712965.7	61978.2	412389.8	35868.0	32000.0
2005	1379972.6	789410.4	55644.8	459968.7	39780.7	35168.0
2006	1481763.2	905542.5	50245.0	419816.8	41158.9	65000.0
2007	1829476.8	1111213.1	56893.6	532784.0	51586.1	77000.0
2008	2272018.0	1311389.0	74756.0	730697.0	60376.0	94800.0
2009	2435033.3	1467824.5	83827.9	706735.5	70456.4	106189.0

注:2006-2007 年数据与第二次全国农业普查进行了衔接。

a)From 2006 to 2007,agricultural products were adjusted according to the Second National Agricultural Censes.

11-6 农林牧渔业总产值指数

Agriculture, Forestry, Animal Husbandry and Fishery Related Indices

（按可比价格计算，以 1952 年为 100）　　　　（Constant price，1952=100）

年 份 Year	农林牧渔业总产值 Gross Output of Agriculture, Forestry, Animal Husbandry and Fishery	农 业 Agriculture	林 业 Forestry	牧 业 Animal Husbandry	渔 业 Fishery	农林牧渔服务业 Output Value of Services for Agriculture, Forestry,Animal Husbandry and Fishery
1950	72.76	72.95	30.51	76.59		
1955	128.03	128.34	150.75	124.45		
1958	150.98	146.20	748.39	102.79		
1960	122.77	106.92	666.22	121.24		
1965	179.40	163.24	573.90	194.81		
1970	166.33	146.06	686.78	183.94		
1975	220.59	203.97	820.03	215.94		
1978	232.97	208.11	1119.27	228.72		
1980	253.48	238.03	1222.06	205.21		
1985	384.50	332.53	2308.96	362.98		
1986	414.30	368.43	1874.92	415.88		
1987	380.95	341.44	1128.52	430.50		
1988	435.74	399.91	1222.83	454.13		
1989	461.14	431.13	1100.58	470.17		
1990	480.99	435.55	1400.54	515.51		
1991	504.36	455.93	1416.91	544.01		
1992	489.18	439.06	1104.74	560.86		
1993	522.15	483.19	734.10	590.03		
1994	533.03	472.58	685.56	680.42		
1995	563.14	475.08	695.60	808.94		
1996	671.28	573.34	1053.62	922.51		
1997	698.93	577.32	1035.92	1035.00		
1998	763.66	639.06	689.76	1139.76		
1999	799.62	646.62	751.10	1227.13		
2000	829.92	631.53	1327.03	1380.49		
2001	896.16	668.80	1054.14	1339.12		
2002	965.91	713.41	2213.55	1595.05		
2003	1049.80	730.28	3211.84	1809.79		
2004	1131.68	828.87	2758.97	1855.03		
2005	1201.84	886.06	2477.56	1994.16		
2006	1283.57	942.77	2237.24	2157.68		
2007	1373.42	1001.22	2499.00	2308.72		
2008	1493.85	1092.97	3012.49	2447.12		
2009	1616.34	1186.96	3377.00	2601.29		

11-7 农林牧渔业总产值指数

Agriculture, Forestry, Animal Husbandry and Fishery Related Indices

(按可比价格计算,以上年为 100)　　(Constant price, preceding year=100)

年 份 Year	农林牧渔业总产值 Gross Output of Agriculture, Forestry, Animal Husbandry and Fishery	农 业 Agriculture	林 业 Forestry	牧 业 Animal Husbandry	渔 业 Fishery	农林牧渔服务业 Output Value of Services for Agriculture, Forestry, Animal Husbandry and Fishery
1950	106.5	106.2		103.1		
1957	86.2	82.5	94.7	99.0	91.7	
1958	109.9	114.6	102.8	93.8	267.5	
1960	84.1	77.6	105.5	99.4	93.3	
1965	114.8	111.8	109.5	127.3	108.8	
1970	97.3	93.5	107.2	104.2	91.0	
1975	96.7	90.3	131.2	112.2	101.4	
1978	112.5	112.5	138.8	102.5	108.3	
1980	114.1	123.2	98.8	93.9	106.5	
1985	102.5	102.8	79.0	125.6	138.2	
1986	107.8	110.8	81.2	114.6	154.2	
1987	91.9	92.6	60.2	103.5	150.4	
1988	114.3	117.2	108.4	105.5	157.7	
1989	105.9	107.8	90.0	103.5	121.8	
1990	104.3	101.0	127.3	109.4	108.0	
1991	104.9	104.7	101.2	105.7	115.6	
1992	97.0	96.3	78.0	103.1	114.7	
1993	106.7	110.1	66.5	105.2	112.0	
1994	102.1	97.8	93.4	115.3	112.2	
1995	105.6	100.5	101.5	118.9	109.9	
1996	119.2	120.7	151.5	114.0	106.6	
1997	104.1	100.7	98.4	112.2	110.8	
1998	109.3	110.7	66.6	110.1	119.5	
1999	104.7	101.2	149.8	107.7	122.2	
2000	103.8	97.7	128.4	112.5	114.7	
2001	108.0	105.9	109.3	111.0	111.8	
2002	107.8	106.7	152.6	104.1	117.7	
2003	108.7	102.4	145.1	113.5	106.2	
2004	107.8	113.5	85.9	102.5	117.9	110.0
2005	106.2	106.9	89.8	107.5	104.2	108.3
2006	106.8	106.4	90.3	108.2	114.1	115.3
2007	107.0	106.2	111.7	107.0	110.1	112.5
2008	108.8	109.2	120.5	106.0	109.7	113.0
2009	108.2	108.6	112.1	106.3	111.5	111.3

11-8 耕地面积、造林面积和播种面积

Cultivated Areas, Afforested Areas and Sown Area

单位:万公顷 (10 000 hectare)

年 份 Year	年末耕地面积 Cultivated Land at Year End	水 田 Paddy Fields	旱 田 Dry Fields	水浇地 Irrigated Fields	当年造林面积 Afforestation Area This Year	农 作 物 总播种面积 Total Sown Area	粮食作物播种面积 Sown Area of Grain Crops
1950	71.7					50.4	43.9
1955	83.9				0.1	70.7	59.2
1957	89.6				0.4	82.1	67.5
1958	89.8				0.7	90.8	73.1
1960	93.2				0.7	94.3	77.1
1965	92.3				1.2	90.9	77.2
1970	90.6				0.5	88.3	77.0
1975	91.4				0.6	88.0	75.8
1978	89.1				1.4	90.2	76.4
1980	89.6				1.1	89.6	75.7
1985	79.5	14.1	65.4	10.3	4.0	82.8	65.0
1986	79.1	16.2	62.9	8.6	3.5	82.3	66.0
1987	79.1	17.6	61.5	7.8	1.5	83.4	68.3
1988	79.6	17.7	61.9	8.1	2.3	87.3	70.3
1989	79.5	17.9	61.6	8.1	1.5	87.7	70.6
1990	79.6	17.5	62.1	8.5	0.9	88.9	72.4
1991	79.8	17.5	62.3	9.0	1.5	90.1	72.9
1992	80.1	16.9	63.2	10.0	1.6	89.5	72.9
1993	80.3	17.5	62.8	10.1	2.4	90.6	73.1
1994	80.6	17.4	63.2	10.3	2.9	91.8	73.7
1995	80.7	17.1	63.6	10.6	2.6	95.6	76.2
1996	81.3	16.4	64.9	11.7	2.7	97.8	78.3
1997	127.1	20.5	106.6	19.0	2.4	97.8	78.2
1998	127.5	19.5	108.0	19.2	3.9	100.3	81.7
1999	128.0	20.9	107.1	18.9	4.9	103.1	83.6
2000	129.3	19.8	109.5	20.0	8.2	102.4	81.5
2001	129.9	21.1	108.8	19.5	9.9	98.1	75.5
2002	121.2	21.2	100.0	19.8	18.2	107.9	81.2
2003	111.9	18.2	93.7	23.0	29.5	112.9	80.4
2004	110.5	15.2	95.3	25.5	16.3	115.8	79.2
2005	111.4	17.0	94.4	25.3	11.2	109.9	77.6
2006	111.6	16.3	95.3	22.2	5.5	110.9	79.4
2007	111.7	19.0	92.7	23.6	5.7	119.0	85.6
2008	112.8	19.3	93.5	24.1	9.0	121.0	82.6
2009	113.6	19.0	94.6	26.5	9.0	122.7	82.7

注：1. 1997 年以后的耕地面积为土地详查数。
2. 2006-2007 年数据与第二次全国农业普查进行了衔接。
a)Since 1997, the cultivated land detailed survey for the number.
b)From 2006 to 2007,agricultural products were adjusted according to the Second National Agricultural Censes.

11-9 主要农产品产量

Output of Major Farm Products

单位:万千克 （10 000 kg）

年 份 Year	粮食 Grain				油料 Oil -bearing Crops
		稻谷 Rice	小麦 Wheat	玉米 Corn	
1950	33 512	5 012	6 877		2110.7
1955	62 061	11 145	17 922		4181.0
1957	56 040	10 319	19 333		3475.1
1958	69 615	12 223	19 819		2412.2
1960	46 701	8 557	18 648		1309.8
1965	83 334	13 215	37 540	660	3087.7
1970	72 036	16 634	22 176		2851.5
1975	109 470	26 965	46 843	2 041	2446.2
1978	116 981	27 785	47 901	5 698	2567.8
1980	120 357	32 915	49 469	8 545	3598.5
1985	139 534	41 889	58 553	14 214	5337.9
1986	153 959	42 106	70 300	17 310	6221.9
1987	138 978	43 907	46 355	29 053	4447.9
1988	164 863	45 300	64 100	29 200	5402.7
1989	176 536	48 300	71 100	33 300	6169.1
1990	191 703	54 300	78 000	37 600	6243.4
1991	199 784	56 056	85 463	37 227	7164.5
1992	186 811	43 256	69 275	40 982	6240.2
1993	205 281	43 524	86 007	43 607	6330.2
1994	201 221	46 513	69 232	49 472	6990.9
1995	203 253	46 153	68 870	60 849	5590.6
1996	257 868	53 993	87 294	79 675	7921.1
1997	256 605	59 926	82 156	83 192	6222.2
1998	294 860	62 856	93 830	99 580	8560.3
1999	293 281	65 749	78 213	107 620	10392.8
2000	252 742	62 376	74 462	81 955	6989.7
2001	274 795	61 821	83 603	94 772	7344.7
2002	301 914	65 669	96 116	104 272	10879.8
2003	270 174	37 042	75 614	119 926	13175.4
2004	290 488	52 462	80 419	117 689	13801.3
2005	299 809	61 058	79 414	121 415	12208.7
2006	322 410	76 600	83 300	127 100	8433.4
2007	323 500	60 500	61 600	146 600	7746.8
2008	329 240	66 381	64 074	149 940	13556.9
2009	340 703	64 554	73 563	156 382	13647.3

注：1. 1998 年起粮食总产量及稻谷、小麦、玉米产量为抽样调查数。

2. 2006-2007 年数据与第二次全国农业普查进行了衔接。

a)Data in this table are obtained from the sample surveys on total grain,rice,wheat and corn after 1998.

b)From 2006 to 2007,agricultural products were adjusted according to the Second National Agricultural Censes.

11-10 主要农产品产量及单位面积产量

指 标	Item	1990		2000		2005	
		总产量（吨）Total Yield（ton）	单位产量（千克/公顷）Unit Yield（kg/hectare）	总产量（吨）Total Yield（ton）	单位产量（千克/公顷）Unit Yield（kg/hectare）	总产量（吨）Total Yield（ton）	单位产量（千克/公顷）Unit Yield（kg/hectare）
粮 食	Grain	1 917 028	2 655	2 527 416	3 132	2 998 089	3 864
稻谷	Rice	543 000	9 004	623 764	8 130	610 580	8 570
小麦	Wheat	780 000	2 540	744 618	2 546	794 139	2 877
玉米	Corn	376 000	4 980	819 549	6 252	1 214 150	6 806
大豆	Soybean	24 477	638	30 226	804	10 982	587
薯类	Tubers	83 574	1 898	162 206	2 138	275 235	2 347
油 料	Oil-bearing Crops	62 434	642	69 897	891	122 087	1 259
胡麻籽	Rapeseeds	43 766	647	25 190	619	57 738	1 033
药 材	Medicinal Materials	369	1 726	15 852	2 588	40 357	3 074
蔬 菜	Vegetables	668 768	41 808	1 504 057	30 553	1 836 076	35 785
瓜果类	Melons	142 742	36 851	280 266	23 820	381 292	14 956
水 果	Fruits	55 208	2 070	193 155	4 402	314 818	6 484
苹果	Apples	34 768	1 620	159 462	7 340	221 126	11 621

注：1. 粮食总产量及稻谷、小麦、玉米、薯类产量为抽样数，其余为全面统计数据。
2.2006-2007 年数据与第二次全国农业普查进行了衔接。

a)Data in this table are obtained from the sample surveys on total grain,rice,wheat,corn and tubers.The rest of comprehensive statistics.

b)From 2006 to 2007,agricultural products were adjusted according to the Second National Agricultural Censes.

Output of Major Farm Products Per Hectare

2007		2008		2009	
总产量（吨）Total Yield（ton）	单位产量（千克/公顷）Unit Yield（kg/hectare）	总产量（吨）Total Yield（ton）	单位产量（千克/公顷）Unit Yield（kg/hectare）	总产量（吨）Total Yield（ton）	单位产量（千克/公顷）Unit Yield（kg/hectare）
3 235 003	3 778	3 292 404	3 985	3 407 028	4 120
605 003	7 857	663 810	8 268	645 538	8 250
616 006	2 636	640 737	3 136	735 632	3 367
1 466 001	7 117	1 499 400	7 191	1 563 817	7 271
6 474	830	9 994	452	9 977	609
414 004	2 063	422 753	1 812	390 648	1 795
77 468	1 515	135 569	1 684	136 473	1 591
25 668	960	42 854	1 119	51 407	1 123
45 490	2 645	56 923	3 793	46 684	4 192
2 547 786	37 032	3 189 536	39 790	3 539 838	38 019
1 114 261	18 769	1 361 655	17 821	1 456 717	18 447
424 005	6 499	495 847	5 980	567 473	5 659
275 525	12 790	283 461	9 003	327 487	9 771

11-11 主要畜产品产量

指　标	Item	单位	Unit	1980
当年出栏肉猪头数	Slaghtered Fattened Hogs This Year	头	head	327 121
当年出售和自宰的肉用牛	Beef Cattle for Sale and Self-Use This Year	头	head	4 989
当年出售和自宰的肉用羊	Mutton Sheep for Sale and Self-Use This Year	只	head	429 084
当年出售和自宰的家禽	Poultry for Sale and Self-Use This Year	百只	100 head	
当年肉类总产量	Total Output of Meat This Year	吨	ton	18 969
猪肉产量	Pork	吨	ton	14 856
牛肉产量	Beef	吨	ton	290
羊肉产量	Mutton	吨	ton	3 823
奶类产量	Milk	吨	ton	4 151
牛奶	Cow Milk	吨	ton	4 151
山羊毛产量	Goat Wool	吨	ton	336
绵羊毛产量	Sheep Wool	吨	ton	2 675
羊绒产量	Cashmere	吨	ton	139
蜂蜜产量	Honey	吨	ton	427
禽蛋产量	Poultry Eggs	吨	ton	
水产品产量	Aquatic Products	吨	ton	309

11-12 造林面积

指　标	Item	单位	Unit	1980 年
当年造林面积	Afforestation Area This Year	公顷	hectare	11 761
按主要林种用途分	Grouped by Different Use of Forest			
用材林	Timber Forest	公顷	hectare	5 079
经济林	Economic Forest	公顷	hectare	257
防护林	Windbreak	公顷	hectare	5 457
薪炭林	Firewood Forest	公顷	hectare	
在当年造林面积中:飞机播种	Aircraft Seeding	公顷	hectare	
村及村以下合作组织及	Logging of Village and Under Village Level	立方米	cu.m	21 708
农用木材采伐量	Cooperative Association and Agriculture Use			

Output of Major Livestock Products

1990	2000	2006	2007	2008	2009
590 782	1 470 896	1 119 001	1 153 006	1 184 921	1 272 205
44 236	281 560	397 000	456 000	476 561	509 402
1 046 926	2 340 377	3 191 003	3 293 003	3 419 055	3 952 641
	185 949	123 924	111 530	118 494	110 242
67 592	190 018	216 001	228 062	235 802	255 396
40 833	93 361	80 000	83 431	84 649	91 564
5 447	33 051	56 000	65 000	68 262	72 789
16 510	32 952	55 000	57 280	58 736	67 950
40 704	236 388	636 665	795 033	893 830	811 437
40 703	236 042	636 665	795 033	893 830	811 437
290	715	471	441	521	349
3 780	4 703	7 221	5 377	5 768	6 023
158	364	229	243	254	317
517	807	621	546	771	758
21 847	75 741	52 000	57 000	64 449	74 750
10 217	36 983	61 592	70 439	75 137	81 844

Afforested Areas

1990年	2000年	2006年	2007年	2008	2009
9 402	81 583	55 045	56 657	89 748	89 480
2 648					1 132
338	10 528	13 735	21 432	30 247	25 496
5 573	71 035	41 310	35 045	59 502	62 852
842			180		
	17 235	600			
242 811	12 146	2 486	4 218	1 822	750

11-13 各市县农村基层组织和基础设施

Grassroots Units and Construction of Infrastructural Facilities by City and Country

（2009）

地区	Region	农村基层组织（个） Primary Organization of Rural Area（unit）			农村基础设施（个） Infrastructure of Rural Area（unit）		
		乡镇数 Number of Township and Town Governments	# 镇数 Towns	村委会数 Villager's Committees	自来水受益村 Number of Villages Benefit from Using Tap Water	通汽车村 Number of Villages Openning Bus Line	通电话村 Number of Villages Openning Telephone
全区总计	**Total**	**191**	**98**	**2 319**	**1 254**	**2 283**	**2 319**
银川市	**Yinchuan**	**27**	**21**	**271**	**194**	**271**	**271**
银川市	District	8	6	67	61	67	67
永宁县	Yongning	6	5	69	27	69	69
贺兰县	Helan	5	4	59	37	59	59
灵武市	Lingwu	8	6	76	69	76	76
石嘴山市	**Shizuishan**	**19**	**10**	**191**	**157**	**187**	**191**
石嘴山市	District	6	3	50	49	50	50
平罗县	Pingluo	13	7	141	108	137	141
吴忠市	**Wuzhong**	**43**	**29**	**520**	**261**	**514**	**520**
利通区	Litong	12	8	100	95	100	100
红寺堡管委会	Hongsipu	4	2	47	45	47	47
青铜峡市	Qingtongxia	8	8	82	40	82	82
盐池县	Yanchi	8	4	96	65	96	96
同心县	Tongxin	11	7	195	16	189	195
固原市	**Guyuan**	**62**	**17**	**891**	**433**	**877**	**891**
原州区	Yuanzhou	11	6	193	96	188	193
西吉县	Xiji	19	3	306	58	297	306
隆德县	Longde	13	2	127	113	127	127
泾源县	Jingyuan	7	3	109	87	109	109
彭阳县	Pengyang	12	3	156	79	156	156
中卫市	**Zhongwei**	**40**	**21**	**446**	**209**	**434**	**446**
沙坡头区	Shapotou	12	11	160	92	160	160
中宁县	Zhongning	11	5	118	56	114	118
海原县	Haiyuan	17	5	168	61	160	168

11-14 各市县乡村从业人员

Rural Persons Engaged by City and Country

单位:人　　　　(2009)　　　　(person)

地　区	Region	乡村从业人员 Number of Rural Labor Force	农林牧渔业 Agriculture, Forestry, Animal Husbandry and Fishery	工 业 Industry	建筑业 Constr-uction	交通运输仓储及邮政业 Transport, Postal and Telecommu-nication Services	信息传输、计算机服务和软件业 Information Transmission, Computer Services and Software	批发与零售业 Wholesale and Retail Trades	住宿和餐饮业 Hotels and Catering Services	其他行业 Others
全区总计	**Total**	**2 184 155**	**1 275 900**	**167 620**	**367 808**	**99 166**	**9 692**	**96 881**	**62 700**	**104 388**
银 川 市	**Yinchuan**	**344 506**	**214 537**	**29 574**	**38 379**	**18 444**	**2 993**	**14 985**	**11 346**	**14 248**
银 川 市	District	86 555	57 107	5 248	8 179	3 142	1 841	3 756	2 733	4 549
永 宁 县	Yongning	94 227	60 330	8 406	11 416	3 448	320	2 834	3 284	4 189
贺 兰 县	Helan	81 096	55 103	4 755	5 969	5 846	474	3 868	3 230	1 851
灵 武 市	Lingwu	82 628	41 997	11 165	12 815	6 008	358	4 527	2 099	3 659
石嘴山市	**Shizuishan**	**168 171**	**90 109**	**24 462**	**18 136**	**9 880**	**723**	**9 049**	**6 000**	**9 812**
石嘴山市	District	53 161	20 664	10 687	6 675	3 701	406	3 782	2 047	5 199
平 罗 县	Pingluo	115 010	69 445	13 775	11 461	6 179	317	5 267	3 953	4 613
吴 忠 市	**Wuzhong**	**538 952**	**320 614**	**34 382**	**75 464**	**25 591**	**2 901**	**23 292**	**16 516**	**40 192**
红寺堡区	Hongsipu	78 409	63 673	995	8 288	896	114	1 380	736	2 327
利 通 区	Litong	127 850	60 557	17 860	17 635	9 276	653	8 773	3 753	9 343
盐 池 县	Yanchi	65 473	36 218	3 159	10 355	3 934	875	2 513	2 772	5 647
同 心 县	Tongxin	164 422	95 542	6 103	27 829	6 563	908	5 497	6 067	15 913
青铜峡市	Qingtongxia	102 798	64 624	6 265	11 357	4 922	351	5 129	3 188	6 962
固 原 市	**Guyuan**	**630 833**	**381 885**	**47 984**	**106 535**	**26 614**	**1 627**	**25 128**	**16 304**	**24 756**
原 州 区	Yuanzhou	155 242	98 262	8 703	23 085	6 364	278	8 265	3 870	6 415
西 吉 县	Xiji	210 079	130 280	20 571	36 423	10 710	574	7 253	3 763	505
隆 德 县	Longde	76 034	45 286	4 979	17 897	1 238	259	1 814	1 365	3 196
泾 源 县	Jingyuan	57 956	25 109	4 587	10 891	3 030	342	2 759	3 164	8 074
彭 阳 县	Pengyang	131 522	82 948	9 144	18 239	5 272	174	5 037	4 142	6 566
中 卫 市	**Zhongwei**	**501 693**	**268 755**	**31 218**	**129 294**	**18 637**	**1 448**	**24 427**	**12 534**	**15 380**
沙坡头区	Shapotou	162 436	89 152	16 828	27 538	7 984	801	7 388	4 006	8 739
中 宁 县	Zhongning	139 936	94 756	8 688	14 688	3 818	318	7 249	3 778	6 641
海 原 县	Haiyuan	199 321	84 847	5 702	87 068	6 835	329	9 790	4 750	

11-15 各市县农用化肥施用量

Consumption of Chemical Fertilizers by City and Country

单位:吔 （2009） （ton）

地 区 Region	农用化肥施用量 Consumption of Chemical Fertilizer	氮 肥 Nitrogenous Fertilizer	尿 素 Urea	磷 肥 Phosphate Fertilizer	钾肥 Potash Fertilizer	复合肥 Compound Fertilizer
全区总计 Total	**966 723**	**501 840**	**278 807**	**220 358**	**33 521**	**211 004**
银 川 市 Yinchuan	**247 738**	**156 853**	**73 206**	**37 736**	**8 437**	**44 712**
银 川 市 District	76 683	50 204	21 143	13 094	2 361	11 024
永 宁 县 Yongning	56 808	38 780	18 031	5 522	2 588	9 918
贺 兰 县 Helan	69 633	44 781	24 168	11 639	1 875	11 338
灵 武 市 Lingwu	44 614	23 088	9 864	7 481	1 613	12 432
石嘴山市 Shizuishan	**145 327**	**83 254**	**58 417**	**28 276**	**8 569**	**25 228**
石嘴山市 District	38 802	22 559	20 493	7 972	861	7 410
平 罗 县 Pingluo	106 525	60 695	37 924	20 304	7 708	17 818
吴 忠 市 Wuzhong	**220 818**	**121 137**	**55 403**	**38 522**	**9 701**	**51 458**
红寺堡区 Hongsipu	26 511	10 784	6 848	5 055	119	10 553
利 通 区 Litong	66 777	36 577	15 837	13 664	5 064	11 472
盐 池 县 Yanchi	11 839	5 657	2 874	1 960	1 094	3 128
同 心 县 Tongxin	31 273	13 961	6 183	5 191	331	11 790
青铜峡市 Qingtongxia	84 418	54 158	23 661	12 652	3 093	14 515
固 原 市 Guyuan	**171 701**	**45 638**	**33 902**	**92 187**	**414**	**33 462**
原 州 区 Yuanzhou	26 163	11 965	4 799	7 114	196	6 888
西 吉 县 Xiji	73 470	9 775	9 775	47 049		16 646
隆 德 县 Longde	23 968	6 083	6 083	15 411	41	2 433
泾 源 县 Jingyuan	4 941	2 628	1 921	926	174	1 213
彭 阳 县 Pengyang	43 159	15 187	11 324	21 687	3	6 282
中 卫 市 Zhongwei	**181 139**	**94 958**	**57 879**	**23 637**	**6 400**	**56 144**
沙坡头区 Shapotou	49 570	26 398	19 819	6 501	2 922	13 749
中 宁 县 Zhongning	111 634	60 145	33 077	10 615	3 463	37 411
海 原 县 Haiyuan	19 935	8 415	4 983	6 521	15	4 984

注:按实物量计算。
a)Data refer to the practical quantity.

11-16 各市县农林牧渔业总产值

Gross Output Value of Agriculture, Forestry, Animal Husbandry and Fishery by City and Country

单位:万元 (2009,按现行价格计算)(calculated at current price) (10 000yuan)

地 区	Region	农林牧渔业总产值 Gross Output Value of Agriculture, Forestry, Animal Husbandry and Fishery	农 业 Agriculture	林 业 Forestry	牧 业 Animal Husbandry	渔 业 Fishery	农林牧渔服务业 Output Value of Services for Agriculture, Forestry, Animal Husbandry and Fishery	农林牧渔业总产值指数(上年=100) Indices of Gross Output (preceding year=100)
全区总计	**Total**	**2435033.3**	**1467824.5**	**83827.9**	**706735.5**	**70456.4**	**106189.0**	**108.2**
银 川 市	**Yinchuan**	**603492.4**	**385219.4**	**11320.1**	**138263.3**	**36746.6**	**31943.0**	**108.1**
银 川 市	District	195296.9	114475.8	1811.0	52648.8	8490.3	17871.0	107.5
永 宁 县	Yongning	141402.1	95817.1	2053.5	31813.4	7306.1	4412.0	107.9
贺 兰 县	Helan	161093.7	113935.5	1351.1	21560.5	19516.5	4730.0	109.2
灵 武 市	Lingwu	105699.6	60991.0	6104.4	32240.6	1433.7	4930.0	108.0
石嘴山市	**Shizuishan**	**269577.3**	**189666.2**	**5731.4**	**47701.7**	**17474.9**	**9003.0**	**108.9**
石嘴山市	District	76907.1	49164.5	3877.4	16402.8	3883.4	3579.0	107.2
平 罗 县	Pingluo	192670.2	140501.7	1854.0	31298.9	13591.5	5424.0	109.7
吴 忠 市	**Wuzhong**	**579159.8**	**296534.1**	**25076.8**	**229494.7**	**5232.3**	**22822.0**	**106.8**
利 通 区	Litong	173477.2	81772.4	2617.4	78891.1	876.3	9320.0	104.7
红寺堡区	Hongsipu	43450.2	31295.3	3894.2	6602.6		1658.0	107.5
青铜峡市	Qingtongxia	171799.0	99569.8	4605.3	58429.9	4334.0	4860.0	107.3
盐 池 县	Yanchi	71498.1	24484.0	9736.6	33686.6	21.9	3569.0	108.2
同 心 县	Tongxin	118935.3	59412.5	4223.3	51884.5		3415.0	108.3
固 原 市	**Guyuan**	**492919.4**	**281365.0**	**29145.4**	**154220.7**	**119.2**	**28069.0**	**108.5**
原 州 区	Yuanzhou	137481.0	83266.4	7577.4	38252.2		8385.0	108.4
西 吉 县	Xiji	135127.0	88471.2	4591.6	33625.0	119.2	8320.0	108.4
隆 德 县	Longde	54058.4	31790.1	2394.4	17089.9		2784.0	109.8
泾 源 县	Jingyuan	37271.9	14265.3	5802.9	12043.7		5160.0	107.4
彭 阳 县	Pengyang	128981.1	63572.1	8779.2	53209.9		3420.0	108.5
中 卫 市	**Zhongwei**	**489884.5**	315039.8	12554.2	137055.1	10883.4	14352.0	109.1
沙坡头区	Shapotou	212436.4	137200.6	3894.6	58581.4	7399.8	5360.0	110.9
中 宁 县	Zhongning	173625.6	112543.5	3679.4	48757.9	3472.8	5172.0	108.0
海 原 县	Haiyuan	103822.6	65295.8	4980.1	29715.7	10.9	3820.0	107.7

11-17 各市县农林牧渔业增加值

Value-added of Agriculture, Forestry, Animal Husbandry and Fishery by City and Country

单位:万元　　(2009,按现行价格计算)(calculated at current price)　　(10 000yuan)

地　区	Region	农林牧渔业总产值 Gross Output Value of Agriculture, Forestry, Animal Husbandry and Fishery	农业 Agriculture	林业 Forestry	牧业 Animal Husbandry	渔业 Fishery	农林牧渔服务业 Output Value of Services for Agriculture, Forestry, Animal Husbandry and Fishery	农林牧渔业总产值指数(上年=100) Indices of Gross Output (preceding year=100)
全区总计	**Total**	**1272598.4**	**841829.6**	**30214.7**	**304870.5**	**27616.6**	**68067.1**	**107.0**
银川市	**Yinchuan**	**328471.4**	**234192.0**	**4010.1**	**55962.1**	**13897.0**	**20410.2**	**107.0**
银川市	District	110027.2	73517.7	650.0	21296.4	3118.5	11444.6	106.5
永宁县	Yongning	77220.0	58228.1	699.0	12582.2	2886.6	2824.1	106.8
贺兰县	Helan	85429.7	66071.2	480.0	8574.6	7300.7	3003.1	108.0
灵武市	Lingwu	55794.5	36375.0	2181.1	13508.8	591.1	3138.4	106.8
石嘴山市	**Shizuishan**	**146001.0**	**111550.8**	**2139.6**	**19495.6**	**7063.9**	**5751.1**	**107.9**
石嘴山市	District	40521.8	28795.3	1475.9	6434.5	1536.3	2279.8	106.1
平罗县	Pingluo	105479.2	82755.5	663.6	13061.0	5527.7	3471.4	108.6
吴忠市	**Wuzhong**	**300791.3**	**167145.2**	**9196.4**	**107757.9**	**2057.0**	**14634.7**	**105.7**
利通区	Litong	91683.5	43208.5	977.1	41165.4	367.7	5964.8	104.0
红寺堡区	Hongsipu	23018.9	18035.5	1168.4	2744.0	0.0	1071.1	106.4
青铜峡市	Qingtongxia	94824.5	62161.4	1684.2	26182.4	1680.3	3116.2	106.1
盐池县	Yanchi	34153.2	13605.8	3648.3	14593.0	9.1	2297.0	106.9
同心县	Tongxin	57111.1	30134.0	1718.5	23073.0	0.0	2185.6	107.0
固原市	**Guyuan**	**238008.9**	**143627.3**	**10467.2**	**65810.4**	**44.9**	**18059.0**	**107.2**
原州区	Yuanzhou	66653.8	43873.1	2766.5	14608.4	0.0	5405.9	107.1
西吉县	Xiji	66510.8	44437.8	1730.1	14979.9	44.9	5318.1	107.1
隆德县	Longde	24687.9	14350.1	892.4	7649.3	0.0	1796.2	108.7
泾源县	Jingyuan	16174.6	6332.4	2104.7	4399.6		3338.0	106.3
彭阳县	Pengyang	63981.6	34634.1	2973.5	24173.3		2200.8	107.2
中卫市	**Zhongwei**	**259326.0**	**185314.2**	**4401.4**	**55844.5**	**4553.8**	**9212.0**	**107.8**
沙坡头区	Shapotou	114388.8	84872.3	1246.3	21692.7	3147.1	3430.4	109.4
中宁县	Zhongning	90926.1	64633.7	1311.0	20268.7	1402.7	3310.1	106.9
海原县	Haiyuan	54011.1	35808.2	1844.1	13883.2	4.0	2471.5	106.6

11-18 各市县农作物播种面积

Total Sown Areas of Farm Crops by City and Country

单位:公顷 （2009） （hectare）

地区	Region	农作物总播种面积 Total Sown Area	粮食播种面积 Sown Area of Grain Crops					
			合计 Total	稻谷 Rice	小麦 Wheat	玉米 Corn	薯类 Tubers	豆类 Soybeans
全区总计	**Total**	**1 226 670**	**826 877**	**78 243**	**218 455**	**215 078**	**217 642**	**47 791**
银川市	**Yinchuan**	**171 317**	**132 447**	**44 747**	**36 895**	**46 341**		**3 899**
银川市	District	44 065	29 368	12 119	5 179	10 811		1 030
永宁县	Yongning	43 710	38 025	7 096	12 743	16 831		1 331
贺兰县	Helan	50 269	36 635	14 820	11 113	10 021		385
灵武市	Lingwu	33 273	28 419	10 712	7 860	8 678		1 153
石嘴山市	**Shizuishan**	**94 814**	**70 052**	**11 484**	**24 885**	**31 233**		**2 188**
石嘴山市	District	22 329	14 091		6 634	7 375		28
平罗县	Pingluo	72 485	55 961	11 484	18 251	23 858		2 160
吴忠市	**Wuzhong**	**271 194**	**194 938**	**11 911**	**52 795**	**64 889**	**26 814**	**10 243**
红寺堡区	Hongsipu	22 976	16 241		2 639	10 935	1 849	818
利通区	Litong	41 223	25 668	5 053	9 326	10 555		634
盐池县	Yanchi	67 607	36 768		2 660	8 521	8 489	289
同心县	Tongxin	90 041	71 901		22 886	17 302	16 476	3 881
青铜峡市	Qingtongxia	49 347	44 360	6 858	15 284	17 576		4 621
固原市	**Guyuan**	**393 551**	**278 033**		**73 365**	**38 519**	**132 013**	**22 246**
原州区	Yuanzhou	116 118	60 720		15 013	10 037	30 648	3 232
西吉县	Xiji	150 354	119 917		31 740	4 803	69 493	10 728
隆德县	Longde	40 290	27 155		7 837	2 379	10 969	5 938
泾源县	Jingyuan	16 989	12 092		2 556	1 408	6 817	396
彭阳县	Pengyang	69 800	58 149		16 219	19 892	14 086	1 952
中卫市	**Zhongwei**	**295 794**	**151 407**	**10 101**	**30 515**	**34 096**	**58 815**	**9 215**
沙坡头区	Shapotou	77 441	25 137	5 582	8 039	7 418		4 090
中宁县	Zhongning	75 383	38 305	4 519	11 282	18 430		2 917
海原县	Haiyuan	142 970	87 965		11 194	8 248	58 815	2 208

11-18 续表 continued

单位:公顷 （2009） （hectare）

地 区 Region	其他经济作物 Other Economic Crop					
	油 料 Oil-bearing Crops	药 材 Medicinal Materials	蔬 菜 Vegetables	瓜果类 Melons and Fruits	其他农作物 Other Farm Crops	青饲料 Succulence
全区总计 Total	**85 805**	**11 136**	**93 106**	**78 966**	**130 333**	**66 840**
银川市 Yinchuan	**2 266**	**494**	**25 317**	**4 427**	**6 345**	**3 010**
银川市 District	320	63	8 562	775	4 956	1 998
永宁县 Yongning	385	407	3 654	944	295	89
贺兰县 Helan	468	24	11 448	1 260	434	263
灵武市 Lingwu	1 093		1 653	1 448	660	660
石嘴山市 Shizuishan	**5 978**	**498**	**15 384**	**734**	**2 168**	**423**
石嘴山市 District	2 701	7	4 054	80	1 396	173
平罗县 Pingluo	3 277	491	11 330	654	772	250
吴忠市 Wuzhong	**18 983**	**5 562**	**12 419**	**8 658**	**30 619**	**7 834**
红寺堡区 Hongsipu	2 271	692	1 393	370	2 009	245
利通区 Litong	1 899	333	4 564	1 946	6 813	5 466
盐池县 Yanchi	7 088	4 537	321	2 144	16 749	1 967
同心县 Tongxin	7 069		2 474	3 690	4 892	
青铜峡市 Qingtongxia	656		3 667	508	156	156
固原市 Guyuan	**36 063**	**2 806**	**19 259**	**983**	**55 996**	**30 163**
原州区 Yuanzhou	13 896		7 126	476	33 900	14 395
西吉县 Xiji	13 000	340	3 670		13 427	13 427
隆德县 Longde	5 112	1 906	2 976	107	3 034	
泾源县 Jingyuan	957	200	507		3 226	1 333
彭阳县 Pengyang	3 098	360	4 980	400	2 409	1 008
中卫市 Zhongwei	**22 515**	**1 776**	**20 727**	**64 164**	**35 205**	**25 410**
沙坡头区 Shapotou	1 651	121	12 398	37 348	786	786
中宁县 Zhongning	8 037		3 785	22 249	3 007	557
海原县 Haiyuan	12 827	1 655	4 544	4 567	31 412	24 067

11-19 各市县主要农作物产量

Output of Major Farm Products by City and Country

单位:吨　　　　(2009)　　　　(ton)

地　区	Region	粮食产量 Output of Grain					
		合计 Total	稻谷 Rice	小麦 Wheat	玉米 Corn	薯类 Tubers	豆类 Soybeans
全区总计	**Total**	**3 407 028**	**645 538**	**735 632**	**1 563 817**	**390 648**	**32 564**
银川市	**Yinchuan**	**913 417**	**370 432**	**183 732**	**354 055**		**2 259**
银川市	District	217 047	94 187	26 371	95 906		230
永宁县	Yongning	249 475	63 142	60 512	124 746		927
贺兰县	Helan	251 487	121 222	56 319	71 432		199
灵武市	Lingwu	195 408	91 881	40 530	61 971		903
石嘴山市	**Shizuishan**	**445 407**	**84 983**	**125 826**	**233 158**		**1 304**
石嘴山市	District	89 833		34 925	54 839		21
平罗县	Pingluo	355 574	84 983	90 901	178 319		1 283
吴忠市	**Wuzhong**	**863 060**	**101 882**	**186 958**	**509 183**	**40 151**	**4 683**
红寺堡区	Hongsipu	101 690		11 481	82 668	6 989	552
利通区	Litong	183 232	40 158	59 740	81 878		675
盐池县	Yanchi	86 919		1 369	60 483	13 269	173
同心县	Tongxin	216 135		34 467	153 411	19 893	699
青铜峡市	Qingtongxia	275 084	61 724	79 901	130 743		2 584
固原市	**Guyuan**	**646 014**		**143 423**	**187 111**	**287 153**	**18 927**
原州区	Yuanzhou	146 777		31 527	51 728	60 453	1 000
西吉县	Xiji	210 787		51 109	17 081	135 588	4 833
隆德县	Longde	88 837		22 571	13 108	41 544	11 572
泾源县	Jingyuan	39 687		6 637	5 505	26 158	234
彭阳县	Pengyang	159 926		31 579	99 689	23 410	1 288
中卫市	**Zhongwei**	**539 130**	**88 241**	**95 693**	**280 310**	**63 344**	**5 391**
沙坡头区	Shapotou	139 283	48 102	34 267	53 968		2 932
中宁县	Zhongning	247 096	40 139	50 679	153 857		1 909
海原县	Haiyuan	152 751		10 747	72 485	63 344	550

11-19 续表 continued

单位:吨 (2009) (ton)

地 区 Region	其他经济作物产量 Output of Other Economic Crops					
	油 料 Oil-bearing Crops	胡 麻 Benne	向日葵 Helianthus	药 材 Medicinal Materials	蔬 菜 Vegetable	瓜果类 Melons and Fruits
全区总计 Total	**136 473**	**51 407**	**80 929**	**46 684**	**3 539 838**	**1 456 717**
银 川 市 Yinchuan	**5 869**	**110**	**5 756**	**4 400**	**1 113 214**	**212 852**
银 川 市 District	1 062		1 062	15	391 602	23 846
永 宁 县 Yongning	706	110	596	4 104	170 722	30 970
贺 兰 县 Helan	1 099		1 096	281	485 841	70 123
灵 武 市 Lingwu	3 002		3 002		65 049	87 913
石嘴山市 Shizuishan	**23 496**	**3 152**	**20 344**	**15 449**	**783 513**	**47 522**
石嘴山市 District	9 126	1 293	7 833	20	189 642	3 778
平 罗 县 Pingluo	14 370	1 859	12 511	15 429	593 871	43 744
吴 忠 市 Wuzhong	**26 428**	**6 934**	**17 942**	**15 845**	**450 875**	**235 535**
红寺堡区 Hongsipu	7 160	4 204	2 896	8 823	23 990	8 894
利 通 区 Litong	5 359		5 359	4 500	213 118	60 021
盐 池 县 Yanchi	6 156	686	4 108	2 522	8 550	43 802
同 心 县 Tongxin	6 778	2 036	4 612		36 641	102 297
青铜峡市 Qingtongxia	975	8	967		168 576	20 521
固 原 市 Guyuan	**51 923**	**30 485**	**21 317**	**6 081**	**698 271**	**26 384**
原 州 区 Yuanzhou	28 287	7 480	20 807		315 947	9 690
西 吉 县 Xiji	11 480	11 480		238	192 787	
隆 德 县 Longde	7 583	7 388	195	4 577	59 140	4 235
泾 源 县 Jingyuan	1 148	1 027		45	9 390	
彭 阳 县 Pengyang	3 425	3 110	315	1 221	121 007	12 459
中 卫 市 Zhongwei	**28 757**	**10 726**	**15 570**	**4 909**	**493 965**	**934 424**
沙坡头区 Shapotou	2 534	774	1 737	1 699	374 217	554 088
中 宁 县 Zhongning	4 001	360	1 203		74 878	300 444
海 原 县 Haiyuan	22 222	9 592	12 630	3 210	44 870	79 892

11-20 各市县主要牲畜存、出栏数

Number of Animals on Hand and Slaughtered by City and Country

(2009)

地　区	Region	当年存栏数(头、只) Number of Animals on Hand This Year(head)				当年出栏数(头、只) Number of Animals Slaughtered This Year(head)		
		牛 Cattle and Buffaloes	奶牛 Cow	猪 Hog	羊 Sheep	牛 Cattle and Buffaloes	猪 Hog	羊 Sheep
全区总计	**Total**	**920 519**	**272 989**	**917 294**	**4 702 405**	**509 402**	**1 272 205**	**3 952 641**
银 川 市	**Yinchuan**	**189 978**	**106 477**	**181 668**	**649 483**	**94 586**	**243 311**	**591 525**
银 川 市	District	87 525	61 247	37 871	118 248	34 079	39 382	105 088
永 宁 县	Yongning	44 163	15 591	49 710	112 991	24 993	76 290	121 234
贺 兰 县	Helan	26 732	10 137	29 004	114 749	18 073	40 137	95 424
灵 武 市	Lingwu	31 558	19 502	65 083	303 495	17 441	87 502	269 779
石嘴山市	**Shizuishan**	**46 191**	**11 074**	**50 826**	**516 411**	**31 944**	**68 579**	**426 487**
石嘴山市	District	14 836	6 696	15 219	174 290	8 010	18 519	137 137
平 罗 县	Pingluo	31 355	4 378	35 607	342 121	23 934	50 060	289 350
吴 忠 市	**Wuzhong**	**230 297**	**143 045**	**233 985**	**2 048 686**	**104 392**	**355 156**	**1 499 480**
利 通 区	Litong	123 902	116 657	25 239	240 413	43 107	37 183	238 198
红寺堡区	Hongsipu	14 080	241	12 186	138 718	9 376	15 826	98 386
青铜峡市	Qingtongxia	41 206	23 769	149 331	259 194	17 666	237 231	268 710
盐 池 县	Yanchi	3 983	2 318	43 155	854 010	1 504	58 898	457 657
同 心 县	Tongxin	47 126	60	4 074	556 351	32 739	6 018	436 529
固 原 市	**Guyuan**	**359 005**	**807**	**187 572**	**651 531**	**217 452**	**227 516**	**713 831**
原 州 区	Yuanzhou	77 150	555	38 856	243 756	44 627	43 885	251 430
西 吉 县	Xiji	93 595		55 892	151 006	55 114	65 909	132 938
隆 德 县	Longde	43 819	52	36 976	32 436	24 629	44 275	41 362
泾 源 县	Jingyuan	56 484		5 432	37 470	36 406	7 347	54 385
彭 阳 县	Pengyang	87 957	200	50 416	186 863	56 676	66 100	233 716
中 卫 市	**Zhongwei**	**95 048**	**11 586**	**263 243**	**836 294**	**61 028**	**377 643**	**721 318**
沙坡头区	Shapotou	24 889	4 270	66 942	161 646	14 487	100 345	170 535
中 宁 县	Zhongning	30 033	7 287	175 220	206 017	19 387	254 670	236 616
海 原 县	Haiyuan	40 126	29	21 081	468 631	27 154	22 628	314 167

11-21 各市县主要畜产品产量

Output of Major Livestock Products by City and Country

(2009)

地区	Region	肉类总产量(吨) Total Output of Meat(ton) 合计 Total	猪肉 Pork	牛肉 Beef	羊肉 Mutton	牛奶产量(吨) Milk (ton)	禽蛋产量(吨) Poultry Eggs (ton)
全区总计	**Total**	**255 396**	**91 564**	**72 789**	**67 950**	**811 437**	**74 750**
银川市	**Yinchuan**	**46 614**	**17 141**	**13 483**	**10 177**	**318 801**	**15 049**
银川市	District	11 395	2 784	4 834	1 820	191 922	6 764
永宁县	Yongning	13 255	5 491	3 572	2 081	43 551	4 856
贺兰县	Helan	8 124	2 883	2 583	1 637	26 319	2 599
灵武市	Lingwu	13 840	5 983	2 494	4 639	57 009	830
石嘴山市	**Shizuishan**	**20 472**	**4 923**	**4 567**	**7 327**	**30 981**	**4 892**
石嘴山市	District	6 590	1 330	1 145	2 352	19 565	2 129
平罗县	Pingluo	13 882	3 593	3 422	4 975	11 416	2 763
吴忠市	**Wuzhong**	**69 196**	**25 094**	**14 925**	**25 789**	**427 259**	**6 478**
红寺堡区	Hongsipu	4 403	1 139	1 340	1 692	719	459
利通区	Litong	13 596	2 677	6 167	4 096	352 310	1 043
盐池县	Yanchi	12 859	4 241	212	7 879	6 932	855
同心县	Tongxin	13 316	453	4 679	7 508	139	620
青铜峡市	Qingtongxia	25 022	16 584	2 527	4 614	67 159	3 501
固原市	**Guyuan**	**65 638**	**17 130**	**31 074**	**12 278**	**2 389**	**4 741**
原州区	Yuanzhou	15 000	3 180	6 377	4 325	1 656	1 188
西吉县	Xiji	16 719	5 141	7 876	2 287		902
隆德县	Longde	7 988	3 099	3 520	711	156	680
泾源县	Jingyuan	7 027	579	5 202	935		219
彭阳县	Pengyang	18 904	5 131	8 099	4 020	577	1 752
中卫市	**Zhongwei**	**53 476**	**27 276**	**8 740**	**12 379**	**32 007**	**43 590**
沙坡头区	Shapotou	16 261	7 225	2 083	2 933	12 739	41 016
中宁县	Zhongning	25 807	18 262	2 777	4 042	19 182	1 984
海原县	Haiyuan	11 408	1 789	3 880	5 404	86	590

11-22 各市县渔业生产情况

Output of Basic Indicators on Fishery by City and Country

(2009)

地 区	Region	水产品总产量（吨）Total Aquatic Products (ton)	养殖捕捞量 Artificially Cultured	天然捕捞量 Naturally Grown	养殖面积（公顷）Area for Breeding Aquatics (hectare)	池塘养殖 Ponds
全区总计	**Total**	**81 844**	**81 650**	**194**	**33 364**	**12 102**
银 川 市	**Yinchuan**	**45 926**	**45 857**	**69**	**12 275**	**5 762**
银 川 市	District	13 500	13 493	7	4 676	1 570
永 宁 县	Yongning	8 000	7 995	5	1 173	770
贺 兰 县	Helan	22 836	22 779	57	5 803	2 910
灵 武 市	Lingwu	1 590	1 590		623	512
石嘴山市	**Shizuishan**	**21 097**	**21 042**	**55**	**12 363**	**3 145**
石嘴山市	District	3 947	3 947		4 223	1 125
平 罗 县	Pingluo	17 150	17 095	55	8 140	2 020
吴 忠 市	**Wuzhong**	**6 796**	**6 746**	**50**	**4 842**	**1 953**
利 通 区	Litong	924	900	24	683	246
红寺堡区	Hongsipu					
青铜峡市	Qingtongxia	5 846	5 820	26	3 786	1 687
盐 池 县	Yanchi	26	26		373	20
同 心 县	Tongxin					
固 原 市	**Guyuan**	**120**	**120**		**420**	
原 州 区	Yuanzhou					
西 吉 县	Xiji	120	120		420	
隆 德 县	Longde					
泾 源 县	Jingyuan					
彭 阳 县	Pengyang					
中 卫 市	**Zhongwei**	**7 905**	**7 885**	**20**	**3 464**	**1 242**
沙坡头区	Shapotou	5 373	5 373		1 472	846
中 宁 县	Zhongning	2 520	2 500	20	1 711	377
海 原 县	Haiyuan	12	12		281	19

主要统计指标解释

［乡村实有劳动力］ 指乡村人口实际参加各种行业劳动并取得实物或货币收人的劳动力人数。包括劳动年龄内实际参加劳动的人口和不足或超过劳动年龄实际参加劳动的人口数。不包括户口在家的在外学生和丧失劳动能力的人。也不包括待业人员和家务劳动者。

［年末实有耕地面积］ 按照《土地利用现状调查技术规程》(以下简称《土地规程》),耕地是指种植农作物的土地,包括新开荒地、休闲地、轮歇地、草田轮作地;以种植农作物为主间有零星果树、桑树或其他树木的土地;耕种三年以上的河滩地、海涂。耕地中包括宽小于2.0米的沟、渠、路、田埂。年末实有耕地指当年10月31日的耕地面积数。

［农用机械总动力］ 是指主要用于农、林、牧、渔业的各种动力机械动力总和,包括耕作机械、农用排灌机械、收获机械、植保机械、林业机械、畜牧机械、渔业机械、农产品加工机械、农用运输机械、其他农业机械。按能源又分为柴油、汽油、电力和其他动力。总动力按法定计算单位千瓦计算。(注:1马力=0·735千瓦)

［有效灌溉面积］ 是指具有一定的水源,地块比较平整,灌溉工程或设备已经配套,在一般年景下当年能够进行正常灌概的耕地面积。

［农作物播种面积］ 是指实际种植或移植有农作物的面积。包括耕地和非耕地上的播种面积;混种、间种只计算一次,复、套在同一亩地上每复种、套种一次算一亩;播种面积还包括秋冬播面积。播种面积在统计范围看,包括全社会口径,即按在地原则统计。从时间范围看,从1月1日至12月31日都要统计在内。

［造林面积］ 是指报告期内在荒山、荒地、沙丘等一切可以造林的土地上,采用人工播种、植苗、飞机播种等方法新植的成片乔木林和灌木林,经过检查验收符合“造林技术规程”要求株数,成活率达85%以上的面积。四旁植树如一侧在四行以上,连续面积0.066公顷(一亩)以上,应统计在造林面积内。

在造林面积中,不包括补植面积、治沙种草面积、经济林垦复面积、迹地更新面积和低产林改造面积。

［肉类总产量］ 是指当年出栏并已屠宰的畜禽肉产量,即屠宰后除去头蹄下水带骨肉的重量,也叫胴体重。

［农林牧渔业增加值］ 农林牧渔业增加值可以客观反映农林牧渔业企业或行业的投人、产出、效益、速度和收人等情况。它与农林牧渔业总产值相比,一个最大的优点在于避免了中间产品的重复计算。计算结果是社会最终产品的价值,因此它能客观反映企业单位或行业对社会的贡献。也是计算各项经济效益指标的重要依据。

农林牧渔业增加值=农林牧渔业总产值-中间物质消耗-对非物质生产部门的劳务消耗。

第十二篇 Chapter 12

工业

National Economic Accounting

责任编辑：马宏德

资料整理：马宏德　吕　莹　李　丹　卜宁飞　周　涛

刘聚才　张晶晶

Coordinator: Ma Hongde

Data Compilation: Ma Hongde　Lv Ying　Li Dan　Pu Ningfei

Zhou Tao　Liu Jucai　Zhang Jingjing

12-1 全部工业总产值

Gross Industrial Output Value

单位:万元 (10 000 yuan)

年 份 Year	工 业 总产值 Gross Industrial Output Value	按经济类型分 Grouped by Economic Type	
		国有及国有控股企业 State-owned and State-holding Enterprises	集体企业 Collective-owned Enterprises
1950	1350	186	
1955	3703	1612	
1958	9211	6619	2592
1960	23773	20915	2858
1965	20346	16317	4029
1970	50052	44875	5177
1975	111708	97010	14698
1978	138485	114664	23821
1980	139179	121539	17354
1985	243007	196586	39104
1990	647403	509009	109895
1991	731028	577050	117663
1992	892555	701903	141864
1993	1214904	950189	189837
1994	1497094	1065471	219796
1995	1734852	1177702	229501
1996	2016208	1356253	266581
1997	2210778	1494038	297799
1998	2324118	1561339	220294
1999	2523912	1510879	189105
2000	2939383	1745801	140993
2001	3273074	1927432	141839
2002	3720196	2101200	98458
2003	4714293	2539302	82954
2004	5536557	3082623	48761
2005	6715450	3753424	19099
2006	8596964	4375364	14164
2007	10707114	5184832	20680
2008	13690370	6676647	24372
2009	14644914	7092454	11662

注：1. 工业总产值按当年价格计算,2004 年为规模以上工业企业口径。

2. 1995 年以前年份国有及国有控股企业为国有工业企业口径(下表同)

a)Gross industrial output value is calculated at current prices.Since 2004,data in this table were above designated size.

b)Before 1995,state-owned and state holding industrial enterprises were state-owned enterprises.

12-1 续表 continued

年 份 Year	按轻重工业分 Grouped by Light & Heavy Industries		按企业规模分 Grouped by Size of Enterprises		
	轻工业 Light Industry	重工业 Heavy Industry	大型企业 Large Enterprises	中型企业 Medium-sized Enterprises	小型企业 Small Enterprises
1950	1315	35			
1955	3374	329			
1958	5611	3600			
1960	13519	10254			
1965	10531	9815			
1970	16562	33490			
1975	32344	79364			
1978	34453	104032	30359	38220	69906
1980	37525	101654	32318	41236	65625
1985	72723	170284	73307	49927	119773
1990	179605	467858	204786	126578	316099
1991	195390	535638	297601	109061	324366
1992	222533	670022	369520	144195	378840
1993	262588	952316	494283	265536	455085
1994	311660	1185434	615039	338167	543888
1995	361446	1373406	685169	335848	713835
1996	437619	1578590	791869	371206	853134
1997	494649	1716129	854498	404695	951585
1998	544360	1779758	840490	391196	1092432
1999	605999	1917913	979484	367187	1177241
2000	683696	2255687	1274549	483886	1180948
2001	765954	2507120	1458181	540156	1274737
2002	905675	2814521	1922167	294874	1503155
2003	1106599	3607694	1581230	1317414	1815649
2004	925091	4611466	2136124	1987942	1412491
2005	1238558	5476892	2572854	2423097	1719498
2006	1466089	7130876	3622447	2714588	2259929
2007	1751178	8955936	4213436	3812571	2681107
2008	2165690	11524680	5410355	4486653	3793363
2009	2692423	11952491	5572301	5279519	3793095

12-2 规模以上工业企业单位数和工业总产值

Number of Industrial Enterprises above Designated Size and Gross Industrial Output Value

指　标	Item	企业单位数(个) Number of Enterprises (unit)		工业总产值(万元) Gross Industrial Output Value (10 000 yuan)	
		2008	2009	2008	2009
全 区 总 计	**Total**	**902**	**970**	**13690370**	**14644914**
在总计中:国有及国有控股企业	Of Which:State-owned and State-holding Enterprises	107	111	6676647	7092454
按经济类型分	**Grouped by Economic Type**				
国有企业	State-owned Enterprises	36	41	1968688	1894959
中央企业	Central	8	12	1580397	1734261
地方企业	Local	28	29	388291	160698
集体企业	Collective-owned Enterprises	9	4	24372	11662
股份合作企业	Cooperative Enterprises	3	2	13151	17001
私营企业	Private Enterprises	568	602	3585824	4434326
联营企业	Joint Ownership Enterprises	2	2	11920	11128
股份制企业	Share-holding Enterprises	789	854	10558824	11821423
外商投资企业	Foreign Funded Enterprises	36	34	938981	607105
港澳台商投资企业	Enterprises with Funds from Hong Kong,Macao and Taiwan	9	7	52613	57761
其他企业	Other Enterprises	1	2	37721	12270
按轻重工业分	**Grouped by Light&Heavy Industries**				
轻工业	Light Industry	262	283	2165690	2692423
重工业	Heavy Industry	640	687	11524680	11952491
按企业规模分	**Grouped by Size of Enterprises**				
大型企业	Large Enterprises	16	17	5410355	5572301
中型企业	Medium-sized Enterprises	115	127	4486653	5279519
小型企业	Small Enterprises	771	826	3793363	3793095

注：规模以上工业系指全部国有工业企业及年销售收入500万元以上非国有工业企业。
a)Industrial enterprises above designated size refers to total state-owned industrial enterprises and non-state-owned enterprises with annual sales revenue over 5 million yuan.

12-2 续表 1 continued

指　标	Item	企业单位数(个) Number of Enterprises (unit)		工业总产值(万元) Gross Industrial Output Value (10 000 yuan)	
		2008	2009	2008	2009
按国民经济经济行业分	**Grouped by Industrial Sector**				
采矿业	**Mining**	**111**	**115**	**2000070**	**2118968**
煤炭采选业	Mining and Washing of Coal	108	109	1970305	2098336
石油和天然气开采业	Extraction of Petroleum and Natural Gas	1	3	20058	12118
黑色金属矿采选业	Mining and Processing of Ferrous Metal Ores	1		7738	0
非金属矿采选业	Mining and Processing of Non-ferrous Metal Ores	1	3	1969	8514
制造业	**Manufacturing**	**741**	**804**	**9548211**	**10297253**
农副食品加工业	Processing of Food from Agricultural Products	77	82	300012	396590
食品制造业	Manufacture of Foods	40	41	339399	412349
饮料制造业	Manufacture of Beverages	21	25	133617	192673
烟草加工业	Processing of Tobacco	2	2	26885	31249
纺织业	Manufacture of Textile	42	46	630197	746769
毛纺织业	Wool Textile	38	40	623179	736762
纺织服装、鞋、帽制造业	Manufacture of Textile Wearing Apparel, Footware and Caps	1	1	6041	7288
纺织服装制造	Wearing Apparel	1	1	6041	7288
皮革、毛皮、羽毛(绒)及其制品业	Manufacture of Leather,Fur,Feather and Related Products	11	10	14787	19150
木材加工竹、藤、棕、草制品业	Processing of Timber,Manufacture of Wood, Bamboo,Rattan,Palm and Straw Products	1	5	2297	8855
家具制造业	Manufacture of Furniture	4	6	6311	10275
造纸及纸制品业	Manufacture of Paper and Paper Products	18	17	394318	424394
印刷业	Printing	10	12	27567	31344
文教体育用品制造业	Manufacture of Articles for Culture,Education and Sport Activities				0
石油加工及炼焦业	Processing of Petroleum and Coking	31	31	1200783	1681029
化学原料及化学制品制造业	Manufacture of Raw Chemical Materials and Chemical Products	104	115	1731212	1492544

12-2 续表 2 continued

指 标	Item	企业单位数(个) Number of Enterprises (unit)		工业总产值(万元) Gross Industrial Output Value (10 000 yuan)	
		2008	2009	2008	2009
医药制造业	Manufacture of Medicines	12	12	185993	228019
化学纤维制造业	Manufacture of Chemical Fibers				
橡胶制品业	Manufacture of Rubber	4	4	254519	236955
塑料制品业	Manufacture of Plastics	26	29	79505	81635
非金属矿物质制品业	Manufacture of Non-metallic Mineral Products	118	129	599891	728803
水泥制造业	Manufacture of Cement	27	29	239696	363646
建筑陶瓷制品制造	Manufacture of Architectural Ceramic Products	3	3	16840	24920
黑色金属冶炼及压延加工业	Smelting and Pressing of Ferrous Metals	74	73	912669	708582
有色金属冶炼及压延加工业	Smelting and Pressing of Non-ferrous Metals	25	27	1659006	1621723
金属制品业	Manufacture of Metal Products	30	35	166034	228073
通用设备制造业	Manufacture of General Purpose Machinery	42	47	341037	297568
金属加工机械制造业	Manufacture of Metal Processing Machinery	7	7	1134510	74239
金属切削机床制造业	Manufacture of Metal Cutting Machine Tool	4	5	1104449	72119
专用设备制造业	Manufacture of Special Purpose Machinery	13	13	263503	258236
交通运输设备制造业	Manufacture of Transport Equipment	3	4	5348	3676
电气机械及器材制造业	Manufacture of Electrical Machinery and Equipment	25	29	203204	348017
通信设备、计算机及其他电子设备	Manufacture of Communication Equipment, Computers and Other Electronic Equipment		1		14984
仪器仪表及文化、办公用品机械制造业	Manufacture of Measuring Instrument and Machinery for Cultural Activity and Office Work	6	8	63898	86474
电力、煤气及水的生产和供应业	**Production and Supply of Electric Power, Gas and Water**	**50**	**51**	**2142089**	**2228693**
电力、蒸汽、热水的生产和供应业	Production and Supply of Electric Power, Steam and Hot Water	36	35	2088505	2147772
燃气生产和供应业	Production and Supply of Gas	5	6	28554	47524
自来水的生产和供应业	Production and Supply of Tap Water	9	10	25030	33397

12-3 主要工业产品产量

年 份 Year	原 煤 (万吨) Coal (10 000 tons)	发电量 (亿千瓦时) Electricity (100million kwh)	钢 材 (万吨) Rolled Steel (10 000 tons)	铝 (万吨) Aluminum (10 000 tons)	轮胎外胎 (万条) Tires (10 000 tires)	合成氨 (万吨) Synthetic Ammonia (10 000 tons)	农用化肥 (万吨) Chemical Fertilizers (10 000tons)
1978	999.00	16.51	2.78	1.83	30.09	6.77	5.30
1980	971.00	19.43	4.12	2.26	29.30	7.95	5.57
1985	1214.00	24.14	3.88	2.92	34.34	9.20	6.71
1990	1443.10	55.96	4.75	6.01	63.50	34.32	27.74
1995	1480.30	107.77	7.58	10.13	164.67	47.59	41.49
1996	1615.70	111.63	7.97	10.24	193.24	47.83	40.14
1997	1669.70	113.42	8.92	10.23	187.77	49.46	41.19
1998	1583.00	110.63	9.50	10.23	191.24	54.81	46.32
1999	1531.10	111.28	11.90	10.63	167.98	67.28	53.87
2000	1581.00	136.61	5.59	11.69	193.32	73.49	59.52
2001	1635.70	150.30	1.08	15.82	181.94	80.84	73.58
2002	1818.19	171.02	1.24	26.09	224.31	93.31	76.13
2003	2194.80	206.13	12.68	26.89	241.53	90.55	76.30
2004	2354.59	260.05	14.09	27.42	293.57	95.67	75.78
2005	2589.77	312.87	9.21	35.82	304.56	88.15	83.94
2006	3153.68	388.42	21.80	55.82	389.59	86.68	77.94
2007	3729.90	451.16	41.46	60.00	395.54	93.25	86.35
2008	4234.71	462.56	33.18	60.35	337.16	105.16	109.16
2009	5509.53	478.96	38.01	65.55	225.62	103.09	91.77

注:1978-2003 年未全部工业口径,2004 年为规模以上口径。

a)From 1978 to 2003,the data on industry refer to total industrial enterprises. Since 2004,industrial enterprises were above designated size.

12-3 续表

年 份 Year	机制纸 (万吨) Machine-made Paper (10 000 tons)	日用陶瓷 (万件) Ceramics for Daily Use (10 000 units)	塑料制品 (吨) Plastic Products (ton)	天然气 (万立方米) Natural Gas (10 000 cu.m)	羊 绒 (吨) Cashmere (ton)	钽 (公斤) Tantalum (kg)
1978	0.97	894	2878			
1980	0.99	1191	2632			
1985	2.47	1202	5584	992		8396
1990	6.68	1923	7783	701		5231
1995	13.98	3504	15459	6211		32526
1996	14.96	2997	15662	6189		53793
1997	15.95	2511	19859	2576		97473
1998	17.81	2878	17087	1066		121509
1999	18.07	2523	17373	1163		231126
2000	23.71	2699	16750	1496		205436
2001	30.85	2059	13111	797		215041
2002	28.58	1667	13144	3161	2101.50	90887
2003	33.01	878	13549	8635	2406.43	103788
2004	39.62		8018	7815	3807.01	130753
2005	45.58		8557	422	4693.47	158634
2006	46.45		18384		5267.62	225617
2007	50.62		20164		6093.26	299202
2008	69.02		53530		7244.35	380337
2009	77.32		76605		9468.71	296649

Output of Major Industrial Products

金属切削机床(台) Metal-cutting Machine Tools (unit)	起重设备(吨) Lifting Appliances (ton)	金属材料试验机(台) Metallic Material Testing Machine (unit)	轴承(万套) Bearing (10 000 sets)	小型拖拉机(台) Small Tractors (set)	水泥(万吨) Cement (10 000 tons)	布(万米) Cloth (10 000 m)	饮料酒(千升) Alcoholic Drink (kiloliter)
1402	1503	1345	171.89	2502	27.66	1268.32	2700
1194	2104	1779	132.60	600	29.27	1508.00	2785
1671	3714	1959	62.80	7606	61.62	1059.98	12816
1308	7004	445	197.57	11900	95.74	1232.64	26300
994	5140	715	274.00	15908	140.11	540.00	48858
829	5919	296	393.69	12179	164.96	485.79	59905
938	5183	185	375.76	6540	181.47	581.42	53686
455	6145		437.59	5955	226.48	117.48	56976
659	5488		464.24	4681	248.28	106.00	63946
969	3308	380	557.45	1843	280.25	2.00	57639
1298	4414	392	621.17	800	318.69	7.49	67281
1816	3733	343	522.83	1985	377.24	7.46	89412
1953	15724	331	391.47	689	494.13		76112
3397	11670	123	352.67		582.79	132.79	104018
3353	11005		307.54		567.58	122.65	113622
3663	12330	149	244.13	4973	699.08	15.00	107453
5136	15347	150	334.16	3722	808.40		130330
3898	17077		223.86	3600	884.76		130303
2949	14700		203.13	2970	1064.50		159215

continued

铌(公斤) Niobium (kg)	生铁(万吨) Pig Iron (10 000tons)	铁合金(万吨) Ferroalloy (10 000 tons)	卷烟(万箱) Cigarettes (10 000 boxes)	食用植物油(万吨) Edible Vegetable Oil (10 000 tons)	石墨及碳素制品(万吨) Graphite and Carbon Products (10 000 tons)
	3.88		1.80	0.69	1.75
	0.61		1.75	0.73	1.64
8243	1.31	0.63	1.21	1.50	2.69
5769	5.54	7.79	4.47	2.19	6.51
7673	7.29	15.32	3.50	4.17	20.77
5086	6.98	18.44	3.70	6.47	18.04
4561	6.67	16.04	3.80	6.97	17.57
7581	5.95	20.20	3.00	5.39	18.62
6447	6.96	19.50	3.10	5.40	18.10
81742	6.85	25.34	3.12	5.36	31.14
17763	7.06	24.53	2.61	4.85	30.77
22636	8.80	23.44	2.30	4.99	23.81
30633	14.72	43.06	2.00	5.51	27.66
33581	18.61	58.80	2.30	0.14	31.43
48467	24.08	49.52	11.5(亿支)	0.48	51.53
70563	39.34	81.92	13(亿支)	0.71	75.74
100642	42.51	96.46	25(亿支)	1.05	79.15
55849	32.77	86.43	30(亿支)	0.71	92.39
95870	36.18	83.59	35(亿支)	1.14	89.79

12-4 规模以上国有、集体企业分行业单位数和工业总产值

单位:个、万元 （2009）

指 标	Item	国有及 State-owned and 企业单位数 Number of Enterprises
全 区 总 计	**Total**	**111**
采矿业	**Mining**	**10**
煤炭开采和洗选业	Mining and Washing of Coal	9
石油和天然气开采业	Extraction of Petroleum and Natural Gas	
非金属矿采选业	Mining and Processing of Non-ferrous Metal Ores	1
制造业	**Manufacturing**	**89**
农副食品加工业	Processing of Food from Agricultural Products	7
食品制造业	Manufacture of Foods	1
饮料制造业	Manufacture of Beverages	1
烟草制品业	Processing of Tobacco	2
纺织业	Manufacture of Textile	1
纺织服装、鞋、帽制造业	Manufacture of Textile Wearing Apparel,Footware and Caps	1
皮革、毛皮、羽毛(绒)及其制品业	Manufacture of Leather,Fur,Feather and Related Products	
木材加工及木、竹、藤、棕、草制	Processing of Timber,Manufacture of Wood,Bamboo, Rattan,Palm and Straw Products	
家具制造业	Manufacture of Furniture	
造纸及纸制品业	Manufacture of Paper and Paper Products	3
印刷业和记录媒介的复制	Printing,Reproduction of Recording Media	2
石油加工、炼焦及核燃料加工业	Processing of Petroleum,Coking,Processing of Nuclear Fuel	1
化学原料及化学制品制造业	Manufacture of Raw Chemical Materials and Chemical Products	10
医药制造业	Manufacture of Medicines	
化学纤维制造业	Manufacture of Chemical Fibers	
橡胶制品业	Manufacture of Rubber	1
塑料制品业	Manufacture of Plastics	11
非金属矿物制品业	Manufacture of Non-metallic Mineral Products	4
黑色金属冶炼及压延加工业	Smelting and Pressing of Ferrous Metals	6
有色金属冶炼及压延加工业	Smelting and Pressing of Non-ferrous Metals	2
金属制品业	Manufacture of Metal Products	6
通用设备制造业	Manufacture of General Purpose Machinery	4
专用设备制造业	Manufacture of Special Purpose Machinery	3
交通运输设备制造业	Manufacture of Transport Equipment	
电器机械及器材制造业	Manufacture of Electrical Machinery and Equipment	1
通信设备、计算机及其他电子设备	Manufacture of Communication Equipment,Computers and Other Electronic Equipment	22
仪器仪表及文化、办公用机械制造	Manufacture of Measuring Instruments and Machinery for Cultural Activity and Office Work	
工艺品及其他制造业	Manufacture of Artwork and Other Manufacturing	34
电力、燃气及水的生产和供应业	**Production and Supply of Electric Power,Gas and Water**	**22**
电力、热力的生产和供应业	Production and Supply of Electric Power,Steam and Hot Water	2
燃气生产和供应业	Production and Supply of Gas	10
水的生产和供应业	Production and Supply of Tap Water	111

Number of Industrial Enterprises and Collective-owned Enterprises above Designated Size and Gross Industrial Output Value by Sector

(unit,10 000 yuan)

国有控股企业 State-holding Enterprises	集体企业 Collective-owned Enterprises	
工业总产值 Gross Industrial Output Value	企业单位数 Number of Enterprises	工业总产值 Gross Industrial Output Value
2698996	**4**	**2980**
896255		**0**
895774		0
0		0
481		0
1764218	**4**	**2980**
12518		0
588		0
465		0
15720		0
600		0
3198		0
0		0
0		0
0		0
78955		0
1065		0
266319		0
76802		0
0		0
0		0
198		0
95124		0
12317	2	1030
244747	1	1296
18339		0
12276	1	653
51695		0
30499		0
0		0
25369		0
0		0
817424		0
0		
855947		
817424		
23404		
15119		
2698996	4	2980

12-5 规模以上工业企业职工人数

单位:人

指　　标	Item	1999
全 区 总 计	**Total**	**251452**
按登记注册类型分	**By Status of Registration**	
国　有	State-owned Enterprises	156516
集　体	Collective-owned Enterprises	18973
其　他	Other Enterprises	75963
按行业分	**Grouped by Sector**	
采掘业	**Mining**	**66685**
煤炭采选业	Mining and Washing of Coal	61090
石油和天然气开采业	Extraction of Petroleum and Natural Gas	5149
有色金属矿采选业	Mining and Processing of Ferrous Metal Ores	180
非金属矿采选业	Mining and Processing of Non-ferrous Metal Ores	266
制造业	**Manufacturing**	**165798**
农副食品加工业	Processing of Food from Agricultural Products	6657
食品制造业	Manufacture of Foods	5253
饮料制造业	Manufacture of Beverages	2884
烟草制品业	Processing of Tobacco	620
纺织业	Manufacture of Textile	9049
纺织服装、鞋、帽制造业	Manufacture of Textile Wearing Apparel,Footware and Caps	546
皮革、毛皮、羽毛(绒)及其制品业	Manufacture of Leather,Fur,Feather and Related Products	1451
木材加工木、竹、藤、棕、草制品业	Processing of Timber,Manufacture of Wood,Bamboo, Rattan,Palm and Straw Products	57
家具制造业	Manufacture of Furniture	623
造纸及纸制品业	Manufacture of Paper and Paper Products	11002
印刷业记录媒介的复制	Printing,Reproduction of Recording Media	1002
文教体育用品制造业	Manufacture of Articles for Culture,Education and Sport Activities	44
石油加工、炼焦及核燃料加工业	Processing of Petroleum,Coking,Processing of Nuclear Fuel	6817
化学原料及化学制品制造业	Manufacture of Raw Chemical Materials and Chemical Products	22844
医药制造业	Manufacture of Medicines	2082
化学纤维制造业	Manufacture of Chemical Fibers	509
橡胶制品业	Manufacture of Rubber	5457
塑料制品业	Manufacture of Plastics	2681
非金属矿物质制品业	Manufacture of Non-metallic Mineral Products	16408
黑色金属冶炼及压延加工业	Smelting and Pressing of Ferrous Metals	9091
有色金属冶炼及压延加工业	Smelting and Pressing of Non-ferrous Metals	13815
金属制品业	Manufacture of Metal Products	8680
通用设备制造业	Manufacture of General Purpose Machinery	16840
专用设备制造业	Manufacture of Special Purpose Machinery	10708
交通运输设备制造业	Manufacture of Transport Equipment	999
电气机械及器材制造业	Manufacture of Electrical Machinery and Equipment	3097
通信设备、计算机及其他电子设备	Manufacture of Communication Equipment,Computers and Other Electronic Equipment	553
仪器仪表及文化办公用品机械制造业	Manufacture of Measuring Instruments and Machinery for Cultural Activity and Office Work	5118
其他制造业	Manufacture of Artwork and Other Manufacturing	333
电力煤气及水的生产和供应业	**Production and Supply of Electric Power,Gas and Water**	**18969**

Number of Industrial Enterprises above Designated Size of Staff

(person)

2000	2001	2002	2004	2005	2006	2007	2008	2009
224118	**220183**	**219417**	**256999**	**256292**	**246360**	**254458**	**259200**	**273149.00**
92781	60866	80898	35798	36680	24804	20736	27491	27567.00
13153	9993	4643	3499	1888	1529	1066	1208	350.00
118184	149324	133876	217702	217724	220027	232656	230501	245232.00
60831	**54015**	**53999**	**59121**	**57021**	**60816**	**60174**	**259200**	**61542.00**
57514	51195	49790	59025	56901	60408	59754	61775	61062.00
3165	2778	4089	96	102	288	350	61293	242.00
110								
42	42	120		18	30		245	238.00
145038	**147010**	**142004**	**171185**	**170117**	**161336**	**169417**	**169708**	**183705.00**
1696	1269	1243	3698	4488	5319	4906	4936	5955.00
6246	5965	4893	6065	6615	5775	6448	6408	6198.00
3199	4771	4552	4143	5124	4887	4105	4092	4452.00
562	563	523	393	377	379	377	379	391.00
2630	1301	2063	6086	7261	7519	8010	7925	9525.00
1622	2486	2724	572	669	612	585	510	805.00
1777	1612	745	293	298	421	304	379	451.00
157	150	150	48	55	40	53	64	273.00
179	130	129	289	229	262	254	283	531.00
11836	13270	13378	14323	14593	15220	14789	15322	12733.00
578	278	284	993	885	908	928	1440	1546.00
33								
6613	5912	5871	7497	8975	8461	7657	9258	18497.00
22033	22250	20205	26266	28138	25541	25833	28593	27045.00
2664	1919	1859	4283	4726	3809	3920	4198	4485.00
784	321	256	248	148	92	65		
5205	4733	4923	4691	4674	4584	4133	4077	3740.00
1820	2231	2111	3184	2176	2477	2742	2251	2379.00
15019	15989	15364	16864	16113	15049	17141	15569	16368.00
8967	8724	8622	19256	15387	14418	18659	15387	15488.00
10970	12822	15344	16893	19392	17576	21168	21053	24040.00
7596	8185	7107	5577	5035	5152	4995	4697	4973.00
15183	14869	13860	13054	12420	13479	12104	12207	11994.00
7492	7647	6749	5339	5128	4331	4487	4772	4281.00
608	593	452	147	111	147	158	157	397.00
4130	3179	3272	3550	3013	2907	3262	3667	4943.00
	760	777	799	797	84			
5151	4994	4288	5645	2940	939	2256	2072	62.00
288	87	260					12	
18249	**19158**	**21113**	**26693**	**29154**	**24208**	**24867**	**27717**	**27902.00**

12-6 规模以上工业企业主要经济指标

单位:个、万元 （2009）

指标	Item	企业单位数 Number of Enterprises
总　　计	**Total**	**970**
在总计中:亏损企业	**Loss-suffering Enterprises**	379
按轻重工业分	**Grouped by Light & Heavy Industries**	
轻工业	Light Industry	283
重工业	Heavy Industry	687
按企业规模分	**Grouped by Size of Enterprises**	
大型企业	Large Enterprises	17
中型企业	Medium-sized Enterprises	127
小型企业	Small Enterprises	826
按登记注册类型分组	**Grouped by Status of Registration**	
内资企业	Domestic Funded	929
国有企业	State-owned Enterprises	41
中央企业	Central	12
地方企业	Local	29
集体企业	Collective-owned Enterprises	4
股份合作企业	Cooperative Enterprises	2
联营企业	Joint Ownership Enterprises	2
国有联营企业	State Joint Ownership Enterprises	1
集体联营企业	Collective Joint Ownership Enterprises	1
国有与集体联营企业	Joint State-collective Enterprises	0
其他联营企业	Other Joint Ownership Enterprises	0
有限责任公司	Limited Liability Corporations	243
国有独资公司	State Sole Funded Corporations	16
股份有限公司	Share-holding Corporations Limited	33
私营企业	Private Enterprises	602
港、澳、台商投资企业	Enterprises with Funds from Hong Kong,Macao and Taiwan	7
外商投资企业	Foreign Funded Enterprises	34

Main Economic Indicators of Industrial Enterprises above Designated Size

(unit,10 000 yuan)

工业总产值 Gross Industrial Output Value	工业增加值 Value-added of Industry	资产合计 Total Assets	流动资产合计 Total Working Capitals
14644914	**5177456**	**26767353**	**8504211**
2922857	853612	4555674	1569045
2692423	921476	4013583	1881782
11952491	4255979	22753769	6622428
5572301	2122597	11386815	2757145
5279519	1851587	10813350	3493196
3793095	1203272	4567188	2253870
13980049	4954520	25873285	8088465
1894959	691204	3508302	633293
1734261	615238	3019220	502874
160698	75965	489082	130419
11662	2980	6615	4428
17001	11100	18121	5207
11128	4030	11602	5049
3793	1853	4786	224
7335	2177	6816	4825
0	0	0	0
0	0	0	0
5214066	2057447	13335992	3126753
1822477	935087	6375645	1184758
2384638	739482	3321134	1473411
4434326	1439981	5661383	2833192
57761	14664	70466	42116
607105	208272	823601	373630

12-6 **续表 1**

指　　标	Item	固定资产原　价 Original Value of Fixed Assets
总　　计	**Total**	**14682895**
在总计中:亏损企业	**Loss-suffering Enterprises**	**3155531**
按轻重工业分	**Grouped by Light & Heavy Industries**	
轻工业	Light Industry	1875946
重工业	Heavy Industry	12806949
按企业规模分	**Grouped by Size of Enterprises**	
大型企业	Large Enterprises	6320843
中型企业	Medium-sized Enterprises	6281492
小型企业	Small Enterprises	2080560
按登记注册类型分组	**Grouped by Status of Registration**	
内资企业	Domestic Funded	14221522
国有企业	State-owned Enterprises	3610352
中央企业	Central	3314752
地方企业	Local	295600
集体企业	Collective-owned Enterprises	2798
股份合作企业	Cooperative Enterprises	16087
联营企业	Joint Ownership Enterprises	21028
国有联营企业	State Joint Ownership Enterprises	16792
集体联营企业	Collective Joint Ownership Enterprises	4236
国有与集体联营企业	Joint State-collective Enterprises	0
其他联营企业	Other Joint Ownership Enterprises	0
有限责任公司	Limited Liability Corporations	6867198
国有独资公司	State Sole Funded Corporations	2542501
股份有限公司	Share-holding Corporations Limited	1909125
私营企业	Private Enterprises	1793591
港、澳、台商投资企业	Enterprises with Funds from Hong Kong,Macao and Taiwan	35974
外商投资企业	Foreign Funded Enterprises	425399

continued

流动负债合计 Total Working Liabilities	长期负债合计 Total Long-term Liabilities	所有者权益 Owners' Equities	实收资本 Paid-up Capital
10239518	**7522248**	**9005587**	**5092549**
2631773	**878976**	**1044925**	**1044301**
1775906	738584	1499093	842392
8463612	6783664	7506493	4250157
3784212	3719130	3883473	1988741
4020458	3144988	3647904	2101246
2434848	658130	1474210	1002562
9860673	7403007	8609606	4806506
1108235	1319783	1080284	546812
971424	1091955	955842	409088
136812	227828	124442	137724
4183	0	2432	1404
4227	275	13620	7944
5028	0	6573	4458
1475	0	3311	3000
3554	0	3262	1458
0	0	0	0
0	0	0	0
4647240	4608750	4080001	2438154
2050446	2354058	1971140	1126507
1288956	744324	1287855	584051
2796160	726844	2138380	1222958
45567	6057	18842	15434
333278	113185	377139	270609

12-6 续表 2

指 标	Item	主营业务收入 Revenue from Principal Business
总 计	**Total**	**13930882**
在总计中:亏损企业	**Loss-suffering Enterprises**	**2659114**
按轻重工业分	**Grouped by Light & Heavy Industries**	
轻工业	Light Industry	2315276
重工业	Heavy Industry	11615606
按企业规模分	**Grouped by Size of Enterprises**	
大型企业	Large Enterprises	5727051
中型企业	Medium-sized Enterprises	4729380
小型企业	Small Enterprises	3474452
按登记注册类型分组	**Grouped by Status of Registration**	
内资企业	Domestic Funded	13319951
国有企业	State-owned Enterprises	1842582
中央企业	Central	1713982
地方企业	Local	128600
集体企业	Collective-owned Enterprises	9836
股份合作企业	Cooperative Enterprises	16631
联营企业	Joint Ownership Enterprises	12114
国有联营企业	State Joint Ownership Enterprises	3793
集体联营企业	Collective Joint Ownership Enterprises	8321
国有与集体联营企业	Joint State-collective Enterprises	0
其他联营企业	Other Joint Ownership Enterprises	0
有限责任公司	Limited Liability Corporations	5081198
国有独资公司	State Sole Funded Corporations	2037601
股份有限公司	Share-holding Corporations Limited	2410601
私营企业	Private Enterprises	3935622
港、澳、台商投资企业	Enterprises with Funds from Hong Kong,Macao and Taiwan	58260
外商投资企业	Foreign Funded Enterprises	552671

continued

主营业务成本 Cost of Principal Business	主营业务税金及附加 Taxes and Other Charges on Principal Business	利润总额 Total Profits	本年应交增值税 Value-added Tax Payable
11489355	**284313**	**834712**	**538712**
2552589	**32192**	**-180203**	**101957**
1913853	23024	168372	61297
9575502	261289	666339	477415
4440643	221019	401322	230570
3957216	34140	354390	206441
3091497	29154	78999	101701
10993480	280118	798651	513750
1655473	22059	22718	80213
1561161	20895	13112	72798
94312	1164	9606	7415
8404	37	160	264
10598	87	5409	1575
9289	76	1645	875
3059	22	648	335
6230	54	997	540
0	0	0	0
0	0	0	0
3958588	76800	393780	239566
1335962	51027	237232	105304
1865356	161979	174360	82606
3474561	19051	200595	108270
51982	21	635	3157
443894	4174	35425	21805

12-7 分行业规模以上工业企业主要经济指标

单位:个、万元 （2009）

指　　标	Item	企业单位数 Number of Enterprises
总　　计	**Total**	**970**
采矿业	**Mining**	**115**
煤炭开采和洗选业	Mining and Washing of Coal	109
石油和天然气开采业	Extraction of Petroleum and Natural Gas	3
非金属矿采选业	Mining and Processing of Non-ferrous Metal Ores	3
制造业	**Manufacturing**	**804**
农副食品加工业	Processing of Food from Agricultural Products	82
食品制造业	Manufacture of Foods	41
饮料制造业	Manufacture of Beverages	25
烟草制品业	Processing of Tobacco	2
纺织业	Manufacture of Textile	46
纺织服装、鞋、帽制造业	Manufacture of Textile Wearing Apparel,Footware and Caps	1
皮革、毛皮、羽毛(绒)及其制品业	Manufacture of Leather,Fur,Feather and Related Products	10
木材加工及木、竹、藤、棕、草制	Processing of Timber,Manufacture of Wood,Bamboo,Rattan, Palm and Straw Products	5
家具制造业	Manufacture of Furniture	6
造纸及纸制品业	Manufacture of Paper and Paper Products	17
印刷业和记录媒介的复制	Printing,Reproduction of Recording Media	12
石油加工、炼焦及核燃料加工业	Processing of Petroleum,Coking,Processing of Nuclear Fuel	31
化学原料及化学制品制造业	Manufacture of Raw Chemical Materials and Chemical Products	115
医药制造业	Manufacture of Medicines	12
化学纤维制造业	Manufacture of Chemical Fibers	0
橡胶制品业	Manufacture of Rubber	4
塑料制品业	Manufacture of Plastics	29
非金属矿物制品业	Manufacture of Non-metallic Mineral Products	129
黑色金属冶炼及压延加工业	Smelting and Pressing of Ferrous Metals	73
有色金属冶炼及压延加工业	Smelting and Pressing of Non-ferrous Metals	27
金属制品业	Manufacture of Metal Products	35
通用设备制造业	Manufacture of General Purpose Machinery	47
专用设备制造业	Manufacture of Special Purpose Machinery	13
交通运输设备制造业	Manufacture of Transport Equipment	4
电器机械及器材制造业	Manufacture of Communication Equipment,Computers and	29
	Other Electronic Equipment	1
通信设备、计算机及其他电子设备	Manufacture of Electrical Machinery and Equipment	
仪器仪表及文化、办公用机械制造	Manufacture of Measuring Instruments and Machinery for Cultural Activity and Office Work	8
工艺品及其他制造业	Manufacture of Artwork and Other Manufacturing	0
电力、燃气及水的生产和供应业	**Production and Supply of Electric Power,Gas and Water**	**51**
电力、热力的生产和供应业	Production and Supply of Electric Power,Steam and Hot Water	35
燃气生产和供应业	Production and Supply of Gas	6
水的生产和供应业	Production and Supply of Tap Water	10

Main Economic Indicators of Industrial Enterprises above Designated Size By Sector

(unit,10 000 yuan)

工业总产值 Gross Industrial Output Value	工业增加值 Value-added of Industry	资产合计 Total Assets	流动资产合计 Total Working Capitals
14644914	**5177456**	**26767353**	**8504211**
2118968	**1078212**	**6382316**	**1427751**
2098336	1069759	6348636	1413337
12118	5814	22688	4813
8514	2640	10992	9601
10297253	**3223057**	**14281379**	**6287557**
396590	106893	372255	156183
412349	127765	397732	183241
192673	77685	315787	188397
31249	15720	2932	-26099
746769	271025	1048027	796107
7288	3198	7613	3371
19150	6827	13968	8641
8855	3226	11476	4456
10275	3503	10479	4788
424394	142415	1092095	372474
31344	10794	39370	23730
1681029	525153	2102781	637168
1492544	425542	1574662	581493
228019	87840	390274	75516
0	0	0	0
236955	100244	178201	72046
81635	26699	74220	41117
728803	263400	1282192	515156
708582	175467	641063	357740
1621723	486427	3097253	1265625
228073	67760	246545	137130
297568	85416	603884	360684
258236	60160	264395	210781
3676	1270	11288	5863
348017	109795	319269	229538
14984	5048	14499	8415
86474	33784	169120	73997
0	0	0	0
2228693	**876187**	**6103657**	**788902**
2147772	832506	5716109	626463
47524	28562	198378	142421
33397	15119	189171	20018

12-7 续表 1

指 标	Item	固定资产原价 Original Value of Fixed Assets
总 计	**Total**	**14682895**
采矿业	**Mining**	**2089725**
煤炭开采和洗选业	Mining and Washing of Coal	2082892
石油和天然气开采业	Extraction of Petroleum and Natural Gas	4823
非金属矿采选业	Mining and Processing of Non-ferrous Metal Ores	2010
制造业	**Manufacturing**	**6907520**
农副食品加工业	Processing of Food from Agricultural Products	158911
食品制造业	Manufacture of Foods	213898
饮料制造业	Manufacture of Beverages	106989
烟草制品业	Processing of Tobacco	30402
纺织业	Manufacture of Textile	154759
纺织服装、鞋、帽制造业	Manufacture of Textile Wearing Apparel,Footware and Caps	3545
皮革、毛皮、羽毛(绒)及其制品业	Manufacture of Leather,Fur,Feather and Related Products	5145
木材加工及木、竹、藤、棕、草制	Processing of Timber,Manufacture of Wood,Bamboo,Rattan, Palm and Straw Products	6269
家具制造业	Manufacture of Furniture	6247
造纸及纸制品业	Manufacture of Paper and Paper Products	621986
印刷业和记录媒介的复制	Printing,Reproduction of Recording Media	17635
石油加工、炼焦及核燃料加工业	Processing of Petroleum,Coking,Processing of Nuclear Fuel	1036455
化学原料及化学制品制造业	Manufacture of Raw Chemical Materials and Chemical Products	1064510
医药制造业	Manufacture of Medicines	319389
化学纤维制造业	Manufacture of Chemical Fibers	0
橡胶制品业	Manufacture of Rubber	145466
塑料制品业	Manufacture of Plastics	40063
非金属矿物制品业	Manufacture of Non-metallic Mineral Products	669462
黑色金属冶炼及压延加工业	Smelting and Pressing of Ferrous Metals	300680
有色金属冶炼及压延加工业	Smelting and Pressing of Non-ferrous Metals	1433243
金属制品业	Manufacture of Metal Products	103220
通用设备制造业	Manufacture of General Purpose Machinery	270872
专用设备制造业	Manufacture of Special Purpose Machinery	50429
交通运输设备制造业	Manufacture of Transport Equipment	5434
电器机械及器材制造业	Manufacture of Electrical Machinery and Equipment	75502
通信设备、计算机及其他电子设备制造业	Manufacture of Communication Equipment,Computers and Other Electronic Equipment	7523
仪器仪表及文化、办公用机械制造	Manufacture of Measuring Instruments and Machinery for Cultural Activity and Office Work	59486
工艺品及其他制造业	Manufacture of Artwork and Other Manufacturing	0
电力、燃气及水的生产和供应业	**Production and Supply of Electric Power,Gas and Water**	**5685651**
电力、热力的生产和供应业	Production and Supply of Electric Power,Steam and Hot Water	5462450
燃气生产和供应业	Production and Supply of Gas	42056
水的生产和供应业	Production and Supply of Tap Water	181144

continued

流动负债合计 Total Working Liabilities	长期负债合计 Total Long-term Liabilities	所有者权益 Owners´ Equities	实收资本 Paid-up Capital
10239518	**7522248**	**9005587**	**5092549**
2212892	**2156430**	**2012994**	**1158690**
2196487	2156430	1995720	1142617
8545	0	14143	14070
7861	0	3131	2003
6557576	**2476122**	**5247681**	**3036555**
161529	47134	163592	91871
201514	44905	151313	93559
198512	22916	94358	54264
5019	119	-2207	197
537420	69217	441390	174927
3915	1039	2659	1000
5135	309	8524	4638
3946	200	7330	4731
6899	85	3495	2895
394300	336731	361064	229164
26521	325	12524	11941
819499	370576	912706	632307
786145	233921	554597	288916
128422	90252	171601	75518
0	0	0	0
75853	34501	67847	61554
42197	8079	23943	24176
491259	169129	621804	249173
531933	15123	94007	96601
1309185	871533	916535	583949
145915	9817	90813	42440
288276	40238	275369	155983
158268	2497	103630	34674
9575	40	1673	2907
148174	45322	125773	83270
8704	50	5745	500
69461	62066	37592	35401
0	0	0	0
1469050	**2889696**	**1744912**	**897304**
1389707	2677710	1648693	801176
46458	113974	37945	13272
32885	98012	58274	82856

12-7 续表 2

指　　标	Item	主营业务收入 Revenue from Principal Business
总　　计	**Total**	**13930882**
采矿业	**Mining**	**2355296**
煤炭开采和洗选业	Mining and Washing of Coal	2333992
石油和天然气开采业	Extraction of Petroleum and Natural Gas	12232
非金属矿采选业	Mining and Processing of Non-ferrous Metal Ores	9073
制造业	**Manufacturing**	**9325045**
农副食品加工业	Processing of Food from Agricultural Products	352336
食品制造业	Manufacture of Foods	363816
饮料制造业	Manufacture of Beverages	130703
烟草制品业	Processing of Tobacco	32088
纺织业	Manufacture of Textile	700715
纺织服装、鞋、帽制造业	Manufacture of Textile Wearing Apparel,Footware and Caps	7306
皮革、毛皮、羽毛(绒)及其制品业	Manufacture of Leather,Fur,Feather and Related Products	16779
木材加工及木、竹、藤、棕、草制	Processing of Timber,Manufacture of Wood,Bamboo,Rattan, Palm and Straw Products	6075
家具制造业	Manufacture of Furniture	9190
造纸及纸制品业	Manufacture of Paper and Paper Products	336357
印刷业和记录媒介的复制	Printing,Reproduction of Recording Media	28850
石油加工、炼焦及核燃料加工业	Processing of Petroleum,Coking,Processing of Nuclear Fuel	1567446
化学原料及化学制品制造业	Manufacture of Raw Chemical Materials and Chemical Products	1314975
医药制造业	Manufacture of Medicines	190276
化学纤维制造业	Manufacture of Chemical Fibers	0
橡胶制品业	Manufacture of Rubber	182675
塑料制品业	Manufacture of Plastics	68365
非金属矿物制品业	Manufacture of Non-metallic Mineral Products	708745
黑色金属冶炼及压延加工业	Smelting and Pressing of Ferrous Metals	688413
有色金属冶炼及压延加工业	Smelting and Pressing of Non-ferrous Metals	1488132
金属制品业	Manufacture of Metal Products	198328
通用设备制造业	Manufacture of General Purpose Machinery	296021
专用设备制造业	Manufacture of Special Purpose Machinery	236692
交通运输设备制造业	Manufacture of Transport Equipment	3780
电器机械及器材制造业	Manufacture of Communication Equipment,Computers and Other Electronic Equipment	301179
通信设备、计算机及其他电子设备	Manufacture of Electrical Machinery and Equipment	14963
仪器仪表及文化、办公用机械制造	Manufacture of Measuring Instruments and Machinery for Cultural Activity and Office Work	80841
工艺品及其他制造业	Manufacture of Artwork and Other Manufacturing	0
电力、燃气及水的生产和供应业	**Production and Supply of Electric Power,Gas and Water**	**2250541**
电力、热力的生产和供应业	Production and Supply of Electric Power,Steam and Hot Water	2167654
燃气生产和供应业	Production and Supply of Gas	50957
水的生产和供应业	Production and Supply of Tap Water	31930

continued

主营业务成本 Cost of Principal Business	主营业务税金及附加 Taxes and Other Charges on Principal Business	利润总额 Total Profits	本年应交增值税 Value-added Tax Payable
11489355	**284313**	**834712**	**538712**
1585719	**53694**	**269852**	**114988**
1572623	53177	265944	114105
7767	453	2999	293
5330	65	908	590
7892214	**215684**	**471556**	**307847**
319750	787	14522	6814
292547	1056	30765	10113
87898	5294	22691	6718
17143	12553	-2652	739
601358	637	68524	6362
5233	0	366	506
15266	35	657	245
4152	88	1126	139
7032	35	519	238
286197	985	4033	19107
25000	84	1566	575
1236018	167205	66031	45380
1208846	3995	21830	42785
133237	1231	24897	5298
0	0	0	0
162764	566	4392	7621
62014	214	764	1659
530021	4001	110423	42066
664267	5396	-26205	27054
1316922	7631	42438	45127
173597	730	6678	4310
231733	1036	12068	12655
184517	905	36594	8759
3494	29	-46	176
244127	863	27496	8050
13466	0	633	2417
65618	328	1447	2933
0	0	0	0
2011422	**14935**	**93304**	**115877**
1947187	14185	94900	113276
37582	547	4389	781
26653	202	-5985	1820

12-8 大中型工业企业主要经济指标

单位:个、万元 （2009）

指标	Item	企业单位数 Number of Enterprises
总计	**Total**	**144**
在总计中:亏损企业	**Loss-suffering Enterprises**	**43**
按轻重工业分	**Grouped by Light & Heavy Industries**	
轻工业	Light Industry	37
重工业	Heavy Industry	107
按企业规模分	**Grouped by Size of Enterprises**	
大型企业	Large Enterprises	17
中型企业	Medium-sized Enterprises	127
按登记注册类型分组	**Grouped by Status of Registration**	
内资企业	Domestic Funded	133
国有企业	State-owned Enterprises	9
中央企业	Central	6
地方企业	Local	3
集体企业	Collective-owned Enterprises	
股份合作企业	Cooperative Enterprises	
联营企业	Joint Ownership Enterprises	
国有联营企业	State Joint Ownership Enterprises	
集体联营企业	Collective Joint Ownership Enterprises	
国有与集体联营企业	Joint State-collective Enterprises	
其他联营企业	Other Joint Ownership Enterprises	
有限责任公司	Limited Liability Corporations	54
国有独资公司	State Sole Funded Corporations	7
股份有限公司	Share-holding Corporations Limited	20
私营企业	Private Enterprises	50
其他企业	Other Enterprises	
港、澳、台商投资企业	Enterprises with Funds from Hong Kong,Macao and Taiwan	
外商投资企业	Foreign Funded Enterprises	11

Main Economic Indicators of Large & Medium-Sized Industrial Enterprises

(unit,10 000 yuan)

工业总产值 Gross Industrial Output Value	工业增加值 Value-added of Industry	资产合计 Total Assets	流动资产合计 Total Working Capitals
10851820	**3974184**	**22200165**	**6250341**
1586635	**476497**	**2839743**	**783472**
1596046	570225	2822476	1289227
9255774	3403959	19377689	4961114
5572301	2122597	11386815	2757145
5279519	1851587	10813350	3493196
10394869	3804288	21589926	5977461
1766848	639808	3159335	608907
1670121	585542	2898536	521287
96728	54267	260799	87620
4385133	1787415	11861219	2497446
1786945	925181	6301154	1161378
2177182	672682	3161101	1384660
2065705	704383	3408271	1486449
456951	169896	610239	272879

12-8 续表 1

指　　标	Item	固定资产原　价 Original Value of Fixed Assets
总　　计	**Total**	**12602335**
在总计中:亏损企业	**Loss-suffering Enterprises**	**2378688**
按轻重工业分	**Grouped by Light & Heavy Industries**	
轻工业	Light Industry	1334997
重工业	Heavy Industry	11267339
按企业规模分	**Grouped by Size of Enterprises**	
大型企业	Large Enterprises	6320843
中型企业	Medium-sized Enterprises	6281492
按登记注册类型分组	**Grouped by Status of Registration**	
内资企业	Domestic Funded	12256706
国有企业	State-owned Enterprises	3203007
中央企业	Central	3106041
地方企业	Local	96967
集体企业	Collective-owned Enterprises	
股份合作企业	Cooperative Enterprises	
联营企业	Joint Ownership Enterprises	
国有联营企业	State Joint Ownership Enterprises	
集体联营企业	Collective Joint Ownership Enterprises	
国有与集体联营企业	Joint State-collective Enterprises	
其他联营企业	Other Joint Ownership Enterprises	
有限责任公司	Limited Liability Corporations	6174572
国有独资公司	State Sole Funded Corporations	2491303
股份有限公司	Share-holding Corporations Limited	1851600
私营企业	Private Enterprises	1027527
其他企业	Other Enterprises	
港、澳、台商投资企业	Enterprises with Funds from Hong Kong,Macao and Taiwan	
外商投资企业	Foreign Funded Enterprises	345629

continued

流动负债合计 Total Working Liabilities	长期负债合计 Total Long-term Liabilities	所有者权益 Owners´ Equities	实收资本 Paid-up Capital
7804670	**6864118**	**7531377**	**4089987**
1494617	**638811**	**706315**	**608136**
1172120	609711	1040646	541673
6632550	6254408	6490731	3548315
3784212	3719130	3883473	1988741
4020458	3144988	3647904	2101246
7568009	6761895	7260021	3911773
987500	1171863	999972	455035
907708	1045543	945285	397534
79792	126321	54687	57502
3965959	4254262	3640999	2161690
2004657	2349811	1946686	1107234
1194746	724194	1242161	564396
1419805	611577	1376889	730652
236661	102223	271356	178214

12-8 续表 2

指　　标	Item	产品销售收入 Sales Revenue
总　　计	**Total**	**10456430**
在总计中:亏损企业	**Loss-suffering Enterprises**	**1395854**
按轻重工业分	**Grouped by Light & Heavy Industries**	
轻工业	Light Industry	1353367
重工业	Heavy Industry	9103063
按企业规模分	**Grouped by Size of Enterprises**	
大型企业	Large Enterprises	5727051
中型企业	Medium-sized Enterprises	4729380
按登记注册类型分组	**Grouped by Status of Registration**	
内资企业	Domestic Funded	10065875
国有企业	State-owned Enterprises	1715638
中央企业	Central	1650333
地方企业	Local	65306
集体企业	Collective-owned Enterprises	
股份合作企业	Cooperative Enterprises	
联营企业	Joint Ownership Enterprises	
国有联营企业	State Joint Ownership Enterprises	
集体联营企业	Collective Joint Ownership Enterprises	
国有与集体联营企业	Joint State-collective Enterprises	
其他联营企业	Other Joint Ownership Enterprises	
有限责任公司	Limited Liability Corporations	4323086
国有独资公司	State Sole Funded Corporations	2012829
股份有限公司	Share-holding Corporations Limited	2224230
私营企业	Private Enterprises	1802921
其他企业	Other Enterprises	
港、澳、台商投资企业	Enterprises with Funds from Hong Kong,Macao and Taiwan	
外商投资企业	Foreign Funded Enterprises	390555

continued

产品销售成本 Cost of Sales	产品销售税金及附加 Taxes and Other Charges on Sales	利润总额 Total Profits	本年应交增值税 Value-added Tax Payable
8397858	**255159**	**755712**	**437011**
1353998	**12345**	**-99855**	**67065**
1073271	7812	128099	42580
7324587	247347	627613	394430
4440643	221019	401322	230570
3957216	34140	354390	206441
8087813	251132	728002	419925
1554063	8821	31900	74136
1518370	8176	13923	70346
35693	645	17977	3790
3291412	70456	370216	214474
1312082	50867	237022	104508
1697007	161790	165468	79324
1545330	10065	160419	51991
310046	4028	27710	17086

12-9 大中型工业企业分行业主要经济指标

单位:个、万元 （2009）

指标	Item	企业单位数 Number of Enterprises
总计	**Total**	**144**
采矿业	**Mining**	
煤炭开采和洗选业	Mining and Washing of Coal	7
制造业	**Manufacturing**	
农副食品加工业	Processing of Food from Agricultural Products	4
食品制造业	Manufacture of Foods	5
饮料制造业	Manufacture of Beverages	4
烟草制品业	Processing of Tobacco	
纺织业	Manufacture of Textile	7
纺织服装、鞋、帽制造业	Manufacture of Textile Wearing Apparel,Footware and Caps	1
造纸及纸制品业	Manufacture of Paper and Paper Products	8
印刷业和记录媒介的复制		1
石油加工、炼焦及核燃料加工业	Processing of Petroleum,Coking,Processing of Nuclear Fuel	10
化学原料及化学制品制造业	Manufacture of Raw Chemical Materials and Chemical Products	21
医药制造业	Manufacture of Medicines	4
橡胶制品业	Manufacture of Rubber	2
塑料制品业	Manufacture of Plastics	
非金属矿物制品业	Manufacture of Non-metallic Mineral Products	14
黑色金属冶炼及压延加工业	Smelting and Pressing of Ferrous Metals	13
有色金属冶炼及压延加工业	Smelting and Pressing of Non-ferrous Metals	12
金属制品业	Manufacture of Metal Products	1
通用设备制造业	Manufacture of General Purpose Machinery	8
专用设备制造业	Manufacture of Special Purpose Machinery	2
电气机械及器材制造业	Manufacture of Electrical Machinery and Equipment	5
通信设备、计算机及其他电子设备	Manufacture of Communication Equipment,Computers and Other Electronic Equipment	
仪器仪表及文化、办公用机械制造	Manufacture of Measuring Instruments and Machinery for Cultural Activity and Office Work	1
电力、燃气及水的生产和供应业	**Production and Supply of Electric Power,Gas and Water**	
电力、热力的生产和供应业	Production and Supply of Electric Power,Steam and Hot Water	13
水的生产和供应业	Production and Supply of Water	1

Main Economic Indicators of Large & Medium-Sized Industrial Enterprises by Sector

(unit,10 000 yuan)

工业总产值 Gross Industrial Output Value	工业增加值 Value-added of Industry	资产合计 Total Assets	流动资产合计 Total Working Capitals
10851820	**3974184**	**22200165**	**6250341**
1628701	911693	5928997	1118746
82177	22807	125633	32145
266670	85929	279705	120760
132280	58950	146481	98704
413344	158369	725279	554268
7288	3198	7613	3371
404996	132940	1066079	360893
7369	2284	9685	8536
1498928	475857	1899511	528004
1003366	288322	1219108	403743
204040	74814	344376	60264
230620	97995	170069	66431
307277	135322	765634	239402
398737	89361	403115	218685
1451513	424684	2803513	1189432
98826	17939	129642	63576
185445	50597	447498	269218
212861	43214	226144	185115
192053	72636	194339	134884
59445	25369	137152	52811
2056243	795185	5127671	534106
9641	6720	42920	7247

12-9 续表 1

指　　标	Item	固定资产原价 Original Value of Fixed Assets
总　　计	**Total**	**12602335**
采矿业	**Mining**	
煤炭开采和洗选业	Mining and Washing of Coal	1994347
制造业	**Manufacturing**	
农副食品加工业	Processing of Food from Agricultural Products	44509
食品制造业	Manufacture of Foods	169210
饮料制造业	Manufacture of Beverages	37700
烟草制品业	Processing of Tobacco	
纺织业	Manufacture of Textile	104033
纺织服装、鞋、帽制造业	Manufacture of Textile Wearing Apparel,Footware and Caps	3545
造纸及纸制品业	Manufacture of Paper and Paper Products	613736
印刷业和记录媒介的复制		1383
石油加工、炼焦及核燃料加工业	Processing of Petroleum,Coking,Processing of Nuclear Fuel	973262
化学原料及化学制品制造业	Manufacture of Raw Chemical Materials and Chemical Products	895834
医药制造业	Manufacture of Medicines	293258
橡胶制品业	Manufacture of Rubber	142743
塑料制品业	Manufacture of Plastics	
非金属矿物制品业	Manufacture of Non-metallic Mineral Products	398709
黑色金属冶炼及压延加工业	Smelting and Pressing of Ferrous Metals	204807
有色金属冶炼及压延加工业	Smelting and Pressing of Non-ferrous Metals	1367793
金属制品业	Manufacture of Metal Products	70215
通用设备制造业	Manufacture of General Purpose Machinery	214057
专用设备制造业	Manufacture of Special Purpose Machinery	37177
电气机械及器材制造业	Manufacture of Electrical Machinery and Equipment	56302
通信设备、计算机及其他电子设备	Manufacture of Communication Equipment,Computers and Other Electronic Equipment	
仪器仪表及文化、办公用机械制造	Manufacture of Measuring Instruments and Machinery for Cultural Activity and Office Work	50387
电力、燃气及水的生产和供应业	**Production and Supply of Electric Power,Gas and Water**	
电力、热力的生产和供应业	Production and Supply of Electric Power,Steam and Hot Water	4890745
水的生产和供应业	Production and Supply of Water	38584

continued

流动负债合计 Total Working Liabilities	长期负债合计 Total Long-term Liabilities	所有者权益 Owners´ Equities	实收资本 Paid-up Capital
7804670	**6864118**	**7531377**	**4089987**
1903074	2139757	1886166	1067248
40387	34358	50889	38965
141896	35192	102617	56647
57752	9613	79116	25451
380746	66015	278519	106420
3915	1039	2659	1000
381803	335700	348576	223383
8264	100	1321	2150
664591	370208	864712	577343
574002	220371	424735	201639
105533	89157	149686	56469
74229	33000	62841	59300
221670	126853	417111	114598
339939	9239	53937	45963
1162373	791596	849544	525457
77900	7195	44548	19395
202861	34248	210389	109869
139987	1297	84861	28346
81815	34497	78027	52381
49876	61003	26273	23589
1177436	2448167	1502068	735786
14621	15513	12786	18587

12-9 续表 2

指 标	Item	产品销售收入 Sales Revenue
总 计	**Total**	**10456430**
采矿业	**Mining**	
煤炭开采和洗选业	Mining and Washing of Coal	1841174
制造业	**Manufacturing**	
农副食品加工业	Processing of Food from Agricultural Products	65551
食品制造业	Manufacture of Foods	235426
饮料制造业	Manufacture of Beverages	87131
烟草制品业	Processing of Tobacco	
纺织业	Manufacture of Textile	407812
纺织服装、鞋、帽制造业	Manufacture of Textile Wearing Apparel,Footware and Caps	7306
造纸及纸制品业	Manufacture of Paper and Paper Products	322623
印刷业和记录媒介的复制		7085
石油加工、炼焦及核燃料加工业	Processing of Petroleum,Coking,Processing of Nuclear Fuel	1406016
化学原料及化学制品制造业	Manufacture of Raw Chemical Materials and Chemical Products	897000
医药制造业	Manufacture of Medicines	173930
橡胶制品业	Manufacture of Rubber	177305
塑料制品业	Manufacture of Plastics	
非金属矿物制品业	Manufacture of Non-metallic Mineral Products	320378
黑色金属冶炼及压延加工业	Smelting and Pressing of Ferrous Metals	398182
有色金属冶炼及压延加工业	Smelting and Pressing of Non-ferrous Metals	1330587
金属制品业	Manufacture of Metal Products	100078
通用设备制造业	Manufacture of General Purpose Machinery	193441
专用设备制造业	Manufacture of Special Purpose Machinery	195946
电气机械及器材制造业	Manufacture of Electrical Machinery and Equipment	145832
通信设备、计算机及其他电子设备	Manufacture of Communication Equipment,Computers and Other Electronic Equipment	
仪器仪表及文化、办公用机械制造	Manufacture of Measuring Instruments and Machinery for Cultural Activity and Office Work	57093
电力、燃气及水的生产和供应业	**Production and Supply of Electric Power,Gas and Water**	
电力、热力的生产和供应业	Production and Supply of Electric Power,Steam and Hot Water	2077164
水的生产和供应业	Production and Supply of Water	9371

continued

产品销售成本 Cost of Sales	产品销售税金 及附加 Taxes and Other Charges on Sales	利润总额 Total Profits	本年应交 增值税 Value-added Tax Payable
8397858	**255159**	**755712**	**437011**
1121107	50684	262859	99606
62563	413	1862	3607
179770	832	24212	6990
52086	4328	22631	5508
335698	167	47524	2445
5233	0	366	506
273981	932	3669	18809
7036	7	193	104
1083376	164309	69690	39689
820275	2967	22375	28330
120940	1064	25160	4006
158392	545	4468	7386
208083	2217	89474	24494
383684	3706	-12150	16100
1165762	6854	45793	42961
87715	329	521	2737
144969	460	8227	9472
152930	750	32197	7596
107679	577	18581	5180
46648	276	1202	2286
1874739	13687	86851	108637
5193	56	8	562

12-10 各市县规模以上工业企业单位数

Number of Industrial Enterprises above Designated Size by City and County

单位:个 (unit)

地 区	Region	2008 合计 Total	2008 轻工业 Light Industry	2008 重工业 Heavy Industry	2009 合计 Total	2009 轻工业 Light Industry	2009 重工业 Heavy Industry
全区总计	**Total**	**902**	**262**	**640**	**970**	**283**	**687**
银川市	**Yinchuan**	**335**	**128**	**207**	**370**	**138**	**232**
银川市	District	157	49	108	162	47	115
永宁县	Yongning	36	13	23	44	18	26
贺兰县	Helan	84	27	57	108	36	72
灵武市	Lingwu	58	39	19	56	37	19
石嘴山市	**Shizuishan**	**296**	**18**	**278**	**301**	**16**	**285**
石嘴山市	District	198	10	188	190	9	181
平罗县	Pingluo	98	8	90	111	7	104
吴忠市	**Wuzhong**	**156**	**71**	**85**	**178**	**83**	**95**
利通区	Litong	69	33	36	72	33	39
红寺堡	Hongsipu	1	0	1	2	1	1
青铜峡市	Qingtongxia	61	19	42	73	27	46
盐池县	Yanchi	11	6	5	16	7	9
同心县	Tongxin	14	13	1	15	15	0
固原市	**Guyuan**	**25**	**16**	**9**	**29**	**18**	**11**
原州区	Yuanzhou	12	8	4	15	8	7
西吉县	Xiji	2	2	0	2	2	0
隆德县	Longde	2	1	1	3	2	1
泾源县	Jingyuan	3	1	2	3	1	2
彭阳县	Pengyang	6	4	2	6	5	1
中卫市	**Zhongwei**	**89**	**29**	**60**	**91**	**28**	**63**
沙坡头区	Shapotou	56	17	39	56	15	41
中宁县	Zhongning	30	10	20	31	11	20
海原县	Haiyuan	3	2	1	4	2	2

12-11 各市县规模以上工业总产值

Output of Major Industrial Products by City and County

单位:万元 (10 000 yuan)

地区	Region	2008 合计 Total	2008 轻工业 Light Industry	2008 重工业 Heavy Industry	2009 合计 Total	2009 轻工业 Light Industry	2009 重工业 Heavy Industry
全区总计	**Total**	**13690370**	**2165690**	**11524680**	**14644914**	**2692423**	**11952491**
银川市	**Yinchuan**	**5435555**	**1272635**	**4162920**	**6097369**	**1571223**	**4526147**
银川市	District	3664004	259335	3404670	3598719	292725	3305995
永宁县	Yongning	501170	377606	123564	605906	455685	150221
贺兰县	Helan	376754	149349	227406	531029	242223	288806
灵武市	Lingwu	893627	486346	407281	1361716	580590	781126
石嘴山市	**Shizuishan**	**3308343**	**44321**	**3264023**	**3227799**	**76101**	**3151698**
石嘴山市	District	2390048	8852	2381196	2347804	48018	2299786
平罗县	Pingluo	918296	35469	882827	879995	28082	851912
吴忠市	**Wuzhong**	**2398933**	**454497**	**1944437**	**2433477**	**611576**	**1821901**
利通区	Litong	604832	249882	354951	680883	295848	385035
红寺堡	Hongsipu	1260	0	1260	6017	4502	1515
青铜峡市	Qingtongxia	1565135	79566	1485569	1476280	158095	1318184
盐池县	Yanchi	110215	9093	101122	128820	11654	117166
同心县	Tongxin	117492	115956	1536	141477	141477	0
固原市	**Guyuan**	**83612**	**42096**	**41516**	**114176**	**45381**	**68795**
原州区	Yuanzhou	21960	14993	6966	31947	15151	16796
西吉县	Xiji	16383	16383	0	17414	17414	0
隆德县	Longde	1412	586	826	3603	2476	1127
泾源县	Jingyuan	17182	5870	11312	20469	3447	17022
彭阳县	Pengyang	26675	4264	22412	40744	6894	33850
中卫市	**Zhongwei**	**1054273**	**352141**	**702132**	**1247740**	**388143**	**859597**
沙坡头区	Shapotou	597717	300393	297324	632798	324018	308780
中宁县	Zhongning	454506	50339	404167	609086	62492	546594
海原县	Haiyuan	2051	1409	642	5855	1632	4223
其他	Others	1409654	0	1409654	1524353	0	1524353

12-12 各市县规模以上工业企业主要财务指标

单位：个、千元　　(2009)

地区	Region	企业单位数 Number of Enterprises	亏损企业 Loss-suffering Enterprises	资产总计 Total Assets
全区总计	**Total**	**970**	**379**	**267673526**
银川市	**Yinchuan**	**370**	**99**	**102471789**
银川市	District	162	48	59178378
永宁县	Yongning	44	15	7289795
贺兰县	Helan	108	24	4994860
灵武市	Lingwu	56	12	31008756
石嘴山市	**Shizuishan**	**301**	**168**	**45772302**
石嘴山市	District	190	104	36321702
平罗县	Pingluo	111	64	9450600
吴忠市	**Wuzhong**	**178**	**76**	**36968699**
利通区	Litong	72	40	10004499
红寺堡	Hongsipu	2	1	223944
青铜峡市	Qingtongxia	73	30	23400512
盐池县	Yanchi	16	4	1393834
同心县	Tongxin	15	1	1945910
固原市	**Guyuan**	**29**	**4**	**2542848**
原州区	Yuanzhou	15	3	432107
西吉县	Xiji	2	1	200096
隆德县	Longde	3	0	62463
泾源县	Jingyuan	3	0	252952
彭阳县	Pengyang	6	0	1595230
中卫市	**Zhongwei**	**91**	**32**	**23369892**
沙坡头区	Shapotou	56	22	14158937
中宁县	Zhongning	31	10	9130762
海原县	Haiyuan	4	0	80193
其他	Others	1	0	56547996

Main Financial Indicators on Industrial Enterprises above Designated Size by City and Country

(unit, 1000 yuan)

流动资产 Working Capitals	固定资产 Fixed Assets	固定资产原值 Original Value of Fixed Assets
85042105	**117013561**	**146828952**
30195777	**51284155**	**62060147**
17181653	30391728	43626322
2362381	4267894	5056911
2179342	1975175	2176083
8472401	14649358	11200831
20636646	**22200473**	**25691771**
15238127	18773919	22159752
5398519	3426554	3532019
13671684	**18253132**	**25345446**
3389324	4551298	5015225
65302	144257	62474
7736578	12819528	19440830
772125	527812	582436
1708355	210237	244481
851043	**1585420**	**920571**
158471	237074	261268
122413	54068	55085
31763	29401	31182
72387	159753	214593
466009	1105124	358443
9709662	**11483508**	**13449428**
5507022	6929795	7721690
4159260	4518519	5688311
43380	35194	39427
9977293	12206873	19361589

12-12 续表 1 continued

单位:千元 (1000 yuan)

地区 Region		累计折旧 Accumulated Depreciation	流动负债 Working Liabilities	长期负债 Long-term Liabilities	所有者权益 Owners′ Equities	主营业务收入 Revenue from Principal Business	主营业务成本 Cost of Principal Business	主营业务税金及附加 Taxes and Other Charges on Principal Business
全区总计	**Total**	**44565045**	**102395180**	**75222481**	**90055865**	**139308821**	**114893552**	**2843132**
银川市	**Yinchuan**	**17930568**	**35935367**	**28084883**	**38451539**	**56846223**	**47326418**	**1871689**
银川市	District	15230090	18270634	17666012	23241732	35854232	29674284	1694715
永宁县	Yongning	998691	3060799	1502068	2726928	5176312	4011826	41088
贺兰县	Helan	516786	2259181	508670	2227009	3880775	3296786	49454
灵武市	Lingwu	1185001	12344753	8408133	10255870	11934904	10343522	86432
石嘴山市	**Shizuishan**	**7941940**	**21886844**	**9039807**	**14845651**	**31172067**	**28032346**	**175340**
石嘴山市	District	7186170	16405839	7857464	12058399	22444816	20002404	144027
平罗县	Pingluo	755770	5481005	1182343	2787252	8727251	8029942	31313
吴忠市	**Wuzhong**	**8199996**	**16257576**	**10640036**	**10071087**	**22221304**	**19620133**	**245844**
利通区	Litong	838570	4561540	1834210	3608749	5653043	4954150	137944
红寺堡	Hongsipu	6338	66762	30000	127182	59460	48449	367
青铜峡市	Qingtongxia	7198726	9749662	8617532	5033318	13876963	12257245	65035
盐池县	Yanchi	121064	771111	151844	470879	1198786	1084380	39035
同心县	Tongxin	35298	1108501	6450	830959	1433052	1275909	3463
固原市	**Guyuan**	**175238**	**706130**	**954826**	**881892**	**1019301**	**664310**	**10783**
原州区	Yuanzhou	48236	140047	47596	244464	282159	228760	2331
西吉县	Xiji	5266	132298	7980	59818	121435	116415	198
隆德县	Longde	2584	26954	2000	33509	29353	21760	217
泾源县	Jingyuan	54853	65995	1410	185547	186038	122505	1736
彭阳县	Pengyang	64299	340836	895840	358554	400316	174870	6301
中卫市	**Zhongwei**	**3162587**	**9544243**	**6146162**	**7679487**	**10784602**	**8837054**	**49804**
沙坡头区	Shapotou	1591440	5659275	3858810	4640852	5382259	4516985	24576
中宁县	Zhongning	1566722	3872787	2287264	2970711	5346991	4270922	25182
海原县	Haiyuan	4425	12181	88	67924	55352	49147	46
其他	others	7154716	18065020	20356767	18126209	17265324	10413291	489672

12-12 续表 2 continued

单位:千元 (1000 yuan)

地区 Region	管理费用 Overhead Charges	利税总额 Total Profits and Texes	实收资本 Total Capital Hold	国家资本 National	本年应交增值税 Value-added Taxes Payable	利息支出 Interest Expenses	利润总额 Total Profits
全区总计 Total	**7257556**	**16577368**	**50925488**	**13996557**	**5387119**	**3603467**	**8347117**
银川市 Yinchuan	**2793431**	**7091750**	**21395272**	**7267939**	**1716617**	**1670130**	**3503444**
银川市 District	1710874	4980986	11604148	5626553	1205804	928113	2080467
永宁县 Yongning	289008	678672	1211160	4070	132091	167486	505493
贺兰县 Helan	205370	407262	1195839	64859	125262	86169	232546
灵武市 Lingwu	588179	1024830	7384125	1572457	253460	488362	684938
石嘴山市 Shizuishan	**1262412**	**1943939**	**8342347**	**892515**	**1145536**	**758319**	**623063**
石嘴山市 District	990223	1702034	6660685	861830	910952	619567	647055
平罗县 Pingluo	272189	241905	1681662	30685	234584	138752	-23992
吴忠市 Wuzhong	**710639**	**1538690**	**5618813**	**478862**	**813196**	**778533**	**479650**
利通区 Litong	283384	300511	2005790	196915	136269	109787	26298
红寺堡 Hongsipu	4726	9948	17700	0	2246	3422	7335
青铜峡市 Qingtongxia	376986	935993	2881358	259182	612634	608224	258324
盐池县 Yanchi	36553	141911	374922	22765	33887	18889	68989
同心县 Tongxin	8990	150327	339043	0	28160	38211	118704
固原市 Guyuan	**71877**	**316701**	**647968**	**130487**	**58531**	**16280**	**247387**
原州区 Yuanzhou	18894	27566	149602	50294	4711	3889	20524
西吉县 Xiji	3034	738	23000	0	2985	544	-2445
隆德县 Longde	1976	2317	25980	0	1297	286	803
泾源县 Jingyuan	10210	72555	124103	77130	15680	3044	55139
彭阳县 Pengyang	37763	213525	325283	3063	33858	8517	173366
中卫市 Zhongwei	**365042**	**1843027**	**4890622**	**311825**	**748184**	**444275**	**1045039**
沙坡头区 Shapotou	202445	885150	2684388	178430	545618	275028	314956
中宁县 Zhongning	159848	948397	2149768	133395	202445	169153	720770
海原县 Haiyuan	2749	9480	56466	0	121	94	9313
其他 others	2054155	3843261	10030466	4914929	905055	-64070	2448534

12-12 续表 3 continued

单位:千元 (1000 yuan)

地区	Region	亏损企业亏损总额 Losses Value of Loss-suffering Enterprises	应交所得税 Income Taxes Payable	本年应付工资 Wages Payable This Year	本年应付福利费 Welfare Payable This Year	全部职工年平均人数(人) Annual Average Employed Persons (person)
全区总计	**Total**	**1802033**	**1139311**	**11875605**	**308610**	**273149**
银川市	**Yinchuan**	**530368**	**270658**	**2829285**	**88625**	**90457**
银川市	District	292805	155666	1848668	49213	53234
永宁县	Yongning	28106	78621	258731	9532	10215
贺兰县	Helan	43455	27872	325166	12248	9815
灵武市	Lingwu	166002	8499	396720	17632	17193
石嘴山市	**Shizuishan**	**588920**	**135908**	**1885205**	**43926**	**64453**
石嘴山市	District	426720	117379	1551847	34724	49658
平罗县	Pingluo	162200	18529	333358	9202	14795
吴忠市	**Wuzhong**	**580359**	**421306**	**2646353**	**30294**	**39345**
利通区	Litong	140522	24388	336164	11728	13865
红寺堡	Hongsipu	1668	0	12926	0	247
青铜峡市	Qingtongxia	422648	387842	2118332	17169	21863
盐池县	Yanchi	14906	6392	138727	717	1846
同心县	Tongxin	615	2684	40204	680	1524
固原市	**Guyuan**	**4434**	**50946**	**93416**	**7701**	**4492**
原州区	Yuanzhou	972	1090	24367	1472	1142
西吉县	Xiji	3462	0	10456	103	422
隆德县	Longde	0	0	2918	75	202
泾源县	Jingyuan	0	8100	11738	299	498
彭阳县	Pengyang	0	41756	43937	5752	2228
中卫市	**Zhongwei**	**97952**	**76194**	**745469**	**13084**	**24601**
沙坡头区	Shapotou	35557	21026	530584	8546	16051
中宁县	Zhongning	62395	55158	208825	4271	8239
海原县	Haiyuan	0	10	6060	267	311
其他	others	0	184299	3675877	124980	49801

12-13 各市县规模以上国有及国有控股与集体企业工业总产值

Gross Industrial Output Value of State-owned and State-holding Industrial Enterprises, Collective-owned Enterprises by City and County

单位:个、千元　　　　(2009)　　　　(unit,1000 yuan)

地区	Region	国有及国有控股企业 State-owned and State-holding Enterprises			集体企业 Collective-owned Enterprises		
		企业单位数 Number of Enterprises	亏损企业 Number of Loss-suffering Enterprises	总产值 Gross Output Value	企业单位数 Number of Enterprises	亏损企业 Number of Loss-suffering Enterprises	总产值 Gross Output Value
全区总计	**Total**	**111**	**41**	**70924544**	**4**	**1**	**116621**
银川市	**Yinchuan**	**40**	**10**	**27871488**	**0**	**0**	**0**
银川市	District	28	5	25280775	0	0	0
永宁县	Yongning	1	1	12755	0	0	0
贺兰县	Helan	4	2	47571	0	0	0
灵武市	Lingwu	7	2	2530387	0	0	0
石嘴山市	**Shizuishan**	**31**	**12**	**12678014**	**2**	**0**	**27734**
石嘴山市	District	28	10	12565114	2	0	27734
平罗县	Pingluo	3	2	112900	0	0	0
吴忠市	**Wuzhong**	**22**	**10**	**11000813**	**2**	**1**	**88887**
利通区	Litong	8	4	1552550	0	0	0
红寺堡	Hongsipu	1	1	15153	0	0	0
青铜峡市	Qingtongxia	12	4	9408629	2	1	88887
盐池县	Yanchi	1	1	24481	0	0	0
同心县	Tongxin	0	0	0	0	0	0
固原市	**Guyuan**	**3**	**1**	**371223**	**0**	**0**	**0**
原州区	Yuanzhou	1	1	11663	0	0	0
西吉县	Xiji	0	0	0	0	0	0
隆德县	Longde	0	0	0	0	0	0
泾源县	Jingyuan	0	0	0	0	0	0
彭阳县	Pengyang	2	0	359560	0	0	0
中卫市	**Zhongwei**	**14**	**8**	**3759474**	**0**	**0**	**0**
沙坡头区	Shapotou	10	5	2648531	0	0	0
中宁县	Zhongning	4	3	1110943	0	0	0
海原县	Haiyuan	0	0	0	0	0	0
其他	others	1	0	15243532	0	0	0

12-14 各市县规模以上国有及国有控股工业企业主要财务指标

Main Financial Indicators on State-owned and State-holding Industrial Enterprises above Designated Size by City and County

单位:千元 （2009） （1000 yuan）

地区	Region	流动资产 Working Capitals	固定资产 Fixed Assets	固定资产原值 Original Value of Fixed Assets	资产总计 Total Assets	流动负债 Working Liabilities
全区总计	**Total**	**37199380**	**78525894**	**108374072**	**169374321**	**54534836**
银川市	**Yinchuan**	**7555920**	**30786962**	**43136027**	**51939156**	**14856484**
银川市	District	6821048	22924184	34710231	38270631	10195782
永宁县	Yongning	96052	26012	51659	148335	124629
贺兰县	Helan	34792	93466	115976	129582	58890
灵武市	Lingwu	604028	7743300	8258161	13390608	4477183
石嘴山市	**Shizuishan**	**9295988**	**14400160**	**18262047**	**25293615**	**9591211**
石嘴山市	District	9260793	14305604	18166775	25160895	9546912
平罗县	Pingluo	35195	94556	95272	132720	44299
吴忠市	**Wuzhong**	**6085044**	**12327629**	**18284311**	**20992770**	**7941708**
利通区	Litong	711035	1291432	1352716	2408206	991225
红寺堡	Hongsipu	10180	32010	37108	50321	10833
青铜峡市	Qingtongxia	5357782	10947271	16842913	18471279	6922348
盐池县	Yanchi	6047	56916	51574	62964	17302
同心县	Tongxin	0	0	0	0	0
固原市	**Guyuan**	**468575**	**1156892**	**433026**	**1645469**	**345850**
原州区	Yuanzhou	16167	79542	103174	95710	21847
西吉县	Xiji	0	0	0	0	0
隆德县	Longde	0	0	0	0	0
泾源县	Jingyuan	0	0	0	0	0
彭阳县	Pengyang	452408	1077350	329852	1549759	324003
中卫市	**Zhongwei**	**3816560**	**7647378**	**8897072**	**12955315**	**3734563**
沙坡头区	Shapotou	3332193	5624099	6035853	10423653	3353568
中宁县	Zhongning	484367	2023279	2861219	2531662	380995
海原县	Haiyuan	0	0	0	0	0
其他	others	9977293	12206873	19361589	56547996	18065020

12-14 续表 1 continued

单位:千元 (2009) (1000 yuan)

地 区	Region	长期负债 Long-term Liabilities	所有者权益 Owners' Equities	实收资本 Total Capital Hold	国家 National	主营业务收入 Revenue from Principal Business	主营业务成本 Cost of Principal Business
全区总计	**Total**	**62752314**	**52087171**	**30209963**	**13625134**	**71497822**	**55919063**
银川市	**Yinchuan**	**20351616**	**16731056**	**9961410**	**7010512**	**27577801**	**22754376**
银川市	District	14974093	13100756	6450777	5431501	25565632	21081852
永宁县	Yongning	11163	12543	3514	0	16572	12003
贺兰县	Helan	14182	56510	32511	6554	40872	34435
灵武市	Lingwu	5352178	3561247	3474608	1572457	1954725	1626086
石嘴山市	**Shizuishan**	**6622840**	**9079564**	**4440582**	**883395**	**12181457**	**10679817**
石嘴山市	District	6596340	9017643	4403017	861830	12103133	10603318
平罗县	Pingluo	26500	61921	37565	21565	78324	76499
吴忠市	**Wuzhong**	**9459454**	**3591608**	**2603276**	**452232**	**10823598**	**9263728**
利通区	Litong	924992	491989	455701	178915	1214879	900194
红寺堡	Hongsipu	0	39488	2700	0	16564	13509
青铜峡市	Qingtongxia	8493015	3055916	2125060	253502	9567544	8323351
盐池县	Yanchi	41447	4215	19815	19815	24611	26674
同心县	Tongxin	0	0	0	0	0	0
固原市	**Guyuan**	**915760**	**383859**	**351414**	**52264**	**371250**	**150037**
原州区	Yuanzhou	23000	50863	50294	50294	11699	11149
西吉县	Xiji	0	0	0	0	0	0
隆德县	Longde	0	0	0	0	0	0
泾源县	Jingyuan	0	0	0	0	0	0
彭阳县	Pengyang	892760	332996	301120	1970	359551	138888
中卫市	**Zhongwei**	**5045877**	**4174875**	**2822815**	**311802**	**3278392**	**2657814**
沙坡头区	Shapotou	3650077	3420008	2198062	178407	2140474	1736602
中宁县	Zhongning	1395800	754867	624753	133395	1137918	921212
海原县	Haiyuan	0	0	0	0	0	0
其他	others	20356767	18126209	10030466	4914929	17265324	10413291

12-14 续表 2 continued

单位:千元 (2009) (1000 yuan)

地区	Region	主营业务税金及附加 Taxes and Other Charges on Principal Business	管理费用 Overhead Charges	利税总额 Total Profits and Texes	利润总额 Total Profits	应交所得税 Income Tax Payable	本年应付工资 Wages Payable This Year
全区总计	**Total**	**2440726**	**4249896**	**10450235**	**4689289**	**773957**	**7349102**
银川市	**Yinchuan**	**1663287**	**1123918**	**3825339**	**1175697**	**71391**	**1270998**
银川市	District	1649314	1024536	3668089	1119185	71223	1177270
永宁县	Yongning	1050	4219	−967	−2874	63	1927
贺兰县	Helan	126	6906	−150	−1918	72	5059
灵武市	Lingwu	12797	88257	158367	61304	33	86742
石嘴山市	**Shizuishan**	**84700**	**585463**	**1273619**	**628435**	**78485**	**943020**
石嘴山市	District	84453	580140	1274330	631955	78485	937326
平罗县	Pingluo	247	5323	−711	−3520	0	5694
吴忠市	**Wuzhong**	**183573**	**334236**	**877911**	**146155**	**372034**	**1080046**
利通区	Litong	129139	98832	174105	7984	12438	88358
红寺堡	Hongsipu	367	3458	945	−1668	0	5737
青铜峡市	Qingtongxia	54051	229847	710619	147691	359596	983798
盐池县	Yanchi	16	2099	−7758	−7852	0	2153
同心县	Tongxin	0	0	0	0	0	0
固原市	**Guyuan**	**5976**	**36201**	**208645**	**168879**	**41756**	**44499**
原州区	Yuanzhou	92	947	451	−342	0	4450
西吉县	Xiji	0	0	0	0	0	0
隆德县	Longde	0	0	0	0	0	0
泾源县	Jingyuan	0	0	0	0	0	0
彭阳县	Pengyang	5884	35254	208194	169221	41756	40049
中卫市	**Zhongwei**	**13518**	**115923**	**421460**	**121589**	**25992**	**334662**
沙坡头区	Shapotou	7311	93063	221607	26779	2684	278440
中宁县	Zhongning	6207	22860	199853	94810	23308	56222
海原县	Haiyuan	0	0	0	0	0	0
其他	others	489672	2054155	3843261	2448534	184299	3675877

12-15 各市县规模以上集体工业企业主要财务指标

Main Financial Indicators on Collective-owned Enterprises above Designated Size by City and County

单位:千元　　(2009)　　(1000 yuan)

地　区	Region	流动资产 Working Capitals	固定资产 Fixed Assets	固定资产原值 Original Value of Fixed Assets	资产总计 Total Assets	流动负债 Working Liabilities
全区总计	**Total**	**44284**	**20190**	**27976**	**66152**	**41831**
银川市	**Yinchuan**	**0**	**0**	**0**	**0**	**0**
银川市	District	0	0	0	0	0
永宁县	Yongning	0	0	0	0	0
贺兰县	Helan	0	0	0	0	0
灵武市	Lingwu	0	0	0	0	0
石嘴山市	**Shizuishan**	**19827**	**4437**	**8352**	**24264**	**13726**
石嘴山市	District	19827	4437	8352	24264	13726
平罗县	Pingluo	0	0	0	0	0
吴忠市	**Wuzhong**	**24457**	**15753**	**19624**	**41888**	**28105**
利通区	Litong	0	0	0	0	0
红寺堡	Hongsipu	0	0	0	0	0
青铜峡市	Qingtongxia	24457	15753	19624	41888	28105
盐池县	Yanchi	0	0	0	0	0
同心县	Tongxin	0	0	0	0	0
固原市	**Guyuan**	**0**	**0**	**0**	**0**	**0**
原州区	Yuanzhou	0	0	0	0	0
西吉县	Xiji	0	0	0	0	0
隆德县	Longde	0	0	0	0	0
泾源县	Jingyuan	0	0	0	0	0
彭阳县	Pengyang	0	0	0	0	0
中卫市	**Zhongwei**	**0**	**0**	**0**	**0**	**0**
沙坡头区	Shapotou	0	0	0	0	0
中宁县	Zhongning	0	0	0	0	0
海原县	Haiyuan	0	0	0	0	0
其　他	others	0	0	0	0	0

12-15 续表 1 continued

单位:千元 (2009) (1000 yuan)

地 区	Region	长期负债 Long-term Liabilities	所有者权益 Owners' Equities	实收资本 Total Capital Hold	集体 Collective	主营业务收入 Revenue from Principal Business	主营业务成本 Cost of Principal Business
全区总计	**Total**	**0**	**24321**	**14039**	**7000**	**98358**	**84038**
银川市	**Yinchuan**	**0**	**0**	**0**	**0**	**0**	**0**
银川市	District	0	0	0	0	0	0
永宁县	Yongning	0	0	0	0	0	0
贺兰县	Helan	0	0	0	0	0	0
灵武市	Lingwu	0	0	0	0	0	0
石嘴山市	**Shizuishan**	**0**	**10538**	**6939**	**1000**	**34796**	**27037**
石嘴山市	District	0	10538	6939	1000	34796	27037
平罗县	Pingluo	0	0	0	0	0	0
吴忠市	**Wuzhong**	**0**	**13783**	**7100**	**6000**	**63562**	**57001**
利通区	Litong	0	0	0	0	0	0
红寺堡	Hongsipu	0	0	0	0	0	0
青铜峡市	Qingtongxia	0	13783	7100	6000	63562	57001
盐池县	Yanchi	0	0	0	0	0	0
同心县	Tongxin	0	0	0	0	0	0
固原市	**Guyuan**	**0**	**0**	**0**	**0**	**0**	**0**
原州区	Yuanzhou	0	0	0	0	0	0
西吉县	Xiji	0	0	0	0	0	0
隆德县	Longde	0	0	0	0	0	0
泾源县	Jingyuan	0	0	0	0	0	0
彭阳县	Pengyang	0	0	0	0	0	0
中卫市	**Zhongwei**	**0**	**0**	**0**	**0**	**0**	**0**
沙坡头区	Shapotou	0	0	0	0	0	0
中宁县	Zhongning	0	0	0	0	0	0
海原县	Haiyuan	0	0	0	0	0	0
其他	others	0	0	0	0	0	0

12-15 续表 2 continued

单位:千元 （2009） （1000 yuan）

地 区	Region	主营业务税金及附加 Taxes and Other Charges on Principal Business	管理费用 Overhead Charges	利税总额 Total Profits and Texes	利润总额 Total Profits	应交所得税 Income Tax Payable
全区总计	**Total**	**365**	**5899**	**4609**	**1602**	**647**
银川市	**Yinchuan**	**0**	**0**	**0**	**0**	**0**
银川市	District	0	0	0	0	0
永宁县	Yongning	0	0	0	0	0
贺兰县	Helan	0	0	0	0	0
灵武市	Lingwu	0	0	0	0	0
石嘴山市	**Shizuishan**	**167**	**1799**	**4941**	**2979**	**600**
石嘴山市	District	167	1799	4941	2979	600
平罗县	Pingluo	0	0	0	0	0
吴忠市	**Wuzhong**	**198**	**4100**	**-332**	**-1377**	**47**
利通区	Litong	0	0	0	0	0
红寺堡	Hongsipu	0	0	0	0	0
青铜峡市	Qingtongxia	198	4100	-332	-1377	47
盐池县	Yanchi	0	0	0	0	0
同心县	Tongxin	0	0	0	0	0
固原市	**Guyuan**	**0**	**0**	**0**	**0**	**0**
原州区	Yuanzhou	0	0	0	0	0
西吉县	Xiji	0	0	0	0	0
隆德县	Longde	0	0	0	0	0
泾源县	Jingyuan	0	0	0	0	0
彭阳县	Pengyang	0	0	0	0	0
中卫市	**Zhongwei**	**0**	**0**	**0**	**0**	**0**
沙坡头区	Shapotou	0	0	0	0	0
中宁县	Zhongning	0	0	0	0	0
海原县	Haiyuan	0	0	0	0	0
其他	others	0	0	0	0	0

12-16 各市县规模以下工业总产值

Gross Industrial Output Value of Industrial Enterprises Below Designated Size

单位:万元　　　　(2009)　　　　(10 000 yuan)

地　区	Region	工业总产值 Gross Industrial Output Value	企　业 Enterprises	个　体 Individuals
全区总计	**Total**	**1464240**	**1086342**	**377898**
银 川 市	**Yinchuan**	**430535**	**299420**	**131115**
兴 庆 区	Xingqing	45008	35658	9350
西 夏 区	Xixia	35885	29637	6248
金 凤 区	Jinfeng	27538	25120	2418
永 宁 县	Yongning	105416	41474	63942
贺 兰 县	Helan	89253	70966	18287
灵 武 市	Lingwu	127434	96566	30868
石嘴山市	**Shizuishan**	**345954**	**304646**	**41308**
大武口区	Dawukou	43799	36742	7057
惠 农 区	Huinong	42967	34963	8004
平 罗 县	Pingluo	259188	232941	26247
吴 忠 市	**Wuzhong**	**295186**	**229755**	**65431**
利 通 区	Litong	98279	77797	20482
红 寺 堡	Hongsipu	19531	10166	9365
盐 池 县	Yanchi	32048	24720	7328
同 心 县	Tongxin	89011	86341	2670
青铜峡市	Qingtongxia	56317	30731	25586
固 原 市	**Guyuan**	**197122**	**134213**	**61909**
原 州 区	Yuanzhou	65201	55306	9895
西 吉 县	Xiji	62445	33096	29349
隆 德 县	Longde	26241	15814	9427
泾 源 县	Jingyuan	12022	9375	2647
彭 阳 县	Pengyang	31213	20622	10591
中 卫 市	**Zhongwei**	**176953**	**139173**	**37780**
中卫城区	District	89321	69734	19587
中 宁 县	Zhongning	55464	45110	10354
海 原 县	Haiyuan	32168	24329	7839

注:总计是以全区为总体推算数,各市、县(区)合计数不等于全区总计。

a) Estimated on the basis of AllGrross Industrial Outpnt Value, the total of all cities and counties is not equal to the Total Number.

主要统计指标解释

［**工业总产值**］ 工业总产值是以货币形式表现的，工业企业在一定时期内生产的工业最终产品或提供工业性劳务活动的总价值量。它包括本期生产成品价值、加工费收入，在制品半成品期末期初差额价值三部分。计算工业总产值应遵循三条基本准则：(1)工业生产的原则：即凡是企业在报告期生产的经检验合格的产品，不管是否在报告期销售，均应包括在内。反之亦然，凡不是本企业生产的产品，均不计入本企业的工业总产值中。(2)最终产品的原则：即凡是计入工业总产值的产品必须是本企业生产的经检验合格，不需再进行任何加工的最终产品。如果企业有中间产品(半成品)对外销售，那么对外销售的中间产品有应视为企业的最终产品。(3) 工厂法原则：即工业总产值是以工业企业作为基本计算（核算)单位，即按企业的最终产品计算工业总产值。按这种方法计算的工业总产值不允许同一产品价值在企业内部重复计算，但允许企业间的重复计算。

［**工业增加值**］ 指工业企业在报告期内以货币形式表现的工业生产活动的最终成果，是企业全部生产活动的总成果扣除了在生产过程中消耗或转移的物质产品和劳务价值后的余额，是企业生产过程中新增加的价值。计算工业增加值通常采用三中方法。一是“生产法”，即从工业生产过程中产品和劳务价值形成的角度入手，提出生产环节中间投入的价值，从而得到新增价值的方法。其计算公式为：工业增加值 = 工业总产值 - 工业中间投入 + 本期应交增值税。二是“收入法”，即从工业生产过程中创造的原始收入初次分配的角度，对工业生产活动最终成果进行核算的一种方法。其计算公式为：工业增加值 = 固定资产折旧 + 劳动者报酬 + 生产税净额+营业盈余

目前工业统计主要采用“生产法”计算工业增加值。

［**产品销售收入**］ 产品销售收入是指企业销售产品和提供劳务等经营业务取得的收入总额。

［**产品销售成本**］ 产品销售成本是指企业在销售产品和提供劳务等主要经营业务过程中的实际成本。

［**产品销售费用**］ 产品销售费用是指企业在销售产品和提供劳务等过程中，发生的各项费用。包括包装费、运输费、保险费、展览费、广告费以及销售人员的工资、福利费、差旅费、办公费、折旧费等其他经费。

［**产品销售税金及附加**］ 产品销售税金是指企业销售产品、提供劳务等主要经营业务应负担的产品税、营业税、增值税、城市维护建设税、消费税、资源税和教育附加。

［**管理费用**］ 管理费用是指企业行政管理部门为组织和管理生产经营活动而发生的各种费用。包括公司经费、工会经费、职工教育经费、劳动保险费、待业保险费、董事会费、咨询费、审计费、诉讼费、排污费、税金、土地使用费、土地损失费、技术开发费、无形资产、咨询费、开办推销费、业务招待费、坏帐损失、存货盘亏等。

［**财务费用**］ 财务费用是指企业筹集生产经营过程中所需资金而发生的费用。包括利息支出(减去利息收入后的支出)、汇兑损失(减去汇兑收益后的损失)、金融机构手续费以及筹集生产经营资金发生的其他费用等。

［**利润总额**］ 利润总额是指企业在一定时期的最终经营成果，是企业的收入减去有关的成本与费用后的差额，收入大于相关的成本费用，企业就盈利，反之则亏损。

其计算公式为：利润总额 = 营业利润 + 投资净收益 + 补贴收入+营业外收支净额 + 以前年度损益调整

第十三篇 Chapter 13

建筑业
Construction

责任编辑：崔　琳
资料整理：崔　琳　蔡川生　方建晓　黄　剑　刘晓龙
Coordinator: Cui Lin
Data Compilation: Cui Lin　Cai Chuansheng　Fang Jianxiao　Huang Jian　Liu Xiaolong

13-1 全区建筑施工企业个数和职工人数

Number of Construction Enterprises and Employed Persons in Construction Enterprises

指 标	Item	1980	1985	1990	1995	2000	2005	2007	2008	2009
企业个数(个)	**Number of Enterprises(unit)**	**48**	**82**	**142**	**278**	**529**	**521**	**514**	**530**	**520**
国有企业	State-owned	21	54	67	111	162	72	56	53	51
集体企业	Collective-owned	27	28	75	156	142	33	26	21	18
私营企业	Private Enterprises					116	283	301	329	334
其他经济类型	Other Type of Economics				11	109	133	131	127	117
年末从业人数(人)	**Number of Persons Employed at Year End(person)**	**37246**	**53422**	**54367**	**58863**	**83980**	**76049**	**68119**	**66784**	**70127**
国有企业	State-owned	28769	45033	38947	36670	38258	22816	16981	16810	16478
集体企业	Collective-owned	8477	8389	15420	19831	16350	3710	2672	1969	1419
私营企业	Private Enterprises					8353	19678	21009	26875	32351
其他经济类型	Other Type of Economics				2362	21019	29845	27457	21130	19879

13-2 国有及国有控股建筑施工企业情况

Statistics on State-owned and State-holding Industrial Construction Enterprises

年 份 Year	施工企业个数(个) Number of Construction Enterprises (unit)	年末从业人数(人) Number of Persons Employed at Year End (person)	建筑业总产值(万元) Gross Output Value (10 000 yuan)
1978	17	24750	10695
1980	23	28702	13477
1985	54	45033	34012
1990	67	38947	53326
1995	111	36670	150806
2000	179	41543	316320
2001	151	39465	361756
2002	131	39786	350453
2003	118	39535	451381
2004	119	33566	475044
2005	115	29386	475276
2006	112	33900	598657
2007	108	26719	716282
2008	86	23234	814358
2009	83	24000	1006598

注:2000 年起为国有及国有控股建筑施工企业。

a)Since 2000,the figures of state-owned and collective-owned construction enterprises.

13-3 建筑企业生产情况
(总承包和专业承包建筑业企业)

(2009)

指 标	Item	企业数（个）Number of Enterprises (unit)
总 计	**Total**	**495**
国有及国有控股企业	State-owned and State-Holding Enterprises	83
按登记注册类型分组	**By Status of Registration**	
内资企业	Domestic Funded	494
国有企业	State-owned Enterprises	51
集体企业	Collective-owned Enterprises	15
股份合作企业	Cooperative Enterprises	
有限责任公司	Limited Liabilities Corporations	110
国有独资公司	State Sole Funded Corporations	12
其他有限责任公司	Other Limited Liabilities Corporations	98
股份有限公司	Share-holding Corporations Limited	3
私营企业	Private Enterprises	315
私营独资企业	Private-funded Enterprises	4
私营有限责任公司	Private Limited Liabilities Corporations	299
私营股份有限公司	Private Share-holding Corporations Ltd.	12
港、澳、台商投资企业	Enterprises with Funds from Hong Kong,Macao and Taiwan	1
港、澳、台商独资经营企业	Enterprises with Sole Investment	1
合资经营企业(港或澳、台资)	Joint-ventures Enterprises	
按建筑业行业分组	**Grouped by Branch**	
房屋和土木工程建筑业	Building and Civil Engineering	359
房屋工程建筑	Building	202
土木工程建筑	Civil Engineering	157
建筑安装业	Construction Installation	56
建筑装饰业	Construction Decoration	65
其他建筑业	Other Construction	15
按企业资质等级分组	**Grouped by Qualification Criteria**	
施工总承包	General Contractors	295
一 级	First Grade	12
二 级	Second Grade	69
三级及以下	Third Grade	214
专业承包	Professional Contractors	200
一 级	First Grade	5
二 级	Second Grade	70
三级及以下	Third Grade	125

Production Situation on Construction Enterprises
(General Construction contractors and Professional contractors

(2009)

建筑业总产值(千元) Total Output Value of Construction(1000yuan)				竣工产值(千元) Output Value of Construction Completed (1000 yuan)
合计 Total	建筑工程 Construction	安装工程 Installation	其他产值 Others	
25922467	**23850170**	**1725668**	**346629**	**20062822**
10065980	8828009	1134269	103702	7530296
25921580	23849283	1725668	346629	20061935
7631144	6656247	880287	94610	5603730
423028	396323	26705		360742
5960430	5268848	604307	87275	4752423
764982	662092	94134	8756	718390
5195448	4606756	510173	78519	4034033
1222275	1218775	3500		675764
10684703	10309090	210869	164744	8669276
116860	116860			120322
10109213	9746562	200267	162384	8138393
458630	445668	10602	2360	410561
887	887			887
887	887			887
25030206	23207644	1490721	331841	19300192
15781826	15371987	118560	291279	12446016
9248380	7835657	1372161	40562	6854176
423988	186187	225373	12428	335878
370542	358800	9382	2360	348533
97731	97539	192		78219
23235862	21589729	1340902	305231	17639566
8974453	8040786	865667	68000	6226439
7148982	6721486	266092	161404	5844373
7112427	6827457	209143	75827	5568754
2686605	2260441	384766	41398	2423256
604939	604939			580469
942427	690203	213430	38794	909094
1139239	965299	171336	2604	933693

13-3 续表 1

（2009）

指　标	Item	房屋建筑施工面积（平方米）Floor Space of Buildings under Construction (sq.m)
总 计	**Total**	**21135125**
国有及国有控股企业	State-owned and State-Holding Enterprises	6621363
按登记注册类型分组	**By Status of Registration**	
内资企业	Domestic Funded	21135125
国有企业	State-owned Enterprises	5347596
集体企业	Collective-owned Enterprises	638786
股份合作企业	Cooperative Enterprises	
有限责任公司	Limited Liabilities Corporations	4690880
国有独资公司	State Sole Funded Corporations	428711
其他有限责任公司	Other Limited Liabilities Corporations	4262169
股份有限公司	Share-holding Corporations Limited	146144
私营企业	Private Enterprises	10311719
私营独资企业	Private-funded Enterprises	148706
私营有限责任公司	Private Limited Liabilities Corporations	9878750
私营股份有限公司	Private Share-holding Corporations Ltd.	284263
港、澳、台商投资企业	Enterprises with Funds from Hong Kong,Macao and Taiwan	
港、澳、台商独资经营企业	Enterprises with Sole Investment	
合资经营企业(港或澳、台资)	Joint-ventures Enterprises	
按建筑业行业分组	**Grouped by Branch**	
房屋和土木工程建筑业	Building and Civil Engineering	21072235
房屋工程建筑	Building	20522560
土木工程建筑	Civil Engineering	549675
建筑安装业	Construction Installation	62890
建筑装饰业	Construction Decoration	
其他建筑业	Other Construction	
按企业资质等级分组	**Grouped by Qualification Criteria**	
施工总承包	General Contractors	20929587
一 级	First Grade	6186794
二 级	Second Grade	6768892
三级及以下	Third Grade	7973901
专业承包	Professional Contractors	205538
一 级	First Grade	
二 级	Second Grade	42993
三级及以下	Third Grade	162545

continued

（2009）

房屋建筑竣工面积（平方米）Floor Space of Buildings Completed (sq.m)	住宅 Residence	竣工房屋价值（千元）Value of Buildings Completed (1000 yuan)	住宅 Residence
9479667	**6142846**	**9371247**	**5769075**
2506535	1149256	2737391	1257772
9479667	6142846	9371247	5769075
1821773	812733	2001885	942484
331628	261784	325794	224198
2310212	1589659	2261141	1477792
299457	160457	275631	163048
2010755	1429202	1985510	1314744
70258	62062	48702	38325
4945796	3416608	4733725	3086276
123574	103960	100322	79952
4616285	3219385	4387792	2906056
205937	93263	245611	100268
9445199	6142846	9345490	5769075
9291578	6094230	9186380	5713718
153621	48616	159110	55357
34468		25757	
9289650	6070319	9239294	5700352
2177557	975579	2351216	1075661
3379074	2337136	3517224	2247420
3733019	2757604	3370854	2377271
190017	72527	131953	68723
42993		12590	
147024	72527	119363	68723

13-3 续表 2

(2009)

指　标	Item	自有机械设备年末总台数（台）Number of Machinery and Equipment Owned (set)
总 计	**Total**	**38601**
国有及国有控股企业	State-owned and State-Holding Enterprises	9523
按登记注册类型分组	**By Status of Registration**	
内资企业	Domestic Funded	38598
国有企业	State-owned Enterprises	6977
集体企业	Collective-owned Enterprises	1439
股份合作企业	Cooperative Enterprises	
有限责任公司	Limited Liabilities Corporations	9094
国有独资公司	State Sole Funded Corporations	501
其他有限责任公司	Other Limited Liabilities Corporations	8593
股份有限公司	Share-holding Corporations Limited	848
私营企业	Private Enterprises	20240
私营独资企业	Private-funded Enterprises	550
私营有限责任公司	Private Limited Liabilities Corporations	18821
私营股份有限公司	Private Share-holding Corporations Ltd.	869
港、澳、台商投资企业	Enterprises with Funds from Hong Kong,Macao and Taiwan	3
港、澳、台商独资经营企业	Enterprises with Sole Investment	3
合资经营企业(港或澳、台资)	Joint-ventures Enterprises	
按建筑业行业分组	**Grouped by Branch**	
房屋和土木工程建筑业	Building and Civil Engineering	35644
房屋工程建筑	Building	25954
土木工程建筑	Civil Engineering	9690
建筑安装业	Construction Installation	838
建筑装饰业	Construction Decoration	1669
其他建筑业	Other Construction	450
按企业资质等级分组	**Grouped by Qualification Criteria**	
施工总承包	General Contractors	32948
一 级	First Grade	6441
二 级	Second Grade	10242
三级及以下	Third Grade	16265
专业承包	Professional Contractors	5653
一 级	First Grade	722
二 级	Second Grade	2775
三级及以下	Third Grade	2156

continued

（2009）

自有施工机械设备年末净值（千元）Net Value of Machinery and Equipment Owned（1000 yuan）	自有施工机械设备年末总功率（千瓦）Total Power of Machinery and Equipment Owned（kw）	计算劳动生产率的平均人数（人）Average Staff to Calculate Labor Productivity（person）	年末从业人员（人）Number of Employed Persons at Year End（person）
1789161	**875142**	**204772**	**70127**
630487	244393	88066	24000
1789071	875042	204748	70103
506179	174313	62734	16478
44878	31223	3193	1419
443567	205732	52300	15722
39043	18792	7023	1588
404524	186940	45277	14134
68049	65442	7059	4133
726398	398332	79462	32351
21567	7975	1174	598
658416	370383	74896	29762
46415	19974	3392	1991
90	100	24	24
90	100	24	24
1700512	819894	194873	63321
753289	431708	142576	37145
947223	388186	52297	26176
25908	16844	5566	3647
16579	7447	3468	2450
46162	30957	865	709
1494497	711596	183368	57200
386340	146867	72380	14024
501317	247368	48635	22582
606840	317361	62353	20594
294664	163546	21404	12927
57789	30232	5019	1657
111877	57874	8143	6907
124998	75440	8242	4363

13-4 建筑企业财务状况
(总承包和专业承包建筑业企业)

单位:千元 （2009） （1000 yuan）

指　标	Item	流动资产合　计 Total Circulating Funds
总 计	**Total**	**19171158**
国有及国有控股企业	State-owned and State-Holding Enterprises	6276483
按登记注册类型分组	**By Status of Registration**	
内资企业	Domestic Funded	19165640
国有企业	State-owned Enterprises	4234940
集体企业	Collective-owned Enterprises	206416
股份合作企业	Cooperative Enterprises	
有限责任公司	Limited Liabilities Corporations	5808371
国有独资公司	State Sole Funded Corporations	505591
其他有限责任公司	Other Limited Liabilities Corporations	5302780
股份有限公司	Share-holding Corporations Limited	1221680
私营企业	Private Enterprises	7694233
私营独资企业	Private-funded Enterprises	63788
私营有限责任公司	Private Limited Liabilities Corporations	7213485
私营股份有限公司	Private Share-holding Corporations Ltd.	416960
港、澳、台商投资企业	Enterprises with Funds from Hong Kong,Macao and Taiwan	5518
港、澳、台商独资经营企业	Enterprises with Sole Investment	5518
合资经营企业(港或澳、台资)	Joint-ventures Enterprises	
按建筑业行业分组	**Grouped by Branch**	
房屋和土木工程建筑业	Building and Civil Engineering	18086556
房屋工程建筑	Building	11089844
土木工程建筑	Civil Engineering	6996712
建筑安装业	Construction Installation	600029
建筑装饰业	Construction Decoration	363188
其他建筑业	Other Construction	121385
按企业资质等级分组	**Grouped by Qualification Criteria**	
施工总承包	General Contractors	16231509
一 级	First Grade	5541014
二 级	Second Grade	5340780
三级及以下	Third Grade	5349715
专业承包	Professional Contractors	2939649
一 级	First Grade	384969
二 级	Second Grade	1344927
三级及以下	Third Grade	1209753

Financial Indicators on Construction Enterprises
(General Construction Contractors and Professional Contractors)

单位:千元 （2009） （1000 yuan）

存 货 Stock	长期投资 Long-term Investment	固定资产合计 Total Investment Assets	固定资产原价 Original Value of Fixed Assets
4326794	**1166937**	**4571692**	**6415077**
1139242	498887	1631372	2351316
4324067	1166937	4571584	6414618
809345	104538	1146454	1662593
46563	635	112971	148530
1507750	569694	1110457	1518054
56105	359115	94720	113912
1451645	210579	1015737	1404142
197071	48961	130835	285702
1763338	443109	2070867	2799739
5075	9828	52199	46091
1607623	394335	1881885	2584792
150640	38946	136783	168856
2727		108	459
2727		108	459
4064601	1065286	4211734	5911563
2425900	674328	2155983	2708343
1638701	390958	2055751	3203220
163640	27914	188713	288582
85085	11810	100860	113845
13468	61927	70385	101087
3727298	950506	3628225	5038670
1030353	466054	872411	1399531
1410769	232947	1360988	1816493
1286176	251505	1394826	1822646
599496	216431	943467	1376407
65637	15582	90403	208187
295410	79715	384535	575296
238449	121134	468529	592924

13-4 续表 1

(2009)

指　　标	Item	累计折旧 Accumulated Depreciation
总 计	**Total**	**2231167**
国有及国有控股企业	State-owned and State-Holding Enterprises	833368
按登记注册类型分组	**By Status of Registration**	
内资企业	Domestic Funded	2230816
国有企业	State-owned Enterprises	578575
集体企业	Collective-owned Enterprises	36025
股份合作企业	Cooperative Enterprises	
有限责任公司	Limited Liabilities Corporations	521232
国有独资公司	State Sole Funded Corporations	48150
其他有限责任公司	Other Limited Liabilities Corporations	473082
股份有限公司	Share-holding Corporations Limited	166320
私营企业	Private Enterprises	928664
私营独资企业	Private-funded Enterprises	10846
私营有限责任公司	Private Limited Liabilities Corporations	875314
私营股份有限公司	Private Share-holding Corporations Ltd.	42504
港、澳、台商投资企业	Enterprises with Funds from Hong Kong,Macao and Taiwan	351
港、澳、台商独资经营企业	Enterprises with Sole Investment	351
合资经营企业(港或澳、台资)	Joint-ventures Enterprises	
按建筑业行业分组	**Grouped by Branch**	
房屋和土木工程建筑业	Building and Civil Engineering	2056274
房屋工程建筑	Building	766399
土木工程建筑	Civil Engineering	1289875
建筑安装业	Construction Installation	110193
建筑装饰业	Construction Decoration	31310
其他建筑业	Other Construction	33390
按企业资质等级分组	**Grouped by Qualification Criteria**	
施工总承包	General Contractors	1723999
一 级	First Grade	541127
二 级	Second Grade	621945
三级及以下	Third Grade	560927
专业承包	Professional Contractors	507168
一 级	First Grade	126214
二 级	Second Grade	202897
三级及以下	Third Grade	178057

continued

（2009）

本年折旧 Depreciation This Year	在建工程 Construction in Process	无形资产及递延资产 Intangible and Deferred Assets	无形资产 Intangible Assets
408563	**308785**	**397911**	**370308**
155059	82536	163613	145699
408520	308785	397911	370308
111436	31571	66805	50132
1323	466	10324	10324
103534	105919	150997	144209
13418	29595	84843	84166
90116	76324	66154	60043
15158	11452	13541	13541
177069	159377	156244	152102
1755	7026		
163195	144469	151456	147314
12119	7882	4788	4788
43			
43			
374287	277879	387123	361007
135505	194378	266360	257871
238782	83501	120763	103136
21102	10045	1569	1511
6067	18173	9013	7787
7107	2688	206	3
304698	239855	349171	331816
84056	13104	111407	103552
133468	115700	130109	128176
87174	111051	107655	100088
103865	68930	48740	38492
16511	8430	712	
48189	8234	22010	12703
39165	52266	26018	25789

13-4 续表 2

（2009）

指 标	Item	资产总计 Total Assets
总 计	**Total**	**25386590**
国有及国有控股企业	State-owned and State-Holding Enterprises	8622124
按登记注册类型分组	**By Status of Registration**	
内资企业	Domestic Funded	25380922
国有企业	State-owned Enterprises	5572593
集体企业	Collective-owned Enterprises	330346
股份合作企业	Cooperative Enterprises	
有限责任公司	Limited Liabilities Corporations	7682082
国有独资公司	State Sole Funded Corporations	1055918
其他有限责任公司	Other Limited Liabilities Corporations	6626164
股份有限公司	Share-holding Corporations Limited	1415594
私营企业	Private Enterprises	10380307
私营独资企业	Private-funded Enterprises	125815
私营有限责任公司	Private Limited Liabilities Corporations	9656612
私营股份有限公司	Private Share-holding Corporations Ltd.	597880
港、澳、台商投资企业	Enterprises with Funds from Hong Kong,Macao and Taiwan	5668
港、澳、台商独资经营企业	Enterprises with Sole Investment	5668
合资经营企业(港或澳、台资)	Joint-ventures Enterprises	
按建筑业行业分组	**Grouped by Branch**	
房屋和土木工程建筑业	Building and Civil Engineering	23797011
房屋工程建筑	Building	14193655
土木工程建筑	Civil Engineering	9603356
建筑安装业	Construction Installation	848685
建筑装饰业	Construction Decoration	486890
其他建筑业	Other Construction	254004
按企业资质等级分组	**Grouped by Qualification Criteria**	
施工总承包	General Contractors	21193153
一 级	First Grade	7013041
二 级	Second Grade	7071260
三级及以下	Third Grade	7108852
专业承包	Professional Contractors	4193437
一 级	First Grade	491666
二 级	Second Grade	1866427
三级及以下	Third Grade	1835344

continued

(2009)

负债合计 Total Liabilities	流动负债合计 Total Liquid Liabilities	长期负债合计 Long-term Liabilities	所有者权益合计 Owners' Equity	实收资本 Paid-in Capitals
16689927	**16090235**	**599692**	**8696663**	**6638424**
6343612	6247586	96026	2278512	1651544
16683533	16083841	599692	8697389	6637824
4396514	4373313	23201	1176079	881689
133436	132555	881	196910	152219
5241186	5046030	195156	2440896	1872078
492134	451954	40180	563784	426611
4749052	4594076	154976	1877112	1445467
1193902	1167169	26733	221692	203024
5718495	5364774	353721	4661812	3528814
48965	48965		76850	54080
5331330	4978361	352969	4325282	3327948
338200	337448	752	259680	146786
6394	6394		-726	600
6394	6394		-726	600
16074530	15488582	585948	7722481	5939631
9710437	9269587	440850	4483218	3423800
6364093	6218995	145098	3239263	2515831
332794	321352	11442	515891	274666
191397	189111	2286	295493	280617
91206	91190	16	162798	143510
14645898	14153176	492722	6547255	5097449
5797939	5722906	75033	1215102	1060694
4437451	4112812	324639	2633809	1760833
4410508	4317458	93050	2698344	2275922
2044029	1937059	106970	2149408	1540975
303197	270188	33009	188469	158478
845031	841681	3350	1021396	574160
895801	825190	70611	939543	808337

13-4 续表 3

（2009）

指 标	Item	工程结算收入 Revenue of Project Settlement Accounts
总 计	**Total**	**26809274**
国有及国有控股企业	State-owned and State-Holding Enterprises	10216518
按登记注册类型分组	**By Status of Registration**	
内资企业	Domestic Funded	26808387
国有企业	State-owned Enterprises	7815263
集体企业	Collective-owned Enterprises	461181
股份合作企业	Cooperative Enterprises	
有限责任公司	Limited Liabilities Corporations	6228882
国有独资公司	State Sole Funded Corporations	675650
其他有限责任公司	Other Limited Liabilities Corporations	5553232
股份有限公司	Share-holding Corporations Limited	1506067
私营企业	Private Enterprises	10796994
私营独资企业	Private-funded Enterprises	148081
私营有限责任公司	Private Limited Liabilities Corporations	10213709
私营股份有限公司	Private Share-holding Corporations Ltd.	435204
港、澳、台商投资企业	Enterprises with Funds from Hong Kong,Macao and Taiwan	887
港、澳、台商独资经营企业	Enterprises with Sole Investment	887
合资经营企业(港或澳、台资)	Joint-ventures Enterprises	
按建筑业行业分组	**Grouped by Branch**	
房屋和土木工程建筑业	Building and Civil Engineering	25810940
房屋工程建筑	Building	16064142
土木工程建筑	Civil Engineering	9746798
建筑安装业	Construction Installation	511182
建筑装饰业	Construction Decoration	377362
其他建筑业	Other Construction	109790
按企业资质等级分组	**Grouped by Qualification Criteria**	
施工总承包	General Contractors	23551886
一 级	First Grade	8885537
二 级	Second Grade	7346845
三级及以下	Third Grade	7319504
专业承包	Professional Contractors	3257388
一 级	First Grade	670827
二 级	Second Grade	1263594
三级及以下	Third Grade	1322967

continued

（2009）

工程结算成本 Cost of Project Settlement Accounts	工程结算税金及附加 Taxes and Extra Charges on Project Settlement Accounts	工程结算利润 Profits of Project Settlement Accounts	其他业务收入 Revenue from Other Businesses
24258501	**884606**	**1597146**	**458841**
9344107	322143	537935	226457
24258145	884577	1596856	458841
7161475	246808	394854	182070
412044	27930	20533	403
5667811	192605	366181	103404
613447	19599	42600	1991
5054364	173006	323581	101413
1399491	49981	56595	1874
9617324	367253	758693	171090
138512	5003	4566	
9084133	348681	729542	139050
394679	13569	24585	32040
356	29	290	
356	29	290	
23435618	854793	1465326	388880
14720642	557336	751418	134017
8714976	297457	713908	254863
430914	13967	57694	57762
308656	12927	51048	12030
83313	2919	23078	169
21495049	777863	1228353	237674
8311073	295664	278792	109616
6583746	225908	516674	101076
6600230	256291	432887	26982
2763452	106743	368793	221167
601687	19619	44922	620
1001114	44892	209993	143063
1160651	42232	113878	77484

13-4 续表 4

（2009）

指 标	Item	管理费用 Management Expenses
总 计	**Total**	**898445**
国有及国有控股企业	State-owned and State-Holding Enterprises	381639
按登记注册类型分组	**By Status of Registration**	
内资企业	Domestic Funded	898142
国有企业	State-owned Enterprises	263272
集体企业	Collective-owned Enterprises	8709
股份合作企业	Cooperative Enterprises	
有限责任公司	Limited Liabilities Corporations	261616
国有独资公司	State Sole Funded Corporations	38058
其他有限责任公司	Other Limited Liabilities Corporations	223558
股份有限公司	Share-holding Corporations Limited	37661
私营企业	Private Enterprises	326884
私营独资企业	Private-funded Enterprises	3657
私营有限责任公司	Private Limited Liabilities Corporations	309450
私营股份有限公司	Private Share-holding Corporations Ltd.	13777
港、澳、台商投资企业	Enterprises with Funds from Hong Kong,Macao and Taiwan	303
港、澳、台商独资经营企业	Enterprises with Sole Investment	303
合资经营企业(港或澳、台资)	Joint-ventures Enterprises	
按建筑业行业分组	**Grouped by Branch**	
房屋和土木工程建筑业	Building and Civil Engineering	806250
房屋工程建筑	Building	356259
土木工程建筑	Civil Engineering	449991
建筑安装业	Construction Installation	49261
建筑装饰业	Construction Decoration	30777
其他建筑业	Other Construction	12157
按企业资质等级分组	**Grouped by Qualification Criteria**	
施工总承包	General Contractors	661823
一 级	First Grade	199330
二 级	Second Grade	235420
三级及以下	Third Grade	227073
专业承包	Professional Contractors	236622
一 级	First Grade	22116
二 级	Second Grade	131330
三级及以下	Third Grade	83176

continued

（2009）

税 金 Taxes	营业利润 Business Profits	利润总额 Total Profits	劳动、失业保险费 Labour and Unemployment Insurance Expenses
37638	**669767**	**626808**	**108983**
12671	181174	138519	76240
37638	669780	626822	108982
9500	152251	109162	64852
462	11742	12251	300
9635	89181	97807	20323
558	4456	8378	3344
9077	84725	89429	16979
1212	12691	14582	8833
16829	403915	393020	14674
190	-379	-1915	72
15927	391502	380335	14046
712	12792	14600	556
	-13	-14	1
	-13	-14	1
34086	624668	578929	103930
18685	349914	307514	38308
15401	274754	271415	65622
1310	16306	20110	3261
1730	20462	18983	950
512	8331	8786	842
30811	509256	468720	95081
8342	87430	51000	67958
10969	235796	251463	20810
11500	186030	166257	6313
6827	160511	158088	13902
808	20228	16227	3522
3008	98303	92490	7737
3011	41980	49371	2643

13-4 续表 5

(2009)

指　　标	Item	应付工资总额 Total Wages Payable
总 计	**Total**	4148395
国有及国有控股企业	State-owned and State-Holding Enterprises	1915837
按登记注册类型分组	**By Status of Registration**	
内资企业	Domestic Funded	4148037
国有企业	State-owned Enterprises	1417490
集体企业	Collective-owned Enterprises	48806
股份合作企业	Cooperative Enterprises	
有限责任公司	Limited Liabilities Corporations	985350
国有独资公司	State Sole Funded Corporations	147769
其他有限责任公司	Other Limited Liabilities Corporations	837581
股份有限公司	Share-holding Corporations Limited	127765
私营企业	Private Enterprises	1568626
私营独资企业	Private-funded Enterprises	21315
私营有限责任公司	Private Limited Liabilities Corporations	1473298
私营股份有限公司	Private Share-holding Corporations Ltd.	74013
港、澳、台商投资企业	Enterprises with Funds from Hong Kong,Macao and Taiwan	358
港、澳、台商独资经营企业	Enterprises with Sole Investment	358
合资经营企业(港或澳、台资)	Joint-ventures Enterprises	
按建筑业行业分组	**Grouped by Branch**	
房屋和土木工程建筑业	Building and Civil Engineering	3956393
房屋工程建筑	Building	2798796
土木工程建筑	Civil Engineering	1157597
建筑安装业	Construction Installation	107728
建筑装饰业	Construction Decoration	69696
其他建筑业	Other Construction	14578
按企业资质等级分组	**Grouped by Qualification Criteria**	
施工总承包	General Contractors	3682203
一 级	First Grade	1559725
二 级	Second Grade	1006008
三级及以下	Third Grade	1116470
专业承包	Professional Contractors	466192
一 级	First Grade	108302
二 级	Second Grade	190858
三级及以下	Third Grade	167032

continued

(2009)

应付福利费总额 Total Welfare Payable	应收工程款 Projects Receivable	竣工工程 Projects Completed	从业人员平均人数（人） Average Number of Employed Persons (person)
118820	7294950	4873751	213137
46241	2780864	1743198	93841
118774	7294782	4873583	213113
38704	1864519	1275000	68129
703	81141	53108	3214
23539	2493147	1535022	52810
1079	185070	71891	7323
22460	2308077	1463131	45487
12940	304658	147013	7059
42888	2551317	1863440	81901
576	48034	35000	1174
41365	2403665	1795598	77327
947	99618	32842	3400
46	168	168	24
46	168	168	24
110126	6915316	4626234	202926
55985	4181346	2396128	146272
54141	2733970	2230106	56654
5443	248710	137606	5721
2228	96345	80987	3610
1023	34579	28924	880
99259	6474382	4212160	190324
33705	2340305	1355088	78379
38392	2287166	1852243	49472
27162	1846911	1004829	62473
19561	820568	661591	22813
2808	152784	132395	5129
9257	397245	354070	8452
7496	270539	175126	9232

13-5 劳务分包建筑业企业主要经济指标

（2009）

指　　标	Item	企业数（个） Number of Enterprises(unit)
总　计	**Total**	**25**
国有及国有控股企业	State-owned and State-Holding Enterprises	
按登记注册类型分组	**By Status of Registration**	
内资企业	Domestic Funded	25
国有企业	State-owned Enterprises	
集体企业	Collective-owned Enterprises	3
有限责任公司	Limited Liabilities Corporations	3
国有独资公司	State Sole Funded Corporations	2
其他有限责任公司	Other Limited Liabilities Corporations	1
私营企业	Private Enterprises	19
私营合伙企业	Private Partnership Enterprises	
私营有限责任公司	Private Limited Liabilities Corporations	19
按建筑业行业中类分组	**Grouped by Branch**	
房屋和土木工程建筑业	Building and Civil Engineering	19
房屋工程建筑	Building	17
土木工程建筑	Civil Engineering	2
建筑安装业	Construction Installation	6
按企业资质等级分组	**Grouped by Qualification Criteria**	
劳务分包	Labor Service	25
一级	First Grade	13
二级	Second Grade	2
三级及以下	Third Grade	10

Main Indicators of Lab our Subcontractors in Construction Industry

(2009)

建筑业总产值（千元）Total Output Value of Construction (1000 yuan)	年末从业人员（人）Employed Persons at Year End (person)	从业人员劳动报酬（千元）Earnings of Employed Persons (1000 yuan)	从业人员年平均人数(人) Annual Average Number of Employed Persons (person)	利润总额（千元）Total Profits (1000 yuan)
48089	**804**	**30502**	**1737**	**–493**
48089	804	30502	1737	–493
13398	74	1097	87	–44
23456	435	22893	1313	–456
1081	58	604	38	–502
22375	377	22289	1275	46
11235	295	6512	337	7
11235	295	6512	337	7
31807	677	28506	1590	–848
29802	618	26979	1529	–828
2005	59	1527	61	–20
16282	127	1996	147	355
48089	804	30502	1737	–493
7625	250	4800	262	–255
2152	59	1442	62	35
38312	495	24260	1413	–273

13-5 续表 1

(2009)

指 标	Item	固定资产原价（千元）Original Value of Fixed Assets (1000 yuan)
总 计	**Total**	**5721**
国有及国有控股企业	State-owned and State-Holding Enterprises	
按登记注册类型分组	**By Status of Registration**	
内资企业	Domestic Funded	5721
国有企业	State-owned Enterprises	
集体企业	Collective-owned Enterprises	2356
有限责任公司	Limited Liabilities Corporations	626
国有独资公司	State Sole Funded Corporations	626
其他有限责任公司	Other Limited Liabilities Corporations	
私营企业	Private Enterprises	2739
私营合伙企业	Private Partnership Enterprises	
私营有限责任公司	Private Limited Liabilities Corporations	2739
按建筑业行业中类分组	**Grouped by Branch**	
房屋和土木工程建筑业	Building and Civil Engineering	3146
房屋工程建筑	Building	3046
土木工程建筑	Civil Engineering	100
建筑安装业	Construction Installation	2575
按企业资质等级分组	**Grouped by Qualification Criteria**	
劳务分包	Labor Service	5721
一级	First Grade	2620
二级	Second Grade	430
三级及以下	Third Grade	2671

continued

(2009)

本年折旧(千元) Depreciation this Year (1000 yuan)	资产总计(千元) Total Capital (1000 yuan)	负债合计(千元) Total Liabilities (1000 yuan)	实收资本(千元) Paid-in Capitals (1000 yuan)
559	**30537**	**14586**	**24335**
559	30537	14586	24335
80	9991	6639	2809
129	4655	2415	1266
129	2463	352	1166
	2192	2063	100
350	15891	5532	20260
350	15891	5532	20260
469	16356	6677	19034
459	12113	4477	18026
10	4243	2200	1008
90	14181	7909	5301
559	30537	14586	24335
419	9465	1645	17026
48	4538	2195	1300
92	16534	10746	6009

13-5 续表 2

（2009）

指 标	Item	营业收入合计（千元）Business Revenue（1000 yuan）
总 计	**Total**	**50570**
国有及国有控股企业	State-owned and State-Holding Enterprises	
按登记注册类型分组	**By Status of Registration**	
内资企业	Domestic Funded	50570
国有企业	State-owned Enterprises	
集体企业	Collective-owned Enterprises	13786
有限责任公司	Limited Liabilities Corporations	23455
国有独资公司	State Sole Funded Corporations	1081
其他有限责任公司	Other Limited Liabilities Corporations	22374
私营企业	Private Enterprises	13329
私营合伙企业	Private Partnership Enterprises	
私营有限责任公司	Private Limited Liabilities Corporations	13329
按建筑业行业中类分组	**Grouped by Branch**	
房屋和土木工程建筑业	Building and Civil Engineering	33846
房屋工程建筑	Building	28512
土木工程建筑	Civil Engineering	5334
建筑安装业	Construction Installation	16724
按企业资质等级分组	**Grouped by Qualification Criteria**	
劳务分包	Labor Service	
一级	First Grade	50570
二级	Second Grade	6336
三级及以下	Third Grade	5471

continued

（2009）

主营业务收入 Revenue from Principal Business	主营业务成本（千元）Cost of Principal Business（1000 yuan）	主营业务税金及附加（千元）Taxes and Other Charges on Principal Business（1000 yuan）	费用合计（千元）Total Expenditure（1000 yuan）	营业利润（千元）Business Profits（1000 yuan）
50570	**46521**	**1068**	**3722**	**–651**
50570	46521	1068	3722	–651
13786	12709	595	531	–49
23455	22482	68	1398	–453
1081	193	66	1361	–499
22374	22289	2	37	46
13329	11330	405	1793	–149
13329	11330	405	1793	–149
33846	31778	388	2782	–1052
28512	26652	203	2658	–951
5334	5126	185	124	–101
16724	14743	680	940	401
50570	46521	1068	3722	–651
6336	4324	219	2267	–384
5471	5208	183	126	–46

13-6 按建筑业总产值和竣工产值排序的20家建筑施工企业

Top 20 Professional Contracting Building Construction Enterprises Ordered by Gross and Completed Output Value

(2009)

企业名称 Name	位次 Rank	建筑业产值（万元）Total Output Value of Construction (10000 yuan)	企业名称 Name	位次 Rank	建筑业产值（万元）Total Output Value of Construction (10000 yuan)
宁夏第一建筑公司	1	186085	宁夏第一建筑公司	1	150584
宁夏电力建设工程公司	2	160328	宁夏电力建设工程公司	2	83082
宁夏路桥工程股份有限公司	3	107896	宁夏第五建筑工程公司	3	69134
宁夏二建集团有限责任公司	4	104293	宁夏二建集团有限责任公司	4	58917
宁夏煤炭基本建设公司	5	103666	宁夏路桥工程股份有限公司	5	58146
宁夏第五建筑工程公司	6	86810	宁夏煤炭基本建设公司	6	57880
银川三建工程有限责任公司	7	43156	宁夏建工集团有限公司	7	46013
神华宁夏煤业集团灵州建井工程有限公司	8	42735	银川三建工程有限责任公司	8	39610
银川第二市政工程有限责任公司	9	41953	宁夏路捷公路工程建设有限公司	9	39505
宁夏建工集团有限公司	10	39434	宁夏水利水电工程局	10	35855
银川市第一建筑工程有限责任公司	11	37884	银川第二市政工程有限责任公司	11	33960
宁夏路捷公路工程建设有限公司	12	33871	银川市第一建筑工程有限责任公司	12	29886
宁夏华桥园集团公路工程有限公司	13	29600	宁夏住宅建筑工程有限公司	13	26321
宁夏住宅建筑工程有限公司	14	28517	宁夏华桥园集团公路工程有限公司	14	24972
宁夏水利水电工程局	15	27036	宁夏长庆石油建设工程有限责任公司	15	22000
宁夏红宝实业有限公司	16	26160	吴忠市永盛建筑工程有限公司	16	21260
吴忠市永盛建筑工程有限公司	17	23928	宁夏红宝实业有限公司	17	19688
宁夏太西建筑安装工程有限责任公司	18	23213	宁夏农垦建设实业总公司	18	18998
宁夏吴忠市第三建筑工程有限公司	19	23035	宁夏伊斯兰地质工程公司	19	18724
宁夏长庆石油建设工程有限责任公司	20	22000	宁夏先捷道路工程有限公司	20	17915

13-7 按资产总额和利润总额排序的前20家建筑施工企业

Top 20 Professional Contracting Building Construction Enterprises Ordered by Assets and Profits

(2009)

企业名称 Name	位次 Rank	资产总计（万元）Total Assets (10 000 yuan)	企业名称 Name	位次 Rank	利润总额（万元）Total Profits (10 000 yuan)
宁夏路桥工程股份有限公司	1	123625	宁夏煤炭勘察工程公司	1	6685
宁夏煤炭基本建设公司	2	104586	宁夏红宝实业有限公司	2	6249
宁夏电力建设工程公司	3	100078	银川长陇油田工程有限公司	3	3929
宁夏第一建筑公司	4	94802	宁夏泰达丰工程有限责任公司	4	2026
宁夏红宝实业有限公司	5	86728	宁夏路捷公路工程建设有限公司	5	1793
宁夏二建集团有限责任公司	6	73385	吴忠市交通工程有限公司	6	1748
宁夏建工集团有限公司	7	65317	宁夏长城集团建筑工程有限责任公司	7	1415
宁夏长庆石油建设工程有限责任公司	8	40726	宁夏农垦建设实业总公司	8	1336
宁夏天净天能电力有限公司	9	39630	宁夏灵隆建设集团有限责任公司	9	1319
宁夏煤炭勘察工程公司	10	34728	宁夏电力建设工程公司	10	1267
宁夏第五建筑工程公司	11	32778	宁夏晨洋公路工程有限公司	11	1150
宁夏亘建建筑有限公司	12	31484	宁夏万通建筑工程有限公司	12	1126
宁夏正丰建筑工程有限公司	13	28561	宁夏天信建设发展股份有限公司	13	1085
银川长陇油田工程有限公司	14	27704	宁夏路桥工程股份有限公司	14	1073
银川第一市政工程有限责任公司	15	26986	宁夏鑫科建设工程有限公司	15	1037
银川第二市政工程有限责任公司	16	25740	宁夏灵州建设安装集团有限公司	16	998
中宁县恒达建设有限公司	17	25094	中冶美利建筑安装有限公司	17	988
宁夏水利水电工程局	18	24384	宁夏飞翔建筑工程有限公司	18	947
银川三建工程有限责任公司	19	24315	宁夏通信建设公司	19	884
宁夏通信服务公司	20	24074	灵武市建筑公司	20	858

13-8 建筑业企业概况

Main Indicators on Construction Enterprises

年 份 Year	总 计 Total	国有及国有控股 State-owned and State-holding Enterprises	集体经济 Collective-owned Enterprises
单位数(个) Number of Enterprises(unit)			
1990	142	67	75
1995	278	111	156
1996	427	141	227
1997	409	141	192
1998	433	159	174
1999	493	168	166
2000	529	179	142
2001	486	151	107
2002	454	131	59
2003	447	118	52
2004	518	119	34
2005	521	115	33
2006	519	112	32
2007	514	108	26
2008	530	86	21
2009	520	83	18
从业人员(人) Number of Persons Employed(person)			
1990	54064	38644	15420
1995	93422	64116	29306
1996	80145	44220	30135
1997	94271	47588	29011
1998	80652	40666	25278
1999	84207	42065	21577
2000	83980	41543	16350
2001	92042	39465	15219
2002	96795	39786	10897
2003	88758	39535	7831
2004	83902	33566	3902
2005	76049	29386	3710
2006	76731	33900	2613
2007	68119	26719	2672
2008	66784	23234	2051
2009	70127	24000	1419
总产值(万元) Gross Output Value(10 000 yuan)			
1990	71583	52612	18971
1995	211506	150806	56325
1996	264126	162808	84748
1997	337322	204938	94858
1998	393603	226323	92242
1999	482827	263198	100333
2000	562352	316320	76941
2001	703722	361756	80259
2002	840041	403340	72018
2003	1081402	451381	74773
2004	1114884	475044	42796
2005	1131704	475276	38599
2006	1310086	598657	32506
2007	1551804	716282	41920
2008	1918994	814358	41328
2009	2597056	1006598	43643

13-9 建筑业企业主要经济指标

指　标	Item	单位	unit	1995
建筑业企业个数	Number of Enterprises	个	unit	278
期末从业人员	Number of Employed Persons	人	person	99732
自有施工机械设备台数	Number of Machinery and Equipment Owned	台	set	19523
自有施工机械设备净价	Net Value of Machinery and Equipment Owned	万元	10 000 yuan	36034
自有施工机械设备总功率	Total Power of Machinery and Equipment Owned	千瓦	kw	340200
建筑业总产值	Gross Output Value of Construction	万元	10 000 yuan	211506
建筑工程	Construction	万元	10 000 yuan	168027
安装工程	Installation	万元	10 000 yuan	40036
其他产值	Other Output Value	万元	10 000 yuan	3443
竣工产值	Output Value of Construction Completed	万元	10 000 yuan	138743
施工面积	Floor Space of Buildings under Construction	万平方米	10 000 sq.m	302.9
竣工面积	Floor Space of Buildings Completed	万平方米	10 000 sq.m	171.8
利润总额	Total Profits	万元	10 000 yuan	358
劳动生产率	Overall Labor Productivity			
按总产值计算	In Terms of Gross Output Value	元/人	yuan/person	22048
技术装备率	Value of Machines per Laborer	元/人	yuan/person	3756
动力装备率	Power of Machines per Laborer	千瓦/人	kw/person	3.55
房屋建筑面积竣工率	Rate of Floor Space of Buildings Completed	%	%	56.7
产值利润率	Ratio of Profit to Gross Output Value	%	%	0.2

注:2004 年以前为自有机械设备台数、净价和总功率。

a)Since 2004,statistics on machinery and equipment owned refer to construction machinery and equipment owned.

Main Economic Indicators on Construction Enterprises

	2000	2002	2003	2005	2006	2007	2008	2009
	529	454	447	521	519	514	530	520
	83980	96795	88758	76049	76731	68119	66784	70127
	38383	45496	48138	39677	39710	40747	39935	38601
	92108	162441	186564	143251	158781	162011	162982	178916
	668310	721132	855052	821548	860762	857929	912832	875142
	562352	840041	1081402	1131704	1310086	1551804	1918994	2597056
	482922	706890	929613	980741	1141307	1391712	1735649	2385017
	71276	122983	125449	135591	155904	145669	157942	172567
	8154	10168	26340	15372	12875	14423	21857	34663
	427058	691341	875048	1006905	1172377	1280202	1553736	2006282
	563.2	834.7	1119.9	1056.6	1245.7	1342.0	1677.3	2113.5
	340.7	430.9	578.7	564.0	576.9	648.5	741.2	948.0
	13524	12204	15588	20802	20656	25079	31615	62681
	44864	56967	61352	74198	84347	97136	111485	125767
	10968	16782	21019	18921	20773	23784	24404	25513
	7.96	7.45	9.63	10.85	11.26	12.59	13.67	12.48
	60.5	51.6	51.7	53.4	46.3	48.3	44.2	44.9
	2.4	1.5	1.4	1.8	1.6	1.6	1.6	2.4

13-10 各市县建筑企业生产情况（总承包和专业承包建筑业企业）

Production Situation on Construction Enterprises by City and County (General Construction Contractors and Professional Contractors)

（2009）

地区	Region	企业数（个）Number of Enterprises (unit)	建筑业总产值(千元) Gross Output Value of Construction(1000yuan)				竣工产值（千元）Output Value of Construction Completed (1000 yuan)
			合计 Total	建筑工程 Construction	安装工程 Installation	其他产值 Others	
全区总计	**Total**	**495**	**25922467**	**23850170**	**1725668**	**346629**	**20062822**
银川市	**Yinchuan**	**293**	**16817453**	**15554348**	**1201556**	**61549**	**12929632**
银川市	District	257	14840811	13577706	1201556	61549	11528375
永宁县	Yongning	3	208578	208578			149278
贺兰县	Helan	15	551916	551916			330034
灵武市	Lingwu	18	1216148	1216148			921945
石嘴山市	**Shizuishan**	**49**	**3098142**	**2811913**	**150842**	**135387**	**2298829**
石嘴山市	District	42	2784122	2512267	150842	121013	2017131
平罗县	Pingluo	7	314020	299646		14374	281698
吴忠市	**Wuzhong**	**72**	**3531108**	**3196645**	**286402**	**48061**	**2776570**
利通区	Litong	33	1854624	1758904	95720		1352793
红寺堡管委会	Hongsipu	2	22462	22462			10316
青铜峡市	Qingtongxia	20	512080	450275	28682	33123	364036
盐池县	Yanchi	8	890056	713118	162000	14938	861602
同心县	Tongxin	9	251886	251886			187823
固原市	**Guyuan**	**42**	**1078749**	**1036017**	**31534**	**11198**	**864083**
原州区	Yuanzhou	23	731658	716960	3500	11198	588313
西吉县	Xiji	5	97603	69866	27737		39464
隆德县	Longde	5	129519	129519			129519
泾源县	Jingyuan	5	55490	55193	297		51902
彭阳县	Pengyang	4	64479	64479			54885
中卫市	**Zhongwei**	**39**	**1397015**	**1251247**	**55334**	**90434**	**1193708**
沙坡头区	Shapotou	20	681046	631594	49452		636073
中宁县	Zhongning	15	638571	545095	3719	89757	524235
海原县	Haiyuan	4	77398	74558	2163	677	33400

13-10 续表 1 continued

(2009)

地 区	Region	房屋建筑施工面积（平方米）Floor Space of Buildings under Construction (sq.m)	房屋建筑竣工面积（平方米）Floor Space of Buildings Completed (sq.m)	住宅 Residence	竣工房屋价值（千元）Value of Buildings Completed (1000 yuan)	住宅 Residence
全区总计	**Total**	**21135125**	**9479667**	**6142846**	**9371247**	**5769075**
银川市	**Yinchuan**	**13090144**	**5780159**	**3741277**	**5739774**	**3576155**
银川市	District	11180882	4843756	3019520	4958154	3018129
永宁县	Yongning	271868	124337	112424	71279	55919
贺兰县	Helan	541784	213022	165471	183507	141727
灵武市	Lingwu	1095610	599044	443862	526834	360380
石嘴山市	**Shizuishan**	**3135335**	**1200519**	**767373**	**1181729**	**711570**
石嘴山市	District	2736623	978628	554353	989049	526081
平罗县	Pingluo	398712	221891	213020	192680	185489
吴忠市	**Wuzhong**	**2952595**	**1478577**	**1138163**	**1421084**	**1046278**
利通区	Litong	2087120	1088289	898168	1024015	837771
红寺堡	Hongsipu	6994	6994	1734	6456	1716
青铜峡市	Qingtongxia	513253	141498	67290	148594	54776
盐池县	Yanchi	231790	179694	138553	163784	116108
同心县	Tongxin	113438	62102	32418	78235	35907
固原市	**Guyuan**	**594094**	**289206**	**151191**	**285557**	**125611**
原州区	Yuanzhou	345435	157596	116436	135426	86528
西吉县	Xiji	132067	31310	5515	39464	7319
隆德县	Longde	42318	42318	23240	55709	26676
泾源县	Jingyuan	34992	28818		28984	
彭阳县	Pengyang	39282	29164	6000	25974	5088
中卫市	**Zhongwei**	**1362957**	**731206**	**344842**	**743103**	**309461**
沙坡头区	Shapotou	836127	427551	199365	459286	151128
中宁县	Zhongning	304245	207827	141807	250417	154752
海原县	Haiyuan	222585	95828	3670	33400	3581

13-10 续表 2 continued

(2009)

地 区	Region	自有机械设备年末总台数（台）Number of Machinery and Equipment Owned (set)	自有施工机械设备年末净值（千元）Net Value of Machinery and Equipment Owned (1000 yuan)	自有施工机械设备年末总功率（千瓦）Total Power of Machinery and Equipment Owned (kw)	计算劳动生产率的平均人数（人）Average Staff to Calculate Labor Productivity (person)	年末从业人员（人）Number of Employed Persons at Year End (person)
全区总计	**Total**	**38601**	**1789161**	**875142**	**204772**	**70127**
银 川 市	**Yinchuan**	**20010**	**936643**	**435021**	**137887**	**43963**
银 川 市	District	17222	736444	381509	125934	38449
永 宁 县	Yongning	320	2257	5188	1987	1268
贺 兰 县	Helan	808	53501	14856	2922	1051
灵 武 市	Lingwu	1660	144441	33468	7044	3195
石嘴山市	**Shizuishan**	**3808**	**269828**	**99183**	**24074**	**5581**
石嘴山市	District	3302	245581	88852	20577	5056
平 罗 县	Pingluo	506	24247	10331	3497	525
吴 忠 市	**Wuzhong**	**5886**	**281383**	**160749**	**23226**	**9402**
利 通 区	Litong	2410	84140	45971	10131	3081
红 寺 堡	Hongsipu	105	203	1633	398	205
青铜峡市	Qingtongxia	1453	80899	43957	3380	2802
盐 池 县	Yanchi	1135	84531	39339	7485	2329
同 心 县	Tongxin	783	31610	29849	1832	985
固 原 市	**Guyuan**	**4128**	**149821**	**89719**	**9352**	**4089**
原 州 区	Yuanzhou	1329	92147	50568	5490	3001
西 吉 县	Xiji	464	13936	8808	1060	338
隆 德 县	Longde	1460	31468	19031	848	235
泾 源 县	Jingyuan	340	9648	5339	802	375
彭 阳 县	Pengyang	535	2622	5973	1152	140
中 卫 市	**Zhongwei**	**4769**	**151486**	**90470**	**10233**	**7092**
沙坡头区	Shapotou	2384	74160	32110	5134	3862
中 宁 县	Zhongning	1958	68344	50206	4359	3092
海 原 县	Haiyuan	427	8982	8154	740	138

13-11 各市县建筑企业财务状况（总承包和专业承包建筑业企业）
Financial Indicators on Construction Enterprises by City and Country (General Construction Contractors and Professional Contractors)

单位:千元　　(2009)　　(1 000 yuan)

地区	Region	流动资产合计 Total Circulating Funds	存货 Stock	长期投资 Long-term Investment	固定资产合计 Total Fixed Assets	固定资产原价 Original Value of Fixed Assets
全区总计	**Total**	**19171158**	**4326794**	**1166937**	**4571692**	**6415077**
银川市	**Yinchuan**	**11358401**	**2406614**	**814917**	**2470948**	**3692618**
银川市	District	10547605	2158869	796075	2126312	3249375
永宁县	Yongning	60403	10445	200	21575	27832
贺兰县	Helan	239741	45037	4190	99285	118020
灵武市	Lingwu	510652	192263	14452	223776	297391
石嘴山市	**Shizuishan**	**3029466**	**1046786**	**183501**	**418867**	**520116**
石嘴山市	District	2728672	854940	155788	380718	463245
平罗县	Pingluo	300794	191846	27713	38149	56871
吴忠市	**Wuzhong**	**2340529**	**428783**	**57984**	**631606**	**891397**
利通区	Litong	1135778	209758	16061	273734	407154
红寺堡	Hongsipu	13919	2021		3078	10756
青铜峡市	Qingtongxia	481614	37903	34034	157634	174407
盐池县	Yanchi	619704	171808		128399	210062
同心县	Tongxin	89514	7293	7889	68761	89018
固原市	**Guyuan**	**645202**	**77753**	**3487**	**428594**	**579606**
原州区	Yuanzhou	483919	53381		231969	339173
西吉县	Xiji	39613	7435		46514	53008
隆德县	Longde	60547	7959		95521	109127
泾源县	Jingyuan	35232	4662	3487	31150	40741
彭阳县	Pengyang	25891	4316		23440	37557
中卫市	**Zhongwei**	**1797560**	**366858**	**107048**	**621677**	**731340**
沙坡头区	Shapotou	934577	233324	23503	142940	168977
中宁县	Zhongning	822146	120127	83545	459464	539088
海原县	Haiyuan	40837	13407		19273	23275

13-11 续表 1 continued

单位:千元 (2009) (1 000 yuan)

地 区	Region	累计折旧 Accumulated Depreciation	本年折旧 Depreciation this Year	在建工程 Construction in Process	无形资产及递延资产 Intangible and Deferred Assets	无形资产 Intangible Assets
全区总计	**Total**	**2231167**	**408563**	**308785**	**397911**	**370308**
银 川 市	**Yinchuan**	**1384797**	**264465**	**110573**	**247988**	**229473**
银 川 市	District	1251975	228155	109432	240563	222078
永 宁 县	Yongning	6263	264		107	107
贺 兰 县	Helan	24988	6359	802	916	916
灵 武 市	Lingwu	101571	29687	339	6402	6372
石嘴山市	**Shizuishan**	**161595**	**54015**	**53002**	**20374**	**15744**
石嘴山市	District	142661	51878	53002	16352	15191
平 罗 县	Pingluo	18934	2137		4022	553
吴 忠 市	**Wuzhong**	**299693**	**36697**	**30366**	**19790**	**19226**
利 通 区	Litong	140403	12195	6943	13896	13332
红 寺 堡	Hongsipu	7679	1235			
青铜峡市	Qingtongxia	43950	8596	17683	3790	3790
盐 池 县	Yanchi	84340	13453	2676	997	997
同 心 县	Tongxin	23321	1218	3064	1107	1107
固 原 市	**Guyuan**	**170214**	**21659**	**10476**	**18051**	**18051**
原 州 区	Yuanzhou	117192	14876	3694	14952	14952
西 吉 县	Xiji	7159	883		307	307
隆 德 县	Longde	13606	911			
泾 源 县	Jingyuan	18008	3324	6650	2180	2180
彭 阳 县	Pengyang	14249	1665	132	612	612
中 卫 市	**Zhongwei**	**214868**	**31727**	**104368**	**91708**	**87814**
沙坡头区	Shapotou	57651	9985	31614	20856	18379
中 宁 县	Zhongning	152378	20976	72754	69756	68339
海 原 县	Haiyuan	4839	766		1096	1096

13-11 续表 2 continued

单位:千元 (2009) (1 000 yuan)

地 区	Region	资产总计 Total Assets	负债合计 Total Liabilities	流动负债合计 Total Liquid Liabilities	长期负债合计 Long-term Liabilities	所有者权益合计 Owners´ Equity	实收资本 Paid-in Capitals
全区总计	**Total**	**25386590**	**16689927**	**16090235**	**599692**	**8696663**	**6638424**
银川市	**Yinchuan**	**14961858**	**9966537**	**9739704**	**226833**	**4995321**	**3937609**
银川市	District	13779729	9360230	9175353	184877	4419499	3502585
永宁县	Yongning	82285	33537	33537		48748	45466
贺兰县	Helan	344562	174790	145794	28996	169772	141231
灵武市	Lingwu	755282	397980	385020	12960	357302	248327
石嘴山市	**Shizuishan**	**3654675**	**2805352**	**2731390**	**73962**	**849323**	**679485**
石嘴山市	District	3283997	2523070	2451837	71233	760927	592779
平罗县	Pingluo	370678	282282	279553	2729	88396	86706
吴忠市	**Wuzhong**	**3052974**	**1788875**	**1764931**	**23944**	**1264099**	**1031005**
利通区	Litong	1439715	870894	847294	23600	568821	484924
红寺堡	Hongsipu	16997	8075	8075		8922	7510
青铜峡市	Qingtongxia	677072	350583	350553	30	326489	234751
盐池县	Yanchi	751919	508128	508128		243791	206544
同心县	Tongxin	167271	51195	50881	314	116076	97276
固原市	**Guyuan**	**1095354**	**502696**	**476556**	**26140**	**592658**	**530203**
原州区	Yuanzhou	730860	353881	329009	24872	376979	324922
西吉县	Xiji	86434	31857	31757	100	54577	54432
隆德县	Longde	156068	78603	77435	1168	77465	72493
泾源县	Jingyuan	72049	24682	24682		47367	43275
彭阳县	Pengyang	49943	13673	13673		36270	35081
中卫市	**Zhongwei**	**2621729**	**1626467**	**1377654**	**248813**	**995262**	**460122**
沙坡头区	Shapotou	1122796	793995	738808	55187	328801	214918
中宁县	Zhongning	1434911	816166	623266	192900	618745	201291
海原县	Haiyuan	64022	16306	15580	726	47716	43913

13-11 **续表** 3 continued

单位:千元 （2009） （1 000 yuan）

地 区	Region	工程结算收入 Revenue of Project Settlement Accounts	工程结算成本 Cost of Project Settlement Accounts	工程结算税金及附加 Taxes and Extra Charges on Project Settlement Accounts	工程结算利润 Profits of Project Settlement Accounts	其他业务收入 Revenue from Other Businesses
全区总计	**Total**	**26809274**	**24258501**	**884606**	**1597146**	**458841**
银 川 市	**Yinchuan**	**17195655**	**15698616**	**562063**	**909002**	**359041**
银 川 市	District	15155020	13880800	502520	745784	357787
永 宁 县	Yongning	228247	213535	10569	4143	
贺 兰 县	Helan	666269	611628	20983	33600	1254
灵 武 市	Lingwu	1146119	992653	27991	125475	
石嘴山市	**Shizuishan**	**3354804**	**3067387**	**111608**	**174517**	**70702**
石嘴山市	District	3078890	2812643	102523	163663	69824
平 罗 县	Pingluo	275914	254744	9085	10854	878
吴 忠 市	**Wuzhong**	**3543837**	**3186749**	**129364**	**224014**	**11259**
利 通 区	Litong	1776785	1582750	65872	126747	
红 寺 堡	Hongsipu	29463	18372	1176	9874	
青铜峡市	Qingtongxia	588014	513161	22111	51956	1597
盐 池 县	Yanchi	897259	849974	25012	22253	9662
同 心 县	Tongxin	252316	222492	15193	13184	
固 原 市	**Guyuan**	**1110748**	**1008263**	**34243**	**54900**	**1468**
原 州 区	Yuanzhou	763799	696766	23249	38000	1350
西 吉 县	Xiji	97479	91419	3218	2718	28
隆 德 县	Longde	129519	117449	3814	7897	
泾 源 县	Jingyuan	64322	56341	2127	3969	11
彭 阳 县	Pengyang	55629	46288	1835	2316	79
中 卫 市	**Zhongwei**	**1604230**	**1297486**	**47328**	**234713**	**16371**
沙坡头区	Shapotou	650441	555905	22220	72051	10734
中 宁 县	Zhongning	869089	673378	22315	153740	5291
海 原 县	Haiyuan	84700	68203	2793	8922	346

13-11 续表 4 continued

单位:千元 (2009) (1 000 yuan)

地 区	Region	管理费用 Management Expenses	税 金 Taxes	营业利润 Business Profits	利润总额 Total Profits	劳动、失业保险费 Labour and Unemployment Insurance Expenses
全区总计	**Total**	**898445**	**37638**	**669767**	**626808**	**108983**
银 川 市	**Yinchuan**	**551984**	**24346**	**366408**	**361589**	**88287**
银 川 市	District	487533	20761	274158	271338	80980
永 宁 县	Yongning	2468	59	1323	1043	64
贺 兰 县	Helan	11262	2686	22861	21823	271
灵 武 市	Lingwu	50721	840	68066	67385	6972
石嘴山市	**Shizuishan**	**116893**	**4410**	**54610**	**15108**	**12113**
石嘴山市	District	107348	3869	52723	14936	11650
平 罗 县	Pingluo	9545	541	1887	172	463
吴 忠 市	**Wuzhong**	**108302**	**3075**	**110784**	**117070**	**3232**
利 通 区	Litong	38549	1269	81799	82080	160
红 寺 堡	Hongsipu	3337	9	6522	-61	8
青铜峡市	Qingtongxia	30262	1414	20726	20206	673
盐 池 县	Yanchi	28276	383	-3317	9772	2325
同 心 县	Tongxin	7878		5054	5073	66
固 原 市	**Guyuan**	**39860**	**3131**	**12782**	**13572**	**3665**
原 州 区	Yuanzhou	28368	1453	8600	9399	3235
西 吉 县	Xiji	3147	355	-907	-914	
隆 德 县	Longde	4870	1232	2624	2624	417
泾 源 县	Jingyuan	2714	53	907	907	
彭 阳 县	Pengyang	761	38	1558	1556	13
中 卫 市	**Zhongwei**	**81406**	**2676**	**125183**	**119469**	**1686**
沙坡头区	Shapotou	24184	790	44159	43225	1098
中 宁 县	Zhongning	54695	1841	74972	73358	588
海 原 县	Haiyuan	2527	45	6052	2886	

13-11 续表 5 continued

单位:千元 (2009) (1 000 yuan)

地 区	Region	应付工资总额 Total Wages Payable	应付福利费总额 Total Welfare Payable	应收工程款 Projects Receivable	竣工工程 Projects Completed	从业人员平均人数 Average Number of Employed Persons (person)
全区总计	**Total**	**4148395**	**118820**	**7294950**	**4873751**	**213137**
银 川 市	**Yinchuan**	**2890822**	**75237**	**4404400**	**3041033**	**143456**
银 川 市	District	2634881	59922	4050417	2789787	131483
永 宁 县	Yongning	44524	5372	7730	5113	2007
贺 兰 县	Helan	49287	1198	109062	60402	2922
灵 武 市	Lingwu	162130	8745	237191	185731	7044
石嘴山市	**Shizuishan**	**500116**	**15709**	**1352537**	**681468**	**26224**
石嘴山市	District	430040	10453	1317386	668575	22727
平 罗 县	Pingluo	70076	5256	35151	12893	3497
吴 忠 市	**Wuzhong**	**449279**	**8485**	**611610**	**531048**	**23274**
利 通 区	Litong	223984	3788	112100	81354	10131
红 寺 堡	Hongsipu	3143	151	4635	2020	404
青铜峡市	Qingtongxia	77161	3113	147446	136561	3422
盐 池 县	Yanchi	114016	1230	309303	293757	7485
同 心 县	Tongxin	30975	203	38126	17356	1832
固 原 市	**Guyuan**	**137193**	**6753**	**184826**	**143412**	**9483**
原 州 区	Yuanzhou	96342	5639	136488	102420	5621
西 吉 县	Xiji	7464	25	830		1060
隆 德 县	Longde	11094	342	3000	3000	848
泾 源 县	Jingyuan	14583	709	17213	15045	802
彭 阳 县	Pengyang	7710	38	27295	22947	1152
中 卫 市	**Zhongwei**	**170985**	**12636**	**741577**	**476790**	**10700**
沙坡头区	Shapotou	76771	5566	455203	263701	5134
中 宁 县	Zhongning	86096	6062	280587	208762	4826
海 原 县	Haiyuan	8118	1008	5787	4327	740

主要统计指标解释

价值量指标

［建筑业总产值］ 它是以货币表现的建筑业企业在一定时间内生产的建筑业产品和服务的总和。建筑业总产值包括三部分内容：①建筑工程产值;②设备安装工程产值;③其它产值。

它计算的价格原则上按施工单位和建设单位结算价格计算。

［建筑业增加值］ 是指建筑企业在报告期内以货币表现的建筑业生产经营活动的最终成果。有两种计算方法:一是生产法、二是分配法 (收入法)

①生产法计算公式:建筑业增加值=建筑业总产出-建筑业中间投入

②分配法 (收入法)计算公式:建筑业增加值=固定资产折旧+劳动者报酬+生产税净额+营业盈余。

［竣工产值］ 一般是以单位工程为对象,当该工程按照设计所规定的工程内容全部完成，达到了设计规定的交工条件，经有关部门检查验收鉴定合格的单位工程价值,即为竣工产值。

实物量指标

［房屋建筑面积］ 是指房屋全部平面面积的总和。它一般通过房屋施工和竣工面积来具体体现。

［房屋施工面积］ 是指报告期内施过工的全部房屋建筑面积,它包括本期新开工的面积、上期跨人本期继续施工的房屋面积、上期停缓建在本期恢复施工的房屋面积、本期竣工的房屋面积以及本期施工后又停续建的房屋面积。

［房屋新开工面积］ 是指在报告期内新开工的各个房屋的建筑面积之和。

［房屋竣工面积］ 是指在报告期内房屋建筑按照设计要求已全部完工，达到了使用条件经检查验收鉴定合格的房屋建筑面积。

财务指标

［实收资本］ 是指企业在工商行政管理部门注册登记,并实际收到投资人投入的资本。企业筹集的资本金投其投资主体一般分为国家资本、集体资本、法人资本、个人资本、港澳台资本和外商资本六种。

［资产］ 是企业拥有或控制的能以货币计量的经济资源,包括各种财产、债权和其他权利。

［负债］ 是企业所承担的能以货币计量、将以资产或劳务偿付的债务。负债一般按其偿还期长短分为流动负债和长期负债。

［所有者权益］ 是企业投资人对企业净资产的所有权，企业净资产等于企业全部资产减去全部负债后的余额。其中包括实收资本、资本公积、盈余公积和未分配利润四部分。

［工程结算收入(主营业务收入)］ 指本企业承包工程实现的工程价款结算收入以及向发包单位收取的除工程价款以外按规定列作营业收入的各种款项,如:临时设施费、劳动保险费、施工机构调迁费等以及向发包单位收取的各种索赔款。

［工程结算成本(主营业务成本)］ 指在报告期内与发包单位办理工程价款结算的已完工程实际成本。

第十四篇 Chapter 14

运输邮电
Transport, Postal and Telecommunication Services

责任编辑：马宏德
资料整理：马宏德　吕　莹　李　丹　卜宁飞　周　涛　刘聚才
张晶晶
Coordinator: Ma Hongde
Data Compilation: Ma Hongde　Lv Ying　Li Dan　Pu Ningfei
Zhou Tao　Liu Jucai　Zhang Jingjing

14-1 主要交通运输工具和线路里程

Major Transport Conveyance and Line Mileage

年 份 Year	载货汽车（辆）Truck (unit)	载客汽车（辆）Passenger Vehicles (unit)	铁 路 Railways 机车（台）Locomotive (unit)	客车（辆）Passenger Coaches (coach)	铁路通车里程（公里）Rail Mileage Open to Traffic (km)	公路通车里程（公里）Highway Mileage Open to Traffic (km)	民航通航里程（公里）Length of Civil Aviation Routes (km)
1957	268	21				2241	
1958	978	29	24		361	2686	1300
1965	1368	85	73		409	3201	1300
1970	2731	506	99	9	409	3591	1300
1975	5296	1224	90	11	421	3916	1300
1978	7991	1920	100	8	421	5227	1300
1980	8867	2345	104	11	421	6848	1300
1985	12754	5149	92	41	421	7016	1300
1986	14221	5806	109	51	421	7181	1620
1987	15365	6419	121	51	421	7704	1620
1988	16486	7222	112	53	421	8106	1620
1989	18231	8144	130	108	421	8106	1620
1990	20471	8744	128	131	421	8200	1400
1991	21955	9510	128	145	421	8200	1400
1992	23970	11262	153	140	421	8200	1816
1993	26315	12864	156	152	446	8301	5663
1994	29379	14277	160	160	453	8324	7463
1995	30788	16419	203	171	769	8554	8683
1996	35590	19464	206	223	769	8738	11597
1997	32771	23990	206	279	773	9048	8683
1998	35791	27951	227	293	776	9487	11460
1999	40220	33628	203	275	780	10015	9883
2000	43496	37629	208	315	780	10171	16823
2001	45227	41079	208	307	780	10899	21242
2002	43051	48874	195	343	780	11245	27336
2003	59710	59590	209	345	780	11916	30101
2004	57831	60386	204	341	780	12456	28627
2005	68956	80384	196	328	786	13078	21248
2006	66276	95063	193	328	783	19903	21219
2007	71466	118249	196	287	783	20562	36253
2008	81072	148103	158	283	783	21008	44197
2009	107536	201143	222	402	783	21805	50602

注：1. 1965 年前载客汽车未包括小客车

2. 2006 年起公路通车里程包含村道

a)Before 1965,Passenger Vehicles do not include minibus.

b)Since 2006,Length of highways include the village road.

14-2 运输线路长度

Length of Transportation Routes

单位:公里 (km)

年份 Year	铁路营业里程 Length of Railways in Operation	电气化里程 Electrified Railways	公路 Length of Highways	等级路 Standard Highways	等外路 Substandard Highways	民航 Civil Aviation
1978	437.7		5227			1300
1979	437.7		6848	5503	1345	1300
1980	437.7		6848	5503	1345	1300
1981	437.7		6848	5446	1402	1300
1982	437.7		6869	5482	1387	1300
1983	426.9		6867	5480	1387	1300
1984	426.9		6983	5609	1374	1300
1985	426.9		7016	5642	1374	1300
1986	426.9		7181	5857	1324	1620
1987	426.9		7704	6434	1270	1620
1988	426.9		8106	7083	1023	1620
1989	427.0		8106	7083	1023	1620
1990	427.0		8200	7400	800	1400
1991	427.0		8200	7556	644	1400
1992	427.0		8200	7565	635	1816
1993	451.7		8301	7666	635	5663
1994	457.6		8324	7689	635	7463
1995	792.6	437.1	8554	7922	632	8683
1996	792.6	439.1	8738	8106	632	11597
1997	789.8	436.3	9048	8426	622	8683
1998	789.8	718.8	9487	8876	611	11460
1999	789.8	718.8	10015	9460	555	9883
2000	790.2	716.9	10171	9649	522	16823
2001	790.2	716.9	10899	10723	176	21242
2002	790.2	716.9	11245	11081	164	27336
2003	790.2	716.9	11916	11770	146	30101
2004	790.2	716.9	12456	12325	131	28627
2005	708.3	669.0	13078	13001	77	21248
2006	705.9	667.5	19903	18102	1801	21219
2007	705.8	667.5	20562	18934	1627	36253
2008	705.8	667.5	21008	19403	1605	44197
2009	705.8	705.8	21805	20297	1509	50602

注：1. 2004 年以前铁路营业里程为银川铁路分局管辖长度。
2. 2005 年起铁路数据由兰州铁路局重新核定划分。
3. 2006 年起公路里程包含村道。

a) Before 2004,Length of railways in operation refer to jurisdiction of yinchuan railroad bureau.
b) From 2005,data of railway were re-approved by Lanzhou Railway Bureau.
c) Road length include the village roads since 2006.

14-3 客货运输量

Passenger and Freight Traffic

年 份 Year	客运量 (万人) Passenger Traffic (10 000 persons)	铁路 Railways	公路 Highways	航空 Aviation	货运量 (万吨) Freight Traffic (10 000 tons)	铁路 Railways	公路 Highways	航空 Aviation
1952	4.6		4.3		19.8		12.2	
1957	39.1		39.1		96.3		88.0	
1958	52.4		52.4		201.8		191.8	
1965	142.8	74.8	68.0		640.0	376.6	257.1	
1970	226.6	103.5	123.1	0.0	878.9	499.0	374.4	
1975	364.5	128.0	236.3	0.2	1439.3	958.5	476.7	
1978	466.1	144.4	321.4	0.3	2175.0	1298.0	847.0	
1980	645.9	176.0	469.6	0.3	2302.0	1374.0	719.0	
1985	1349.0	217.0	1131.6	0.4	3610.0	1478.0	1912.0	
1986	1746.3	234.0	1530.0	0.3	3928.0	1442.0	2377.0	
1987	2298.7	246.6	2050.4	1.7	3820.0	1457.0	2203.0	
1988	2933.0	267.0	2665.0	1.0	3702.0	1450.0	2078.0	
1989	2966.0	237.0	2727.0	2.0	3837.0	1511.0	2167.0	
1990	2838.0	181.0	2655.0	2.0	3851.0	1512.0	2178.0	
1991	3402.0	184.0	3215.0	3.0	3987.0	1467.0	2316.0	
1992	3647.0	198.0	3447.0	2.0	4321.0	1502.0	2695.0	0.02
1993	3694.0	209.0	3481.0	4.0	4418.0	1471.0	2868.0	0.02
1994	4804.0	208.0	3870.0	6.0	4489.0	1502.0	2880.0	0.03
1995	4565.0	195.0	4357.0	13.0	5220.0	1605.0	3519.0	0.04
1996	5195.0	162.0	5024.0	9.0	5522.0	1662.0	3749.0	0.06
1997	5286.0	180.0	5098.0	8.0	5617.0	1681.0	3811.0	0.05
1998	4816.0	200.0	4606.0	9.6	6048.0	1876.0	3950.0	0.06
1999	5108.0	238.0	4860.0	9.9	6283.0	1900.0	4168.0	0.07
2000	5537.0	271.0	5252.0	14.4	6880.0	2105.3	4531.0	0.06
2001	5823.0	282.0	5525.0	15.8	7287.0	2300.0	4694.0	0.06
2002	6125.4	278.0	5832.0	15.4	7544.9	2367.2	4894.0	0.12
2003	5904.2	277.0	5605.0	22.2	7878.5	2528.5	5048.0	0.17
2004	6722.9	329.0	6359.0	34.9	8724.9	2768.4	5326.0	0.26
2005	7107.0	309.0	6757.0	41.4	9340.0	2881.0	5648.0	0.58
2006	7600.0	357.0	7191.0	51.9	10239.0	3329.0	6029.0	0.45
2007	8208.0	382.0	7752.0	73.6	11445.0	3957.0	6583.0	0.46
2008	11899.0	457.0	11363.0	78.5	26162.0	4400.0	21762.0	0.44
2009	12657.9	513.0	12034.0	110.9	30323.0	5978.0	23263.0	0.54

注：1. 1998 年后公路数据为抽样调查数。

2. 2008 年后公路数据为交通部公路、水路运输全行业统计调查数据。

a)Data of highways refer to sampling survey data since 1998.

b)From 2008,data of highways refer to highway and waterway transportation industry-wide statistical survey data of Department of Transportation.

14-4 客货周转量

Passenger and Freight Turnover Volume

单位:公里 (km)

年份 Year	旅客周转量（万人公里）Passenger-kilometers（10 000 person-km）	铁路 Railways	公路 Highways	航空 Aviation	货物周转量（万吨/公里）Freight Ton-kilometers（10 000 ton-km）	铁路 Railways	公路 Highways
1952	1482		1402		3806		888
1957	6774		6774		6052		3694
1958	5991		5991		7827		6756
1965	17820	13100	4720		326605	318579	7894
1970	25051	17800	7251		413251	402684	10441
1975	35621	20140	15481		427026	409170	17787
1978	44223	23208	21015		562221	534901	27302
1980	61200	27737	33463		458925	430286	20693
1985	121000	45392	75608		619679	519235	79644
1986	150660	50663	99997		622042	505987	90150
1987	178401	55049	123352		642698	517104	99881
1988	223418	62303	161115		654770	529081	101031
1989	223973	57126	166847		737856	598251	115410
1990	192033	46810	145223		747893	598005	125898
1991	217382	49463	167919		699568	549786	127663
1992	237953	53892	182691	1370	737072	574826	140888
1993	240722	55532	182136	3054	780544	620387	151852
1994	263766	57575	200041	6149	888827	718298	160572
1995	279190	55559	215721	7910	1150029	938271	201549
1996	320515	53913	256079	10523	1375426	1104316	259340
1997	363616	94515	259639	9462	1563229	1203105	346872
1998	416190	142160	262525	11505	1785410	1286639	477229
1999	521496	224045	286044	11407	2010692	1440983	521786
2000	575597	244662	313768	17167	2218627	1594496	568601
2001	551500	202100	333700	15600	2442700	1789300	584900
2002	568049	196539	355306	16204	2623417	1932317	614562
2003	551788	195534	335109	21145	2663245	1968396	630923
2004	651117	231455	381550	38112	2632894	1863592	645950
2005	669549	219490	402650	47409	2679933	1844278	677650
2006	730946	240847	431600	58499	2931456	2031313	721440
2007	804629	259878	465000	79751	3026090	2106674	781800
2008	959073	287354	575282	96437	7008728	2229354	4778724
2009	1048505	303971	610222	134312	7644774	2497308	4969734

注:2008年后公路数据为交通部公路、水路运输全行业统计调查数据。

a)From 2008,data of highways refer to highway and waterway transportation industry-wide statistical survey data of Department of Transportation.

14-5 邮电业务总量

Business Volume of Post and Telecommunication Services

年 份 Year	邮电业务总量（万元）Business Volume of Postal and Telecommunication (10 000 yuan)	函 件（万件）Number of Letters (10 000 pcs)	报刊期发数（万份）Issue of Newspapers and Magazines (10 000 copies)	电话用户总数（万户）Number of Telephone Subscribers (10 000 subscriber)	移动电话用户（户）Number of Mobile Telephone Subscribers (subscriber)	国际互联网络用户（户）Number of Internet Users (subscriber)	长途电话（万次）Long-distance Calls (10 000 times)
1952	75.3	104.1		0.02			6.5
1957	197.4	324.2		0.15			11.9
1958	287.8	380.9	14.5	0.23			18.6
1965	586.2	639.1	19.2	0.70			41.5
1970	690.9	863.7	9.8	0.76			37.6
1975	979.0	990.7	33.5	1.05			68.0
1978	1165.0	1168.7	45.0	1.30			77.0
1980	1279.4	1474.5	68.4	1.60			88.1
1985	1908.2	1792.0	125.1	2.80			150.8
1986	2149.6	2000.8	116.7	3.36			167.3
1987	2422.6	2150.3	136.0	3.69			170.4
1988	3055.1	2217.1	112.5	4.13			240.0
1989	3663.7	2123.0	87.0	4.60			291.0
1990	4357.7	2054.3	85.4	5.11			353.5
1991	5278.5	2028.1	85.0	5.89			448.7
1992	6668.9	1955.6	113.0	7.04			670.6
1993	10262.0	2283.5	89.4	9.78	1400		1275.4
1994	14817.1	2225.9	82.4	14.95	3400		1894.0
1995	22859.6	2270.9	70.3	21.64	6900		2708.3
1996	33940.5	2278.1	63.8	29.44	12500		3687.7
1997	45611.7	1867.7	60.8	35.26	23900	127	4857.0
1998	66577.0	1714.9	52.3	43.35	49900	1240	5990.4
1999	91988.9	1780.5	48.3	53.32	107600	3469	6961.3
2000	143401.0	2021.0	61.7	70.01	204400	34423	8772.0
2001	163400.0	2631.0	48.5	113.07	417321	85310	8123.0
2002	218810.4	3052.0	45.0	158.14	736770	174511	5052.4
2003	288775.8	2642.0	42.8	223.87	1235426	222275	11620.3
2004	392397.0	2093.7	43.3	278.16	1586026	320813	9104.9
2005	485984.0	3018.4	61.4	319.97	1810830	590992	10709.6
2006	615246.3	3304.8	41.8	362.42	2185600	291198	11209.5
2007	800382.2	2049.5	44.1	408.31	2681300	323855	48413.0
2008	961661.0	3091.6	48.2	444.81	3233000	369771	51216.8
2009	1189360.0	2395.0	50.9	504.90	3904000	418220	50453.0

注：1. 邮电业务总量 2000 年以前为 1990 年不变价计算，2001 年起按信息产业部新的不变价计算。
2. 2001 年起电话机总数中包括移动电话用户。

a)The business volume of postal and telecomunication services before 2000 was calculated at 1990 constant prices and that was calculated at new constant prices since 2001.

b)Number of Telephone Subscribers included mobile phone users since 2001.

主要统计指标解释

［货运量］ 指一定时期（年、季、月）内，以重量单位（吨）计算的由各种运输工具实际完成运钧过程的货物数量。货运量包括:铁路货运量、公路货运量、水运货运量、民航货运量和管道运输量。

［货物周转量］ 指一定时期（年、季、月）内，由各种运输工具实际完成运送过程的，以综合运量和运距的复合单位（吨公里）计算的货物总运输量。它是反映货物运输量的另一个指标。货物周转量中包括铁路、公路、水运、航空、管道等各种运输工具完成的货物周转量。

［客运量］ 指分别按各类运输方式计算的实际运送的旅客人数。包括:铁路客运量、公路客运量、水运客运量、空运客运量。

［旅客周转量］ 指由各种运输方式在一定时期（年、季、月）内实际运送的每位旅客乘车（船、民用飞机）里程的综合数，计算单位是“人公里”。

［民用汽车］ 由公安交通监理部门所掌管的领有本地区民用车辆牌照的普通载货汽车、专用载货汽车、载客汽车、其他专用汽车、特种汽车等。不包括拖拉机、摩托车、其他机动车等。

［载客汽车］ 指用于运送旅客的汽车。可分为大型及小型两种，凡车长 6 米及以上或乘座人数（驾驶员除外）为 20 人及以上者为大型载客汽车。

［营运汽车］ 指领有公安交通监理部门核发的车辆牌照、并经当地工商行政管理机关核准，领取营业执照，参加营业性运输的载客和载货汽车，包括使用权属于公路运输企业的租入、借入、代管的营运汽车。计算单位为“辆”。

［邮电业务总量］ 即邮电专业产品量。邮电业务量按专业分类包括函件、机要文件、包件、汇票、报刊发行、邮政快件、特快专递、邮政储蓄、集邮、公众电报、用户电报、传真、长途电话、出租电路、市话无线寻呼、移动电话、分组交换数据通信、出租代维等。

［市话交换机总容量］ 指市内电话交换机设备的全部容量，包括现用、备用、未使用、损坏停用四部分设备的容量。市内电话局内的查询台、查号台、障碍台、报时台、火警台等特种业务容量均不包括在内。

［移动电话用户］ 指在邮电部门登记、通过移动电话交换机进入移动电话网、占有移动电话号码的电话用户，按实际办理登记手续进入邮电部门移动电话网的户数进行统计，一部（台）移动电话统计为一户。

［计算机互联网（INTERNET）用户］ 计算机互联网是一个连接计算机网的网络，范围遍及全世界，包括局域网、城域网和广域网，旨在实现计算机资源共享。它分为两大类，一类是学术范围的非盈利性的网络，另一类是商业性或非学术性的网络。接入这个网络的用户，称为 INTERNET 用户。

第十五篇 Chapter 15

批发零售贸易和住宿餐饮业

Wholesale, Retail, Housing and Catering

责任编辑:梁建民

资料整理:梁建民　岳洪涛　温　静　周　莹　郝　静　马良俊

Coordinator:Liang Jianmin

Data Compilation:Liang Jianmin　Yue Hongtao　Wen Jing

Zhou Ying　Hao Jing　Ma Liangjun

15-1 限额以上批发业法人、活动单位、个体户数、从业人员总数

Number of Corporation Enterprises, Establishments,Self-employed and Engaged Persons above Designated Size of Wholesale

（2009）

指标	Item	法人单位数（个）Number of Corporate Unit (unit)	活动单位数（个）Number of Establishments (unit)
批发业合计	**Wholesale Trade**	**181**	**28**
国有及国有控股	State-owned and State-Holding Enterprises	30	**8**
按登记注册类型分组	**Grouped by Registration Status**		
内资企业	Domestic Funded Enterprises	179	28
国有企业	State-owned Enterprises	26	8
集体企业	Collective-owned Enterprises		
股份合作	Cooperative Enterprises		
有限责任公司	Limited Liability Corporations	38	1
国有独资企业	State Sole Funded Corporations		
其他有限责任公司	Other Limited Liability Corporations	38	1
股份有限公司	Share-holding Corporations Ltd.	8	19
私营企业	Private Enterprises	107	
外商投资企业	Foreign Funded Enterprises	2	
个体经营户	Individual Enterprises		
按国民经济行业分组	**Grouped by Sector**		
农畜产品批发业	Wholesale of Farm Produce and Livestock Products	6	
食品、饮料及烟草制品批发业	Wholesale of Food,Beverages and Tobaccos	19	6
米、面制品及食用油批发业	Wholesale of Rice,Flour and Edible Oil	4	
烟草制品批发业	Wholesale of Tobaccos	5	6
纺织、服装及日用品批发业	Wholesale of Textiles,Garments and Daily Consumer Articles	2	
服装批发业	Wholesale of Garments	1	
文化、体育用品及器材批发业	Wholesale of Culture,Sports Appliances and Equipments	4	
医药及医疗器材批发业	Wholesale of Medicines and Medical Appliances	6	
矿产品、建材及化工产品批发业	Wholesale of Mineral Products,Building and Chemical Products	102	20
机械设备、五金交电及电子产品批发业	Wholesale of Machinery,Hardware and Electronic Equipment	34	1
其他批发业	Other Wholesale not Classified Elsewhere	8	1

15-1 续表 1 continued

(2009)

指 标	Item	个体户数(个) Branches (unit)	从业人员总数(人) Engaged Persons (person)
批发业合计	**Wholesale Trade**	**1**	**10903**
国有及国有控股	State-owned and State-Holding Enterprises		4964
按登记注册类型分组	**Grouped by Registration Status**		
内资企业	Domestic Funded Enterprises		10416
国有企业	State-owned Enterprises		2933
集体企业	Collective-owned Enterprises		
股份合作	Cooperative Enterprises		
有限责任公司	Limited Liability Corporations		1208
国有独资企业	State Sole Funded Corporations		
其他有限责任公司	Other Limited Liability Corporations		1208
股份有限公司	Share-holding Corporations Ltd.		3495
私营企业	Private Enterprises		2780
外商投资企业	Foreign Funded Enterprises		475
个体经营户	Individual Enterprises		12
按国民经济行业分组	**Grouped by Sector**		
农畜产品批发业	Wholesale of Farm Produce and Livestock Products		292
食品、饮料及烟草制品批发业	Wholesale of Food,Beverages and Tobaccos		2685
米、面制品及食用油批发业	Wholesale of Rice,Flour and Edible Oil		486
烟草制品批发业	Wholesale of Tobaccos		1440
纺织、服装及日用品批发业	Wholesale of Textiles,Garments and Daily Consumer Articles	1	50
服装批发业	Wholesale of Garments		35
文化、体育用品及器材批发业	Wholesale of Culture,Sports Appliances and Equipments		170
医药及医疗器材批发业	Wholesale of Medicines and Medical Appliances		309
矿产品、建材及化工产品批发业	Wholesale of Mineral Products,Building and Chemical Products		5746
机械设备、五金交电及电子产品批发业	Wholesale of Machinery,Hardware and Electronic Equipment		1297
其他批发业	Other Wholesale not Classified Elsewhere		342

15-2 限额以上零售业法人、活动单位、个体户数、从业人员总数

Number of Corporation Enterprises, Establishments, Self-employed and Engaged Persons above Designated Size of Retail Trades

（2009）

指　标	Item	法人单位数（个）Number of Corporate Unit (unit)	活动单位数（个）Engaged Persons (unit)
零售业合计	**Total**	**191**	**18**
国有及国有控股	State-owned and State-Holding Enterprises	27	11
按登记注册类型分组	**Grouped by Registration Status**		
内资企业	Domestic Funded Enterprises	190	18
国有企业	State-owned Enterprises	24	11
集体企业	Collective-owned Enterprises	1	
联营企业	Joint-venture Enterprises		
有限责任公司	Limited Liability Corporations	45	
国有独资企业	State Sole Funded Corporations		
其他有限责任公司	Other Limited Liability Corporations	45	
股份有限公司	Share-holding Corporations Ltd.	4	5
私营企业	Private Enterprises	114	2
外商投资企业	Foreign Funded Enterprises	1	
按国民经济行业分组	**Grouped by Sector**		
综合零售业	Integrated Retail	28	
百货零售业	Retail of General Merchandise	26	
超级市场零售业	Retail of Supermarkets	2	
食品、饮料、烟草制品专门零售业	Retail of Food,Beverages and Tobaccos	6	11
纺织、服装及日用品专门零售业	Special Retail of Textiles,Garments and Daily Consumer Articles	3	
服装零售业	Retail of Garments	2	
文化、体育用品及器材专门零售业	Retail of Culture,Sports Appliances and Equipments	22	
图书零售业	Retail of Books	14	
医药及医疗器材专门零售业	Retail of Medicines and Medical Appliances	19	
汽车、摩托车、燃料及零配件专门零售业	Retail of Motor Vehicles,Motorcycles,Fuel and Parts	78	7
汽车零售业	Retail of Motor Vehicles	58	1
机动车燃料零售业	Retail of Fuel of Motor Vehicles	11	6
家用电器及电子产品专门零售业	Special Retail of Household Electric Appliances and Electronic Products	30	
家用电器零售业	Retail of Household Electric Appliances	10	
计算机、软件及辅助设备零售业	Retail of Computer,Software and Assistant Appliances	17	
通讯设备零售业	Retail of Communication Equipments	2	
五金、家具及室内装修材料专门零售业	Special Retail of Hardware,Furniture and Decoration Materials	2	
无店铺及其他零售业	Non-shop and Other Retails	3	

15-2 续表 1 continued

(2009)

指　标	Item	个体户数(个) Branches (unit)	从业人员总数(人) Engaged Persons (person)
零售业合计	**Total**	**8**	**16300**
国有及国有控股	State-owned and State-Holding Enterprises		2248
按登记注册类型分组	**Grouped by Registration Status**		
内资企业	Domestic Funded Enterprises		15900
国有企业	State-owned Enterprises		2007
集体企业	Collective-owned Enterprises		16
联营企业	Joint-venture Enterprises		
有限责任公司	Limited Liability Corporations		5592
国有独资企业	State Sole Funded Corporations		
其他有限责任公司	Other Limited Liability Corporations		5592
股份有限公司	Share-holding Corporations Ltd.		1484
私营企业	Private Enterprises		6484
外商投资企业	Foreign Funded Enterprises		91
个体经营户	Individual Enterprises		309
按国民经济行业分组	**Grouped by Sector**		
综合零售业	Integrated Retail	6	6359
百货零售业	Retail of General Merchandise	3	6063
超级市场零售业	Retail of Supermarkets	3	296
食品、饮料、烟草制品专门零售业	Retail of Food,Beverages and Tobaccos	1	665
纺织、服装及日用品专门零售业	Special Retail of Textiles,Garments and Daily Consumer Articles	1	565
服装零售业	Retail of Garments	1	484
文化、体育用品及器材专门零售业	Retail of Culture,Sports Appliances and Equipments		743
图书零售业	Retail of Books		523
医药及医疗器材专门零售业	Retail of Medicines and Medical Appliances		1869
汽车、摩托车、燃料及零配件专门零售业	Retail of Motor Vehicles,Motorcycles,Fuel and Parts		4057
汽车零售业	Retail of Motor Vehicles		3152
机动车燃料零售业	Retail of Fuel of Motor Vehicles		793
家用电器及电子产品专门零售业	Special Retail of Household Electric Appliances and Electronic Products		1577
家用电器零售业	Retail of Household Electric Appliances		878
计算机、软件及辅助设备零售业	Retail of Computer,Software and Assistant Appliances		476
通讯设备零售业	Retail of Communication Equipments		219
五金、家具及室内装修材料专门零售业	Special Retail of Hardware,Furniture and Decoration Materials		95
无店铺及其他零售业	Non-shop and Other Retails		370

15-3 限额以上批发业法人企业商品销售总额

Commodity Sales of Wholesale and Retail Trades above Designated Size

单位:万元　　　　　　　　　　　　(2009)　　　　　　　　　　　　(10 000 yuan)

指　标	Item	销售总额 Total Sales Value	批发 Wholesale Value	零售 Retail Value
批发业合计	**Wholesale Trade**	**3736067.3**	**3499362.6**	**236704.7**
国有及国有控股	State-owned and State-Holding Enterprises	1925641.0	1705992.3	219648.7
按登记注册类型分组	**Grouped by Registration Status**			
内资企业	Domestic Funded Enterprises	3699022.4	3462317.7	236704.7
国有企业	State-owned Enterprises	600715.7	576066.4	24649.3
集体企业	Collective-owned Enterprises			
股份合作企业	Cooperative Enterprises			
有限责任公司	Limited Liability Corporations	701414.3	697616.2	3798.1
国有独资企业	State Sole Funded Corporations			
其他有限责任公司	Other Limited Liability Corporations	701414.3	697616.2	3798.1
股份有限公司	Share-holding Corporations Ltd.	1470777.2	1275777.8	194999.4
私营企业	Private Enterprises	926115.2	912857.3	13257.9
外商投资企业	Foreign Funded Enterprises	37044.9	37044.9	
按国民经济行业分组	**Grouped by Sector**			
农畜产品批发业	Wholesale of Farm Produce and Livestock Product	14139.8	11761.9	2377.9
食品、饮料及烟草制品批发业	Wholesale of Food,Beverages and Tobaccos	399548.3	394782.4	4765.9
米、面制品及食用油批发业	Wholesale of Rice,Flour and Edible Oil	20476.2	16783.5	3692.7
烟草制品批发业	Wholesale of Tobaccos	315843.3	315843.3	
纺织、服装及日用品批发业	Wholesale of Textiles,Garments and Daily Consumer Articles	71217.1	71217.1	
服装批发业	Wholesale of Garments	36825.0	36825.0	
文化、体育用品及器材批发业	Wholesale of Culture,Sports Appliances and Equipments	21335.3	21335.3	
医药及医疗器材批发业	Wholesale of Medicines and Medical Appliances	31750.2	28764.9	2985.3
矿产品、建材及化工产品批发	Wholesale of Mineral Products,Building Materials and Chemical Products	2862737.6	2643234.4	219503.2
机械设备、五金交电及电子产品批发业	Wholesale of Machinery,Hardware and Electronic Equipment	275745.6	274500.7	1244.9
其他批发业	Other Wholesale not Classified Elsewhere	59593.4	53765.9	5827.5

15-4 限额以上零售业法人企业商品销售总额

Commodity Sales of Wholesale and Retail Trades above Designated Size

单位:万元 （2009） （10 000 yuan）

指 标	Item	销售总额 Total Sales Value	批发 Wholesale Value	零售 Retail Value
零售业合计	**Retail Trade**	**1448287.6**	**269522.5**	**1178765.1**
国有及国有控股	State-owned and State-Holding Enterprises	118722.6	21473.8	97248.8
按登记注册类型分组	**Grouped by Registration Status**			
内资企业	Domestic Funded Enterprises	1442813.0	267408.2	1175404.8
国有企业	State-owned Enterprises	95658.6	17029.0	78629.6
集体企业	Collective-owned Enterprises	2292.6		2292.6
联营企业	Cooperative Enterprises			
有限责任公司	Limited Liability Corporations	578662.2	97451.5	481210.7
国有独资企业	State Sole Funded Corporations			
其他有限责任公司	Other Limited Liability Corporations	578662.2	97451.5	481210.7
股份有限公司	Share-holding Corporations Ltd.	124411.4	4640.5	119770.9
私营企业	Private Enterprises	627525.3	148287.2	479238.1
按零售行业小类分组	**Grouped by Retail Industry Sub-categories**			
综合零售	Integrated Retail	393668.4	2350.8	391317.6
百货零售	Retail of General Merchandise	389234.5	2350.8	386883.7
超级市场零售	Retail of Supermarkets	4433.9		4433.9
食品、饮料及烟草制品专门零售	Retail of Food,Beverages and Tobaccos	13393.5	7282.4	6111.1
纺织、服装及日用品专门零售	Special Retail of Textiles,Garments and Daily Consumer Articles	24308.5	775.2	23533.3
服装零售业	Retail of Garments	20269.1	775.2	19493.9
文化、体育用品及器材专门零售业	Retail of Culture,Sports Appliances and Equipments	25064.5	335.5	24729.0
体育用品零售业	Retail of Sports Appliances			
图书零售业	Retail of Books	16189.7	287.5	15902.2
医药及医疗器材专门零售业	Retail of Medicines and Medical Appliances	160394.2	23461.2	136933.0
药品零售业	Retail of Medicines	160394.2	23461.2	136933.0
汽车、摩托车、燃料及零配件专门零售业	Retail of Motor Vehicles,Motorcycles,Fuel and Parts	622606.7	183798.6	438808.1
汽车零售业	Retail of Motor Vehicles	563416.5	162903.6	400512.9
机动车燃料零售业	Retail of Fuel of Motor Vehicles	41136.8	10739.1	30397.7
家用电器及电子产品专门零售业	Special Retail of Household Electric Appliances and Electronic Products	198263.1	51150.5	147112.6
家用电器零售业	Retail of Household Electric Appliances	135925.6	37789.6	98136.0
计算机、软件及辅助设备零售业	Retail of Computer,Software and Peripherals	51928.2	11800.1	40128.1
通信设备零售业	Retail of Communication Equipment	8950.1	927.8	8022.3
五金、家具及室内装修材料专门零售业	Special Retail of Hardware,Furniture and Decoration Materials	3333.7		3333.7
无店铺及其他零售业	Non-shop and Other Retails	7255.0	368.3	6886.7

15-5 限额以上住宿业法人、活动单位、个体户数、从业人员总数

Number of Corporation Enterprises, Establishments, Branches and Engaged Persons of Star-Rated Hotels

（2009）

指　　标	Item	法人单位数（个）Number of Corporate Unit（unit）	活动单位数（个）Number of Establish-ments(unit）	个体户数（个）Branches（unit）	从业人员总数（人）Engaged Persons（person）
总　计	**Total**	**56**	**6**	**2**	**7730**
国有及国有控股	State-owned and State-holding Enterprises	15	3		2423
按登记注册类型分组	**Grouped by Registration Status**				
内资企业	Demestic Enterprises	55	6		7451
国有企业	State-owned Enterprises	10	3		1614
集体企业	Collective-owned Enterprises				
联营企业	Joint-venture Enterprises				
有限责任公司	Limited Liabilities Corporations	16			1999
其他有限责任公司	Other Limited Liabilities Corporations	15			1879
股份有限公司	Share-holding Corporations Ltd.		1		495
私营企业	Private Enterprises	29	2		3343
外商投资企业	Foreign Funded Enterprises	1			240
个体经营户	Individual Enterprises				39
按国民经济行业分组	**Grouped by Sector**				
旅游饭店	Tourist Hotel	48	5	1	6975
一般旅馆	General Hotels	8	1	1	755

15-6 限额以上餐饮业法人、活动单位、个体户数、从业人员总数

Number of Corporation Enterprises, Establishments, Branches and Engaged Persons above Designated Size of Catering Services

（2009）

指　标	Item	法人单位数（个）Number of Corporate Unit (unit)	活动单位数（个）Number of Establish-ments(unit)	个体户数（个）Branches (unit)	从业人员总数（人）Engaged Persons (person)
总　计	**Total**	**72**	**4**	**34**	**10361**
国有及国有控股	State-owned and State-holding Enterprises	3	2		1001
按登记注册类型分组	**Grouped by Registration Status**				
内资企业	Demestic Enterprises	71	4		8521
国有企业	State-owned Enterprises	1	2		477
集体企业	Collective-owned Enterprises	1			51
有限责任公司	Limited Liabilities Corporations	11	2		1675
国有独资企业	State Sole Funded Corporations	1			47
其他有限责任公司	Other Limited Liabilities Corporations	10	2		1628
私营企业	Private Enterprises	57			6228
私营独资企业	Private-funded Enterprises	14			761
私营合伙企业	Private Partnership Enterprises	2			337
私营有限责任公司	Private Limited Liability Corporations	41			5130
外商投资企业	Foreign Funded Enterprises	1			337
个体经营户	Individual Enterprises				1503
按餐饮行业小类分组	**Grouped by Sector**				
正　餐	Restaurant	70	4	31	9967
快　餐	Fast Food	2		3	394

15-7 限额以上住宿业法人企业经营情况

Bussiness of Enterprises above Designated Size of Hotels

单位:万元　　（2009）　　（10 000 yuan）

指　标	Item	营业额 Business Revenue	客房收入 From Hotel Rooms	餐费收入 From Meals
总　计	**Total**	**55299.4**	**26271.5**	**21851.4**
国有及国有控股	State-owned and State-holding Enterprises	22886.7	10609.5	8825.7
按登记注册类型分组	**Grouped by Registration Status**			
内资企业	Demestic Enterprises	53068.5	25584.8	20340.3
国有企业	State-owned Enterprises	16279.8	7939.8	6546.7
集体企业	Collective-owned Enterprises			
联营企业	Joint-venture Enterprises			
有限责任公司	Limited Liabilities Corporations	13963.2	6076.1	5146.9
其他有限责任公司	Other Limited Liabilities Corporations	13485.2	5771.9	5011.9
股份有限公司	Share-holding Corporations Ltd.			
私营企业	Private Enterprises	22825.5	11568.9	8646.7
港、澳、台商投资企业	Enterprises with Funds from Hong Kong, Macao and Taiwan	2230.9	686.7	1511.1
按餐饮行业小类分组	**Grouped by Sector**			
旅游饭店	Tourist Hotel	50715.7	24694.4	19377.0
一般旅馆	General Hotels	4583.7	1577.1	2474.4
按星级分组	**Grouped by Star**			
五星	Five star			
四星	Four star	13898.8	6222.4	5057.7
三星	Stree star	24295.6	10849.9	10910.4
二星	Tow star	2615.3	1315.2	1255.8
一星	One star			
其他	Other	14489.7	7884.0	4627.5

15-7 续表 1 continued

单位:万元 （2009） （10 000 yuan）

指 标	Item	商品销售收入 From Commodities	其他收入 Other income
总 计	**Total**	**3292.6**	**3883.9**
国有及国有控股	State-owned and State-holding Enterprises	766.9	2684.6
按登记注册类型分组	**Grouped by Registration Status**		
内资企业	Demestic Enterprises	3259.5	3883.9
国有企业	State-owned Enterprises	183.5	1609.8
集体企业	Collective-owned Enterprises		
联营企业	Joint-venture Enterprises		
有限责任公司	Limited Liabilities Corporations	1262.2	1478.0
其他有限责任公司	Other Limited Liabilities Corporations	1262.2	1439.2
股份有限公司	Share-holding Corporations Ltd.		
私营企业	Private Enterprises	1813.8	796.1
港、澳、台商投资企业	Enterprises with Funds from Hong Kong, Macao and Taiwan	33.1	
按餐饮行业小类分组	**Grouped by Sector**		
旅游饭店	Tourist Hotel	2823.3	3821.0
一般旅馆	General Hotels	469.3	62.9
按星级分组	**Grouped by Star**		
五星	Five star		
四星	Four star	1420.6	1198.1
三星	Stree star	1398.6	1136.7
二星	Tow star		44.3
一星	One star		
其他	Other	473.4	1504.8

15-8 限额以上餐饮业法人企业经营情况

Bussiness of Enterprises above Designated Size of Catering Servies

单位:万元　　（2009）　　（10 000 yuan）

指　标	Item	营业额 Business Revenue	客房收入 From Hotel Rooms	餐费收入 From Meals	商品销售收入 From Commodities	其他收入 Other income
总　计	**Total**	**80433.0**	**11073.5**	**60911.5**	**5382.1**	**3065.9**
国有及国有控股	State-owned and State-holding Enterprises	4237.8	1466.6	2691.8	15.5	63.9
按登记注册类型分组	**Grouped by Registration Status**					
内资企业	Demestic Enterprises	76406.0	11073.5	56884.5	5382.1	3065.9
国有企业	State-owned Enterprises	110.2	46.4	46.7		17.1
集体企业	Collective-owned Enterprises	372.2	116.0	220.0	36.2	
有限责任公司	Limited Liabilities Corporations					
国有独资企业	State Sole Funded Corporations	13189.7	3218.2	8689.6	880.8	401.1
其他有限责任公司	Other Limited Liabilities Corporations	12639.7	3192.2	8271.6	798.8	377.1
私营企业	Private Enterprises					
私营独资企业	Private-funded Enterprises	62251.9	7692.9	47515.2	4396.1	2647.7
私营合伙企业	Private Partnership Enterprises	4027.0		4027.0		
私营有限责任公司	Private Limited Liability Corporations					
外商投资企业	Foreign Funded Enterprises					
按住宿行业小类分组	**Grouped by Sector**					
正　餐	Restaurant	79523.5	11073.5	60002.0	5382.1	3065.9
快　餐	Fast Food	909.5		909.5		
按经营形式分组	**Grouped by Business Form**					
独立门店	Independent Sore	78794.0	10966.4	59853.6	4938.6	3035.4
连锁总店	Distributor Chain	917.0		666.0	236.0	15.0
其他	Other	722.0	107.1	391.9	207.5	15.5

15-9 限额以上批发和零售业法人企业财务状况

单位:万元 （2009）

指 标	Item	资产总计 Total Assets
总 计	**Total**	**2008157.2**
批发业	**Wholesale Trade**	**1218825.6**
国有及国有控股	State-owned and State-Holding Enterprises	270403.2
按登记注册类型分组	**Grouped by Registration Status**	
内资企业	Domestic Funded Enterprises	1163845.4
国有企业	State-owned Enterprises	263810.3
集体企业	Collective-owned Enterprises	
股份合作企业	Cooperative Enterprises	
有限责任公司	Limited Liability Corporations	274073.5
国有独资公司	State Sole Funded Corporations	
其他有限责任公司	Other Limited Liability Corporations	274073.5
股份有限公司	Share-holding Corporations Ltd.	70210
私营企业	Private Enterprises	555751.6
外商投资企业	Foreign Funded Enterprises	54980.2
按批发行业小类分组	**Grouped by Sector**	
农畜产品批发	Wholesale of Farm Produce and Livestock Products	16860.9
食品、饮料及烟草制品批发	Wholesale of Food,Beverages and Tobaccos	221985.4
纺织、服装及日用品批发	Wholesale of Textiles,Garments and Daily Consumer Articles	82083.4
文化、体育用品及器材批发	Wholesale of Culture,Sports Appliances and Equipments	16103.4
医药及医疗器材批发	Wholesale of Medicines and Medical Appliances	11904.1
矿产品、建材及化工产品批发	Wholesale of Mineral Products,Building Materials and Chemical Products	701408.0
机械设备、五金交电及电子产品批发	Wholesale of Machinery,Hardware and Electronic Equipment	128476.1
其他批发	Other Wholesale not Classified Elsewhere	40004.3

Financial Indicators of Wholesale and Retail Enterprises above Designated Size

(10 000 yuan)

固定资产 Fixed Assets	流动资产 Working Capitals	负债合计 Total Liabilities	所有者权益 Total Owners´ Equities	主营业务收入 Revenue from Principal Business	利润总额 Total Profits
274868.1	**1487918.4**	**1332072.0**	**676085.2**	**4292134.1**	**128198.8**
122007.9	**967100.1**	**777293.6**	**441532.0**	**3037267.6**	**89250.0**
67268.3	168422.8	107733.7	162669.5	1447999.0	58547.2
116008.2	921126.5	760417.5	403427.9	3005605.2	81448.6
47662.3	191998.1	90829.8	172980.5	528207.6	49184.9
21138.5	234013.2	225580.5	48493.0	614187.8	–958.4
21138.5	234013.2	225580.5	48493.0	614187.8	–958.4
26101.3	26918.4	26219.9	43990.1	1050102.9	29941.8
21106.1	468196.8	417787.3	137964.3	813106.9	3280.3
5999.7	45973.6	16876.1	38104.1	31662.4	7801.4
4514.2	12342.1	14239.5	2621.4	13872.8	–17.8
35504.8	172490.7	54171.4	167814.0	345031.8	52682.5
1184.3	57365.0	50311.1	31772.3	61069.4	4266.8
2584.1	12326.1	11881.3	4222.1	18623.3	272.6
1310.0	10094.8	10634.7	1269.4	28457.7	302.5
67421.9	556650.0	500517.3	200890.7	2249425.0	27852.1
6385.4	116826.7	110613.9	17862.2	245413.0	433.0
3103.2	29004.7	24924.4	15079.9	55373.1	3458.3

15-9 续表

单位:万元 (2009)

指　标	Item	资产总计 Total Assets
零售业	**Retail Trade**	**789331.6**
国有及国有控股	State-owned and State-Holding Enterprises	69226.8
按登记注册类型分组	**Grouped by Registration Status**	
内资企业	Domestic Funded Enterprises	784846.6
国有企业	State-owned Enterprises	59701.6
集体企业	Collective-owned Enterprises	96.2
联营企业	Joint Ownership Enterprises	
有限责任公司	Limited Liability Corporations	243757.4
国有独资公司	State Sole Funded Corporations	
其他有限责任公司	Other Limited Liability Corporations	243757.4
股份有限公司	Share-holding Corporations Ltd.	107700.0
私营企业	Private Enterprises	364644.6
按零售行业小类分组	**Grouped by Sector**	
综合零售	Integrated Retail	291731.6
百货零售	Retail of General Merchandise	288788.8
超级市场零售	Retail of Supermarkets	2942.8
食品、饮料及烟草制品专门零售	Retail of Food,Beverages and Tobaccos	15744.3
纺织、服装及日用品专门零售	Special Retail of Textiles,Garments and Daily Consumer Articles	13695.9
文化、体育用品及器材专门零售	Retail of Culture,Sports Appliances and Equipments	22054.9
医药及医疗器材专门零售	Retail of Medicines and Medical Appliances	80884.4
药品零售	Retail of Medicines	80884.4
汽车、摩托车、燃料及零配件专门零售	Retail of Motor Vehicles, Motorcycles, Fuel and Parts	248099.5
汽车零售	Retail of Motor Vehicles	218973.3
家用电器及电子产品专门零售	Special Retail of Household Electric Appliances and Electronic Products	106889.0
家用电器零售	Retail of Household Electric Appliances	81772.0
计算机、软件及辅助设备零售业	Retail of Computer,Software and Peripherals	22235.0
通讯设备零售业	Retail of Communication Equipment	2701.7
五金、家具及室内装修材料专门零售	Special Retail of Hardware,Furniture and Decoration Materials	3969.3
无店铺及其他零售	Non-shop and Other Retails	6262.7

continued

(10 000 yuan)

固定资产 Fixed Assets	流动资产 Working Capitals	负债合计 Total Liabilities	所有者权益 Total Owners' Equities	主营业务收入 Revenue from Principal Business	利润总额 Total Profits
152860.2	**520818.3**	**554778.4**	**234553.2**	**1254866.5**	**38948.8**
18891.4	48442.3	50582.9	18643.9	102749.5	246.9
150810.3	518852.2	553693.2	231153.4	1249803.4	38383.5
17945.4	40075.3	41154.0	18547.6	82326.4	263.2
7.4	88.8	138.1	-41.9	1959.5	2.2
44143.0	169074.6	166464.8	77292.6	499347.8	19871.5
44143.0	169074.6	166464.8	77292.6	499347.8	19871.5
11919.4	51082.5	42780.1	64919.9	108631.0	15423.2
71764.1	254616.2	291477.0	73167.6	547161.8	2834.3
86623.0	126582.3	161888.6	129843.0	337902.3	27877.6
85939.4	124323.2	159729.1	129059.7	333481.9	27398.2
683.6	2259.1	2159.5	783.3	4420.4	479.4
6130.9	9142.8	9623.5	6120.8	13209.7	275.8
7627.8	5838.6	7673.2	6022.7	20498.2	365.4
7290.9	14333.7	15978.4	6076.5	21640.4	74.5
7030.0	68836.2	70242.6	10641.8	139085.3	1565.5
7030.0	68836.2	70242.6	10641.8	139085.3	1565.5
29601.5	193884.3	196369.6	51729.9	547487.6	4458.9
23106.4	173220.0	176196.7	42776.6	495866.8	3616.0
4330.8	97459.2	86673.5	20215.5	165851.8	4354.6
1875.5	78338.2	69227.2	12544.8	111991.0	4095.1
2309.6	16738.2	15366.5	6868.5	45239.8	172.0
131.9	2266.3	1967.9	733.8	7649.8	91.4
1676.2	1975.6	4167.7	-198.4	2849.3	-4.5
2549.1	2765.6	2161.3	4101.4	6341.9	-19.0

15-10 限额以上住宿业和餐饮业法人企业财务状况

单位:万元 (2009)

指 标	Item	资产总计 Total Assets
总 计	**Total**	**295796.0**
住宿业	**Hotels**	**174867.7**
国有及国有控股	State-owned and State-holding Enterprises	63818.7
按登记注册类型分组	**Grouped by Registration Status**	
内资企业	Demestic Enterprises	169706.8
国有企业	State-owned Enterprises	43897.3
集体企业	Collective-owned Enterprises	
联营企业	Joint-venture Enterprises	
有限责任公司	Limited Liabilities Corporations	37658.6
股份有限公司	Share-holding Corporations Ltd.	
私营企业	Private Enterprises	88150.9
港、澳、台商投资企业	Enterprises with Funds from Hong Kong, Macao and Taiwan	
按住宿行业中类分组	**Grouped by Sector**	
旅游饭店	Tourist Hotel	162832.7
一般旅馆	Other Hotels	12035.0
餐饮业	**Catering Services**	**120928.3**
国有及国有控股	State-owned and State-holding Enterprises	17242.1
按登记注册类型分组	**Grouped by Registration Status**	
内资企业	Demestic Enterprises	114441.8
国有企业	State-owned Enterprises	3587.0
集体企业	Collective-owned Enterprises	57.1
有限责任公司	Limited Liabilities Corporations	40320.0
私营企业	Private Enterprises	69901.4
外商投资企业	Foreign Funded Enterprises	6486.5
按餐饮行业中类分组	**Grouped by Sector**	
正餐服务	Restaurant	120085.0
快餐服务	Fast Food	843.3

Financial Status of Accommodation and Catering Enterprises above Designated Size

(10 000 yuan)

固定资产 Fixed Assets	流动资产 Working Capitals	负债合计 Total Liabilities	所有者权益 Total Owners′ Equities	主营业务收入 Revenue from Principal Business	利润总额 Total Profits
225961.3	**96248.4**	**211753.5**	**84042.5**	**135448.1**	**-6436.9**
169062.5	**45942.5**	**123460.5**	**51407.2**	**55120.8**	**-5876.5**
102574.0	25310.3	48119.2	15699.5	22886.7	-3256.4
168173.7	44395.6	120821.7	48885.1	52889.9	-6195.6
88353.8	21238.8	42023.9	1873.4	16298.5	-2186.9
23032.2	8452.2	15722.5	21936.1	13960.7	-1313.9
56787.7	14704.6	63075.3	25075.6	22630.7	-2694.8
161120.6	43747.9	118820.2	44012.5	50514.9	-5574.9
7941.9	2194.6	4640.3	7394.7	4605.9	-301.6
56898.8	**50305.9**	**88293.0**	**32635.3**	**80327.3**	**-560.4**
15016.2	1807.9	14801.9	2440.2	4241.1	-2629.7
51211.3	49635.8	83370.4	31071.4	76300.3	-706.4
2876.9	292.1	1521.5	2065.5	110.2	-139.8
6.7	50.1	66.6	-9.5	372.2	5.2
22406.0	12453.9	31460.2	8859.8	13172.8	-2339.7
25873.1	36651.7	50084.2	19817.2	62163.1	1857.3
5687.5	670.1	4922.6	1563.9	4027.0	146.0
56579.0	49951.1	87836.8	32248.2	79417.8	-598.5
319.8	354.8	456.2	387.1	909.5	38.1

15-11 社会消费品零售总额
Total Retail Sales of Consumer Goods

单位:万元 (10 000 yuan)

指 标	Item	1978	1980	1990	2000	2005	2009
社会消费品零售总额	**Total Retail Sales of Consumer Goods**	**50421**	**67442**	**253039**	**1005417**	**1743393**	**3393202**
按销售地区分	**By Location**						
市的零售额	City	27515	35073	151760	656215	1312342	2417307
县的零售额	Country	11219	13418	67380	185644	195627	613127
县以下的零售额	Under Country Level	11687	18951	33899	163558	235424	362768
按经济类型分	**By Economic Type**						
国有经济	State-owned	31216	44186	119322	258629	193375	237462
集体经济	Collective-owned	18584	21346	59073	64701	29903	50211
私营经济	Private				77412	390753	948479
个体经济	Individual	621	1910	74644	537296	779210	1342819
股份制经济	Share-holding				60737	328591	799348
国有绝对控股	Absolute State-holding				45939	74390	69854
国有相对控股	Relative State-holding				14677	164717	
其他各种经济	Others				6642	21561	14883
按行业分	**By Sector**						
批发、零售贸易业	Wholesale and Retail Trade	45177	61181	233490	863756	1412247	2786279
限额以上	Above Designated Size				232724	530617	1413066
限额以下	Under Designated Size				631032	881630	1373213
住宿业和餐饮业	Hotels and Catering Services	1521	2131	12136	121546	300223	578870
其 他	Others	3723	4130	7413	20115	30923	28053

15-12 社会消费品零售总额构成

Composition of Total Retail Sales of Consumer Goods

单位:万元　　　　(10 000 yuan)

年 份 Year	社会消费品零售总额(万元) Total Retail Sales of Consumer Goods (10 000 yuan)	市 City	县 Country	县以下 Under Country Level	构成(%)总额=100 Composition(%) Total=100 市 City	县 Country	县以下 Under Country Level
1978	50421	27515	11219	11687	54.57	22.25	23.18
1979	57433	30554	11946	14933	53.20	20.80	26.00
1980	67442	35073	13418	18951	52.00	19.90	28.10
1985	131489	73374	33582	24533	55.80	25.54	18.66
1986	151208	85496	39433	26279	56.54	26.08	17.38
1987	171737	98276	43776	29685	57.22	25.49	17.29
1988	220957	123358	60080	37519	55.83	27.19	16.98
1989	237855	138605	64634	34616	58.27	27.18	14.55
1990	253039	151760	67380	33899	59.97	26.63	13.40
1991	281468	160586	73440	47442	57.05	26.09	16.86
1992	321706	189940	81380	50386	59.04	25.30	15.66
1993	428930	275575	70959	82396	64.25	16.54	19.21
1994	524153	365725	91069		69.77	17.37	12.86
1995	626362	439318	104839	82205	70.14	16.74	13.12
1996	731591	512359	106800	112432	70.03	14.60	15.37
1997	792313	564177	107879	120257	71.21	13.62	15.18
1998	859660	613338	110360	135962	71.35	12.84	15.82
1999	921555	661113	117655	142787	71.74	12.77	15.49
2000	1005417	725167	128268	151982	72.13	12.76	15.12
2001	1101937	797154	139427	165356	72.34	12.65	15.01
2002	1212131	885559	150302	176270	73.06	12.40	14.54
2003	1345465	908498	231236	205731	67.52	17.19	15.29
2004	1535176	1149426	177620	208130	74.87	11.57	13.56
2005	1743393	1312342	195627	235424	75.28	11.22	13.50
2006	1989647	1484290	254595	250762	74.60	12.79	12.61
2007	2333234	1749533	304180	279521	74.98	13.04	11.98
2008	2851516	2127112	414502	309902	74.59	14.54	10.87
2009	3393202	2417307	613127	362768	71.24	18.07	10.69

1993-2005 年按经济普查口径进行调整。
a)From 1993 to 2005,data in this table were adjusted according to the National Economic Census.

15-12 续表 continued

年 份 Year	分行业社会消费品零售总额(万元) Total Retail Sales of Consumer Goods by Sector(10 000 yuan)			构成(%)总额=100 Composition(%) Total=100		
	批发贸易业 Wholesale Trade	住宿餐饮业 Hotels and Catering Services	其他行业 Others	批发贸易业 Wholesale Trade	住宿餐饮业 Hotels and Catering Services	其他行业 Others
1978	42826	1521	6074	84.93	3.02	12.05
1979	47975	1743	7715	83.53	3.04	13.43
1980	55358	2131	9953	82.08	3.16	14.76
1985	104624	4763	22102	79.57	3.62	16.81
1986	116482	5442	29284	77.03	3.60	19.37
1987	126003	8113	37621	73.37	4.72	21.91
1988	168420	10225	42312	76.22	4.63	19.15
1989	178889	10841	48125	75.21	4.56	20.23
1990	186189	12136	54714	73.58	4.80	21.62
1991	205762	14320	61386	73.10	5.09	21.81
1992	228499	17709	75498	71.03	5.50	23.47
1993	397448	19962	11520	92.66	4.65	2.69
1994	477846	31303	15004		5.97	2.87
1995	564011	40925	21426	90.04	6.53	3.43
1996	641738	49507	40346	87.72	6.77	5.51
1997	726512	56181	9620	91.69	7.09	1.22
1998	774691	72024	12945	90.11	8.38	1.51
1999	804759	96814	19982	87.33	10.50	2.17
2000	866068	112459	26890	86.14	11.18	2.68
2001	932642	142485	26810	84.64	12.93	2.43
2002	1008468	176397	27266	83.20	14.55	2.25
2003	1100584	218901	25980	81.80	16.27	1.93
2004	1245331	259813	30032	81.12	16.92	1.96
2005	1412247	300223	30923	81.00	17.20	1.80
2006	1629337	327636	32674	81.89	16.47	1.64
2007	1909093	396156	27985	81.82	16.98	1.20
2008	2340097	483938	27481	82.07	16.97	0.96
2009	2786279	578870	28053	82.11	17.06	0.83

15-13 各市县社会消费品零售总额

Total Retail Sales of Consumer Goods by City and Country

单位:万元 （2009） （10 000 yuan）

地 区	Region	社会消费品零售总额 Total Retail Sales of Consumer Goods	批发零售贸易业 Wholesale and Retail Trades			住宿餐饮业 Hotels and Catering Services	其它 Others
				限额以上 Above Designated Size	限额以下 Under Designated Size		
银川市	**Yinchuan**	**1854756**	**1604109**	**1128159**	**475950**	**247061**	**3586**
银川市	District	1473802	1254416	871269	383147	219386	
永宁县	Yongning	59822	48586	14566	34020	10900	336
贺兰县	Helan	251709	247450	223868	23582	4259	
灵武市	Lingwu	69423	53657	18456	35201	12517	3250
石嘴山市	**Shizuishan**	**522746**	**394010**	**99655**	**294355**	**128736**	
石嘴山市	District	398627	296669	84799	211870	101958	
平罗县	Pingluo	124119	97341	14856	82485	26778	
吴忠市	**Wuzhong**	**443651**	**334593**	**68711**	**265882**	**99519**	**9539**
利通区	Litong	232567	163734	40598	123136	59294	9539
红寺堡	Hongsipu	18929	16706		16706	2223	
青铜峡市	Qingtongxia	89406	66384	11923	54461	23022	
盐池县	Yanchi	51842	39780	6446	33334	12063	
同心县	Tongxin	50907	47989	9744	38245	2918	
固原市	**Guyuan**	**296905**	**241094**	**57132**	**183962**	**54101**	**1711**
原州区	Yuanzhou	138798	111237	25777	85460	27371	190
西吉县	Xiji	71680	55226	11965	43261	15541	913
隆德县	Longde	27398	25131	3884	21247	2267	
泾源县	Jingyuan	25712	21103	10911	10192	4609	
彭阳县	Pengyang	33318	28397	4595	23802	4313	608
中卫市	**Zhongwei**	**275143**	**212472**	**59408**	**153064**	**49454**	**13217**
沙坡头区	Shapotou	159285	120245	40611	79634	30273	8767
中宁县	Zhongning	84518	63835	5407	58428	16233	4450
海原县	Haiyuan	31340	28393	13391	15002	2948	

15-13 续表 continued

单位:万元 (2009) (10 000 yuan)

地 区	Region	按经济类型分 By Ownership					
		国有经济 State-owned	集体经济 Collective-owned	私营经济 Private	个体经济 Individual	股份制经济 Share-holding	其他经济 Others
银川市	**Yinchuan**	**122453**	**10637**	**572031**	**476309**	**660523**	**12803**
银川市	District	114711	8710	473172	373664	490741	12803
永宁县	Yongning	569	1233	7260	37525	13235	
贺兰县	Helan	6167	78	81115	19839	144511	
灵武市	Lingwu	1006	616	10484	45281	12036	
石嘴山市	**Shizuishan**	**27245**	**4181**	**185336**	**255072**	**50178**	**734**
石嘴山市	District	26240	3516	164772	167011	36353	734
平罗县	Pingluo	1005	665	20564	88061	13824	
吴忠市	**Wuzhong**	**28422**	**22505**	**76375**	**285176**	**29827**	**1346**
利通区	Litong	10001	21515	41067	145352	13285	1346
红寺堡	Hongsipu	4222		1524	13183		
青铜峡市	Qingtongxia	1073	482	10644	67848	9359	
盐池县	Yanchi	9256	26	15243	26732	585	
同心县	Tongxin	3870	482		32061	6597	
固原市	**Guyuan**	**35877**	**5881**	**50212**	**176058**	**28878**	
原州区	Yuanzhou	23491	464	26696	88148		
西吉县	Xiji	3836	2253	18608	38766	8217	
隆德县	Longde	2309	1336	4839	15030	3884	
泾源县	Jingyuan	2150	1151	69	10607	11735	
彭阳县	Pengyang	4092	677		23507	5042	
中卫市	**Zhongwei**	**23465**	**7007**	**64525**	**150204**	**29943**	
沙坡头区	Shapotou	3257	1055	36341	93721	24910	
中宁县	Zhongning	8214	3900	27236	40135	5033	
海原县	Haiyuan	11993	2052	948	16348		

15-14 各市县主要年份社会消费品零售总额

Total Retail Sales of Consumer Goods by City and Country in Main Years

单位:万元 (10 000 yuan)

地 区	Region	1978	1980	1990	2000	2005	2009
全区总计	**Total**	**50421**	**67442**	**253039**	**1005417**	**1743393**	**3393202**
银 川 市	**Yinchuan**	**18314**	**24996**	**113096**	**529391**	**945245**	**1854756**
银 川 市	District	13357	17621	87846	462150	841703	1473802
永 宁 县	Yongning	1381	1771	6525	18493	32001	59822
贺 兰 县	Helan	1348	1893	7081	17388	31128	251709
灵 武 市	Lingwu	2228	3711	11644	31360	40413	69423
石嘴山市	**Shizuishan**	**10764**	**13673**	**47302**	**161071**	**271481**	**522746**
石嘴山市	District	7686	9600	33193	118176	203813	398627
平 罗 县	Pingluo	2873	3800	13062	39939	67668	124119
吴 忠 市	**Wuzhong**	**9045**	**11367**	**44316**	**154227**	**242017**	**443651**
利 通 区	Litong	3548	4331	21124	73592	124470	232567
红 寺 堡	Hongsipu				4633	8340	18929
青铜峡市	Qingtongxia	2924	3521	12291	36571	52218	51842
盐 池 县	Yanchi	1224	1617		18365	26282	50907
同 心 县	Tongxin	1349	1898	5914	21066	30707	89406
固 原 市	**Guyuan**	**6175**	**9036**	**22967**	**75621**	**146561**	**296905**
原 州 区	Yuanzhou	3419	5350	10480	39658	68565	138798
西 吉 县	Xiji	1384	2031	5092	13613	35056	71679
隆 德 县	Longde	979	1129	3055	9518	13995	27398
泾 源 县	Jingyuan	393	526	1695	4694	12672	25712
彭 阳 县	Pengyang			2645	8138	16273	33318
中 卫 市	**Zhongwei**	**6123**	**8370**	**25358**	**85107**	**138089**	**275143**
沙坡头区	Shapotou	2908	3823	13450	46540	78993	159285
中 宁 县	Zhongning	2186	2614	8721	27930	42026	84518
海 原 县	Haiyuan	1029	1933	3187	10637	17070	31340

15-15 各市县限额以上批发业和零售业商品销售总额

Commodity Sales of Wholesale and Retail Enterprises above Designated Size by City and Country

单位:万元 （2009） （10 000 yuan）

地区	Region	法人企业（个）Number of Corporation Enterprises (unit)	从业人数（人）Engaged Persons (person)	销售总额 Total Sales Value	批发 Wholesale Value	零售 Retail Value
全区总计	**Total**	**372**	**24952**	**5184354.9**	**3768885.1**	**1415469.8**
银川市	**Yinchuan**	**246**	**16629**	**4092263.9**	**2921543.7**	**1170720.2**
银川市	District	191	13332	3325948.7	2444525.8	881422.9
永宁县	Yongning	3	393	83458.9	51910.9	31548.0
贺兰县	Helan	43	2312	486142.8	241781.0	244361.8
灵武市	Lingwu	9	592	196713.5	183326.0	13387.5
石嘴山市	**Shizuishan**	**47**	**2567**	**372476.1**	**285091.0**	**87385.1**
石嘴山市	District	45	2545	368018.9	281637.4	86381.5
平罗县	Pingluo	2	22	4457.2	3453.6	1003.6
吴忠市	**Wuzhong**	**38**	**2242**	**344759.6**	**276191.9**	**68567.7**
利通区	Litong	26	1976	313927.7	252488.7	61439.0
红寺堡	Hongsipu	1	15	1172.1	1172.1	
青铜峡市	Qingtongxia	6	90	20972.9	17802.8	3170.1
盐池县	Yanchi	2	76	1602.9	788.6	814.3
同心县	Tongxin	3	85	7084.0	3939.7	3144.3
固原市	**Guyuan**	**13**	**1352**	**141664.2**	**108015.1**	**33649.1**
原州区	Yuanzhou	8	1250	135570.3	107148.1	28422.2
西吉县	Xiji	4	64	4615.0	867.0	3748.0
隆德县	Longde					
泾源县	Jingyuan					
彭阳县	Pengyang	1	38	1478.9		1478.9
中卫市	**Zhongwei**	**28**	**2162**	**233191.1**	**178043.4**	**55147.7**
沙坡头区	Shapotou	20	1255	105451.8	84654.1	20797.7
中宁县	Zhongning	5	685	124163.4	93389.3	30774.1
海原县	Haiyuan	3	222	3575.9		3575.9

15-16 各市县限额以上住宿业和餐饮业经营情况

Business of Hotels and Accommodation above Designated Sizeb by City and Country

单位:万元　　　　(2009)　　　　(10 000 yuan)

地　区	Region	法人企业(个) Number of Corporation Enterprises (unit)	从业人数(人) Engaged Persons (person)	营业额 Business Revenue	客房收入 From Hotel Rooms	餐费收入 From Meals	商品销售收入 From Commodities	其他收入 Other Revenue
全区总计	**Total**	**128**	**15329**	**135732.4**	**37345.0**	**82762.9**	**8674.7**	**6949.8**
银川市	**Yinchuan**	**79**	**10027**	**98129.4**	**28170.7**	**59500.2**	**4571.7**	**5886.8**
银川市	District	78	9992	97956.5	28170.7	59327.3	4571.7	5886.8
永宁县	Yongning							
贺兰县	Helan							
灵武市	Lingwu	1	35	172.9		172.9		
石嘴山市	**Shizuishan**	**11**	**1037**	**8307.9**	**1248.9**	**6341.1**	**426.9**	**291.0**
石嘴山市	District	10	917	7834.6	1128.2	5988.5	426.9	291.0
平罗县	Pingluo	1	120	473.3	120.7	352.6		
吴忠市	**Wuzhong**	**15**	**1663**	**12285.3**	**3217.5**	**7311.4**	**1237.2**	**519.2**
利通区	Litong	9	1030	7839.9	1930.5	4692.8	949.3	267.3
红寺堡	Hongsipu	1	64	337.3	137.5	156.6	43.2	
青铜峡市	Qingtongxia	3	314	2081.6	398.5	1189.1	244.7	249.3
盐池县	Yanchi	2	255	2026.5	751.0	1272.9		2.6
同心县	Tongxin							
固原市	**Guyuan**	**6**	**945**	**7674.1**	**1745.2**	**5153.4**	**732.3**	**43.2**
原州区	Yuanzhou	5	830	6952.1	1638.1	4761.5	524.8	27.7
西吉县	Xiji							
隆德县	Longde							
泾源县	Jingyuan							
彭阳县	Pengyang	1	115	722.0	107.1	391.9	207.5	15.5
中卫市	**Zhongwei**	**17**	**1657**	**9335.7**	**2962.7**	**4456.8**	**1706.6**	**209.6**
沙坡头区	Shapotou	13	1144	6293.2	2312.4	2714.4	1118.8	147.6
中宁县	Zhongning	3	451	2477.2	532.0	1297.1	587.8	60.3
海原县	Haiyuan	1	62	565.3	118.3	445.3		1.7

主要统计指标解释

［批发零售贸易业、餐饮业机构］ 指各种经济类型独立核算法人批发零售贸易企业、餐饮企业的单位个数。机构应同时具备以下条件:(1)依法成立,有自己的名称、组织机构和场所,能够独立承担民事责任;(2)独立拥有和使用资产,承担负债,有权与其他单位签订合同;(3)独立核算盈亏,并能够编制资产负债表。

［批发零售贸易业、餐饮业网点］ 指各种经济类型独立核算法人批发零售贸易企业、餐饮企业设立的从事商品批发贸易，零售贸易业务的自然单位数和从事餐饮活动的自然单位数，以及各行业附设的从事商品批发贸易、零售贸易业务的自然单位数和从事餐饮活动的自然单位数。网点应具备独立固定的营业场所，配备一定的业务人员，不论机构大小、不论是否单独核算,均按自然点计算,即有一个点就算一个网点。

［批发零售贸易业商品购进总额］ 指从本企业以外的单位和个人购进（包括从国外直接进口)作为转卖或加工后转卖的商品金额，由从生产者购进额,从批发零售贸易业购进额,进口额和其他项目组成,反映批发零售贸易企业从国内、国外市场上购进商品的总量。

［批发零售贸易业商品销售总额］ 指对本企业以外的单位和个人出售（包括对国外直接出口)的商品金额,由对生产经营单位批发额,对批发零售贸易业批发额、出口额和对居民和社会集团的零售额项目组成，反映批发零售贸易企业在国内市场上销售商品以及出口商品的总量。

商品销售总额包括:

(1)售给城乡居民和社会集团消费用的商品;

(2)售给工业、农业、建筑业、运输邮电业、批发零售贸易业、餐饮业、服务业、公用事业等作为生产、经营使用的商品;

(3)售给批发零售贸易业作为转卖或加工后转卖的商品;

(4)对国(境)外直接出口的商品。

［批发］ 指除零售以外的一切商品销售活动，包括对生产经营单位批发、对批发零售贸易业批发和出口。

［零售］ 指售给城乡居民直接用于生活消费的商品和社会集团直接用于公共消费的商品。

［期末库存］ 指批发零售贸易企业已取得所有权的全部商品。这个指标反映批发零售贸易企业的商品库存情况,对市场商品供应的保证程度,期末库存包括:

(1)存放在本单位（如门市部、批发站、采购站、经营处)的仓库、货场、货柜和货架中的商品;

(2)挑选、整理、包装中的商品;

(3)已记入购进而尚未运到本单位的商品,即发货单位或银行承兑凭证已到而货未到的商品;

(4)寄放他处的商品,如因购货方拒绝付款而暂时存放在购货方的商品;

(5)委托其他单位代销（未作销售或调出)尚未售出的商品;

(6)代其他单位购进尚未交付的商品。

［社会消费品零售总额］ 指各种经济类型的批发零售贸易业、餐饮业和其他行业对城乡居民和社会集团的消费品零售额总和。这个指标反映通过各种商品流通渠道向居民和社会集团供应的生活消费品来满足他们生活需要,是研究人民生活、社会消费品购买力、货币流通等问题的重要指标。对居民的消费品零售额:指售给城乡居民用于生活消费的商品。对社会集团的消费品零售额:指售给机关、团体、部队、学校企业、事业单位和城市街道居民委员会、农村村民委员会用公款购买的用作非生产、非经营使用的消费品。

社会消费品零售额包括:

1. 售给城乡居民作为生活用的商品及修建房屋用的建筑材料;

2. 售给机关、团体、学校、部队、企业、事业单位的职工食堂和旅店(招待所)附设专门供本店旅客食用,不对外营业的食堂的各种食品、燃料;企业、单位和国营农场直接售给本单位职工和职工食堂的自己生产的产品;

3. 售给部队干部、战士生活用的粮食、副食品、衣着品、日用品、燃料;

4. 售给来华的外国人、华侨、港澳台同胞的消费品(包括友谊商店、在海关前后设立的免税商店、外轮供应公司等)

5. 居民自费购买的中、西药品,中药材及医疗用品。

6. 报社、出版社直接售给居民和社会集团的报纸、图书、杂志,集邮公司(包括邮局集邮专柜)出售的新、旧(盖销的)纪念邮票、特种邮票、首日封、集邮册、集邮工具等。

7. 旧货寄售商店(信托商店)自购、自销部分的商品零售额;

8. 煤气公司、液化石油气站售给居民和社会集团的煤气灶具和罐装液化石油气;

9. 售给社会集团的办公用品、纸张、帐册、文印用品、计算工具、书报杂志和奖品;公共用品和纺织品、针织品;学校用的教学用具;文体用品;非专用的劳动保护用品,如工作服、套袖、围群、手套、毛巾、肥皂等;日用百货和杂品,包括职工食堂用的餐具、炊具、设备和清洁卫生工具等;家具、设备、日用电器、电讯设备、电影器材和照相器材等:取暖用的设备和燃料,防暑、降温的饮料;非生产经营用的交通工具如小轿车、面包车、工具车、卡车和油料;零星修理用的各种零配件、材料、工具、建筑材料等;举办各种招待会、茶话会、宴会用的烟酒茶和各种食品及举办各种招待会、茶话会、宴会用的烟酒茶和各种食品及馈赠的礼品;从公费医疗经费中开支的中、西药品、中药材和医疗器材以及其他非生产性设备和用品。

第十六篇 Chapter 16

对外经济贸易和旅游业

Foreign Trade and Economic Cooperation and Tourism

责任编辑:梁建民

资料整理:梁建民　岳洪涛　温　静　周　莹　郝　静　马良俊

Coordinator: Liang Jianmin

Data Compilation: Liang Jianmin　Yue Hongtao　Wen Jing　Zhou Ying　Hao Jing　Ma Liangjun

16-1 进出口贸易总额

The Value of Imports and Exports

年 份 Year	按人民币计算(万元) 10,000 yuan			按美元计算(万美元) USD 10,000		
	进出口总额 Toal Imports & Exports	出口总额 Toal Exports	进口总额 Toal Imports	进出口总额 Toal Imports & Exports	出口总额 Toal Exports	进口总额 Toal Imports
1958	1055	670	385	704	447	257
1965	1777	1556	221	1184	1037	147
1970	1551	1304	247	1034	869	165
1975	4048	3136	912	2699	2091	608
1978	4587	3406	1181	2962	2271	691
1980	7041	6523	518	4674	4352	322
1985	17362	10930	6432	5426	3416	2010
1986	25892	18416	7476	7465	5338	2127
1987	32403	23475	8928	8710	6310	2400
1988	39893	30582	9311	10724	8221	2503
1989	29511	23471	6040	7848	6248	1600
1990	40547	36652	3895	8491	7679	812
1991	54208	47501	6707	10286	9029	1257
1992	69886	61116	8770	12894	11276	1618
1993	83044	64375	18669	14350	11124	3226
1994	153367	125829	27538	17823	14636	3187
1995	231651	200015	31636	27810	24012	3798
1996	194345	167753	26592	23438	20231	3207
1997	251269	208980	42289	30303	25203	5100
1998	259826	234282	25544	31309	28231	3078
1999	263236	205008	58228	31799	24765	7034
2000	366656	270998	95658	44292	32736	11556
2001	441035	291259	149776	53277	35184	18093
2002	366538	271545	94993	44285	32808	11477
2003	540676	423742	116934	65323	51195	14128
2004	751829	535026	216803	90839	64644	26195
2005	792936	563343	229593	96672	68711	27961
2006	1149400	753664	395736	143746	94300	49446
2007	1211271	832030	379241	158430	108850	49580
2008	1317616	881241	436375	188195	125868	62327
2009	820953	507607	313346	120156	74294	45862

注:1999 年起进出口数据为海关口径。

a)Data of exports and imports since 1999 are from Customs statistics.

16-2 按贸易方式和企业性质划分的进出口商品总额

单位:万美元

指标	Item	2008 进出口 Imports and Exports
总　额	**Total**	**188195**
按贸易方式分	**Grouped by Trade Pattern**	
一般贸易	General Trade	183784
来料加工装配贸易	Processing and Assembly With Imported Material	116
进料加工贸易	Processing Trade With Imported Material	3426
外资企业投资进口货物	Foreign Investment in Imports of Goods	37
其他	Others	832
按企业性质分	**Grouped by Economic Type of Enterprises**	
国有企业	State-owned Enterprises	77277
外商投资企业	Enterprises With Sole Fund	54772
集体、私营及其他	Collective,Private Enterprises and Others	56146

Total Imports and Exports by Trade Pattern

(USD 10 000)

		2009		
出　口 Exports	进　口 Imports	进出口 Imports and Exports	出　口 Exports	进　口 Imports
125868	**62327**	**120156**	**74294**	**45862**
122922	60862	117107	72255	44852
25	91	1610	953	657
2914	512	1237	1082	155
	37	7		7
7	825	195	4	191
54853	22424	60873	34194	26679
18547	36225	22142	12246	9896
52468	3678	37141	27855	9286

16-3 主要出口商品数量

Main Exported Commodities in Volume

（2009）

指　标	Item	单位 Unit	数量 Quantity	指　标	Item	单位 Unit	数量 Quantity
金属镁	Magnesium	吨 Ton	16749	活性碳	Carbon	吨 Ton	26120
钽及制品	Tantalum and Products	吨 Ton	237	轮　胎	Tires	万条 10 000 Units	181
无毛绒	No Plush	吨 Ton	633	羊绒衫	Cashmere Sweater	百件 100 Units	13116
铁合金	Iron Alloy	吨 Ton	75149	四环素及盐	Tetracycline and Salt	吨 Ton	1129
碳化硅	Silicon Carbide	吨 Ton	21890	泰乐菌素	Tylosin	吨 Ton	1069
双氰胺	Dicyandiamide	吨 Ton	24302	红霉素	Erythrocin	吨 Ton	1003
银及制品	Silver and Products	吨 Ton	18	羊绒纱线	Cashmere Yarn	吨 Ton	165
增炭剂	Recarburizer	吨 Ton	71457	除草杀虫剂	Agrochemical	吨 Ton	3843

16-4 进出口商品分国别（地区）总额

Value of Imports Exports By County (Region) of Origin

单位:万美元 (USD 10 000)

国家(地区) Country(Region)	2008 进出口 Imports and Exports	2008 出口 Exports	2008 进口 Imports	2009 进出口 Imports and Exports	2009 出口 Exports	2009 进口 Imports
总 额	**188195**	**125868**	**62327**	**120156**	**74294**	**45862**
亚 洲 Asia	**84349**	**65286**	**19063**	**49425**	**36987**	**12438**
日 本 Japan	28579	24016	4563	13268	9590	3678
印 度 India	10155	8648	1507	8355	8146	209
韩 国 Korea	7389	7001	388	6170	4753	1417
香 港 Hong Kong	7220	7218	7	3368	3287	81
马来西亚 Malaysia	6565	468	6097	2511	814	1697
泰 国 Thailand	4294	2699	1595	3502	2029	1473
非 洲 Africa	**14136**	**3692**	**1414**	**2541**	**798**	**1743**
南 非 South Africa	645	368	276	272	175	97
欧 洲 Europe	**45353**	**32552**	**12801**	**29944**	**19861**	**10083**
德 国 Germany	12575	3463	9112	8346	3218	5128
意大利 Italy	10013	8445	1569	5771	4363	1408
比利时 Belgium	3230	3194	36	1945	1941	4
奥地利 Austria	2708	2484	224	799	711	88
英 国 United Kingdom	2474	2241	233	3087	1905	1182
法 国 French	2094	1892	202	1821	871	950
拉丁美洲 Latin America	**4314**	**4040**	**274**	**5083**	**2913**	**2170**
北美洲 North America	**21653**	**19275**	**2378**	**16658**	**12861**	**3797**
加拿大 Canada	2751	2748	2	1685	1356	329
美 国 United States	18902	16527	2375	14973	11505	3468
大洋洲 Oceanic	**28834**	**3301**	**25533**	**16505**	**874**	**15631**
澳大利亚 Australia	27843	2310	25533	16302	671	15631

16-5 外商投资企业协议投资额

Foreign Investment Agreements

单位:个、万美元　　　　(unit, USD 10 000)

指　标	Item	2008		2009	
		合同个数 Number of Contracts	客方协议投资额 Total Amount of Agreements and Contracts	合同个数 Number of Contracts	客方协议投资额 Total Amount of Agreements and Contracts
总　计	**Total**	**19**	**13232**	**14**	**10483**
按投资方式分	**By Investment Mode**				
独资经营	Foreign Enterprises	7	5013	6	3339
合资经营	Joint Venture	10	7590	6	6754
合作经营	Cooperative Operation	1	146	2	390
股份制经营	Share-holding	1	483		
按国民经济部门分	**By department**				
农、林、牧、渔业	Agriculture,Forestry,Animal Husbandry and Fishery	2	1000	2	3613
工业	Industrial	10	7366	8	4137
建筑业	Construction	1	22		
房地产公用服务业	Real Estate	1	1286		
交通运输、邮电业	Transport and Post			1	2246
其他行业	Others	5	3558	3	487

注:客方协议投资额指标负数时为企业减资。

Note:A negative balance of total amount of agreements and contracts indicates enterprise capital reduction.

16-6　分国别（地区）外商投资企业投资额

Investment of Foreign Capital by Country and Region

单位:个、万美元　　　　（unit, USD 10 000）

国家（地区）	Country (Region)	2009 合同个数 Number of Contracts	2009 客方协议投资额 Total Amount of Agreements and Contracts	2009 实际投资额 Total Amount of Foregin Capital Actually Utilized
总计	**Total**	**14**	**10483**	**6987**
亚洲	**Asia**	**11**	**7762**	**1333**
香港	Hong Kong	8	3996	943
马来西亚	Malaysia	1	3600	
新加坡	Singapore			150
日本	Japan	1	79	13
台湾	Taiwan	1	59	49
韩国	Korea		28	
欧洲	**Europe**		**60**	**1722**
德意志联邦共和国	Federal Republic of Germany		60	1722
拉美洲	**Latin America**	**1**	**2193**	**2380**
开曼群岛	Cayman Islands		880	880
英属维尔京群岛	British Virgin Islands	1	1313	1500
北美洲	**North America**	**1**	**144**	**1522**
加拿大	Canada		-48	
美国	United States	1	192	1522
大洋洲	**Oceania**	**1**	**327**	**30**
萨摩亚	Samoa	1	146	30
马绍尔群岛共和国	Marshall Islands		187	

注:客方协议投资额指标负数时为企业减资。

Note: A negative balance of total amount of agreements and contracts indicates enterprise capital reduction.

16-7 利用外资情况

Basic statistics on Utilization of Foreign Capital

指　　标	Item	1985	1995	2000	2005	2008	2009
签订利用外资协议项目(个)	**New Signed Agreements on Foreign Capital to be Utilized (unit)**	**3**	**53**	**42**	**41**	**25**	**34**
对外借款	Foregin Loans		11	4	4	1	3
外商直接投资	Foregin Direct investment	1	42	32	32	19	14
外商其他投资	Other Foregin investment	2		6	5	5	17
签订利用外资协议额(万美元)	**Total Amount of Agreements and Contracts (USD 10 000)**	**344**	**5202**	**11067**	**20182**	**14132**	**22952**
对外借款	Foreign Loans		2324	815	1030	410	10321
外商直接投资	Foregin Direct investment	150	2878	9927	19053	13232	10483
外商其他投资	Other Foregin investment	194		325	99	490	2148
实际利用外资额(万美元)	**Total Amount of Foregin Capital Actually Utilized(USD 10 000)**	**99**	**6715**	**9091**	**14107**	**12073**	**14208**
对外借款	Foreign Loans	74	3510	7497	7296	5811	6738
外商直接投资	Foregin Direct investment	25	3205	1283	6712	6238	6987
外商其他投资	Other Foregin investment			311	99	24	483

16-8 借用国外资金情况

Basic Statistics on Utilization of Foreign Capital

单位:万美元　　　　(2009)　　　　(USD 10 000)

指　　标	Item	上年末结转余额 Balance Brought Forward of Previous Year	新增借款本金 Newly Principal Loans	偿还本金 Repayment of Principal	本期借款余额 Balance of Loans Current Period	偿付利息 Repayment of Interest
合　计	**Total**	**57465**	**6900**	**4001**	**61474**	**1157**
外国政府贷款	Foreign Loans	33423	4917	3196	36308	559
国际金融组织贷款	International Financial Organizations Loans	6539	154	459	6234	103
外国银行商业贷款	Commercial Loans of Foreign Banks	16887	1667	346	18228	495
买方信贷	Buyer´s Credit	616			542	
对外发行债券			162		162	

注:本表数据为区外汇管理局外债监测数。

Note: Data in this table are from foreign debts monitoring of Administration of Foreign Exchange in Ningxia.

16-9 外贸商品出口额

Total Exports By Trade Pattern

单位:万美元 (USD 10 000)

指 标	Item	1978	1980	1990	2000	2005	2006	2007	2008	2009
出口总额	**Total Exports Value**	**3406**	**6528**	**36652**	**270998**	**563343**	**753664**	**832030**	**881241**	**507607**
按商品类别分	**By Commodity Category**									
农副产品	Agriculturals	2400	2914	8102	9674	14159	21116	27430	25074	23820
轻纺产品	Textiles	444	1508	6985	47864	101705	142783	123164	101351	76789
工矿产品	Minerals	562	2106	21565	213460	447479	589765	681463	754816	406998

16-10 接待海外旅游者人数

Number of Tourists Overseas

单位:人次 (persin-time)

指 标	Item	1990	1993	1995	2000	2005	2006	2007	2008	2009
海外旅游人数总计	**Total**	**1950**	**2905**	**3655**	**7807**	**8162**	**8665**	**9373**	**11586**	**14523**
外国人	**Foreigners**	**1348**	**1917**	**2881**	**5792**	**6641**	**7847**	**8422**	**9306**	**11631**
# 日本	Japana	801	811	1379	1896	2106	2121	1590	2318	2682
美国	United States	82	143	187	392	600	886	1045	981	1452
加拿大	Canada	10	43	50	151	295	227	445	240	369
英国	United Kingdom	38	98	84	353	374	330	516	414	524
法国	Fance	18	41	80	180	528	425	850	478	603
德国	Germany	87	150	126	298	229	475	621	596	1037
意大利	Italy	24	33	82	59	131	401	582	231	285
独联体	Cis	8	7	6	104	41	44	188	74	51
澳大利亚	Australia	30	40	46	115	131	431	475	442	253
新西兰	New Zealand	2	17	28	10	37	34	17	61	50
港澳和台湾同胞	**Compatriots From HongKong, Macao and Taiwan**	**602**	**988**	**774**	**2015**	**1521**	**818**	**951**	**2280**	**2892**

16-11 旅游外汇收入情况

Basic Statistics On Foreign Exchange

单位:万元 (10 000 yuan)

指 标	Item	1990	1993	1995	2000	2005	2006	2007	2008	2009
合 计	**Total**	**175**	**375**	**938**	**2252**	**1890**	**1947**	**1997**	**2106**	**3023**
商品性外汇收入	**Commodity Exchange Income**	**43**	**68**	**323**	**341**	**303**	**312**	**384**	**444**	**507**
商品销售收入	Commodity SaLes Revenue	31	37	135	144	203	148	234	286	305
饮食销售收入	Food Sales	12	31	188	197	100	164	150	158	202
劳务性外汇收入	**Services of Foreign Exchange earning**	**132**	**307**	**615**	**1911**	**1587**	**1635**	**1613**	**1662**	**2516**
长途交通费	Long Distance Transportation	54	117	143	1009	811	787	731	647	1172
宿费	Accommodation	21	54	276	410	297	530	349	345	447
其他	Others	57	136	196	492	479	318	533	670	897

16-12 各市县进出口贸易额

Tatal Value of Imports and Exports By City and County

单位:万美元 （USD 10 000）

地 区 Region	2008			2009		
	进出口 Imports and Exports	进口 Imports	出口 Exports	进出口 Imports and Exports	进口 Imports	出口 Exports
全区总计 Total	**188195**	**62327**	**125868**	**120156**	**45862**	**74294**
银 川 市 Yinchuan	**122351**	**39970**	**82381**	**66445**	**19488**	**46957**
兴 庆 区 Xingqing	29882	2817	27065	20451	3171	17280
西 夏 区 Xixia	23111	13189	9922	9601	5285	4316
金 凤 区 Jinfeng	51497	22440	29057	27458	10098	17360
永 宁 县 Yongning	4175	1	4174	5717	859	4858
贺 兰 县 Helan	328	158	170	220	12	208
灵 武 市 Lingwu	13358	1365	11993	2998	63	2935
石嘴山市 Shizuishan	**49634**	**9577**	**40057**	**34856**	**10350**	**24506**
大武口区 Dawukou	24343	6891	17452	21958	9199	12759
惠 农 区 Huinong	16712	2654	14058	7244	947	6297
平 罗 县 Pingluo	8579	32	8547	5654	204	5450
吴 忠 市 Wuzhong	**13969**	**12730**	**1239**	**14884**	**14160**	**724**
利 通 区 Litong	345	17	328	331	1	330
红 寺 堡 Hongsipu						
盐 池 县 Yanchi						
同 心 县 Tongxin	322		322	189		189
青铜峡市 Qingtongxia	13302	12713	589	14364	14159	205
固 原 市 Guyuan	**116**		**116**	**23**	**3**	**20**
原 州 区 Yuanzhou	19		19	2		2
西 吉 县 Xiji	42		42	8	3	5
隆 德 县 Longdei	11		11			
泾 源 县 Jingyuan						
彭 阳 县 Pengyang	44		44	13		13
中 卫 市 Zhongwei	**2125**	**50**	**2075**	**3948**	**1861**	**2087**
沙坡头区 Shapotou	213		213	2722	1694	1028
中 宁 县 Zhongning	1113		1113	1226	167	1059
海 原 县 Haiyuan	799	50	749			

主要统计指标解释

［进出口总额］ 指实际进出我国国境的货物总金额。包括来料加工装配进出口货物，补偿贸易进出口、代售国外商品的进口，在国外寄售商品和样品、展览品、转口的进出口商品。进口订货统计、进口交货统计，我国规定出口货物按离岸价格统计，进口货物按到岸价格统计。

［出口］ 海关按经营单位统计的本地区出口总值，扣除来料加工装配贸易，境外驻本地区外交机构的出口总值、本地区出口商品退货总值和本地区代理外地区出口、加上外地区代理本地区出口后的总额。

［进口］ 海关按经营单位统计的本地区进口总值，扣除来料加工装配贸易、境外驻本地区外交机构的进口总值、本地区进口商品退货总值和本地区代理外地区进口加上外地区代理本地区进口后的总值。

［利用外资］ 指我国各级政府、部门、企业和其他经济组织通过对外借款、吸收外商直接投资及用其他方式筹措的境外现汇、设备、技术等。

［对外借款］ 是我国利用外资的主要部分。包括我国通过外国政府贷款，国际金融组织贷款，外国银行商业贷款，出口信贷以及对外发行债券，股票等方式，从境外筹措的资金。

［外商直接投资］ 指外国企业和经济组织或个人，按我国有关政策、法规，用现汇、实物、技术等在我国境内开办外商独资企业，与我国境内的企业或经济组织共同举办中外合资经营企业、合作经营企业或合作开发资源的投资以及政府有关部门批准的项目投资总额内，企业从境外借人的资金。

［外商其他投资］ 指除对外借款和外商直接投资以外的，用其他方式吸收的投资，包括:补偿贸易、加工装配、国际租赁业务。

［旅游人数］ 指来我区参观、访问、旅行、探亲、访友、休养、考察、参加会议和从事经济、科技、文化、教育、体育、宗教等活动的外国人、华侨、港澳和台湾同胞的人数。

［旅游外汇收入］ 指为来我国旅游的外国人、华侨、港澳和台湾同胞提供商品和劳务而获得的外汇收入。包括供应商品、饮食和提供住宿、交通、邮电、文化娱乐、导游等各项服务所得到的全部外汇收入。

第十七篇 Chapter 17

教育科技文化

Education, Science and Technology and Culture

责任编辑：安蕊莉
资料整理：安蕊莉　袁　红　殷荣玉　康　磊
Coordinator: An Ruili
Data Compilation: An Ruili　Yuan Hong　Yin Rongyu　Kang Lei

17-1 各类学校基本情况

Basic Statistics for Schools

指标	Item	单位	uint	1978	1980	1990	2000	2004
普通高等教育	**Higher Education**							
普通高等学校	Regular Institutions of Higher Education	所	uint	5	4	7	5	13
地方	Local	所	uint	5	4	6	4	12
教职工数	Teachers and Staff	人	person	1523	1896	3579	3996	6684
专任教师	Full-time Teachers	人	person	652	787	1609	1894	3699
毕业生数	Graduates	人	person	623	356	2213	3054	7505
招生数	New Enrollment	人	person	1234	1277	2324	7107	13701
在校学生数	Total Enrollment	人	person	2890	4156	7992	17163	41448
中等职业技术教育	**Vocational Secondary Education**							
中等专业学校	Specialized Secondary Education Schools	所	uint	14	20	26	25	12
技工学校	Technical Schools	所	uint			33	20	12
职业学校	Vocational Schools	所	uint			32	29	17
教职工数	Teachers and Staff	人	person	923	1744	5173	6150	3737
专任教师数	Full-time Teachers	人	person	446	801	2420	3532	2587
毕业生数	Graduates	人	person	1863	2571	10328	11867	13568
招生数	New Enrollment	人	person	2780	3450	12278	15731	21709
在校学生数	Total Enrollment	人	person	5198	8420	33021	41719	52249
普通中学教育	**Regular Secondary Education**							
普通中学	Regular Secondary Education Schools	所	uint	667	508	450	433	425
教职工数	Teachers and Staff	人	person	11856	14101	20635	23782	25627
专任教师数	Full-time Teachers	人	person	8759	10437	16182	20145	21875
毕业生数	Graduates	人	person	75977	63800	85054	89091	118589
招生数	New Enrollment	人	person	103214	79100	93667	119559	134186
在校学生数	Total Enrollment	人	person	232929	223747	284440	318263	387286
小学教育	**Primary Education**							
小学	Primary Schools	所	uint	5318	5107	4242	3267	2630
教职工数	Teachers and Staff	人	person	23429	25532	29685	36586	35076
专任教师数	Full-time Teachers	人	person	21559	22657	27165	34694	33903
毕业生数	Graduates	人	person	82305	75000	87189	104758	94419
招生数	New Enrollment	人	person	128425	123100	99938	119419	123379
在校学生数	Total Enrollment	人	person	612983	583687	667296	657352	677738
特殊教育	**Special Education**							
特殊教育学校	Special Education Schools	所	uint			1	3	6
在校学生数	Total Enrollment	人	person			202	414	1560

17-1 续表 continued

指标	Item	单位	uint	2005	2006	2007	2008	2009
普通高等教育	**Higher Education**							
普通高等学校	Regular Institutions of Higher Education	所	uint	13	13	13	13	15
地方	Local	所	uint	12	12	12	12	14
教职工数	Teachers and Staff	人	person	7177	7695	7865	8474	8599
专任教师	Full-time Teachers	人	person	4059	4421	4563	4980	5136
毕业生数	Graduates	人	person	8817	11008	14076	15238	17075
招生数	New Enrollment	人	person	14775	17389	21668	21746	23816
在校学生数	Total Enrollment	人	person	48650	55931	62411	70454	78400
中等职业技术教育	**Vocational Secondary Education**							
中等专业学校	Specialized Secondary Education Schools	所	uint	11	12	12	15	16
技工学校	Technical Schools	所	uint	15	15	16	19	20
职业学校	Vocational Schools	所	uint	18	18	19	19	19
教职工数	Teachers and Staff	人	person	3719	4029	3934	2984	3326
专任教师数	Full-time Teachers	人	person	2416	2656	2623	2075	2348
毕业生数	Graduates	人	person	14312	16130	17898	21329	20547
招生数	New Enrollment	人	person	29033	27833	35073	41166	45839
在校学生数	Total Enrollment	人	person	63261	68673	74311	78095	96448
普通中学教育	**Regular Secondary Education**							
普通中学	Regular Secondary Education Schools	所	uint	418	403	391	377	355
教职工数	Teachers and Staff	人	person	25828	26852	27308	27895	29920
专任教师数	Full-time Teachers	人	person	22316	23343	23931	24733	26811
毕业生数	Graduates	人	person	123974	126878	134571	136116	137241
招生数	New Enrollment	人	person	146888	147045	138536	156538	156519
在校学生数	Total Enrollment	人	person	406422	421790	419074	429178	439575
小学教育	**Primary Education**							
小学	Primary Schools	所	uint	2527	2373	2276	2202	2131
教职工数	Teachers and Staff	人	person	34663	33981	33763	33457	33979
专任教师数	Full-time Teachers	人	person	33760	33108	33007	32829	33406
毕业生数	Graduates	人	person	104704	104005	96452	113757	111121
招生数	New Enrollment	人	person	130365	120073	107474	110155	104390
在校学生数	Total Enrollment	人	person	693207	696760	700737	688697	670621
特殊教育	**Special Education**							
特殊教育学校	Special Education Schools	所	uint	6	6	6	6	6
在校学生数	Total Enrollment	人	person	1455	1332	1370	1420	1476

17-2 主要年份各级各类学校数

Number of Various Schools in Main Years

单位:所　　　　(unit)

年份 Year	普通高等学校 Regular Institutions of Higher Education	中等学校 Secondary Education Schools	中等专业学校 Specialized Secondary Schools	普通中学 Regular Secondary Education Schools	职业中学 Vocational Secondary Education Schools	小学 Primary Schools	幼儿园 kindergarten	特殊教育 Special Education
1950		16	7	9		695		
1955		18	5	13		843	5	
1958	3	125	11	58	56	2968	28	
1965	1	166	4	56	106	7501	30	
1970	1	323	4	319		3380		
1975	3	414	8	406		6394	81	
1978	5	681	14	667		5318	92	
1980	4	528	20	508		5107	134	
1985	7	487	22	436	29	4359	157	1
1990	7	508	26	450	32	4242	213	1
1991	7	510	26	449	35	4021	224	5
1992	7	511	26	444	41	3940	283	5
1993	7	508	26	446	36	3872	188	5
1994	7	498	26	438	34	3821	218	5
1995	7	498	26	436	36	3843	337	5
1996	7	495	25	438	32	3852	232	6
1997	5	504	25	442	37	3838	165	5
1998	5	483	25	430	28	3580	275	6
1999	5	492	25	432	35	3460	261	5
2000	5	487	25	433	29	3267	340	3
2001	8	501	25	448	28	3011	124	6
2002	12	488	13	449	26	2912	139	6
2003	12	479	11	446	22	2816	167	6
2004	13	454	12	425	17	2630	212	6
2005	13	447	11	418	18	2527	208	6
2006	13	433	12	403	18	2373	219	6
2007	13	422	12	391	19	2276	228	6
2008	13	412	15	377	20	2202	286	6
2009	15	394	20	355	19	2131	334	6

17-3 主要年份各级各类学校教职工数

Number of Teachers and Staff in Various Schools in Main Years

单位:人 (person)

年份 Year	普通高等学校 Regular Institutions of Higher Education	中等专业学校 Specialized Secondary Schools	普通中学 Regular Secondary Education Schools	小学 Primary Schools	幼儿园 kindergarten	特殊教育 Special Education
1950		125	143	1804		
1955		197	328	2455	28	
1958	129	523	894	6089	159	
1960	485	1507	1276	8193	330	
1965	597	251	1693	13733	308	
1970	719	240	3124	12901		
1975	1266	609	7002	22191	746	
1978	1523	923	11856	23429	650	
1980	1896	1744	14101	25532	836	
1985	3068	2227	16359	25407	2016	25
1990	3579	3023	20635	29685	2839	64
1991	3586	2996	21070	29983	3619	94
1992	3645	3037	21752	30790	3563	100
1993	3624	3071	23149	31659	4338	107
1994	3409	2899	22105	32477	3918	510
1995	3434	3075	22431	33305	3849	265
1996	3926	3014	22710	33848	3766	654
1997	3929	3066	22899	34649	4168	122
1998	3864	3017	23142	35039	3572	121
1999	3962	3043	23510	36018	3550	115
2000	3996	3000	23782	36586	3820	120
2001	4437	3030	24072	36143	3282	148
2002	4623	2849	24486	35634	3464	149
2003	5866	1579	25549	35833	3784	149
2004	6684	1436	25627	35076	4397	147
2005	7177	1225	25828	34663	4236	167
2006	7695	1533	26852	33981	4647	176
2007	7865	1297	27308	33763	4744	172
2008	8474	1483	27895	33457	5375	181
2009	8599	1757	29920	33979	6191	186

17-4 主要年份各级各类学校在校学生数

Number of Student Enrollment in Various Schools in Main Years

单位:人 (person)

年份 Year	普通高等学校 Regular Institutions of Higher Education	中等学校 Secondary Education Schools	中等专业学校 Specialized Secondary Schools	普通中学 Regular Secondary Education Schools	职业中学 Vocational Secondary Education Schools	小学 Primary Schools	幼儿园 kindergarten	特殊教育 Special Education
1950		2227	1027	1200		45058		
1955		5842	1524	4318		76219	225	
1958	329	22438	4069	15414	2955	250333	1624	
1960	1259	31388	9909	19792	1687	284970	2906	
1965	982	26680	1107	20047	5526	347246	2523	
1970		45919		45919		300589		
1975	1759	126495	4212	122283		596170	6360	
1978	2890	238127	5198	232929		612983	6224	
1980	4156	232120	8174	223747	246	583687	11046	
1985	6425	257762	8947	237917	10898	654208	32191	56
1990	7992	307697	11634	284440	11623	667296	45115	202
1991	7898	315887	11457	291246	13184	661352	53883	335
1992	8475	311918	11354	287839	12725	652064	65374	564
1993	9604	291038	12469	267718	10851	628009	77536	370
1994	10502	292191	12355	269316	10520	614804	77004	771
1995	10686	294356	12463	272305	9588	617547	83444	595
1996	10484	299877	12758	278158	8961	627920	78662	654
1997	11058	310187	13698	283458	13031	645823	74399	822
1998	11312	316137	14812	286489	14836	652552	84434	471
1999	13121	327356	16370	294520	16466	658157	83374	416
2000	17163	351170	19880	318263	12982	657352	93117	414
2001	23154	369090	22913	334786	11391	651082	86788	1397
2002	29301	396611	25721	358477	12413	663542	104000	1458
2003	35134	418595	27346	376437	14822	669503	102217	1420
2004	41448	432802	28182	387286	17331	677738	108625	1560
2005	48650	461048	34163	406422	20463	693207	102042	1455
2006	55931	480148	34752	421790	23606	696760	102552	1332
2007	62411	484479	36030	419074	29375	700737	106034	1370
2008	70454	506280	38536	429178	38566	688697	113279	1420
2009	78400	530301	51119	439575	39607	670621	124903	1476

17-5 主要年份各级各类学校招生数

Number of New Students Enrollment in Various Schools in Main Years

单位:人 (person)

年 份 Year	普通高等学校 Regular Institutions of Higher Education	中等学校 Secondary Education Schools	中等专业学校 Specialized Secondary Schools	普通中学 Regular Secondary Education Schools	职业中学 Vocational Secondary Education Schools	小 学 Primary Schools	特殊教育 Special Education
1950		1054	624	430		8561	
1955		2766	709	2057		15905	
1958	329	13828	2349	8606	2873	127048	
1960	501	15412	5977	8565	870	85668	
1965	310	11566	611	7577	3928	96252	
1970		26384		26384		98614	
1975	661	73761	2340	71421		131820	
1978	1234	105994	2780	103214		128425	
1980	1277	82550	3450	79100		123100	
1985	2371	88568	3854	79046	5668	117855	56
1990	2324	101878	3891	93667	4320	99938	
1991	2326	103864	3857	94437	5840	108405	148
1992	2722	103293	4090	93156	6047	101874	272
1993	3378	106913	5246	96585	5082	100390	93
1994	3107	102916	4437	93317	5162	109312	166
1995	2910	106184	4512	96885	4787	114619	34
1996	3090	105774	4600	97064	4110	116516	45
1997	3344	110883	4854	99794	6235	120627	217
1998	3547	115016	5135	102830	7051	118279	104
1999	4487	118837	6003	106005	6829	116583	74
2000	7107	133307	7973	119559	5775	119419	101
2001	8891	133260	6549	122578	4133	121790	288
2002	9434	140353	7583	127254	5516	130005	229
2003	11237	144301	9036	128757	6508	128779	126
2004	13701	152702	11688	134186	6828	123379	150
2005	14775	171608	15430	146888	9290	130365	159
2006	17389	170215	12518	147045	10652	120073	171
2007	21668	168454	15054	138536	14864	107474	160
2008	21746	195699	17423	156538	21738	110155	181
2009	23816	198300	23468	156519	18313	104390	187

17-6 各级各类学校毕业生数

Number of Graduates in Various School in Main Years

单位:人 (person)

年份 Year	普通高等学校 Regular Institutions of Higher Education	中等学校 Secondary Education Schools	中等专业学校 Specialized Secondary Schools	普通中学 Regular Secondary Education Schools	职业中学 Vocational Secondary Education Schools	小学 Primary Schools
1950		263	124	139		1532
1955		1514	683	831		2897
1958		2641	946	1550	145	8622
1960		4554	1337	2930	287	11576
1965	371	4045	245	3785	15	12806
1970		13305		13305		33783
1975	513	38520	1506	37014		59457
1978	623	77840	1863	75977		82305
1980	356	66371	2571	63800		75000
1985	1530	70349	2802	66425	1122	68214
1990	2213	92727	3696	85054	3977	87189
1991	2386	93896	3898	85948	4050	89756
1992	2101	96024	4174	91850	5519	88366
1993	2212	101646	3930	91995	5721	96929
1994	2398	89190	3400	81373	4417	90801
1995	2717	87579	4177	79245	4157	89490
1996	3277	88425	4432	81353	2640	87470
1997	2721	91860	4013	85323	2524	91895
1998	3052	93886	4006	87030	2850	94010
1999	2680	95408	4459	86927	4022	99380
2000	3054	96876	4390	89091	3395	104758
2001	3177	99897	4627	91789	3481	104222
2002	3379	103818	4741	95612	3465	101970
2003	5461	121757	9907	108351	3499	96835
2004	7505	130481	8569	118589	3323	94419
2005	8817	136639	7878	123974	4787	104704
2006	11008	140799	8413	126878	5508	104005
2007	14076	150492	9909	134571	6012	96452
2008	15238	155036	11333	136116	7587	113757
2009	17075	155488	11349	137421	6718	111121

17-7 高等学校基本情况

Basic Statistics on Higher Schools

单位:所、人　　(2009)　　(unit, person)

项目	Item	学校数 Number of Schools	毕业生数 Graduates	招生数 New Enrollment	在校学生数 Total Enrollment	教职员工数 Teachers and Staff	专任教师 Full-time Teachers
总　计	**Total**	**15**	**21047**	**29995**	**90432**	**7745**	**4568**
综合大学	Comprehensive Universities	3	6081	7008	25704	3517	1949
理工院校	Science and Engineering	5	3254	5560	16244	1698	1075
医药院校	Medicine	1	1361	1313	5201	944	456
师范院校	Teacher Training	1	1304	1691	5992	546	417
民族院校	Minorities Colleges	1	425	622	1816	243	160
财经院校	Finance and Economics	2	1409	2085	6232	492	306
政法院校	Politics and Law	1	562	463	1545	196	140
成人高校	Institutions of Adult Higher Education	1	6651	11253	27698	109	65

注:高等学校中不含部委院校。

a)Number of new students enrollment not include change over to 1953 students by the five-year higher vocational.

17-8 普通高等学校分科学生数

Student Enrollment in Regular Institutions of Higher Education by Filed of Study

单位:人　　(2009)　　(person)

学　科	Subject	毕业生数 Graduates	招生数 New Enrollment	在校学生数 Total Enrollment
总　计	**Total**	**14396**	**19073**	**17425**
经济学	Economics	323	363	298
法　学	Law	903	811	922
教育学	Education	1642	1389	4367
文　学	Literature	1138	1923	6841
历史学	History	40	75	337
理　学	Science	809	1033	4199
工　学	Engineering	4996	6974	22939
农　学	Agiculture	296	424	1403
医　学	Medicine	1612	1394	5567
管理学	Management	2637	4687	13238

17-9 普通中等专业学校学生分科类情况

Statistics on Specialized Secondary School Students by Subject

单位:人　　(2009)　　(person)

学　科	Subject	毕业生数 Graduates	招生数 New Enrollment	在校学生数 Total Enrollment
总　计	**Total**	**11349**	**23468**	**51119**
农林类	Agriculture and Forestry	468	5896	7293
资源与环境类	Resources and Environment	460	742	1625
能源类	Energy	255	19	221
土木水利工程类	Civil and Hydraulic Engineering	896	2139	4283
加工制造类	Manufacturing	4261	5364	16283
交通运输类	Communication & Transportation	327	1291	2505
信息技术类	Information Technologies	1251	1403	3421
医药卫生类	Medicine and Health	848	1025	3051
商贸与旅游类	Trade and Tourism	615	2235	3979
财经类	Finance and Economics	301	703	1774
文化艺术与体育类	Culture,Arts and Physical Education	146	501	1123
社会公共事业类	Public Affairs	678	798	1678
师范类	Teacher Training	660	1000	2826
其他	Other	183	352	1057

17-10 成人教育基本情况

Basic Statistics on Adult Educations

单位:人　　(2009)　　(person)

学　科	Subject	毕业生数 Graduates	招生数 New Enrollment	在校学生数 Total Enrollment
总　计	**Total**	**9815**	**15391**	**34448**
成人高等教育	Institutions of Higher Education for Adult	6651	11253	27698
广播电视大学	Radio and Television University	1204	1130	3090
成人中等教育	Secondary Education for Adult	3164	4138	6750
中等专业学校	Specialized Secondary Schools	3164	4138	6750

17-11 主要年份学龄儿童入学率

Percentage of Schools-age Children Enrolled in Main Years

年 份 Year	学龄儿童(万人) Number of Children at School-age (10 000 persons)	在校学龄儿童(万人) Total Enrollment (10 000 persons)	入学率(%) Enrollment Ratio(%)
1978	50.61	46.15	91.19
1980	51.96	44.79	86.20
1985	52.62	48.13	91.48
1990	52.82	49.60	93.92
1991	52.59	49.31	93.80
1992	51.63	48.85	94.62
1993	50.93	48.52	95.18
1994	51.87	49.69	95.80
1995	52.44	50.45	96.21
1996	53.72	51.86	96.50
1997	56.10	54.25	96.70
1998	59.93	58.01	96.80
1999	60.06	58.26	97.00
2000	59.76	58.12	97.26
2001	59.27	57.40	96.84
2002	60.27	58.67	97.35
2003	60.43	58.89	97.45
2004	60.97	60.05	98.50
2005	62.49	61.00	99.04
2006	63.46	63.00	99.27
2007	62.97	62.74	99.63
2008	61.60	61.38	99.65
2009	59.79	59.58	99.65

17-12 平均每万人口在校学生数

Number of Enrolled Students Per 10 000 Population

单位：人 (person)

指标	Item	1978	1980	1990	2000	2005	2009
大学生	University Students	8	11	17	31	82	172
中等职业教育	Secondary Vacational School Students	15	23	50	36	92	156
普通中学	Regular Secondary School Students	678	529	611	574	682	711
小学	Primary Students	1746	1582	1433	1186	1163	1085

17-13 平均每一专任教师负担学生数

Average Number of Students Instructed by a Full-time Teacher

单位：人 (person)

指标	Item	1978	1980	1990	2000	2005	2009
大学生	University Students	4	5	5	9	12	18
中等职业教育	Secondary Vacational School Students	12	10	8	13	33	41
普通中学	Regular Secondary School Students	27	21	18	16	18	16
小学	Primary Students	28	26	25	19	21	20

17-14 地方国有企、事业单位各类专业技术人员

Number of Scientific and Technical Personnel in Local State-owned Enterprise and Institutions

单位：人 (person)

指 标	Item	1985	1990	1995	2000	2005	2008	2009
总 计	**Total**	**68787**	**117317**	**126679**	**140063**	**144401**	**130355**	**128388**
工程技术人员	Engineering	11470	19524	20291	22283	21316	14977	15550
农业技术人员	Agriculture	3673	6174	6173	7067	9583	9819	9132
科学研究人员	Scientific Research	1091	991	830	722	716	825	773
卫生技术人员	Health Care	11168	14758	16645	19830	20859	19171	18316
教学人员	Teaching	30477	46138	54176	63216	68777	67806	67560
会计人员	Accounting	5999	9323	7074	7768	6411	4498	4601
统计人员	Statistics	1662	2508	1574	1286	711	395	412
经济人员	Economic	1442	13078	10053	8827	5843	4537	4734
新闻、出版人员	Press and Publications	583	1061	1082	791	1361	1421	1206
播音人员	Broadcast		58	64	114	134	155	117
翻译人员	Translate	55	96	67	64	29	20	22
体育人员	Sport	159	294	154	178	206	201	484
工艺美术人员	Arts and Crafts	14	111	85	188	75	70	41
律师、公证人员	Lawyer and Notary		247	171	182	117	83	78
图书、档案资料人员	Books and Archives	127	2103	1853	1605	1879	1777	1789
艺术人员	Arts	867	853	794	1053	1340	1259	1220
政工人员	Political and Ideological			5593	4889	5044	3341	2353

17-15 地方国有企、事业单位各类专业技术人员构成

Composition of Scientific and Technical Personnel in Local State-owned Enterprises and Institutions

单位：人 (person)

指　标	Item	2008			2009		
		专业技术人员比重（%） Percentage（%）	每万人口中专业技术人员 Number of Scientific and Technical Personnel per 10 000 Population	每万职工中专业技术人员 Number of Scientific and Technical Personnel per 10 000 Staff	专业技术人员比重（%） Percentage（%）	每万人口中专业技术人员 Number of Scientific and Technical Personnel per 10 000 Population	每万职工中专业技术人员 Number of Scientific and Technical Personnel per 10 000 Staff
总　计	**Total**	**100.0**	**212**	**2387**	**100.0**	**205**	**2352**
工程技术人员	Engineering	11.5	24	275	12.1	25	286
农业技术人员	Agriculture	7.6	16	181	7.1	15	167
科学研究人员	Scientific Research	0.6	2	15	0.6	0	13
卫生技术人员	Health Care	14.7	32	350	14.3	29	335
教学人员	Teaching	51.9	110	1240	52.6	108	1238
会计人员	Accounting	3.4	6	82	3.6	7	84
统计人员	Statistics	0.3	1	7	0.3	0	8
经济人员	Economic	3.5	8	83	3.7	8	86
新闻、出版人员	Press and Publications	1.1	2	26	0.9	2	22
播音人员	Broadcast	0.1	0	3	0	0	2
翻译人员	Translate	0.0	0	0	0	0	0
体育人员	Sport	0.2	0	4	0	0	9
工艺美术人员	Arts and Crafts	0.1	0	1	0	0	0
律师、公证人员	Lawyer and Notary	0.1	0	2	0	0	1
图书、档案资料人员	Books and Archives	1.4	3	32	1.4	3	33
艺术人员	Arts	1.0	2	23	1.0	2	22
政工人员	Political and Ideological	2.6	5	61	1.8	4	44

17-16 地方国有企、事业单位分行业各类专业技术人员数

单位:人　　(2009)

指　标	Item	总计 Total	农林牧渔业 Agriculuture, Forestry, Animal Husbandry and Fishery	采掘业 Mining and Quarrying
总　　计	**Total**	**21488**	**10357**	**554**
工程技术人员	Engineering	7843	886	316
农业技术人员	Agriculture	7965	7879	11
科学研究人员	Scientific Research	20	9	
卫生技术人员	Health Care	272	218	27
教学人员	Teaching	167	31	18
会计人员	Accounting	1634	580	66
统计人员	Statistics	207	60	10
经济人员	Economic	2194	379	50
新闻、出版人员	Press and Publications	28	3	
播音人员	Broadcast	2		
翻译人员	Translate	4	1	
体育人员	Sport	1		
工艺美术人员	Arts and Crafts	5	2	
律师、公证人员	Lawyer and Notary	16	1	
图书、档案资料人员	Books and Archives	103	30	13
艺术人员	Arts	3	2	
政工人员	Political and Ideological	1024	276	43

Specialized Technical Personnel in Local State-owned Enterprises and Institutions by Sector

(person)

制造业 Manufacture	电力、煤气及水的生产和供应业 Production and Supply of Electric Power,Gas and Water	建筑业 Construction	交通运输仓储及邮电通讯业 Transport,Storage and Post	信息传输计算机服务软件业 Information Transmission, Computer Service and Software	批发和零售业 Wholesale and Retail Trades	住宿和餐饮业 Hotels and Catering Services
1336	**3167**	**3071**	**2212**	**295**	**437**	**59**
635	2239	2243	1305	195	21	3
51	3	3	1	1	16	
		8	1	2		
17	8		1		1	
18	10	1	86	2	1	
123	272	243	154	31	142	23
30	25	39	24	3	16	
368	386	352	407	26	200	26
1	2		3	19		
				2		
2	1					
	1					
	2			1		
	15					
5	23	4	24	3	1	
				1		
86	180	178	206	9	39	7

17-16 续表

单位:人 (2009)

指　标	Item	金融保险业 Financial and Insurance	房地产业 Real Estate	租赁与商业服务业 Leasing and Business Services
总　　计	**Total**	**2436**	**394**	**124**
工程技术人员	Engineering	105	228	15
农业技术人员	Agriculture	1	9	
科学研究人员	Scientific Research	4		
卫生技术人员	Health Care	1		
教学人员	Teaching	2		1
会计人员	Accounting	835	42	21
统计人员	Statistics	62	4	4
经济人员	Economic	1338	93	63
新闻、出版人员	Press and Publications	1		
播音人员	Broadcast			
翻译人员	Translate	2		5
体育人员	Sport			
工艺美术人员	Arts and Crafts			1
律师、公证人员	Lawyer and Notary			3
图书、档案资料人员	Books and Archives	2	4	2
艺术人员	Arts			
政工人员	Political and Ideological	83	14	9

continued

(person)

科学研究、技术服务业与地质勘查业 Scientific Research, Technical Service and Geologic Prospecting	水利、环境和公共设施管理业 Management of Water Conservancy, Environment and Public Facilities	居民服务和其他服务业 Services to Households and Other Services	教育 Education	卫生、社会保障和社会福利业 Health, Social Security and Social Welfare	文化体育与娱乐业 Culture, Sports and Entertainment	公共管理和社会组织 Public Management an Social Organization
2844	**5286**	**333**	**66261**	**19223**	**7496**	**2503**
1593	4029	105	129	231	715	557
264	546	42	17	22	3	263
486			238	1	13	11
48	10	11	115	17781	13	65
19	1		64791	63	2487	29
134	300	57	158	527	82	811
11	19	5	4	49	9	38
98	132	61	72	218	66	399
28			33	4	1069	43
1					103	11
1	1	1	2	1	5	
			5		477	1
2	1			3	27	2
		27		4	10	18
42	56	8	387	50	1074	61
1	6	4	3		1201	2
116	185	12	307	269	142	192

17-17 文化产业机构和人员数

指 标	Item	2008	
		机构(个) Number of Institutions (uint)	文化部门 Culture Departments
艺术产业	**Arts**	**64**	**20**
艺术表演团体	Art Performance Troupes	47	13
戏曲、曲艺团体	Opera and Recitation and Ballad Troupes	2	2
艺术表演场所	Art Centers	16	6
文物产业	**Cultural Relics**	**30**	**30**
博物馆	Museums	5	5
文物商店	Cultural Relics Store		
图书馆产业	**Libraries**	**21**	**21**
群众文化产业	**Mass Culture**	**251**	**251**
文化馆	Cultural Centers	26	26
文化站	Cultural Stations	225	225
教育产业	**Education**	**1**	**1**
文化市场经营单位	**Entertainment Operators**	**2470**	
娱乐业	Entertainment	858	

17-18 图书、杂志、报纸出版情况

指 标	Item	单位	Unit	1978	1980
图 书	**Books**				
图书种类	Number of Publications	种	kind	184	193
图书印数	Printed Copies	万册	10 000 copies	1136	1433
杂 志	**Magazines**				
杂志种类	Number of Publications	种	kind		6
杂志印数	Printed Copies	万册	10 000 copies		51
报 纸	**Newspapers**				
报纸种类	Number of Publications	种	kind		1
报纸总印数	Printed Copies	万份	10 000 copies		2279

Cultural Institutions and Personnel

人员数(人) Number of Persons Engaged (person)	文化部门 Culture Departments	2009 机构数(个) Number of Institutions (unit)	文化部门 Culture Departments	人员数(人) Number of Persons Engaged (person)	文化部门 Culture Departments
2408	**1044**	**62**	**21**	**2295**	**1248**
2140	947	46	14	2025	1126
107	107	17	6	622	453
251	80	16	7	270	122
560	**560**	**30**	**30**	**519**	**519**
219	219	5	5	248	248
523	**523**	**20**	**20**	**531**	**531**
1016	**1016**	**247**	**200**	**1295**	**1202**
495	495	25	24	493	464
521	521	224	176	809	738
101	**101**	**1**	**1**	**101**	**101**
10645		**1779**		**8602**	
6473		859		5064	

Publication of Books, Magazines and Newspapers

1990	1995	2000	2005	2009
449	623	649	660	940
1890	2310	1649	1520	1815
15	27	29	35	36
71	97	169	318	720
9	14	19	19	20
4561	4699	6136	9782	10203

17-19 各类科技机构概况

（2008）

指标	Item	单位	Uint	县以上部门属研究与开发机构合计 State-owned Research and Development Institutions Above Country level
机构数	Number of Institutions	个	unit	22
职工总数	Number of Staffs	人	person	809
从事科技活动人员	Personnel Engaged in S&T Activities	人	person	729
科学家工程师	Scientists and Engineers	人	person	660
R&D 人员	R&D Personnel	人年	man-year	300
科技经费筹集额	Funding for S&T Activities	千元	1000 yuan	118710
政府拨款	Government Funds	千元	1000 yuan	114648
科技经费支出总额	Total Expenditures on S&T Activities	千元	1000 yuan	101432
资产购建支出	Purchase or Consturction of Fixed Assets	千元	1000 yuan	15194
R&D 经费内部支出	Internal Expenditure on R&D	千元	1000 yuan	31765
资产合计	Total Capital	千元	1000 yuan	146638
课题数	Number of Projects	个	unit	262
课题经费支出	Expenditures on Projects	千元	1000 yuan	34713
R&D 课题经费支出	Expenditures on R&D Projects	千元	1000 yuan	15300
课题投入人员	Personnel Put into Projects	人年	man-year	413
R&D 课题投入科学家工程师	Scientists and Engineers Put into R&D Projects	人年	man-year	226
专利申请受理	Number of Patents Application Acceptance	项	item	25
专利授权	Number of Patents Application Granted	项	item	9
科技论文	Scientific Papers	篇	pieces	402
科技专著	Scientific Monograph	种	kind	40

自然科学和技术领域 Field of Natural Sciences and Technology	社会与人文科学领域 Field of Social Sciences and Humanities	科技信息和文献机构 Scientific-technical Information and Document Institutions	转制机构 Transformation Institutions
12	6	4	27
462	252	95	3262
424	222	83	1401
381	203	76	776
175	121	4	297
74419	30374	13917	132961
70516	30374	13758	83949
61946	26031	13455	151989
11365	1725	2104	43428
17733	13812	220	37637
87764	30728	28146	1192402
184	60	18	65
23086	5524	6103	33979
9911	5314	75	24036
271	99	43	343
130	93	3	139
24	0	1	7
9	0	0	9
252	112	38	144
3	36	1	5

17-20 全区科技活动基本情况

Basic Statistics on Scientific and Technological Activities

指　　标	Item	2004	2005	2006
科技活动	**S&T Activities**			
单位数(个)	Number of Institutions(unit)	1010	1029	1104
大中型工业企业	Large and Medium-sized Industrial Enterprises	115	121	120
科技活动人员(人)	Personnel Engaged in S&T Activities(person)	10397	10594	13368
科学家与工程师	Scientists and Engineers	6905	6861	9210
科技活动经费筹集额(万元)	**Funding for S&T Activities(10 000 yuan)**	**88144**	**93386**	**136332**
政府资金	Government Funds	22355	21399	28720
银行贷款	Bank Loans	8386	16880	8480
科技活动经费内部支出(万元)	**Internal Expenditures on S&T Activities(10 000 yuan)**	**80247**	**97709**	**143809**
劳务费	Service Fees	19483	16204	22228
研究与发展经费支出	Expenditure on R&D	31544	32836	50903
占国内生产总值比重(%)	Proportion of Expenditure on R&D to GDP(%)	0.59	0.55	0.72
专利申请受理量(件)	**Number of Patents Application Acceptance(item)**	**399**	**516**	**671**
发明	Inventions	89	106	172
实用新型	Utility Model	184	185	245
外观设计	Appearance Design	126	225	254
专利申请批准量(件)	**Number of Patents Application Granted(item)**	**293**	**214**	**290**
发明	Inventions	46	40	64
实用新型	Utility Model	119	130	142
外观设计	Appearance Design	128	44	84

17-20 续表 continued

指　　标	Item	2007	2008	2009
科技活动	**S&T Activities**			
单位数(个)	Number of Institutions(unit)	1053	1208	
大中型工业企业	Large and Medium-sized Industrial Enterprises	130	131	
科技活动人员(人)	Personnel Engaged in S&T Activities(person)	14468	15595	
科学家与工程师	Scientists and Engineers	10115	10910	
科技活动经费筹集额(万元)	**Funding for S&T Activities(10 000 yuan)**	**197808**	**188861**	
政府资金	Government Funds	35823	39562	
银行贷款	Bank Loans	15254	14184	
科技活动经费内部支出(万元)	**Internal Expenditures on S&T Activities(10 000 yuan)**	**198510**	**188782**	
劳务费	Service Fees	28556	35217	
研究与发展经费支出	Expenditure on R&D	74906	76859	
占国内生产总值比重(%)	Proportion of Expenditure on R&D to GDP(%)	0.84	0.70	
专利申请受理量(件)	**Number of Patents Application Acceptance(item)**	**838**	**1087**	**1277**
发 明	Inventions	112	160	182
实用新型	Utility Model	270	329	284
外观设计	Appearance Design	456	598	811
专利申请批准量(件)	**Number of Patents Application Granted(item)**	**296**	**606**	**910**
发 明	Inventions	32	48	52
实用新型	Utility Model	200	266	267
外观设计	Appearance Design	64	292	591

17-21 广播电视事业发展情况

指标	Item	单位	Unit	2000	2002
广 播	**Broadcast**				
广播电台	Number of Broadcasting Stations	座	unit	11	5
广播发射台和转播台	Number of Transmission and Relaying Stations	座	unit	8	7
广播人口覆盖率	Listener Rate	%	%	85.20	85.57
节目套数	Program	套	unit	14	22
平均每日播音时间	Average Broadcast Time per Day	时:分	hour:minute	120:03	197:38
广播节目制作	Production of Broadcasting	小时	hour	20337	43845
新 闻	News	小时	hour	3180	6645
专 题	Featured	小时	hour	4206	12675
教 育	Education	小时	hour	62	266
文 艺	Arts and Crafts	小时	hour	9490	16757
服务性	Services	小时	hour	3439	7502
电 视	**TV**				
电视台	Number of Television Stations	座	unit	7	5
电视发射台和转播台	TV Transmission and Relaying Stations	座	unit	43	7
电视人口覆盖率	Viewer Rate	%	%	86.00	87.70
节目套数	Program	套	unit	8	27
平均每周播出时间	Program Hours Per Week	时:分	hour:minute	483:21	1430:41
电视节目制作	Production of TV Programs	小时	hour	6365	16839
新 闻	News	小时	hour	1184	3154
专 题	Featured	小时	hour	770	3082
教 育	Education	小时	hour	42	576
文 艺	Arts and Crafts	小时	hour	903	3754
服务性	Services	小时	hour	3466	6273

Statistics on Broadcasting and TV Stations

2003	2004	2005	2006	2007	2008	2009
5	2	2	4	3	5	5
6	7	13	11	11	11	12
91.21	91.42	91.42	91.42	91.42	92.90	92.92
23	28	25	28	24	24	24
327:16	249:06	254:34	263:29	279:32	278:10	278.54
50288	38458	60056	43442	53885	37780	38397
7870	8486	10198	8780	11836	8185	8471
7995	6158	13529	12102	12588	10206	10327
766						
16190	13402	20851	13209	20657	11672	11454
16481	10412	15478	9351	8804	6549	5390
5	3	3	6	4	4	4
18	162	16	21	23	109	27
89.03	89.30	92.82	93.47	96.67	96.78	97.28
25	33	31	33	27	28	28
1332:46	2095:41	2138:09	2341:57	2612:48	402:54	407
12100	17697	40736	46389	38489	27218	27457
2712	3579	9802	11995	7788	5885	6029
1835	3151	8104	8815	9134	10895	7501
661						
1615	2671	4927	5560	3413	2846	4327
5277	8296	17903	20019	18154	7525	5444

17-22 各市县各级各类学校数

Number of Various Schools by City and Country

单位:所　　(2009)　　(unit)

地　区	Region	普通高等学校 Regular Institutions of Higher Education	中等专业学校 Specialized Secondary Schools	职业中学 Vocational Secondary Education Schools	普通中学 Regular Secondary Education Schools	高级中学 Senior High School	小学 Primary Schools	幼儿园 kindergarten
全区总计	**Total**	**15**	**20**	**19**	**355**	**41**	**2131**	**334**
银川市	Yinchuan	12	15	7	68	13	232	132
银川市	**District**			**4**	**42**	**10**	**107**	**78**
永宁县	Yongning			1	10	1	46	8
贺兰县	Helan			1	7	1	49	1
灵武市	Lingwu			1	8	1	30	35
石嘴山市	**Shizuishan**	**1**	**2**	**2**	**50**	**7**	**99**	**62**
石嘴山市	District			1	30	6	40	55
平罗县	Pingluo			1	20	1	59	7
吴忠市	**Wuzhong**	**1**	**1**	**3**	**76**	**11**	**391**	**49**
利通区	Litong				25	3	67	21
红寺堡	Hongsipu				4		61	1
青铜峡市	Qingtongxia			1	16	2	79	17
盐池县	Yanchi			1	12	3	36	8
同心县	Tongxin			1	19	3	148	2
固原市	**Guyuan**	**1**	**1**	**4**	**95**	**5**	**981**	**54**
原州区	Yuanzhou				23	2	203	28
西吉县	Xiji			1	30	1	386	1
隆德县	Longde			1	20		128	6
泾源县	Jingyuan			1	7		82	3
彭阳县	Pengyang			1	15	2	182	16
中卫市	**Zhongwei**		**1**	**3**	**66**	**5**	**428**	**37**
沙坡头区	Shapotou			1	25	2	79	19
中宁县	Zhongning			1	16	2	110	16
海原县	Haiyuan				25	1	239	2

17-23 各市县各级各类学校在校学生数

Number of Enrolled Students in Various Schools by City and Country

单位：人 （2009） （person）

地 区 Region	普通高等学校 Regular Institutions of Higher Education	中等专业学校 Specialized Secondary Schools	职业中学 Vocational Secondary Education Schools	普通中学 Regular Secondary Education Schools	高级中学 Senior High School	小 学 Primary Schools	幼儿园 kindergarten
全区总计 Total	**78400**	**102264**	**39607**	**439575**	**140653**	**670621**	**124903**
银 川 市 Yinchuan	**65268**	**86099**	**8831**	**120550**	**46670**	**147663**	**33355**
银 川 市 District	65268	86099	6192	81562	35354	87541	17142
永 宁 县 Yongning			467	13355	3748	19663	4449
贺 兰 县 Helan			649	12573	3869	17334	4672
灵 武 市 Lingwu			1523	13690	3699	23125	7029
石嘴山市 Shizuishan	**5324**	**7113**	**2738**	**48617**	**17362**	**28682**	**15755**
石嘴山市 District	5324	7113	1435	32676	12437	36655	11122
平 罗 县 Pingluo			1303	15941	4295	22027	4633
吴 忠 市 Wuzhong	**1816**	**2006**	**6452**	**87929**	**25250**	**142467**	**28375**
利 通 区 Litong	1816	1677	1278	25792	8600	36673	11165
红 寺 堡 Hongsipu				9563	1440	23011	2398
青铜峡市 Qingtongxia			3087	16069	5109	23294	7509
盐 池 县 Yanchi			466	11101	3811	14262	2645
同 心 县 Tongxin		329	1621	25404	6380	45227	4657
固 原 市 Guyuan	**5992**	**3834**	**15812**	**104969**	**31180**	**190779**	**21434**
原 州 区 Yuanzhou	5992	3834	3087	34754	10552	54377	10382
西 吉 县 Xiji			5574	28578	8165	75624	473
隆 德 县 Longde			3307	17360	6016	20924	2733
泾 源 县 Jingyuan			753	6344	634	13108	2180
彭 阳 县 Pengyang			3217	17933	5741	26746	5666
中 卫 市 Zhongwei		**3212**	**5774**	**77510**	**20263**	**131030**	**25984**
沙坡头区 Shapotou		3212	281	28205	7759	33761	10637
中 宁 县 Zhongning			1530	24292	7393	36986	8700
海 原 县 Haiyuan			3963	25013	5111	60283	6611

17-24 各市县普通中学在校学生数

Number of Student in Regular Secondary Schools by City and Country

单位:人 (person)

地 区	Region	1980	1990	2000	2004	2005	2008	2009
全区总计	**Total**	**223747**	**284440**	**318263**	**387286**	**406422**	**429178**	**439575**
银川市	**Yinchuan**	**59887**	**66154**	**76968**	**104201**	**108253**	**115179**	**120550**
银川市	District	31848	28302	39826	60560	82093	77029	81562
永宁县	Yongning	7759	11402	10784	14330	14297	13503	13355
贺兰县	Helan	11342	11068	10720	12653	12650	11969	12573
灵武市	Lingwu	8938	15382	15638	16658	16013	12678	13690
石嘴山市	**Shizuishan**	**44804**	**51411**	**45207**	**50795**	**51853**	**49620**	**48617**
石嘴山市	District	29852	30520	26226	32695	32263	32608	32676
平罗县	Pingluo	13602	19064	17236	18100	19590	17012	15941
陶乐县	Taole	1350	1827	1745				
吴忠市	**Wuzhong**	**32521**	**54272**	**59546**	**67928**	**75239**	**84214**	**87929**
利通区	Litong	10347	17042	18083	20043	22123	25562	25792
红寺堡	Hongsipu				4157	5714	8594	9563
青铜峡市	Qingtongxia	11865	16090	16701	14503	16142	16405	16069
盐池县	Yanchi	5195	11672	10783	14226	13983	11176	11101
同心县	Tongxin	5114	9468	13979	14999	17277	22477	25404
固原市	**Guyuan**	**45869**	**62480**	**76903**	**97454**	**104741**	**102062**	**104969**
原州区	Yuanzhou	23547	21971	26681	34160	34967	33259	34754
西吉县	Xiji	10110	14848	19818	26237	30238	27811	28578
隆德县	Longde	10066	10998	13671	16617	16485	16894	17360
泾源县	Jingyuan	2146	2282	1889	4715	6283	6323	6344
彭阳县	Pengyang	–	12381	14844	15725	16768	17775	17933
中卫市	**Zhongwei**	**40666**	**50123**	**59639**	**66908**	**67336**	**78103**	**77510**
沙坡头区	Shapotou	18306	21939	24694	21876	21693	27947	28205
中宁县	Zhongning	14737	16840	20991	23892	25547	25571	24292
海原县	Haiyuan	7623	11344	13954	21140	20096	24585	25013

17-25 各市县小学在校学生数

Number of Enrolled Students in Primary Schools by City and Country

单位:人 （2009） （person）

地 区	Region	1980	1990	2000	2004	2005	2008	2009
全区总计	**Total**	**583687**	**667296**	**657352**	**677738**	**693207**	**688697**	**670621**
银川市	**Yinchuan**	**123974**	**121948**	**136022**	**140541**	**142453**	**149977**	**147663**
银川市	District	48231	46707	68750	80547	82801	88580	87541
永宁县	Yongning	25597	23939	22018	21875	21367	20282	19663
贺兰县	Helan	26400	20365	19321	16690	16769	17397	17334
灵武市	Lingwu	23746	30937	25933	21429	21516	23718	23125
石嘴山市	**Shizuishan**	**87064**	**79244**	**64363**	**65462**	**64162**	**60378**	**28682**
石嘴山市	District	48964	42581	36168	39846	39639	37901	22130
平罗县	Pingluo	34690	33159	24204	25616	24523	22477	14525
陶乐县	Taole	3410	3504	3991				22027
吴忠市	**Wuzhong**	**101525**	**137930**	**125251**	**145289**	**147607**	**147540**	**142467**
利通区	Litong	28267	31194	30527	36881	35169	36366	36673
红寺堡	Hongsipu				15933	20015	23030	23011
青铜峡市	Qingtongxia	29662	33096	25394	24765	25102	24359	23294
盐池县	Yanchi	19843	23015	17339	15393	15234	14829	14262
同心县	Tongxin	23753	50625	51991	52317	52087	48956	45227
固原市	**Guyuan**	**164001**	**214727**	**210543**	**196533**	**205908**	**196087**	**190779**
原州区	Yuanzhou	83825	73604	68541	63065	65770	55458	54377
西吉县	Xiji	41681	61231	68486	64677	72380	78019	75624
隆德县	Longde	28278	23940	30013	23450	22609	21438	20924
泾源县	Jingyuan	10217	12820	11187	14868	14977	13720	13108
彭阳县	Pengyang		43132	32316	30473	30172	27452	26746
中卫市	**Zhongwei**	**107123**	**113447**	**121173**	**129913**	**133077**	**134715**	**131030**
沙坡头区	Shapotou	44314	33918	34932	37712	36946	35441	33761
中宁县	Zhongning	30624	30162	30167	38173	38834	37826	36986
海原县	Haiyuan	32185	49367	56074	54028	57297	61448	60283

17-26 各市县平均每万人口在校学生数

Number of Enrolled students Per 10 000 Population by City and Country

单位:人 （2009） （person）

地 区 Region	普通高等学校 Regular Institutions of Higher Education	中等专业学校 Specialized Secondary Schools	职业中学 Vocational Secondary Education Schools	普通中学 Regular Secondary Education Schools	小 学 Primary Schools
全区总计 Total	**100**	**164**	**63**	**703**	**1073**
银 川 市 Yinchuan	**292**	**506**	**52**	**708**	**868**
银 川 市 District	469	814	59	771	827
永 宁 县 Yongning			23	643	947
贺 兰 县 Helan			32	627	864
灵 武 市 Lingwu			65	581	982
石嘴山市 Shizuishan	**73**	**98**	**38**	**669**	**394**
石嘴山市 District	119	158	32	728	816
平 罗 县 Pingluo			47	574	794
吴 忠 市 Wuzhong	**14**	**15**	**48**	**659**	**1068**
利 通 区 Litong	48	44	34	676	962
红 寺 堡 Hongsipu			0	625	1504
青铜峡市 Qingtongxia			111	580	841
盐 池 县 Yanchi			30	716	920
同 心 县 Tongxin		9	44	691	1229
固 原 市 Guyuan	**44**	**28**	**117**	**777**	**1412**
原 州 区 Yuanzhou	150	96	77	869	1360
西 吉 县 Xiji			131	672	1778
隆 德 县 Longde			194	1016	1225
泾 源 县 Jingyuan			68	575	1187
彭 阳 县 Pengyang			131	732	1092
中 卫 市 Zhongwei		**28**	**51**	**681**	**1151**
沙坡头区 Shapotou		80	7	699	837
中 宁 县 Zhongning			47	750	1142
海 原 县 Haiyuan			96	608	1467

17-27 各市县小学毕业人数和毕业率

Number of Graduates and Graduation Rate of Primary School by City and Country

单位:人　　　　(2009)　　　　(person)

地　区	Region	应届毕业班学生 This Year's Graduates		
		毕业班学生数 Students in Graduating Class	毕业生数 Graduates	毕业率(%) Graduation Rate(%)
全区总计	**Total**	**109783**	**111121**	**97.65**
银川市	**Yinchuan**	**25584**	**26142**	**102.17**
银川市	District	15222	15808	103.85
永宁县	Yongning	3419	3589	98.89
贺兰县	Helan	3026	2974	98.69
灵武市	Lingwu	4007	3771	99.12
石嘴山市	**Shizuishan**	**10407**	**10427**	**101.91**
石嘴山市	District	6688	6807	101.78
平罗县	Pingluo	3719	3620	98.51
吴忠市	**Wuzhong**	**23442**	**24222**	**98.01**
利通区	Litong	5992	6382	99.94
红寺堡	Hongsipu	3643	3512	95.36
青铜峡市	Qingtongxia	3995	4093	95.09
盐池县	Yanchi	2544	2653	107.31
同心县	Tongxin	7268	7582	95.94
固原市	**Guyuan**	**28208**	**28938**	**98.29**
原州区	Yuanzhou	8622	8653	102.68
西吉县	Xiji	9641	10174	91.30
隆德县	Longde	3446	3537	108.40
泾源县	Jingyuan	2050	2079	91.68
彭阳县	Pengyang	4449	4495	100.78
中卫市	**Zhongwei**	**22142**	**21392**	**88.80**
沙坡头区	Shapotou	6553	6511	100.83
中宁县	Zhongning	6440	5977	97.31
海原县	Haiyuan	9149	8904	74.29

17-28 各市县文化产业机构数和人数

Number of Cultural Institutions and Personnel by City and Country

(2009)

地区	Region	艺术产业 Arts		图书馆产业 libraries		群众文化产业 Mass Culture	
		机构数(个) Number of Institutions (unit)	人数(人) Number of Persons Engaged (person)	机构数(个) Number of Institutions (unit)	人数(人) Number of Persons Engaged (person)	机构数(个) Number of Institutions (unit)	人数(人) Number of Persons Engaged (person)
全区总计	**Total**	**62**	**2295**	**20**	**531**	**24**	**464**
银川市	**Yinchuan**	**8**	**369**	**5**	**115**	**7**	**84**
银川市	District	6	320	2	65	4	25
永宁县	Yongning			1	13	1	10
贺兰县	Helan			1	15	1	18
灵武市	Lingwu	2	49	1	14	1	17
石嘴山市	**Shizuishan**	**8**	**251**	**2**	**39**	**4**	**68**
石嘴山市	District			1	24	2	14
平罗县	Pingluo	8	251	1	15	1	19
吴忠市	**Wuzhong**	**9**	**252**	**4**	**115**	**5**	**133**
利通区	Litong	3	78			2	
红寺堡	Hongsipu			1	46		49
青铜峡市	Qingtongxia	1	65	1	27	1	49
盐池县	Yanchi	5	109	1	14	1	16
同心县	Tongxin			1	28	1	19
固原市	**Guyuan**	**4**	**214**	**5**	**81**	**5**	**90**
原州区	Yuanzhou	1	76	1	33	1	24
西吉县	Xiji	1	47	1	17	1	29
隆德县	Longde	2	91	1	9	1	
泾源县	Jingyuan			1	11	1	26
彭阳县	Pengyang			1	11	1	7
中卫市	**Zhongwei**	**8**	**192**	**3**	**43**	**2**	**31**
沙坡头区	Shapotou	1	35	1	15	1	
中宁县	Zhongning	5	128	1	15		19
海原县	Haiyuan	2	29	1	13	1	12
区直单位	**Unit of Municipality Directly under the Central Government**	**25**	**1018**	**1**	**138**	**1**	**58**

17-28 续表 continued

(2009)

地　区	Region	文物产业 Cultural Relics		文化市场经营单位 Entertainment Operators	
		机构数(个) Number of Institutions(unit)	人数(人) Number of Persons Engaged (person)	机构数(个) Number of Institutions(unit)	人数(人) Number of Persons Engaged (person)
全区总计	**Total**	**29**	**515**	**1779**	**8736**
银 川 市	**Yinchuan**	**7**	**151**	**631**	**3686**
银 川 市	District	5	137	404	3060
永 宁 县	Yongning			69	156
贺 兰 县	Helan	1	1	51	150
灵 武 市	Lingwu	1	13	107	320
石嘴山市	**Shizuishan**	**2**	**25**	**248**	**965**
石嘴山市	District	1	5	190	804
平 罗 县	Pingluo	1	20	58	161
吴 忠 市	**Wuzhong**	**5**	**44**	**380**	**1395**
利 通 区	Litong	1	10	214	845
红 寺 堡	Hongsipu			12	27
青铜峡市	Qingtongxia	1	15	79	283
盐 池 县	Yanchi	2	11	43	90
同 心 县	Tongxin	1	8	32	150
固 原 市	**Guyuan**	**7**	**80**	**247**	**713**
原 州 区	Yuanzhou	2	39	112	462
西 吉 县	Xiji	2	25	34	58
隆 德 县	Longde	1	6	35	51
泾 源 县	Jingyuan	1	2	42	104
彭 阳 县	Pengyang	1	8	24	38
中 卫 市	**Zhongwei**	**3**	**18**	**197**	**566**
沙坡头区	Shapotou	1	8	109	336
中 宁 县	Zhongning	1	5	62	173
海 原 县	Haiyuan	1	5	26	57
区直单位	**Unit of Municipality Directly under the Central Government**	**5**	**197**	**74**	**1411**

主要统计指标解释

[普通高等学校] 指按国家规定审批程序批准举办,通过全国统一招生考试,招收高级中等学校毕业生或具有同等学历者,实施高等教育,培养高等专门人才的学校。包括大学、专门学院、高等专科学校和短期职业大学。

[成人高等学校] 指按照国家规定的审批程序批准举办,招收高中毕业或同等学历者,利用多种形式对成人实施高等教育、培养相当普通高等学校专科或本科毕业水平的专门人才的学校。包括广播电视大学、职工高等学校、农民高等学院、干部管理学院、教育学院、独立函授学院以及普通高等学校举办的函授、夜大学等。

[小学学龄儿童入学率] 指调查范围内已人小学学习的儿童占校内外学龄儿童总数(包括弱智儿童在内,但不包括盲聋哑儿童)的比重。

[专任教师] 指主要从事教育工作人员。包括临时(一年以内)调去帮助做其他工作的教学人员。不包括调离教学岗位,担任行政领导工作或其他工作的原教学人员;不包括兼任教师和代课教师。

[独立自然科学研究机构] 指具备下列三个条件:(1)行政上独立的组织形式;(2)财务上独立核算;(3)有权与其他单位签订合同,从事自然科学技术研究的机构。

[优秀自然科学技术研究成果] 指自然科学技术研究成果中比较优秀的并经各级政府批准授奖的成果。分为国家级(发明奖、自然科学奖)省级(部级)、地(市)级、县级。如省级是指经省科委审核批准并由省政府授奖的成果,一般设一、二、三、四等奖,每年颁发一次。

[自然科学技术人员] 指已取得科学技术职称或大学中专的理、工、农、医科系毕业,以及国民经济各部门从工作实践中提拔,从事理工、农、医等自然科学技术的研究、教学、生产(事业)技术方面工作的专业人员和在机关、企业、事业单位中从事科学技术业务管理

工作的专业人员。

[高级专业技术人员] 指专业技术人员中具有高级职称的人员,包括高级工程师、高级农艺师、正、副教授、正、副研究员、正、副主任医师,高级会计师、高级统计师、正、副编审、特、高级记者与播音员、正、副译审、国家级和高级教练员、高级经济师、正、副研究馆员、高级工艺美术师。

[中级专业技术人员] 指专业技术人员中具有中级职称的人员。包括工程师、农艺师、助理研究员、主治医师、讲师、会计师、统计师、编辑、记者、一级播音员、翻译、一级教练、经济师、馆员、工艺美术师。

[初级专业技术人员] 指专业技术人员中具有初级职称的人员。包括:助理工程师、助理会计师、助理统计师、助理编辑、助理记者、二级播音员、助理翻译、二级教练员、助理经济师、助理馆员、助理工艺美术师、技术员、医(护)士、会计员、统计员、三级播音员、三级教练员、经济员、管理员、工艺美术员。

[艺术表演团体] 指话剧、方言话剧、滑稽戏、儿童剧、砍剧、舞剧、乐团、合唱团、文工团、文宣队、乌兰牧骑、戏曲剧团、曲艺团、说唱团、杂技团、马戏团、木偶剧团、皮影团等专业艺术表演团体,不包括半工半艺、半农半艺和业余剧团以及电影制片厂附设的演员剧团。

[杂志、报纸] 指按规定经领导机关批准、由指定机关发给登记证的杂志和定期出版的报纸。杂志与报纸的划分是:单张、且在八开以上(含八开)者为报纸;装订成册、或虽未装订成册,但为十六开以下(含十六开)者为杂志。

杂志分为综合、哲学、社会科学、自然科学和技术、文化和教育、文学和艺术、少年儿童、画刊共七大类、报纸分为综合报和专业报二大类。

第十八篇 Chapter 18

体育卫生民政司法

Sports, Public Health, Civil Administration and Judicature

责任编辑：安蕊莉
资料整理：安蕊莉　袁　红　殷荣玉　康　磊
Coordinator: An Ruili
Data Compilation: An Ruili　Yuan Hong　Yin Rongyu　Kang Lei

18-1 体委系统职工人数

Number of Staff and Workers in Sports Commissions

单位:人　　　　(2009)　　　　(person)

人员分类	Category of Personnel	总计 Total	体育运动学校 Physical Education and Sports Schools	优秀运动队 Excellent Sports Teams	业余体校 Spare-time Sports Schools	优秀运动员 Excellen Sporters	训练基地 Training Bases	体育场所 Sports Venues	其他 Other
运动员	Athletes	379					379		
专职教练员	Full-time Coaches	152	14		40				98
专职文化教师	Full-time Teachers	25	25						
科技人员	Scientific and Technical Personnel	9							9
医务人员	Medical Personnel	9	1	6					2
管理人员	Administrative Personnel	116	10	28	6				72
其他人员	Other	449	11	75					363

18-2 等级运动员和裁判员分项发展人数

Athletes and Referees in Grades by Events

单位:人 (2009) (person)

运动项目 Item	等级运动员 Number of Athletes	国家级运动健将 Internat-omal Mastr Athletes	一级 First Grade Athletes	二级 Second Grade Athletes	三级 Third Grade Athletes	少年级 Young Athletes	等级裁判员 Grade Referees
总 计 Total	**274**	**5**	**11**	**256**			**454**
田 径 Athletics	87			87			67
游 泳 Swimming	28			28			
举 重 Weightlifting	3		1	2			
射 击 Shooting	6	1	3	2			
射 箭 Archery	4	2	2				
自行车 Bicycle							
篮 球 Basketball	31			31			57
排 球 Volleyball	6			6			80
足 球 Football	32			32			9
乒乓球 Table Tennis	9			9			25
羽毛球 Badminton							108
武 术 WuShu	6		5	1			8
网 球 Tennis							2
健 美 Didnt							
中国象棋 Chinese Chess							1
门 球 Design Department .There							25
台 球 Billiards							22
健美操 Aerobics							
钓 鱼 Fishing							8
信 鸽 Pigeons							4
沙滩排球 Beach Volleyball							4
摔 跤 Wrestling							
航空模型 Model Airplane							3
水 球 Water Polo	1	1					
拳 击 Boxing	12			12			
中国式摔交 Chinese wrestling	17	1		16			

18-3 体育场地数

Number of Sports Venues

单位:人 (person)

指 标	Item	1985	1990	1995	2000	2005	2008	2009
体育场	Stadiums	1	1	1	2	5	14	
乙 级	B	1	1	1	2	2		
体育馆	Gymnasiums	1	1	1	1	3	7	1
丁 级	D	1	1	1	1	2		
游泳池	Natatoriums	13	17	18	19	20	38	
市内游泳池	Indoor Swimming Pools		1	2	3	4	10	
有固定看台灯光球场	Lighting Stadium Grandstand Fixed	16	17	24	24	24	26	

18-4 运动员打破纪录情况

Athletes Broke Records

年 份 Year	打破亚洲纪录 Break Asian Record			打破全国纪录 Break The Record			打破区纪录 Break Zone Records		
	项数(项) Events	人数(人) Persons	人次数(人次) Person-time	项数(项) Events	人数(人) Persons	人次数(人次) Person-time	项数(项) Events	人数(人) Persons	人次数(人次) Person-time
1990				1	1	1	30	47	50
1991							51	38	51
1992							40	51	49
1993							28	22	20
1994							14	11	14
1995				3	1	9	74	104	165
1996				1	1	1	20	19	38
1997							15	19	13
1998							7	9	7
1999									
2000							6	6	6
2001				1	1	1	25	20	25
2002							29	58	65
2003							12	30	39
2004							33	29	40
2005							3	15	15
2006							34	33	34
2007							11	7	11
2008							5	5	5
2009							5	11	13

18-5 主要年份卫生机构数

Number of Health Care Institutions in Main Years

单位:个　　　　（2009）　　　　（unit）

年份 Year	总计 Total	医院、卫生院 Hospitals and Health Centers	医院 Hospital	疗养院、所 Sanatoriums	门诊部、所 Clinics	专科防治所、站 Specialized Prevention & Treatment Centers or Stations	疾病预防控制中心 Center for Disease Control and Prevention	妇幼保健所、站 Women and Children Care Agencies	其他卫生机构 Other Institutions
1950	156	6			134			2	14
1955	221	21		1	166		1	14	18
1958	314	81	37	1	194		20	17	1
1960	586	37	37	1	501	3	24	17	3
1965	607	124	30	4	429	4	20	22	4
1970	519	334			160	2	21		2
1975	736	282	47		406	1	22	18	7
1978	825	306	61		470	1	22	19	7
1980	916	305	60	1	552	2	23	21	12
1985	1057	303	69	2	685	6	24	21	16
1990	1163	177	82	3	894	8	29	27	25
1991	1127	154	86	3	879	10	29	26	26
1992	1118	156	87	3	867	11	29	26	26
1993	1035	161	90	3	781	11	31	26	22
1994	1035	369	92	3	570	11	32	26	24
1995	1026	368	91	2	564	11	31	26	24
1996	1736	376	94	2	1269	9	29	25	26
1997	1649	375	93	2	1181	9	29	25	28
1998	1652	383	98	2	1177	9	29	25	27
1999	1436	382	97	2	961	9	29	25	28
2000	1361	380	97	2	887	9	28	25	30
2001	1266	387	106	2	785	9	28	25	30
2002	1393	390	110	2	905	9	27	25	35
2003	1499	401	122	2	930	6	28	25	107
2004	1483	400	132	2	993	4	25	22	37
2005	1463	400	134	1	900	4	25	21	112
2006	1553	369	131	1	1022	3	26	21	111
2007	1530	382	140	1	977	1	26	22	121
2008	1633	389	150	1	1058		25	22	138
2009	1601	394	158	1	1015	0	24	22	145

18-6 主要年份卫生机构床位数

Number of Beds in Health Care Institutions in Main Years

单位:张 (unit)

年 份 Year	总 计 Total	医 院 Hospitals	门诊部 Clinics	其他卫生机 构 Other Health Care Institutions	每千人口医院床位数 Number of Beds of Hospitals and Health Centers per 1000 Population (unit)
1950	40	40			0.03
1955	332	282		50	0.17
1958	1377	1136	160	81	0.61
1960	1531	1421	30	80	0.67
1965	4155	2823	1072	260	1.28
1970	3729	3703	26		1.34
1975	6549	5921	616	12	1.81
1978	7517	6962	542	13	1.96
1980	7866	7184	604	78	1.92
1985	9567	8640	726	201	2.08
1990	10556	10045	226	285	2.16
1991	11118	10701	112	305	2.26
1992	11609	11140	178	291	2.31
1993	12836	11788	658	390	2.40
1994	13285	12307	502	476	2.40
1995	13099	12144	542	413	2.40
1996	12746	10868	100	1778	2.10
1997	13220	11169	253	1798	2.12
1998	13653	11504	109	2040	2.14
1999	13734	11505	94	2135	2.12
2000	13825	13229	117	479	2.35
2001	14434	12142	127	2165	2.16
2002	14782	13768	48	966	2.09
2003	15728	13143	96	2489	2.27
2004	16870	14087	108	2675	2.40
2005	17802	14780	174	2848	2.48
2006	18307	15729	44	2534	2.61
2007	18927	16488	12	2427	2.70
2008	20967	17721	9	3237	3.39
2009	22142	18791	0	3351	3.54

18-7 各类医院机构、床位及人员数

Number of Health Care Institutions,Beds and Persons

（2009）

指 标	Item	机构数（个）Health Care Institutions（unit）	床位数（张）Beds（unit）	职工人数（人）Number of Staff（person）	卫生技术人员 Medical Technical Personnel	执业医师、助理执业医师 Licensed and Assistant Doctors
医院总计	**Hospitals**	**158**	**18791**	**23643**	**19269**	**7280**
市	City	126	14775	19834	16049	5924
县	County	32	4016	3809	3220	1356
综合医院	Ceneraal Hospitals	107	15118	19828	16183	5914
中医医院	Hospitals Specialized in Chinese Medicine	18	1940	2381	2018	943
专科医院	Specialized Hospitals	26	1468	1225	902	359
其他医院	Others	7	265	209	166	64

18-8 社会福利类收养性单位基本情况

Basic Statistics on Social Welfare and Salvation Institutions

指 标	Item	2008				2009			
		院数（个）Number of Homes（unit）	工作人员（人）Number of Staff and Workers（person）	床位（张）Number of Beds（bed）	年末收养人数（人）Year-end Persons Adoptd（person）	院数（个）Number of Homes（unit）	工作人员（人）Number of Staff and Workers（person）	床位（张）Number of Beds（bed）	年末收养人数（人）Year-end Persons Adoptd（person）
全区总计	**Total**	**107**	**893**	**8942**	**8397**	**93**	**791**	**6307**	**5556**
光荣院、福利院	Homes for Disabled Veterans	16	308	1498	1278	14	352	1678	1403
其他收养性单位	Others	91	585	7444	7119	79	439	4629	4153

18-9 社会福利事业、企业单位和工作人员数

Number of Social Welfare Institutions & Enterprises and Personnel Engaged

单位:个、人 (unit, person)

指 标	Item	1990		2000		2005		2009	
		单位 Enter-prises	人数 Staff	单位 Enter-prises	人数 Staff	单位 Enter-prises	人数 Staff	单位 Enter-prises	人数 Staff
全区总计	**Total**	**455**	**4343**	**450**	**3522**	**327**	**4153**	**186**	**6889**
社会福利事业单位	Social Welfares Institutions	264	568	197	582	134	588	93	791
民政部门办	By Civil Administration Department	11	170	13	277	16	326	74	419
社会办	By Social Department	253	398	184	305	118	262	2	10
社会福利企业单位	Social Welfares Enterprises	157	3599	211	2693	145	3300	93	5349
烈士纪念建筑物管理单位	Units of Revolutionary Martyr Building Management	6	25	7	31	7	30	7	26
求助管理站	Relef Management Stations	5	81	7	81	11	84	13	86
殡仪服务单位	Funeral and Interment Institutions	23	70	28	135	30	151	38	208

18-10 享受救济人员情况

Persosns Receiving Subsidies or Relief Funds

单位:人 (person)

指 标	Item	1980	1990	1995	2000	2002	2005	2006	2007	2008	2009
农村困难户得到救济人次数	Number of Persons Receiving pecial Poor relief in Rural Areas	404856	328483	314575	88484	469079	359346	399933	243305	307277	381772
城镇贫困户得到救济人次数	Number of Persons Receiving pecial Poor relief in Rural Areas	2907	4652	5487	1792410	141004	214359	220066	210512	283367	210051

18-11 律师、公证、调解工作基本情况

Basic Statistics on Lawyers,Notarization and Mediation

项　　目	Item	单位 Units		1990	1995	2000	2001	2002	2005	2006	2007	2008	2009
律师工作	**Lawyers**												
律师事务所	Number of Law Offices	个	unit	32	52	62	60	60	61	62	63	65	70
律师	Lawyers	人	person	223	444	722	745	743	777	588	632	644	723
担任法律顾问的单位	Legal Advisors	处	unit	515	627	767	766	834	958	983	1173	1143	1152
民事代理	Agent of Civil Cases	件	case	2617	2546	5284	4672	5075	6417	6213	9140	11186	12345
刑事辩护	Defender of Criminal Cases	件	case	2050	1732	2368	2003	2159	2504	2353	3237	3982	4401
非诉讼事件	Agent of Non-Litigious Legal Affairs	件	case	270	1792	1489	2377	2091	2301	2135	763	534	759
涉外法律事务	Legal Affairs	件	case		2		1		2	2			
解答法律询问	Agent of Legal Advisory	件	case	24521	15692	36369	42505	36183	35914	32894	25192	24489	25160
代写法律事务文书	Agent of Legal Documents Written on Behalf of Clients	件	case	6165	7624	10687	15660	9842	10949	12235	9741	8153	8669
公证工作	**Notarization**												
公证处	Number of Notary Offices	个	unit	26	28	30	30	29	22	20	20	20	20
公证人员	Notaries Personnel	人	person	123	134	200	263	261	301	307	285	330	92
办理公证文书	Number of Notarized Documents	件	case	11087	21984	66123	40079	48744	51151	45431	45328	48519	61711
人民调解工作	**Number of People´s Mediation**												
专职司法助理员	Number of Full-time Judicial Assistants	人	person	347	370	444	466	400	482	500	545	492	443
人民调解委员会	Number of People´s Mediation Committees	个	unit	3648	3780	3604	3590	3607	3424	3375	3395	3391	3397
调解人员	Number of Mediators	人	person	23477	40402	26493	22238	18225	18745	22694	21014	23242	22445
调解民间纠纷	Number of Cicil Disputes Mediated	件	case	18506	17435	19846	19562	16748	17448	17931	19103	20004	22129

18-12 火灾、交通事故情况

Basic Statistics on Fire and Traffic Accidents

(2009)

指　　标	Item		火灾事故 Fire Accident	火灾事故按事故发生程度分 Grouped by Severity of Fire Accident			交通事故 Traffic Accidents
				特大 Extraordinarily Serious	重大 Serious	一般 Ordinary	
发生(起)	Fire Accidents	(case)	3963				1856
死亡(人)	Deaths	(person)	4				457
受伤(人)	Injuries	(person)	0				2192
损失折款(万元)	Losses Converted into Cash	(10 000yuan)	326.75				534.20
平均每起损失(元)	Average Loss of Fire	(yuan)	824.38				2878.22

18-13 各市县卫生机构数

Number of Health Institutions By City and County

单位:个 （2009） （unit）

地　区 Region	总计 Total	医院 Hospitals	卫生院 Hospitals	疗养院 Sanatorium	门诊部、所 Clinics	专科防治所、站 Specialized Prevention & Treatment Stations
全区总计 Total	**1601**	**158**	**236**	**1**	**1015**	**0**
银 川 市 Yinchuan	**532**	**61**	**40**	**1**	**350**	**0**
银 川 市 District	371	47	10	1	241	0
永 宁 县 Yongning	54	4	10	0	37	0
贺 兰 县 Helan	52	2	7	0	40	0
灵 武 市 Lingwu	55	8	13	0	32	0
石嘴山市 Shizuishan	**342**	**32**	**21**	**0**	**263**	**0**
石嘴山市 District	251	24	8	0	203	0
平 罗 县 Pingluo	91	8	13	0	60	0
吴 忠 市 Wuzhong	**302**	**33**	**53**	**0**	**185**	**0**
利 通 区 Litong	139	21	16	0	88	0
红 寺 堡 Hongsipu	21	2	3	0	12	0
青铜峡市 Qingtongxia	57	6	8	0	38	0
盐 池 县 Yanchi	49	2	15	0	28	0
同 心 县 Tongxin	36	2	11	0	19	0
固 原 市 Guyuan	**259**	**19**	**81**	**0**	**128**	**0**
原 州 区 Yuanzhou	103	11	15	0	66	0
西 吉 县 Xiji	64	3	25	0	30	0
隆 德 县 Longde	34	3	19	0	8	0
泾 源 县 Jingyuan	29	1	7	0	17	0
彭 阳 县 Pengyang	29	1	15	0	7	0
中 卫 市 Zhongwei	**166**	**13**	**41**	**0**	**89**	**0**
沙坡头区 Shapotou	48	7	10	0	19	0
中 宁 县 Zhongning	83	4	11	0	62	0
海 原 县 Haiyuan	35	2	20	0	8	0

18-13 续表 continued

单位:个 （2009） （unit）

地 区 Region	疾病预防控制中心 Centers for Disease Control and Prevention	妇幼保健所、室 Women and Children Care Agencies	卫生监督所 Health Supervision	采供血机构 Blood	其他卫生机构 Other Health Care Institutions
全区总计 Total	**24**	**22**	**25**	**5**	**115**
银 川 市 Yinchuan	**7**	**5**	**8**	**1**	**59**
银 川 市 District	5	2	5	1	59
永 宁 县 Yongning	1	1	1		0
贺 兰 县 Helan	1	1	1		0
灵 武 市 Lingwu		1	1		0
石嘴山市 Shizuishan	**3**	**3**	**3**	**1**	**16**
石嘴山市 District	2	2	2	1	9
平 罗 县 Pingluo	1	1	1		7
吴 忠 市 Wuzhong	**5**	**5**	**5**	**1**	**15**
利 通 区 Litong	1	1	1	1	10
红 寺 堡 Hongsipu	1	1	1		1
青铜峡市 Qingtongxia	1	1	1		2
盐 池 县 Yanchi	1	1	1		1
同 心 县 Tongxin	1	1	1		1
固 原 市 Guyuan	**6**	**6**	**6**	**1**	**12**
原 州 区 Yuanzhou	2	2	2	1	4
西 吉 县 Xiji	1	1	1		3
隆 德 县 Longde	1	1	1		1
泾 源 县 Jingyuan	1	1	1		1
彭 阳 县 Pengyang	1	1	1		3
中 卫 市 Zhongwei	**3**	**3**	**3**	**1**	**13**
沙坡头区 Shapotou	1	1	1	1	8
中 宁 县 Zhongning	1	1	1		3
海 原 县 Haiyuan	1	1	1	0	2

18-14 各市县医院数

Number of Hospitals By City and County

单位:个 (unit)

地 区	Region	2000	2001	2002	2003	2004	2005	2006	2007	2008	2009
全区总计	**Total**	**97**	**106**	**110**	**122**	**132**	**134**	**131**	**140**	**150**	**158**
银川市	**Yinchuan**	**45**	**45**	**43**	**53**	**62**	**59**	**52**	**58**	**59**	**61**
银川市	District	28	37	28	37	47	45	38	44	45	47
永宁县	Yongning	5	5	4	4	4	4	4	4	4	4
贺兰县	Helan	3	3	2	3	2	2	2	2	2	2
灵武市	Lingwu	9	9	9	9	9	8	8	8	8	8
石嘴山市	**Shizuishan**	**24**	**25**	**26**	**27**	**25**	**27**	**30**	**29**	**31**	**32**
石嘴山市	District	18	19	20	22	20	22	23	23	25	24
平罗县	Pingluo	5	5	5	4	5	5	7	6	6	8
陶乐镇	Taole	1	1	1	1						
吴忠市	**Wuzhong**	**9**	**12**	**16**	**16**	**20**	**22**	**24**	**25**	**29**	**33**
利通区	Litong	2	2	3	3	7	9	10	11	17	21
红寺堡	Hongsipu						0	1	1	2	2
青铜峡市	Qingtongxia	4	5	9	9	9	9	9	9	6	6
盐池县	Yanchi	2	3	2	2	2	2	2	2	2	2
同心县	Tongxin	1	2	2	2	2	2	2	2	2	2
固原市	**Guyuan**	**10**	**13**	**14**	**14**	**13**	**14**	**13**	**15**	**18**	**19**
原州区	Yuanzhou	4	6	8	8	7	8	7	9	10	11
西吉县	Xiji	2	2	2	2	2	2	2	2	3	3
隆德县	Longde	1	2	2	2	2	2	2	2	3	3
泾源县	Jingyuan	1	1	1	1	1	1	1	1	1	1
彭阳县	Pengyang	2	2	1	1	1	1	1	1	1	1
中卫市	**Zhongwei**	**9**	**11**	**11**	**12**	**12**	**12**	**12**	**13**	**13**	**13**
沙坡头区	Shapotou	4	5	5	6	6	6	6	7	7	7
中宁县	Zhongning	4	4	4	4	4	4	4	4	4	4
海原县	Haiyuan	1	2	2	2	2	2	2	2	2	2

18-15 各市县卫生机构人员数

Number of Employed Persons in Health Institutions by City and Country

单位：人　　　　（2009）　　　　（person）

地 区	Region	总 计 Total	卫生技术人员 Medical Technical Personnel	执业（助理）医师 Licensed (Assistant) Personnel	执业医师 Licensed Doctor	注册护士 Registered Nurse	其他 Others	每千人口执业医师数（人） Number of Medical Technical Personnel Per 1000 population (person)
全区总计	**Total**	**34048**	**28284**	**11961**	**10709**	**9848**	**26754**	**1.92**
银 川 市	**Yinchuan**	**15650**	**12599**	**5077**	**4698**	**4819**	**27228**	**3.03**
银 川 市	District	13481	10755	4329	4105	4224	27461	4.16
永 宁 县	Yongning	649	569	207	145	183	28170	1.00
贺 兰 县	Helan	504	435	153	106	131	28170	0.78
灵 武 市	Lingwu	1016	840	388	342	281	28279	1.66
石嘴山市	**Shizuishan**	**5376**	**4555**	**1855**	**1679**	**1635**	**4348**	**2.54**
石嘴山市	District	4008	3395	1346	1268	1305	3306	2.96
平 罗 县	Pingluo	1368	1160	509	411	330	1042	1.85
吴 忠 市	**Wuzhong**	**5222**	**4394**	**1746**	**1510**	**1445**	**3873**	**1.32**
利 通 区	Litong	2489	2085	795	690	679	1760	2.11
红 寺 堡	Hongsipu	208	194	94	70	43	193	0.63
青铜峡市	Qingtongxia	1389	1152	403	345	416	927	1.46
盐 池 县	Yanchi	427	370	206	200	96	445	1.31
同 心 县	Tongxin	709	593	248	205	211	548	0.68
固 原 市	**Guyuan**	**4471**	**3830**	**1949**	**1625**	**1064**	**3997**	**1.45**
原 州 区	Yuanzhou	2356	1965	860	739	661	1869	2.15
西 吉 县	Xiji	939	809	501	394	144	909	1.19
隆 德 县	Longde	496	446	218	196	129	493	1.27
泾 源 县	Jingyuan	271	240	147	105	45	266	1.31
彭 阳 县	Pengyang	409	370	223	191	85	460	0.83
中 卫 市	**Zhongwei**	**3329**	**2906**	**1334**	**1197**	**883**	**2991**	**1.18**
沙坡头区	Shapotou	1844	1608	627	558	573	1522	1.55
中 宁 县	Zhongning	898	779	403	363	200	847	1.25
海 原 县	Haiyuan	587	519	304	276	110	622	0.75

18-16 各市县卫生技术人员数

Medical Technical Personnel in Health Care Institutions by City and County

单位:人 (person)

地 区 Region	1985	1990	1995	2000	2005	2007	2008	2009
全区总计 Total	**15528**	**19175**	**21223**	**19171**	**22817**	**25521**	**26627**	**28284**
银 川 市 Yinchuan	**6252**	**7876**	**8893**	**7840**	**9717**	**10733**	**11530**	**12599**
银 川 市 District	4693	6061	6942	5961	7845	8784	9562	10755
永 宁 县 Yongning	406	470	470	542	584	595	603	569
贺 兰 县 Helan	456	492	468	405	312	402	458	435
灵 武 市 Lingwu	697	853	1013	932	976	952	907	840
石嘴山市 Shizuishan	**3189**	**3748**	**4083**	**3172**	**3845**	**4187**	**4379**	**4555**
石嘴山市 District	2370	2954	3200	2349	2974	3322	3314	3395
平 罗 县 Pingluo	742	702	802	717	871	865	1065	1160
陶 乐 镇 Taole	77	92	81	106				
吴 忠 市 Wuzhong	**2147**	**2606**	**3019**	**3041**	**3648**	**4150**	**4245**	**4394**
利 通 区 Litong	846	1000	1169	1151	1598	1898	1973	2085
红 寺 堡 Hongsipu					20	162	184	194
青铜峡市 Qingtongxia	688	824	934	983	1216	1236	1184	1152
盐 池 县 Yanchi	328	414	450	441	376	331	327	370
同 心 县 Tongxin	285	368	466	466	438	523	577	593
固 原 市 Guyuan	**2318**	**2850**	**3043**	**2915**	**3263**	**3453**	**3646**	**3830**
原 州 区 Yuanzhou	1125	1373	1328	1287	1482	1655	1819	1965
西 吉 县 Xiji	424	540	649	592	678	777	769	809
隆 德 县 Longde	373	465	485	424	426	420	441	446
泾 源 县 Jingyuan	181	198	237	207	250	235	243	240
彭 阳 县 Pengyang	215	274	344	405	427	366	374	370
中 卫 市 Zhongwei	**1632**	**2095**	**2185**	**2203**	**2344**	**2998**	**2827**	**2906**
沙坡头区 Shapotou	714	849	934	981	1092	1677	1505	1608
中 宁 县 Zhongning	514	759	768	645	715	722	776	779
海 原 县 Haiyuan	404	487	483	577	537	599	546	519

18-17 各市县卫生机构床位数

Number of Beds in Health Care Institution by City and County

单位:张　　　　（2009）　　　　(unit)

地区	Region	合计 Total	医院 Hospitals	疗养院 Sanatoriums	卫生院 Health Centers	门诊部 Clinics	妇幼保健院（所、站） Women and Children Care Agencies	其他卫生机构 Other Institutions
全区总计	**Total**	**22142**	**18791**		**2377**		**800**	**174**
银川市	**Yinchuan**	**8506**	**7632**		**384**		**369**	**121**
银川市	District	7109	6565		153		270	121
永宁县	Yongning	335	250		65		20	0
贺兰县	Helan	384	212		118		54	0
灵武市	Lingwu	678	605		48		25	0
石嘴山市	**Shizuishan**	**3475**	**3274**		**123**		**48**	**30**
石嘴山市	District	2658	2563		49		16	30
平罗县	Pingluo	817	711		74		32	0
吴忠市	**Wuzhong**	**4020**	**3297**		**550**		**150**	**23**
利通区	Litong	1836	1649		122		48	17
红寺堡	Hongsipu	185	130		22		30	3
青铜峡市	Qingtongxia	912	738		139		32	3
盐池县	Yanchi	535	360		155		20	0
同心县	Tongxin	552	420		112		20	0
固原市	**Guyuan**	**3387**	**2553**		**666**		**168**	**0**
原州区	Yuanzhou	1638	1475		93		70	0
西吉县	Xiji	626	428		178		20	0
隆德县	Longde	333	270		38		25	0
泾源县	Jingyuan	243	120		108		15	0
彭阳县	Pengyang	547	260		249		38	0
中卫市	**Zhongwei**	**2754**	**2035**		**654**		**65**	**0**
沙坡头区	Shapotou	1265	1050		190		25	0
中宁县	Zhongning	767	611		136		20	0
海原县	Haiyuan	722	374		328		20	0

主要统计指标解释

［体育场］ 指有400米跑道（中心含足球场）。有固定道牙，跑道6条以上，并有固定看台的室外田径场地。以看台容纳观众人数分：甲级25000人以上，乙级15000–25000人，丙级5000–15000人，丁级5000人以下。

［等级裁判员］ 指经考核正式批准授予等级裁判员职称者，分为国际裁判、国家级、一级、二级、三级。

［等级运动员］ 指经考核正式批准授予等级运动员称号的运动员，分为国际级 运动健将、运动健将、一级、二级、三级、少年级。

［优秀运动队］ 指各省、市、自治区体委、解放军、产业体协、运动技术学院和军事体育学校所居的各类运动队。不包括机关团体、厂矿等企业、事业单位所属的职工运动队。

［卫生机构］ 指各个部门（军事部门除外）、各种性质的设有专职卫生技术人员的卫生事业机构。包括医院、疗养院（所）、门诊部（所）、专科防治所（站）、卫生防疫站、妇幼保健所（站）、药品检验所（室）、其他卫生机构、（包括急救站、中心血库、输血站、环境卫生监测站、生物制品研究所、精神病收容所、麻风村、卫生千部进修院（校）。

［医院］ 指名称为医院、设有固定床位能收容病人住院并能为病人提供医疗、护理服务的医疗机构。包括县及县以上医院、农村乡卫生院、其他医院三部分，按所属性质分为卫生部门、工业及其他部门、集体所有制三类。其中县及县以上医院按业务性质分为综合医院和专科医院。

［卫生技术人员］ 指卫生事业机构支付工资的全部固定职工和合同制职工中现任职务为卫生技术工作的人员。包括中医师、西医师、中西医结合高级医师、护师、中药师、西药师、检验师、其他技师、中医士、西医士、护士、助产士、中药剂士、西药剂士、检验士、其他技士、其他中医、护理员、中药剂员、西药剂员、检验员、其他初级卫生技术人员。

［医生］ 指经卫生部门审查合格，从事医疗工作的专业人员，分为中医医生和西医医生。包括卫生技术人员中的中医师、西医师、中西医结合高级医师、中医士、西医士和其他中医。

［社会福利企业单位］ 指以安置城镇有一定劳动能力的盲、聋、哑积肢体残疾人员就业为目的，享受国家减免税待遇的全民或集体所有制企业。包括民政部门管理和街道举办两类。

［城乡社会救济费］ 社会救济是指国家或集体用于生活困难的人员的财物支出。本指标包括城镇社会救济费、乡村社会救济费、精减退职的老职工救济费。

［公证人员］ 指在国家公证机关依法办理公证事务的司法人员。包括公证员、助理公证员和在公证处工作的其他人员。

［办理公证文书］ 指公证处在一定时期内办理的公证文书件数。公证文书系按司法部规定或批准的格式制作。包括国内公证和涉外公证两部分。其中国内公证分为经济合同公证和民事法律关系公证两大类。

第十九篇 Chapter 19

环境保护

Environment Protection

责任编辑:安蕊莉

资料整理:安蕊莉　袁　红　殷荣玉　康　磊

Coordinator:An Ruili

Data Compilation:An Ruili　Yuan Hong　Yin Rongyu　Kang Lei

19-1 全区环境保护基本情况

Basic Statistics on Environmental Protection

指　标	Item	2001	2002	2003
环保系统建设情况	**Situation of Environmental Protection Agencies**			
机构总数(个)	Number of Agencies(unit)	43	57	59
监测站	Monitoring Station	5	10	14
监理所	Supervision Station	5	12	13
人员总数(人)	Total Number of Staff and Workers(person)	629	645	670
监测人员	Monitoring Personnel	159	202	257
监理人员	Supervision Personnel	61	118	167
污染排放与处理情况	**Pollution Discharge and Treatment**			
废水	**Waste Water**			
工业废水排放量(万吨)	Volume of Waste Water Discharge(10 000 tons)	10449.6	11533.9	10740.0
城镇生活污水排放量(万吨)	Consumption Waste Water Discharge in Town(10 000 tons)	9274.0	11753.0	12798.0
工业废水排放达标量(万吨)	Industrial Waste Water Meeting Discharge Standards(10 000 tons)	4359.5	6461.2	6288.0
工业废水排放达标率(%)	Ratio of Industrial Waste Water Meeting Discharge Standards(%)	41.7	56.0	58.6
废气	**Waste Gas**			
工业废气排放量(万标立方米)	Volume of Industrial Waste Gas Emission(10 000 cu.m)	13115612	16309071	17265891
燃料燃烧	from Process of Fuel Burning	8413388	9566708	10220823
生产工艺	from Process of Production	4702224	6742363	7045068
二氧化硫排放量(万吨)	Volume of Sulphur Dioxide Emission (10 000 tons)			
工业	Industry	16.9	18.7	23.8
生活及其他	Consumption and Others	3.2	3.5	3.5
烟尘排放量(万吨)	Volume of Soot Emission(10 000 tons)			
工业	Industry	10.8	10.3	10.9
生活及其他	Consumption and Others	1.7	1.8	1.7
工业粉尘排放量(万吨)	Volume of Industrial Dust Emission(10 000 tons)	9.7	10.8	13.7
工业二氧化硫去除量(万吨)	Volume of Industry Sulphur Dioxide Removed(10 000 tons)	2.0	4.1	2.7
工业烟尘去除量(万吨)	Volume of Industrial Soot Removed(10 000 tons)	162.0	172.7	227.0
工业粉尘去除量(万吨)	Volume of Industrial Dust Removed(10 000 tons)	11.6	24.1	25.3
建成城市烟尘控制区数(个)	Soot Control Areas Finished in Cities(unit)	36.0	30.0	30.0
烟尘控制区面积(平方公里)	Area of Soot Control Areas(sq.m)	124.2	132.4	150.3

19-1 续表 1 continued

指　标	Item	2004	2005	2006
环保系统建设情况	**Situation of Environmental Protection Agencies**			
机构总数(个)	Number of Agencies(unit)	52	55	52
监测站	Monitoring Station	9	11	11
监理所	Supervision Station	10	11	12
人员总数(人)	Total Number of Staff and Workers(person)	671	713	766
监测人员	Monitoring Personnel	219	243	258
监理人员	Supervision Personnel	140	168	199
污染排放与处理情况	**Pollution Discharge and Treatment**			
废水	**Waste Water**			
工业废水排放量(万吨)	Volume of Waste Water Discharge(10 000 tons)	9509.9	21410.7	18500.0
城镇生活污水排放量(万吨)	Consumption Waste Water Discharge in Town(10 000 tons)	14263.0	14406.0	13295.7
工业废水排放达标量(万吨)	Industrial Waste Water Meeting Discharge Standards(10 000 tons)	7676.4	14508.3	11980.0
工业废水排放达标率(%)	Ratio of Industrial Waste Water Meeting Discharge Standards(%)	80.7	67.8	64.8
废气	**Waste Gas**			
工业废气排放量(万标立方米)	Volume of Industrial Waste Gas Emission(10 000 cu.m)	23376122	28444588	31403466
燃料燃烧	from Process of Fuel Burning	12733283	16249242	16284241
生产工艺	from Process of Production	10642839	12195346	15119225
二氧化硫排放量(万吨)	Volume of Sulphur Dioxide Emission (10 000 tons)			
工业	Industry	21.8	30.2	35.0
生活及其他	Consumption and Others	3.3	4.0	3.2
烟尘排放量(万吨)	Volume of Soot Emission (10 000 tons)			
工业	Industry	7.9	10.16	9.7
生活及其他	Consumption and Others	1.6	2.18	1.7
工业粉尘排放量(万吨)	Volume of Industrial Dust Emission(10 000 tons)	8.8	9.02	8.8
工业二氧化硫去除量(万吨)	Volume of Industry Sulphur Dioxide Removed(10 000 tons)	4.0	4.60	3.4
工业烟尘去除量(万吨)	Volume of Industrial Soot Removed(10 000 tons)	323.1	312.3	117.0
工业粉尘去除量(万吨)	Volume of Industrial Dust Removed(10 000 tons)	34.0	31.4	35.8
建成城市烟尘控制区数(个)	Soot Control Areas Finished in Cities(unit)	18.0	16.0	26.0
烟尘控制区面积(平方公里)	Area of Soot Control Areas(sq.m)	203.9	206.5	215.9

19-1 续表 2 continued

指　标	Item	2007	2008	2009
环保系统建设情况	**Situation of Environmental Protection Agencies**			
机构总数(个)	Number of Agencies(unit)	46	44	57
监测站	Monitoring Station	8	7	13
监理所	Supervision Station	10	9	14
人员总数(人)	Total Number of Staff and Workers(person)	812	830	827
监测人员	Monitoring Personnel	222	212	262
监理人员	Supervision Personnel	166	168	233
污染排放与处理情况	**Pollution Discharge and Treatment**			
废水	**Waste Water**			
工业废水排放量(万吨)	Volume of Waste Water Discharge(10 000 tons)	21089.0	20447.7	21542.4
城镇生活污水排放量(万吨)	Consumption Waste Water Discharge in Town(10 000 tons)	16124.3	17500.2	19794.1
工业废水排放达标量(万吨)	Industrial Waste Water Meeting Discharge Standards(10 000 tons)	14699.1	17883.8	18834.8
工业废水排放达标率(%)	Ratio of Industrial Waste Water Meeting Discharge Standards(%)	69.7	87.5	87.4
废气	**Waste Gas**			
工业废气排放量(万标立方米)	Volume of Industrial Waste Gas Emission(10 000 cu.m)	39812250	44028080	47006096
燃料燃烧	from Process of Fuel Burning	21227857	24537636	25564583
生产工艺	from Process of Production	18584393	19490444	21441513
二氧化硫排放量(万吨)	Volume of Sulphur Dioxide Emission (10 000 tons)			31
工业	Industry	34.0	31.9	27.8
生活及其他	Consumption and Others	3.0	2.9	3.6
烟尘排放量(万吨)	Volume of Soot Emission (10 000 tons)			10
工业	Industry	10.7	11.6	7.9
生活及其他	Consumption and Others	1.6	1.5	1.8
工业粉尘排放量(万吨)	Volume of Industrial Dust Emission(10 000 tons)	6.4	3.6	3.6
工业二氧化硫去除量(万吨)	Volume of Industry Sulphur Dioxide Removed(10 000 tons)	8.0	13.3	29.3
工业烟尘去除量(万吨)	Volume of Industrial Soot Removed(10 000 tons)	432.1	495.7	466.0
工业粉尘去除量(万吨)	Volume of Industrial Dust Removed(10 000 tons)	42.5	37.7	45.6
建成城市烟尘控制区数(个)	Soot Control Areas Finished in Cities(unit)			
烟尘控制区面积(平方公里)	Area of Soot Control Areas(sq.m)			

19-1 续表 3 continued

指　　标	Item	2001	2002	2003
固体废物	**Solid Wastes**			
工业固体废物产生量(万吨)	Volume of Industrial Solid Wastes Produced(10 000 tons)	430.70	466.36	581.84
危险废物	Hazardous Wastes	0.04	0.01	0.01
工业固体废物综合利用率(%)	Ratio of Industrial Solid Wastes Utilized(%)	38.81	45.07	49.67
工业固体废物排放量(万吨)	Volume of Industrial Solid Wastes Discharged(10 000 tons)	3.84	8.26	6.30
"三废"综合利用产品产值(万元)	Output Value of Products Made from Utilization of Waste Gas, Water & Solid Wastes(10 000 yuan)		30678.90	21062.10
噪 声	**Noise**			
建成城市环境噪声达标区数(个)	Number of Noise Marked Areas(unit)	30	25	30
环境噪声达标区面积(平方公里)	Area of Noise Marked Areas(sq.m)	84.5	83.3	108.1
工业污染治理项目及投资情况	Investment Completed in the Treatment of Industrial Pollution			
当年施工污染治理项目数(个)	Number of Projects for Pollution Treatment(unit)	86	70	65
污染治理项目本年完成投资额(万元)	Investment Completed in the Treatment of Pollution This Year (10 000 yuan)	29121.8	22890.0	11747.0
废水治理	Treatment of Waste Water	18412.2	16079.0	4429.3
废气治理	Treatment of Waste Gas	9172.8	6103.5	5557.8
固体废物治理	Treatment of Solid Waste	1376.8	524.5	172.9
其他治理	Treatment of Other Pollution	160.0	183.0	1414.0
生态环境保护情况	**Situation of Natural Protection**			
自然保护区(个)	Number of Nature Reserves(unit)	8	10	12
国家级	Nation Level	4	5	5
自然保护区面积(万公顷)	Area of Nature Reserves(10 000 hectares)	23.0	24.4	53.4
自然保护区面积占辖区面积比例(%)	Percentage of Nature Reserves in the Region(%)	4.4	4.7	8.0
生态示范区数(个)	Number of Demonstration Zones of Ecology(unit)	2	1	2

19-1 续表 4 continued

指标	Item	2004	2005
固体废物	**Solid Wastes**		
工业固体废物产生量(万吨)	Volume of Industrial Solid Wastes Produced(10 000 tons)	644.71	718.75
危险废物	Hazardous Wastes	0.00	0.00
工业固体废物综合利用率(%)	Ratio of Industrial Solid Wastes Utilized(%)	51.89	53.87
工业固体废物排放量(万吨)	Volume of Industrial Solid Wastes Discharged(10 000 tons)	3.41	4.10
"三废"综合利用产品产值(万元)	Output Value of Products Made from Utilization of Waste Gas, Water & Solid Wastes(10 000 yuan)	26852.80	23498.20
噪 声	**Noise**		
建成城市环境噪声达标区数(个)	Number of Noise Marked Areas(unit)	21	16
环境噪声达标区面积(平方公里)	Area of Noise Marked Areas(sq.m)	133.3	166.6
工业污染治理项目及投资情况	Investment Completed in the Treatment of Industrial Pollution		
当年施工污染治理项目数(个)	Number of Projects for Pollution Treatment(unit)	120	76
污染治理项目本年完成投资额(万元)	Investment Completed in the Treatment of Pollution This Year (10 000 yuan)	53180.9	17709.8
废水治理	Treatment of Waste Water	17794.3	5327.0
废气治理	Treatment of Waste Gas	31782.2	9993.3
固体废物治理	Treatment of Solid Waste	2877.4	889.5
其他治理	Treatment of Other Pollution	582.2	1500.0
生态环境保护情况	**Situation of Natural Protection**		
自然保护区(个)	Number of Nature Reserves(unit)	13	13
国家级	Nation Level	5	5
自然保护区面积(万公顷)	Area of Nature Reserves(10 000 hectares)	55.4	54.7
自然保护区面积占辖区面积比例(%)	Percentage of Nature Reserves in the Region(%)	8.3	8.2
生态示范区数(个)	Number of Demonstration Zones of Ecology(unit)	2	2

19-1 续表 5 continued

指　　标	Item	2006	2007
固体废物	**Solid Wastes**		
工业固体废物产生量(万吨)	Volume of Industrial Solid Wastes Produced(10 000 tons)	799.41	1045.74
危险废物	Hazardous Wastes	0.04	0.14
工业固体废物综合利用率(%)	Ratio of Industrial Solid Wastes Utilized(%)	53.91	61.49
工业固体废物排放量(万吨)	Volume of Industrial Solid Wastes Discharged(10 000 tons)	6.02	4.77
"三废"综合利用产品产值(万元)	Output Value of Products Made from Utilization of Waste Gas, Water & Solid Wastes(10 000 yuan)	36529.20	40856.90
噪 声	**Noise**		
建成城市环境噪声达标区数(个)	Number of Noise Marked Areas(unit)	23	
环境噪声达标区面积(平方公里)	Area of Noise Marked Areas(sq.m)	201.1	
工业污染治理项目及投资情况	Investment Completed in the Treatment of Industrial Pollution		
当年施工污染治理项目数(个)	Number of Projects for Pollution Treatment(unit)	108	147
污染治理项目本年完成投资额(万元)	Investment Completed in the Treatment of Pollution This Year (10 000 yuan)	39885.5	46272.0
废水治理	Treatment of Waste Water	19485.4	22599.0
废气治理	Treatment of Waste Gas	16292.4	19595.0
固体废物治理	Treatment of Solid Waste	3715.0	3610.0
其他治理	Treatment of Other Pollution	392.7	468.0
生态环境保护情况	**Situation of Natural Protection**		
自然保护区(个)	Number of Nature Reserves(unit)	13	13
国家级	Nation Level	6	6
自然保护区面积(万公顷)	Area of Nature Reserves(10 000 hectares)	54.7	54.7
自然保护区面积占辖区面积比例(%)	Percentage of Nature Reserves in the Region(%)	8.2	8.2
生态示范区数(个)	Number of Demonstration Zones of Ecology(unit)	2	2

19-1 续表 6 continued

指　标	Item	2008	2009
固体废物	**Solid Wastes**		
工业固体废物产生量(万吨)	Volume of Industrial Solid Wastes Produced(10 000 tons)	1143.22	1398.25
危险废物	Hazardous Wastes	0.17	0.37
工业固体废物综合利用率(%)	Ratio of Industrial Solid Wastes Utilized(%)	61.62	70.60
工业固体废物排放量(万吨)	Volume of Industrial Solid Wastes Discharged(10 000 tons)	4.99	3.66
"三废"综合利用产品产值(万元)	Output Value of Products Made from Utilization of Waste Gas, Water & Solid Wastes(10 000 yuan)	58510.00	66672.00
噪 声	**Noise**		
建成城市环境 噪声达标区数(个)	Number of Noise Marked Areas(unit)		
环境 噪声达标区面积(平方公里)	Area of Noise Marked Areas(sq.m)		
工业污染治理项目及投资情况	Investment Completed in the Treatment of Industrial Pollution		
当年施工污染治理项目数(个)	Number of Projects for Pollution Treatment(unit)	111	93
污染治理项目本年完成投资额(万元)	Investment Completed in the Treatment of Pollution This Year (10 000 yuan)	90631.0	43471.8
废水治理	Treatment of Waste Water	30530.0	12890.5
废气治理	Treatment of Waste Gas	51555.0	30197.8
固体废物治理	Treatment of Solid Waste	483.0	15.0
其他治理	Treatment of Other Pollution	8023.8	368.5
生态环境保护情况	**Situation of Natural Protection**		
自然保护区(个)	Number of Nature Reserves(unit)	13	13
国家级	Nation Level	6	6
自然保护区面积(万公顷)	Area of Nature Reserves(10 000 hectares)	54.7	54.8
自然保护区面积占辖区面积比例(%)	Percentage of Nature Reserves in the Region(%)	8.2	8.2
生态示范区数(个)	Number of Demonstration Zones of Ecology(unit)	2	90

19-2 工业分行业废水排放及处理情况

(2009)

行 业	Sector	汇总工业企业数（个）Number of Industrial Enterprises (unit)
煤炭开采和洗选业	Mining and Washing of Coal	27
石油和天然气开采业	Extraction of Petroleum and Natural Gas	1
黑色金属矿采选业	Mining and Processing of Ferrous Metal Ores	
有色金属矿采选业	Mining and Processing of Non-ferrous Metal Ores	2
非金属矿采选业	Mining and Processing of Non-metal Ores	4
其他采矿业	Mining of Other Ores	
农副食品加工业	Processing of Food from Agricultural Products	64
食品制造业	Manufacture of Foods	35
饮料制造业	Manufacture of Beverages	16
烟草制品业	Manufacture of Tobacco	1
纺织业	Manufacture of Textile	12
皮革、毛皮、羽毛(绒)及其制品业	Manufacture of Leather,Fur,Feather and Related Products	10
木材加工及木、竹、藤、棕、草制品业	Processing of Timber, Manufacture of Wood, Bamboo, Rattan, Palm and Straw Products	1
造纸及纸制品业	Manufacture of Paper and Paper Products	13
印刷业和记录媒介的复制	Printing,Reproduction of Recording Media	2
石油加工、炼焦及核燃料加工业	Processing of Petroleum, Coking, Processing of Nuclear Fuel	18
化学原料及化学制品制造业	Manufacture of Raw Chemical Materials and Chemical Products	81
医药制造业	Manufacture of Medicines	13
橡胶制品业	Manufacture of Rubber	2
非金属矿物制品业	Manufacture of Non-metallic Mineral Products	180
黑色金属冶炼及压延加工业	Smelting and Pressing of Ferrous Metals	73
有色金属冶炼及压延加工业	Smelting and Pressing of Non-ferrous Metals	21
金属制品业	Manufacture of Metal Products	3
通用设备制造业	Manufacture of General Purpose Machinery	14
专用设备制造业	Manufacture of Special Purpose Machinery	3
交通运输设备制造业	Manufacture of Transport Equipment	
电气机械及器材制造业	Manufacture of Electrical Machinery and Equipment	9
仪器仪表及文化、办公用机械制造业	Manufacture of Measuring Instruments and Machinery for Cultural Activity and Office Work	4
电力、热力的生产和供应业	Production and Supply of Electric power and Heat Power	21

Discharge and Treatment of Waste Water by Sector

工业废水排放量（万吨） Volume of Industrial Waste Water Discharge (10 000 tons)	排入污水处理厂的（吨） Volume of Waste Water Discharged into Sewage Disposal Plants (ton)	工业废水排放达标量（万吨） Industrial Waste Water Meeting Discharge Standards (10 000 tons)	工业废水排放达标率（%） Ratio of Industrial Waste Water Meeting Discharge Standards (%)	废水治理设施数（套） Number of Facilities for Treatment of Waste Water (set)
1833.90	0.00	1619.46	88.31	47
1.38		1.38	100.00	3
91.92	9.15	27.60	30.03	27
1174.01	18.14	1084.63	92.39	19
277.74	47.98	127.86	46.04	11
2.64		2.64	100.00	
70.55	52.06	62.56	88.67	13
10.72	8.27	9.98	93.14	10
11737.33	0.00	10131.57	86.32	19
167.14	140.94	158.26	94.69	16
2676.13	1588.50	2325.01	86.88	65
827.75	7.62	826.29	99.82	33
101.33	101.33	101.33	100.00	5
71.92	10.01	69.09	96.07	14
10.51		10.42	99.14	3
167.74	26.24	151.34	90.22	10
31.11	0.19	31.11	100.00	4
95.35	93.88	95.35	100.00	3
1.80				9
27.65	11.71	27.65	100.00	3
11.87	11.46	11.87	100.00	2
742.02	14.59	740.15	99.75	37

19-3 工业分行业废气排放及处理情况

（2009）

行　业	Sector	废气治理设施数（套）Number of Facilities for Treatment of Waste Gas (set)
煤炭开采和洗选业	Mining and Washing of Coal	96
石油和天然气开采业	Extraction of Petroleum and Natural Gas	
黑色金属矿采选业	Mining and Processing of Ferrous Metal Ores	
有色金属矿采选业	Mining and Processing of Non-ferrous Metal Ores	
非金属矿采选业	Mining and Processing of Non-metal Ores	
其他采矿业	Mining of Other Ores	
农副食品加工业	Processing of Food from Agricultural Products	2
食品制造业	Manufacture of Foods	34
饮料制造业	Manufacture of Beverages	22
烟草制品业	Manufacture of Tobacco	2
纺织业	Manufacture of Textile	18
皮革、毛皮、羽毛(绒)及其制品业	Manufacture of Leather, Fur, Feather and Related Products	10
木材加工及木、竹、藤、棕、草制品业	Processing of Timber,Manufacture of Wood,Bamboo,Rattan, Palm and Straw Products	
造纸及纸制品业	Manufacture of Paper and Paper Products	26
印刷业和记录媒介的复制	Printing,Reproduction of Recording Media	
石油加工、炼焦及核燃料加工业	Processing of Petroleum,Coking,Processing of Nuclear Fuel	57
化学原料及化学制品制造业	Manufacture of Raw Chemical Materials and Chemical Products	187
医药制造业	Manufacture of Medicines	22
橡胶制品业	Manufacture of Rubber	8
非金属矿物制品业	Manufacture of Non-metallic Mineral Products	362
黑色金属冶炼及压延加工业	Smelting and Pressing of Ferrous Metals	137
有色金属冶炼及压延加工业	Smelting and Pressing of Non-ferrous Metals	332
金属制品业	Manufacture of Metal Products	4
通用设备制造业	Manufacture of General Purpose Machinery	35
专用设备制造业	Manufacture of Special Purpose Machinery	22
交通运输设备制造业	Manufacture of Transport Equipment	
电气机械及器材制造业	Manufacture of Electrical Machinery and Equipment	47
仪器仪表及文化、办公用机械制造业	Manufacture of Measuring Instruments and Machinery for Cultural Activity and Office Work	8
电力、热力的生产和供应业	Production and Supply of Electric power and Heat Power	71

Emission and Treatment of Waste Gas by Sector

工业废气排放总量（万标立方米）Total Volume of Industrial Waste Gas Emission (10 000 cu.m)	燃料燃烧过程中废气排放量 from Process of Fuel Burning	生产工艺过程中废气排放量 from Process of Production
159222	139338	19884
2632	2632	
5848	640	5208
1162	1162	
35945	35945	
561416	561416	
41819	41819	
5973	5973	
13848	13848	
4697	4697	
7688	7688	
1413725	1370636	43089
14	14	
421154	113795	307359
6845465	2185311	4660154
164838	164838	
80164	80164	
7041308	1324019	5717289
5255627	145283	5110344
5841821	391482	5450339
12231	12231	
145861	32832	113029
15581	15581	
21347	6529	14818
6834	6834	
18899492	18899492	

19-3 续表 continued

行　业	Sector	工业二氧化硫排放量（吨）Volume of Sulphur Dioxide Emission by Industry (ton)
煤炭开采和洗选业	Mining and Washing of Coal	1511.27
石油和天然气开采业	Extraction of Petroleum and Natural Gas	35.60
黑色金属矿采选业	Mining and Processing of Ferrous Metal Ores	
有色金属矿采选业	Mining and Processing of Non-ferrous Metal Ores	73.95
非金属矿采选业	Mining and Processing of Non-metal Ores	15.85
其他采矿业	Mining of Other Ores	
农副食品加工业	Processing of Food from Agricultural Products	468.10
食品制造业	Manufacture of Foods	4918.90
饮料制造业	Manufacture of Beverages	735.18
烟草制品业	Manufacture of Tobacco	79.64
纺织业	Manufacture of Textile	164.07
皮革、毛皮、羽毛(绒)及其制品业	Manufacture of Leather,Fur,Feather and Related Products	11.81
木材加工及木、竹、藤、棕、草制品业	Processing of Timber, Manufacture of Wood, Bamboo, Rattan, Palm and Straw Products	118.70
造纸及纸制品业	Manufacture of Paper and Paper Products	20259.38
印刷业和记录媒介的复制	Printing,Reproduction of Recording Media	0.50
石油加工、炼焦及核燃料加工业	Processing of Petroleum,Coking,Processing of Nuclear Fuel	2438.35
化学原料及化学制品制造业	Manufacture of Raw Chemical Materials and Chemical Products	26976.12
医药制造业	Manufacture of Medicines	1992.70
橡胶制品业	Manufacture of Rubber	880.61
非金属矿物制品业	Manufacture of Non-metallic Mineral Products	14763.79
黑色金属冶炼及压延加工业	Smelting and Pressing of Ferrous Metals	7700.27
有色金属冶炼及压延加工业	Smelting and Pressing of Non-ferrous Metals	8052.76
金属制品业	Manufacture of Metal Products	183.62
通用设备制造业	Manufacture of General Purpose Machinery	276.37
专用设备制造业	Manufacture of Special Purpose Machinery	395.70
交通运输设备制造业	Manufacture of Transport Equipment	
电气机械及器材制造业	Manufacture of Electrical Machinery and Equipment	101.16
仪器仪表及文化、办公用机械制造业	Manufacture of Measuring Instruments and Machinery for Cultural Activity and Office Work	79.35
电力、热力的生产和供应业	Production and Supply of Electric power and Heat Power	174849.66

continued

工业二氧化硫去除量（吨） Volume of Industry Sulphur Dioxide Removed (ton)	工业烟尘排放量（吨） Volume of Industrial Soot Emission (ton)	工业烟尘去除量（吨） Volume of Industrial Soot Removed (ton)	工业粉尘排放量（吨） Volume of Industrial Dust Emission (ton)	工业粉尘去除量（吨） Volume of Industrial Dust Removed (ton)
0.00	1937.15	1533.41	0.00	
	29.95			
	45.85			
	27.66			
0.00	358.84	6.50		
5492.81	1439.73	28194.70		
0.00	515.79	638.29		
	26.57	106.27		
3.24	59.02	110.37		
0.00	39.94	159.64		
	37.82		9.86	
207.17	7350.13	102855.52		
	0.60			
668.17	580.56	1254.56	212.44	2978.37
22663.07	13743.38	170233.80	8053.85	69181.76
10310.82	1652.18	19762.79	0.00	0.00
394.00	344.01	4156.39		
5451.64	5388.39	164139.34	14722.73	245276.19
	4079.92	39157.87	8121.53	104912.79
3183.27	1805.53	17078.23	2097.18	32719.36
	48.88			
156.04	300.04	1149.28	135.60	720.00
	120.28			
	34.89	37.07	0.67	27.22
	7.36	9.57		
244315.97	33801.62	4109788.71		

19-4 工业分行业工业固体废物产生及处理利用情况

（2009）

行业	Sector	工业固体废物产生量（万吨） Volume of Industrial Solid Wastes Produced (10 000 tons)
煤炭开采和洗选业	Mining and Washing of Coal	242.36
石油和天然气开采业	Extraction of Petroleum and Natural Gas	0.08
黑色金属矿采选业	Mining and Processing of Ferrous Metal Ores	
有色金属矿采选业	Mining and Processing of Non-ferrous Metal Ores	0.38
非金属矿采选业	Mining and Processing of Non-metal Ores	2.01
其他采矿业	Mining of Other Ores	
农副食品加工业	Processing of Food from Agricultural Products	0.80
食品制造业	Manufacture of Foods	15.15
饮料制造业	Manufacture of Beverages	10.84
烟草制品业	Manufacture of Tobacco	0.06
纺织业	Manufacture of Textile	0.21
皮革、毛皮、羽毛(绒)及其制品业	Manufacture of Leather,Fur,Feather and Related Products	0.03
木材加工及木、竹、藤、棕、草制品业	Processing of Timber, Manufacture of Wood, Bamboo, Rattan, Palm and Straw Products	
造纸及纸制品业	Manufacture of Paper and Paper Products	45.14
印刷业和记录媒介的复制	Printing,Reproduction of Recording Media	0.00
石油加工、炼焦及核燃料加工业	Processing of Petroleum,Coking,Processing of Nuclear Fuel	12.43
化学原料及化学制品制造业	Manufacture of Raw Chemical Materials and Chemical Products	203.81
医药制造业	Manufacture of Medicines	27.50
橡胶制品业	Manufacture of Rubber	0.76
非金属矿物制品业	Manufacture of Non-metallic Mineral Products	16.67
黑色金属冶炼及压延加工业	Smelting and Pressing of Ferrous Metals	32.56
有色金属冶炼及压延加工业	Smelting and Pressing of Non-ferrous Metals	49.08
金属制品业	Manufacture of Metal Products	0.38
通用设备制造业	Manufacture of General Purpose Machinery	2.74
专用设备制造业	Manufacture of Special Purpose Machinery	0.49
交通运输设备制造业	Manufacture of Transport Equipment	
电气机械及器材制造业	Manufacture of Electrical Machinery and Equipment	0.25
仪器仪表及文化、办公用机械制造业	Manufacture of Measuring Instruments and Machinery for Cultural Activity and Office Work	0.17
电力、热力的生产和供应业	Production and Supply of Electric power and Heat Power	681.86

Production, Treatment and Utilization of Industrial Solid Wastes by Sector

危险废物产生量（吨）Hazardous Wastes（ton）	工业固体废物综合利用量（万吨）Volume of Industrial Solid Wastes Utilized（10 000 tons）	工业固体废物贮存量（万吨）Volume of Industrial Solid Wastes in Stocks（10 000 tons）
0.00	204.68	33.39
	0.08	
	0.04	0.34
	2.01	
0.00	0.80	0.00
	15.12	
0.00	10.83	0.00
	0.06	
0.00	0.20	0.00
0.00	0.03	0.00
0.00	42.04	
0.11	0.00	
1170.00	6.96	5.06
566.60	164.67	33.96
326.00	26.79	0.00
	0.68	
0.00	15.62	0.61
	31.61	
1223.65	12.22	0.21
0.70	0.38	
8.71	1.66	
	0.49	
446.84	0.25	0.00
1.02	0.17	0.00
	402.78	94.17

19-5 各市县工业废水排放及处理情况

Discharge and Treatment of Industrial Waste Water by City and Country

（2009）

地　区	Region	汇总工业企业数（个）Number of Industrial Enterprises (unit)	工业废水排放总量（万吨）Volume of Industrial Waste Water Discharge (10 000 tons)	排入污水处理厂的（吨）Volume of Waste Water Discharged into Sewage Disposal Plants (ton)	工业废水排放达标量（万吨）Industrial Waste Water Meeting Discharge Standards (10 000 tons)	工业废水排放达标率(%) Ratio of Industrial Waste Water Meeting Discharge Standards (%)	废水治理设施数（套）Number of Facilities for Treatment of Waste Water (set)
全区总计	**Total**	**632**	**21542.37**	**2168.51**	**18834.84**	**87.4**	**353**
银川市	**Yinchuan**	**133**	**4987.39**	**2004.85**	**4945.97**	**99.2**	**128**
银川市	District	74	2044.79	1932.50	2035.17	99.5	59
永宁县	Yongning	14	1929.45	0.00	1903.87	98.7	36
贺兰县	Helan	22	911.65		911.65	100.0	14
灵武市	Lingwu	23	101.51	72.36	95.27	93.9	19
石嘴山市	**Shizuishan**	**158**	**2210.34**	**77.27**	**1807.83**	**81.8**	**94**
石嘴山市	District	106	441.31	77.27	281.84	63.9	88
平罗县	Pingluo	52	1769.03		1525.99	86.3	6
吴忠市	**Wuzhong**	**84**	**6167.04**	**10.69**	**4543.97**	**73.7**	**37**
利通区	Litong	35	3333.33	10.69	1712.30	51.4	10
青铜峡市	Qingtongxia	41	2828.28	0.00	2826.86	100.0	25
盐池县	Yanchi	6	4.86		4.81	99.0	2
同心县	Tongxin	2	0.57				
固原市	**Guyuan**	**166**	**113.81**	**16.96**	**0.94**	**0.8**	**31**
原州区	Yuanzhou	33	42.48	16.96			4
西吉县	Xiji	59	39.21	0.00	0.00	0.0	18
隆德县	Longde	30	8.78				7
泾源县	Jingyuan	9	1.40		0.94	67.4	1
彭阳县	Pengyang	35	21.95		0.00	0.0	1
中卫市	**Zhongwei**	**73**	**6273.25**	**58.74**	**5850.32**	**93.3**	**30**
沙坡头区	Shapotou	33	5264.40	37.61	5124.95	97.4	19
中宁县	Zhongning	32	996.43	21.13	712.94	71.6	11
海原县	Haiyuan	8	12.43		12.43	100.0	
宁东地区	**Ningdong District**	**18**	**1790.53**	**0.00**	**1685.81**	**94.2**	**33**
宁　　东		18	1790.53	0.00	1685.81	94.2	33

19-6 各市县工业废气排放及处理情况

Emission and Treatment of Industrial Waste Gas by City and Country

地区	Region	废气治理设施数（套）Number of Facilities for Treatment of Waste Gas (set)	工业废气排放总量（万标立方米）Total Volume of Industrial Waste Gas Emission (10 000 cu.m)	燃料燃烧过程中废气排放量 from Process of Fuel Burning	生产工艺过程中废气排放量 from Process of Production
全区总计	**Total**	**1503**	**47006096**	**25564583**	**21441513**
银川市	**Yinchuan**	**281**	**5812394**	**3624185**	**2188209**
银川市	District	156	4395831	2699251	1696580
永宁县	Yongning	67	748870	606996	141874
贺兰县	Helan	19	322991	216362	106629
灵武市	Lingwu	39	344702	101576	243126
石嘴山市	**Shizuishan**	**519**	**14723055**	**8665266**	**6057789**
石嘴山市	District	392	11459651	8315148	3144503
平罗县	Pingluo	127	3263404	350118	2913286
吴忠市	**Wuzhong**	**311**	**11821368**	**4164300**	**7657068**
利通区	Litong	80	1353836	211757	1142079
青铜峡市	Qingtongxia	220	10207931	3926886	6281045
盐池县	Yanchi	11	259121	25177	233944
同心县	Tongxin		480	480	
固原市	**Guyuan**	**32**	**287087**	**254267**	**32820**
原州区	Yuanzhou	4	60987	60987	
西吉县	Xiji		76604	76604	
隆德县	Longde	1	49680	42680	7000
泾源县	Jingyuan	24	78876	53056	25820
彭阳县	Pengyang	3	20940	20940	
中卫市	**Zhongwei**	**303**	**8439186**	**3106303**	**5332883**
沙坡头区	Shapotou	87	2579667	1155235	1424432
中宁县	Zhongning	216	5778882	1915251	3863631
海原县	Haiyuan		80637	35817	44820
宁东地区	**Ningdong District**	**57**	**5923006**	**5750262**	**172744**
宁东		57	5923006	5750262	172744

19-6 续表 continued

地 区 Region	工业二氧化硫排放量（吨）Volume of Sulphur Dioxide Emission by Industry (ton)	工业二氧化硫去除量（吨）Volume of Industry Sulphur Dioxide Removed (ton)	工业烟尘排放量（吨）Volume of Industrial Soot Emission (ton)	工业烟尘去除量（吨）Volume of Industrial Soot Removed (ton)	工业粉尘排放量（吨）Volume of Industrial Dust Emission (ton)	工业粉尘去除量（吨）Volume of Industrial Dust Removed (ton)
全区总计 Total	**278346.07**	**292846.19**	**79472.48**	**4660390.61**	**36255.99**	**455815.68**
银川市 Yinchuan	**20403.26**	**40133.96**	**6935.66**	**143054.89**	**2126.30**	**94072.70**
银川市 District	12528.77	23971.32	2738.08	92043.87	1169.06	62904.54
永宁县 Yongning	5381.80	16159.39	2726.49	49417.66	157.02	1516.93
贺兰县 Helan	984.35	0.00	893.16	518.34	124.56	720.23
灵武市 Lingwu	1508.35	3.24	577.93	1075.02	675.67	28931.01
石嘴山市 Shizuishan	**113424.85**	**101079.47**	**31006.47**	**2146059.53**	**18187.01**	**162714.60**
石嘴山市 District	106649.96	100600.66	29863.89	2138695.54	12319.53	96916.80
平罗县 Pingluo	6774.88	478.81	1142.58	7363.98	5867.48	65797.80
吴忠市 Wuzhong	**84959.15**	**23625.35**	**8602.80**	**869298.75**	**5481.51**	**139238.59**
利通区 Litong	4770.05	102.30	993.17	3778.10	887.90	38437.11
青铜峡市 Qingtongxia	79785.39	23523.05	7466.50	776926.72	4502.27	57092.13
盐池县 Yanchi	392.52		140.46	88583.86	91.34	43709.35
同心县 Tongxin	11.20		2.67	10.07		
固原市 Guyuan	**4206.32**		**880.14**	**317.20**	**570.82**	
原州区 Yuanzhou	775.34		163.00	279.91		
西吉县 Xiji	279.09		187.61	1.57		
隆德县 Longde	316.90		160.52	18.65	17.66	
泾源县 Jingyuan	2498.43		85.85		553.16	
彭阳县 Pengyang	336.56		283.16	17.07		
中卫市 Zhongwei	**42664.70**	**69769.00**	**28846.61**	**330956.74**	**9719.88**	**56817.15**
沙坡头区 Shapotou	23969.86		11105.31	165112.32	5052.47	33779.70
中宁县 Zhongning	15618.70	69769.00	17234.59	161190.35	4589.62	19346.45
海原县 Haiyuan	3076.13		506.71	4654.06	77.79	3691.00
宁东地区 Ningdong District	**12687.79**	**58238.41**	**3200.81**	**1170703.50**	**170.47**	**2972.63**
宁东	12687.79	58238.41	3200.81	1170703.50	170.47	2972.63

19-7 各市县工业固体废物产生及处理利用情况

Production, Treatment and Utilization of Industrial Solid Wastes by City and Country

(2009)

地区 Region	工业固体废物产生量（万吨） Volume of Industrial Solid Wastes Produced (10 000 tons)	危险废物产生量(吨) Hazardous Wastes (ton)	工业固体废物综合利用量（万吨） Volume of Industrial Solid Wastes Utilized (10 000 tons)	工业固体废物贮存量（万吨） Volume of Industrial Solid Wastes in Stocks (10 000 tons)
全区总计 Total	**1398.25**	**3763.63**	**987.91**	**169.67**
银川市 Yinchuan	**164.09**	**3053.63**	**149.89**	**4.08**
银川市 District	95.44	1422.23	82.45	3.60
永宁县 Yongning	50.64	286.75	49.44	0.48
贺兰县 Helan	10.12	66.00	10.12	
灵武市 Lingwu	7.89	1278.65	7.88	0.00
石嘴山市 Shizuishan	**601.10**	**256.00**	**399.89**	**41.68**
石嘴山市 District	567.99	256.00	381.80	37.97
平罗县 Pingluo	33.11		18.09	3.71
吴忠市 Wuzhong	**204.55**	**61.00**	**163.72**	**40.31**
利通区 Litong	15.81	1.00	15.50	0.31
青铜峡市 Qingtongxia	187.41	60.00	147.68	39.61
盐池县 Yanchi	1.32		0.53	0.39
同心县 Tongxin	0.01		0.01	
固原市 Guyuan	**2.98**	**0.00**	**2.94**	
原州区 Yuanzhou	1.22	0.00	1.18	
西吉县 Xiji	0.10	0.00	0.10	
隆德县 Longde	0.20		0.20	
泾源县 Jingyuan	0.01		0.01	
彭阳县 Pengyang	1.45		1.45	
中卫市 Zhongwei	**152.60**		**100.82**	**4.60**
沙坡头区 Shapotou	61.94		57.08	0.00
中宁县 Zhongning	90.22		43.30	4.60
海原县 Haiyuan	0.44		0.44	
宁东地区 Ningdong District	**272.93**	**393.00**	**170.64**	**79.01**
宁东	272.93	393.00	170.64	79.01

19-7 续表 continued

地 区 Region	工业固体废物处置量（万吨） Volume of Industrial Solid Wastes Treated (10 000 tons)	危险废物处置量（吨） Hazardous Wastes (ton)	工业固体废物排放量（万吨） Volume of Industrial Solid Wastes Discharged (10 000 tons)	危险废物排放量（吨） Hazardous Wastes (ton)	“三废”综合利用产品产值（万元） Output Value of Products Made from Utilization of Waste Gas, Water & Solid Wastes (10 000 yuan)
全区总计 Total	**251.02**	**1134.48**	**3.66**	**0.00**	**66672.00**
银 川 市 Yinchuan	**16.39**	**978.48**	**0.72**	**0.00**	**29324.40**
银 川 市 District	16.38	978.48	0.00	0.00	6892.10
永 宁 县 Yongning			0.72		6689.80
贺 兰 县 Helan					8961.00
灵 武 市 Lingwu	0.01	0.00	0.00	0.00	6781.50
石嘴山市 Shizuishan	**159.45**	**156.00**	**0.08**		**24457.80**
石嘴山市 District	148.22	156.00	0.00		18104.60
平 罗 县 Pingluo	11.23	0.00	0.08		6353.20
吴 忠 市 Wuzhong	**0.42**	**0.00**	**0.12**		**5135.70**
利 通 区 Litong					1010.70
青铜峡市 Qingtongxia	0.00	0.00	0.12		4000.00
盐 池 县 Yanchi	0.42				25.00
同 心 县 Tongxin					100.00
固 原 市 Guyuan			**0.04**		**28.00**
原 州 区 Yuanzhou			0.04		0.00
西 吉 县 Xiji					
隆 德 县 Longde					28.00
泾 源 县 Jingyuan					
彭 阳 县 Pengyang					
中 卫 市 Zhongwei	**52.68**	**0.00**	**1.50**		**6786.80**
沙坡头区 Shapotou	4.86	0.00			6621.30
中 宁 县 Zhongning	47.82	0.00	1.50		148.50
海 原 县 Haiyuan					17.00
宁东地区 Ningdong District	**22.08**	**0.00**	**1.20**	**0.00**	**939.30**
宁 东	22.08	0.00	1.20	0.00	939.30

19-8 各市县生活污染物排放情况

Discharge of Pollutions from Daily Life by City and Country

（2009）

地区	Region	城镇生活污水排放量（万吨）Consumption Waste Water Discharge in City and Town（10 000 tons）	城镇处理生活污水量（万吨）Consumption Waste Water Treated（10 000 tons）	城镇生活污水处理率（%）Ratio of Consumption Waste Water Treated（%）	城镇生活污水中COD排放量（吨）COD Discharge Volume（ton）	生活二氧化硫排放量（吨）Volume of Sulphur Dioxide Emission by Consumption（ton）	生活烟尘排放量（吨）Volume of Consumption Soot Emission（ton）
全区总计	**Total**	**19794.10**	**13295.46**	**67.17**	**27844.06**	**35899.00**	**18460.00**
银川市	**Yinchuan**	**11791.86**	**7550.03**	**64.03**	**8717.34**	**10327.00**	**4369.00**
银川市	District	10323.07	6934.43	67.17	5759.90	7281.00	3883.00
永宁县	Yongning	232.58	0.00	0.00	1182.60	986.00	110.00
贺兰县	Helan	719.23	144.00	20.02	1079.88	1048.00	159.00
灵武市	Lingwu	516.98	471.60	91.22	694.96	1012.00	217.00
石嘴山市	**Shizuishan**	**3369.91**	**2928.73**	**86.91**	**4342.28**	**3870.00**	**1070.00**
石嘴山市	District	2902.71	2460.73	84.77	3283.38	2273.00	630.00
平罗县	Pingluo	467.20	468.00	100.17	1058.90	1597.00	440.00
吴忠市	**Wuzhong**	**2457.25**	**1543.30**	**62.81**	**5364.54**	**8323.00**	**4961.00**
利通区	Litong	1385.83	1069.30	77.16	1156.80	3072.00	1263.00
青铜峡市	Qingtongxia	627.80	474.00	75.50	807.95	3584.00	2800.00
盐池县	Yanchi	159.51			1091.35	368.00	313.00
同心县	Tongxin	284.12			2308.44	1299.00	585.00
固原市	**Guyuan**	**665.08**	**347.00**	**52.17**	**4722.31**	**5718.00**	**4370.00**
原州区	Yuanzhou	356.48	347.00	97.34	1566.90	2651.00	2000.00
西吉县	Xiji	154.21	0.00	0.00	1542.12	1500.00	950.00
隆德县	Longde	71.18			711.75	692.00	650.00
泾源县	Jingyuan	23.00			249.11	242.00	320.00
彭阳县	Pengyang	60.23			652.43	633.00	450.00
中卫市	**Zhongwei**	**1509.98**	**926.40**	**61.35**	**4697.59**	**7661.00**	**3690.00**
沙坡头区	Shapotou	797.74	600.42	75.26	1699.67	2560.00	736.00
中宁县	Zhongning	550.24	325.98	59.24	1289.72	2259.00	986.00
海原县	Haiyuan	162.00	0.00	0.00	1708.20	2842.00	1968.00

19-9 各市县工业污染治理项目及投资情况

Investment in Anti-industrial Pollution Projects

(2009)

地 区 Region	汇总工业企业数（个）Number of Industrial Enterprises (unit)	本年施工项目数（个）Projects Under Construction (unit)				
			废水治理项目 Treatment of Waste Water	废气治理项目 Treatment of Waste Gas	固体废物治理项目 Treatment of Solid Waste	其他治理项目 Other Treatment Projects
全区总计 Total	**69**	**93**	**23**	**6**	**1**	**5**
银川市 Yinchuan	**19**	**34**	**11**	**2**	**0**	**2**
银川市 District	8	15	3	1	0	1
永宁县 Yongning	8	15	6	1	0	1
贺兰县 Helan	3	4	2	0	0	0
灵武市 Lingwu						
石嘴山市 Shizuishan	**29**	**35**	**2**	**3**	**1**	**2**
石嘴山市 District	18	24	2	3	1	2
平罗县 Pingluo	11	11	0	0	0	0
吴忠市 Wuzhong	**5**	**5**	**1**	**0**	**0**	**0**
利通区 Litong	2	2	0	0	0	0
青铜峡市 Qingtongxia	3	3	1	0	0	0
盐池县 Yanchi						
同心县 Tongxin						
固原市 Guyuan						
原州区 Yuanzhou						
西吉县 Xiji						
隆德县 Longde						
泾源县 Jingyuan						
彭阳县 Pengyang						
中卫市 Zhongwei	**14**	**16**	**7**	**0**	**0**	**0**
沙坡头区 Shapotou	4	4	1	0	0	0
中宁县 Zhongning	6	6	1	0	0	0
海原县 Haiyuan	4	6	5	0	0	0
宁东地区 Ningdong District	**2**	**3**	**2**	**1**	**0**	**1**
宁 东	2	3	2	1	0	1

19-9 续表 continued

地 区 Region	施工项目本年完成投资额（万元）Investment Completed in Pollution Treatment Projects this Year（10 000 yuan）	废水治理项目 Treatment of Waste Water	废气治理项目 Treatment of Waste Gas	固体废物治理项目 Treatment of Solid Waste	其他治理项目 Other Treatment Projects	本年竣工项目数（个）Projects Completed（unit）
全区总计 Total	**43471.80**	**12890.50**	**383.50**	**15.00**	**368.50**	**84**
银 川 市 Yinchuan	**16027.10**	**9214.00**	**130.00**	**0.00**	**130.00**	**31**
银 川 市 District	8952.10	2749.00	10.00	0.00	10.00	13
永 宁 县 Yongning	6895.00	6465.00	120.00	0.00	120.00	14
贺 兰 县 Helan	180.00	0.00	0.00	0.00	0.00	4
灵 武 市 Lingwu						
石嘴山市 Shizuishan	**10412.20**	**2308.00**	**228.50**	**15.00**	**213.50**	**34**
石嘴山市 District	8546.20	2308.00	228.50	15.00	213.50	23
平 罗 县 Pingluo	1866.00	0.00	0.00	0.00	0.00	11
吴 忠 市 Wuzhong	**9938.00**	**150.00**	**0.00**	**0.00**	**0.00**	**3**
利 通 区 Litong	408.00	0.00	0.00	0.00	0.00	1
青铜峡市 Qingtongxia	9530.00	150.00	0.00	0.00	0.00	2
盐 池 县 Yanchi						
同 心 县 Tongxin						
固 原 市 Guyuan						
原 州 区 Yuanzhou						
西 吉 县 Xiji						
隆 德 县 Longde						
泾 源 县 Jingyuan						
彭 阳 县 Pengyang						
中 卫 市 Zhongwei	**6725.00**	**874.00**	**0.00**	**0.00**	**0.00**	**13**
沙坡头区 Shapotou	123.00	22.00	0.00	0.00	0.00	4
中 宁 县 Zhongning	5720.00	380.00	0.00	0.00	0.00	5
海 原 县 Haiyuan	882.00	472.00	0.00	0.00	0.00	4
宁东地区 Ningdong District	**369.50**	**344.50**	**25.00**	**0.00**	**25.00**	**3**
宁 东	369.50	344.50	25.00	0.00	25.00	3

主要统计指标解释

［**自然保护区**］ 指对有代表性的自然生态系统、珍稀濒危野生动植物物种的天然分布区、水源涵养区、有特殊意义的自然历史遗迹等保护对象所在的陆地、陆地水体或海域,依法划出一定面积进行特殊保护和管埋的区域。以县及县以上各级人民政府正式批准建立的自然保护区为准(包括“六五”以前由部门或“革委会”批准且现仍存在的自然保护区)。风景名胜区、文物保护区不计在内。

［**工业废水排放量**］ 指经过企业厂区所有排放口排到企业外部的工业废水量。包括生产废水、外排的直接冷却水、超标排放的矿井地下水和与工业废水混排的厂区生活污水，不包括外排的间接冷却水(清污不分流的间接冷却水应计算在内)。

［**工业废水排放达标量**］ 指报告期内废水中各项污染物指标都达到国家或地方排放标准的外排工业废水量,包括未经处理外排达标的,经废水处理设施处理后达标排放的，以及经污水处理厂处理后达标排放的。

［**工业废水排放达标率**］ 指工业废水排放达标量占工业废水排放量的百分率。

［**城镇生活污水排放量**］ 指城镇居民每年排放的生活污水。

［**工业废气排放量**］ 指报告期内企业厂区内燃料燃烧和生产工艺过程中产生的各种排人大气的含有污染物的气体的总量。

［**工业烟尘排放量**］ 指企业厂区内燃料燃烧过程中产生的烟气中夹带的颗粒物排放量。

［**工业粉尘排放量**］ 指企业在生产工艺过程中排放的能在空气中悬浮一定时间的固体颗粒物排放量。

［**工业固体废物产生量**］ 指报告期内企业在生产过程中产生的固体状、半固体状和高浓度液体状废弃物的总量,包括危险废物、冶炼废渣、粉煤灰、炉渣、煤肝石、尾矿、放射性废物和其他废物等。

［**工业固体废物综合利用量**］ 指报告期内企业通过回收、加工、循环、交换等方式,从固体废物中提取或者使其转化为可以利用的资源、能源和其他原材料的固体废物量（包括当年利用往年的工业固体废物贮存量)。

［**工业固体废物综合利用率**］ 指工业固体废物综合利用量占工业固体废物产生量（包括综合利用往年贮存量)的百分率。

［**工业固体废物排放量**］ 指报告期内企业将所产生的固体废物排到固体废物污染防治设施、场所以外的数量。

［**三废综合利用产品产值**］ 指报告期内利用"三废"作为主要原料生产的产品价值(现行价);已经销售或准备销售的应计算产品价值，留作生产自用的不应计算产品价值。

［**环境污染与破坏事故**］ 指由于违反环境保护法规的经济社会活动与行为，以及意外因素的影响或不可抗拒的自然灾害等原因,致使环境受到污染,国家重点保护的野生动植物、自然保护区受到破坏,人体健康受到危害,社会经济和人民财产受到损失,造成不良社会影响的突发性事件。

第二十篇 Chapter 20

企业调查基本情况

Enterprise Survey Information

责任编辑:李振弼

资料整理:李振弼　韩惠萍　徐志慧　闵艳芳　余　璐

Coordinator:Li Zhenbi

Data Compilation:Li Zhenbi　Han Huiping　Xu Zhihui　Min Yanfang　Yu Lu

20-1 全区企业家信心指数

Index of Confidence on Macro Economy by Enterprisers

（2009）

指 标	Item	一季度 First Quarter	二季度 Second Quarter	三季度 Third Quarter	四季度 Fourth Quarter
全　　区	**Total**	**106.90**	**114.90**	**125.40**	**127.00**
按行业门类分	**Grouped by Sector**				
工　业	Industry	104.40	114.10	115.00	121.70
建筑业	Construction	97.60	100.40	118.80	111.60
交通运输、仓储和邮政业	Transport,Storage and Post	124.10	133.30	146.70	153.30
批发和零售业	Wholesale and Retail Trades	114.40	108.00	100.60	123.90
房地产业	Real Estate	107.10	150.00	149.30	163.60
社会服务业	Social Services	107.70	115.40	153.90	130.80
信息传输、计算机服务和软件业	Information Transmission,Computer Services and Software	116.30	116.30	118.30	145.60
住宿和餐饮业	Hotels and Catering Services	111.10	100.00	144.40	133.30
按企业登记注册类型分	**Grouped by Registration Status**				
国有企业	State-owned Enterprises	105.60	127.20	131.80	139.30
股份合作企业	Cooperative Enterprise	200.00	200.00	200.00	100.00
有限责任公司	Limited Liability Corporations	102.60	110.90	117.30	124.60
股份有限公司	Share-holding Corporations Ltd.	125.10	126.60	114.60	140.50
私营企业	Private Enterprses	104.80	100.00	109.50	95.20
外商及港、澳、台投资企业	Enterprises with Funds from Foreign, Hongkong,Macao and Taiwan	117.10	123.10	150.90	142.50
按企业规模分	**Grouped By Size of Enterprise**				
大　型	Large	137.40	144.90	126.20	145.70
中　型	Medium	97.60	108.00	124.80	123.80
小　型	Small	105.70	107.10	114.40	124.10
上市公司	**Listed companies**	120.40	130.90	130.40	140.20
国有控股企业	**State-Holding Enterprises**	117.40	131.30	124.90	142.30

20-2 全区企业景气指数

Prosperity Index on Enterprises

（2009）

指 标	Item	一季度 First Quarter	二季度 Second Quarter	三季度 Third Quarter	四季度 Fourth Quarter
全 区	**Total**	**105.30**	**123.60**	**123.50**	**118.70**
按行业门类分	**Grouped by Sector**				
工 业	Industry	103.80	122.80	115.30	117.90
建筑业	Construction	99.40	130.20	112.20	97.10
交通运输、仓储和邮政业	Transport,Storage and Post	140.00	144.10	140.00	146.70
批发和零售业	Wholesale and Retail Trades	113.10	113.80	115.80	121.90
房地产业	Real Estate	128.60	157.10	157.80	171.40
社会服务业	Social Services	84.60	107.70	138.50	115.40
信息传输、计算机服务和软件业	Information Transmission,Computer Services and Software	139.50	138.20	136.30	113.70
住宿和餐饮业	Hotels and Catering Services	122.20	133.30	144.40	88.90
按企业登记注册类型分	**Grouped by Registration Status**				
国有企业	State-owned Enterprises	110.50	137.10	137.10	135.20
股份合作企业	Cooperative Enterprise	200.00	200.00	200.00	100.00
有限责任公司	Limited Liability Corporations	101.10	116.00	115.50	118.70
股份有限公司	Share-holding Corporations Ltd.	133.30	145.30	118.40	116.90
私营企业	Private Enterprses	90.50	100.00	109.50	85.70
外商及港、澳、台投资企业	Enterprises with Funds from Foreign, Hongkong,Macao and Taiwan	104.50	151.70	158.30	142.50
按企业规模分	**Grouped By Size of Enterprise**				
大 型	Large	138.10	170.20	134.90	131.90
中 型	Medium	96.80	120.80	124.80	119.80
小 型	Small	108.60	102.90	112.60	112.50
上市公司	**Listed companies**	**103.90**	**112.00**	**126.40**	**133.60**
国有控股企业	**State-Holding Enterprises**	**123.10**	**144.60**	**131.70**	**130.50**

20-3 工业企业景气指数

Prosperity Index on Industry Enterprises

(2009)

指 标	Item	一季度 First Quarter	二季度 Second Quarter	三季度 Third Quarter	四季度 Fourth Quarter
综合生产经营状况	**Operating Status**	**103.80**	**122.80**	**115.30**	**117.90**
生产成本	Cost of Production	99.40	93.20	66.90	58.10
生产总量	Production	82.50	122.90	118.40	116.70
产品定货	Product Orders	77.50	97.00	116.10	111.70
产品销售量	Sales Volum of Product	79.70	119.70	129.70	114.20
产品销售价格	Commodity Sale Price	71.50	83.60	102.00	108.20
产成品库存	Stock	96.60	99.90	110.20	113.70
盈利(亏损)变化	Profit(Loss)	80.70	110.30	115.00	119.00
流动资金	Current Liabilities	66.00	78.20	74.80	70.90
企业融资	Corporate Finance	67.90	76.80	84.40	78.20
货款拖欠	Mortgage Defaults	94.30	87.00	94.20	101.80
劳动力需求	Labor Demand	87.30	109.40	118.90	105.30
固定资产投资	Investment in Fixed Assets	92.80	128.00	128.10	110.80
科技创新	Technical Innovation	106.90	124.40	124.50	110.90
主要原材料及能源供应	Main Raw Material and Energy Supply	116.90	117.60	116.50	106.90

20-4 建筑业企业景气指数

Prosperity Index on Construction Enterprises

(2009)

指 标	Item	一季度 First Quarter	二季度 Second Quarter	三季度 Third Quarter	四季度 Fourth Quarter
综合生产经营状况	**Operating Status**	**99.40**	**130.20**	**112.20**	**97.10**
工程合同数	Number of Engineering Contract	65.70	167.90	111.90	62.50
建筑工程量	Construction Projects	88.10	185.70	160.70	88.80
新开工工程量	New Start Projects	84.60	171.40	134.40	57.80
技术设备能力	Technical Plant Capacity	136.10	133.60	124.50	142.30
工程进度	Project Scheduler	62.60	154.10	171.40	76.50
工程结算收入	Project Balance	28.60	143.90	150.00	153.00
建筑材料购进价格	Purchasing Price Indices for Building Materials	124.20	57.70	69.90	126.90
工程结算成本	Cost of Project Balance	110.60	35.70	51.80	63.40
盈利(亏损)变化	Profit(loss)	66.80	111.50	143.50	147.10
流动资金	Current Liabilities	39.90	31.80	44.10	51.30
企业融资	Corporate Finance	41.60	35.90	42.70	51.40
货款拖欠	Mortgage Defaults	106.40	74.60	59.60	81.00
劳动力需求	Labor Demand	94.70	192.90	150.00	58.90
固定资产投资	Investment in Fixed Assets	92.60	126.10	113.90	76.50

20-5 交通运输、仓储和邮政业企业景气指数

Prosperity Index on Transport, Storage and Post Enterprises

(2009)

指标	Item	一季度 First Quarter	二季度 Second Quarter	三季度 Third Quarter	四季度 Fourth Quarter
综合生产经营状况	**Operating Status**	**140.00**	**144.10**	**140.00**	**146.70**
业务预订	Business Pre-ordering	125.10	102.50	133.30	140.00
业务需求量	Business Demand	118.40	100.00	140.00	153.30
业务收费价格	Business Paying Price	109.20	115.90	100.00	100.00
营业成本	Cost of Business	84.10	64.10	73.30	46.70
盈利(亏损)变化	Profit(loss)	95.90	106.70	120.00	106.70
流动资金	Current Liabilities	75.90	106.70	100.00	86.70
企业融资	Corporate Finance	76.90	100.00	85.70	100.00
货款拖欠	Overdue Obligation to Suppliers	121.40	118.70	107.10	107.10
劳动力需求	Labor Demand	129.20	113.30	113.30	106.70
固定资产投资	Investment in Fixed Assets	113.30	104.10	120.00	113.30

20-6 批发和零售业企业景气指数

Prosperity Index on Wholesale and Retail Trade Enterprises

(2009)

指标	Item	一季度 First Quarter	二季度 Second Quarter	三季度 Third Quarter	四季度 Fourth Quarter
综合生产经营状况	**Operating Status**	**113.10**	**113.80**	**115.80**	**121.90**
购货合同	Purchase Contract	92.20	90.70	100.10	101.60
商品购进价格	Purchase Prices	89.00	76.40	92.30	63.20
商品销售	Commodity Sale	69.00	90.00	116.30	111.30
商品销售价格	Commodity Sale Price	94.80	109.80	98.60	122.40
商品库存	Stock	107.30	111.30	97.60	118.10
经营费用	Operating Expenses	103.60	92.20	69.50	61.20
竞争能力	Competition Ability	113.20	107.20	129.20	136.00
盈利(亏损)变化	Profit(loss)	96.50	104.90	101.40	122.20
流动资金	Current Liabilities	107.60	99.10	86.90	92.90
企业融资	Corporate Finance	102.30	89.40	87.40	94.70
货款拖欠	Overdue Obligation to Suppliers	100.60	108.80	122.30	129.60
劳动力需求	Labor Demand	98.90	97.70	109.60	110.00
固定资产投资	Investment in Fixed Assets	105.30	111.50	107.70	112.10

20-7 房地产业企业景气指数

Prosperity Index on Real Estate Enterprises

（2009）

指 标	Item	一季度 First Quarter	二季度 Second Quarter	三季度 Third Quarter	四季度 Fourth Quarter
综合生产经营状况	**Operating Status**	**128.60**	**157.10**	**157.80**	**171.40**
土地开发面积	Development Area	85.70	121.40	129.20	125.90
完成投资	Investment Completed	78.60	135.70	149.60	157.80
新开工面积	Newly Started Floor Space of Buildings	85.70	114.30	124.10	125.90
房屋竣工面积	Floor Space of Buildings Completed	71.40	85.70	142.90	161.60
商品房预售面积	Floor Space of Commercial Residential Buildings Preselled	78.60	121.40	143.50	134.60
商品房销售面积	Floor Space of Commercial Residential Buildings Saled	78.60	130.80	135.70	131.30
商品房销售价格	Selling Price of Commercial Residential Buildings	114.30	142.90	150.70	140.20
空置商品房面积	Floor Space Untapped of Commercialized Buildings	150.00	178.60	165.00	154.50
盈利(亏损)变化	Profit(loss)	121.40	142.90	164.30	150.70
流动资金	Current Liabilities	57.10	107.10	112.30	146.70
企业融资	Corporate Finance	64.30	100.00	96.90	120.80
货款拖欠	Overdue Obligation to Suppliers	121.40	142.90	131.30	135.10
劳动力需求	Labor Demand	100.00	128.60	136.40	133.00

20-8 社会服务业企业景气指数

Prosperity Index on Social Service Enterprises

（2009）

指 标	Item	一季度 First Quarter	二季度 Second Quarter	三季度 Third Quarter	四季度 Fourth Quarter
综合生产经营状况	**Operating Status**	**84.60**	**107.70**	**138.50**	**115.40**
服务预订	Service Pre-ordering	92.30	130.80	130.80	46.20
竞争能力	Competition ability	161.50	146.20	161.50	176.90
旅游客源	Tourists Source	116.70	183.30	175.00	0.00
业务收费价格	Business Paying Price	76.90	92.30	92.30	69.20
业务量	Portfolio	84.60	138.50	138.50	46.20
营业成本	Cost of Business	53.90	46.20	53.90	92.30
盈利(亏损)变化	Profit(loss)	61.50	107.70	123.10	69.20
流动资金	Current Liabilities	61.50	76.90	100.00	84.60
企业融资	Corporate Finance	70.00	40.00	80.00	54.60
货款拖欠	Overdue Obligation to Suppliers	116.70	91.70	107.70	130.80
劳动力需求	Labor Demand	100.00	130.80	123.10	53.90
固定资产投资	Investment in Fixed Assets	115.40	138.50	146.20	100.00

20-9 信息传输、计算机服务和软件业企业景气指数

Prosperity Index on Information Transmission, Computer Service and Software Enterprises

(2009)

指 标	Item	一季度 First Quarter	二季度 Second Quarter	三季度 Third Quarter	四季度 Fourth Quarter
综合生产经营状况	**Operating Status**	**139.50**	**138.20**	**136.30**	**113.70**
产品销售	Product Sales	76.80	98.10	127.40	145.60
产品订货	Product Orders	89.00	98.10	104.60	95.70
竞争能力	Competition Ability	153.50	148.60	136.30	136.30
销售价格	Sales Price	83.70	81.80	100.00	81.80
营业收入	Business Income	106.30	130.40	154.60	163.60
营业成本	Business Costs	107.90	59.10	54.60	63.50
盈利(亏损)变化	Profit(loss)	74.00	83.00	118.30	100.10
流动资金	Current Liabilities	115.40	97.20	104.40	104.40
企业融资	Corporate Finance	81.30	70.00	86.50	77.40
货款拖欠	Overdue Obligation to Suppliers	76.00	69.50	54.50	72.60
劳动力需求	Labor Demand	118.20	133.10	122.70	118.20
固定资产投资	Investment in Fixed Assets	155.10	165.40	127.30	154.60

20-10 住宿和餐饮业企业景气指数

Prosperity Index on Hotels and Restaurants

(2009)

指 标	Item	一季度 First Quarter	二季度 Second Quarter	三季度 Third Quarter	四季度 Fourth Quarter
综合生产经营状况	**Operating Status**	**122.20**	**133.30**	**144.40**	**88.90**
业务预订	Business Pre-ordering	88.90	77.80	100.00	122.20
业务量	Portfolio	55.60	66.70	122.20	100.00
竞争能力	Competition Ability	111.10	133.30	111.10	111.10
客房出租	Rooms Renting	60.00	100.00	120.00	80.00
业务收费价格	Business Paying Price	77.80	88.90	111.10	50.00
营业收入	Business Income	55.60	66.70	111.10	100.00
营业成本	Business Costs	44.40	66.70	55.60	66.70
盈利(亏损)变化	Profit(loss)	77.80	66.70	111.10	88.90
流动资金	Current Liabilities	111.10	100.00	100.00	100.00
企业融资	Corporate Finance	85.70	87.50	114.30	122.20
货款拖欠	Overdue Obligation to Suppliers	87.50	112.50	87.50	133.30
劳动力需求	Labor Demand	122.20	122.20	122.20	133.30
固定资产投资	Investment in Fixed Assets	75.00	88.90	77.80	77.80

主要统计指标解释

[企业景气调查] 是为适应社会主义市场经济发展的需要,借鉴市场经济国家的经验而建立的,进行事前统计的一项统计调查制度。企业景气调查方法是对经济发展的周期波动进行监测和预测的一个重要而又行之有效的统计调查方法;它通过对样本企业的经营决策者定期进行问卷调查,并根据他们对企业经营状况及宏观经济形势的判断和预期来编制景气指数,从而准确,及时地反映宏观经济运行和企业经营状况;预测经济发展的变动趋势。

[景气指数] 又称为景气度,是对企业景气调查中各项定性指标的调查结果,经一定的技术加工处理后形成的综合性数量指标。景气指数的数值范围在 0-200 之间,100 为景气指数的临界值;当景气指数大于 100 时,表明经济状况趋于上升或改善,处于景气状态;当景气指数小于 100 时,表明经济状况趋于下降或恶化,处于不景气状态。

第二十一篇 Chapter 21

宁夏农垦经济社会发展主要指标

Economic and social development of Agricultural Cultivation in Ningxia

责任编辑：丁秀梅

资料整理：丁秀梅　杨　楠

Coordinator：Ding Xiumei

Data Compilation：Ding Xiumei　Yang Nan

21-1 宁夏农垦经济社会发展主要指标

Economic and Social Development of Agricultural Cultivation in Ningxia

指 标	Item	单 位	unit	2009	增减(-)%
人口与就业	**Population and Employment**				
年末总户数	Number of Households at Year-end	户	household	37 803	1.6
年末总人口	Population at Year-end	人	person	116 628	0.3
回族人口	Hui	人	person	20 879	
人口自然增长率	Natural Growth Rate	‰	‰	2.54	
单位年末从业人数	Employment at Year-end	人	person	19 495	-8.4
单位年末从业人员工资总额	Total Wages Bill of Staff and Workers	万元	10 000 yuan	32 289.14	19.2
职工人均工资	Average Wage of Staff and Workers	元	yuan	16 721.46	28.4
经济总量	**Economics**				
农垦生产总值(现价)	Gross Domestic Product(current price)	亿元	100 million yuan	11.73	10.5
第一产业	Primary Industry	亿元	100 million yuan	6.15	7.6
第二产业	Secondary Industry	亿元	100 million yuan	3.53	13.1
工业	Industry	亿元	100 million yuan	2.70	8.0
建筑业	Construction	亿元	100 million yuan	0.83	33.7
第三产业	Tertiary Industry	亿元	100 million yuan	2.05	15.2
农业	**Agriculture**				
农林牧渔业总产值(现价)	Gross Output Value of Agriculture,Forestry, Animal Husbandry and Fishery(current price)	亿元	100 million yuan	14.14	
农业	Farming	亿元	100 million yuan	9.15	
林业	Forestry	亿元	100 million yuan	0.20	
畜牧业	Animal Husbandry	亿元	100 million yuan	3.78	
渔业	Fishery	亿元	100 million yuan	0.49	
为其服务业	Output Value of Services for Agriculture, Forestry,Animal Husbandry and Fishery	亿元	100 million yuan	0.52	
农垦耕地面积	Cultivated Area	万亩	10 000 mu	59.4	-1.5

21-1 续表 1 continued

指 标	Item	单 位	unit	2009	增减(-)%
粮食总产量	Output of Grain	万吨	10 000 tons	31.69	20.1
小麦总产量	Wheat	万吨	10 000 tons	5.50	129.3
水稻总产量	Rice	万吨	10 000 tons	8.50	-6.1
玉米总产量	Corn	万吨	10 000 tons	17.16	-5.4
全年蔬菜产量	Output of Vegetable	万吨	10 000 tons	7.86	-1.8
设施蔬菜产量	Facilities Vegetable	万吨	10 000 tons	2.20	-21.4
设施农业建设面积	Facilities in Agriculture Area	万亩	10 000 mu	0.62	-18.2
水果总产量	Output of Fruit	万吨	10 000 tons	4.03	9.5
牛存栏	Number of Cattle and Buffaloes on Hand	万头	10 000 heads	3.03	3.5
良种及改良乳牛	Breeding and Improved Breed Dairy Cows	万头	10 000 heads	2.64	2.0
生猪存栏	Number of Hogs on Hand	万头	10 000 heads	3.86	3
羊只存栏	Number of Sheep on Hand	万只	10 000 heads	6.89	-8.3
山羊	Goat	万只	10 000 heads	1.98	4.5
绵羊	Sheep	万只	10 000 heads	4.91	-12.6
牛出栏	Cattle and Buffaloes Slaughtered	万头	10 000 heads	0.78	22.3
生猪出栏	Hogs Slaughtered	万头	10 000 heads	5.21	18.9
羊只出栏	Sheep Slaughtered	万只	10 000 heads	5.20	4.2
肉类总产量	Output of Meat	万吨	10 000 tons	0.57	8.6
猪肉	Pork	万吨	10 000 tons	0.33	17.5
羊肉	Mutton	万吨	10 000 tons	0.09	4.8
牛肉	Beef	万吨	10 000 tons	0.11	-4.6
牛奶产量	Output of Milk	万吨	10 000 tons	8.70	-2.2
禽蛋产量	Output of Poultry Eggs	万吨	10 000 tons	0.12	-23.2
渔业养殖面积	Fishery for Breeding Aquaties	万亩	10 000 mu	9.3	6.9
水产品产量	Output of Aquatic Products	万吨	10 000 tons	0.67	10.3
农业机械总动力	Total Agricultural Machinery Power	万千瓦	10 000 kwh	20.5	7.4
柴油发动机动力	Diesel Engine Power	万千瓦	10 000 kwh	16.7	8.4
电动机动力	Motor Power	万千瓦	10 000 kwh	3.58	2.6

21-1 续表 2 continued

指 标	Item	单 位	unit	2009	增减(-)%
工业	**Industry**				
工业总产值(现价)	Gross Industrial Output Value (current prices)	亿元	100 million yuan	7.54	3.5
工业销售产值(现价)	Industrial Sales Output Value (current prices)	亿元	100 million yuan	7.27	8.4
主要工业产品产量	Output of Major Industrial Products				
食油	Edible Oil	吨	ton	57	9.6
大米	Rice	吨	ton	9 519	21.3
液态杀菌奶	Sterilized Milk	吨	ton	18 710	1.3
酸奶	Yoghourt	吨	ton	862	-39.7
饮料酒	Alcoholic Drink	吨	ton	126 361	6.3
白酒	Spirit	吨	ton	860	-19.9
啤酒	Beer	吨	ton	121 417	6.4
葡萄酒	Wine	吨	ton	4 084	11.3
混配合饲料	Compound Feed	吨	ton	23 884	-17.8
原煤	Raw Coal	吨	ton	89 040	17.9
机砖	Brick	万块	10 000 pieces	19 065	-10.0
麦芽	Malt	吨	ton	3 311	50.5
煅煤	Calcined Coal	吨	ton	5 890	18.8
精洗煤	Fine Washing Coal	吨	ton	69 200	-2.5
硅石	Silica	吨	ton	43 500	-5.4
碳化硅原料	Silicon Carbide Raw Materials	吨	ton	28 500	
建筑业	**Construction**				
年末单位个数	Number of Units at Year End	个	unit	21	
国有	State-owned Unit	人	person	3	
年末从业人员	Number of Persons Employed at Year End	人	person	2217	17.1
全年房屋建筑施工面积	Floor Space of Buildings under Construction	万平米	10 000 sq.m	26.8	3.1
全年房屋建筑竣工面积	Floor Space of Buildings Completed	万平米	10 000 sq.m	26.5	14.2
固定资产投资完成额	Investment in Fixed Assets	亿元	100 million yuan	4.22	4.2
基本建设	Infrastructure	亿元	100 million yuan	4.05	5.5
更新改造	Renovation and Reformation Investment	亿元	100 million yuan	0.17	-19.6
交通运输业	**Transportation**				
年末拥有主要运输工具数量	Number of Major Transport Conveyance at Year End	辆	coach	745	-2.5
年末从业人员	Number of Persons Employed at Year End	人	person	1052	-2.8
全年货运量	Freight Traffic	万吨	10 000 tons	109	-52.7
全年客运量	Passenger Traffic	万人	10 000 persons	345	41.4

21-1 续表 3 continued

指 标	Item	单 位	unit	2009	增减(-)%
商业	**Trade**				
营业网点个数	Number of Business Branches	个	unit	1185	2.5
国有	State-owned Units	个	unit	48	
年末从业人员	Number of Persons Employed at Year End	人	person	1980	7.4
消费品零售总额	Total Retail Sales of Consumer Goods	亿元	100 million yuan	2.22	30.5
住宿和餐饮业	**Hotels and Catering Services**				
营业网点个数	Number of Business Branches	个	unit	358	
国有	State-owned Units	人	person	6	
年末从业人员	Number of Persons Employed at Year End	人	person	1646	12.5
营业收入总额	Total Business Revenue	亿元	100 million yuan	0.88	10.0
旅游业	**Tourism**				
接待游客人数	Number of Tourists	万人次	10 000 person-time	86.5	8.5
旅游收入	Tourism Income	亿元	100 million yuan	0.95	21.1
对外贸易	**Foreign Trade**				
出口商品总金额	Total Export Commodities in Value	万元	10 000 yuan	3 424.5	34.6
出口商品总产量	Total Export Commodities in Volume	吨	ton	11 415	176
蔬菜	Vegetable	吨	ton	11 415	176
教育	**Education**				
中等专业学校个数	Number of Specialized Secondary Schools	个	unit	1	
农垦教职工人数	Teachers and Staff	人	person	51	13.3
教师	Teachers	人	person	28	27.3
成人高等教学学生人数	Number of Students in Adult Institutions of Higher Education	人	person	490	
卫生	**Public Health**				
医疗卫生机构数	Number of Medical Care Facilities	个	unit	16	
医院病床数	Number of Beds	张	bed	387	7.2
卫生技术职工	Number of Medical Technical Personnel	人	person	226	-2.2
医生	Doctors	人	person	99	-2.0

第二十二篇 Chapter 22

各省市区主要经济指标
Main Economic Indicators by Region

责任编辑：马中勇
资料整理：马中勇　杨如文　马　潇　陈　婷
Coordinator: Ma Zhongyong
Data Compilation: Ma Zhongyong　Yang Ruwen　Ma Xiao
Chen Ting

22-1 各省市区地区生产总值及增长速度

Gross Domestic Product and Its Growth Rate By Region

（2009）

地区	Region	地区生产总值（亿元）GDP（100 million）	第一产业 Primary Industry	第二产业 Secondary Industry	第三产业 Tertiary Industry	地区生产总值比上年增长（%）GDP Growth Rate（%）	人均地区生产总值（元）Per Capita GDP（yuan）
全　国	**National**	**335352.9**	**35477.0**	**156957.9**	**142918.0**	**8.7**	**25188**
北　京	Beijing	11865.9	118.3	2743.2	9004.5	10.1	68788
天　津	Tianjin	7500.8	131.0	4110.5	3259.3	16.5	62403
河　北	Hebei	17026.6	2218.9	8874.9	5932.8	10.0	24284
山　西	Shanxi	7365.7	477.6	4021.2	2867.0	5.5	21544
内蒙古	Inner Mongolia	9725.8	929.0	5101.4	3695.4	16.9	40225
辽　宁	Liaoning	15065.6	1414.9	7821.7	5829.0	13.1	34898
吉　林	Jilin	7203.2	980.5	3492.0	2730.7	13.3	26319
黑龙江	Heilongjiang	8288.0	1154.3	3920.4	3213.3	11.1	21665
上　海	Shanghai	14900.9	113.8	5940.0	8847.2	8.2	78225
江　苏	Jiangsu	34061.2	2201.6	18416.1	13443.4	12.4	44232
浙　江	Zhejiang	22832.4	1161.7	11843.3	9827.5	8.9	44335
安　徽	Anhui	10052.9	1495.6	4902.8	3654.5	12.9	16391
福　建	Fujian	11949.5	1182.9	5812.4	4954.2	12.0	33051
江　西	Jiangxi	7589.2	1098.3	3890.3	2600.6	13.1	17185
山　东	Shandong	33805.3	3226.6	19035.0	11543.7	11.9	35796
河　南	Henan	19367.3	2769.0	10968.6	5629.7	10.7	20477
湖　北	Hubei	12831.5	1795.9	5909.4	5126.2	13.2	22450
湖　南	Hunan	12930.7	1969.7	5682.2	5278.8	13.6	20226
广　东	Guangdong	39081.6	2006.0	19270.5	17805.1	9.5	40748
广　西	Guangxi	7700.4	1458.7	3377.7	2863.9	13.9	15923
海　南	Hainan	1646.6	461.9	443.4	741.2	11.7	19166
重　庆	Chongqing	6528.7	606.8	3447.5	2474.4	14.9	22916
四　川	Sichuan	14151.3	2240.6	6711.9	5198.8	14.5	17339
贵　州	Guizhou	3893.5	554.0	1474.3	1865.2	11.2	10258
云　南	Yunnan	6168.2	1064.0	2580.3	2523.9	12.1	13536
西　藏	Tibet	441.4	64.0	136.2	241.2	12.4	15295
陕　西	Shaanxi	8186.6	789.6	4312.1	3084.9	13.6	21732
甘　肃	Gansu	3382.4	497.5	1511.0	1373.9	10.0	12852
青　海	Qinghai	1081.3	107.4	576.3	397.5	10.1	19454
宁　夏	Ningxia	1353.31	127.25	662.32	563.74	11.9	21777
新　疆	Xinjiang	4273.6	759.7	1951.9	1562.0	8.1	19926

22-2 各省市区地区生产总值构成

Composition of Gross Domestic Product By Region

单位:%　　　　(2009)　　　　(%)

地 区	Region	地区生产总值 Gross Domestic Product	第一产业 Primary Industry	第二产业 Secondary Industry	第三产业 Tertiary Industry
全 国	**National**	**100.0**	**10.6**	**46.8**	**42.6**
北 京	Beijing	100.0	1.0	23.1	75.9
天 津	Tianjin	100.0	1.7	54.8	43.5
河 北	Hebei	100.0	13.0	52.1	34.8
山 西	Shanxi	100.0	6.5	54.6	38.9
内蒙古	Inner Mongolia	100.0	9.6	52.5	38.0
辽 宁	Liaoning	100.0	9.4	51.9	38.7
吉 林	Jilin	100.0	13.6	48.5	37.9
黑龙江	Heilongjiang	100.0	13.9	47.3	38.8
上 海	Shanghai	100.0	0.8	39.9	59.4
江 苏	Jiangsu	100.0	6.5	54.1	39.5
浙 江	Zhejiang	100.0	5.1	51.9	43.0
安 徽	Anhui	100.0	14.9	48.8	36.4
福 建	Fujian	100.0	9.9	48.6	41.5
江 西	Jiangxi	100.0	14.5	51.3	34.3
山 东	Shandong	100.0	9.5	56.3	34.1
河 南	Henan	100.0	14.3	56.6	29.1
湖 北	Hubei	100.0	14.0	46.1	40.0
湖 南	Hunan	100.0	15.2	43.9	40.8
广 东	Guangdong	100.0	5.1	49.3	45.6
广 西	Guangxi	100.0	18.9	43.9	37.2
海 南	Hainan	100.0	28.1	26.9	45.0
重 庆	Chongqing	100.0	9.3	52.8	37.9
四 川	Sichuan	100.0	15.8	47.4	36.7
贵 州	Guizhou	100.0	14.2	37.9	47.9
云 南	Yunnan	100.0	17.2	41.8	40.9
西 藏	Tibet	100.0	14.5	30.9	54.6
陕 西	Shaanxi	100.0	9.6	52.7	37.7
甘 肃	Gansu	100.0	14.7	44.7	40.6
青 海	Qinghai	100.0	9.9	53.3	36.8
宁 夏	Ningxia	100.0	9.4	48.9	41.7
新 疆	Xinjiang	100.0	17.8	45.7	36.5

22-3 各省市区人口出生率、死亡率、自然增长率

Birth Rate,Death Rate and Natural Growth Rate of Population By Region

(2009)

地 区	Region	年末总人口（万人）Total Population (year-end) (10000 persons)	出生率(‰) Birth Rate (‰)	死亡率(‰) Death Rate (‰)	自然增长率(‰) Natural Growth Rate (‰)
全 国	**National**	**133474**	**12.13**	**7.08**	**5.05**
北 京	Beijing	1755	8.06	4.56	3.50
天 津	Tianjin	1228	8.30	5.70	2.60
河 北	Hebei	7034	12.93	6.43	6.50
山 西	Shanxi	3427	10.87	5.98	4.89
内蒙古	Inner Mongolia	2422	9.57	5.61	3.96
辽 宁	Liaoning	4319	6.06	5.09	0.97
吉 林	Jilin	2740	6.69	4.74	1.95
黑龙江	Heilongjiang	3826	7.48	5.42	2.06
上 海	Shanghai	1921	8.64	5.94	2.70
江 苏	Jiangsu	7725	9.55	6.99	2.56
浙 江	Zhejiang	5180	10.22	5.59	4.63
安 徽	Anhui	6131	13.07	6.60	6.47
福 建	Fujian	3627	12.20	6.00	6.20
江 西	Jiangxi	4432	13.87	5.98	7.89
山 东	Shandong	9470	11.70	6.08	5.62
河 南	Henan	9487	11.45	6.46	4.99
湖 北	Hubei	5720	9.48	6.00	3.48
湖 南	Hunan	6406	13.05	6.94	6.11
广 东	Guangdong	9638	11.78	4.52	7.26
广 西	Guangxi	4856	14.17	5.64	8.53
海 南	Hainan	864	14.66	5.70	8.96
重 庆	Chongqing	2859	9.90	6.20	3.70
四 川	Sichuan	8185	9.15	6.43	2.72
贵 州	Guizhou	3798	13.65	6.69	6.96
云 南	Yunnan	4571	12.53	6.45	6.08
西 藏	Tibet	290	15.31	5.07	10.24
陕 西	Shaanxi	3772	10.24	6.24	4.00
甘 肃	Gansu	2635	13.32	6.71	6.61
青 海	Qinghai	557	14.51	6.19	8.32
宁 夏	Ningxia	625	14.38	4.70	9.68
新 疆	Xinjiang	2159	15.99	5.43	10.56

注：1. 全国数据根据抽样误差和调查误差进行了修正。
2.全国数据为31个省、自治区、直辖市和中国人民解放军现役军人数据，不包括香港、澳门特别行政区和台湾省的数据。分省数据中未包括中国人民解放军现役军人数。

a)The national total population was adjusted on the basis of sampling errors and survey errors.

b)Data in this table do not include the population of Hong Kong SAR,Macao SAR and Taiwan Province. Total population not include the military personnel.

22-4 各省市区就业人员、在岗职工人数及平均工资

Number of Employment,Staff and Workers and Average Wages by Region

（2009）

地 区 Region	全社会就业人员（万人）Number of Employed Persons（10000 Persons）	平均工资（元）Average Wages（yuan）
全国总计 National	**77995**	**32736**
北 京 Beijing	1255	58140
天 津 Tianjin	507	44992
河 北 Hebei	3900	28383
山 西 Shanxi	1600	28469
内蒙古 Inner Mongolia	1142	30699
辽 宁 Liaoning	2190	31104
吉 林 Jilin	1185	26230
黑龙江 Heilongjiang	1687	26535
上 海 Shanghai	929	63549
江 苏 Jiangsu	4536	35890
浙 江 Zhejiang	3825	37395
安 徽 Anhui	3690	29658
福 建 Fujian	2169	28666
江 西 Jiangxi	2244	24696
山 东 Shandong	5450	29688
河 南 Henan	5949	27357
湖 北 Hubei	3024	27127
湖 南 Hunan	3908	27284
广 东 Guangdong	5643	36355
广 西 Guangxi	2863	28302
海 南 Hainan	431	24934
重 庆 Chongqing	1878	30965
四 川 Sichuan	4945	28563
贵 州 Guizhou	2341	28245
云 南 Yunnan	2730	26992
西 藏 Tibet	169	48750
陕 西 Shaanxi	1919	30185
甘 肃 Gansu	1407	27177
青 海 Qinghai	286	33561
宁 夏 Ningxia	329	34082
新 疆 Xinjiang	829	27753

注：1.2001 年起为人口变动抽样调查推算数，分地区数据相加不等于全国总计。

a)Data in the table are estimated from the 2007 National Sample Survey on Population Changes.

22-5 各省市区固定资产投资

Total Investment in Fixed Asstes in the Whole Country By Region

(2009)

地 区	Region	固定资产投资（亿元）Total Investment in Fixed Assets (100 million)	城镇 Urban Area	农村 Rural Area	固定资产投资比上年增长（%）GDP Growth Rate (%)	城镇 Urban Area	农村 Rural Area
全国总计	**National**	**224845.6**	**194138.6**	**30707.0**	**30.1**	**30.5**	**27.5**
北 京	Beijing	4616.9	4149.63	467.3	21.0	17.9	59.1
天 津	Tianjin	4738.5	4446.83	291.6	39.8	40.1	35.9
河 北	Hebei	12267.0	10472.25	1794.7	38.4	40.3	27.9
山 西	Shanxi	4943.2	4509.56	433.6	40.0	41.2	28.8
内蒙古	Inner Mongolia	7318.9	7144.35	174.5	33.7	34.1	17.6
辽 宁	Liaoning	12292.6	11605.17	687.4	22.7	30.7	-39.5
吉 林	Jilin	6411.3	5958.62	452.6	27.2	29.7	1.4
黑龙江	Heilongjiang	5029.2	4696.08	333.1	37.6	40.0	10.6
上 海	Shanghai	5143.7	4718.76	424.9	6.6	7.1	1.6
江 苏	Jiangsu	18950.0	14266.88	4683.1	23.9	22.9	26.9
浙 江	Zhejiang	10741.6	7453.64	3288.0	15.2	13.8	18.6
安 徽	Anhui	8985.8	7940.55	1045.2	33.2	33.5	30.9
福 建	Fujian	6231.2	5548.61	682.6	19.7	20.6	12.6
江 西	Jiangxi	6642.4	6006.69	635.7	40.0	38.9	51.3
山 东	Shandong	19034.5	15439.10	3595.4	23.3	23.2	23.7
河 南	Henan	13704.6	11455.01	2249.6	30.6	31.3	27.1
湖 北	Hubei	7866.9	7183.68	683.2	39.3	39.5	37.1
湖 南	Hunan	7703.5	6880.09	823.4	39.2	41.0	25.9
广 东	Guangdong	12941.5	10238.46	2703.1	19.1	18.5	21.3
广 西	Guangxi	5237.2	4689.88	547.4	39.4	41.0	27.2
海 南	Hainan	988.2	942.57	45.6	40.1	41.1	22.0
重 庆	Chongqing	5214.3	4855.11	359.2	31.0	30.7	36.2
四 川	Sichuan	11387.3	9061.43	2325.8	59.8	42.4	203.7
贵 州	Guizhou	2401.7	2040.02	361.7	28.8	26.8	41.8
云 南	Yunnan	4526.4	4117.53	408.9	31.7	32.6	24.1
西 藏	Tibet	379.4	328.66	50.8	22.4	21.2	31.3
陕 西	Shaanxi	6249.0	5890.47	358.5	35.4	37.4	9.3
甘 肃	Gansu	2363.0	2076.38	286.6	38.0	37.4	41.9
青 海	Qinghai	798.3	689.12	109.2	36.9	34.1	57.7
宁 夏	Ningxia	1075.9	964.16	111.7	29.8	31.1	20.0
新 疆	Xinjiang	2710.9	2418.51	292.4	20.0	19.4	24.8
不分地区	Not Classified By Region	5950.8	5950.85		59.3	59.3	

22-6 各省市区房地产开发企业（单位）投资和商品房销售额

（2009）

地 区	Region	房地产开发投资额（亿元）Investment in Real Estate Development（100 million yuan）	房屋施工面积（万平方米）Floor Space of Buildings under Construction（10000 sq.m）
全国总计	**National**	**36231.7**	**319649.5**
北 京	Beijing	2337.7	9719.1
天 津	Tianjin	735.2	6052.2
河 北	Hebei	1517.2	12739.3
山 西	Shanxi	477.3	5491.4
内蒙古	Inner Mongolia	815.5	8234.5
辽 宁	Liaoning	2640.6	18575.5
吉 林	Jilin	756.3	5356.9
黑龙江	Heilongjiang	563.9	4520.3
上 海	Shanghai	1464.2	9961.6
江 苏	Jiangsu	3338.6	29802.5
浙 江	Zhejiang	2253.6	19920.9
安 徽	Anhui	1667.5	14142.1
福 建	Fujian	1136.3	11681.2
江 西	Jiangxi	634.5	6755.6
山 东	Shandong	2428.7	21988.5
河 南	Henan	1553.8	16075.9
湖 北	Hubei	1200.4	9546.5
湖 南	Hunan	1084.7	13726.7
广 东	Guangdong	2961.3	24719.9
广 西	Guangxi	813.7	8346.1
海 南	Hainan	287.9	1992.8
重 庆	Chongqing	1238.9	13052.6
四 川	Sichuan	1586.8	17609.2
贵 州	Guizhou	369.7	6062.3
云 南	Yunnan	737.5	6837.9
西 藏	Tibet	15.7	8.3
陕 西	Shaanxi	943.7	8260.9
甘 肃	Gansu	204.1	2543.1
青 海	Qinghai	72.8	900.4
宁 夏	Ningxia	162.7	1952.0
新 疆	Xinjiang	230.8	3073.6

Investment Actually Completed by Enterprises for Real Estate Development and Sale of Commercialized Buildings by Region

房屋竣工面积（万平方米） Floor Space of Buildings Completed (10000 sq.m)	商品房销售面积（万平方米） Floor Space of Commercialized Buildings Sold (10000 sq.m)	商品房销售额（亿元） Toal Sale of Commercialized Buildings (100 million yuan)	住宅 Residentital Buildings
70218.8	**93713.0**	**43994.5**	**38157.2**
2678.6	2362.3	3259.7	2486.8
1902.1	1590.0	1094.8	965.4
1896.4	2849.1	941.8	881.6
793.3	1014.4	275.8	242.6
2237.3	2463.0	733.2	573.2
4037.3	5375.1	2168.3	1883.7
1240.3	1823.2	540.3	470.3
1876.2	2015.5	652.5	536.2
2105.0	3372.4	4330.2	3620.2
7706.6	9922.7	4955.4	4222.3
3673.1	5525.4	4303.0	3734.6
2861.2	4053.9	1378.4	1179.7
2240.3	2723.2	1478.2	1299.1
1646.8	2280.9	602.8	530.6
4950.5	6931.7	2436.5	2176.2
3401.0	4338.6	1156.6	1005.2
2312.1	2718.3	959.9	879.3
2965.2	3513.7	941.6	826.1
4695.1	7035.9	4585.9	4173.7
1441.6	2383.8	777.2	704.8
368.5	560.3	351.0	343.0
2907.0	4002.9	1377.8	1231.7
4086.9	5888.7	2074.9	1890.6
1210.9	1619.2	467.8	400.5
1680.6	2230.0	653.5	555.6
	14.2	4.7	4.3
917.0	2087.0	672.7	621.3
545.2	696.3	174.6	159.5
178.1	218.3	54.9	51.1
741.2	775.3	239.5	191.5
923.5	1327.6	351.0	316.7

22-7 各省市区房地产开发企业（单位）土地购置及开发情况

Land Development and Purchase of Enterprises for Real Estste Development by Region

（2009）

地 区	Region	土地购置面积（万平方米）Land Space Purchased（10000 sq.m）	比上年增（%）Growth Rate（%）	土地开发面积（万平方米）Land Space Developed（10000sq.m）	比上年增长（%）Growth Rate（%）
全 国	**National**	**31906.1**	**-18.9**	**23006.0**	**-19.9**
北 京	Beijing	625.0	-24.1	364.0	3.6
天 津	Tianjin	444.8	-13.3	369.8	-61.1
河 北	Hebei	2026.6	4.1	1125.2	-19.8
山 西	Shanxi	618.2	-19.1	872.2	58.3
内蒙古	Inner Mongolia	1112.2	-37.2	609.7	-51.7
辽 宁	Liaoning	2103.7	-28.8	1709.3	-4.9
吉 林	Jilin	718.6	-11.1	212.1	1.7
黑龙江	Heilongjiang	833.3	-4.3	471.2	-17.1
上 海	Shanghai	185.3	-43.2	87.9	-36.2
江 苏	Jiangsu	1850.8	-43.8	1628.4	-50.5
浙 江	Zhejiang	1308.0	-28.7	1088.8	-13.0
安 徽	Anhui	1918.6	-14.7	800.0	-47.3
福 建	Fujian	1120.6	4.1	465.1	-2.1
江 西	Jiangxi	694.5	-30.0	649.9	-21.0
山 东	Shandong	2162.0	-21.7	1831.9	-35.4
河 南	Henan	2701.5	29.0	1347.0	-3.4
湖 北	Hubei	1002.4	-0.4	1361.7	42.7
湖 南	Hunan	1001.5	-50.9	1119.6	-11.0
广 东	Guangdong	2257.5	-14.5	1518.2	-30.0
广 西	Guangxi	1287.2	-11.0	383.3	-36.9
海 南	Hainan	285.4	-69.9	306.1	42.1
重 庆	Chongqing	1227.8	5.4	1050.9	17.4
四 川	Sichuan	1044.3	4.4	985.2	33.2
贵 州	Guizhou	385.8	-34.6	151.0	-47.5
云 南	Yunnan	1269.8	-12.1	826.0	-4.7
西 藏	Tibet	5.2	-74.4	17.8	-75.1
陕 西	Shaanxi	420.1	-22.2	520.8	24.7
甘 肃	Gansu	344.7	-16.4	191.4	-46.0
青 海	Qinghai	178.2	60.1	145.3	21.4
宁 夏	Ningxia	374.3	135.6	180.1	4.7
新 疆	Xinjiang	398.3	-47.0	616.1	-19.4

22-8 各省市区地方财政收入与支出

Local Financial Revenue and Expenditure by Region

（2009）

地 区	Region	财政收入（亿元）National Government Revenue（100 million yuan）	财政收入比上年增长（%）Growth Rate（%）	财政支出（亿元）National Government Expenditure（100 million yuan）	财政支出比上年增长（%）Growth Rate（%）
全 国	**National**	**68476.9**	**11.7**	**75873.6**	**21.2**
北 京	Beijing	2026.81	10.31	2301.74	17.48
天 津	Tianjin	821.38	21.57	1099.17	26.67
河 北	Hebei	1066.21	12.52	2311.75	22.86
山 西	Shanxi	805.80	7.73	1556.68	18.38
内蒙古	Inner Mongolia	850.75	30.75	1925.13	32.35
辽 宁	Liaoning	1591.04	17.33	2651.39	23.12
吉 林	Jilin	487.08	15.20	1479.21	25.34
黑龙江	Heilongjiang	641.62	10.95	1877.74	21.75
上 海	Shanghai	2540.30	7.70	2989.63	15.26
江 苏	Jiangsu	3228.63	18.20	3885.02	19.63
浙 江	Zhejiang	2142.37	10.81	2653.76	20.16
安 徽	Anhui	863.89	19.22	2101.03	27.56
福 建	Fujian	932.30	11.87	1403.82	23.39
江 西	Jiangxi	581.23	18.95	1548.60	27.98
山 东	Shandong	2198.53	12.34	3266.77	20.78
河 南	Henan	1126.06	11.61	2902.60	27.22
湖 北	Hubei	800.43	12.60	2107.31	27.69
湖 南	Hunan	844.96	16.92	2118.64	20.02
广 东	Guangdong	3649.19	10.24	4305.37	13.94
广 西	Guangxi	620.83	19.75	1606.25	23.83
海 南	Hainan	178.21	23.02	485.00	35.49
重 庆	Chongqing	655.55	13.50	1298.39	27.79
四 川	Sichuan	1174.16	12.72	3591.04	21.78
贵 州	Guizhou	416.46	19.73	1358.76	28.94
云 南	Yunnan	698.22	13.71	1949.79	32.62
西 藏	Tibet	30.09	20.94	470.13	23.50
陕 西	Shaanxi	733.91	24.08	1839.87	28.80
甘 肃	Gansu	286.69	8.20	1245.57	28.62
青 海	Qinghai	87.74	22.59	486.68	33.85
宁 夏	Ningxia	111.54	17.40	427.80	31.79
新 疆	Xinjiang	388.78	7.68	1349.16	27.36

22-9 各省市区居民消费价格指数

Conumer Price Indices by Region

（上年=100）　　　　（2009）　　　　（preceding year=100）

地 区	Region	居民消费价格总指数 Consumer Price Index	食 品 Food	烟 酒 及用品 Tobacco, Liquor, Articles	衣 着 Clot-hing
全 国	**National**	**99.3**	**100.7**	**101.5**	**98.0**
北 京	Beijing	98.5	102.4	102.2	98.4
天 津	Tianjin	99.0	101.2	104.7	97.3
河 北	Hebei	99.3	101.0	101.9	96.4
山 西	Shanxi	99.6	101.8	101.9	96.9
内蒙古	Inner Mongolia	99.7	101.3	100.8	99.7
辽 宁	Liaoning	100.0	102.8	101.1	93.8
吉 林	Jilin	100.1	101.0	101.1	99.2
黑龙江	Heilongjiang	100.2	101.2	101.0	96.8
上 海	Shanghai	99.6	102.1	100.8	99.3
江 苏	Jiangsu	99.6	100.9	101.7	99.0
浙 江	Zhejiang	98.5	100.7	100.5	98.2
安 徽	Anhui	99.1	100.8	101.2	97.1
福 建	Fujian	98.2	99.0	102.1	96.3
江 西	Jiangxi	99.3	100.1	100.4	99.0
山 东	Shandong	100.0	101.3	102.4	97.2
河 南	Henan	99.4	101.3	101.7	99.7
湖 北	Hubei	99.6	100.5	101.4	99.1
湖 南	Hunan	99.6	100.3	100.2	100.0
广 东	Guangdong	97.7	98.5	102.7	97.3
广 西	Guangxi	97.9	98.5	100.8	97.8
海 南	Hainan	99.3	99.9	100.9	98.6
重 庆	Chongqing	98.4	100.0	101.6	94.7
四 川	Sichuan	100.8	102.0	101.8	98.1
贵 州	Guizhou	98.7	98.5	100.9	95.6
云 南	Yunnan	100.4	101.6	100.1	98.1
西 藏	Tibet	101.4	103.9	101.9	101.6
陕 西	Shaanxi	100.5	102.3	101.5	99.3
甘 肃	Gansu	101.3	103.5	102.6	99.8
青 海	Qinghai	102.6	103.0	101.4	107.0
宁 夏	Ningxia	100.7	101.6	102.1	99.2
新 疆	Xinjiang	100.7	102.1	101.5	98.6

(上年=100) (2009) (preceding year=100)

地 区	Region	家庭设备用品及服务 Household Facilities, Articles and Services	医疗保健和个人用品 Health Care and Personal Articles	交通和通 信 Transp-ortation and Communi-cation	娱乐教育文化 Recreation, Education	居 住 Residence
全 国	**National**	**100.2**	**101.2**	**97.6**	**99.3**	**96.4**
北 京	Beijing	100.3	99.9	95.9	97.6	89.8
天 津	Tianjin	99.7	102.6	96.3	96.1	94.9
河 北	Hebei	99.8	101.5	97.0	97.8	98.4
山 西	Shanxi	99.5	101.1	97.8	99.2	97.4
内蒙古	Inner Mongolia	99.3	101.0	97.2	98.7	98.0
辽 宁	Liaoning	100.7	101.8	97.5	98.4	99.0
吉 林	Jilin	102.1	101.2	97.6	99.3	99.0
黑龙江	Heilongjiang	99.3	102.4	99.0	99.4	101.0
上 海	Shanghai	101.5	99.4	97.5	98.0	96.6
江 苏	Jiangsu	101.3	100.7	96.7	99.9	97.5
浙 江	Zhejiang	99.8	102.4	96.0	98.4	92.7
安 徽	Anhui	99.0	101.2	97.9	100.3	94.0
福 建	Fujian	100.3	101.3	96.9	98.3	94.8
江 西	Jiangxi	101.1	101.1	97.3	100.3	96.5
山 东	Shandong	100.1	101.3	98.1	100.8	98.8
河 南	Henan	100.4	101.9	97.8	101.2	93.9
湖 北	Hubei	100.2	101.4	98.4	98.9	97.7
湖 南	Hunan	100.5	100.2	98.2	101.1	96.9
广 东	Guangdong	99.3	100.9	97.4	98.0	93.5
广 西	Guangxi	98.6	100.5	97.9	99.8	92.0
海 南	Hainan	101.9	104.3	98.1	99.6	94.0
重 庆	Chongqing	97.2	99.4	98.2	98.5	95.9
四 川	Sichuan	100.8	101.1	99.3	101.2	99.7
贵 州	Guizhou	99.6	100.9	98.2	100.2	98.4
云 南	Yunnan	100.3	101.5	97.4	98.8	101.9
西 藏	Tibet	99.3	101.4	97.0	99.1	100.0
陕 西	Shaanxi	99.6	101.6	99.4	98.8	99.2
甘 肃	Gansu	101.4	101.4	97.5	100.3	101.0
青 海	Qinghai	101.5	102.5	99.3	100.4	104.4
宁 夏	Ningxia	100.9	101.7	98.4	100.0	101.7
新 疆	Xinjiang	101.9	101.9	99.0	99.9	99.9

22-10 各省市区农业生产资料价格指数

（上年=100） （2009）

地 区	Region	农业生产资料价格指数 Indices of Producers´ Price for Farm Products	农用手工工具 Farm hand Tools	饲料 Forage	产品畜 Production Livestock
全 国	**National**	**97.5**	**103.1**	**102.4**	**82.7**
河 北	Hebei	100.6	104.9	100.5	89.1
山 西	Shanxi	101.6	101.5	102.4	86.9
内蒙古	Inner Mongolia	99.7	100.9	102.4	89.7
辽 宁	Liaoning	96.7	102.5	104.7	71.3
吉 林	Jilin	96.4	106.7	101.5	86.9
黑龙江	Heilongjiang	94.2	100.4	102.2	83.6
江 苏	Jiangsu	97.6	99.9	102.6	84.1
浙 江	Zhejiang	95.9	104.5	97.8	79.1
安 徽	Anhui	95.8	102.8	108.3	90.8
福 建	Fujian	93.3	104.2	97.9	82.6
江 西	Jiangxi	97.6	100.3	98.6	79.9
山 东	Shandong	96.3	100.9	101.6	87.0
河 南	Henan	98.1	105.9	108.1	80.9
湖 北	Hubei	95.3	101.0	96.1	79.8
湖 南	Hunan	95.0	99.8	104.7	75.0
广 东	Guangdong	98.2	101.0	102.6	84.4
广 西	Guangxi	94.2	107.8	102.5	82.6
海 南	Hainan	94.0	102.3	103.4	73.3
四 川	Sichuan	101.2	105.5	101.3	90.1
贵 州	Guizhou	96.2	107.9	100.6	75.9
云 南	Yunnan	99.3	104.3	106.3	78.9
西 藏	Tibet	99.1	97.9	99.8	98.8
陕 西	Shaanxi	95.8	105.0	103.8	81.2
甘 肃	Gansu	99.0	106.6	111.0	91.7
青 海	Qinghai	97.8	104.6	101.1	76.1
宁 夏	Ningxia	96.3	104.7	102.7	79.5
新 疆	Xinjiang	99.5	100.5	110.4	108.4

Indices of Producers′Price for Farm Productes by Region

(preceding year = 100)

半机械化农具 Semi-mechanized Farm Tools	机械化农具 Mechanized Tools	化学肥料 Chemical Fertilizer	农药及农药械 Pesticide and Its Appliances	农用机油 Oil for Farm Machinery	其他农业生产资料 Other Means of Agricultural Production	农业生产服务 Service for Agricultural Production
101.5	**100.9**	**93.7**	**100.1**	**94.4**	**102.5**	**107.9**
100.8	102.2	101.2	100.7	90.2	100.0	111.2
99.4	100.4	99.1	103.5	91.3	102.6	119.7
100.8	101.7	95.4	98.9	97.3	101.1	105.6
100.4	101.4	94.1	103.1	87.3	101.9	112.6
104.9	104.0	87.7	95.6	98.5	110.2	113.4
102.4	100.8	92.8	100.1	85.8	90.7	106.6
100.7	101.7	92.5	101.2	96.9	100.0	104.1
100.4	98.8	93.2	98.4	92.0	99.8	102.1
100.7	100.5	81.0	100.4	93.7	105.8	102.0
99.9	100.6	88.2	96.9	90.9	101.3	103.6
104.7	99.7	95.5	99.0	95.9	100.5	110.6
101.5	101.4	91.2	99.7	93.5	102.2	108.8
100.1	100.9	92.6	100.0	89.4	104.5	105.5
101.0	99.1	89.2	101.2	96.9	111.5	107.1
104.7	101.8	92.2	101.5	93.8	102.4	112.3
100.1	101.1	97.3	96.7	96.0	101.5	108.9
96.9	100.8	87.2	98.7	95.1	103.9	102.6
96.0	97.9	89.2	100.0	97.5	104.6	99.3
100.5	101.1	101.7	101.1	102.3	103.8	112.3
106.1	98.8	91.5	100.8	95.4	100.6	101.5
107.0	104.6	100.2	100.4	96.4	103.5	104.9
100.5	99.7	100.9	101.1	98.9	96.9	100.0
100.5	97.1	92.3	102.4	95.9	105.9	103.0
101.7	100.5	95.3	101.7	97.4	99.7	103.4
103.9	106.4	91.9	105.6	98.0	99.6	108.8
99.7	103.6	87.7	101.5	95.2	99.4	115.5
100.7	102.3	93.2	105.4	101.1	96.1	102.0

22-11 各省市区城镇居民家庭人均收支情况

Per Capita Annual Income and Expenditures of Urban Households by Region

(2009)

地 区	Region	总收入（元） Total Income (yuan)	可支配收入 Disposable Income	总支出（元） Total Expenditures (yuan)	消费性支出 Expenditures for Consumption	非消费性支出 Non Expenditures for Consumption	恩格尔系数（%） Engle Coefficient (%)
全国总计	**National**	**18858.1**	**17174.7**	**17248.3**	**12264.6**	**4983.8**	**36.5**
北 京	Beijing	30673.7	26738.5	25413.1	17893.3	7519.8	33.2
天 津	Tianjin	23565.7	21402.0	22136.6	14801.4	7335.3	36.5
河 北	Hebei	15675.8	14718.3	12681.4	9678.8	3002.6	33.6
山 西	Shanxi	14983.2	13996.6	13212.5	9355.1	3857.4	32.8
内蒙古	Inner Mongolia	16951.4	15849.2	16097.7	12369.9	3727.8	30.5
辽 宁	Liaoning	17757.7	15761.4	17799.9	12324.6	5475.4	38.0
吉 林	Jilin	15155.2	14006.3	14194.1	10914.4	3279.7	33.3
黑龙江	Heilongjiang	13689.9	12566.0	12869.8	9629.6	3240.2	35.3
上 海	Shanghai	32403.0	28837.8	39506.2	20992.4	18513.9	35.0
江 苏	Jiangsu	22494.9	20551.7	18992.9	13153.0	5839.9	36.3
浙 江	Zhejiang	27119.3	24610.8	24110.8	16683.5	7427.3	33.6
安 徽	Anhui	15691.9	14085.7	15283.6	10234.0	5049.6	39.6
福 建	Fujian	21692.4	19576.8	19925.3	13450.6	6474.8	39.7
江 西	Jiangxi	15047.2	14021.5	12836.8	9740.0	3096.8	39.9
山 东	Shandong	19336.9	17811.0	16072.8	12012.7	4060.1	32.9
河 南	Henan	15408.0	14371.6	12902.1	9567.0	3335.2	34.2
湖 北	Hubei	15698.1	14367.5	13868.2	10294.1	3574.1	40.4
湖 南	Hunan	16078.1	15084.3	14956.3	10828.2	4128.1	38.6
广 东	Guangdong	24116.5	21574.7	23245.6	16857.5	6388.1	36.9
广 西	Guangxi	17032.9	15451.5	14787.1	10352.4	4434.8	39.9
海 南	Hainan	14909.3	13750.9	12820.1	10086.7	2733.5	44.7
重 庆	Chongqing	16990.3	15748.7	15683.6	12144.1	3539.5	37.7
四 川	Sichuan	15323.8	13839.4	14727.3	10860.2	3867.1	40.4
贵 州	Guizhou	13793.4	12862.5	12085.9	9048.3	3037.6	41.5
云 南	Yunnan	15680.3	14423.9	13802.9	10201.8	3601.1	43.7
西 藏	Tibet	14979.0	13544.4	11711.0	9034.3	2676.7	50.7
陕 西	Shaanxi	15311.3	14128.8	14307.8	10705.7	3602.1	37.3
甘 肃	Gansu	12918.0	11929.8	11260.0	8890.8	2369.2	37.8
青 海	Qinghai	14150.3	12691.9	12117.9	8786.5	3331.4	40.4
宁 夏	Ningxia	15550.8	14024.7	16162.8	10280.0	5882.8	33.4
新 疆	Xinjiang	13602.2	12257.5	12601.4	9327.6	3273.8	36.3

22-12 各省市区农村居民家庭人均收支情况

Per Capita Annual Income and Expenditures of Rural Households by Region

(2009)

地 区	Region	总收入（元）Total Income (yuan)	纯收入 Net Income	现金收入 Cash Income	总支出（元）Total Expenditure (yuan)	生活消费 Living Consumption	现金支出 Cash Expenditure	恩格尔系数(%) Engle Cofficient (%)
全国总计	**National**	**7115.6**	**5153.2**	**6270.2**	**6333.9**	**3993.5**	**5694.8**	**41.0**
北 京	Beijing	13844.9	11668.6	13496.9	11607.4	8897.6	11522.4	31.6
天 津	Tianjin	11688.6	8687.6	11070.5	7462.2	4273.2	7338.0	43.2
河 北	Hebei	7228.5	5149.7	6526.5	5618.9	3349.7	5265.6	35.7
山 西	Shanxi	5496.7	4244.1	4939.9	4875.8	3304.8	4532.8	37.1
内蒙古	Inner Mongolia	8403.4	4937.8	7155.3	8146.5	3968.4	7072.2	39.8
辽 宁	Liaoning	9912.6	5958.0	9219.6	9146.2	4254.0	8508.9	36.7
吉 林	Jilin	8644.0	5265.9	7977.9	8689.5	3902.9	8129.7	35.1
黑龙江	Heilongjiang	9385.2	5206.8	8779.9	9729.2	4241.3	9265.5	31.4
上 海	Shanghai	13186.5	12482.9	13022.8	11435.8	9804.4	11261.7	37.1
江 苏	Jiangsu	9746.9	8003.5	9019.7	8027.6	5804.5	7467.9	39.2
浙 江	Zhejiang	13421.9	10007.3	13133.7	11730.1	7731.7	11472.6	36.4
安 徽	Anhui	6000.6	4504.3	5224.7	5378.0	3655.0	4899.2	40.9
福 建	Fujian	8204.9	6680.2	7459.0	6850.5	5015.7	6310.0	45.9
江 西	Jiangxi	6552.7	5075.0	5627.6	5306.2	3532.7	4675.1	45.6
山 东	Shandong	8683.8	6118.8	8057.9	7258.2	4417.2	6886.8	36.6
河 南	Henan	6414.4	4807.0	5232.5	5220.1	3388.5	4773.4	36.0
湖 北	Hubei	6663.1	5035.3	5718.4	5537.6	3725.2	4723.5	44.8
湖 南	Hunan	6628.3	4909.0	5763.1	6024.2	4020.9	5130.9	48.9
广 东	Guangdong	8264.5	6906.9	7543.1	6556.2	5019.8	5934.0	48.3
广 西	Guangxi	5535.1	3980.4	4537.1	4957.7	3231.1	4146.3	48.7
海 南	Hainan	6195.8	4744.4	5411.7	4569.0	3088.6	3879.0	53.1
重 庆	Chongqing	5798.8	4478.4	4624.9	4753.3	3142.1	3750.9	49.1
四 川	Sichuan	6238.5	4462.1	4978.6	6330.5	4141.4	5217.9	42.0
贵 州	Guizhou	4050.4	3005.4	3188.3	3862.8	2422.0	3039.2	45.2
云 南	Yunnan	5105.3	3369.3	3876.0	4855.5	2924.9	3781.3	48.2
西 藏	Tibet	4497.4	3531.7	3395.8	3304.9	2399.5	2489.9	49.6
陕 西	Shaanxi	4830.7	3437.6	4270.4	5245.8	3349.2	4847.6	35.1
甘 肃	Gansu	4291.0	2980.1	3517.2	4255.0	2766.5	3540.8	41.3
青 海	Qinghai	4430.6	3346.2	3752.6	4626.5	3209.4	3934.9	36.3
宁 夏	Ningxia	6627.3	4048.3	5379.9	6411.0	3347.9	5423.5	41.7
新 疆	Xinjiang	7269.5	3883.1	6231.8	6847.5	2950.6	6218.9	41.5

22-13 各省市区农林牧渔业总产值及增长速度

Gross Output Value of Farming,Forestry,Animal Husbandry and Fishery and Growth by Region

（2009）

地 区	Region	农林牧渔业总产值（亿元）Gross Output Value（100 million）	农 业 Agriculture	林 业 Forestry	牧 业 Animal Husbandry	渔 业 Fishery	农林牧渔业总产值比上年增长（%）Growth（%）
全国总计	**National**	**60361.0**	**30611.1**	**2359.4**	**19468.4**	**5626.4**	**4.6**
北 京	Beijing	315.0	140.4	22.9	136.1	10.3	5.5
天 津	Tianjin	281.7	139.7	2.2	83.6	47.5	3.7
河 北	Hebei	3640.9	1927.8	70.7	1350.1	108.4	3.2
山 西	Shanxi	908.7	556.3	66.7	230.9	5.3	4.4
内蒙古	Inner Mongolia	1570.6	731.9	78.2	721.4	12.7	2.4
辽 宁	Liaoning	2704.6	913.5	70.0	1171.4	441.9	3.3
吉 林	Jilin	1734.3	777.5	58.9	825.5	23.5	5.3
黑龙江	Heilongjiang	2251.1	1206.8	85.2	870.2	45.2	5.4
上 海	Shanghai	283.2	147.5	9.0	64.6	53.5	-0.5
江 苏	Jiangsu	3816.0	1948.2	70.8	874.0	719.2	4.6
浙 江	Zhejiang	1873.4	879.0	117.6	404.9	435.5	2.4
安 徽	Anhui	2569.5	1289.8	125.1	795.8	257.6	5.5
福 建	Fujian	2001.2	826.2	162.2	366.9	565.6	5.0
江 西	Jiangxi	1733.8	729.7	161.8	541.5	231.2	4.6
山 东	Shandong	6003.1	3224.0	101.3	1683.8	747.4	4.3
河 南	Henan	4871.5	2833.3	134.1	1654.3	64.9	4.5
湖 北	Hubei	2985.2	1511.5	57.7	881.8	413.1	5.4
湖 南	Hunan	3207.9	1596.6	174.2	1100.4	188.5	5.2
广 东	Guangdong	3337.6	1551.0	88.3	917.1	661.2	5.0
广 西	Guangxi	2377.2	1135.0	129.0	812.5	216.9	5.4
海 南	Hainan	705.0	307.6	79.6	142.8	154.5	7.2
重 庆	Chongqing	913.1	522.8	34.1	319.4	24.3	6.4
四 川	Sichuan	3689.8	1806.1	112.5	1596.7	119.1	4.2
贵 州	Guizhou	875.2	501.5	36.9	281.5	11.1	4.6
云 南	Yunnan	1706.2	850.7	196.1	557.8	42.0	5.8
西 藏	Tibet	93.4	39.1	7.1	44.3	0.2	3.6
陕 西	Shaanxi	1337.2	823.6	45.6	387.9	6.5	5.0
甘 肃	Gansu	876.3	587.3	24.2	171.9	1.1	5.8
青 海	Qinghai	157.3	61.3	2.3	90.1	0.1	5.8
宁 夏	Ningxia	243.5	146.8	8.4	70.7	7.0	8.2
新 疆	Xinjiang	1297.6	898.6	26.6	318.4	11.1	5.1

注：本表绝对数按当年价格计算，增长速度按可比价格计算。

a)Level data in this table are calculated at current prices ,Growth rate of GDP is calculated at constant prices.

22-14 各省市区主要农产品产量

Major Product Output of Farming by Region

单位:万吨 （2009） （10 000 tons）

地 区	Region	粮 食 Grain	油 料 Oil-bearing Crops	棉 花 Cotton	糖 料 Suger Crops	蔬 菜 Vegetables	水 果 Melons
全国总计	**National**	**53082.1**	**3154.3**	**637.7**	**12276.6**	**61823.8**	**20395.5**
北 京	Beijing	124.8	1.8	0.1		317.1	120.1
天 津	Tianjin	156.3	0.5	7.1		373.9	67.0
河 北	Hebei	2910.2	143.3	60.5	30.7	6742.1	1578.6
山 西	Shanxi	942.0	17.0	8.4	15.4	893.1	449.2
内蒙古	Inner Mongolia	1981.7	119.6	0.1	109.6	1380.6	208.7
辽 宁	Liaoning	1591.0	55.3	0.1	6.2	2604.4	655.6
吉 林	Jilin	2460.0	50.4	0.2	6.6	968.4	253.5
黑龙江	Heilongjiang	4353.0	28.2		110.0	701.2	267.7
上 海	Shanghai	121.7	3.4	0.3	1.6	394.1	104.7
江 苏	Jiangsu	3230.1	162.2	25.5	11.6	3837.8	715.7
浙 江	Zhejiang	789.2	43.2	2.8	81.4	1764.8	712.4
安 徽	Anhui	3069.9	240.3	34.6	21.8	2028.1	745.8
福 建	Fujian	666.9	26.3		65.9	1521.5	645.0
江 西	Jiangxi	2002.6	102.0	12.5	62.2	1088.6	497.5
山 东	Shandong	4316.3	334.5	92.1	0.06	8937.2	2728.3
河 南	Henan	5389.0	533.0	51.7	28.3	6370.4	2228.1
湖 北	Hubei	2309.1	314.1	48.1	34.4	2979.6	725.8
湖 南	Hunan	2902.7	179.2	21.2	78.2	2844.2	715.7
广 东	Guangdong	1314.5	84.6		1253.5	2567.2	1160.8
广 西	Guangxi	1463.2	42.1	0.2	7509.4	2063.1	1010.7
海 南	Hainan	187.6	9.1		479.2	410.0	350.4
重 庆	Chongqing	1137.2	40.5		11.6	1177.4	212.9
四 川	Sichuan	3194.6	261.8	1.5	94.1	3227.3	689.5
贵 州	Guizhou	1168.3	78.7	0.1	64.3	1079.5	119.7
云 南	Yunnan	1576.9	50.2		1761.4	1238.2	342.7
西 藏	Tibet	90.5	5.8			55.1	1.2
陕 西	Shaanxi	1131.4	54.4	8.6	0.2	1257.6	1366.1
甘 肃	Gansu	906.2	58.5	9.5	20.4	1145.4	459.9
青 海	Qinghai	102.7	36.6		0.1	118.9	3.3
宁 夏	Ningxia	340.7	13.6		0.01	354.0	202.4
新 疆	Xinjiang	1152.0	63.9	252.4	418.4	1383.2	1056.3

注:水果产量含果用瓜。

Output of fruits has included melons.

22-14 续表 continued

单位:万吨 （2009） （10 000 tons）

地区	Region	肉类 Meat	猪肉 Prok	牛肉 Prok	羊肉 Mutton	奶类 Milk	水产品 Aquatic Products
全国总计	**National**	**7649.9**	**4890.5**	**635.5**	**389.5**	**3734.6**	**5120.0**
北京	Beijing	47.2	24.1	2.1	1.4	67.4	
天津	Tianjin	39.5	25.7	3.6	1.5	68.7	
河北	Hebei	426.6	253.6	55.3	28.0	461.0	
山西	Shanxi	69.8	50.7	4.8	5.6	74.1	
内蒙古	Inner Mongolia	234.0	68.6	47.4	88.2	934.0	
辽宁	Liaoning	389.2	218.8	40.2	7.8	115.6	
吉林	Jilin	226.2	113.2	41.8	3.6	44.5	
黑龙江	Heilongjiang	187.6	108.2	36.8	11.6	534.7	
上海	Shanghai	26.4	17.3		0.5	23.3	
江苏	Jiangsu	344.4	204.5	3.3	7.5	55.4	
浙江	Zhejiang	170.4	128.2	1.0	1.7	19.9	
安徽	Anhui	362.5	229.8	17.5	13.8	20.1	
福建	Fujian	175.1	142.9	2.2	1.7	15.6	
江西	Jiangxi	276.0	210.8	10.9	1.1	11.2	
山东	Shandong	684.1	341.3	69.6	32.9	258.1	
河南	Henan	615.0	389.6	84.0	25.9	301.3	
湖北	Hubei	367.0	279.9	17.0	7.8	28.3	
湖南	Hunan	476.3	395.4	15.7	11.0	7.7	
广东	Guangdong	427.0	262.1	6.1	0.9	14.4	
广西	Guangxi	371.3	232.3	13.4	3.2	8.1	
海南	Hainan	66.0	39.7	2.3	1.1	0.4	
重庆	Chongqing	187.7	146.5	5.9	2.1	7.9	
四川	Sichuan	632.8	474.2	28.9	24.3	68.7	
贵州	Guizhou	169.6	140.1	11.4	3.2	4.5	
云南	Yunnan	304.6	230.8	28.0	12.1	105.9	
西藏	Tibet	24.0	1.2	14.2	8.4	28.7	
陕西	Shaanxi	98.7	75.0	7.8	7.3	185.8	
甘肃	Gansu	82.9	45.8	15.1	15.6	37.7	
青海	Qinghai	26.9	9.2	8.1	8.8	25.3	
宁夏	Ningxia	25.6	9.2	7.3	6.8	81.1	
新疆	Xinjiang	115.4	22.0	33.9	43.8	125.2	

22-15 各省市区规模以上工业企业主要经济指标

Main Economic Indicators of Industrial Enterprises above Designated Size by Region

单位:亿元　　　　(2009)　　　　(100 million yuan)

地 区	Region	主营业务收入 Revenue from Principal Business	主营业务成本 Cost of Principal Business	主营业务税金及附加 Taxes and Other Charges on Principal Business	利润总额 Total Profits	资产总计 Total Assets
全国总计	**National**	**474608.6**	**403816.3**	**7292.8**	**25890.8**	**470700.8**
北 京	Beijing	10606.3	9096.2	149.6	561.1	19009.2
天 津	Tianjin	11470.2	10034.2	121.2	612.1	11619.6
河 北	Hebei	21213.0	18621.6	228.9	1112.7	19325.1
山 西	Shanxi	7968.8	6559.8	89.5	339.8	15330.2
内蒙古	Inner Mongolia	9366.2	7644.1	133.8	653.2	11491.6
辽 宁	Liaoning	24322.9	21030.2	505.2	781.8	23436.4
吉 林	Jilin	8007.9	6921.1	195.4	455.5	8299.0
黑龙江	Heilongjiang	6612.3	5072.7	204.9	761.4	8744.0
上 海	Shanghai	22271.9	18847.7	382.0	1246.0	24278.2
江 苏	Jiangsu	64061.9	56505.7	486.2	3198.2	51430.9
浙 江	Zhejiang	33972.0	29193.4	393.4	1742.5	38224.1
安 徽	Anhui	10737.2	9179.0	190.2	416.4	11458.8
福 建	Fujian	14438.6	12439.1	164.9	652.2	12993.5
江 西	Jiangxi	8618.3	7371.8	121.9	402.6	6494.3
山 东	Shandong	64463.1	55217.4	742.2	3936.7	43324.1
河 南	Henan	25153.6	21276.8	347.1	2062.3	19096.0
湖 北	Hubei	13235.1	11015.2	312.5	675.8	16145.5
湖 南	Hunan	11141.0	8871.9	357.5	488.5	9396.4
广 东	Guangdong	56467.7	48160.1	540.7	2643.1	49171.1
广 西	Guangxi	5486.2	4691.8	91.5	196.8	6484.3
海 南	Hainan	886.7	668.6	68.4	85.3	1264.2
重 庆	Chongqing	5796.8	4834.9	87.6	269.7	6283.0
四 川	Sichuan	15299.5	12808.1	203.3	794.3	16771.9
贵 州	Guizhou	2727.4	2149.1	111.5	153.2	4864.6
云 南	Yunnan	4367.2	3257.5	417.8	265.4	7973.6
西 藏	Tibet	42.5	32.8	0.7	5.6	247.1
陕 西	Shaanxi	6985.4	5271.1	263.8	679.6	11423.4
甘 肃	Gansu	3351.1	2778.8	163.6	140.8	4849.9
青 海	Qinghai	939.6	756.1	20.0	80.8	2528.4
宁 夏	Ningxia	1207.9	1008.5	25.1	57.3	2589.2
新 疆	Xinjiang	3390.4	2500.8	172.7	420.3	6153.3

22-16 各省市区规模以上工业企业主要经济效益指标

Main Economic Indicators of Industrial Enterprises above Designated Size by Region

(2009)

地 区	Region	总资产贡献率(%) Ratio of Value Assets to Gross Industrial Output Value(%)	资产负债率(%) Assets-Liability Ratio (%)	流动资产周转次数(次/年) Number of Times of Annual of Turnover Working Caoitals (times/year)	工业成本费用利润率(%) Ratio of Profits to Industrial Cost (%)	产品销售率(%) Proportion of Products Sold(%)
全国总计	**National**	**12.9**	**59.2**	**2.5**	**5.9**	**97.5**
北 京	Beijing	6.8	50.9	1.6	5.6	99.2
天 津	Tianjin	10.4	65.3	2.2	5.7	97.2
河 北	Hebei	12.8	62.2	3.0	5.6	97.0
山 西	Shanxi	8.4	67.6	1.5	4.5	96.4
内蒙古	Inner Mongolia	13.8	62.3	2.9	7.9	96.6
辽 宁	Liaoning	9.7	61.2	2.5	3.5	97.2
吉 林	Jilin	13.7	58.6	2.9	6.0	97.3
黑龙江	Heilongjiang	18.0	60.4	2.1	13.5	97.2
上 海	Shanghai	11.1	53.1	2.0	6.0	98.9
江 苏	Jiangsu	13.1	59.0	2.7	5.3	98.1
浙 江	Zhejiang	10.6	61.7	1.8	5.4	97.2
安 徽	Anhui	10.9	62.7	2.5	4.1	97.1
福 建	Fujian	11.4	54.3	2.6	4.8	97.2
江 西	Jiangxi	16.0	57.6	3.6	5.2	98.7
山 东	Shandong	19.1	54.1	3.8	6.7	98.4
河 南	Henan	21.8	57.6	3.6	9.1	97.8
湖 北	Hubei	11.1	55.8	2.3	5.6	97.2
湖 南	Hunan	16.5	61.0	3.5	5.0	98.6
广 东	Guangdong	11.5	59.9	2.3	5.0	96.5
广 西	Guangxi	10.8	64.2	2.4	3.8	95.7
海 南	Hainan	20.8	57.9	2.3	11.5	98.2
重 庆	Chongqing	11.3	61.6	2.3	5.0	97.8
四 川	Sichuan	12.3	63.5	2.4	5.6	97.6
贵 州	Guizhou	11.5	66.7	1.7	6.2	94.5
云 南	Yunnan	14.6	59.0	1.6	7.2	95.7
西 藏	Tibet	5.4	23.9	0.7	14.3	94.0
陕 西	Shaanxi	14.7	58.9	1.6	11.4	96.6
甘 肃	Gansu	11.5	61.8	1.9	4.6	96.2
青 海	Qinghai	8.9	66.5	1.4	9.5	93.6
宁 夏	Ningxia	7.7	68.2	1.6	5.0	94.0
新 疆	Xinjiang	15.4	54.6	1.9	15.1	94.8

22-17 各省市区规模以上工业企业主要工业产品产量

Output of Major Products of Industrial Enterprises above Designated Size by Region

(2009)

地 区	Region	原 煤（万吨）Coal (10 000 tons)	原 油（万吨）Crude Oil (10 000tons)	发电量（亿千瓦小时）Electricity (100 million kwh)	生 铁（万吨）Pig Iron (10 000tons)	粗 钢（万吨）Crude Steel (10 000tons)
全国总计	**National**	**297300.0**	**18949.0**	**37146.5**	**54374.8**	**56803.3**
北 京	Beijing	641.3		242.7	442.7	464.9
天 津	Tianjin		2297.0	415.8	1763.4	2124.2
河 北	Hebei	8494.6	599.1	1742.5	13084.9	13536.3
山 西	Shanxi	59354.0		1873.8	3127.5	2648.5
内蒙古	Inner Mongolia	60058.5		2242.4	1381.3	1261.9
辽 宁	Liaoning	6624.2	1000.0	1162.5	5061.3	4783.0
吉 林	Jilin	4401.5	639.9	541.8	648.3	792.6
黑龙江	Heilongjiang	8748.7	4000.7	723.0	494.6	566.0
上 海	Shanghai		9.1	778.2	1787.5	2032.2
江 苏	Jiangsu	2397.4	184.0	2928.4	4590.2	5489.9
浙 江	Zhejiang	13.2		2246.3	536.0	1045.6
安 徽	Anhui	12848.6		1320.2	1661.6	1759.7
福 建	Fujian	2466.1		1170.7	552.9	765.0
江 西	Jiangxi	2985.5		532.9	1447.0	1620.9
山 东	Shandong	14377.7	2828.2	2859.9	5273.2	4857.3
河 南	Henan	23018.1	474.5	2055.5	1944.6	2329.0
湖 北	Hubei	1058.5	80.9	1818.1	1956.7	1985.3
湖 南	Hunan	6572.9		1028.0	1380.5	1436.6
广 东	Guangdong		1345.1	2757.6	755.9	1126.6
广 西	Guangxi	519.7	2.9	944.5	967.7	1000.0
海 南	Hainan		18.4	127.6	2.1	23.2
重 庆	Chongqing	4290.8		474.3	324.9	333.8
四 川	Sichuan	8997.3	21.7	1578.8	1532.6	1509.1
贵 州	Guizhou	13690.7		1380.0	374.8	343.1
云 南	Yunnan	5571.3		1170.9	1280.9	1049.1
西 藏	Tibet			18.0		
陕 西	Shaanxi	29611.1	2695.9	908.9	512.5	522.5
甘 肃	Gansu	3875.6	49.2	696.7	612.1	626.4
青 海	Qinghai	1283.6	186.4	377.9	109.5	126.7
宁 夏	Ningxia	5509.5	3.1	479.9	36.2	
新 疆	Xinjiang	7646.0	2512.9	549.1	731.6	625.0

22-17 续表 1 continued

地 区	Region	钢 材（万吨）Rolled steel (10000tons)	水 泥（万吨）Cement (10000tons)	布（亿米）Cloth (100million m)	家用电冰箱（万台）Household Refrigerators (10000units)
全国总计	**National**	**69626.3**	**165000.0**	**740.0**	**5930.5**
北 京	Beijing	769.6	1077.4	0.1	
天 津	Tianjin	4079.5	690.2	2.5	53.9
河 北	Hebei	15134.5	10611.5	38.1	
山 西	Shanxi	2288.4	2482.5	0.3	
内蒙古	Inner Mongolia	1294.9	4275.5	0.8	
辽 宁	Liaoning	4937.3	4693.4	4.3	96.2
吉 林	Jilin	856.0	3673.1	0.4	
黑龙江	Heilongjiang	505.0	2598.0	0.4	
上 海	Shanghai	2181.4	754.2	1.2	189.2
江 苏	Jiangsu	7859.7	14434.1	79.0	667.1
浙 江	Zhejiang	2359.4	10796.5	139.2	761.8
安 徽	Anhui	2112.0	7056.1	5.6	1565.8
福 建	Fujian	1341.9	5446.5	27.1	
江 西	Jiangxi	1647.4	6153.2	6.8	91.3
山 东	Shandong	5854.3	14036.7	129.3	825.1
河 南	Henan	2882.5	11710.7	31.7	319.2
湖 北	Hubei	2172.3	6983.8	38.6	39.5
湖 南	Hunan	1503.6	7539.0	4.9	15.6
广 东	Guangdong	2285.5	10028.9	29.1	1058.5
广 西	Guangxi	1174.9	6411.2	0.1	
海 南	Hainan	10.7	925.7		
重 庆	Chongqing	477.4	3611.0	7.9	0.2
四 川	Sichuan	1830.6	8887.0	10.9	51.9
贵 州	Guizhou	337.6	2664.8	0.2	168.2
云 南	Yunnan	971.8	4868.4		
西 藏	Tibet		187.7		
陕 西	Shaanxi	887.3	4464.7	7.5	27.1
甘 肃	Gansu	644.5	1816.1	0.2	0.1
青 海	Qinghai	125.1	610.0		
宁 夏	Ningxia	38.0	1064.5		
新 疆	Xinjiang	687.3	2029.3	1.2	

22-17 续表 2 continued

地 区	Region	农用化肥（万吨）Chemical Fertilizer (10000tons)	汽 车（万辆）Motor Vehicles (10000units)	彩色电视机（万台）Color Television (10000 sets)	移动电话机（万部）Mobile Telephones (10000units)	微型电子计算机（万台）Micro-Computers (10000 sets)
全国总计	**National**	**6599.7**	**1379.5**	**9898.8**	**61924.5**	**18215.1**
北 京	Beijing	0.2	127.1		21355.3	842.7
天 津	Tianjin	14.7	60.2	140.5	8558.7	1.5
河 北	Hebei	214.4	51.4			
山 西	Shanxi	375.2	0.2			0.1
内蒙古	Inner Mongolia	261.5	3.3	217.4		
辽 宁	Liaoning	82.1	50.9	441.4	46.7	0.2
吉 林	Jilin	20.3	110.6	20.1	49.8	
黑龙江	Heilongjiang	59.6	28.4			2.9
上 海	Shanghai	2.7	125.0	195.5	315.8	7320.2
江 苏	Jiangsu	317.2	50.6	1151.3	2044.7	8180.9
浙 江	Zhejiang	46.2	28.2	518.4	2777.7	89.2
安 徽	Anhui	284.9	86.3	336.8	12.1	
福 建	Fujian	59.7	13.5	681.8	671.5	607.2
江 西	Jiangxi	48.7	28.5	91.0	590.9	5.3
山 东	Shandong	864.9	55.8	1090.0	5454.6	25.4
河 南	Henan	531.2	12.5	43.5		
湖 北	Hubei	798.5	108.2		831.5	87.4
湖 南	Hunan	365.8	12.0	24.1	0.1	
广 东	Guangdong	61.7	113.1	4092.8	18091.8	1047.0
广 西	Guangxi	92.4	118.5			1.0
海 南	Hainan	60.6	9.2			
重 庆	Chongqing	150.4	118.7	38.16	374.9	0.2
四 川	Sichuan	463.0	7.6	743.22	630.5	
贵 州	Guizhou	347.3	0.2	72.6	118.2	
云 南	Yunnan	355.2	7.3			
西 藏	Tibet					
陕 西	Shaanxi	86.8	50.7	0.3		3.9
甘 肃	Gansu	81.0	1.9			
青 海	Qinghai	277.9				
宁 夏	Ningxia	91.8				
新 疆	Xinjiang	183.8	0.1			

22-18 各省市区能源消耗指标

Indicators of Energy Conumption by Region

(2009)

地 区	Region	单位地区生产总值能耗(等价值)(吨标准煤/万元) Energy Consumption per Unit of GRP (equivalent value) (ton of SCE/10000yuan)	单位地区生产总值电耗(等价值)(千瓦小时/万元) Energy Consumption per Unit of GDP (equivalent value) (kw.h/10000yuan)	单位工业增加值能耗(规模以上,当量值)(吨标准煤/万元) Energy Consumption per Unit of Industrial Value-added (above Designated Suze,equivalent weight) (ton of SCE/10000yuan)
北 京	Beijing	0.662	719.6	1.04
天 津	Tianjin	0.947	910.4	1.05
河 北	Hebei	1.727	1492.8	3.32
山 西	Shanxi	2.554	2288.9	4.89
内蒙古	Inner Mongolia	2.159	1887.3	4.19
辽 宁	Liaoning	1.617	1223.8	2.43
吉 林	Jilin	1.444	885.9	1.98
黑龙江	Heilongjiang	1.290	865.9	1.90
上 海	Shanghai	0.801	884.1	0.96
江 苏	Jiangsu	0.803	1149.4	1.27
浙 江	Zhejiang	0.782	1202.1	1.18
安 徽	Anhui	1.075	1106.8	2.34
福 建	Fujian	0.843	1098.6	1.18
江 西	Jiangxi	0.928	942.2	1.94
山 东	Shandong	1.100	1001.1	1.70
河 南	Henan	1.219	1266.2	3.08
湖 北	Hubei	1.314	1103.9	2.68
湖 南	Hunan	1.225	975.5	1.98
广 东	Guangdong	0.715	1085.5	0.87
广 西	Guangxi	1.106	1254.2	2.34
海 南	Hainan	0.875	979.2	2.61
重 庆	Chongqing	1.267	1090.2	2.11
四 川	Sichuan	1.381	1156.4	2.48
贵 州	Guizhou	2.875	2452.2	4.32
云 南	Yunnan	1.562	1654.9	2.85
西 藏	Tibet			
陕 西	Shaanxi	1.281	1256.0	2.01
甘 肃	Gansu	2.013	2539.0	4.05
青 海	Qinghai	2.935	4061.6	3.24
宁 夏	Ningxia	3.686	5084.1	7.13
新 疆	Xinjiang	1.963	1331.2	3.00

注:地区生产总值和工业增加值按当年价格计算。

a)Gross domestic product and industrial value-added are at constant prices.

22-19 各省市区建筑业主要经济指标

Main Economic Indicators on Construction Enterprises by Region

（2009）

地 区	Region	企业个数（个）Number of Enterprises (unit)	总产值（亿元）Gross Output Value (100million)	施工面积（万平方米）Floor Space of Buildings under Construction (10 000sq.m)	竣工面积（万平方米）Floor Space of Buildings Construction (10 000sq.m)
全国总计	**National**	**68283**	**75863.8**	**587278.8**	**229576.1**
北 京	Beijing	3229	4059.8	22720.6	5225.5
天 津	Tianjin	1272	1808.5	6369.9	2071.4
河 北	Hebei	2077	2489.2	17908.6	6966.4
山 西	Shanxi	1543	1772.8	5954.2	1921.8
内蒙古	Inner Mongolia	766	952.1	5691.2	2861.5
辽 宁	Liaoning	4184	3373.8	19652.5	8285.2
吉 林	Jilin	861	1151.8	5107.3	2930.8
黑龙江	Heilongjiang	1680	1327.1	4817.6	2492.0
上 海	Shanghai	2871	3827.8	19032.6	5397.2
江 苏	Jiangsu	8284	10181.3	98494.0	40538.7
浙 江	Zhejiang	4656	9351.0	105436.2	39521.5
安 徽	Anhui	2334	2269.7	18258.2	8402.7
福 建	Fujian	2034	2162.3	21006.9	6682.2
江 西	Jiangxi	1214	1285.0	11910.7	5690.5
山 东	Shandong	6004	4578.3	39120.9	16039.1
河 南	Henan	3744	3560.9	24421.1	11138.0
湖 北	Hubei	2789	3409.0	20771.2	9371.7
湖 南	Hunan	1838	2504.9	23540.9	9924.8
广 东	Guangdong	4198	3666.7	29838.2	10142.2
广 西	Guangxi	953	927.0	8958.8	3331.5
海 南	Hainan	103	142.8	1144.4	381.2
重 庆	Chongqing	2338	1887.2	16416.4	7049.1
四 川	Sichuan	3295	3289.1	26225.1	10499.3
贵 州	Guizhou	559	508.7	4829.5	1277.8
云 南	Yunnan	1930	1179.2	7614.8	3410.1
西 藏	Tibet	153	88.0	279.1	22.1
陕 西	Shaanxi	988	2313.0	9348.6	2885.4
甘 肃	Gansu	760	576.4	4689.0	1618.7
青 海	Qinghai	378	201.1	463.8	188.6
宁 夏	Ningxia	474	259.2	2113.4	923.3
新 疆	Xinjiang	774	760.6	5143.1	2386.0

22-20 各省市区客运量和旅客周转量

Total Passenger Traffic and Passenger-Kilometers by Region

(2009)

地区	Region	客运量（万人） Passenger Traffic (10 000 persons)	铁路 Railways	公路 Highways	水运 Waterways	旅客周转量（亿人公里） Total Passenger-Kilometers (100million psssenger-km)	铁路 Railways	公路 Highways	水运 Waterways
全国总计	**National**	**2976898**	**152451**	**2779081**	**22314**	**24835**	**7879**	**13511**	**69**
北京	Beijing	129534	8161	121373		361	94	268	
天津	Tianjin	23337	2232	21090	15	250	123	127	
河北	Hebei	77773	7194	70579		1043	672	371	
山西	Shanxi	36474	5320	31122	32	352	142	210	
内蒙古	Inner Mongolia	22077	4079	17998		360	162	198	
辽宁	Liaoning	95505	13377	81585	543	841	484	350	7
吉林	Jilin	58580	5687	52723	170	427	198	229	
黑龙江	Heilongjiang	43365	10133	32947	285	466	239	227	
上海	Shanghai	9571	5161	2995	1415	157	51	100	6
江苏	Jiangsu	200713	9167	191001	545	1371	312	1058	1
浙江	Zhejiang	199068	7024	188364	3680	1103	291	804	7
安徽	Anhui	141229	5131	135984	114	1303	411	891	
福建	Fujian	75009	2083	71586	1340	466	104	360	2
江西	Jiangxi	70496	5470	64770	256	790	511	279	
山东	Shandong	234564	6136	226134	2294	1601	394	1197	10
河南	Henan	144203	7718	136279	206	1615	700	915	1
湖北	Hubei	94334	5260	88703	371	939	374	562	2
湖南	Hunan	140572	6466	133359	747	1233	631	601	1
广东	Guangdong	418938	10361	406704	1873	1887	410	1470	7
广西	Guangxi	68593	2886	65405	302	787	167	618	2
海南	Hainan	40735	68	39461	1206	139	2	135	2
重庆	Chongqing	113981	2605	110150	1226	410	98	301	10
四川	Sichuan	220020	5903	211288	2829	1005	231	771	2
贵州	Guizhou	64918	3204	59981	1733	407	162	240	4
云南	Yunnan	35556	2123	32775	658	376	72	302	2
西藏	Tibet	7844	85	7759		30	8	22	
陕西	Shaanxi	84303	5008	79033	262	681	343	338	
甘肃	Gansu	49968	2121	47755	92	496	289	207	
青海	Qinghai	10071	430	9603	38	85	40	46	
宁夏	Ningxia	12629	513	12034	82	92	31	61	
新疆	Xinjiang	29886	1345	28541		387	134	253	
不分地区	Not Classified By Region	23052			0	3375			

注：不分地区为民航完成数。

a)The total passenger traffic not classified by region refers to that completed by civil aviation.

22-21 各省市区客运量和旅客周转量

Total Passenger Traffic and Passenger-Kilometers by Region

(2009)

地 区	Region	货运量(万吨) Passenger Traffic (10000 tons)	铁路 Railways	公路 Highways	水运 Waterways	货运周转量(亿吨公里) Total Passenger-Kilometers (100million ton-km)	铁路 Railways	公路 Highways	水运 Waterways
全国总计	**National**	**2780628**	**333348**	**2127834**	**318996**	**122133**	**25239**	**37189**	**57557**
北 京	Beijing	20470	1717	18753		732	644	88	
天 津	Tianjin	42324	11263	19800	11261	9607	458	206	8943
河 北	Hebei	123065	15483	106530	1052	6405	3183	2998	224
山 西	Shanxi	109534	54743	54786	5	2390	1484	906	
内蒙古	Inner Mongolia	113916	43084	70832		4117	2232	1885	
辽 宁	Liaoning	135055	20316	105088	9651	7754	1307	1550	4897
吉 林	Jilin	34771	7478	27032	261	1167	570	596	1
黑龙江	Heilongjiang	54208	16744	36486	978	1645	981	657	7
上 海	Shanghai	76669	941	37745	37983	14373	25	230	14118
江 苏	Jiangsu	152581	6563	104002	42016	4675	332	971	3372
浙 江	Zhejiang	151566	3762	95802	52002	5660	323	1189	4148
安 徽	Anhui	196654	11308	157991	27355	6322	990	4237	1095
福 建	Fujian	58163	3574	40317	14272	2471	178	507	1786
江 西	Jiangxi	86057	5570	75200	5287	2334	659	1536	139
山 东	Shandong	284086	19219	251587	13280	11022	1408	6045	3569
河 南	Henan	169942	14160	151343	4439	6154	1964	3927	263
湖 北	Hubei	78984	6116	59563	13305	2566	791	930	845
湖 南	Hunan	128921	5736	111351	11834	2513	999	1260	255
广 东	Guangdong	169653	7597	125433	36623	4770	313	1518	2938
广 西	Guangxi	94466	8962	75766	9738	2337	797	935	606
海 南	Hainan	18393	621	10839	6933	793	7	79	706
重 庆	Chongqing	68566	2263	58532	7771	1650	179	503	968
四 川	Sichuan	118253	7659	106472	4122	1591	683	851	57
贵 州	Guizhou	34803	6956	27031	816	926	673	242	11
云 南	Yunnan	46039	4929	40765	345	868	366	496	5
西 藏	Tibet	943	23	920		35	10	25	
陕 西	Shaanxi	92557	24421	67963	173	2219	1185	1032	1
甘 肃	Gansu	26605	5763	20812	30	1619	1130	490	
青 海	Qinghai	9874	2701	7173		364	165	199	
宁 夏	Ningxia	29242	5979	23263		750	253	497	
新 疆	Xinjiang	45046	6389	38657		1256	655	601	
不分地区	Not Classified By Region	9221	1307		7464	11048	296		8604

注：不分地区合计中包括铁路行包运输、管道运输企业、民航运输企业及中远集团海外公司完成数。

a)The freight ton-kilometers not classified by region refers to railway baggage freight,civil aviation,pipelines and that completed by companies abroad under the China Ocean Shipping (Group) Company.

22-22 各省市区社会消费品零售总额

Total Retail Sales of Consumer Goods by Region

（2009）

地 区	Region	社会消费品零售总额（亿元）Total Retail Sales of Consumer Goods (100million yuan)	社会消费品零售总额比上年增长（%）Total Retail Sales of Consumer Goods Growth Rate (%)
全国总计	**National**	**132678.4**	**15.5**
北 京	Beijing	5309.9	15.7
天 津	Tianjin	2430.8	21.5
河 北	Hebei	5764.9	18.1
山 西	Shanxi	2809.0	19.2
内蒙古	Inner Mongolia	2855.3	19.2
辽 宁	Liaoning	5812.6	18.2
吉 林	Jilin	2957.3	19.0
黑龙江	Heilongjiang	3401.8	19.2
上 海	Shanghai	5173.2	14.0
江 苏	Jiangsu	11484.1	18.9
浙 江	Zhejiang	8622.3	15.9
安 徽	Anhui	3527.8	19.0
福 建	Fujian	4481.0	16.5
江 西	Jiangxi	2484.4	19.3
山 东	Shandong	12363.0	19.1
河 南	Henan	6746.4	19.1
湖 北	Hubei	5928.4	19.0
湖 南	Hunan	4913.7	19.3
广 东	Guangdong	14891.8	16.3
广 西	Guangxi	2790.7	19.3
海 南	Hainan	537.5	19.2
重 庆	Chongqing	2479.0	18.6
四 川	Sichuan	5758.7	20.0
贵 州	Guizhou	1247.3	19.1
云 南	Yunnan	2051.1	19.3
西 藏	Tibet	156.6	21.3
陕 西	Shaanxi	2699.7	19.7
甘 肃	Gansu	1183.0	18.9
青 海	Qinghai	300.5	18.8
宁 夏	Ningxia	339.3	19
新 疆	Xinjiang	1177.5	14.8

22-23 各省市区货物进出口总额

Total Imports and Exports by Region

单位:亿美元　　　　(2009)　　　　(USD 100 million)

地 区	Region	进出口总额 Total Imports and Exports	按经营单位所在地分 By Location		按境内目的地、货源地分 By Destination and Stationery	
			出口额 Exports	进口额 Imports	出口额 Exports	进口额 Imports
全国总计	**National**	**22072.2**	**12016.6**	**10055.6**	**12016.6**	**10055.6**
北 京	Beijing	2148.7	483.8	1664.8	291.7	580.4
天 津	Tianjin	638.4	298.9	339.4	303.8	416.6
河 北	Hebei	296.1	156.9	139.2	191.9	210.4
山 西	Shanxi	85.5	28.4	57.2	41.0	52.1
内蒙古	Inner Mongolia	67.7	23.2	44.6	38.4	56.4
辽 宁	Liaoning	629.3	334.4	294.8	327.4	370.7
吉 林	Jilin	117.5	31.3	86.2	33.5	85.3
黑龙江	Heilongjiang	162.2	100.8	61.5	63.5	70.1
上 海	Shanghai	2777.5	1418.8	1358.7	1361.3	1372.8
江 苏	Jiangsu	3388.3	1992.4	1395.9	2074.0	1586.0
浙 江	Zhejiang	1877.3	1330.2	547.1	1476.8	630.0
安 徽	Anhui	156.4	88.9	67.5	84.2	71.8
福 建	Fujian	796.6	533.3	263.3	511.2	301.4
江 西	Jiangxi	126.6	73.6	53.0	75.6	61.5
山 东	Shandong	1389.7	795.0	594.7	826.9	807.4
河 南	Henan	134.4	73.5	60.9	87.7	62.6
湖 北	Hubei	172.3	99.8	72.5	94.3	82.1
湖 南	Hunan	101.5	54.9	46.6	62.4	53.7
广 东	Guangdong	6110.7	3589.6	2521.2	3623.9	2695.6
广 西	Guangxi	142.3	83.8	58.6	49.6	85.7
海 南	Hainan	48.1	13.1	35.1	17.5	67.9
重 庆	Chongqing	77.1	42.8	34.3	115.0	100.7
四 川	Sichuan	242.3	141.5	100.8	41.1	36.0
贵 州	Guizhou	23.0	13.6	9.5	15.3	12.0
云 南	Yunnan	80.2	45.1	35.1	36.8	37.5
西 藏	Tibet	4.0	3.8	0.3	2.7	0.2
陕 西	Shaanxi	84.0	39.9	44.2	40.9	45.8
甘 肃	Gansu	38.2	7.4	30.9	8.3	36.0
青 海	Qinghai	5.9	2.5	3.3	2.0	5.2
宁 夏	Ningxia	12.0	7.4	4.6	10.0	9.6
新 疆	Xinjiang	138.3	108.2	30.0	108.0	52.1

22-24 各省市区国际旅游接待情况

International Tourism by Region

(2009)

地区	Region	旅游人数（万人次）Domestic Tourists (10 000 person-times)	外国人 Foreigners	旅游外汇收入（亿美元）Foreign Exchange Earning from International Tourism (100 million USD)
北京	Beijing	**412.5**	**342.9**	**43.57**
天津	Tianjin	141.0	130.6	11.83
河北	Hebei	84.2	74.7	3.08
山西	Shanxi	106.8	66.6	3.78
内蒙古	Inner Mongolia	129.0	126.6	5.58
辽宁	Liaoning	293.2	250.7	18.56
吉林	Jilin	68.1	58.3	2.43
黑龙江	Heilongjiang	142.5	135.0	6.39
上海	Shanghai	533.4	439.1	47.44
江苏	Jiangsu	556.8	396.1	40.16
浙江	Zhejiang	570.6	377.6	32.24
安徽	Anhui	156.2	97.8	5.66
福建	Fujian	312.0	97.8	25.99
江西	Jiangxi	96.4	38.8	2.90
山东	Shandong	310.0	241.2	17.65
河南	Henan	125.9	82.8	4.33
湖北	Hubei	133.5	101.8	5.10
湖南	Hunan	130.9	64.1	6.73
广东	Guangdong	2747.8	617.9	100.28
广西	Guangxi	209.9	117.4	6.43
海南	Hainan	55.2	37.2	2.77
重庆	Chongqing	104.8	84.8	5.37
四川	Sichuan	85.0	61.5	2.89
贵州	Guizhou	40.0	16.3	1.10
云南	Yunnan	284.5	191.8	11.72
西藏	Tibet	17.5	16.3	0.79
陕西	Shaanxi	145.1	114.4	7.71
甘肃	Gansu	6.1	4.5	0.13
青海	Qinghai	3.6	2.5	0.15
宁夏	Ningxia	1.5	1.2	0.04
新疆	Xinjiang	35.5	31.8	1.37

中国统计出版社最新图书简目

（仅供参考，以最后出书为准）

统计资料

中国统计年鉴—2010
2010 中国发展报告
中国劳动统计年鉴—2010
中国建筑业统计年鉴—2010
中国商品交易市场统计年鉴—2010
中国民政统计年鉴—2010
中国科技统计年鉴—2010
中国高技术产业统计年鉴—2010
全国农产品成本收益资料汇编—2010
第二次全国残疾人抽样调查资料系列
中国县(市)社会经济调查年鉴—2010
中国国内生产总值核算历史资料（1952-2004）
大中型批发零售和住宿餐饮企业统计年鉴—2010

中国统计摘要—2010
中国第三产业统计年鉴—2010
中国社会统计年鉴—2010
中国人口和就业统计年鉴—2010
中国房地产统计年鉴—2010
中国贸易外经统计年鉴—2010
中国农村统计年鉴—2010
中国教育经费统计年鉴—2009
中国科学技术协会统计年鉴—2010
中国棉花年鉴—2008/2009
中国农村住户调查年鉴—2010（中、英文）
中国季度国内生产总值核算历史资料（1992-2005）

国际统计年鉴—2010
中国区域经济统计年鉴—2010
中国城市统计年鉴—2009
中国工业经济统计年鉴—2010
中国能源统计年鉴—2010
2010 中国地区经济监测报告
中国农产品价格调查年鉴—2010
中国农村贫困监测报告—2010
工业企业科技活动资料—2010
中国城市(镇)生活与价格年鉴—2010
中国农村全面建设小康监测报告—2010
中国零售和餐饮业连锁企业统计年鉴—2010
2005年中国1%人口抽样调查系列资料

2010 年省级综合统计年鉴系列

北京 天津 河北 山西 内蒙古
河南 湖北 湖南 广东 广西
新疆 新疆生产建设兵团
辽宁 吉林 黑龙江 上海 江苏
海南 重庆 四川 贵州 云南
浙江 安徽 福建 江西 山东
西藏 陕西 甘肃 青海 宁夏

2010 年市(县)级综合统计年鉴系列

天津滨海新区
运城 忻州 临汾 呼和浩特
黑龙江垦区 上海浦东新区
宁波 绍兴 台州 舟山 温州
厦门经济特区 南昌 上饶
十堰 荆州 黄冈 长沙 广州
贵阳 昆明 西安 庆阳 银川
石家庄 唐山 邯郸 太原 大同
包头 沈阳 大连 长春 吉林市
苏州 无锡 常州 徐州 南通
金华 嘉兴 衢州 安庆 福州
济南 青岛 潍坊 东营 郑州
东莞 惠州 深圳 桂林 南宁
乌鲁木齐 吐鲁番
长治 阳泉 晋城 朔州 晋中
四平 延吉 哈尔滨 齐齐哈尔
盐城 镇江 江阴 丹阳 杭州
福州经济技术开发区
洛阳 三门峡 南阳 武汉 宜昌
柳州 来宾 河池 海口 成都

"十一五"规划教材

非参数统计 医学统计学
多元统计分析 经济计量学教程
统计数据处理概论
企业经营管理统计
统计学从数据到结论
概率论与数理统计 统计学
应用时间序列分析
质量管理统计方法 社会统计学
市场调查与预测
国民经济核算教程(国民经济统计学)
现代金融投资统计分析
统计指数理论及应用
多元统计分析实验
统计学原理(非统计专业使用)
概率论与数理统计(经济、管理类专业使用)

重点图书

新中国六十年
挑大学选专业 2010—高考志愿填报指南
挑大学选专业 2010—考研择校指南